U0867188

世界反恐怖军事行动年鉴

2018

WORLD COUNTERTERRORIST MILITARY OPERATIONS YEARBOOK 2018

武警反恐怖研究中心·编著

时事出版社
北京

图书在版编目（CIP）数据

世界反恐怖军事行动年鉴．2018/武警反恐怖研究中心编著．
—北京：时事出版社，2019.9
ISBN 978-7-5195-0322-2

Ⅰ．①世…　Ⅱ．①武…　Ⅲ．①反恐怖活动—世界—2018—年鉴　Ⅳ．①D815.5-54

中国版本图书馆 CIP 数据核字（2019）第 121939 号

出 版 发 行：时事出版社
地　　　址：北京市海淀区万寿寺甲 2 号
邮　　　编：100081
发 行 热 线：（010）88547590　88547591
读者服务部：（010）88547595
传　　　真：（010）88547592
电 子 邮 箱：shishichubanshe@sina.com
网　　　址：www.shishishe.com
印　　　刷：北京旺都印务有限公司

开本：787×1092　1/16　印张：31.25　字数：520 千字
2019 年 9 月第 1 版　　2019 年 9 月第 1 次印刷
定价：170.00 元
（如有印装质量问题，请与本社发行部联系调换）

编审委员会

主　任　张　力

副主任　朱文军　郝向武

委　员　李　伟　梅建明　郑守华

王宝付　吉广俊　郭文忠

杨　明　孙博祥　黄天罡

编写人员

主　编　王兴东

副主编　王晓东

编　写　吴忠超　刘　猛　王　斌　邱　琳

庄　洁　赵铁佳　王本亮　唐少泉

宿庆武　张远水　王海东　郑　超

盖绫顺　李相胜　李立功　欧阳立省

汪洪海　陈洪柱　刘海涛　周红涛

周华鹏　余本伟　韩英林

序/怀揣梦想　努力奔跑

2014 年 4 月 9 日习近平主席在视察特警学院并致训词时指出："武警部队作为国家反恐维稳的重要力量，要按照中央决策部署，坚决有力打击各种暴力恐怖犯罪活动，维护国家安全和社会稳定。"多年来，特警人始终牢记习主席的嘱托和殷切希望，自觉肩负起"两个维护"的神圣使命，以时不我待的紧迫感和舍我其谁的担当精神，扎实奋斗在国家反恐斗争一线。《世界反恐怖军事行动年鉴》至今已经连续编写 3 年了，3 年来特警人始终把反恐维稳作为第一职责，怀揣着为世界和平与人类进步做贡献的宏伟梦想而砥砺前行，时刻期盼着有朝一日能彻底消灭恐怖主义这一人类的"毒瘤"。

不忘初心，方得始终。近年来，以习近平同志为核心的党中央高度重视反恐怖斗争，武警部队与公安机关密切配合，有效地打击恐怖分子的嚣张气焰，反恐斗争取得了阶段性胜利。但是，恐怖主义的滋生与蔓延却没有因为我们的努力而停歇半刻。国内"三股势力"仍在暗流涌动、伺机作乱，他们与国际恐怖组织勾结串联，企图通过恐怖袭击实现其政治图谋；国际恐怖组织近期也异常活跃，他们肆虐蔓延迅速，不断制造重大恐怖袭击事件，一些地区和国家因恐致贫致乱现象始终无法扭转。对此，我们头脑清醒，信念坚定，深知在为使命而奋斗的征程中，必定是任重而道远，只有初心不改、矢志不渝，方能善始善终、成就未来。

勠力同心，砥砺前行。面对来势汹汹的恐怖袭击，如何消除恐怖主义的威胁，营造和平、安宁、健康、文明的人类家园是当今国际社会共同的难题。需要反恐同仁凝心聚力、携手解决，联合国《全球反恐战略》曾明确指出：世界各国应切实加强反恐国际合作，通过多方合作共同应对恐怖威胁，共同打击暴恐犯罪。因此，我们要进一步完善反恐合作机制，真正做到与职能部门合作顺畅、武装力量协作密切、人民群众团结一致。奋斗的征程从没有康庄大道，反恐征程必定蜿蜒曲折、满布荆棘，我们只有不畏艰辛、敢于担当、勠力同心，才能乘势而上、砥砺前行。

精诚所至，金石为开。有些人将恐怖主义比喻为人类社会的“癌症”，认为其是无法医治的“顽疾”，也有人认为我国反恐形势一片大好，对此，我们既不盲目乐观，也决不随众悲观。虽然反恐之路遥远而漫长，国外的个别地区和国家甚至还陷入“越反越恐”的泥潭之中，但是，我们要用辩证唯物主义的观点去客观分析和判断当前我们面临的困难与挑战，恐怖主义反人类、反科学的本质注定了其必被消灭的命运。中国古语讲得好，“精诚所至，金石为开”，反恐征程也要提倡、弘扬这一精神，只要我们摒弃反恐“双重标准”，克服狭隘的利益取向，扎实开展反恐合作，恐怖主义彻底崩溃与瓦解就将指日可待，“越反越恐”的怪象自然就会消除。

回顾 2018 年，我们特警人始终在“撸起袖子，加油干!”的奋斗征程之中，一刻也不敢停滞，白天训练场上挥汗如雨，苦练本领，随时准备着冲锋陷阵在反恐维稳斗争的一线，夜晚荧光灯下澄思寂虑，笔耕不辍，《世界反恐怖军事行动年鉴》就是我们特警人为使命而奋斗的成果。她记载着作者们的奋斗征程，见证着特警人的履职历程，承载着反恐战线官兵期盼和平的美好愿景。2019 年，我们将继续努力奔跑，成为时代的追梦人。用我们每一滴奔跑的汗水，去浇灌美好的未来。我们相信，每一个追梦的身影，都将被定格为历史；奔跑的追梦人，必然会抵达新的远方，成为引领时代大潮的前行者。

作　者

2019 年 1 月

目 录

第一章 2018 年世界反恐怖军事行动 〉〉〉_ 1
第一节 世界反恐怖军事行动综述 〉〉〉_ 1
第二节 世界主要恐怖袭击事件 〉〉〉_ 11
第三节 世界主要反恐怖军事行动 〉〉〉_ 17

第二章 2018 年美国反恐怖军事行动 〉〉〉_ 23
第一节 美国反恐怖军事行动综述 〉〉〉_ 23
第二节 美国主要恐怖袭击事件 〉〉〉_ 30
第三节 美国主要反恐怖军事行动 〉〉〉_ 39

第三章 2018 年俄罗斯反恐怖军事行动 〉〉〉_ 68
第一节 俄罗斯反恐怖军事行动综述 〉〉〉_ 68
第二节 俄罗斯主要恐怖袭击事件 〉〉〉_ 73
第三节 俄罗斯主要反恐怖军事行动 〉〉〉_ 76

第四章 2018 年中国反恐怖军事行动 〉〉〉_ 82
第一节 中国反恐怖军事行动综述 〉〉〉_ 82
第二节 中国主要恐怖袭击事件 〉〉〉_ 88
第三节 中国主要反恐怖军事行动 〉〉〉_ 91

第五章 2018 年中东地区反恐怖军事行动 〉〉〉_ 115
第一节 中东地区反恐怖军事行动综述 〉〉〉_ 115
第二节 中东地区主要恐怖袭击事件 〉〉〉_ 126
第三节 中东国家主要反恐怖军事行动 〉〉〉_ 145

第六章　2018 年西欧地区反恐怖军事行动　〉〉〉_ 211
第一节　西欧地区反恐怖军事行动综述　〉〉〉_ 211
第二节　西欧地区主要恐怖袭击事件　〉〉〉_ 215
第三节　西欧地区主要反恐怖军事行动　〉〉〉_ 224

第七章　2018 年中欧地区反恐怖军事行动　〉〉〉_ 250
第一节　中欧地区反恐怖军事行动综述　〉〉〉_ 250
第二节　中欧地区主要恐怖袭击事件　〉〉〉_ 262
第三节　中欧地区主要反恐怖军事行动　〉〉〉_ 266

第八章　2018 年南欧地区反恐怖军事行动　〉〉〉_ 280
第一节　南欧地区反恐怖军事行动综述　〉〉〉_ 280
第二节　南欧地区主要恐怖袭击事件　〉〉〉_ 291
第三节　南欧地区主要反恐怖军事行动　〉〉〉_ 295

第九章　2018 年北欧地区反恐怖军事行动　〉〉〉_ 311
第一节　北欧地区反恐怖军事行动综述　〉〉〉_ 311
第二节　北欧地区主要恐怖袭击事件　〉〉〉_ 315
第三节　北欧地区主要反恐怖军事行动　〉〉〉_ 316

第十章　2018 年东欧地区反恐怖军事行动　〉〉〉_ 319
第一节　东欧地区反恐怖军事行动综述　〉〉〉_ 319
第二节　东欧地区主要恐怖袭击事件　〉〉〉_ 323
第三节　东欧地区主要反恐怖军事行动　〉〉〉_ 327

第十一章　2018 年南亚及阿富汗地区反恐怖军事行动　〉〉〉_ 333
第一节　南亚及阿富汗地区反恐怖军事行动综述　〉〉〉_ 333
第二节　南亚及阿富汗地区主要恐怖袭击事件　〉〉〉_ 338
第三节　南亚及阿富汗地区主要反恐怖军事行动　〉〉〉_ 356

第十二章　2018 年东南亚地区反恐怖军事行动　〉〉〉_ 373
第一节　东南亚地区反恐怖军事行动综述　〉〉〉_ 373

第二节 东南亚地区主要恐怖袭击事件 〉〉〉_ 379
第三节 东南亚地区主要反恐怖军事行动 〉〉〉_ 385

第十三章 2018 年中亚地区反恐怖军事行动 〉〉〉_ 395
第一节 中亚地区反恐怖军事行动综述 〉〉〉_ 395
第二节 中亚地区主要恐怖袭击事件 〉〉〉_ 401
第三节 中亚地区主要反恐怖军事行动 〉〉〉_ 404

第十四章 2018 年东亚地区反恐怖军事行动 〉〉〉_ 406
第一节 东亚地区反恐怖军事行动综述 〉〉〉_ 406
第二节 东亚地区主要恐怖袭击事件 〉〉〉_ 411
第三节 东亚地区主要反恐怖军事行动 〉〉〉_ 412

第十五章 2018 年西非地区反恐怖军事行动 〉〉〉_ 416
第一节 西非地区反恐怖军事行动综述 〉〉〉_ 416
第二节 西非地区主要恐怖袭击事件 〉〉〉_ 420
第三节 西非地区主要反恐怖军事行动 〉〉〉_ 425

第十六章 2018 年东非地区反恐怖军事行动 〉〉〉_ 431
第一节 东非地区反恐怖军事行动综述 〉〉〉_ 431
第二节 东非地区主要恐怖袭击事件 〉〉〉_ 434
第三节 东非地区主要反恐怖军事行动 〉〉〉_ 441

第十七章 2018 年中非及南非地区反恐怖军事行动 〉〉〉_ 446
第一节 中非及南非地区反恐怖军事行动综述 〉〉〉_ 446
第二节 中非及南非地区主要恐怖袭击事件 〉〉〉_ 448
第三节 中非及南非地区主要反恐怖军事行动 〉〉〉_ 452

第十八章 2018 年北美洲地区反恐怖军事行动 〉〉〉_ 455
第一节 北美洲地区反恐怖军事行动综述 〉〉〉_ 455
第二节 北美洲地区主要恐怖袭击事件 〉〉〉_ 458
第三节 北美洲地区主要反恐怖军事行动 〉〉〉_ 462

第十九章　2018 年南美洲地区反恐怖军事行动　〉〉〉_ 464
第一节　南美洲地区反恐怖军事行动综述　〉〉〉_ 464
第二节　南美洲地区主要恐怖袭击事件　〉〉〉_ 468
第三节　南美洲地区主要反恐怖军事行动　〉〉〉_ 473

第二十章　2018 年大洋洲地区反恐怖军事行动　〉〉〉_ 478
第一节　大洋洲地区反恐怖军事行动综述　〉〉〉_ 478
第二节　大洋洲地区主要恐怖袭击事件　〉〉〉_ 481
第三节　大洋洲地区主要反恐怖军事行动　〉〉〉_ 484

后记　〉〉〉_ 489

第一章／2018年世界反恐怖军事行动*

第一节　世界反恐怖军事行动综述

2018 年，国际反恐怖形势处于“伊斯兰国”崩溃之后的威胁外溢嬗变期，过去几年在伊拉克和叙利亚集聚的 3 万多名外国极端分子迅速向域外流窜，欧洲、北非和南亚等地缘毗邻地区首当其冲，继续遭受冲击。欧洲国家内有极端主义土壤和民粹主义引发的尖锐社会矛盾，外有国际恐怖组织虎视眈眈，再加上难民和移民问题冲击，致使其面临严峻的恐怖形势。年内，全球恐怖形势并没有因为“伊斯兰国”的崩溃而发生根本性好转，而且随着信息时代的到来，在信息科技助力下，恐怖主义扩散蔓延速度有增无减，防范与打击越发困难。然而，美国总统特朗普宣布将从叙利亚撤军和在阿富汗减员，认为美国近 18 年的反恐怖战争已获胜。美国这种一厢情愿的认识与一意孤行的做法，为世界反恐形势带来诸多变数，国际反恐怖军事行动亦是如此。

一、世界面临的恐怖威胁

美国战略与国际安全研究中心 2018 年研究报告统计，全球“圣战”恐怖组织数量约 70 个，创近 40 年来最高水平；“圣战”恐怖分子高达 23

* 世界包括七大洲，即亚洲、欧洲、非洲、大洋洲、北美洲、南美洲、南极洲，共有 230 多个国家和地区。

万，比 2001 年增长 270%。[①] 可见，2018 年全球恐怖形势并没有因为“伊斯兰国”的溃败而发生根本性改变，而且随着信息时代的到来，在信息科技助力下，恐怖主义扩散蔓延速度有增无减，防范与打击越发困难。

（一）恐怖袭击造成大量无辜人员伤亡

通过发动恐怖袭击伤害无辜、制造社会恐慌、显示恐怖组织的存在与实力，仍然是 2018 年恐怖活动的主要特征，也是人类面临的最大恐怖威胁。5 月 13 日上午，印尼泗水市 3 个教堂接连发生自杀式爆炸袭击事件，共造成至少 13 人死亡、40 多人受伤。7 月 1 日下午，阿富汗发生自杀性恐怖袭击，造成至少 19 人死亡、21 人受伤。人员密集场所及重要活动地点，仍然是恐怖分子袭击的主要对象和目标。4 月 12 日，伊拉克为打击“伊斯兰国”（IS）牺牲的战斗人员举行葬礼，葬礼现场遭受炸弹恐怖袭击，造成至少 16 人死亡、14 人伤。4 月 30 日，在阿富汗喀布尔省古勒达拉行政区，亲友为在袭击中遇难的法新社记者举行葬礼，葬礼现场接连遭遇两起爆炸袭击，袭击造成至少 21 人身亡、40 人受伤，死者中至少有 8 名记者。[②] 9 月 22 日，伊朗举行两伊战争纪念日阅兵式时发生恐怖袭击事件，造成至少 29 人死亡、57 人受伤。西非地区尤其是防守薄弱的村庄遭受恐怖分子惨无人道的武装袭击，妇女儿童还遭到非法绑架与拐卖。6 月 23 日晚，尼日利亚 11 个村庄遭到“博科圣地”武装分子袭击，造成至少 200 人伤亡。布隆迪声称，来自刚果（金）的恐怖分子 5 月 11 日晚袭击了布隆迪西比托凯省一处村庄，造成 26 人死亡、8 人重伤。2 月份，“博科圣地”袭击尼东北部约贝州达普奇镇一所女子学校，绑走 100 多名女生，其中 5 人在遭绑架期间死亡，1 人遭扣押。联合国儿童基金会声称，尼日利亚极端组织“博科圣地”，5 年来在非洲国家的东北部绑架儿童已经核实的数字有 1000 多名，实际数字可能更多；同时，1400 多所学校遭破坏，至少 2295 名教师丧生。[③]

---

① 参见傅小强：《国际反恐怖进入治乱新周期》，大众网，2019 年 1 月 8 日，http://paper.dzwww.com/dzrb/content/20190108/Articel04004MT.htm。

② 参见《阿富汗首都爆炸致 30 死 49 伤　多名记者不幸丧生》，中国新闻网，2018 年 5 月 1 日，http://www.chinanews.com/。

③ 参见《尼日利亚学校遭极端组织袭击》，新华网，2018 年 2 月 22 日，http://www.xinhuanet.com/。

（二）恐怖分子回流搅动地区安全形势

从全年发生的恐怖事件来看，恐怖主义已蔓延到了世界各地，恐怖分子回流现象搅动地区不得安宁，特别是随着“伊斯兰国”（IS）极端组织占领区被收复，其成员四处逃窜，遍布全球70多个国家的追随者和效忠组织为了显示其存在，不断在世界各地制造恐怖活动。从亚洲到欧洲，从非洲到大洋洲，从北美洲到南美洲，恐怖活动就在世界各地上演。1月1日凌晨，多名枪手在尼日利亚河流州枪击无辜民众，利用炸弹威胁日本成田国际机场，造成从成田飞往松山的航班被迫取消；俄罗斯30座城市接到53个“电话”炸弹威胁，受影响的城市包括莫斯科、圣彼得堡、伏尔加格勒、符拉迪沃斯托克等，受到炸弹威胁的设施包括贸易中心、健身俱乐部、机场、住宅楼、地铁站、餐馆、宾馆等。从1月1日至30日，恐怖分子在意大利北部城市都灵、肯尼亚曼德拉郡、爱尔兰街头、尼日利亚博尔诺州甘博鲁镇清真寺、阿富汗首都喀布尔第九警区、俄罗斯驻叙利亚赫迈米姆空军基地连续制造恐怖活动和自杀式袭击事件，造成60人死亡、80多人受伤。4日一天内就连续发生4起恐怖袭击事件，造成32人死亡、55人受伤。特别是南亚、东南亚和中东地区成为恐怖活动的重灾区，阿富汗全年恐怖袭击不断，造成大量人员伤亡。① 同时，遍布世界各地的恐怖组织、宗教极端分子、草根恐怖分子、“独狼”式恐怖分子和对现实社会不满的极端人员，不断在各国制造极端恐怖活动，通过杀戮发泄不满，制造影响，使恐怖活动呈现全球化、碎片化状态，给各国人民造成了巨大恐惧和不安。

（三）地区恐怖组织势力有增无减

年内，本土恐怖分子已成为国际社会遇到的普遍麻烦。一年来，除伊拉克、叙利亚、也门外，其余90%以上的恐怖活动是本土恐怖分子所为。美国发生的近30次枪击事件都是本土人员制造的，有的月份接连发生枪击事件。如1月20日至23日，北卡罗莱纳州文斯顿萨勒姆、德克萨斯州意大利市、肯塔基州本顿市连发3起枪击事件；3月7日至8日，密西西比州杰克逊州立大学、阿拉巴马州赫夫曼高中、阿拉巴马州南阿拉巴马州大

① 曹唯溪、王涛：《2018年国际主要恐怖事件及特点》，载《中国特警》，2018年第12期，第6页。

学校内连续发生枪击事件，袭击者和受害者都是本土学生；特别是 23 日，马歇尔郡高中的枪击事件中，15 岁的持枪学生枪击了 16 名同学，导致两名 15 岁的学生当场死亡、多人受伤。2018 年，面临国会和地方议会选举的阿富汗，连续发生本土派别恐怖袭击活动。4 月 22 日，两处选民登记中心相继发生爆炸袭击，造成 57 人身亡、119 人受伤。7 月 13 日下午，俾路支人民党集会现场发生自杀式爆炸事件，当场造成 128 人死亡、100 多人受伤。据媒体统计，除塔利班、“伊斯兰国”（IS）认领的恐怖事件外，发生在选举派别之间的本土恐怖袭击就达 110 多次，导致 3700 多无辜民众死伤。

（四）无人机袭击成为恐怖袭击的新手段

恐怖组织借助信息科技，不断寻求现代化袭击手段，无人机恐怖袭击已成为其一种主要的袭击方式。从俄罗斯驻叙基地无人机袭击企图，到委内瑞拉阅兵式上的无人机袭击总统，都是恐怖分子使用无人机袭击的典型案例。1 月 6 日凌晨，俄罗斯驻叙利亚境内的防空系统发现 13 个小型的空中目标，分别飞往赫梅米姆空军基地和塔尔图斯港补给站。俄军无线电技术部队成功控制了 6 架无人机，其余 7 架全部被昼夜执勤的铠甲 S 型防空导弹系统击落，没有造成任何损失。俄罗斯军方指出“无人机是从 50 多公里外的距离发射的，并使用了全球卫星定位系统的导航坐标，这是恐怖分子首次大规模使用无人机实施袭击。俄军对该无人机进行的技术评估显示：“机载航空电子设备能够让无人机实现飞行和轰炸全部自动程序化，并让任何电子干扰无效。”而且这次攻击俄罗斯军事基地无人机上的单个部件可以在公开市场上买到。① 8 月 4 日，委内瑞拉国民警卫队成立 81 周年庆祝活动现场遭受无人机袭击，当地时间下午 5 点 41 分左右，总统马杜罗正在演讲时，几架装有爆炸物的无人机突然在演讲台附近投放爆炸装置，演讲台正前方、右侧的军官和家属观礼区以及看台以南的建筑附近发生 3 次爆炸。爆炸造成 7 名国民警卫队士兵受伤，总统马杜罗迅速被保镖用盾牌保护起来，才使其安然无恙。② 这两起恐怖袭击事件，都是恐怖分

① 曹唯溪、王涛：《2018 年国际主要恐怖事件及特点》，载《中国特警》，2018 年第 12 期，第 7 页。

② 曹唯溪、王涛：《2018 年国际主要恐怖事件及特点》，载《中国特警》，2018 年第 12 期，第 7 页。

子利用无人机技术的典型案例，证明了恐怖分子可以大规模操控使用无人机进行恐怖袭击，而且已经达到熟练掌握的地步，其威胁程度不可小觑。

（五）网络恐怖主义仍在蔓延扩散

为了躲避打击，恐怖组织不断在异国异地策划袭击阴谋，通过互联网社交平台、物联网、“推特”“脸书”建立秘密据点，网罗人员，寻找袭击目标，下达袭击指令，组织指导藏匿在各国的国际恐怖分子或本土恐怖分子发动恐怖袭击。1 月 19 日，俄罗斯西伯利亚一所学校遭到恐怖袭击，就是“伊斯兰国”（IS）分支机构事先周密策划，通过网络指挥潜藏在西伯利亚的恐怖分子实施的袭击活动。3 人接到指令后，进行了详细分工。袭击中，3 人伪装成学生模样，1 人打开教室门，1 人向正在上课的教室抛掷燃烧物，当惊慌失措的学生从教室跑出来时，又遭到另一名袭击者的袭击。随后，恐怖分子逃之夭夭，直到 3 月 27 日，俄罗斯西伯利亚克拉斯诺亚尔斯克边疆安全部才将袭击分子藏身地一举捣毁，查获大量极端宗教书籍和炸药制作及使用说明书，逮捕了 3 名恐怖组织分支头目和 6 名涉恐人员。随着各国打击恐怖活动力度的加大，恐怖组织不断通过网络发展家族化极端成员，教唆诱导他们举家为“真主”献身。表现最为突出的是印度尼西亚泗水家庭化恐怖袭击事件。4 月 13 日早晨，隶属于“伊斯兰国”（IS）极端组织“神权游击队”的一家 7 口人，驾驭车辆和摩托车在两座基督教教堂、一座天主教堂制造连环自杀式爆炸袭击。从早晨 7 点半第一起爆炸发生，3 起自杀式爆炸接连不断地在当地响起，监控画面显示，爆炸现场一片狼藉，教堂的大门被损毁，建筑物碎片散落一地，多人躺在地上，现场 7 辆汽车、30 多辆摩托车被焚毁，3 起自杀式袭击导致 16 人死亡、40 余人受伤。

（六）个体化恐怖极端思想与行为接连发生

无论从战乱地区和政局不稳定的国家发生的恐怖活动，还是从其他国家和地区发生的单一恐怖袭击事件中都不难看出，恐怖分子、宗教极端分子或仇视社会的个体极端人员，随时随地发动随意化的恐怖袭击不在少数。这些极端个体在世界各地随意制造的恐怖袭击事件中，使用爆炸、枪击、刀具随意伤害民众，导致了大量无辜人员伤亡。1 月 3 日，1 名 18 岁的埃及籍青年申请赴英被拒后转赴爱尔兰，当遇到警方查问入境情况时，其心生怨恨，便在爱尔兰街头随机杀人，导致 1 名就读于邓达克工程大学的日本留学生当场死亡，另有两名行人受到铁棍袭击，索性没有生命危险。5 月 12 日，法国首都巴黎大街上，1 名持刀男子随意袭击路人，造成 1 人死亡、4 人受伤，袭击者被警察当场击毙。在个体极端分子随意化恐怖袭击中，常常采用取材简单，成本较低，便于携带，且威力大、杀伤力大、成功率高的凶器和交通工具伤害民众，造成轰动恐怖袭击效应。特别是车辆冲撞和爆炸袭击瞬间发生，如果没有提前预警和有效监控，想有效制止相当困难。4 月 23 日，在加拿大多伦多市一辆白色厢型货车突然冲上人行道，疯狂碾压行人，在冲撞袭击的同时，恐怖分子还在车辆上装上炸药，实施爆炸袭击，造成了重大伤亡。

（七）叙利亚和伊拉克在后“伊斯兰国”时代面临的恐怖威胁仍然相当严峻

曾经在叙利亚和伊拉克攻城略地的“伊斯兰国”恐怖组织在遭受重创之后，伊拉克和叙利亚等国纷纷宣布对 IS 的战争已经取得胜利；美国也声称，IS 建立的所谓“哈里发国”已经崩溃；特朗普在接受采访时就说：“IS 已经放弃了，他们已经举手投降了，这种局面是之前从来没有过的。”那么，是不是说中东反恐尤其叙利亚和伊拉克就可以松口气了呢？据国际国内多方专家警告，IS 仍是一股致命的力量，他们仍有能力造成严重人员伤亡，年内，叙利亚和伊拉克仍然接连不断遭受重大恐怖袭击。伊拉克巴格达首都发生的连环自杀式爆炸袭击，造成 100 人丧生，就充分证明了这一点。虽然“哈里发国”实体已经不存在，在叙利亚和伊拉克的活跃恐怖分子也开始外溢逃窜，但仍有大量 IS 效忠者存在。伊拉克政府在接受媒体采访时说，在伊拉克和叙利亚，IS 效忠者人数接近 1 万人。美国政府前高官也曾表示，军事上打败 IS，跟消灭 IS 恐怖组织完全是两码事。反恐战争远远没到结束的时候，必须时刻警惕“IS 2.0”的出现，他们可能会再次招募效忠者，利用叙利亚和伊拉克仍然存在的教派冲突，再次做大。负责打击“伊斯兰国”联合行动的美国总统特使，为抗议总统特朗普从叙利亚撤军的决定而辞职，并称“叙利亚境内的‘伊斯兰国’武装分子正在逃亡，但并未被击败，撤军将为其创造卷土重来的机会”。[1]

（八）部分地区和国家因恐生乱的现象仍然没有好转

在北非、东南亚和南亚的一些国家，由于恐怖组织势力强大、恐怖分子为非作乱，造成政权不稳、社会不安，国家总统选举、政权交接受到很大影响，爆炸袭击事件接连不断，规模越来越大，伤亡人员越来越多。2018 年阿富汗面临国会和地方议会选举，恐怖势力却从中作梗，连续发动恐怖袭击事件，仅上半年发生的恐怖袭击事件就导致 962 名平民死亡，创下历史新高。3 月 14 日晚上，巴基斯坦东部旁遮普省首府拉合尔附近一安全检查站遭自杀式爆炸袭击，造成 9 人死亡、20 人受伤。巴基斯坦塔利班宣称爆炸袭击是报复检查站对其运送货物的限制和打压。像这样指向明确具体的袭击，巴国年内至少发生了百余起，导致 960 多人伤亡。1 月 16 日，“博科圣地”在尼日利亚多地实施的有预谋的连环自杀式袭击事件，造成 10 人死亡、65 人受伤，事态严重影响恶劣。仅上半年，西非尼日利亚地区就发生各类炸弹袭击事件十多次，造成近 300 人伤亡。据联合国相关部门报报道，近几年，尼日利亚核实的 881 名儿童伤亡中，几乎一半是自杀式恐怖袭击造成的，其中包括使用儿童作为人体炸弹。

二、世界各国的反恐怖军事对策

防范与打击恐怖主义，仍是 2018 年国际反恐怖军事行动的主要对策和基本形式。各国均以强大的军事力量，加强防范与打击力度，取得的功效是有目共睹的，一定程度上遏制了恐怖主义的泛滥与蔓延。与此同时，国际社会还在努力寻求反恐怖的新招法、新策略，以期彻底消除恐怖主义的威胁，但成效并未达到预期，国际反恐之路还行进在漫长而艰苦的征程之中。

（一）动用军事力量强力打击，成为世界反恐的主流形态

近两年来，巴基斯坦发生多起恐怖袭击事件，造成大量人员伤亡，巴

---

① 参见《美国反“伊斯兰国”总统特使因叙利亚撤军辞职》，中国新闻网，2018 年 12 月 23 日，http：//www. chinanews. com/。

军方在全国范围内发起代号为“平乱”的反恐军事行动，以铲除残余和潜在的恐怖主义势力。[①] 巴发动“平乱”行动以来，共实施 44 次反恐军事行动，抓捕数千名嫌疑人，缴获约 3.2 万件非法武器，打击了恐怖主义资金支持链。索马里“青年党”是与“基地”组织有关联的极端组织，在索马里及周边地区不断制造恐怖袭击，其数量大，伤亡高，影响恶劣。为彻底铲除“青年党”，索马里政府军与非盟部队合作，展开了一系列清剿、打击行动。4 月份，索马里政府军在索马里中部地区展开军事行动，攻占了恐怖分子的营地，并击毙 30 名恐怖分子。7 月份，索马里政府军当天在索南部港口城市基斯马尤以北约 50 千米处的一个军事基地挫败极端组织“青年党”发动的袭击，在交火中打死 87 名武装分子。9 月份，政府军在非盟军队的支援下，与袭击索南部下谢贝利州的极端组织“青年党”武装分子展开交火，打死该组织 35 名成员。[②] 2018 年以来，美军继续协助索马里政府加大对恐怖组织的反恐力度，主要以精确空袭、目标斩首行动为主。利用其发达的情报侦察系统和先进的空中打击武器，往往能对索马里“青年党”造成出其不意的有效打击。驻扎在索马里的非盟部队，也不时地协助索马里及周边国家对恐怖组织实施定点清除，有效打击恐怖组织的嚣张气焰。10 月，美军在索马里中部海岸地区对极端组织“青年党”目标实施空袭，打死该组织至少 60 名武装分子，空袭削弱了“青年党”策划未来攻击的能力、破坏领导阶层网络，并重挫“青年党”在此地活动的自由度及机动性。

（二）团结合作共同应对恐怖主义威胁，成为国际社会反恐军事领域的广泛共识和一致行动

面对恐怖威胁，没有哪个国家能够独善其身，早已不再能单凭一己之力解决，只有加强国际合作，发挥情报机构作用，加大反恐投入和打击力度，共同防范和打击恐怖主义，成为世界各国的共识和一致行动。2018 年俄罗斯国内先后进行总统选举、世界杯等大型活动，反恐压力巨大，为消

---

① 参见刘天：《巴基斯坦军方：过去两年开展了密集有效反恐行动》，新华网，2018 年 12 月 7 日，http：//www. xinhuanet. com/。

② 参见《非盟维和部队在索马里击毙至少 30 名武装分子》，新华社，2018 年 4 月 3 日，http：//www. xinhuanet. com/。

除恐怖主义威胁，俄罗斯长期保持了对恐怖主义的高压状态，此外还多次呼吁国际社会组建反恐阵线，加强合作对抗恐怖主义和极端主义。6 月 21 日，维谢格拉德集团四国总理与奥地利总理在布达佩斯举行会晤，匈牙利总理欧尔班说，与会各国一致认为，欧洲应该有能力保护自己的边界并为公民提供安全。[①] 6 月 24 日，欧盟部分国家领导人在布鲁塞尔召开关于难民问题的非正式会议。德国总理默克尔会后说，目前仍不可能达成所有欧盟国家都认可的方案，她倾向于成员国通过双边或多边协议解决难民问题。[②] 6 月 28 日的欧盟峰会决定着默克尔的命运。据德国《图片报》报道，欧盟夏季峰会于本周四和周五在布鲁塞尔举行。难民政策问题将成为本次峰会的焦点，如果本次峰会没有达成难民问题的欧洲解决方案，德国总理默克尔将面临下台危机。[③] 索马里新政府成立后，美国开始向该国派遣少量特种部队，主要任务是担任索马里政府军的顾问和教官，协助打击“青年党”。

（三）高科技大数据应用于反恐军事行动，努力提升军事反恐的科技水平

在中欧未来反恐战略发展中，加强民防和扩大安全部门的权限，加大网络及枪支管理力度将成为重要的发展方向。特别是发生一系列暴恐袭击后，发现公共场所的安全检查是一个明显的安保漏洞，在火车站、地铁站区域主要依靠视频监控，而没有安全检查，导致凶器非常容易被带上交通工具，进入公共场所，因此有必要加强公共场所安全检查，给予安全部门更大的权限。应对恐怖危机，除做应有的打击准备之外，最主要的是加强防范。借助现代高科技手段，加强社会全面监控，加大可疑人员的排查跟踪，扩大敏感信息的过滤筛查等等，将有助于防范恐怖袭击。

---

① 参见《维谢格拉德集团四国和奥地利领导人会晤聚焦难民问题》，新华网，2018 年 6 月 22 日，http：//www. xinhuanet. com/。

② 参见《默克尔：仍不可能达成各方都认可的难民问题解决方案》，新华网，2018 年 6 月 25 日，http：//www. xinhuanet. com/。

③ 参见《难民政策问题成焦点欧盟峰会“决定”默克尔政治命运》，人民网，2018 年 6 月 29 日，http：//www. people. com. cn/。

（四）加强防范恐怖分子的流窜与渗透，加大打击恐怖分子的军事力量，随时做好处置恐怖事件的军事准备

俄罗斯世界杯足球赛决赛阶段在莫斯科、圣彼得堡、加里宁格勒、下诺夫哥罗德、喀山、叶卡捷琳堡、萨兰斯克、萨马拉、伏尔加格勒、顿河畔罗斯托夫、索契共 11 个城市举行。为防止恐怖分子的袭击与破坏，确保这期间赛事的绝对安全，俄罗斯联邦委员会要求俄相关部门与其加强协作，严防外部势力趁俄举行世界杯足球赛之机煽动反俄活动；该委员会还要求俄联邦执法、行政部门和国家杜马（议会下院）与其加强协作，严密监控恐怖活动有关事件和动向，防止反俄恐怖活动危害俄国家主权。巴基斯坦为防止恐怖分子在本国和阿富汗边境流窜并伺机发动恐怖袭击，决定在其边界地区修建的隔离墙，该工程已于年底完成，在与阿富汗 2400 千米的边界建造了隔离墙，这一地段还增设额外的哨所和小型堡垒，以及装有高科技监控系统，使得军队能够 24 小时对渗透活动进行监控。无独有偶，自特朗普上任之后，就一直主张在美国和墨西哥边境线上，修建一座长达数千公里的墙，美国和墨西哥边境线绵延数千公里，这道新修建的边境墙长约 3200 公里，这道墙一半是铁栅栏、一半是混凝土，高度从 5.5 米到 9 米不等，边境墙修建时充分考虑了攀爬的问题，因此想要徒手从这些高墙上翻过去是绝无可能的，而且这些墙很坚固，耐得住镐头、大锤等工具的破坏，边境墙地下大约 1.8 米，想要挖地道也就别想了。因为美国和墨西哥边境线实在太长了，在一些偏远的地区，依旧只有铁丝网，不过增加了武装巡逻人员的巡查力度。对于想要从墨西哥偷渡到美国的恐怖分子来说，这道墙就是一道无法逾越的鸿沟，而且美国还增加武装巡逻人员，加强巡查和打击力度。美墨边境墙功效如何，尚未见报道，但美国因 57 亿美元的修墙费用，却造成了政府停摆危机。

（五）注重加强恐怖形势研判，不断制定实施反恐军事新策，但实施效果往往没有达到预期目标

2018 年，国际反恐制定出台一系列新策略。联合国及其安理会出台了一些反恐规章和相关公约，国际社会、区域组织签订了有关反恐合作的双边和多边协议协定，但由于各国在反恐问题上存在明显的利益差异，严重制约国际反恐合作的广度和深度。一些国家过分强调单纯军事行动的作用，导致反恐合作中的矛盾问题不断，以中东为例，就有俄罗斯、美国、沙特分别领衔的 3 个反恐联盟在各自为战，产生诸多矛盾冲突。

（六）加大打击网络恐怖主义力度，及时查处网络恐怖活动

2018 年，俄罗斯安全局、内务部以及俄联邦通信、信息技术和大众传媒监督局共关闭 6.4 万多个非法信息网站，其中 4.7 万余个网站含有国际恐怖组织的信息。因为重视网络的防范与打击，年内俄阻止 37 个恐怖主义分支机构的活动，这些机构计划在达吉斯坦共和国、印古什共和国、车臣共和国和斯塔夫罗波尔边疆区等地区发起恐怖袭击。

第二节　世界主要恐怖袭击事件

一、恐怖分子使用无人机袭击俄罗斯驻叙利亚军事设施

1 月 6 日凌晨，俄军安全保障系统成功制止一起针对赫梅米姆空军基地和塔尔图斯补给站的恐袭企图。恐怖分子企图利用无人机发起袭击。

（一）事件背景

俄罗斯总统普京 12 月 11 日在赫梅米姆空军基地对军人们发表讲话时下令，在彻底粉碎叙利亚“伊斯兰国”后，从该国撤出俄军，同时两个俄罗斯军事基地——赫梅米姆和塔尔图斯以及俄罗斯驻叙利亚“敌对双方和解中心”将继续在该国运作。

（二）事件经过

1 月 6 日凌晨，驻叙利亚境内的俄军防空系统发现 13 个小型的空中目标，它们正在接近俄罗斯军事设施。其中，9 架无人机飞近赫梅米姆空军基地，另外 3 架飞近塔尔图斯港补给站。俄军无线电技术部队成功控制了 6 架无人机，其余 7 架全部被昼夜执勤的铠甲 S 型防空导弹系统击落。

（三）事件影响

俄军对 1 月 6 日袭击中使用的无人机进行的技术评估显示，“在世界

所有其他地方使用无人机发动恐怖攻击已经成为现实的威胁”。俄罗斯国防部在一份声明中说：“恐怖分子首次大规模使用无人作战飞行器，它们是从50多公里外的距离发射的，使用了全球卫星定位系统的导航坐标。”研究表明，机载航空电子设备能够让无人机实现飞行和轰炸全部实现自动程序化，并让任何电子干扰无效。①

二、利比亚首都国际机场遭武装分子袭击

1月15日，利比亚首都机场遭武装恐怖袭击，事件造成至少89人伤亡。

（一）事件背景

2011年卡扎菲政权被推翻后，利比亚局势持续动荡。在联合国斡旋下，利比亚两个对立议会代表于2015年12月签署《利比亚政治协议》，同意结束分裂局面，共同组建民族团结政府。但目前利比亚各派仍未按照协议接受民族团结政府统一领导，国家仍处于动荡和分裂之中。

（二）事件经过

利比亚内政部下属负责机场安保的特别行动部队当日发表声明说，一个名叫“巴沙尔·拜盖拉”的民兵组织实施了这次袭击。特别行动部队公布的照片显示，大量坦克和装甲车部署在机场周边区域，机场内有浓烟升起。的黎波里战地医院院长阿卜杜达耶姆·拉比里当天告诉新华社记者，冲突已造成20人死亡、69人受伤，其中包括平民。伤亡人数还有可能增加。

据利比亚安全部门和卫生部门消息人士透露，利比亚首都的黎波里米提加国际机场附近遭武装分子袭击，已致89人伤亡。这所由特别行动部队管理的监狱关押着约2500名犯人，其中包括数百名过去几年内被逮捕的恐怖分子。近年来，米提加国际机场附近区域经常发生武装冲突，机场屡屡成为袭击目标，最近一次袭击发生在2017年10月。

---

① 参见《恐怖分子动用无人机袭击俄驻叙基地未果美国被疑提供支持》环球网2018年1月9日，http：//wap. huanqiu. com/。

（三）事件影响

利比亚民航部门表示，5 架停放在机场内的飞机在冲突中严重损坏。由于冲突仍在继续，机场已临时关闭。利比亚民族团结政府当天发表声明谴责此次袭击，称袭击者的目的是救出那些被关押在机场附近一所监狱中的恐怖组织成员。

三、尼日利亚北部博尔诺州接连发生两起自杀式爆炸袭击

1 月中旬，尼日利亚东北部博尔诺州首府迈杜古里接连发生两起自杀式爆炸袭击，造成 10 人死亡、65 人受伤。

（一）事件背景

作为历史悠久的本土极端组织“博科圣地”最初的暴力手段主要是游击战，给尼日利亚、尼日尔、喀麦隆和乍得等国造成了很大困扰。近年来随着和“基地”组织，尤其“伊斯兰国”间关系愈益密切，“博科圣地”也开始越来越多地采取了富有“基地”“伊斯兰国”等中东背景原教旨国际恐怖组织所惯用的“汽车炸弹”“人弹”等手法。此次迈杜古里连环爆炸，肇事者不仅将“昂贵的人弹”用于直接袭击菜市场这样的纯平民目标，而且采用了以往几乎是“基地”和“伊斯兰国”暴恐“专利”的“高级战术”：先在人群中引爆一枚较小的“人弹”，待人群慌乱或救援者、警察云集，再引爆一枚较大的，以杀伤更多、更重要的目标。

（二）事件经过

第一起发生在中北部偏南的卡杜纳州。16 日晚，4 名外籍人士在从卡杜纳州前往联邦首都阿布贾的途中遭到不明身份武装分子的伏击，结果 4 人都遭绑架，这 4 人都是男性，两人为美国籍，两人为加拿大籍。第二起则发生在更靠东北的博尔诺州首府迈杜古里市。19 日，两名年轻女“人弹”在迈杜古里一座人流稠密的菜市场内和市场门前接连自爆，导致至少 10 人死亡、52 人受伤。行家指出，这 3 起恐怖袭击事件不论手法、背景和特征，都显得十分特别和神秘。

（三）事件影响

此次恐怖袭击系“博科圣地”所为，且较前带有更多“中东原教旨暴恐”血统。此前一段时间“博科圣地”频繁袭击迈杜古里附近的难民营，似带有“试手”色彩；而卡杜纳州的“伏击 + 绑架”则更像一起目标明确、准备精密、实施果断的“特种作战”。从尼日利亚的这两起神秘连环暴恐袭击可以看出，国际原教旨恐怖势力恐怕并不仅仅是“化整为零”，而更可能是主动“避实击虚”，用在中东积累的“先进暴恐经验”，武装反恐薄弱地区的“恐怖关系户”，从而化战略上的绝对劣势为战术上的相对优势，妄图以此达到金蝉脱壳、死灰复燃的企图。

四、布基纳法索首都重要机构同时遭恐怖分子袭击

3 月 2 日，西非国家布基纳法索首都瓦加杜古多地发生袭击，造成 28 人死亡、50 人受伤，遇袭地区包括法国大使馆、安全部队总部和该国总理办公室。

（一）事件背景

布基纳法索位于西非，曾是法国殖民地。这个位于撒哈拉沙漠南部边缘的国家近年来频遭极端分子袭击，大批生活在布基纳法索与马里边境的居民被迫逃离。2017 年 8 月 13 日，至少两名疑似极端武装分子袭击了瓦加杜古一家餐厅，至少 18 人遇害。2016 年 1 月 15 日，武装分子袭击瓦加杜古一家豪华酒店及其对面餐厅并劫持人质，致使 30 人死亡。“基地”组织北非分支“伊斯兰马格里布基地组织”声称制造了袭击。

（二）事件经过

当地时间本周五，布基纳法索首都一些地区发生袭击，目击者说，位于瓦加杜古的军方总部大楼附近发生爆炸，这一区域上空腾起黑烟并持续传出枪声。密集枪声后，看到一辆据信由袭击者使用的汽车被点燃。另有一些目击者说，军方总部大楼以及约 1000 米外的法国文化中心发生爆炸。

一辆载有 5 人的敞篷货运卡车冲向法国驻布基纳法索使馆，袭击者抵达使馆门口后纵火并扫射。枪声和爆炸声持续了几个小时，中午时分开始

减弱。工作人员逃离了附近的办公室，大使馆上空出现直升机。

另一边的陆军总部发生类似袭击。袭击者也是乘轻型卡车前往，然后开始向士兵开枪，陆军参谋部办公室升起浓烟，目击者称办公室曾发出巨大的爆炸声，该办公室及附近建筑物的窗户都碎了。有些士兵跑到了附近的银行寻求庇护。法国驻布基纳法索使馆通过社交媒体“脸书”证实使馆遇袭，在简短的贴文中提醒民众“躲在室内”。法国外交部也在其网站上发布消息，提醒位于瓦加杜古的法国公民远离事发地点。布基纳法索安全部队在事件发生后，迅速采取行动。

（三）事件影响

联合国秘书长安东尼奥·古特雷斯强烈谴责了这两起袭击，并表示坚决支持布基纳法索政府和民众。他在声明中，申明了联合国“支持布基纳法索打击暴力极端主义和恐怖主义的行动，支持安全领域的改革，促进国家和解，并为可持续的和平与发展创造条件。”过去几年，瓦加杜古曾发生过极端分子针对外国人的袭击事件。安全部队一直在设法遏制这些袭击。

五、德国汽车冲撞人群事件

4 月 7 日，德国北威州明斯特市老城区发生一辆小型客货车冲撞路边平民事件，据初步消息：已导致至少 4 人死亡、数十人受伤。

（一）事件背景

明斯特位于德国西部北威州，人口约 30 万。一名德国男子 7 日下午驾车冲撞闹市区人群，致 4 人死亡、20 人受伤，肇事者饮弹自尽。警方在搜查明斯特货车撞人事件袭击者的住所时发现了一把卡拉什尼科夫自动步枪。

（二）事件经过

事件发生于当地时间 7 日下午 15 时 30 分左右。德国电视一台援引警方发言人的表述称，一辆小型客货车当时在明斯特老城突然冲向一旁的人群，目前已造成至少 4 人死亡（包括当场自尽的嫌犯），约 20 人受伤，其中 6 人重伤。

（三）事件影响

明斯特市长马库斯·莱韦当晚向媒体表示，目前这起事件的背景尚不明确。明斯特全市都为这一令人惊骇的事件感到哀伤。北威州州长拉舍特称这是“令人悲伤和惊骇的一天”。事件的发生在当地造成了社会恐慌。

六、索马里首都汽车炸弹袭击至少造成 50 人死亡

11 月 9 日，在索马里首都摩加迪沙，发生汽车炸弹袭击和枪击事件，造成 50 人死亡，另有 58 人受伤。

（一）事件背景

自 20 世纪 90 年代初穆罕默德·西亚德·巴雷政府被推翻以来，索马里一直处于危机状态。索马里“青年党”近年来一直在索马里及其邻国多次发动恐怖袭击。

（二）事件经过

9 日下午，位于摩加迪沙的索马里刑事调查局总部附近发生 3 起汽车炸弹袭击。一辆载有炸药的汽车冲向刑事调查局总部附近的萨哈菲酒店并被引爆，第二辆载有炸药的汽车在这家酒店与刑事调查局总部大楼之间被引爆。两起爆炸发生后，警方协同酒店和 CID 保安与武装分子交火，大约 20 分钟后，第三枚炸弹在酒店附近一条繁忙的街道边的三轮车内被远程引爆。与“基地”组织有关联的伊斯兰激进组织“青年党”声称对该袭击事件负责。“青年党”军事行动发言人阿布·穆萨布称：“该酒店是政府官员的基地。”

（三）事件影响

此次事件是索马里“青年党”策划已久的一起大规模活动，采取了连续引爆的方式，对人员和建筑物造成了严重的破坏，联合国索马里援助团和非盟驻索马里特派团 9 日晚和 10 日分别发表声明谴责这一袭击事件。

第三节　世界主要反恐怖军事行动

一、俄罗斯军队成功制止攻击型无人机恐袭企图

1 月 6 日，俄军方依据准确数据分析，成功地粉碎了一起无人机恐怖袭击企图，这成为俄反恐战场又一精典战例。

（一）行动背景

俄专家正在调查叙利亚境内恐怖分子获取无人机设备和技术的渠道。目前仅能确定，恐怖分子使用的无人机装载的爆炸物使用了外国研制的导火管。俄罗斯国防部称，“恐怖分子在企图袭击俄罗斯驻叙利亚军事设施期间使用的工程解决方法，只可能来自那些掌握先进卫星导航技术和远程遥控投送爆炸物到指定地点技术的国家”。

俄罗斯媒体还就此事采访了美国国防部相关人员。美方五角大楼发言人阿德里安·兰金－加洛韦向俄塔社表示，美国国防部不掌握有关恐怖分子企图袭击俄军事基地的详细情况，但根据经验，恐怖分子使用的无人机技术以及设备在公开市场上很容易获取。他说，“我们看到过‘伊斯兰国’组织武装分子使用的这种技术。这些设备和技术在公开市场上可以轻易获取，这是我们担心的理由”。

（二）行动概况

俄军安全保障系统成功制止一起针对俄驻叙利亚赫迈米姆空军基地和塔尔图斯港补给站的恐袭企图，恐怖分子企图利用攻击型无人机发起袭击。俄罗斯军事专家已经在仔细分析无人机的结构、内部组件和爆炸物，破译无人机数据后，确定了无人机的起飞地点。俄国防部指出，这是恐怖分子第一次利用无人机在 50 公里之外进行操控，并利用了 GPS 卫星定位的现代技术。消息称，“对俄罗斯在叙利亚境内截获的无人机进行技术分析的结果显示，恐怖分子能够在 100 公里左右距离发动远程攻击”。俄国防部强调，恐怖分子使用攻击型无人机的事实证明，有人向他们转交了

“可以借助这类无人机打击任何国家的技术”。

虽然俄美官方均未对此做出最终结论，但俄罗斯议会已经出现了美国等西方国家可能参与提供技术的声音。据俄新社报道，俄国家杜马国防委员会副主席尤里·史威特金表示，他个人认为，企图袭击俄罗斯军事基地的武装分子的背后是“伊斯兰国”极端组织，而该组织不可能独立行动，需要依靠西方国家的情报部门。“如果不说是在这些国家的支持下，至少也是在他们的直接纵容下‘伊斯兰国’组织才得以行动”。他强调，“伊斯兰国”已经成为了西方国家的傀儡。

（三）行动评析

俄联邦委员会国防与安全委员会副主席弗朗茨·克林采维奇则直接指出，在制定攻击俄驻叙基地的计划时需要非常熟悉形势，这样计划周密的攻击行动没有美国情报部门的参与就无法完成。克林采维奇表示对西方情报部门的行为感到愤慨。“美国情报部门一边向我们传达有人在圣彼得堡发动恐袭的信息，另一边却在培训和武装（实施恐袭的）其他人员”。他指出，这是“新版恐怖主义战争，它们将更加完善、更加残酷，恐怖分子正在试验新技术”。

就恐怖分子企图使用无人机攻击俄方军事设施一事，俄罗斯方面表示，俄罗斯有必要建立专门的反无人机系统。俄方此前就预测到恐怖分子会使用无人机，而这在 1 月 6 日成为了现实。俄军将组建反无人机特种部队，并考虑在部队内部建立特种部队小组，测试对抗无人机的技术模型。特种中心正在与国防部、联邦安全局和联邦警卫局共同研究这个问题，对抗无人机的专用设备将部署在核电站等国家重要场所。

二、俄罗斯用“弹幕”战术对付恐怖分子，火力拦截瞬间完成

5 月 28 日，在叙利亚代尔祖尔的反恐战斗中，俄罗斯和叙利亚炮兵采用了新战术弹幕。

（一）行动背景

俄军事顾问在外贝加尔边疆区的炮兵旅服役，他们被临时调入在代尔祖尔行动的叙利亚炮兵连，与政府军其他部队相隔太远。5 月 28 日，武装

恐怖分子利用这一点对该部进行了夜间突袭，导致 2 名在叙利亚炮兵连指挥火力的俄顾问当场牺牲，另有 5 人受伤。

（二）行动概况

一群机动恐怖分子在夜间从侧翼突袭俄叙炮兵阵地，炮兵连受到迫击炮轰击。他们评估战局，为不让敌人靠近己方部队，组织防御，采用了弹幕战术，炮火在武装分子车队的路线上制造了弹幕（用军事术语说就是“不动拦阻射击”）。恐怖分子的皮卡车无法突破弹幕，战斗持续了大约 1 小时，炮兵连歼灭了 43 名恐怖分子和 6 辆安装大口径武器的越野车。这些皮卡上安装了迫击炮、大口径机枪和反坦克系统。武装分子甚至可以用它们来对付坦克部队。①

（三）行动评析

“弹幕”战术有利于击退夜间突袭的恐怖分子，防止炮兵被打个措手不及。火炮是叙利亚政府军最宝贵的财产之一。榴弹炮、迫击炮、齐射火箭炮摧毁了恐怖分子的工事、装备和有生力量。独立军事专家安东·拉夫罗夫表示，武装分子企图不惜一切代价消灭炮兵部队。专家认为，对付武装皮卡需要作好协同和人员准备。必须立即开火，保持高频射击，同时准确迅速地移动火力。从武装分子的损失来看，炮兵很好地完成了任务。俄叙军队良好地掌握了对付高机动性武装分子部队的新战术。从 2017 年夏天起，俄军开始根据叙利亚行动经验开发对付武装皮卡的战术。首先这么做的是中央军区摩托化步兵旅的炮兵。后来，这项战术被列入陆军、空降兵和海军陆战队其他炮兵的战斗训练大纲中。

三、布基纳法索军方摧毁数个恐怖组织据点

9 月 16 日，布基纳法索军方对东部恐怖组织据点展开打击行动，摧毁了数个恐怖组织据点。

---

① 参见《俄用“弹幕”战术对付恐怖分子，火力拦截瞬间完成》，参考消息网，2018 年 5 月 28 日，http：//www. cankaoxiaoxi. com/。

（一）行动背景

近年来，布基纳法索袭击事件频发，安全形势严峻。2018 年 3 月 2 日，位于首都瓦加杜古的布军队总部和法国驻布基纳法索大使馆遭到不明身份武装人员袭击，造成 8 名士兵身亡。8 月 11 日，布东部古尔马省的法达恩古尔马市附近发生一起路边炸弹袭击事件，导致 6 人死亡。9 月 15 日，两伙不明身份的武装分子分别袭击了帕马市 2 个村庄，造成至少 8 人死亡。[①]

（二）行动概况

经过布基纳法索军方的多方努力，获取了恐怖组织在帕马以及加耶里地区多个据点的位置信息，并经过多方认证确定了情报的可靠性后，派遣军机在布东部的帕马以及加耶里地区搜寻，摧毁恐怖组织的数个据点，虽然未统计恐怖分子的伤亡数量，但是有效打击了恐怖组织的气焰。[②]

（三）行动评析

布基纳法索恐怖形势不断恶化，法国驻布基纳法索使馆在贴文中提醒民众“躲在室内”，法国外交部也在其网站上发布消息，提醒位于瓦加杜古的法国公民远离事发地点。布基纳法索安全部队为有力打击恐怖势力，遏制恐怖活动的不断蔓延，迅速采取军事打击行动。此次军事行动，摧毁恐怖组织数个据点，一定程度上扭转了该国不断恶化的恐怖形势。

四、美军持续加大对索马里“青年党”的打击力度

年初以来，美军在索马里地区，持续加大对极端组织“青年党”目标的军事打击力度，消灭该组织大量武装分子。

---

① 参见《布基纳法索军方摧毁数个恐怖组织据点》，新华网，2018 年 9 月 18 日，http://www.xinhuanet.com/。

② 参见《布基纳法索军方摧毁数个恐怖组织据点》，新华网，2018 年 9 月 18 日，http://www.xinhuanet.com/。

（一）行动背景

肯尼亚《国家日报》认为，自特朗普就任美国总统后，美军加大了对索马里极端组织的打击力度，美军协助索马里政府军队打击恐怖分子，主要以空袭的方式对恐怖分子营地和重要设施实施定点轰炸。

（二）行动概况

2018 年以来，美军出动数十次无人机对索马里“青年党”目标实施空袭，至少 200 名恐怖分子在空袭中死亡。1 月 2 日，美军凌晨对索马里极端组织“青年党”目标实施空袭，打死该组织 2 名武装分子，此次空袭是在索马里联邦政府的协调下进行的，除了在索首都摩加迪沙以西约 50 公里的区域打死 2 名“青年党”武装分子以外，还摧毁了一个车载简易爆炸装置。3 月 19 日，美军对索马里极端组织“青年党”目标实施空袭，打死该组织 2 名武装分子、打伤 3 人。仅 11 月份，就有 62 名武装分子丧生。

（三）行动评析

美军非洲司令部称：“空袭削弱‘青年党’策划未来攻击的能力、破坏领导阶层网络，并重挫‘青年党’在此地活动的自由度及机动性。”但事实上，“青年党”仍具有策动致命袭击事件的能力，而且在索马里不断制造重特大恐怖袭击事件。

五、法军在马里击毙 30 多名恐怖分子

11 月 22 日晚，法军在马里采取军事行动，对当地恐怖组织发起进攻，击毙恐怖分子 30 多人。

（一）行动背景

萨赫勒地区是非洲撒哈拉沙漠以南一个宽 320 千米至 480 千米的区域。近年来该地区饱受贫困、武装冲突和自然灾害的困扰。2014 年，布基纳法索、乍得、马里、毛里塔尼亚和尼日尔成立了萨赫勒五国集团，以促进该地区的密切合作，并应对共同面临的挑战。2017 年 2 月，五国决定成立由 5000 人组成的萨赫勒五国集团联合部队。同年 7 月，五国领导人在马里首

都巴马科举行会晤，正式启动联合部队。

（二）行动概况

法国军队总参谋长弗朗索瓦·勒库安特 23 日发布新闻公报说，执行“新月形沙丘”行动的法军 22 日晚在马里中部的莫普提大区对当地一恐怖组织发起军事打击，共击毙 30 多名恐怖分子。法军此次打击的恐怖组织名为“马西纳解放运动”，被击毙者中很可能包括该组织的重要头目哈马敦·库法。法军在此次行动中出动了“幻影 2000”战斗机、虎式和瞪羚等型号的武装直升机、“收割者”无人机、C－135 加油机等多种空中作战力量，并出动了地面作战部队。

（三）行动评析

法国自 2014 年 8 月启动“新月形沙丘”行动，在这一行动框架下，法国向非洲萨赫勒地区派遣约 4000 名军人，与地区内的多国军队协同作战，共同打击恐怖主义。法军和马里政府军、萨赫勒五国集团联合部队以及联合国马里多层面综合稳定特派团（马里稳定团）等各方共同维护马里和萨赫勒地区安全，此次军事行动是法军为维护地区安全取得的又一次胜利。

第二章／2018年美国反恐怖军事行动*

第一节　美国反恐怖军事行动综述

在美国总统特朗普的主导下，除了继续扩大反恐军事联盟，增加军费以增强军事反恐力量外，还调整了一系列反恐策略，采取了一系列境外反恐军事行动，以图使国内不断恶化的安全形势有所好转，并保障美国的国家利益最大化。

一、美国面临的恐怖威胁

特朗普积极、主动实施的反恐怖策略，并没有有效减缓美国不断恶化的恐怖形势，无论其国内的恐怖形势，还是美国在国际上面临的恐怖形势，都有全面恶化的趋势。在国内，枪击、爆炸、投毒大案有增无减，不断出现人员重大伤亡；在国外，美国国外的人员与利益频遭袭击与破坏，尤其是在叙利亚，越反越恐怖，美国政府不得不考虑从海外撤军。

---

* 美国全称为美利坚合众国（United States of America），美国本土从大西洋到太平洋，几乎横跨整个北美洲大陆，面积仅次于俄罗斯、加拿大、中国，排名第四。它的领土还包括北极边缘的阿拉斯加以及远在太平洋赤道地区的夏威夷。本土东西长4500千米，南北宽2700千米，海岸线长22680千米。

（一）国内恐怖形势持续恶化，枪击、爆炸、投毒大案有增无减，造成人员重大伤亡

首先是枪击事件频繁发生。美国民间机构“枪支暴力档案”网站公布的最新数据显示，2018 年以来美国已发生超过 2 万起枪支暴力事件，据美国 gunviolencearchive. org 数据统计，截止至 12 月 7 日，美国发生的枪支暴力案一共有 52952 起，共造成至少 13557 人死亡。这个数据中，不包含平均每年约 2. 2 万起使用枪支自杀的案件。校园枪击案屡禁不止，2 月 14 日，美国佛罗里达州迈阿密都会区帕克兰玛乔丽・斯通曼・道格拉斯高中发生大规模枪击案，造成 17 人死亡、14 人受伤。嫌犯为该校学生尼古拉斯・克鲁兹，曾接受过心理健康辅导。5 月 18 日，美国得克萨斯州和佐治亚州各发生一起校园枪击事件，2 起事件共造成 11 人死亡、12 人受伤。其次是邮寄炸弹和剧毒物事件时有发生。每当美国在新的政策出台前，或者要举行政府换届大选前，一些恐怖分子就躲在隐暗的角落，利用当地最发达的快递业务，给所不满的名人们邮寄可疑爆炸物。收到邮寄炸弹的有政客、影视明星、经济界名人还有军界高级军官，即使离开政界的前政客也不例外，诸如前总统奥巴马寓所、前总统克林顿夫妇寓所也都收到邮包炸弹。美国在国内的多处重要军事设施及基地，也收到十多个可疑的爆炸性包裹。恐怖分子不仅邮寄炸弹等爆炸物，还邮寄生物毒剂，以达到恐吓的目的。10 月 2 日两份寄往五角大楼的邮件被检测出含有蓖麻毒素。再次是美国内多个地点遭到不明爆炸袭击。据美联社报道，仅奥斯汀地区，自 3 月 2 日以来就发生 6 起爆炸事件。爆炸已经造成了 2 人死亡，4 人重伤。据 CNN 报道，执法人员在调查中发现几起爆炸案的炸弹装置存在着相似的地方，因此推断“可能是接受过培训的人员，如在警方、军方中经历过爆炸性弹药处理的技术人员制作的”。很显然是恐怖主义案件。

（二）恐怖分子竞相从中东回流和外溢加剧美国反恐形势恶化

在“伊斯兰国”被击溃的形势下，新一波极端主义、恐怖主义狂潮正从中东向全球外溢和扩散，其中，美国是恐怖分子的重点方向。从世界各地来到中东进行“圣战”的人员纷纷回流和外溢，对美国的安全和稳定形成严重威胁。尤其是美国总统特朗普宣布承认耶路撒冷为以色列首都，巴以冲突加剧，让美国国内与国外的反恐环境日益恶劣，更成为恐怖主义和极端主义滋生和活跃的土壤。为此，美国采取多项本土反恐措施，包括进一步改革移民政策，限制甚至禁止部分国家公民入美；加强外国人入境美国的安全检查；推进对本土恐怖分子的调查。10 月，美国发布新版《国家反恐战略》，放弃在阿富汗和伊拉克等地的“国家重建”政策，减少在此地的反恐投入，调整反恐特种部队的职能和数量。同时，围绕“美国优先”和本土防范打击恐怖主义提出一系列反恐政策，包括强化边境安全、加强入境检查、促进各级政府合作、启用新数据处理技术、完善恐怖分子身份识别系统、强化基础设施和“软目标”保护力度、优化应急处置方案、打击暴力极端思想和网络恐怖活动等。

（三）美国粗暴、肆意干涉他国内政的外交政策，是进一步催生恐怖、极端行动的激化因素

自特朗普 2017 年 12 月宣布承认耶路撒冷为以色列首都，遭到中东绝大多数国家和人民的谴责，一些巴勒斯坦激进组织更是扬言要对美国进行无差别的恐怖袭击，迫使美国收回这个决定。这给美国的安全蒙上浓重阴影。巴勒斯坦研究中心主任、政治分析人士哈尼·马斯里认为，从美国现政府种种做法可以看出，美国完全偏袒以色列，这只会让巴以问题不断恶化，而无助于化解巴以矛盾，美国将会招致更多的恐怖报复。加沙政治分析人士塔拉勒·奥凯勒指出，特朗普对耶路撒冷归属作出鲁莽决定之后，美国就在巴以问题上失去了话语权。拉姆安拉作家、政治分析人士哈利勒·沙辛说，美国在中东和平问题上的不公正，使其难再继续发挥应有作用，美国未来很难有效推进巴以政策。在美国与土耳其两国关系上，因美国冷淡回应土方引渡居伦请求、美指控土银行家违反对伊朗制裁规定、土俄签订购买 S－400 导弹协议、土逮捕美领馆当地雇员引发签证风波等，导致土美关系危机四伏。今年 1 月中旬，美国宣布与叙利亚东北部库尔德武装组织“叙利亚民主力量”（土耳其认定的恐怖组织）共同成立所谓“边境安全部队”，导致美土关系进一步冷淡。1 月 20 日，土耳其对叙利亚阿夫林地区发起代号为“橄榄枝”的军事行动，重点打击“叙利亚民主力量”的主要派别“人民保护部队”。土耳其外长恰武什奥卢 16 日重申，叙利亚库尔德武装“人民保护部队”必须从阿夫林以东的曼比季撤走，土美才能在相互信任的基础上共同采取行动。在叙利亚，由于俄罗斯的干预，叙利亚局面正脱离美国轨道。叙利亚危机爆发以来，美国一直努力追求以打击恐怖主义为名，维持在叙军事存在和影响力，制衡俄罗斯。但中东分析人士认为，当前叙利亚形势发展已经脱离了美国预想的轨道。首先，叙利亚反对派在战场上不断失势，使武力推翻巴沙尔政权的可能性大为降低，美国强推政权更迭的计划受阻。其次，俄罗斯通过“以战促谈”，在叙地位不断提升，削弱了美国的地区影响力，逐渐主导了叙政治进程走向。再次，土耳其因库尔德武装问题与美国嫌隙加深，拉近与俄关系，战略重点也从推翻巴沙尔政权转向打击库尔德武装，影响了美国在叙战略的推进。最后，伊朗通过支持巴沙尔政府不断加大在叙军事部署，打通了从德黑兰到地中海的“什叶派走廊”，对美国及其地区盟友沙特、以色列构成威胁。美国再次将其霸权置于国际法规之上，这种行为必将作茧自缚，不得人心。如果美国撕毁伊核协议，将在中东产生恐怖的连锁效应，不但会加剧地区局势动荡，也会使美国自身利益受到重大挑战。所有被强行干涉的国家的极端势力和民族主义分子纷纷表达对美国的仇恨和不满，极力寻找时机报复美国在海外的人员和目标。12 月，特朗普宣布从叙利亚撤军，约 2000 名在叙士兵将被撤回。这一决定也引发了当地局势的新一轮紧张。在特朗普公布撤军决定后不久，叙利亚一城镇发生自杀性爆炸事件，致 4 名美国人死亡，随后“伊斯兰国”宣称对这一事件负责。

二、美国反恐怖军事对策

多年的高压反恐未能让美国本土免受恐袭侵害，波士顿马拉松爆炸案、加州恐袭案、奥兰多酒吧枪击案、拉斯韦加斯音乐节枪击案、纽约卡车袭击案等恶性恐怖袭击事件频频发生，促使以特朗普为首的美国政府以“美国优先”为施政纲领，采取了一系列反恐军事对策，承诺在国内加大反恐力度，以“让美国再次安全”，具体包括以下举措：

（一）驱逐在美外籍难民，收紧移民政策，清除恐怖主义可能产生的土壤

特朗普从竞选期间以来一直在移民问题上持强硬立场，并把移民制度改革作为 2018 年的施政重点之一。特朗普 2018 年伊始便签署“阻止外国恐怖分子进入美国的国家保护计划”行政令（即旅行禁令），要求禁止来自伊朗、伊拉克、叙利亚、利比亚、索马里、苏丹和也门七国的公民入境，暂停美国难民接收项目，并无限期暂停接收叙利亚难民，以防引入

“特洛伊木马”。其后续颁布的“禁令”移除了伊拉克和苏丹，又将朝鲜、委内瑞拉和乍得列入禁令名单，还终止“追梦人”移民计划，加大移民遣返力度，推动美墨边境修墙计划，打击国内避难城市，试图阻止非法移民进入美国。萨尔瓦多 2001 年发生地震，造成 1000 多人死亡。20 万萨尔瓦多人被迫前往美国并获得了庇护身份。2018 年 1 月 9 日，美国政府决定撤销 20 万萨尔瓦多人在美国的居住许可。如果在 2019 年 9 月 9 日前找不到合法的居留途径，他们将被驱逐出境。萨尔瓦多当地暴力现象发生频繁，是世界上谋杀率最高的国家之一。美国担心他们被恐怖分子煽动，从而成为恐怖分子的帮凶。特朗普政府已经撤销了上万海地人和尼加拉瓜人的临时庇护身份。萨尔瓦多人的临时庇护身份将在周一（2018 年 1 月 8 日）到期。报道称，这些萨尔瓦多人大部分居住在加利福尼亚、德克萨斯州及华盛顿附近。与此同时，这些拥有临时庇护身份的萨尔瓦多人强烈反对此次特朗普政府的决定。萨尔瓦多政府也在游说美国延长对居住在美国的萨尔瓦多人的保护。萨尔瓦多外交部长称，萨尔瓦多政府会为这些萨尔瓦多人找到一个一劳永逸的方法来解决这个问题。美国民主党人批判特朗普政府的决定，华盛顿特区市长穆丽尔·鲍泽表示：“因为这项荒谬无情的决定，万千家庭将会流离失所。”

在白宫与部分国会议员开会讨论移民体系改革时，先后谈到海地和非洲国家移民，他质问美国为何要接收所有这些“粪坑”国家的移民。特朗普还说，美国应更多接收挪威这样国家的移民。对此，国际社会和美国国内纷纷表达不满，认为相关言论带有种族主义倾向，令人震惊和愤怒。对此，联合国人权事务高级专员办公室发言人鲁珀特·科尔维尔说，特朗普有关非洲移民的最新言论是“令人震惊的”“可耻的”和“种族主义的”。科尔维尔强调，特朗普言论并非简单的用词粗俗问题，这反映了美国的政策正在打开人性中丑恶的一面，是对种族主义和仇外心理的鼓励，并可能导致很多人失去生活乃至生命的灾难性后果。海地总统若弗内尔·莫伊兹召见美国驻海地临时代办罗宾·迪亚洛，要求后者就媒体报道的特朗普相关言论作出解释。海地驻美国大使保罗·阿尔蒂多要求美国就特朗普相关言论道歉。萨尔瓦多总统桑切斯·塞伦也在社交媒体推特上表达不满，认为特朗普的言论损害了萨尔瓦多人民的尊严。萨尔瓦多已就特朗普言论向美国政府提出正式抗议。非洲联盟发言人埃芭·卡隆多表示，应警惕特朗普带有严重种族主义色彩的言论。历史上，许多非洲人被奴役至美国，且美国是全球最大的靠外来移民建立的国家，美国发表如此言论尤其令人不安。南非执政党非国大副总书记杰西·杜阿尔特在南非东伦敦市举行的记者招待会上说，将非洲国家称为“粪坑”国家是对相关国家的“严重冒犯”，是一件“非常不幸”的事。博茨瓦纳国际事务与合作部约见美国驻博茨瓦纳大使，表达对特朗普言论的不满。博茨瓦纳国际事务与合作部当天发表声明说，特朗普关于来自非洲国家移民的言论是“高度不负责任、应受谴责的、带有种族主义的”。声明呼吁南部非洲发展共同体、非盟及其他国家强烈谴责特朗普言论。

（二）加强安全监管、网络监控和反恐执法

“9·11”事件后小布什政府宣布美国进入“全国紧急状态”，推动一系列反恐立法和反恐机构的建立，为强化反恐执法提供法律依据。特朗普下令延长这一“针对实施、威胁实施或支持恐怖主义的人”的“全国紧急状态”，表明美国将继续加强安全监管、网络监控和反恐执法。美国国会众议院通过议案，延长了充满争议的美国《外国情报监听法》。这一法律允许美国情报部门在未获得法庭许可的情况下对外国公民以及部分美国公民进行监听和监视。美国国会众议院以 256 票支持，164 票反对的投票结果，将《外国情报监控法》第 702 条延长六年。参院还将对这一延长监控法的议案进行投票，但从之前参院表态来看议案通过的可能性较大。《外国情报监听法》允许美国情报机构，在未获得法庭搜查许可的情况下，对美国境外的各国居民展开监控并获取情报。美国国安局和联邦调查局可以通过这项法律的授权对包括谷歌、微软和脸书在内的多家互联网公司服务器，搜集和监控外国居民音视频资料和电话、短信及邮件往来。前些年，美国国安局前雇员斯诺登爆料美国情报部门滥用这项法律对包括美国人在内的世界各国进行监听监看活动后，目标甚至包括德国首相默克尔和巴西前领导人的手机通信，引起轩然大波。众多支持这一法案的国会议员和情报界官员称，监听的主要目标是恐怖分子，美国执法部门此前击毙极端组织二号人物的情报线索正是由这一法律的授权获得。但斯诺登爆料却显示，美国情报界进行的大规模监控远远超出了反恐的范畴，已经渗透到众多国家的政府和非政府机构、群体及个人。这项法律的延长在美国国内也引发了巨大争议，原因是法律规定如果同外国人通信或通话的另外一方在美国境内，即使此人是美国公民也将受到监听监视。此前美国法律界和民

权组织曾强烈要求限制对美国公民的监视活动。但对于监控对美国以外的其他国家却几乎没有做任何收敛。

（三）不顾他国人民死活，强化境外反恐军事打击行动，前推反恐怖主义前沿

为了防止中东仍然存在许多“伊斯兰国”的正式和非正式分支机构和追随组织回流，继而威胁到美国国内的安全形势，美国抓住一切机会，深化国际反恐合作、加强信息共享和联合执法，企图把反恐怖前沿推至他国境内。在叙利亚，美国主导的打击极端组织“伊斯兰国”的国际联盟多次对叙发动袭击。其中，11 月 30 日国际联盟对叙东部代尔祖尔省沙法镇的民居和民用设施实施了空袭，造成30 多名平民死亡，其中大部分是妇女和儿童。叙外交部在致联合国的信函中说：“美国主导的国际联盟在叙利亚不断犯下罪行，表明其对人性价值和国际法的蔑视，这与其自身原则也是相违背的。”在非洲，美军将继续与非盟驻索马里特派团和索马里安全部队合作，打击恐怖分子和他们的训练基地。索马里“青年党”是与“基地”组织有关联的极端组织，近年来在索马里及其邻国多次发动恐怖袭击。在阿富汗，美军主导多次联合突袭，击毙多名恐怖分子。在伊拉克，美军联合伊拉克政府军，先后击毙数千名恐怖分子。美军的空袭和炮火并不是十分的精确，结果是，在摩苏尔以及在叙利亚的拉卡，整个城市被来拯救它的部队变成了一片废墟。在摩苏尔西部，大部分被杀的平民死于楼房倒塌、空袭、迫击炮、炮弹或“伊斯兰国”武装分子所放置的爆炸物。停尸房提供了遇难平民的名单和他们的死亡地点。通常整个家庭都会死于战火。联军为自己的行动进行辩护，说把平民置于危险之中的是“伊斯兰国”组织。联军发言人托马斯·维尔在记者问到平民死亡问题时向美联社表示：“把批评集中在联军为打败‘伊斯兰国’组织而发动的战争无意间所造成的伤亡上是不负责任的。”他补充说：“如果没有联军针对‘伊斯兰国’组织发动的空中和地面打击，那么叙利亚和伊拉克人民在缺乏道德或道义标准的恐怖分子手里还要经受好多年甚至是几十年的痛苦，造成许多不必要的伤亡。”在也门，虽然美国没有直接介入内战，参与打击胡塞武装。但美国政府对沙特主导的联军行动也从未停止军事支持，期间，不断地为联军提供情报、空中加油和军事建议，实际上是间接地参与了对也门胡塞反政府武装军事打击。

第二节　美国主要恐怖袭击事件

美国政府创新的反恐怖政策收效不大，国内恐怖暴力案件并没有得到有效扼制且有恶化趋势。

一、千橡树市酒吧枪击案

11 月 7 日深夜，美国加利福尼亚州南部文图拉郡第二大城市千橡树市（Thousand Oaks）一家酒吧内发生枪击事件，造成包括枪手在内的 13 人死亡，另有 18 人受伤。

（一）事件背景

当地警方最新通报称，枪击案发生于当地时间 7 日深夜 11 时 20 分左右。当时，在千橡树市一家名为"边缘线"（Borderline Bar and Grill）的酒吧内，约有 200 名年轻的大学生正在喝酒、跳舞，其中两个女孩在庆祝 21 岁生日。

枪手是 28 岁的伊恩·戴维·朗（Ian David Long），其住所距离酒吧约 5 英里。当晚，他驾驶其母亲的汽车来到"边缘线"酒吧，美国国防部信息显示，伊恩·戴维·朗在美国海军陆战队服役近 5 年，期间被派往阿富汗执行任务为期 7 个月。另据其邻居反映，大家知道他可能存在心理失常，2018 年 4 月时曾出现行为异常，初步诊断患有创伤性应激障碍（PTSD），但医务人员诊断当时他尚未达到急诊收治程度。

（二）事件经过

美国前海军陆战队下士伊恩·戴维·朗突然闯进酒吧，先是向拥挤的人群投掷一颗烟雾弹，随即开火。现场听到数十声枪响。文图拉郡警察局警官罗恩·海洛斯（Sergeant. Ron Helus）在接到报警后和同事首先赶到现场。他听到酒吧内传来枪声，迅速冲入并正面遭遇枪手。罗恩·海洛斯随后中枪身受重伤，被送往当地医院后，抢救无效不幸殉职。警方资料显示，罗恩·海洛斯已在文图拉郡警察局任职 29 年零 4 个月，是一名经验丰富的警官。当晚，包括罗恩·海洛斯在内，共有 12 人在枪击事件中遇难。枪手也随后自杀身亡。

（三）事件影响

千橡市距洛杉矶 50 多千米，这起枪击事件震惊各方。美国有线电视新闻网（CNN）报道，千橡市市长福克斯表示，千橡市被视为“全美最安全的地方之一”，人均犯罪率最低，全市深以为傲，却仍然发生枪击惨案，令人深感无奈。此次事件再度显示了美国枪支暴力的严重程度。仅仅 10 来天前的 10 月 27 日，宾夕法尼亚州匹兹堡市“生命之树”犹太会堂就曾发生严重枪击案，造成 11 人死亡，6 人受伤。嫌犯鲍尔斯在现场被捕，目前已被起诉。

二、美国道格拉斯高中发生严重枪击案

2 月 4 日，美国佛罗里达州南部帕克兰市一所名为道格拉斯高中当天下午发生枪击案，造成 17 人死亡、多人受伤，嫌疑人已被抓获。

（一）事件背景

玛乔丽·斯通曼·道格拉斯高中是佛罗里达州南部一所知名公立学校，约有 3000 名学生就读。

嫌疑人尼古拉斯·克鲁兹生于 1998 年 9 月，曾在这所当地知名的公立高中玛乔丽·斯通曼·道格拉斯学校就读，因违反纪律被学校开除。当地媒体援引与他相识者的话报道说，克鲁兹孤僻、暴躁、喜爱枪支，在校期间曾威胁同学，参加过准军事训练。

（二）事件经过

据佛罗里达州联邦参议员比尔·纳尔逊说，克鲁兹携枪支和多个弹匣进入学校并拉响火灾警报，趁大量学生听见警报后跑出教室时，他使用半自动步枪射击，造成严重伤亡。克鲁兹后来混在一些被疏散的学生中离开学校，但最终在数英里外一座小镇被捕，被捕时没有抵抗。一名学生用手机拍摄的视频显示，正在教室里上课的学生们听到枪声后缩成一团躲在课

桌后面，惊恐地大声尖叫。

（三）事件影响

“无言”“噩梦”“可怕”等词语充斥美国媒体报道的标题或导语。这是佛罗里达州历史上最严重的校园枪击案，也是进入 2018 年后，美国发生的多起校园枪击案中最严重的一起。

美国电视播出的画面显示，一名年轻男子被特警戴上手铐后推上警车。布劳沃德县警官罗伯特·朗西说，现场有很多人员伤亡，“这对我们来说是可怕的一天”。枪击案发生后，白宫取消了当天下午的例行记者会，美国总统特朗普与佛罗里达州州长通了电话，并在社交媒体推特上对枪击案受害者表示慰问。

三、其他恐怖袭击事件

美国本地不断踊现的“独狼式”恐怖袭击，在给当地民众造成重大伤亡的同时，也在极大破坏着美国的社会稳定，美国民众普遍存在恐慌心理。

1 月 23 日，肯塔基州马歇尔县一所高中发生枪击事件，造成 2 人死亡、17 人受伤。

1 月 24 日，有 4 名美国公民在阿富汗首都喀布尔洲际酒店遭袭击事件中遇难，另有两人受伤。诺尔特在声明中称，美国强烈谴责这一袭击事件，并对遇难者亲属致以诚挚慰问。4 名袭击者身穿炸弹背心冲入喀布尔洲际酒店实施袭击。在经历 10 多个小时交火对峙后，阿富汗安全部队平息了这一袭击事件。袭击导致包括 4 名袭击者在内的 22 人死亡，其中包括 14 名外国公民。阿富汗塔利班宣称制造了这次袭击。

2 月 1 日，加利福尼亚州洛杉矶市一所中学教室内发生枪击案，导致 5 人受伤。

2 月 10 日，俄亥俄州维斯特维尔市发生枪击事件，造成 2 名警察死亡。

2 月 14 日，新奥尔良 Marti Gras 狂欢节连续发生 3 起枪击事件，造成 3 人死亡，至少 5 人受伤。美联社（AP）14 日消息，被称作“忏悔星期二”的 Marti Gras 狂欢节，于 13 日在新奥尔良举行节庆游行活动。当地警方 14

日召开新闻发布会指出，当日在游行活动场所，接连发生 3 起枪击案，造成 3 人死亡，至少 5 人受伤。

2 月 14 日，佛罗里达州帕克兰市一所高中发生严重枪击事件，造成 17 人死亡、15 人受伤。

2 月 14 日，位于马里兰州米德堡的美国国家安全局（NSA）总部外发生枪击事件，1 人受伤。当地媒体报道，1 名嫌疑人被逮捕。美国国家安全局的公共事务办公室发表声明说，当地时间 14 日上午 7 时左右，国家安全局一处检查站发生“安全事件”。这一情报机构的另一份声明说，一处“汽车安全入口”门外当天早上发生安全事件，警方和当地执法部门正在处理，“情况处于控制之中，眼下没有安全威胁”。

2 月 22 日，美国驻黑山大使馆遭到自杀式爆炸袭击，袭击者身亡，使馆未遭到破坏。据悉，爆炸发生在当地时间 22 日凌晨 12 点 30 分左右，当地目击者听到两声爆炸声。黑山政府证实，一名不明身份的袭击者向使馆投掷了一枚“爆炸装置”，随后又引爆了另一枚炸弹。

3 月 2 日，密歇根州中密歇根大学一学生公寓发生枪击事件，造成 2 人死亡。

3 月 7 日，亚拉巴马州伯明翰市一所高中发生枪击事件，造成 1 人死亡、2 人受伤。

3 月 9 日，加利福尼亚州纳帕县的加州退伍军人之家发生枪击事件，造成 4 人死亡。

3 月 14 日，美国阿拉巴马州伯明翰市一家医院发生枪击事件，导致至少 2 人受伤，报道称，枪击发生在 UAB 高地医院。其中的一名伤者是医院的雇员，胸部多处中枪，被送往 UAB 主院接受治疗，第二名伤者则留在高地医院。两名伤者的伤势都可能危及生命。警方称，枪手随后向自己开枪。有报道称枪手已经死亡，但也有媒体称，枪手“被制服”，其情况目前尚不明确。

3 月 22 日，美国得州奥斯汀近几周来发生一连串神秘炸弹攻击案，居民人心惶惶，除了收包裹时会再三检查，遛狗时也提高警觉，注意周遭环境，生怕成为下一个受害者。报道称，44 岁的居民波尼克（Paula Bonick）说：“这些炸弹攻击案似乎无迹可寻，没有理由或特定模式，使人更加紧张不安。”

3 月 25 日，位于美国北卡来洛纳州的特维斯（Travis）空军基地遭自杀式袭击，FBI 已介入。事件已被当作“恐怖袭击”调查。特维斯空军基地发布媒体公告称，3 月 21 日晚 7 点左右，一辆装有丙烷罐的汽车在未经授权的情况下进入基地，随后着火，司机现场死亡。司机名叫 Hafiz Kazi，51 岁，来自旧金山索萨利托。CBS 称，司机主动点火后在车里被烧死。事发后，基地大门关闭了 12 个小时。

3 月 27 日，美国联邦调查局收到 6 个邮寄给首都华盛顿特区军事及情报设施的可疑包裹，包裹内还含有爆炸物品。目前，联邦调查局准备检查它们是否出自一人之手，以及包裹内是否装有真的炸弹。据报道，美国执法官员于当地时间 26 日晚称，6 个可疑包裹被分别寄给中央情报局、白宫、海军、陆军国家地空情报局及国防大学的邮件处理设施。执法官员说，那些包裹都是通过邮寄发送，部分包裹装有令人不安的信件。但所有邮件都被很快处理，执法官员说，那些军事设施的扫描机器在收包裹时发现可疑材料，已将它们送往位于弗吉尼亚州匡蒂科的 FBI 实验室。据报道，其中 2 个包裹的邮寄地址分别为贝尔沃堡军事基地和麦克奈尔堡国防大学。据陆军发言人霍华德称，在美东时间 26 日上午 8 点 30 分，装有炸药的包裹被送往麦克奈尔堡国防大学，大楼内人员很快撤离。专家带着警犬搜查之后，位于麦克奈尔堡的国防大学再度开门，人们在当地时间 26 日下午 1 点 15 分返回大楼。21 日，美国得州奥斯汀连环爆炸案嫌犯马克 · 安东尼 · 康迪特被警察追捕时，引爆炸弹身亡。据悉，他在 19 天内制造了 6 起爆炸案，致 2 人死亡，4 人受伤。在多起爆炸案中，有的炸弹被装进包裹，收件人拆包裹时被炸身亡或受重伤；有的采用绊网装置，被踢到或踩到绊网炸弹引爆。在将近 3 个星期的连环爆炸案发生期间，当地警察收到 1200 多次报警电话。

4 月 7 日，伊利诺伊州罗克福德市一辆夜店巴士上发生枪击事件，造成 3 人死亡。

4 月 22 日，田纳西州纳什维尔市一家饭店发生枪击事件，造成 4 人死亡、3 人受伤。

5 月 13 日，美国 WHDH 电视台报道称，美国马萨诸塞州布罗克顿市当地时间 12 日发生枪击案，警方已对此展开调查，目前伤亡情况尚未确认。

5 月 18 日，得克萨斯州圣菲市一所高中发生枪击事件，造成 10 人死亡、10 人受伤。

5月18日，佐治亚州琼斯伯勒市一所高中发生枪击事件，造成1人死亡、2人受伤。

5月31日，针对宾西法尼亚州东部雄鹿县（Upper Bucks）和理海县（Lehigh）出现的一系列神秘爆炸声，目前联邦和地方政府正在展开调查。据斯普林菲尔德警方称，自4月2日清晨时分以来，已有多起爆炸事件发生。最近的一次爆炸于5月29日凌晨4点在斯普林菲尔德附近发生。所幸到目前为止，还没有爆炸造成人员伤亡的消息。

6月23日，美国加州圣地亚哥市一栋公寓晚发生枪击案，2名警察在与枪手对峙时中枪。枪手躲在公寓里，透过墙壁射击。据圣地亚哥当地媒体报道，23日晚，一名30多岁的枪手把自己关在公寓大楼里，警方包围了大楼。周围的街道被封锁。晚上11点左右，一支特警队赶到现场。大约20分钟后，当局逮捕了1名嫌疑犯。但后来证实该嫌疑人不是枪手。据悉，枪击造成至少有一人被送到医院。

6月29日，东部马里兰州一家报纸的编辑室下午发生枪击事件。当地警方说，枪击事件已造成5人死亡，另有2人受轻伤。枪击事件发生在马里兰州首府安纳波利斯市的《首都新闻报》编辑室。负责此案调查的安妮阿伦德尔县警察局代理局长威廉·克兰普夫在新闻发布会上说，枪击已造成5人死亡，2人受伤。克兰普夫说，枪手是马里兰州一名年近40岁的白人男性居民，他在警方抵达后没有抵抗即被逮捕，目前正接受审讯。克兰普夫说，嫌疑人袭击时使用一把霰弹枪，并使用了烟雾弹，表明这是一次有目的、有预谋的袭击。他说报社此前在社交媒体上受到“有暴力倾向的”威胁，但警方仍在调查这些威胁是否来自嫌疑人。

6月30日，一白人男子在美国东部马里兰州安纳波利斯市《首府新闻报》（前译“首都新闻报”）报社开枪射杀5人、射伤2人，造成美国迄今针对媒体人员伤亡最为惨重的袭击之一。警方没有与嫌疑人交火即抓获这名男子。警方披露，嫌疑人先前发出威胁，袭击报社属于预谋事件。

7月1日，美国西北部爱达荷州首府博伊西（Boise）发生一起持刀伤人案。1名袭击者在一栋复合公寓楼持刀捅伤9人，警方称受害者包括难民。据美国有线电视新闻网（CNN）报道，当地时间30日晚间8时46分左右，警方接到报警后赶往现场，在事发公寓楼及停车场内共发现9名伤者。当地时间8时50分左右，警方在公寓楼附近逮捕一名30岁嫌犯，警方正在对其进行讯问，但尚未查明嫌犯作案动机。报道称，9名伤者目前已被送往医院接受治疗，其中 4 人有生命危险。博伊西警长伯恩斯（William Bones）称，受害者包括“博伊西难民社区成员”，但他没有就难民问题进行详细说明。

7 月 28 日，当地时间周五（27 日），美国得克萨斯州的罗布斯敦市发生 2 起明显有关联的枪击案，其中一起发生在当地一家养老院。目前，枪击事件已经导致 5 人死亡。据悉，在接到民众有关听到枪声的报案后，警方随即赶到事发的养老院，并发现共有 2 名男子和 1 名女子死亡，其中包括枪手。随后，警方也对其中 1 名受害者的家进行了检查，发现了另外 2 名死者，并断定这里也发生了一起枪击案。

8 月 8 日晚上 10 时左右，美国费城发生枪击案件，枪手持大口径武器造成至少 2 人死亡、4 人受伤。据当地警方介绍，在枪击中死亡的 2 人分别是 34 岁男性和 32 岁女性。枪手使用的是大口径武器，威力较大，至少开了 11 枪。暂不清楚作案动机，枪手在逃。监控录像显示，一辆汽车向西驶离现场。

8 月 20 日，上周末芝加哥再次发生多起枪击事件，有 46 人遭枪击，其中 3 人死亡。报道称，周末发生的枪击事件目前共造成 3 人死亡。第一起事件发生在当地时间周六晚，1 名 26 岁的男子于晚上 8 点左右被枪击身亡。第二起事件发生在周日早上，一个人被另一个骑自行车的人开枪打死。而第三起事件发生于当地时间周日下午，被害者是 1 名 19 岁男子。报道称，目前芝加哥警方正在对所发生的枪击案进行调查。有目击者表示，所有受害者都是无辜的路人。这已经不是芝加哥第一次上演“血腥周末”。就在本月初的 3 日至 5 日，芝加哥连续发生数十起枪击事件，造成 63 人中枪、10 人不幸死亡。枪案受害者中既有年逾花甲的老者，也不乏未成年人。美国媒体称，该市枪案发生的密集程度已经堪比“战区”。

9 月 7 日，中部俄亥俄州辛辛那提市警方 6 日通报说，当地一家银行当天发生枪击事件，造成至少 4 人死亡，另有 5 人受伤。辛辛那提警方当天早晨通过推特发布消息说，该市市中心一家银行遭到枪手袭击，接到报警后，警方到达现场。目击者发布在网上的图片显示，大量警察包围遭袭银行，附近民众也被疏散。辛辛那提大学医疗中心一名发言人告诉当地媒体，医院已收治 4 人，但未透露伤情。警方随后证实，枪击事件造成 4 人死亡。

9 月 20 日，美国周三一天之内发生两起枪击事件。一起发生于宾夕法尼亚州费耶特县地区法官办公室，另一起发生于威斯康辛州某软件公司。据统计，这两起枪击事件目前已致约 2 死 9 伤。据美媒消息，宾夕法尼亚州枪击事件大约于地时间下午 2：30 发生在希姆肖普（Daniel Shimshock）法官的办公室。新华社消息指事件已致 1 死 4 伤。美媒报道称枪手被控制，2 架医用直升机和多辆急救车奔赴现场。验尸官已被召集到现场，人们怀疑至少有 1 人可能已经死亡。虽然官方没有公布有关死亡事件的信息，但媒体报道显示 1 人死亡，另外 4 人受伤。未经证实的在线报道表明，被杀者系枪手。

9 月 28 日，当地时间 27 日，美国顶峰航空（Pinnacle Airlines）公司前首席执行官（CEO）在田纳西州的孟菲斯市一起枪击事件中遭枪杀。据报道，同时担任孟菲斯商会首席执行官的菲利普·特伦瑞（Philip Trenary）在当地时间 27 日晚上 8 点左右，在孟菲斯市中心南街 500 街区发生的枪击事件中丧生。孟菲斯市长已经确认了该消息。

10 月 4 日，美国费城一家商场发生枪击事件，导致 1 死 4 伤。据警方介绍，1 名枪手从车内向商场外 5 名男子射击。受害者的年龄在 19 岁至 23 岁之间，其中 1 人被击中头部，送医后不治身亡。其余 4 人被射伤，伤情稳定。警方尚未公布枪手身份信息。费城警察局长理查德·罗斯对当地媒体说，他认为这是一起有针对性的袭击，但不清楚枪手的作案动机。

就在同一天，美国南卡罗来纳州弗洛伦斯县发生枪击事件，7 名警察遭到枪击，其中 1 人伤重死亡。目前，嫌犯已经被拘留。警方在新闻发布会上表示，最初 3 名警察遭到了枪击，在更多的执法人员前往现场后，又有 4 人遭到枪击，其中 1 人死亡。嫌疑人在与警方对峙约 2 小时后被拘留。弗洛伦斯警察局局长称，他下属的 1 名警官在事件中殉职。10 月 9 日晚，美国佛罗里达州一家购物中心内发生枪击案，目前已经导致 2 人死亡，另有 2 人受伤。有媒体称，现场的一位女士称自己当时正在购物中心的一家餐厅内庆祝生日，忽然有人向她的丈夫开枪，并在随后打死了儿子。

10 月 24 日，美国肯塔基州路易斯维尔市一家连锁超市发生枪击事件，1 名嫌犯持枪先后向 2 人开枪，造成 1 名男子和 1 名女子当场死亡，嫌犯已被逮捕。警方称，嫌犯无任何动机，受害者似乎是随机选定的。据报道，警方于当地时间 24 日 15 时左右接到枪击消息，事件发生于距离路易斯维尔市中心约 24 公里处。警方负责人罗杰斯称，嫌犯在进入超市后，遇上了一名男子，并向他开了几枪，随后枪手走出了超市。之后，嫌犯在停车场再枪击一名女子。2 人均当场死亡。

11 月 3 日，当地时间 2 日晚，美国新罕布什尔州汉诺威的达特茅斯学院发生枪击事件，一名非该校的学生遭枪击，警方目前正在搜捕枪手。据汉诺威警方称，2 日晚上，一名非达特茅斯的学生在学校街 1 号的基督教科学阅览室遭枪击。

11 月 16 日，当地时间 15 日晚，美国加州圣地亚哥 Colinas Del Sol 社区发生枪击案，导致 2 人受伤。据报道，晚上 8 时 30 分，一名男子在 Dawson 大街上开枪射击，1 名 42 岁男子被射中腿部，另一名 28 岁男子腹部受伤。事件发生时两人在参加街边的烤肉聚会，目前 2 人已被送往医院，没有生命危险。

11 月 29 日，美国亚利桑那州图森市发生枪击案，一名美国法警身亡。亚利桑那州州长在社交网站上证实了此次事件，称该法警是在执勤中遇难，并对遇难者的家人和亚利桑那州的执法部门表示哀悼和祈祷。报道称，枪击事件发生在图森西北部一栋单层住宅外，时间是当天下午 5 时 30 分左右。当地警方和联邦官员包围了房屋，居民被疏散。在与警方对峙 1 小时后，1 名男子被捕。据称，该法警是在对峙期间受伤的，他被送往医院，但因伤势过重而死亡。

12 月 21 日，美国加利福尼亚州一名男子向祖母开了 7 枪并射伤另外一名女子，把女子强行推入祖母的汽车后带走。警方接警，借助车载防盗追踪系统很快定位汽车，试图在好莱坞拦下车辆。洛杉矶警察局长米歇尔·穆尔说，男子拒绝停车并向警察开火，车辆撞上街边柱子，后窗玻璃在交火中被打破。男子下车，再次与警方人员交火。遭劫持的女子中弹身亡，不清楚她死于警方还是男子射出的子弹。男子逃入附近一家超市，劫持四五十名人质。18 时 30 分左右，相距男子闯入超市将近 3 个小时，这名嫌疑人同意投降。男子给自己铐上手铐，在 4 名人质“包围”中走出超市。警方立即拘留男子。按警方的说法，男子胳膊受伤。

12 月 28 日，北费城 Gratz Street 及 Susquehanna Avenue 路口一间中餐馆，当地时间 27 日凌晨约 12 时半发生枪击案，导致 3 人中弹。2 名枪手持大口径、半自动步枪，朝店外群众连开 13 枪，3 名介于 20 至 28 岁的男子，头部、腹部、腿部等多处中弹送医，情况危急。

12 月 29 日，美国密苏里州发生一起枪击案，造成 4 人死亡，1 人受伤。死者包括 2 名儿童。当日上午，警方在该市一家便利店内逮捕了逃跑的嫌犯。

第三节　美国主要反恐怖军事行动

2018 年全球反恐形势日益复杂，随着恐怖主义受害国数量急剧增长，尤其是西方世界和阿拉伯国家接连遭受重大恐怖袭击，美国为了遏制对自己有威胁的恐怖组织坐大，不断深化国际反恐合作，以与他国联合采取军事行动，打击恐怖组织目标。

一、联合英法军事打击叙利亚行动

美联合英法军事打击叙利亚行动是指美国、英国、法国联合实施的对叙利亚的军事打击行动。2018 年 4 月 13 日晚，美国总统特朗普就叙利亚化学武器袭击事件发表讲话，宣布对叙利亚实施打击。此后不久，美英法三国对叙利亚首都大马士革发动了空袭。袭击的导弹来自美国及英法盟友的飞机和舰船。美英法联军对叙利亚大约 10 个目标进行了打击，主要集中在大马士革近郊、东古塔和霍姆斯地区。在遭受轰炸后，叙利亚防空部队发起了反击。

美英法联军对叙利亚实施空袭后，联合国秘书长安东尼奥·古特雷斯呼吁所有国家保持克制，以避免局势升级。截至 2018 年 4 月 14 日，美英法三国针对叙利亚的空袭已造成至少 6 名叙利亚平民受伤。12 月 20 日，白宫宣布：美国已开始从叙利亚撤军，将在 60－100 天内全部撤离。

（一）行动背景

2018 年 4 月 7 日，叙利亚东古塔地区发生疑似化学武器袭击事件，导致 70 余人丧生。报道一出，叙利亚反对派、美国、英国、法国等纷纷指责叙政府军使用化学武器袭击无辜平民。但叙利亚坚决否认，并指责西方和叙反对派造谣，目的是保护被围困的恐怖分子。俄外交部则认为，该谣言旨在袒护恐怖分子，并为外部势力发动打击寻找借口。

2018 年 4 月 13 日，叙利亚驻联合国大使巴沙尔·贾法里向西方国家撂话，称若西方发动攻击，叙利亚将别无选择只能对抗到底。贾法里告诉联合国安理会，这不是威胁，是保证。联合国秘书长古特雷斯（Antonio Guterres）则回应称，世界强权间紧张加剧，恐导致在叙利亚全面军事升温。古特雷斯还敦促安理会“在这种危险情势下，采取行动，做出反应”。

针对西方关于叙政府在东古塔地区发动化武袭击事件的猜测，贾法里还“申冤”称，有毒化学物质明明是在英美等国的帮助下被偷运入叙的。贾法里强调，恐怖分子在很久以前就从利比亚得到了有毒化学物质，而这种行动得到了美国、沙特、土耳其及法国情报机构的帮助，他们利用民用航空公司把化学物质从利比亚转运至伊斯坦布尔。

（二）行动概况

2018 年 4 月 13 日晚，美国总统特朗普宣布，美国已联合英国和法国对叙利亚军事设施实施精准打击。

特朗普说，这次行动的目的是“对生产扩散和使用化学武器的行为建立强大的威慑力量”。他说，“美国、英国和法国将整合所有军事、经济和外交力量，对这些暴行进行联合反应”，“准备在叙利亚政权停止使用被禁止的化学制剂之前，维持这种反应”。法国总统马克龙下令军事加入打击叙利亚行动。英国首相特雷莎·梅授权使用武力在叙利亚实施有针对性的打击。并称打击是有限的，有确定目标的。做出这个决定是出于英国的国家利益。2018 年 4 月 14 日凌晨，美国、英国、法国从空中和海上向叙利亚军事和民用设施发射了 110 多枚巡航导弹和空对地导弹。叙利亚政府军的防空系统进行了反击，部分导弹在接近目标时被击落。据当地媒体消息显示，在此次攻击过程中，没有一枚导弹进入防护驻叙塔尔图斯海军港口和赫梅米姆空军基地的俄防空分队责任区内，俄反导弹打击的防空分队“未被使用”。

（三）行动评析

截至 2018 年 4 月 14 日，美英法三国针对叙利亚的空袭已造成至少 6 名叙利亚平民受伤，叙利亚数十处军用和民用目标遭到严重破坏。

这些目标主要集中在大马士革近郊、东古塔和霍姆斯地区，其中包括叙利亚共和国卫队总部、大马士革第 105 大队、大马士革防空基地、大马士革梅扎机场、东古塔机场、大马士革巴尔克军事科技中心、大马士革郊区的贾拉亚科学研究中心总部、大马士革郊区的第41特种部队，以及大马士革北郊卡拉姆等地的军事设施和霍姆斯的军事仓库。联军打击的对象虽然是叙利亚的军事目标，但也殃及了民用基础设施。在遭受轰炸后，叙利亚防空部队发起了反击，并在大马士革南部地区击落了13枚导弹。4月17日凌晨，叙利亚防空系统回击了射向叙中部霍姆斯省沙伊拉特军用机场的多枚导弹。

二、突袭索马里“青年党”行动

美军2018年10月12日凌晨对索马里极端组织“青年党”目标实施空袭，打死该组织60多名武装分子。

（一）行动背景

索马里“青年党”是与“基地”组织有关联的极端组织，其前身“伊斯兰联盟”深受沙特瓦哈比派的影响，反对苏菲派的多神信仰和祖先崇拜。“青年党”继承了“伊斯兰联盟”的政治理念，奉行萨拉菲（尊古派）极端主义思想，主张推行伊斯兰教法统治，主张采用暴力革命方式，通过“圣战”实现伊斯兰的复兴。“青年党”在索马里、埃塞俄比亚、肯尼亚三国交界地区的活动猖獗，其目标是在三国交界地区建立“东非伊斯兰酋长国”。其政治目标是通过对内推行伊斯兰教法统治、对外发动对西方和埃塞俄比亚基督徒的“圣战”，在索马里建立大伊斯兰国家。在2009年宣誓效忠“基地”组织后，“青年党”完全接受了“基地”组织的全球“圣战”理念。“青年党”的领导人声称：“‘基地’组织是索马里‘圣战’的母亲……我们的大部分领导人都在“基地”组织训练营受训。”近年来在索马里及其邻国多次发动恐怖袭击，在本质上具有反世俗、反西方、反对多元文化的特征，2008年该组织被美国认定为恐怖组织。

（二）行动经过

超过500名美军人员现驻扎在索马里，与索马里政府军和非洲联盟驻索马里特派团部队联手打击“青年党”。进入10月份，驻索美军不断发现“青年党”武装加紧相互联络，判定该组织企图发动新一轮恐怖袭击，迅速将武装空袭“青年党”计划上报美国总统唐纳德·特朗普。实际上，在2017年美国政府已放松对驻索美军限制，允许美军非洲司令部在不经白宫批准情况下视情况打击武装组织成员。设在德国斯图加特的美军非洲司令部经与索马里政府协调，12日迅速组织空中突击力量，对在索马里哈拉代雷周边的极端组织“青年党”目标发动大规模空袭。经过评估，美军认定空袭击毙大约60名恐怖分子，未造成平民伤亡。“这次精准打击是自2017年11月21日以来针对‘青年党’的最大规模空袭”。当时美军空袭索马里“青年党”一处训练营，击毙大约100名极端分子。法新社报道，美军最近数月加紧打击索马里“青年党”。

（三）行动评析

此次空袭是在索马里联邦政府的协调下进行的，是美军近期在索马里对极端组织“青年党”发动的一次大规模空袭，除了在索首都摩加迪沙以西约50千米的区域打死2名“青年党”武装分子以外，还摧毁了数个车载简易爆炸装置，没有平民在空袭中丧生。这说明美军将继续与非盟驻索马里特派团和索马里安全部队合作，打击恐怖分子和他们的训练基地

三、联合阿政府军、北约驻阿富汗部队突袭阿富汗当地恐怖组织

在阿富汗，美国和北约驻阿富汗部队6月14日与25日使用无人机对阿富汗恐怖组织目标实施空袭，击毙恐怖组织重要头目法兹卢拉等多名恐怖分子，同时，联合空袭也导致阿富汗平民死伤多人，引起当地政府的不满及民众的抗议。

（一）行动背景

之所以展开此次行动，是为了报复阿富汗塔利班武装6月19日晚在西部两个省的恐怖袭击，当时多个安全检查站被恐怖组织袭击，先前这伙武装分子从巴基斯坦境内潜入，绑架当地8名警察，并将他们斩首。共造成至少45名安全人员死亡。时值开斋节，为庆祝节日，阿富汗政府6月7日宣布，将从6月12日开始与塔利班停火一周左右，停火对象不包括极端组织“伊斯兰国”和“基地”组织。塔利班组织也于9日宣布，开斋节期间与阿富汗政府军停火3天。开斋节期间，阿富汗政府再次宣布，将停火期

延长 10 天。但塔利班 17 日表示，为期 3 天的停火期结束后不再延长。阿富汗西部巴德吉斯省塔利班武装分子在该省巴拉穆尔加布地区袭击了两个安全检查站，造成 30 名士兵死亡。塔利班方面有 16 人被打死，另有包括该组织在当地的“影子省长”在内的 15 人受伤。

法兹卢拉参与或策划实施阿富汗及巴基斯坦境内多起严重恐怖袭击。2013 年，他成为塔利班武装头目。美国政府已将法兹卢拉列入全球恐怖分子名单，并悬赏 500 万美元捉拿。

（二）行动过程

6 月 14 日凌晨，美军根据情报，在靠近阿巴边境的库纳尔省马拉瓦拉地区实施无人机空袭，法兹卢拉乘坐的汽车被摧毁，法兹卢拉在空袭中死亡。

6 月 25 日，根据侦察现报，美国和北约驻阿富汗部队 25 日使用无人机对阿富汗目标实施空袭，造成多名平民和武装分子死亡。阿富汗东部努里斯坦省一名官员当日向新华社记者证实，美国和北约驻阿富汗部队 25 日夜间使用无人机空袭了该省瓦伊加勒地区的一处房屋，造成 6 名平民和 4 名塔利班武装分子死亡。这名官员说，空袭发生在当地时间 25 日夜里 11 时左右，当时一伙塔利班武装分子正在该处房屋内探望受伤的同伙。另据库纳尔省警察部门发布的一份声明说，该省瓦塔布尔地区 25 日下午遭到无人机袭击，3 名极端组织“伊斯兰国”武装分子在袭击中被打死。近来，阿富汗反政府武装力量频频发动针对阿政府的袭击。阿富汗安全部队、美国和北约驻阿富汗部队随后加大了针对武装分子的地面和空中打击力度。

（三）行动评析

美军和阿富汗政府军对极端组织“伊斯兰国”的联合空袭行动在消灭恐怖分子的同时，也致使 1 名平民死亡、13 名平民受伤。受伤平民包括妇女和儿童，击毙超过 60 名“伊斯兰国”成员。之所以造成这样的局面，是因为极端分子利用民宅作据点，因而导致平民伤亡。

客观上也反映美军先进的空中技术并不先进。一名伤员的家属批评美军“愚蠢”，不会辨别“武装分子和平民”，“美军总说可以打击地面上任何一个很小目标……我们不相信他们的技术。”另外，驻阿富汗美军 2 日说，楠格哈尔省 1 日军事行动中，1 名美军士兵死亡、4 名美军士兵受伤，其中两名士兵伤势稳定、另外 2 名伤员已重返岗位。

四、联合土军在叙北部地区进行巡防行动

11 月 1 日，根据土耳其和美国达成的合作路线图，土美军队正在联合巡防叙利亚北部的曼比季地区。土耳其国防部长阿卡尔 1 日说，土耳其军队与美国军队当天下午在叙利亚北部曼比季地区进行首次联合巡逻。

（一）行动背景

曼比季地区靠近土耳其边境，由美军支持的叙反政府武装“叙利亚民主军”控制。该武装力量主要由库尔德武装“人民保护部队”领导。土耳其认为“人民保护部队”是被土政府列为恐怖组织的库尔德工人党在叙利亚的分支。阿卡尔当天在土耳其议会发表讲话时表示，根据土耳其与美国此前达成的曼比季安全合作路线图，两国军队已制定联合巡逻计划并完成巡逻人员培训。2018 年 6 月，土耳其与美国签署关于曼比季安全稳定问题的合作路线图。据报道，这份路线图对库尔德武装“人民保护部队”撤军及其后的政治安排制定了“三步走”计划。

（二）行动过程

11 月 1 日，根据土耳其和美国达成协议，土美军队在叙利亚北部的曼比季地区组织联合部队巡防行动，清除在曼比季地区的恐怖分子，“人民保护部队”迫于压力，正在离开这一区域。土耳其武装力量总参谋部当天发表声明说，土美两军联合巡防在曼比季和土耳其军队实施“幼发拉底盾牌”行动的杰拉卜卢斯地区之间展开。

（三）行动评析

曼比季地区靠近土耳其边境，此前一直由美军支持的叙反政府武装“叙利亚民主军”控制。但该武装力量主要由库尔德武装“人民保护部队”领导。土耳其认为“人民保护部队”是被土政府列为恐怖组织的库尔德工人党在叙利亚的分支。“人民保护部队”在该地区的存在威胁到土耳其的利益，因此，土方多次要求“人民保护部队”撤出曼比季。但作为对该地区有主权的叙利亚政府则认为，土美两国军队在曼比季地区的军事存在及

联合巡防行动，是对叙利亚主权的侵犯。

五、其他反恐怖军事行动

1 月 1 日，美国各地的警察部门在新年夜庆祝活动上加强安保。纽约市警察局在其网站上说：“纽约市警察局及其执法伙伴将增加时代广场各处观察哨的数量，积极主动地监测那些有利的位置。”警长乔·隆巴尔多日前宣布，新年夜庆祝活动期间，警方会在著名的拉斯维加斯大道派出便衣，并在屋顶部署狙击手。拉斯维加斯将有 300 多名国民警卫队员和大约 1500 名警察值勤。快速反应小组和联邦情报人员也将提供支持。洛杉矶警察局 12 月 29 日提醒市民，洛杉矶全城禁止燃放焰火或向空中鸣枪庆祝新年，警察局鼓励市民观看公共焰火表演。美国纽约市警察局当日表示，他们向全市警员提供了关于如何在跨年活动中阻止自杀式袭击者的特别培训内容。12 月 31 日跨年活动期间，预计将有 200 万人涌入时代广场及周边街道。

1 月 1 日，近几个月来，随着美国和巴基斯坦关系不断恶化，特朗普政府正在考虑掐断对巴基斯坦的反恐资金援助。巴基斯坦外交部发言人 30 日就此回应称，巴基斯坦不在乎美国的资金援助。据《阿拉伯新闻报》报道，因不满巴基斯坦在反恐方面的作为，特朗普政府正在考虑掐断对巴基斯坦 2.55 亿美元的反恐资金援助。而当地时间周六（30 日），巴基斯坦外交部发言人在接受媒体采访时，就此事指责美国忽视巴基斯坦在反恐方面采取的有效行动，称巴基斯坦无需美国的资金援助。报道称，巴基斯坦外交部发言人费萨尔表示，“如果美国想要掐断对我们的资金援助，我们会大声回答‘悉听尊便’，我们不在乎，我们不需要美国的资金援助。”费萨尔称，巴基斯坦从美方获得了反恐援助，但援助资金微不足道，如果特朗普政府想要撤回，那对巴基斯坦不会产生丝毫影响。他还驳斥了美国关于“巴基斯坦在反恐方面无作为”的言论，称近几年来，巴基斯坦安全部队对恐怖主义和极端主义采取了有效的打击措施。巴基斯坦前外交官阿亚兹·维奇尔当天也回应称，巴基斯坦是一个主权国家，这不是特朗普政府通过掐断资金援助的方式就能破坏的事实。阿亚兹说，近几年来，巴基斯坦与中国以及俄罗斯的关系显著改善，在处理国内或者国际事务中，巴基斯坦已无需美国的支持。值得一提的是，美国副总统彭斯 21 日曾指责巴基斯坦“包庇极端分子”，并称美国总统特朗普已经对其进行了“警告”。对此，巴基斯坦参议院主席拉巴尼发表强硬表态，称巴基斯坦不会听从于任何人的“警告”，尤其是美国。美国务卿蒂勒森在《纽约时报》上发表了一篇名为《我为美国外交骄傲》的文章，他在文章中再向巴基斯坦施压，“巴基斯坦必须表现出与美国合作的意愿，防止阿富汗成为恐怖分子的避风港”，他还提到，特朗普政府将为此推出新的“南亚战略”。对此，巴基斯坦军方发言人阿西夫·加富尔少将强硬回应称，巴基斯坦军方不会受美国“胁迫”，“我们不会再被迫做任何事”。

1月2日，美国白宫发言人莎拉·桑德斯1月1日表示，美国总统特朗普2018年的施政计划有7大重点，其中以废除和取代“奥巴马医保”法案、福利改革、移民、基础设施4项国内计划和国家安全为优先要务。据报道，美国国内事务除4项优先外，还包括提高债限。此前，特朗普提出2000亿美元的10年基础设施预算，寻求借助私人资金改造基础设施，但过去一年却没有进展。报道称，特朗普和共和党人将在新的一年大力推动，并期待民主党人合作。一直以来，特朗普坚持不放弃废除和取代“奥巴马医保”法案，即使在美国国会上得不到足够的党内支持，他也未曾气馁。此前，特朗普的减税法案废除了“奥巴马医保”的强制纳保规定，但参院多数党领袖麦康奈尔对继续重启法案的兴趣不大，表示应把重点转到其他议题上。去年9月，特朗普废除了“童年入境暂缓遣返计划”（DACA），要求国会在6个月内采取行动，因此国会必须在3月的最后期限之前，就受“童年入境暂缓遣返计划”保护的70万“梦想生”的“前途”做出决定。据悉，美国国会两党和民众普遍赞成为“梦想生”提供合法身份，甚至准许他们转为美国公民，但特朗普誓言要取缔无证移民和限制移民链，要求国会在保护“梦想生”的同时，加强移民执法和边界安全。

1月3日，连日来，美国特朗普政府对伊朗局势频频发表强硬言论。分析人士认为，特朗普政府不会直接干预伊朗国内局势，而是试图通过将它与伊核协议前景挂钩，从而给美国国会施加压力，促使其作出制裁伊朗甚至退出伊核协议的决定。但是，这样的打算很可能会落空。哈梅内伊2日首次就伊朗国内近期发生的示威游行发表谈话。他说，敌对势力为打击伊朗而煽动骚乱，伊朗人民应提高警惕。同一天，伊朗最高国家安全委员会秘书阿里·沙姆哈尼指责美国、英国和沙特阿拉伯企图通过社交媒体和网络对伊朗发动“代理人战争”。伊朗出现示威活动伊始，特朗普政府就频频表态，对抗议者表示支持，还试图将这些抗议示威活动与伊核协议前景挂钩。特朗普连续几天在社交网站上“声援”伊朗示威者，还表示伊核协议“非常糟糕”。白宫发言人桑德斯说，美国对是否重启对伊制裁的各种选项持开放态度。美国国务院发言人诺尔特 2 日在记者会上也对伊朗示威者表示支持。诺尔特宣称，制裁伊朗是美国的一个工具，美国国会正在研究如何弥补伊核协议的“根本缺陷”。此前伊朗军方已表示，如果美国重启制裁，伊朗会退出伊核协议。分析人士指出，特朗普政府对伊朗局势的强硬表态把批评焦点放在伊核协议上，这绝非偶然。其背后是对伊朗根深蒂固的敌视态度，认为伊朗对美国在中东地区和全球的利益构成威胁。特朗普自上任以来对伊核协议非议颇多。他在 2017 年 10 月公开拒绝认定伊方已履行伊核协议，还宣布将制裁伊朗伊斯兰革命卫队。美国智库华盛顿近东政策研究所资深研究员戴维·波洛克说，即便特朗普政府今后以“支持恐怖主义”和“侵犯人权”为借口制裁伊朗，也离美国最终退出伊核协议尚有距离。“美国国会和白宫将保持好这个距离，不太可能突然退出协议。”美国智库布鲁金斯学会高级研究员达雷尔·韦斯特说，特朗普政府动辄威胁撕毁伊核协议和重启对伊制裁的言论已让中东局势出现不稳，也损害了美国的全球公信力。“如果一个国家领导人可以随便撕毁其前任签署的承诺，这将让这个国家的外交政策难以保持延续性。”美国专家大多认为，美国政府虽然频放狠话，但接下来不会采取直接介入伊朗内政的实质性举措，因为这会让美国得不偿失。波洛克认为，美国可能仅限于“口头支持”抗议者，对部分伊朗官员施加“象征性制裁”，或与盟国发表联合声明谴责伊朗政府，但不会有太多实质性举动。马哈菲说：“鉴于过去美国介入伊朗内政的历史，此次美国最明智的做法是维持口头表态，而不实际采取干涉行动或对游行示威者表示直接支持。

1 月 4 日，阿富汗东部楠格哈尔省政府发言人 2 日说，美军和阿富汗政府军前一天对楠格哈尔省极端组织“伊斯兰国”的联合空袭行动致使 1 名平民死亡、13 名平民受伤。楠格哈尔省政府发言人阿陶拉·霍吉亚尼说，联合空袭行动以哈斯卡米纳地区为目标，受伤平民包括妇女和儿童。在同一地区的地面和空袭行动击毙超过 60 名“伊斯兰国”成员。霍吉亚尼说，极端分子利用民宅作据点，因而导致平民伤亡。

1 月 5 日，美国国务院宣布，美国政府已暂停向巴基斯坦提供一笔巨额安全援助，美方何时恢复援助将视巴方在反恐上的“表现”而定。这是过去半年内美国第二次叫停对巴资金援助。美国国务院发言人诺尔特在当天下午的记者会上说，美国政府将持续冻结这笔援助，直到巴基斯坦政府在打击阿富汗塔利班组织和已被美国列入恐怖组织名单的“哈卡尼网络”等组织方面采取“决定性”行动。诺尔特说，因这笔安全援助数额较大，美方仍在核算中，将尽快公布具体数字。诺尔特同时透露，此次冻结款项的具体数字将远高于 2017 年 9 月美方宣布暂停向巴方提供的 2.55 亿美元军事援助。最近一周，美方持续对巴基斯坦施压，要求巴方在反恐上“付出更多”。新年伊始，美国总统特朗普在社交媒体推特发布的第一条推文就指责巴基斯坦“为恐怖分子提供庇护”。

1 月 6 日，美国政府以牵涉伊朗弹道导弹项目为由，宣布制裁 5 家伊朗企业。另外，联合国安理会回应美国要求，定于 5 日举行紧急磋商，讨论伊朗局势。美国将冻结这 5 家伊朗企业在美资产，禁止美国人与这些企业做生意。美国财政部说，5 家企业隶属于伊朗沙希德·巴凯里工业集团，主要业务是研发弹道导弹。它们分别是：沙希德·伊斯拉米研究中心、沙希德·哈拉齐工业公司、沙希德·穆加达姆工业公司、沙希德·萨尼哈尼工业公司和沙希德·舒斯塔里工业公司。美国等一些西方国家指认伊朗弹道导弹试验违反联合国安理会决议以及伊朗核协议精神。伊朗坚称导弹试射以维护国家利益为前提，不违反联合国安理会第 2231 号决议和暂时冻结伊朗核计划的相关内容；而且，试射的弹道导弹并非用于携带核弹头。按照英国广播公司 5 日的说法，伊朗城市近日出现群体示威事件，使美伊关系更加紧张。美国 2 日寻求联合国召开会议，讨论伊朗国内示威活动。安理会本月轮值主席国哈萨克斯坦一名发言人确认，安理会 5 日下午将就伊朗局势作紧急磋商。就美国要求安理会议讨论伊朗局势的做法，俄罗斯提出批评和质疑。俄外交部副部长谢尔盖·里亚布科夫 4 日告诉俄罗斯塔斯社，美方的做法“具有危害和破坏性”。“我们警告美国，不要寻求干涉伊朗内政……我方确信，伊朗将破解现有困局。”

1 月 9 日，美国政府决定撤销 20 万萨尔瓦多人在美国的居住许可。如果在 2019 年 9 月 9 日前找不到合法的居留途径，他们将被驱逐出境。萨尔瓦多 2001 年发生地震，造成 1000 多人死亡。这些萨尔瓦多人在灾后获得了庇护身份。特朗普政府已经撤销了上万海地人和尼加拉瓜人的临时庇护身份。萨尔瓦多人的临时庇护身份将在周一（2018 年 1 月 8 日）到期。报道称，这些萨尔瓦多人大部分居住在加利福尼亚、德克萨斯州及华盛顿附近。美国移民研究中心称，他们代表了超过 13.5 万的家庭，而他们中的 1/4 拥有自己的房产。这些萨尔瓦多人中有 88% 是劳动力，10% 是个体户，10% 的人与美国公民结婚。2017 年 9 月 30 日特朗普政府废除了奥巴马时代“童年入境暂缓遣返”的计划。这意味着出生在美国的 20 万萨尔瓦多儿童也将无家可归。美国移民研究中心的马克·克里柯瑞恩称此次驱逐为一次“迟到很久的行动”。他说：“持续 19 年之久的‘临时庇护身份’实在太荒唐了。”他相信临时庇护身份法将被废除，并被议会重新修改的临时移民庇护法所代替。与此同时，这些拥有临时庇护身份的萨尔瓦多人强烈反对此次特朗普政府的决定。萨尔瓦多政府也在游说美国延长对居住在美国的萨尔瓦多人的保护。萨尔瓦多外交部长称，萨尔瓦多政府会为这些萨尔瓦多人找到一个一劳永逸的方法来解决这个问题。美国民主党人批判特朗普政府的决定完全忽视了萨尔瓦多当地的暴力现象，这是世界上谋杀率最高的国家之一。

1 月 12 日，当地时间周四，美国国会众议院通过议案，延长了充满争议的美国《外国情报监听法》。这一法律允许美国情报部门在未获得法庭许可的情况下对外国公民以及部分美国公民进行监听和监视。美国国会众议院以 256 票支持，164 票反对的投票结果，将《外国情报监控法》第 702 条延长 6 年。参院还将对这一延长监控法的议案进行投票，但从之前参院表态来看议案通过的可能性较大。《外国情报监听法》允许美国情报机构，在未获得法庭搜查许可的情况下，对美国境外的各国居民展开监控并获取情报。美国国安局和联邦调查局可以通过这项法律的授权对包括谷歌、微软和脸书在内的多家互联网公司服务器，搜集和监控外国居民音视频资料和电话、短信及邮件往来。2013 年，美国国安局前雇员斯诺登爆料美国情报部门滥用这项法律对包括美国人在内的世界各国进行监听监视活动后，目标甚至包括德国首相默克尔和巴西前领导人的手机通信，引起轩然大波。众多支持这一法案的国会议员和情报界官员称，监听的主要目标是恐怖分子，美国执法部门此前击毙极端组织二号人物的情报线索正是由这一法律的授权获得。但斯诺登爆料却显示，美国情报界进行的大规模监控远远超出了反恐的范畴，已经渗透到众多国家的政府和非政府机构、群体及个人。美国众议长保罗·瑞安称：“如果没有（外国情报监控法）第 702 条规定，我们就不知道恐怖分子在做什么。我们也无法将情报信息发送给执法部门来防止恐怖袭击。这样的后果将是非常严重的。”同一天，总统特朗普先是发推文质疑该议案，暗示此前的奥巴马政府和希拉里团队可能已经利用该法律监控自己当年的竞选团队，但两小时后突然改口支持，称议案授权延续监控法是明智的，因为这是“一项在外国领土上针对外国坏人的外国监控法”，不会侵犯美国公民隐私。据《纽约时报》引述国会知情人士透露，特朗普发出第一条反对的推文后，众议长瑞安眼看共和党苦心经营了几个月的议案竟被来自本党的总统反对，赶忙打电话敦促特朗普改变立场，于是才有了总统特朗普的第二条推文。众议院少数党领袖南希·佩洛西对此说，“今天早上他（特朗普总统）连发两条推文，不仅破坏了我们对《外国情报监控法》的投票进程，而且也表明他并不清楚我们投票的议案里有哪些具体内容。我对白宫的政策以及这些政策将如何影响美国人的生活表示担忧。”这项法律的延长在美国国内也引发了巨大争议，原因是法律规定如果同外国人通信或通话的另外一方在美国境内，即使此人是美国公民也将受到监听监视。此前美国法律界和民权组织曾强烈要求限制对美国公民的监视活动。迫于压力，周四新通过的法案对美国国内监控做出了一些限制，比如在大部分情形下情报界需要向法庭出示合理证据或取得法庭许可证，但对于监控对美国以外的其他国家却几乎没有做任何收敛。

1 月 16 日，美国主导的打击“伊斯兰国”多国联盟发言人瑞安·狄龙 14 日告诉媒体，随着对极端组织“伊斯兰国”的作战接近尾声，多国联盟和盟友“叙利亚民主军”的关注焦点开始转向确保“（叙利亚）边境安全”。狄龙说，多国联盟和“叙利亚民主军”正在打造叙“边境安全部队”，“最终目标是组建大约 3 万人的部队”，大约一半的人员将是“经过重新训练的叙利亚民主军成员”。狄龙说，眼下大约 230 人正在参加“边境安全部队”“一期（培训）班”。多国联盟公共事务办公室 14 日向媒体证实，大约 1.5 万名“叙利亚民主军”武装人员已被确认将加入“边境安全部队”，而另外 1.5 万名武装人员的招募工作正在进行。多国联盟公共事务办公室说，这支武装将由“叙利亚民主军”指挥，驻扎在目前由“叙利亚民主军”控制的叙利亚边境地区及幼发拉底河河谷地带，任务包括“确保边境检查站安全”。上述边境地区北接土耳其、东接伊拉克，而幼发拉底河河谷目前是“叙利亚民主军”与叙利亚政府军的势力分界线。“叙利亚民主军”是一支“杂牌军”，由叙利亚库尔德人和阿拉伯人组成、库尔德人主导。多国联盟向“叙利亚民主军”提供武器、训练、顾问等支持。“叙利亚民主军”发言人穆斯塔法·巴利 14 日向媒体证实打造中的“边境安全部队”。巴利说，“叙利亚民主军”从“伊斯兰国”手中夺得的“大片土地和城市需要有人保护”，“我们与多国联盟的协作正进入新阶段”。叙利亚政府尚未就所谓“边境安全部队”发表评论。多国联盟公共事务办公室还证实，今后驻扎叙北部地区的“边境安全部队”人员中，库尔德人占多数。库尔德人武装“人民保护部队”是“叙利亚民主军”中的主导力量。土耳其政府视“人民保护部队”为库尔德工人党在叙利亚的分支，将其列为恐怖组织。土政府一直谴责美国政府支持“人民保护部队”。土耳其总统雷杰普·塔伊普·埃尔多安的发言人易卜拉欣·卡伦 14 日说，美国政府打造所谓叙“边境安全部队”的做法是在“合法化”“人民保护部队”，使这支武装“长期存在这一地区”。卡伦说，美方做法“令人担忧”，“完全不可接受”。他还说，土方将“继续打击土国境内外的恐怖组织”。土耳其外交部发表声明说，多国联盟没有征求土方对打造所谓叙“边境安全部队”的意见；美方持续支持“人民保护部队”损害土方国家安全，“不可接受”。一名土耳其政府高级官员告诉路透社，土方上周约见美国大使馆临时代办，正是为所谓“边境安全部队”一事。过去数周，土耳其武装部队多次炮击叙利亚北部阿夫林地区的“人民保护部队”目标，并将坦克等装备派遣到土叙边境。埃尔多安 14 日说，土方将在未来几天继续对阿夫林地区的军事行动，“以扫除我们南部边境的恐怖主义（势力）”。埃尔多安还说，希望美国政府支持土方在阿夫林的行动。

1 月 17 日，美国总统特朗普在白宫会见到访的哈萨克斯坦总统纳扎尔巴耶夫，双方表示将继续强化美哈在南亚反恐和经贸等方面合作。白宫当天发布声明，将美哈关系定义为“增强的战略伙伴关系”。声明说，特朗普感谢哈萨克斯坦为美军在阿富汗反恐行动中提供的物流支持和过境便利。纳扎尔巴耶夫表示，未来哈方将继续为阿富汗提供平民职业培训和安全人员培训，并将参与到阿富汗交通基建项目中。声明还说，美哈将继续利用“C5 +1”机制应对区域挑战，并期待阿富汗加入该机制。纳扎尔巴耶夫在当天举行的联合记者会上说，美国是哈萨克斯坦主要外资来源。访美期间，美哈将签署总价值约 75 亿美元的 20 个商业合作项目。2015 年 11 月，美国与中亚五国外长会议在乌兹别克斯坦举行，会议通过了中亚五国与美国之间伙伴关系和合作联合声明，批准建立六国外交部间定期政治对话新机制“C5 +1”。中亚五国包括哈萨克斯坦、吉尔吉斯斯坦、塔吉克斯坦、土库曼斯坦和乌兹别克斯坦。

1 月 23 日，美国于当地时间 1 月 22 日下令，对来自 5 个中东国家的空运货物进行更严格审查。美国引述 2017 年 6 月极端主义团体企图在澳大利亚攻击一架客机为证据，称民航客机仍被列为攻击目标。22 日，美国运输安全管理局表示，要求埃及、约旦、沙特阿拉伯、卡塔尔和阿拉伯联合大公国这 5 国的 7 座机场，在装载货物前，预先提供飞往美国的空运货物资料给美国海关和边境保护局以利审查。针对施行这个新措施，运输安全局没有指出任何新的特定威胁，但表示全世界航空业面临持续性威胁，必须提高全球航空安全审查各方面的基准。选中这 5 个国家是因为，来自这些国家的恐怖组织表现出他们有攻击飞机的意图。该机构还指出，2017 年 6 月，与极端组织“伊斯兰国”（IS）有关的 3 名男子，密谋利用简易爆炸装置炸毁客机，最后遭澳大利亚安全官员化解。这起事件对于美国和所有航空业伙伴是个不祥之兆，包括对货运业者也是，他们要继续努力维护空中安全。

1 月 23 日，美国政府乌克兰问题特使沃尔科当天下午抵达基辅，同乌军总参谋长穆任科举行了会晤。穆任科介绍了顿巴斯地区冲突现状。据称，沃尔科此次访问基辅，是为 26 日在迪拜与俄总统助理苏尔科夫商讨顿巴斯问题而前来了解情况。据报道，2014 年 4 月，乌克兰东部顿巴斯地区（包括顿涅茨克州和卢甘斯克州）爆发乌政府军和民间武装间的大规模冲突。经国际社会斡旋，冲突双方分别于 2014 年 9 月和 2015 年 2 月在白俄罗斯首都明斯克达成停火协议，大规模武装冲突得到控制，但小型交火事件至今仍未停止。

1 月 31 日，美国与卡塔尔 30 日在华盛顿举行首轮战略对话。双方表示将加强安全反恐合作。当天，美国务卿蒂勒森、防长马蒂斯与卡塔尔外交大臣穆罕默德、国防事务国务大臣哈立德 · 阿提亚出席对话会。双方共同签署了加强地区安全合作的联合宣言和打击人口贩卖活动的谅解备忘录，同时表示要将战略对话机制常态化。蒂勒森与马蒂斯呼吁卡塔尔“断交风波”各方保持克制，避免“口水仗”，共同寻求解决问题的方法。卡塔尔是美国在中东打击极端组织“伊斯兰国”势力的重要支持者。美军在卡境内有乌代德空军基地。

2 月 1 日，美国移民与海关执法局（ICE）31 日宣布一项针对法庭逮捕非法移民的新政策，执法人员可继续进入联邦、州和地方法庭逮捕特定非法移民，这些人包括已被定罪的罪犯、黑帮成员、对公共安全有威胁者、以及已被裁定递解出境者。根据 ICE 公布的这项政策，上述非法移民的家属、朋友和证人不会同时被逮捕，除非他们对公众造成危害。ICE 同时要求执法人员避免在非刑事法庭执行逮捕任务，例如家庭法庭和小额赔偿法庭等，除非得到上级主管批准。ICE 官员 31 日还说，越来越多的庇护城市拒绝与联邦执法人员合作逮捕那些特定的非法移民，这些地方政府保护犯罪的非法移民不被递解出境，联邦政府不得不增加大规模的逮捕行动。ICE 继续重申 2014 年制定的政策中避免在敏感场合逮捕非法移民的规定，这些场合包括学校、托儿所、医院、宗教场所、葬礼、婚礼和公众示威集会等。一个名为“移民保护计划”的组织提供的数据显示，2016 年，ICE 在纽约州的法庭逮捕了 11 名非法移民，2017 年上升为 139 人。该组织称，ICE 的行为反映执法行为与侵犯移民权利均进入“危险新时代”。

2 月 2 日，美联社报道称，特朗普政府表示，阿萨德政府可能在研发一种“新型”“更为复杂”的化学武器。美方官员表示，叙利亚方面也可能在研发新型武器，以改善其军事实力，但并没有给出具体细节。“美国称叙利亚可能正在研发新型化学武器”，英国路透社 2 月 2 日以此为题报道称，日前，美国一名高级官员表示，特朗普政府准备在必要时再次对叙利亚政府军采取军事行动，以阻止化学武器的使用，同时，美国担心叙利亚可能正在研发新的方法来投射这类武器。此外，他还表示，自 2017 年 4 月的一次致命袭击引发美国对叙利亚一处空军基地进行导弹攻击之后，叙利亚的部队仍继续使用少量化学武器。同时，这位不愿透漏姓名的官员警告说，如果国际社会没有迅速采取行动对阿萨德进一步施压，“叙利亚的化学武器很可能蔓延到叙利亚之外，甚至会蔓延到美国”。

2 月 2 日，据美国《世界日报》报道，美国总统特朗普当地时间 1 月 30 日晚间在国会联席会议发表国情咨文，宣布移民改革四大支柱：提供 180 万“梦想生”成为美国公民的入籍道路、在美国南境筑墙让犯罪分子与恐怖分子不再有漏洞可钻、终止多元化移民签证抽签计划，链式移民（亲属移民）也将画下句点。未来，“梦想生”有望成为美国合法公民。特朗普说，数十年来，美国边境开放，让毒品、帮派分子涌入脆弱的美国小区，数以百万计低薪劳工抢走最穷苦美国劳工的饭碗，犯罪更导致许多无辜生命的陨殁，吁请国会让美国边境这些充满致命威胁的漏洞得以弥补，不再让帮派分子或其他罪犯偷渡入境。他表示，已提出旨在解决移民问题的立法草案，支持移民及海关执法局、海关与边境保护局人员，让犯罪问题不再重演。特朗普说，接下来几周，参众两院将针对移民改革法案进行表决，方案重点包括移民改革四大支柱，其中第一项便是提供 180 万童年时期被带到美国的非法年轻移民一条入籍之道，这个人数是之前政府估算人数的三倍。在这项支柱中，符合教育及工作要求，且品德良好的申请者，将有机会成为美国公民。移民法案第二大支柱则是边境问题。特朗普说，美国南部边境将筑起高墙，让犯罪分子、恐怖分子不再有漏洞可钻，不能再继续偷渡入境，如此一来也可以终止非法移民“抓了又放”（catch and release）的危险循环。移民法案第三大支柱为终止“多元化移民签证抽签计划”。特朗普说：“如今已经到了朝向择优记点制（merit－based）移民计划的时候了，要接收具备技能、愿意工作，也愿意为美国社会做出奉献的人士，还有那些爱我们国家，也会尊敬我们国家的人。”他说，终止链式移民则是移民法案的第四大支柱。他表示，根据现行制度，单一移民可以把无数远亲通通都带到美国，“但我们的方案重点将放在一等亲属，即只能为配偶与未成年子女申请入籍。”

2 月 5 日，美国国土安全部对于上周日进行的“超级碗”进行了模拟炭疽袭击，并称这“对国家安全至关重要”。美国国土安全部方面要求所有参与者在模拟进行完毕之后都要销毁相关文件，这些人员也被告知不能与任何其他不相关的人分享此次模拟内容。然而，围绕着这次模拟也发生了令人意外且尴尬的一幕。2017 年 12 月，CNN 的员工就曾发现了与这一模拟袭击相关的国家安全文件报告就被遗忘在一架商用飞机的座位后袋中，除了报告内容以外，文件中还附含有负责这一计划的科学家的登机牌和旅行行程信息。文件中显示，此次在“超级碗”进行的模拟炭疽袭击旨在评估公共卫生能力反应的练习，并考察执法和应急管理机构官员进行协调一致的能力。更为关键的是，这一模拟袭击的报告中还明确点出了当前美国反恐应对如此攻击的几处需要改进的地方，这些都是所谓的“软肋”。CNN 在报道中表示，他们当即决定在“超级碗”之前不公布这一涉及国家安全的重要文件内容。国土安全部的一位官员之前也在接受 CNN 采访时表示，报告中提到的本该改善的领域已经在上周日的比赛之前得到解决，美国国土安全部对其准备工作“非常有信心”。曾担任 CNN 撰稿人的美国国土安全部官员朱丽叶·凯耶姆（Juliette Kayyem）也表示，之前遗忘的这些文件中强调了反恐不足之处并不奇怪。不过凯耶姆也表示，这次“遗忘事件”可能造成的最严重后果就是恐怖分子知道了美国反恐应急的脆弱之处。目前，CNN 方面并无法直接调查出是谁丢下了这一重要的文件，不过他们公布了报告中附有的登机牌上面的姓名迈克尔·沃特（Michael V. Walter）。而根据公开资料显示，沃特是一名微生物学家，并且正领导着一项预算高达 9000 万美元、超过 50 人参与的政府项目。他曾经还在美国中央情报局以及美国海军方面任职。截至目前，沃特并没有公开回应这一事件。所幸的是，上周“超级碗”前后并没有发生任何恐怖袭击，但还是发生了一些骚乱。据美国广播公司 ABC 报道，当地时间 4 日晚，美国“超级碗”比赛后，费城发生骚乱，现场甚至响起爆炸声，有超过 10 万人上街并发生了蓄意放火、破坏公物、推倒汽车等情况，有多位警察在骚乱中被袭击。

2 月 7 日，美国国防部负责亚太事务的助理部长兰德尔·施赖弗 6 日在国会出席听证会时表示，美国 2018 年在阿富汗战场上投入约 450 亿美元。施赖弗在出席参议院外交关系委员会就美国阿富汗政策举行的听证会时说，其中约 50 亿美元直接用于维护阿富汗的安全，130 亿美元用于支持在阿美军，其余经费将用来维护美国在阿军事和后勤保障链。在听证会上，多名参议员对特朗普政府在阿富汗问题上的做法表示不满，指责美国在阿富汗消耗巨额军事经费却拿不出切实有效的阿富汗战略，导致美军至今深陷战争泥潭、阿富汗仍未实现全面和平。2017 年 8 月，美国总统特朗普公布对阿富汗新战略，表明美国不会从阿富汗撤军，反而要增兵，继续“为胜利而战”，不再寻求国家重建，而是“杀掉恐怖分子”。

2 月 7 日，美国总统特朗普 6 日下令美国土安全部牵头组建全国审查中心，严格防范危险分子进入美国。白宫 6 日在声明中表示，全国审查中心将由国土安全部领导，该中心将充分整合联邦政府各部门及机构掌握的情报信息，完善入境审查程序。声明称，全国审查中心的首要任务是保护公共安全，协助一线执法人员履行职责。声明称，美国现行的入境审查程序并不足以应对当前的安全威胁。全国审查中心的建立将更好地协调联邦政府各部门的工作，协助一线执法人员更全面地掌握情报信息，更快地识别恐怖分子、罪犯以及其他试图进入美国的危险分子。根据特朗普签署的这份命令，国土安全部、国务院、国防部、司法部、国家情报总监办公室以及中央情报局需在未来 180 天的时间里制定筹建方案，明确职责职权、人员构成以及预算等情况。方案在获得总统批准后，全国审查中心将正式启用。美国土安全部部长尼尔森6日在声明中表示，该部将与其它联邦政府部门开展合作，在维护国土安全、公共安全的同时也将确保个人隐私、民权与自由等得到保护。不过，已有民权组织对全国审查中心的建立感到担忧。他们认为，特朗普政府已经制定了一系列“过度审查”的政策，没必要再建立一个专门机构。

2月8日，打击极端组织“伊斯兰国”军事行动胜利后，驻伊拉克美军正“静悄悄地”撤兵。一名安全承包商告诉美联社，过去一周，已有数十名驻伊美军以及大批武器和设备被运出伊拉克。伊拉克西部阿萨德空军基地的消息人士说，驻扎在该基地的部分美军正在撤离。

伊拉克和美国方面尚未证实这一说法。一名伊拉克总理海德尔·阿巴迪的“身边人”说，根据伊拉克与美国达成的协议，驻伊美军将撤走60%的兵力，只留下大约4000人。关于驻伊美军人数，五角大楼给出的官方说法是5200多人，但实际人数近万。对于这一数字偏差，美军解释称，多出来的这部分人要么属于“临时调派”，要么是“短期驻扎”，不算在正式统计人数中。美军2014年8月发起打击“伊斯兰国”的军事行动以来，多次向伊拉克增兵。伊拉克政府2017年12月宣布彻底解放被“伊斯兰国”占领的全部土地。反恐战进入新阶段，加之几个月后伊拉克要举行议会选举，伊拉克国内要求美军削减兵力的呼声再度高涨，其中以伊朗支持的什叶派民兵组织最为积极。与此同时，在另外一个战场——阿富汗，美军正在增兵。美国总统唐纳德·特朗普2017年8月针对阿富汗发布新战略，声明美国不会从阿富汗撤军，反而会增兵；不再寻求国家重建，会加大打击恐怖分子力度。在新战略框架内，美国将向阿富汗增派军事顾问和支援人员。不久前，美国方面传出消息，将向阿富汗增派大约3000名军人，另外再派1000名军事顾问，增加无人驾驶飞机、装甲车等装备。

2月9日，以美国为首的联军近日在叙利亚发动空袭，罕有地直接协助反对派打击政府军，逾100名叙政府武装人员身亡。美方表示，由于对方有组织地攻击获华府支持的叙利亚民主力量（SDF），试图夺取SDF从极端组织“伊斯兰国”手中解放的地区和油田，联军出于自卫发动空袭。美国官员指出，叙政府军猛烈攻击位于代尔祖尔省的SDF总部，出动坦克、多管发射导弹系统和迫击炮，1名SDF成员受伤，未有美军受伤，SDF其后在联军空袭支持下还击。联军已通过电话热线联络俄罗斯军方，向对方通报此次防御性空袭，并发声明称在叙利亚的主要任务是打击“伊斯兰国”。俄外交部其后声称，美国在叙利亚的军事行动，目的并非对抗“伊斯兰国”，而是掠夺叙利亚经济资产。叙政府军近日连续第3天对反抗军发动空袭，造成34名平民死亡，包括10多名儿童，而6日的空袭已有80人丧生，为叙利亚9个月来平民死伤最严重的空袭行动。

2月27日，美国航母要到越南岘港来了。这将是迄今为止美国最招摇的一次与越南套近乎的举动。自1995年越美建交以来，双方的防务合作已经经过一系列重要节点：2007年，美国国务院按照逐案审批的原则，恢复对越军售；2013年，美国与越南成为全面伙伴，美承诺帮助越发展非杀伤性能力，特别是海上安全、搜救、救灾、维和能力；2015年，双方发布《国防关系联合愿景声明》。2016年，美国全面解除对越武器禁运。2017年，美国向越南转让一艘“汉密尔顿级”巡逻舰，并向越南提供6艘海岸警卫巡逻艇。此次“卡尔·文森号”到访岘港，是越战后美航母首次访越，也是美海军连续第五年派军舰访越。它并没有多少实质性意义，但传递的信号非常清晰，就是在大国竞争时代扩展印太盟友体系，制衡中国。

3月9日，美国无人机7日在巴境内向巴基斯坦与阿富汗交界地区发动空袭，炸死21名巴基斯坦塔利班（简称巴塔）武装分子。巴基斯坦媒体援引这位安全官员的话说，美国无人机在巴境内发射了2枚导弹，击中了一处位于阿富汗境内的巴塔自杀式袭击训练营。报道称，在被炸死的21名武装分子中，包括巴塔领导人法兹卢拉的儿子和1名负责自杀式袭击训练的巴塔高级指挥官。报道援引这位不具名的安全官员的话说，巴塔领导人法兹卢拉藏身于阿富汗境内，经常出入这处被袭击的训练营。但在无人机袭击时，法兹卢拉不在训练营内。自2004年以来，美国多次在巴境内实施无人机空袭，导致大量人员伤亡。

3月14日，美国国防部长詹姆斯·马蒂斯13日说，美方仍期待阿富汗战争取得“胜利”，但不再谋求军事上打败塔利班，而是促成这一反政府武装与阿富汗政府达成“政治和解”。马蒂斯当天抵达阿富汗首都喀布尔，预定与阿总统阿什拉夫·加尼和美军驻阿部队指挥官讨论阿富汗安全局势。马蒂斯退役前为海军陆战队上将，阿富汗战争初期曾率美军在阿南部作战。他说，让塔利班所有派系都同意和解或许是“太难达到的目标”，所以，促和重点应是化整为零，逐一“招安”塔利班各股势力，“着手把那些厌倦打仗的人剥离出来”。“我们知道塔利班那边有兴趣。”美联社报道，美方官员已向身处卡塔尔的塔利班政治代表转达敦促和谈的意愿。第二轮“喀布尔进程”会谈2月28日在喀布尔举行，美国、俄罗斯等23个国家、联合国、欧洲联盟和北大西洋公约组织代表一致呼吁阿富汗政府与塔利班无条件对话。加尼表示同意，但塔利班坚称，阿国内冲突与美军直接相关，对话对象必须是美国政府、而非阿富汗政府。按照马蒂斯的说法，美国现在对阿富汗战争“胜利”的定义是塔利班与阿政府达成政治解决方案，同时建成一支能够“大部分靠自己力量”保卫国家的政府军，防止阿富汗成为“跨国恐怖袭击的庇护所”。美国总统唐纳德·特朗普2017年8月发布新版对阿战略后，马蒂斯迄今两次造访阿富汗。特朗普就任总统前主张“撤军”，新战略却决定“增兵”。美联社说，美方希望借增兵继续武装阿政府军、削弱塔利班，使后者意识到无望在战场上获胜，进而同意与阿政府对话。2001年遭遇“9·11”恐怖袭击后，美国联合盟友发动阿富汗战争，以铲除“基地”组织和塔利班，就此打响美国全球反恐战。阿富汗战争超过16年，陷入持续僵局，美国国内撤军呼声未停。

3月23日，美国国务院和约旦政府22日宣布，正式启用建于约旦首都安曼南郊的一个新反恐训练基地。美国驻约旦大使馆当天发表声明说，基地启用后，美国在约旦的反恐援助能力将成倍增强，尤其在危机响应、爆炸事故调查等方面。约旦宪兵总局局长侯赛因·哈瓦特迈赫在当天的启动仪式上说，该基地将成为约旦宪兵队的一个训练学校。约旦宪兵队是该国最精锐的警察部队之一，有丰富的反恐和处置突发事件经验。

3月29日，美国军方公布消息称，3月24日，美军在利比亚西南实施空袭，此次行动消灭了2名“基地”组织成员，其中包括“基地”组织在当地的头目穆萨·阿布·达乌德（Musa Abu Dawud）。美军驻非洲指挥部发布声明称，达乌德此前负责在利比亚招募成员，对在该地区恐怖组织的行动提供资金、技术和物流支持，其威胁范围不仅在利比亚，还扩散到包括美国在内的其他国家。美国国务院在2016年将达乌德列入恐怖分子名单。美军驻非洲指挥部的声明还称，根据评估，没有平民在24日的空袭中丧生。

4月10日，五角大楼国防安全合作局发布消息称，美国国务院批准向卡塔尔出口5000枚激光和红外制导的高精度导弹，交易总价值达3亿美元。据合作局的消息，先进高精确杀伤武器系统2代（Advanced Precision Kill Weapon System II）导弹的销售合同包括运输、人员培训、技术支持和其他服务。消息称，通过向卡塔尔新阿帕奇直升机（AH-64E）提供额外的功能，将帮助多哈实现军事目标。高精确杀伤武器系统将为卡塔尔带来实惠的精确打击潜力，降低附带损失，并增强反恐行动的能力。该交易不会改变地区的军事平衡。有关批准武器出售的消息在卡塔尔埃米拉塔米姆·本·哈马德·阿勒塔尼访问华盛顿的前夕被宣布。据悉，美国总统特朗普将于4月10日在白宫接待他。此前美国元首在自己的官邸接待了沙特王储穆罕默德。会谈后宣布，决定向沙特出口一批自行火炮，总价值13.1亿美元。近几个月以来，作为全球石油和天然气开采领域的大国，沙特与卡塔尔的关系处于危机之中。利雅得及其盟友中断了与多哈的外交关系，并指责卡塔尔支持恐怖主义。

4月14日，美英法向叙利亚发射超过100枚导弹，其中“大量”导弹遭到拦截。另外，俄罗斯在叙防空系统没有启用，叙利亚赫迈米姆空军基地和塔尔图斯海军基地内的俄军防空部队在周边覆盖范围没有发现导弹，俄罗斯“卫星”通讯社援引俄国防部消息报道，美英法对叙军事打击发生在叙利亚时间14日凌晨3时42分至5时10分之间。俄罗斯军方声明说：“美国、英国和法国以叙利亚境内军用和民用设施为目标，从海面和空中发射超过100枚巡航导弹和空地导弹。”其中，“相当数量”导弹遭叙利亚防空系统拦截，包括12枚瞄准大马士革东郊杜迈尔空军基地的巡航导弹。声明说，叙利亚使用的是30多年前的苏联制造防空系统，俄罗斯在叙防空系统没有启用。分处叙利亚赫迈米姆空军基地和塔尔图斯海军基地内的俄军防空系统覆盖范围没有发现导弹。按俄方的说法，美国从红海舰只上发射导弹，在地中海使用战术飞机并从阿特坦夫基地起飞了战略轰炸机。美国福克斯新闻频道先前报道，叙利亚空军连日来向俄罗斯在叙部队驻扎的赫迈米姆空军基地转移战机等装备。俄罗斯空天部队2015年进驻赫迈米姆空军基地，在那里部署了俄军现役最新型S-400反导系统。

5月6日，美国运输安全管理局官员说，将要求国外机场仿照美国国内安全检查程序，单独检查赴美乘客随身携带的电子设备。每天大约2100次航班搭载大约32.5万乘客从世界各地飞往美国。路透社援引运输安全管理局一份给国外机场和政府机构的备忘录报道，新要求针对105个国家和地区的280座机场。备忘录写道：“美国政府正寻求与外国政府合作，在机场安检环节清查随身行李、强化安保效果。”运输安全管理局去年7月起在美国国内机场采取更严格的安检措施，以进一步保障飞行安全，避免电子设备起火或爆炸。乘客需取出随身行李中比手机大的电子设备，包括笔记本电脑、平板电脑、电子阅读器、视频游戏机，单独接受扫描。运输安全管理局希望国外机场对赴美旅客的安检程序向美国看齐，建议这些机场要求乘客过安检时从随身行李取出食品、粉状物和其他影响 X 光机清晰成像的物品。按照美国官员的说法，要求国外机场强化安检不是缘于新的恐怖袭击威胁。运输安全管理局发言人马修·利斯 3 日说，“我们会与国际伙伴紧密合作”，但不会就国外机场采用美国安检程序提出“时间表或操作方法”。美国民主党籍联邦参议员比尔·纳尔逊说：“所有从海外飞来的航班都应该经过与美国国内航班一样严格的安检。如果一些国家落后了，需要跟上来。”

5 月 26 日，土耳其和美国当天就确保叙利亚北部曼比季的安全稳定问题举行会晤，并已拟定合作路线图。声明说，土美双方工作组当天在土耳其首都安卡拉举行会晤，围绕叙利亚问题等进行磋商。土耳其外长恰武什奥卢和美国国务卿蓬佩奥定于 6 月 4 日举行会晤，讨论双方工作组就曼比季问题所提出的方案。曼比季靠近土耳其边境，目前由美国支持的叙利亚库尔德武装“叙利亚民主军”控制，该武装力量主要由库尔德武装“人民保护部队”领导。土耳其认为“人民保护部队”是被土政府列为恐怖组织的库尔德工人党在叙利亚的分支。恰武什奥卢曾表示，“人民保护部队”必须从曼比季撤走，土美才能在相互信任的基础上共同采取行动。美军在曼比季驻扎有 2000 名士兵。美国曾多次表示担心美土在曼比季擦枪走火。时任美国国务卿蒂勒森 2 月访问土耳其期间，土美同意建立机制以解决两国间一系列争议问题，缓解双边紧张关系，努力实现关系正常化。1 月 20 日，土耳其对叙利亚阿夫林地区发起代号为“橄榄枝”的军事行动，以打击“人民保护部队”。3 月 24 日，土军宣布“完全控制”阿夫林地区。叙政府则对此表示强烈谴责，认为这是对叙利亚主权的“野蛮侵犯”。打下阿夫林后，土耳其总统埃尔多安曾多次表示，土军队将进入曼比季地区。

6 月 1 日，驻阿富汗美军最高指挥官约翰·尼科尔森 5 月 30 日说，阿富汗政府官员正与阿富汗塔利班高层秘密谈判，有可能达成停火协议。尼科尔森经由远程视频通话告诉出席美国国防部吹风会的媒体记者，阿富汗政府与阿富汗塔利班之间的“斡旋和对话正在秘密发生，涉及多个层面”。他没有提及双方参与谈判的具体人员，但披露塔利班高层和中层人员均参与其中。尼科尔森说：“我要特别说明的是，他们是秘密会面。只有如此，对话才有可能实现。”阿富汗总统阿什拉夫·加尼 2 月底向阿富汗塔利班抛出“橄榄枝”，表示愿意不设前提条件与对方和谈，让这一武装组织作为政治党派参与执政。不少人注意到，加尼的表态与以往立场显著不同。他先前多次痛斥塔利班为恐怖组织和叛乱组织。阿富汗塔利班迄今没有正式回应加尼的提议，但多次提出先与美国谈、再与阿富汗政府谈的要求。阿富汗塔利班近来两度提议与美国直接对话，而美国以往一贯立场是谈判方必须包括阿富汗政府。多年来，阿富汗政府与塔利班保持幕后接触，只有过一次公开的正式面对面会谈。那次会谈发生在 2015 年，地点在巴基斯坦。后来，由于塔利班前首领毛拉·穆罕默德·奥马尔死讯公开，这一组织更换领导人，会谈终止。

6 月 1 日，在土耳其议会和总统大选即将到来之际，土耳其与美国在叙利亚北部达成协议。据土耳其阿纳多卢通讯社（Anadolu Agency）5 月 30 日援引匿名消息人士话称，根据土美两国协议，围绕曼比季地区，幼发拉底河西侧的库尔德武装人员将从 6 月 4 日起，在一个月内陆续撤离。土耳其外交部也在上周五（25 日）透露，正在与到访的美国代表团商洽曼比季合作路线图。曼比季靠近土耳其边境，目前由美国支持的叙利亚库尔德武装“叙利亚民主军”控制，该武装力量主要由库尔德武装“人民保护部队”领导。土耳其认为“人民保护部队”是被土政府列为恐怖组织的库尔德工人党在叙利亚的分支。据悉美军在曼比季驻扎有 2000 名士兵。最终的合作协议预计将于 6 月 4 日在土耳其外交部长梅夫吕特·恰武什奥卢和美国国务卿迈克·蓬佩奥会晤之时正式宣布。报道援引土耳其情报机构消息称，当前，叙利亚库尔德民主联盟（PYD）高级官员已经开始撤出曼比季地区，迁往部分土叙边境村庄。报道称，土美两国的合作预计将分为三个阶段：第一阶段，在 6 月 4 日后的 30 天内，库尔德民主联盟武装人员撤出曼比季。第二阶段，在 6 月 4 日后的 45 天起，土耳其军方和情报部门高层官员将对曼比季地区进行联合考察。第三阶段，在 6 月 4 日后的 60 天内，在曼比季成立地方行政机构，包括负责安全工作的军事委员会和负责市政服务的地方委员会，委员会的人员组成将考虑民族比例。曼比季毗邻叙土边境，位处幼发拉底河以西，距离土耳其今年 3 月夺取的叙西北部城市阿夫林大约 100 公里，现在由叙利亚库尔德武装“人民保护部队”控制，美国在那里有约 2000 驻军。今年 2 月美国前任国务卿蒂勒森访问土耳其后，双方建立了叙利亚问题工作机制，以维护曼比季的稳定、预防冲突发生。3 月 8 日 –9 日，工作组第一次会议在华盛顿举行。

6月6日，美国《纽约时报》网站6月4日报道称，军事官员们称，五角大楼对美国精英突击任务的全面评估，可能导致大幅削减美国在非洲的特种作战部队。

6月15日，“马拉巴尔－2018”美日印海上联合演习在关岛海域展开。由于此次是美军太平洋司令部改名为印度洋－太平洋司令部后首次举行的演习，因而参演各方备受外界关注。据悉，此次演习时间为6月7日至16日，共分为两个阶段：第一个阶段为6月7日至10日的港口演习阶段，第二个阶段为6月11日至16日的海上行动阶段。其中，海上行动阶段的演习包括反潜、防空、水面作战、反恐和海上搜救等课目。参加演习的3个国家都派出了本国海军的精锐力量。其中，美国参演兵力包括“里根”号核动力航母、两艘“提康德罗加”级导弹巡洋舰、两艘“阿利·伯克”级导弹驱逐舰和1艘“洛杉矶”级核潜艇；日本参演兵力包括“伊势”号直升机母舰、1艘护卫舰和1艘“苍龙”级潜艇；印度参演兵力包括1艘“什瓦利克”级隐身护卫舰、1艘“卡摩尔塔”级轻型导弹护卫舰和1艘补给舰。同时，美国的P－8A、日本的P－1、印度的P－9I等三型反潜巡逻机也参加了演习。

6月22日，美国总统唐纳德·特朗普20日签署行政令，叫停强行拆散非法入境成年人及其子女的做法。美国政府在与墨西哥接壤的西南边境强行从父母身边带离大批移民儿童，招致联合国等国际组织和国内外舆论批评。特朗普几天前辩解，那种做法不是本届政府“首创”。根据特朗普签署的行政令，联邦执法部门今后将把非法入境者及其未成年子女一起拘押，而非另行安置儿童。特朗普政府两个多月前开始对非法移民执行“零容忍”政策，要求各边境州的联邦检察官打击非法越境初犯者。国土安全部统计，5月5日至6月9日，在与墨西哥接壤地区，超过2300名移民儿童被强行从父母身边带走。

7月7日，美国军方最近几周突然“除名”数十名身为外国移民的现役和预备役士兵，致使他们无法经由“参军”渠道获得美国国籍。这一变化或许缘于美国政府收紧移民政策。一名伊朗移民抱怨，他冒着生命危险为美军效力，却像“垃圾”那样被扫地出门。被悄悄开除军籍的移民士兵中，一些人对“除名”毫不知情；一些人追问军方后被告知，他们因住在外国的亲戚被打上“构成安全风险”标签，或者他们的背景审核仍未完成。所有士兵先前都与美国军方签订应征入伍协议，宣誓效忠。美联社报道，不清楚遭除名士兵具体人数；一些移民律师认定，最近几周至少有超过 40 名移民士兵遭开除。美国军方 2009 年提出“紧缺人才征兵计划”（MAVNI），招募没有绿卡、但有特定技能的移民应征入伍，以填补医疗、语言等方面的人才空缺。应征入伍的移民士兵可以成为美国公民。这一特殊征兵项目启动以来，不少移民加入军队，包括 2012 年获得“年度军人”荣誉的尼泊尔移民萨拉尔·什雷斯塔。2016 年，美军招募 5000 多名移民士兵。现阶段，估计大约一万名移民士兵在美军服役，绝大多数在陆军。

7 月 8 日，美国海关和边境保护局的执法人员近来屡在两国有争议的海域拦截盘问加拿大渔船。加拿大政府 6 日回应说，将调查相关事件。最先曝出此事的是加拿大大马南渔民协会。该协会成员劳伦斯·库克告诉媒体，一艘加拿大渔船在马柴厄斯封印岛附近捕鱼时，被美国边防巡逻人员拦下。马柴厄斯封印岛位于美国东北部缅因州和加拿大新不伦瑞克省之间，面积约 720 平方千米，外形是一块平坦的大岩石，岛上无人居住，只有一座历史上由英国人修建的灯塔。美国和加拿大对这座岛以及北部的北岩岛及其周边海域的归属有争议。按照英国《卫报》说法，美国与加拿大除了在马柴厄斯封印岛、北岩岛存在主权争议，其他争议区域均发生在领海。库克说：“他（渔民）告诉美国执法人员，加拿大的渔船在加拿大的海域打渔不犯法。”美国执法人员则称，他们在搜查试图入境美国的非法移民。

7 月 13 日，美国联邦通讯委员会（FCC）此前通过的废止“网络中立原则”决议正式生效。“禁止电信运营商封锁网站、禁止减慢加载速度”等是“网络中立原则”的具体内容之一，美国是互联网及互联网技术的原创国，也是技术和实力上具有压倒性优势的网络强国，拥有强大的网络攻击能力，其甚至可以让一个国家的互联网瞬间变成“国内局域网”，而“网络中立原则”在一定程度上限制了类似行为，废止“网络中立原则”决议生效则为这类行为解除了法律约束。

8 月 4 日，美军非洲司令部 3 日发表声明说，美军 2 日对索马里极端组织“青年党”目标实施空袭，打死该组织 4 名武装分子。声明说，此次空袭是在索马里政府的协调下进行的，空袭目标位于索马里首都摩加迪沙西北约 120 千米的区域。2012 年，索马里新政府成立后，美国开始向该国派遣少量特种部队，主要任务是担任索马里政府军的顾问和教官，协助打击“青年党”。据报道，特朗普 2017 年就任美国总统后，批准了美国防部扩大美军在索马里军事行动规模的请求。索马里“青年党”是与“基地”组织有关联的极端组织，近年来在索马里及其邻国多次发动恐怖袭击。

8 月 21 日，一架美军直升机 19 日在伊拉克坠毁，导致机上 1 名美军士兵死亡，另有 3 人受伤。国防部发言人罗伯特·曼宁当天在吹风会上说，这架直升机在执行反恐任务时坠毁，机上所有人员都已找到，伤者已被送到医院救治。曼宁说，没有证据表明直升机被敌对势力击落，军方正进一步调查坠毁原因。曼宁还说，美国目前在伊拉克、叙利亚和阿富汗的驻军人数分别约为 5200 人、2000 人和 1.4 万人。

9 月 7 日，埃及与美国特种部队当天举行联合反恐演习。当天的演习内容包括反恐理论讲座和实际演练、拆除爆炸装置等。本月 8 日至 20 日，埃美两国将在埃及地中海海滨城市亚历山大以西的穆罕默德·纳吉布军事基地举行“光明星”联合军演。除埃美两国外，来自希腊、约旦、英国、沙特等国的士兵也将参加此次军演。

9 月 19 日，美国海关及边境保卫局（CBP）的巡逻警察在德克萨斯州美墨边境逮捕了 170 名试图偷渡的无证移民。该数字打破单日逮捕人数的历史记录。据美国海关及边境保卫局官方消息，这批包括多个家庭和多名无人看管儿童的 170 人无证移民团体曾试图从墨西哥偷渡进德克萨斯州，却在中途被带领他们的专业偷渡集团抛弃。走投无路的他们最终于 18 日的午夜向位于德克萨斯州麦卡伦（McAllen）的海关及边境保卫局人员自首。被逮捕的 170 名无证移民大多数来自萨瓦尔多、危地马拉和洪都拉斯。据美国海关及边境保卫局媒体报道称，当日逮捕的 170 人是迄今为止单日逮捕人数最多的一次。

9 月 23 日，美国海军陆战队与美国支持的反政府武装分子在叙利亚南部举行了 8 天前所未有的军事演习，试图向伊朗和俄罗斯发出“强烈信息”。报道称，美国军方发言人肖恩·瑞安上校把此次演习描述为“一场武力展示”，称五角大楼已通过“化解冲突”的渠道通知俄罗斯，以防止“沟通有误或紧张局势升级”。他指出：“举行此次演习是为了加强我们的能力，确保我们准备好在我们的行动区域内对我们的部队所面临的任何威胁作出反应。”

10 月 2 日，美国特勤局证实，该部门截获了一封收件人是美国总统特朗普的可疑邮件，怀疑含有蓖麻毒素。报道称，这封信件是在 10 月 1 日被截获的，与五角大楼收到两封怀疑含有蓖麻毒素的邮件是同一天。特勤局声明称，这封信件不是在白宫收到的，也从未流入过白宫。作为惯例，特勤局不就受保护的情报发表评论。此前，五角大楼发言人罗布·曼宁称，经初步检测，五角大楼 1 日收到的两封邮件被怀疑含有蓖麻毒素。据报道，这两封邮件的收件人分别是美国国防部长马蒂斯和海军作战部长理查森。据悉，可疑邮件并未进入五角大楼主楼。美国有线电视台（CNN）网站援引消息人士称，初步调查认为，白宫和五角大楼收到的信件是相关联的，所涉及的物质是一种非常粗糙的蓖麻子混合物，在进一步测试完成之前，当局在技术上并不将其称作“蓖麻毒素”。

10 月 19 日，美国核动力航空母舰自 1991 年以来，首次越过北极圈进入北极。美国海军新闻处称，由美国海军哈里·杜鲁门号航空母舰率领的航母突击编队随后将前往挪威海，以“展示美国海军的机动性和硬实力”。值得注意的是，这些舰只将参加北约在挪威的“三叉戟”军演。上一次，美国海军航空母舰美国号航母于 1991 年进入到北极水域，参加了“北极星”军演。此前报道称，2000 名美国海军陆战队队员在冰岛海岸登陆，准备参加将于 10 月底在挪威北部开始的“三叉戟”军事演习。

10 月 29 日，美国空军上将特伦斯·奥肖内西 29 日在五角大楼宣布，美军将派遣 5200 名现役士兵前往南部边境，应对中美洲移民潮。近日，数千名来自洪都拉斯、危地马拉和萨尔瓦多等中美洲国家民众穿越边界进入墨西哥。他们或步行、或乘坐大篷车北上，有意穿越墨西哥前往美国。美军北方司令部司令奥肖内西 29 日在五角大楼举行的记者会上表示，应美国土安全部的请求，美军决定派出 5200 名现役士兵前往德克萨斯州、亚利桑那州和加利福尼亚州维护边境安全。奥肖内西表示，首批 800 名士兵已经开拔，前往南部边境，其余士兵将在本周内完成部署。他强调，根据相关法律规定，美军不会直接参与执法行动。

11 月 2 日，土耳其军队与美国军队开始在叙利亚北部曼比季地区进行首次联合巡逻。据土耳其阿纳多卢通讯社消息，土耳其国防部长阿卡尔称，当地时间 1 日下午 3 时 53 分左右，土美军队开始联合巡逻。阿卡尔当天是在土耳其议会讲话时宣布这一消息的。他强调，此次联合巡逻依据土美此前达成的曼比季安全合作路线图，是“有计划的”，而且参与巡逻人员“已全部完成培训”。另据俄罗斯卫星通讯社 2 日报道称，美方证实 1 日与土军方在叙利亚曼比季开始联合巡逻。美国主导的联军发表声明称：“联军和土耳其武装力量开始在曼比季西北部进行联合巡逻。联合巡逻使联军和土耳其武装力量得以补充当地安全结构，以（确保）曼比季的安全和稳定。”

11 月 13 日，悬赏数百万美元，“定位”黎巴嫩真主党和巴勒斯坦伊斯兰抵抗运动、即“哈马斯”3 名高层人员。据美国国务院声明，提供哈马斯高级成员萨利赫·阿鲁里、黎巴嫩真主党高级成员哈利勒·优素福·哈尔卜和海萨姆·阿里·塔巴塔巴埃所在地真实信息的人将分别获得 500 万美元奖金。美方指认阿鲁里 2014 年在约旦河西岸谋杀 3 名以色列青少年，其中一人有美国和以色列双重国籍。黎真主党成员哈尔卜 2015 年遭沙特阿拉伯制裁，缘由关联黎真主党在也门的活动。另外，美国国务院 13 日将黎巴嫩真主党总书记赛义德·哈桑·纳斯鲁拉的儿子贾瓦德·纳斯鲁拉列为“恐怖分子”，将“圣战旅”列为“恐怖组织”。

12 月 1 日，美国主导的打击极端组织“伊斯兰国”的国际联盟对叙东部代尔祖尔省沙法镇的民居和民用设施实施了空袭，造成 30 多名平民死亡，其中大部分是妇女和儿童。由于仍有平民被困废墟内，死亡人数有可能继续上升。

12 月 3 日，叙利亚“新闻频道”（Al - Ikhbariya）援引叙军方消息人士的话报道，以美国为首的国际联军部队 2 日对叙军在古拉卜山岭地区的阵地方向发射了数枚导弹。该消息人士称：“美国领导的联军部队约 20 时（北京时间 3 日凌晨 2 时）朝苏赫奈市以南的古拉卜山地区我方部队的阵地方向发射了数枚导弹。”同时，在叙利亚发动精准空袭，炸死涉及在 2014 年杀害美国援助工作者彼得·卡西格及其他西方人质的“伊斯兰国”（IS）组织头目乌马拉恩（Abu al Umarayn）。联军铲除了“伊斯兰国”多个关键人物，空袭持续瓦解“伊斯兰国”在战区的指挥管控系统。

12 月 18 日，面对来自中南美洲的大篷车移民，特朗普政府派遣了数千名士兵支援边境执法人员的工作。随着圣诞节将至，五角大楼 17 日表示，超过 2000 名驻守美墨边境的士兵已经返回了各自的基地或家中。上周，根据美国国防部公布的数字，已经有 5200 名美军士兵驻扎在美墨边境执行支援行动。而在本周，该数字已经减少了 2050 人，降到了 3150 人。

12 月 17 日，美国本月在索马里发动的空袭已导致 62 名武装分子丧生。据美国军方评估，无任何平民在此次空袭中伤亡。声明称，针对青年党武装分子的军事行动是在索马里甘达尔谢附近进行的。其中，15 日的军事行动击毙了 34 名武装分子，16 日的行动则击毙了 28 名武装分子。据报道，美国空军发起的这两次空袭都是在索马里联邦政府协调下进行的，旨在“防止恐怖分子利用偏远地区策划和指挥武装袭击行动，以及鼓励和招募武装人员开展更多袭击行动”。索马里“青年党”是与“基地”组织有关联的极端组织，近年来在索马里及其邻国多次发动恐怖袭击。

12 月 30 日，美军已将位于叙利亚东北部哈塞克地区仓库内的武器运离至伊拉克，此为美总统特朗普决定从叙撤军以来首次将武器运出的行为。据报道，该仓库内的武器曾提供给叙利亚的库尔德武装，装甲运兵车已将武器运至伊拉克。此外，还有 50 名美军随车队离开叙利亚。美国总统特朗普 12 月中旬宣布已在叙利亚战胜“伊斯兰国”，并称这是美军留在该国的唯一原因。此后，白宫新闻秘书桑德斯表示，美国开始从叙利亚撤出部队，但战胜“伊斯兰国”并不意味着终止联军的存在。美国及其盟友自 2014 年起在伊拉克和叙利亚进行了打击“伊斯兰国”的行动。但在叙利亚联军的行动未经叙政府许可，叙政府认为该行动为占领行为。该国共计有约 2000 名美国军人，他们与叙民主军一起控制了富有自然资源的东部和东北部领土。

2018 年美国遭受恐怖袭击次数及伤亡人数

时间	1 月	2 月	3 月	4 月	5 月	6 月	7 月	8 月	9 月	10 月	11 月	12 月	合计
袭击次数	2	9	12	6	0	3	2	14	4	3	4	3	62
伤亡人数	23	68	17	33	0	16	14	81	21	14	35	10	332
全年，美国共遭受恐怖袭击 62 次，伤亡 332 人													

第三章／2018年俄罗斯反恐怖军事行动*

第一节　俄罗斯反恐怖军事行动综述

2018 年俄罗斯国内先后进行了总统选举、世界杯等大型活动，反恐压力巨大。为消除恐怖主义威胁，俄罗斯长期保持了对恐怖主义的高压状态，多次呼吁国际社会组建反恐阵线，加强合作，对抗恐怖主义和极端主义。

一、俄罗斯面临的恐怖威胁

在持续高压反恐形势下，俄罗斯面临的恐怖威胁大大减轻，但暴恐袭击和电话袭扰仍然时有发生。

（一）“电话恐怖分子”继续攻击俄罗斯，50 座城再遭“诈弹”惊魂

在新年即将到来之际，俄罗斯多地再次接到大量匿名谎报炸弹威胁的电话，1.4 万人被迫撤离。俄罗斯新闻社 1 月 1 日以安全部门人士为消息源报道，上周末，俄罗斯 50 座城市共接到 56 通“诈弹”电话，商场、火

---

* 俄罗斯位于欧亚大陆的北部，领土包括欧洲的东半部和亚洲的西部，是世界上国土最辽阔的国家，国土占原苏联面积的 76.3%，大体呈长方形。疆界长达 6 万里，其中 2/3 为海疆，1/3 为陆界。海岸线长达 4.3 万千米，濒临 3 大洋的 12 个海；陆界长达 1.7 万里，与 14 个国家接壤，即挪威、芬兰、爱沙尼亚、拉脱维亚、立陶宛、哈萨克斯坦、格鲁吉亚、阿塞拜疆、白俄罗斯、乌克兰、中国、蒙古、朝鲜；中苏边界线长达 7300 千米。隔海还与日本相望，北部领土中 36% 在北极圈内。

车站和其他公共建筑中的人群被迫撤离。另据塔斯社 1 日援引俄护法机关的消息，在过去的一昼夜里，俄罗斯 30 座城市接到了 53 通匿名虚假炸弹威胁电话。受影响的城市包括莫斯科、圣彼得堡、伏尔加格勒、符拉迪沃斯托克等。经查，未发现爆炸装置。11 月 28 日，莫斯科多地再次接到匿名炸弹威胁电话，大批人员被疏散，疏散人数大约为 4000—7000 人。自 2017 年 9 月开始，包括莫斯科在内的俄罗斯各地开始不断接到匿名炸弹威胁电话，高峰时 3 天内就有近 500 处人群密集场所遭威胁。至 2017 年 10 月底全俄共有近 140 万人因匿名炸弹威胁电话被疏散，被疏散人员约占俄总人口数量的 1%。随着俄打击力度加大，炸弹威胁电话数量开始减少，但一直未获根除。克里姆林宫谴责这些威胁是“电话恐怖主义”，媒体猜测那是黑客攻击和其他网络攻击，例如一个自动化的软件可以拨打这样的电话。但究竟是谁幕后操纵这些威胁电话，至今还不清楚。现在普京总统已经签署了一项法律，将“电话恐怖主义”的刑罚提高至 10 年监禁。①

（二）北高加索联邦区仍面临严重恐怖威胁

俄罗斯北高加索地区位于欧亚大陆连接处，民族、宗教等情况十分复杂。近年来，阿富汗、叙利亚等地区的恐怖组织不断通过北高加索向俄罗斯渗透，俄对当地恐怖势力保持了高压状态。北高加索联邦区面临恐怖威胁的首要原因是国际恐怖组织有意把恐怖活动扩展至这一地区。他们希望由中东战乱区域返回北高加索的武装分子在当地进行恐怖活动。10 月 9 日，俄罗斯联邦安全局局长博尔特尼科夫在俄达吉斯坦共和国举行的国家反恐委员会会议上表示，2018 年至今，俄已挫败 6 起恐怖袭击，消灭 50 名武装分子，逮捕匪徒及其帮凶超 200 人。博尔特尼科夫表示，尽管采取了一系列措施，但当前北高加索联邦区仍面临严重恐怖威胁。国际恐怖组织集中向这一地区的年轻人进行恐怖主义宣传并促使他们参与暴力行动，还选择这一地区的宗教场所作为袭击目标，试图挑起当地的宗教矛盾。当前需要改善北高加索联邦区对相关恐怖活动的预防工作，在此基础上，对

① 参见《新年心慌慌俄 50 城再遭“诈弹”惊魂》，新华网，2018 年 1 月 3 日，http://www.xinhuanet.com/。

在检测过程中发现的危险因素及时予以客观评估。[①]

（三）反恐难度加大，无人机成恐怖分子新利器

1 月 6 日凌晨，俄罗斯驻叙利亚赫迈米姆空军基地和塔尔图斯补给站的安全保障系统，成功制止一起恐怖分子利用攻击无人机发起袭击的企图。俄国防部认为，恐怖分子袭击俄驻叙军事设施期间利用的新方法，只可能来自那些掌握先进卫星导航和远程遥控投送物品到指定地点技术的国家。这是恐怖分子第一次从 50 千米外的距离操纵攻击型无人机发动袭击，并利用卫星定位等现代技术，这意味着恐怖主义活动呈现出新形态，俄驻叙军事基地的安全形势更加严峻。俄国防部还呼吁国际社会对无人机这一安全新威胁予以充分重视，标志着国际恐怖主义史又步入了一个新阶段。[②]专家指出，类似的恐怖袭击可能发生在任何国家，有可能在欧洲、中东或者亚洲。攻击目标可能不只是军事设施，也可能是民用设施，国家领导人的车队和官邸，甚至是工厂、燃料储存库、燃气泵站等。此类“航模级”无人机成本低廉，所需的技术门槛没有硬性要求，在市场上可大批量获得，易于大规模进行列装，并且通过简单改装就可以使无人机携带小型爆炸装置，对目标进行火力打击或自杀式袭击。这种无人机体积小、飞行高度低，加上复杂的低空环境和地物遮挡等因素，防空系统的目标指示雷达和火控雷达都难以发现和截获目标，而且恐怖分子往往会选择对多个目标发动协同攻击，这使得防御成本要远远高于恐怖分子获取和改装无人机的成本，倘若其中一个环节出现问题，无人机袭击就可能成功。

二、俄罗斯反恐怖军事对策

从 2018 年初以来，被俄情报部门及时阻止的恐怖活动就有 37 次，另有 900 多名恐怖分子被抓捕或消灭。以上数据显然是十分骇人听闻的，既反映出了俄罗斯遭恐怖主义渗透之深，也彰显出了俄罗斯打击恐怖主义强

---

① 参见《俄安全局局长：北高加索联邦区仍面临严重恐怖威胁》，中国新闻网，2018 年 10 月 10 日，http：//www. chinanews. com/。

② 参见《反恐难度加大？俄专家：无人机成恐怖分子新利器》，海外网，2018 年 1 月 10 日，http：//www. haiwainet. cn/。

大的决心。

（一）汲取叙利亚无人机恐怖袭击经验，俄军要求全体部队学会打无人机

2018年1月，13架无人机“组团”对俄罗斯驻叙利亚赫梅米姆空军基地和塔尔图斯海军基地发动偷袭。俄军电子战部队成功控制了6架无人机，剩余7架则全部被昼夜执勤的“铠甲－S”型防空导弹系统击落。此后，无人机空袭浪潮一直“高烧不退”，俄军先后于4月、5月、6月和7月又接连遭遇数起无人机编队袭击事件。通过对截获的无人机进行解剖分析，研究人员惊讶地发现：恐怖分子可以从100千米外放飞这些无人机，而且它们都是由市场上随处可见的消费级无人机直接改装而来的。近年来频频成为军事斗争焦点的无人机，促使现有的作战理论、作战样式和作战环境发生了深刻变革。而在非传统军事斗争领域，无人机在天空的“恣意妄为”，极有可能造成坠落伤人、逼停战机或延误航班，甚至有可能成为恐怖分子发动突然袭击的“邪恶帮凶”。随着无人机技术的快速发展，各军事大国已将注意力集中到反无人机技术领域，并通过制定各项政策为反无人机技术发展“亮绿灯”。针对叙利亚战场上恐怖分子使用无人机频繁发起的恐怖袭击，俄罗斯国防部从今年秋季开始在俄军军事训练计划中增设了反无人机训练内容，主要培训俄军使用自动武器、狙击步枪和大口径武器击落无人机的能力。根据各军兵种新版战斗训练计划，俄军人不仅要学习射击模拟的无人机目标，还要演练作为小分队成员进行行动。打无人机科目的教学将在排、连、营及旅级战术演习的战斗射击环节中完成。相关射击训练预计在夏冬两季的昼夜条件下进行。除步兵外，坦克兵、炮兵以及战斗与物资装备保障部队军人（侦察兵、通信兵、维修兵等）也将接受打击无人机的训练。换言之，从步枪手到炊事员的每个兵种都要会打无人机。俄军为防范无人机在空中的“小动作”，已经在各大城市建立了能够探测低空飞行目标的雷达设施。①

---

① 参见《汲取叙利亚战争经验：俄军要求全体部队学会打无人机》，参考消息网2018年7月11日，网址：http：//m. cankaoxiaoxi. com/。

（二）俄罗斯与多国谋求反恐合作，多次举行联合反恐演习

在打击恐怖组织的过程中俄罗斯与叙利亚继续加强协调与合作，并就政治解决叙利亚危机共同努力。俄罗斯外交部长拉夫罗夫表示，俄方期待与巴基斯坦加强反恐合作，打击极端组织“伊斯兰国”在中亚的残余势力。9 月 22 日，俄罗斯总统普京表示，俄罗斯愿同伊朗进一步相互合作，打击恐怖主义势力。普京就伊朗阅兵式期间发生恐怖袭击事件向该国总统鲁哈尼发慰问电。在慰问电中，普京说，对“这一悲剧表示深切哀悼”，并对“这一血腥犯罪感到愤怒”。普京强调必须扩大国际反恐合作，俄方准备就此方面与伊朗加强协调。

俄罗斯与多方展开联合反恐演习。8 月，上合组织联合反恐军事演习在俄罗斯车里雅宾斯克州举行，包括印度、巴基斯坦在内的各成员国派员参加。9 月 22 日，俄罗斯驻塔吉克斯坦军事基地军人在“利亚乌尔”靶场举行反恐军演，出动无人机、坦克、高射炮成功捣毁“恐怖分子基地”。10 月 11 日，俄罗斯和蒙古国武装力量在俄罗斯布里亚特共和国境内开始进行反恐演习。演习课目包括两国联合部队搜寻恐怖分子、阻断恐怖分子的破坏行为、机降并对其进行歼灭。参加此次演习的两国兵力约 1000 人，双方动用各型武器装备约 200 件。10 月 15 日，约 200 名俄罗斯空降兵抵达埃及，参加“友谊卫士－2018”联合反恐演习。10 月底，俄罗斯、哈萨克斯坦、吉尔吉斯斯坦和塔吉克斯坦四国在独联体集体安全条约组织（集安组织）框架下在塔吉克斯坦境内举行“边界－2018”联合反恐军演。11 月 18 日至 28 日，俄罗斯东部军区坦克、摩托化步兵和侦察分队参加印度举行的“因陀罗”国际演习。

（三）俄罗斯欲在克里米亚建女子学校，教烹饪、缝纫和打击恐怖分子

俄罗斯“青少年军”自从 2016 年 5 月成立以来，活动开始向全国铺开，目前全俄罗斯“青少年军”的人数已经增长至 19.25 万人。有批评人士表示，这是俄罗斯军事化进程加快的标志。不过也有支持者认为这是一种鼓励爱国主义的方式。2018 年 2 月 26 日，俄罗斯国防部长谢尔盖·绍伊古表示，正在考虑在克里米亚塞瓦斯托波尔建立一所女子学校。他说：“根据普京的指示，过去五年一共有九所军事学校在图瓦共和国成立，一

共有三千多人在其中学习。”“而在莫斯科的女子学校，也有很多让人惊叹的女孩在其中学习。”“我们会在塞瓦斯托波做同样的决定。”在女子学校里，女孩们每天都需要接受马卡罗夫手枪、卡拉什尼科夫步枪以及手榴弹的训练。老师们声称要把这些 10 到 17 岁之间的女孩培养成军队或者特工的后备力量。女孩们从早上 7 点起床到晚上熨烫军队式制服，期间的训练和学习是艰苦的。化妆和手机被完全禁止，每天只有几分钟时间可以和父母通话。女孩们会被教导烹饪、缝纫、清洁、唱歌、跳舞以及急救、自卫、打击恐怖分子的技能。①

（四）俄总统鼓励安全部门加强反恐

5 月 31 日，俄罗斯总统普京在莫斯科接见了俄联邦安全局、国民近卫军、对外情报局等部门的新任负责人，要求他们以更强的责任感，解决俄所面临的反恐等重大安全问题。普京说，当前俄联邦安全局面临繁重工作任务，其中的首要任务是反恐。“统计显示，近年来在俄境内发生的、带有恐怖主义倾向的犯罪活动有所减少，但俄罗斯需进一步提高其整个反恐系统的工作能力，有关部门需不断侦破、摧毁恐怖组织团伙。此外，希望俄联邦安全局继续有效实施反间谍、保卫边境安全等工作。”12 月中旬，俄罗斯国家反恐委员会主席博尔特尼科夫披露，从 2018 年初以来，被俄情报部门及时阻止的恐怖活动就有 37 次，另有 900 多名恐怖分子被抓捕或消灭，还有近 5 万个宣扬恐怖主义思想、散播恐怖组织信息的非法网站遭到强行关闭。②

第二节　俄罗斯主要恐怖袭击事件

一、恐怖分子使用无人机袭击俄驻叙军事设施

（详见第一章内容）

---

① 参见《俄罗斯欲在克里米亚建女子学校教烹饪、缝纫和打击恐怖分子》，腾讯网 2018 年 2 月 26 日，网址：http：//www. qq. com/。

② 参见《俄总统鼓励安全部门加强反恐》新华网，2018 年 6 月 1 日，网址：http：//www. xinhuanet. com/。

二、俄达吉斯坦共和国一教堂发生恐怖袭击，致4死5伤

2月18日，俄罗斯达吉斯坦共和国内务部发布消息称，当天一名身份不明者在该共和国基兹利亚尔市向人群开枪，造成4死5伤。

（一）事件背景

北高加索地区位于俄罗斯西南部，包括达吉斯坦共和国、车臣共和国、印古什共和国。这一地区经济相对落后，民族和宗教矛盾突出，分离主义非法武装活跃，暴力和恐怖事件多发。近些年，北高加索地区不少非法武装人员前往叙利亚“取经”，宣誓效忠“伊斯兰国”。2015年，“伊斯兰国”宣布在北高加索设立“分支”，极端思潮继续渗透北高加索地区。

（二）事件经过

2月18日，约30名市民在参加完“谢肉节”活动后走出教堂时，一名身份不明者在该共和国基兹利亚尔市向人群开枪，造成4死5伤。随后安全人员与其发生交火并将其击毙。达吉斯坦共和国内务部发表声明，确认22岁基兹利亚尔市居民哈利勒·哈利洛夫袭击教堂。“伊斯兰国”（IS）18日宣称，当天早些时候针对俄罗斯境内一座教堂的恐怖袭击是该极端组织所为。

（三）事件影响

俄罗斯东正教大总主教基里尔强烈谴责袭击，认定这是“弥天大罪”，试图在北高加索地区“挑起东正教信徒与穆斯林之间的对抗”。俄罗斯政府时刻紧盯北高加索安全局势，不断重拳出击。①

三、其他恐怖袭击事件

1月19日，俄罗斯西伯利亚一所学校遭到持斧头及莫洛托夫燃烧弹的

① 参见《俄达吉斯坦共和国一教堂发生恐怖袭击，致4死5伤》中国新闻网2018年2月19日，网址：http：//wap. chinanews. com/。

不明分子袭击，导致学校大楼着火。有 500 多人已从该学校被撤离。此事件共导致 5 人受伤。

2 月 3 日，俄军的一架苏 – 25 飞机在叙利亚伊德利卜省被击落，飞行员弹射出座舱，但在与恐怖分子的战斗中牺牲。随后，俄对该地区进行了精准轰炸，30 多名武装分子被消灭。

2 月 7 日，叙利亚大马士革总统区 6 日遭到迫击炮炮击，一发炮弹击中俄驻叙商务代表处，俄呼吁国际社会就针对外交使团的恐怖主义袭击作出反应。

3 月 14 日，俄前双面间谍斯克里帕尔及其女儿 4 日在英国一购物中心附近离奇昏迷一案尚未查明真相，近日又曝出了另一起俄罗斯流亡商人在英国死亡的事件。据悉，英国反恐小组已介入对此事的调查。

5 月 19 日，俄罗斯车臣共和国格罗兹尼市一座教堂 19 日遭到武装分子袭击，袭击导致 2 名警察和 1 名信徒死亡、2 名警察受伤。执法人员打死了 4 名武装分子。

5 月 27 日，俄罗斯国防部发布新闻公报，叙利亚境内武装分子日前袭击了叙东部的叙政府军某部，致使 4 名俄罗斯军人死亡。

8 月 20 日，俄罗斯车臣共和国首府格罗兹尼市和沙林斯基区当天发生针对执法人员的系列袭击事件，共造成 5 名警察受伤，4 名袭击者被击毙。车臣共和国领导人卡德罗夫表示，系列袭击事件试图干扰 21 日将举办的节日庆祝活动。

9 月 10 日，俄罗斯在斯摩棱斯克州逮捕了 1 名“伊斯兰国”组织成员，该成员供诉称，他是按照乌克兰安全局和“右区”组织（乌克兰一个极右翼组织）的指示，去刺杀一名“顿涅茨克民兵武装领导人”。不过乌克兰方面否认，并认为这起袭击事件是顿涅茨克民间武装发生内讧。

9 月 15 日，俄联邦安全局达吉斯坦分支机构在达吉斯坦共和国卡拉布达赫肯特区和布伊纳克斯克区实施反恐行动。执法人员在一个山林地区发现了 3 名武装分子，这 3 人拒绝投降并开火，随后被俄联邦安全局特种部队击毙。

10 月 17 日，俄罗斯克里米亚共和国刻赤市的一所理工技术学校发生燃气爆炸，造成 10 人死亡，约 50 人受伤。俄调查机构称，爆炸是恐袭事件，爆炸装置中装满了弹片。

10 月 31 日，俄联邦安全局阿尔汉格尔斯克州分局入口处发生一起爆炸，造成 3 名人员不同程度受伤。俄罗斯侦查委员会称，把简易爆炸装置带入楼内的 17 岁少年在俄联邦安全局阿尔汉格尔斯克州分局发生的爆炸中身亡。

11 月 17 日，俄罗斯车臣共和国首府格罗兹尼市发生一起自杀式爆炸袭击，除袭击者本人外，袭击没有造成其他人员伤亡，事发现场交通秩序未受影响。

11 月 27 日，俄罗斯莫斯科北部一所学校在接到匿名炸弹威胁电话后疏散了近 300 人。

11 月 28 日，莫斯科多地接到匿名炸弹威胁电话，大批人员被疏散。自当天上午 11 时 30 分左右开始，莫斯科十多家大中型商场及一处火车站陆续接到匿名电话称，上述建筑内有炸弹。随后执法部门对这些建筑内的人员进行了疏散，当天被疏散人数大约为 4000 至 7000 人。经执法部门检查后，所有电话最终被证实为虚假消息。

12 月 26 日，俄罗斯鞑靼斯坦共和国内务部新闻处称，喀山市中心发生枪击，2 名男子住院治疗。

第三节　俄罗斯主要反恐怖军事行动

一、俄出动“阿尔法”特战队保障世界杯安全

由于“伊斯兰国”组织公开宣称要在世界杯上发动血战，俄罗斯精锐特种部队时刻准备着应对“伊斯兰国”极端组织对世界杯足球赛构成的威胁。

（一）行动背景

俄罗斯世界杯足球赛决赛阶段比赛将于 6 月 14 日至 7 月 15 日在莫斯科、圣彼得堡、加里宁格勒、下诺夫哥罗德、喀山、叶卡捷琳堡、萨兰斯克、萨马拉、伏尔加格勒、顿河畔罗斯托夫、索契共 11 个城市举行。

5 月 30 日，俄罗斯联邦委员会（议会上院）下属捍卫国家主权委员会

要求俄相关部门与其加强协作，严防外部势力趁俄举行世界杯足球赛之机煽动反俄活动。该委员会当天在工作报告中说，为防止外部势力利用2018年6月至7月世界杯足球赛和9月俄举行地方议会选举之机，在俄境内煽动反俄活动、干涉俄内部事务，该委员会要求俄联邦执法、行政部门和国家杜马（议会下院）与其加强协作，严密监控有关事件和动向，防止反俄活动危害俄国家主权。

（二）行动概况

英国《明星日报》网站披露，“伊斯兰国”组织仍在继续威胁世界杯，极端分子准备袭击俄罗斯。普京在世界杯的准备阶段一直非常强硬，要求粉碎“伊斯兰国”组织的一切阴谋和企图。“阿尔法小组”特种部队受克里姆林宫指挥负责反恐攻击小组，该特种部队由俄罗斯联邦安全局管理，“阿尔法小组”将时刻准备在世界杯上应对任何恐怖主义威胁。这支拥有约300名精锐的俄罗斯指挥官的军队专门接受过秘密行动培训，该部队以凶狠的作战策略和过度武力而著称。俄罗斯联邦安全局4月对17个地点进行了突袭，逮捕了20名恐怖分子，他们企图对在莫斯科举行的足球比赛发动袭击。另外还在世界杯举办城市罗斯托夫发现了恐怖分子的基层组织，他们配备了炸弹和AK－47突击步枪。据称，该基层组织一直在根据从叙利亚的恐怖分子那里收到命令，为在世界杯上发动袭击做准备。“阿尔法小组”及俄罗斯联邦安全局的其他攻击小组将严阵以待，如果“伊斯兰国”组织构成威胁的话。普京的目标是尽管存在可能会发生暴力事件的担忧，但还是要在世界杯期间展现俄罗斯最好的一面。俄罗斯甚至对足球流氓采取了严厉措施，臭名昭著的极端球迷组织受到警告，远离世界杯的比赛。

（三）行动评析

近年来，俄不断加强国内反恐力度。俄国家反恐委员会5月31日发布消息说，俄反恐部门和其他国家安全机关在2017年共挫败68起处于准备实施阶段、带有恐怖主义倾向的犯罪活动。同年，俄有关部门抓获了50多个恐怖组织团伙，屏蔽了6万多个涉及恐怖极端主义的网站、广播和其他媒体。①

二、俄用“弹幕”战术对付恐怖分子，火力拦截瞬间完成

（详见第一章内容）

三、其他反恐怖军事行动

1 月 6 日，凌晨俄军安全保障系统成功制止一起针对俄驻叙利亚赫迈米姆空军基地和塔尔图斯港补给站的恐袭企图，恐怖分子企图利用攻击型无人机发起袭击。

1 月 12 日，俄军动用所有侦察兵力及技术手段，在与拉塔基亚省东部相邻的伊德利卜省西部发现武装分子据点和一座用于装配存放小型无人机的库房。当武装分子在据点附近准备换乘车辆时，俄军发射数枚激光制导炮弹，精确打击目标，消灭了所有武装分子。

1 月 23 日，俄罗斯常驻联合国代表团发布声明表示，俄政府决定为联合国反恐办公室预算一次性自愿提供 200 万美元，从 2019 年开始，每年还将为反恐办公室的工作拨款 50 万美元。

2 月 1 日，俄罗斯联邦安全局安全人员在下诺夫哥罗德市抓获一名极端组织“伊斯兰国”成员，并在其藏身处缴获枪支弹药和大威力自制爆炸装置以及原材料等。

2 月 26 日，俄罗斯总统弗拉基米尔·普京下令，对叙利亚东古塔地区反对派武装的军事打击从 27 日起每天“人道间歇”5 小时，设立“人道通道”撤离平民。这些举措将有助于落实联合国安全理事会要求叙利亚全境停火 30 天的决议。

3 月 11 日，俄罗斯联邦安全局特勤人员当天在萨拉托夫州盘查一辆嫌疑汽车时遭车内人员开枪袭击，特勤人员在交火中将车内人员全部击毙。调查人员在现场缴获袭击者使用的数把老式军用手枪、一枚自制手榴弹以及一个威力相当于 3 公斤 TNT 炸药当量的自制炸弹。调查显示，这伙袭击

---

① 参见《红色警戒！俄出动“阿尔法”特战队保障世界杯安全》，参考消息网，2018 年 7 月 11 日，http：//m. cankaoxiaoxi. com/。

者为当地恐怖组织成员，此次行动挫败了恐怖组织发动袭击的图谋。

3月13日，俄罗斯联邦安全局安全人员在首都莫斯科及周边破获了一个向恐怖组织“伊斯兰国”输送人员的组织渠道，抓捕了60名嫌疑人。

3月20日，俄联邦安全局联合内务部执法人员经过长达22小时的搜寻，在丛林中发现一伙武装分子，随后遭到对方武力抵抗，双方发生激烈交火。在俄罗斯国民卫队的支援下，4名武装分子被全部击毙，执法人员无一伤亡。

3月19日至22日，俄罗斯空降部队与白俄罗斯特种作战部队在俄罗斯乌里扬诺夫斯克州举行联合维和反恐战术演习。俄罗斯和白俄罗斯两军共派出约600名军人参加此次联合演习，演习中双方共动用约80台（套）各型军事装备。

4月17日，俄罗斯联邦安全局执法人员发现并捣毁一个支持极端组织“伊斯兰国”的团伙。这一团伙受“伊斯兰国”指使，密谋使用枪支和简易爆炸装置在罗斯托夫州发动系列恐怖袭击。

4月21日，俄联邦安全局执法人员在斯塔夫罗波尔边疆区挫败由极端组织“伊斯兰国”一名支持者策划的恐袭阴谋。这名嫌疑人密谋使用枪支和简易爆炸装置发动系列恐怖袭击，目标可能是斯塔夫罗波尔边疆区政府大楼和俄联邦安全局斯塔夫罗波尔边疆区分局。嫌疑人对执法人员的逮捕行动进行武力反抗，最后伤重不治。

4月21日至24日，俄联邦安全局执法人员在达吉斯坦共和国西南部杰尔别特区一次特别反恐行动中与极端分子发生交火，击毙11名“伊斯兰国”成员。这些极端分子曾计划袭击当地政府代表和执法人员。执法人员在极端分子的藏身地搜出4支自动步枪、2把手枪、1个火箭筒和2个自制炸弹及大量弹药，还有他们储备的一些食品和药品等。

5月4日，俄罗斯联邦安全局成功抓获5名“伊斯兰国”分支组织成员。被抓的5名恐怖分子受境外势力操控，计划在俄境内实施一系列恐怖袭击。安全人员在行动过程中还发现了一处制造爆炸物品的实验室以及一批自制爆炸装置和枪支弹药等物品。

5月11日，俄安全部门日前挫败了一起针对莫斯科卫国战争胜利日纪念活动的恐袭图谋，抓获20名恐怖分子。这些恐怖分子计划在胜利日当天对在莫斯科参加“不朽军团”游行的人群发动恐怖袭击。

5月28日，在叙利亚代尔祖尔的反恐战斗中，俄罗斯和叙利亚炮兵歼灭了 43 名恐怖分子和 6 辆安装大口径武器的越野车。

6 月 14 日，俄反极端主义中心在莫斯科市东部阿穆尔街一所住宅里抓获了一名 47 岁男性嫌疑人。俄方情报显示，此人的出生地是叙利亚首都大马士革，曾参加叙反政府武装团伙并作战，还向其他武装组织提供协助。俄执法机关抓捕上述男子的原因是此人涉嫌“煽动实施恐怖主义行为”和“组建并参与恐怖主义组织”。

7 月 21 日，俄罗斯驻叙利亚赫迈米姆空军基地部队当天凌晨击落一架无人机，该基地的人员和财产均未遭受损失，基地运转正常。

7 月 30 日至 31 日，俄伊土三方索契会谈在俄罗斯索契召开，会谈声明，决心继续在叙利亚反恐，推动政治解决叙问题，呼吁加强对叙人道救援和重建的支持力度。

8 月 22 日至 29 日，上海合作组织“和平使命”大型反恐演习在俄罗斯举行，同为组织成员国的印度和巴基斯坦，首次共同参加此次演习。

9 月 22 日，俄罗斯驻塔吉克斯坦军事基地军人近日在“利亚乌尔”靶场举行反恐军演，出动无人机、坦克、高射炮成功捣毁“恐怖分子基地”。

10 月 11 日，俄罗斯和蒙古国武装力量在俄罗斯布里亚特共和国境内开始进行反恐演习。演习课目包括两国联合部队搜寻恐怖分子、阻断恐怖分子的破坏行为、机降并对其进行歼灭。参加此次演习的两国兵力约 1000 人，双方动用各型武器装备约 200 件。

10 月 11 日，俄安全人员在鞑靼斯坦共和国抓获恐怖组织“伊扎布特”俄罗斯分支机构头目，在被抓捕头目住处搜获的宣传材料、该头目被派遣的证件、已完成工作报告和一些现金等。

10 月 15 日，俄罗斯联邦安全局报道，近日与俄联邦侦查委员会协同抓获数名为极端组织“伊斯兰国”筹措资金者，并调查出其向该极端组织汇款的方式。

10 月 30 日，俄罗斯联邦安全局安全人员在俄西南部鞑靼斯坦共和国捣毁了极端组织“伊斯兰国”的一个秘密分支，抓获 18 名涉恐嫌疑人。

11 月 18 日至 28 日，印俄举行“陆军因陀罗”演习，双方演练维和行动的联合规划，陆军参谋部与分队之间的协同程序以及消灭“恐怖分子”团伙。

12 月 13 日，俄罗斯联邦安全局发布消息，联邦安全局近日联合其他部门，在俄罗斯境内的莫斯科、车臣、达吉斯坦和印古什共和国抓捕了 7

名为“伊斯兰国”和“沙姆解放组织”等恐怖和极端组织筹款的人员。

2018 年俄罗斯遭受恐怖袭击次数及伤亡人数

时间	1月	2月	3月	4月	5月	6月	7月	8月	9月	10月	11月	12月	合计
袭击次数	1	3	1	0	2	0	0	1	1	2	3	1	15
伤亡人数	5	35	1	0	11	0	0	9	3	64	1	2	131
总计	全年俄罗斯共遭受恐怖袭击 15 次，伤亡 131 人												

第四章／2018年中国反恐怖军事行动*

第一节 中国反恐怖军事行动综述

2018 年以来，中国对恐怖主义持续实施高压态势，反恐怖形势总体趋向于平稳可控，绝大部分恐怖活动被消灭在萌芽阶段。但是从大环境看，世界恐怖势力和恐怖活动仍然持续不断，尽管 2017 年叙利亚和伊拉克相继宣布收复被极端组织“伊斯兰国”控制和占领的所有地区，标志着对该组织打击取得重大进展。但是极端主义思潮并没有得到根本遏制，对全球的影响还在继续，更有愈演愈烈的趋势。在这种背景下，中国新疆“三股势力”也蠢蠢欲动，伺机制造事端。因此，我们必须继续加强与国际社会的合作，加大对世界反恐形势研究，加大反恐和维稳的力度，合力打击恐怖活动。

一、中国面临的恐怖威胁

恐怖主义全球化势不可挡，在我国周边，国际恐怖势力活动频繁，恐怖活动接连不断，恐怖势力和恐怖分子向我境内渗透、回流压力不断增大；我国海外反恐形势趋于严峻，境外机构或人员受恐怖袭击或干扰增多；

---

* 中国周边与 14 个国家接壤，即俄罗斯、哈萨克斯坦、吉尔吉斯斯坦、塔吉克斯坦、蒙古、朝鲜、越南、老挝、缅甸、印度、不丹、尼泊尔、巴基斯坦、阿富汗。

国内“藏独”“东突恐怖分子”等组织受国际极端主义思潮及迁徙圣战思想影响，不断蓄意制造事端，组织恐怖袭击。同时利用网络散布恐怖信息、视频等事件也不断上升，社会层面反恐压力增大。

（一）国际反恐局势突变，恐怖分子回流压力增大

2017 年世界反恐行动空前强大，各国加强对恐怖分子打击力度，叙利亚和伊拉克相继宣布收复被极端组织“伊斯兰国”控制和占领的所有地区，标志着对该组织打击取得重大进展。但恐怖组织只是被打散，并没有被消灭，在这种情况下新一波极端主义、恐怖主义狂潮正从中东向全球外溢和扩散。据不完全统计，数年之内赶赴中东的外籍“圣战”分子达数万人。“伊斯兰国”在伊、叙覆灭后，其成员四处逃窜，他们“返乡”后的威胁不可小觑。长期以来我国新疆“三股势力”一直与国外恐怖势力相勾连，他们长期在境外接受恐怖培训和参加恐怖活动，目的就是等待时机成熟回流国内制造恐怖活动，达到自己不可告人的目的，在这种大背景下，恐怖分子回流的可能性增大，这些恐怖分子，在伊、叙强化了极端思想、接受了恐怖训练，他们制造恐怖活动会更隐蔽、更残忍，从有形化为无形、从集中破坏变为“独狼”式袭击，这种“返回式圣战”或成为我国安全稳定的新威胁。

（二）“两面人”暗箱支持，恐怖土壤依旧难根除

我国“三股势力”这个毒瘤之所以难以根除，必然有其根源，我们不否认有诸多方面的原因，但是我们从中看到了国际势力支持恐怖分子的影子，更应看到“两面人”在其中发挥的副作用，这些现象值得我们深思。混进党员干部队伍中的“两面人”台上唱高调、台下唱反调，在反分裂、反渗透、反暴恐等大是大非问题上态度暧昧，有的暗里支持、纵容、包庇暴恐分子，有的资助、参与、策划分裂活动，甚至充当“三股势力”的帮凶和幕后支持者。“两面人”表现形式颇多，有的对宗教明里不信暗里信，在职不信退休信；有的在维护祖国统一、维护民族团结、反对民族分裂上态度暧昧，阳奉阴违，当面一套背后一套；有的散布“双泛”思想，毒化青少年，挑拨民族关系，制造事端；更有甚者，直接与“三股势力”狼狈为奸，沆瀣一气，谋划、参与、支持民族分裂、暴力恐怖和宗教极端活动。这种“两面人”的存在破坏性更强。

（三）网络已成为恐怖分子的新阵地，社会层面反恐压力增大

恐怖组织和极端分子都敌视现代文明，讽刺的是，其又不遗余力利用现代文明成果——网络，进行融资和大肆宣传。一方面恐怖分子利用网络传播“圣战”思想。如恐怖组织经常利用新媒体发布多语种音视频，讲授制作简易袭击武器，制造恐怖活动方法，招募人员，宣传极端主义，鼓动袭击等。另一方面，通过网络对社会现象肆意炒作，歪曲事实，大放厥词，蛊惑人心，给民众心理造成冲击。2018 年以来，国内查处利用网络或社交媒体等平台散布暴力恐怖信息、音视频及违法信息等多达近百余起，并有快速发展蔓延的趋势。当前，整个人类社会似乎已“运转在软件之上”。在这种情况下，对网络的致命攻击将打乱社会的运行。2017 年，“勒索”病毒的爆发，就给国际社会敲响了警钟。试想，如果恐怖分子对工业互联网，如核电站、变电站等电力系统或金融系统进行大规模攻击，后果不堪设想。

（四）海外机构人员遭袭，境外利益安全威胁增大

随着中国对外开放的不断扩大和“走出去”战略的全面实施，据有关报道，我国在海外有 3.08 万家投资企业、国家海外投资总量超过 12 万亿元，遍布全球 188 个国家和地区，海外劳务人员达数百万；2015 年出境游近 1.2 亿人次，未来 5 年我国公民出境将达 7 亿人次。由于各国国情和社会安全环境复杂，战争和武装冲突时有发生，恐怖活动频发，非法组织犯罪活动猖獗，给贸易投资、海外人员机构和资产设施带来严重威胁。① 2018 年我国境外机构和人员遭受恐怖袭击呈明显上升趋势。据不完全统计 2018 年有 4 次袭击我方机构和人员事件，共死亡 6 人（其中当地警察和平民各 2 人），伤 4 人。2 月 6 日，1 名中国公民当天在巴南部信德省首府卡拉奇遭不明身份袭击者枪击后身亡，另一名同行的中国公民幸免于难。② 3 月 10 日，当地时间 3 月 8 日凌晨 1 时许，中国水电 15 局位于马里中部距

---

① 参见《预计未来 5 年中国公民出境人数将达 7 亿》，京华时报，2016 年 12 月 4 日，http://www.szcjkj.cn。

② 参见《一名中国公民在巴基斯坦南部城市卡拉奇遇袭身亡》，人民网，2018 年 2 月 6 日，http://www.people.com.cn/。

离首都巴马科 700 千米处的项目工地现场及营地遭遇大约 25 至 30 名不明身份武装人员袭击，中方人员安全无伤亡。[1] 5 月 12 日晚，法国巴黎歌剧院附近发生一起持刀袭击事件，导致 1 人死亡、4 人受伤，伤者中有一名中国籍公民。[2] 种种迹象表明，中国境外机构和人员正在成为恐怖分子袭击的对象，特别值得关注的是对我领馆的恐怖袭击。由此可见，我国在境外面临的恐怖威胁复杂性超出了我们的想象。

二、中国反恐怖军事对策

中国作为一个负责任的大国，在反恐问题上始终维护联合国反恐的主导作用，主张在联合国的框架内进行反恐作战。中国始终奉行世界合作共同打击恐怖主义，反对单边主义和双重标准，中国认为恐怖主义是人类的公敌，主张对恐怖主义进行严厉打击，不仅重视内部反恐，也重视国际反恐合作。

（一）加强国内反恐建设，全面提升反恐能力

中国在反恐问题上始终做到内外一盘棋，在加强国际合作的同时，持续加强国内的反恐建设。一方面加强立法建设。中国一直都重视法制建设，特别是在近些年，世界恐怖主义泛滥的今天，不断健全和完善有关反恐怖主义法律，为打击恐怖主义活动提供更加完备的法律依据，相继出台了《中华人民共和国国家安全法实施细则》《关于严厉打击恐怖犯罪活动的通知》《刑法修正案三》《反恐怖主义法》等多部关于恐怖主义的法律法规和文件，为依法打击恐怖主义提供了法律依据和遵循。另一方面加强反恐能力建设。中国长期以来致力反恐能力建设，从中央到地方建立相应的反恐怖协调机制，2004 年公安部成立了反恐怖局负责研究、指导、协调、推动反恐怖工作并在各省、市、自治区及一些重大城市建立了相应的协调机制。同时成立以武警为主，公安为辅的反恐行动专业队伍建设，持

① 参见《马里中资公司项目受袭中方人员已安全转移》，央视新闻，2018 年 2 月 6 日，http：//www. cnr. cn/。

② 参见《一中国公民在巴黎持刀袭击事件中受伤无生命危险》，中国新闻网，2018 年 5 月 13 日，http：//www. chinanews. com/。

续加大资金投入、强化反恐武器研发、深入反恐战法研究等，全面提升了反恐能力。

（二）加强世界反恐合作，合力打击恐怖主义

中国政府反对恐怖主义的基本政策是“互信、互利、平等、协作”为核心的新安全观作为制定反恐政策、开展国际反恐合作的指导原则。中国始终认为国际社会应统一思想，加强协调，形成合力，反恐要坚持统一标准，打击各种形式的恐怖主义。谴责并反对双重标准，主张谴责并反对一切形式的恐怖主义，中国政府在各种场合，多次表示恐怖主义危害无辜人民的生命、尊严和安全，从各国人民的利益出发，国际社会都应采取一致立场，坚决打击。注重联合国的领导，强化国际合作的重要性。中国始终遵守联合国宪章，在联合国的框架内开展反恐合作，采取单边、双边、多边合作的方式，与世界各国建立反恐合作，在此基础上，进一步加强与国际联盟之间的合作，如上合组织、湄公河、“一带一路”沿线国家等多方合作，表明了中国积极参与国际反恐合作打击恐怖主义的决心、意志和力度。

（三）加强社会反恐宣传，提高全民反恐意识

现实证明，恐怖分子往往就隐匿于民众之中，实施恐怖活动隐蔽性高，在任何时间、任何地点都可能随时实施恐怖袭击，我们防范、发现、处置都比较困难，因此说提高全民反恐意识和能力势在必行。2018 年以来，加大反恐宣传，提高全民反恐意识和能力已成为社会的广泛共识。各级都加大反恐宣传力度，深入校园、重要民生目标、企事业单位及乡镇社区等进行反恐宣传活动，通过电视、报纸、网络、自媒体、广播、宣传手册、宣传单、书签等方式，深入浅出地为群众解读反恐相关知识，引导群众遇到恐怖分子如何应对，叮嘱群众在日常生活中遇到恐怖袭击时应怎样做，总结出许多简单易行的好作法。如遇到恐怖袭击时应保持沉着冷静，做到“三能三会”，“能发现、会举报，能避险、会自救，能识别、会应对”。通过多方位宣传和演练，从而提高了全民反恐意识和应对有力。

（四）加强多种形式演练，提高各级反恐能力

2018 年以来，各省市县镇、工厂社区、学校医院、商场银行、机场车站等等，多个单位机构组织了多项内容、多个场所以及多种人员参加的反恐演练。4月4日，中柬反恐联合训练暨人道主义救援在柬埔寨磅士卑省落下帷幕，此次联训设置“反恐技战术、联合反恐指挥、联合反恐实兵演习和人道主义救援”等4个专题，中柬双方各派出200余名官兵参加，展开反恐器材操作使用、实弹射击、模拟机降和机动渗透等专业课目训练。① 7月22日，银川举行自治区60大庆安保维稳反恐演练。本次演练由银川市人民政府主办，银川市人民政府应急管理办公室、银川市大规模群体性事件指挥部办公室、银川市反恐怖工作领导小组办公室承办，宁夏警官职业学院、自治区公安厅警官训练总队、中国人民解放军银川警备区、武警银川市支队、银川市公安消防支队、兴庆区人民政府、金凤区人民政府、西夏区人民政府共同协办，是我市近年来举办的规模最大的一次综合性应急实战演练。②

（五）加强网络信息管控，筑牢网络信息安全

2018年以来，网络已成为恐怖分子新阵地，他们通过互联网宣扬、存储、传播涉暴力恐怖、民族分裂、宗教极端以及破坏民族团结等活动，教授制造使用爆炸装置、枪支、管制器具方法、技能以及传播虚假信息，侮辱、恐吓、捏造事实诽谤他人等内容的文字、图片、音视频的，违反《中华人民共和国刑法》《中华人民共和国反恐怖主义法》《中华人民共和国网络安全法》《中华人民共和国治安管理处罚法》《互联网信息服务管理办法》等法律法规，公安机关将依法依规追究责任。4月8日，新疆互联网信息办公室、自治区公安厅根据举报线索，依法依规查处并曝光第十二批共九起网上传播违法信息典型案例。公安机关依法已将有关人员依法依规查处。③ 7月29日，福建省首例宣扬恐怖主义案在三明市中级法院开庭审理，法庭根据检察官量刑建议，当庭判处被告人黄某有期徒刑6个月，缓

① 参见《中柬联训，在“反恐”的硝烟中结下深厚友谊》，中青在线，2018年4月4日，http：//www. cyol. net/。

② 参见《中柬联训，在“反恐”的硝烟中结下深厚友谊》，银川新闻网，2018年7月22日，http：//www. ycen. com. cn/。

③ 参见《新疆互联网信息办公室等有关部门查处九起传播违法信息典型案例》，天山网，2018年4月8日，http：//www. ts. cn。

刑1年，并处罚金2000元。[①]

第二节　中国主要恐怖袭击事件

一、3名恐怖分子袭击中国驻卡拉奇总领馆[②]

当地时间11月23日，3名非法武装分子试图闯入中国驻巴基斯坦卡拉奇领事馆未得逞，并在随后的交火中被击毙。2名巴基斯坦警察殉职，一对来自奎达市、想要办签证的父子也不幸遇难。

（一）事件背景

据巴基斯坦《黎明报》报道，袭击中国驻卡拉奇领事馆事件取得了进展，巴基斯坦警方锁定了分离主义组织“俾路支解放军”的流亡头目哈比亚尔·马里（HarbiyarMarri），认为他是整个袭击事件的策划者。这次试图袭击中国总领馆的3名非法武装分子作案期间一直与这些人保持联络，警方还在3名武装分子的身上发现了“俾路支解放军”的旗帜。他们目的是试图打击中巴两国之间的外交及经济关系。

（二）事件经过

当地时间11月23日，3名非法武装分子试图闯入中国驻巴基斯坦卡拉奇领事馆，由于领事馆安保得力袭击未得逞。3名非法武装分子的企图被发现后，随即发生交火，一名武装分子被警方击中腹部后躲藏在附近一栋平房后，因失血过多死亡。另外2名同伙则持手榴弹，试图闯入办理签证的接待室，当时接待处至少有9人。一名妇女迅速关上了接待室的门，还有一名警卫关上了主要的装甲门。嫌犯为了突破装甲门，甚至试图使用C-4炸药，所幸没能成功，被警方击毙。

---

① 参见《男子微信群转发暴力血腥视频获刑六个月》，《检察日报》，2018年7月29日，http://www.jcrb.com/。

② 参见《中国驻卡拉奇领事馆遭多名武装分子袭击致2死1伤》，中国新闻网，2018年11月23日，http://www.chinanews.com/。

（三）事件影响

此事件是一起有预谋，有组织的恐怖袭击，其目的就是对中巴友好经济合作进行攻击，破坏两国友好关系，如此类事件不能妥善处置，其示范效应不可估量。但随后巴基斯坦总理伊姆兰·汗谴责了此次针对中国总领馆的袭击事件，并下令彻查此事，揪出隐藏在背后的邪恶企图。伊姆兰·汗表示，这起事件是对中巴友好经济合作的攻击，但此邪恶势力不可能破坏“比喜马拉雅山更高大，比阿拉伯海更深的”中巴双边关系。

二、其他恐怖袭击事件

2 月 5 日，中国驻巴基斯坦卡拉奇总领事馆向人民网记者证实，1 名中国公民当天在巴南部信德省首府卡拉奇遭不明身份袭击者枪击后身亡，另一名同行的中国公民幸免于难。

2 月 9 日，网民举报路某（男，汉族，37 岁，石河子市人）在微信群中煽动、策划群众非法集会。经核实，并根据有关法律法规，公安机关依法对路某予以行政拘留。

2 月 11 日，网民举报叶某（男，乌孜别克族，31 岁，伊犁州伊宁市人）在其朋友圈转发多张宣扬宗教极端思想的图片。经核实，并根据有关法律法规，公安机关依法对叶某予以刑事拘留。

2 月 24 日，网民举报阿某（男，维吾尔族，23 岁，克州阿图什市人）利用互联网传播暴力恐怖视频。经核实，并根据有关法律法规，公安机关依法对阿某予以刑事拘留。

2 月 26 日，网民举报张某（男，汉族，42 岁，石河子市人）在其微信朋友圈散布政治谣言信息。经核实，并根据有关法律法规，公安机关依法对张某予以行政拘留。

2 月 28 日，网民举报亚某（男，维吾尔族，29 岁，阿克苏地区库车县人）利用多媒体卡储存、传播多部暴恐音视频。经核实，并根据有关法律法规，公安机关依法对亚某予以刑事拘留。

3 月 5 日，网民举报米某（男，维吾尔族，29 岁，乌鲁木齐市人）在电脑中存储大量暴恐音视频。经核实，并根据有关法律法规，公安机关依法对米某予以刑事拘留。

3 月 6 日，网民举报艾某（男，维吾尔族，34 岁，喀什地区岳普湖县人）利用互联网传播暴力恐怖音视频。经核实，并根据有关法律法规，公安机关依法对艾某予以刑事拘留。

3 月 7 日，网民举报库某（男，维吾尔族，23 岁，喀什地区岳普湖县人）在手机内存储多张宣扬宗教极端思想的图片。经核实，并根据有关法律法规，公安机关依法对库某予以刑事拘留。

3 月 10 日，中国水电 15 局位于马里中部距离首都巴马科 700 千米处的项目工地现场及营地遭遇大约 25 至 30 名不明身份武装人员袭击。吊车、皮卡车、发电机等施工设备和物资均被烧毁；中方人员安全无伤亡，但随身手机、电脑等物品全部被抢。

3 月 11 日，江苏省南京市公安局官方微博通报称，两名男子日前通过网络发布极端言论寻衅滋事，被南京警方刑事拘留，其中一名网民在微信群中发布涉及南京大屠杀的极端言论。

3 月 12 日，网民举报徐某（男，汉族，29 岁，博州博乐市人）在其微信朋友圈中散布政治谣言信息。经核实，并根据有关法律法规，公安机关依法对徐某予以行政拘留。

3 月 23 日，据深圳机场公安分局消息，一男子涉嫌编造虚假恐怖信息，称深圳飞往郑州的某航班上有旅客携带炸弹。现该男子已被深圳机场警方刑事拘留。

3 月 26 日，山西省太原市公安局发布消息称，当地警方快速处置一起谎称携带危爆物品乘坐公交车案件。

5 月 13 日，法国巴黎歌剧院附近发生一起持刀袭击事件，导致 1 人死亡、4 人受伤，伤者中有 1 名中国籍公民。

6 月 19 日，四川省乐山市发生一起公交车爆炸案，犯罪嫌疑人已被警方控制。该案排除暴力恐怖活动。目前除犯罪嫌疑人为重伤外，其余 14 人均为轻微伤，伤情稳定。

7 月 27 日，国航 AOC 接到疑似恐怖信息，为确保安全，CA876 返航巴黎，安全落地，人机安全。

8 月 18 日，南靖金山有人将一段长 3 分 19 秒、充满暴力血腥的恐怖视频发至网上传播，涉嫌传播宣扬恐怖主义，被南靖警方处以行政拘留 10 天。

10 月 8 日，中国公民在中非遭袭 3 人身亡。本月 4 日，一艘载有 4 名在当地从事矿业工作的中国公民和1名中非青年的船只在该国西南部城市索索－那孔波的卡岱河上发生倾覆，4名中国公民幸存，中非青年失踪。幸存的中国公民前往当地宪兵队做配合调查时，遭到当地一伙暴徒的袭击，导致3名中国公民死亡，1人重伤。

11月12日，阿根廷布宜诺斯艾利斯省圣马丁地区（San Martín），一名43岁的中国籍男子在自己所经营的超市内遭到枪击。

11月14日，智利首都圣地亚哥火车站地区发生恶性袭击华商案件。

11月23日，3名恐怖分子袭击中国驻卡拉奇总领馆，2名警察及2名当地平民不幸身亡。

第三节　中国主要反恐怖军事行动

一、中国维和官兵在南苏丹驱离荷枪实弹的武装分子①

1月4日，数十名武装人员闯入联合国驻南苏丹特派团划设的武器禁区。紧要关头，中国蓝盔临危不惧，成功将武装人员驱离。

（一）事件背景

位于南苏丹首都朱巴的 UN House 营区外执行武器禁区巡逻任务。16时许，远处突然传来两声枪响，“在 B13－2 区域，发现15名不明身份人员，14人持步枪，1人持手枪，正在武器禁区追捕1名平民。”行进途中，对讲机中传来5号哨位的报告。依据联合国驻南苏丹特派团（联南苏团）规定，担负武器禁区巡逻任务的官兵，要确保武器禁区不得有持枪械人员进入。

（二）事件经过

16时04分，维和官兵没有丝毫犹豫，15名官兵迅速登车朝着枪响的方向赶去。杨永强率巡逻分队抵达事发地点。猛士突击车上的重机枪手和

---

①　参见《中国维和官兵在南苏丹驱离荷枪实弹武装分子》，中国陆军，2018年4月7日，网址：http：//www.81.cn/。

步战车上的火箭筒手、炮手已经做好战斗准备。“下车后，立即和武装人员交涉，告知他们这里是武器禁区，不允许持枪械进入。对方情绪较为激动，并朝天鸣枪示威。”在交涉过程中，又有很多武装人员向他们聚集，不到 1 分钟，闯入武器禁区的武装人员从 15 人增加至 30 人。还有不少武装人员正乘车赶来，并且已经将车载武器对准巡逻分队。冲突一触即发！千钧一发之际，杨永强指挥官兵有力应对，并与武装人员据理力争。最终，在我维和官兵的强力震慑下，对方指挥官示意所有武装人员将枪收起，并表示他们马上离开武器禁区。

（三）事件影响

此次事件的成功处置展现了中国在世界维和行动中的大国担当和中国态度。展现了中国军人为了和平不畏牺牲的决心和意志。展现了维和官兵一不怕苦，二不怕死，临危不惧，高效处置的战斗精神。为中国在其他地方担负维和任务的部队提供了示范，给其他国家维和部队展示了中国形象。

二、嘉善警方开出今年首张巨额“反恐罚单”

嘉善警方依据《中华人民共和国反恐怖主义法》之规定，依法对罗星街道辖区内一家屡教不改的宾馆开出一张 10 万元的巨额罚单。

（一）事件背景

2018 年以来，嘉善县公安局在全县范围内开展社会层面治安管控清查整治行动，重点做好旅馆、网吧等场所单位的安全隐患排查工作。

（二）事件经过

4 月 25 日晚，罗星派出所民警在对辖区旅馆业进行“四实”登记检查时，发现某宾馆前台工作人员赵某某存在未按规定登记住宿旅客信息的行为。

而就在一个多月前的 3 月 13 日晚，民警在对该宾馆进行检查时，发现工作人员朱某某未按规定登记住宿旅客信息。

根据《中华人民共和国治安管理处罚法》第五十六条之规定，警方依法对朱某某作出罚款500元的处罚，并当场发放《责令整改通知书》要求该宾馆进行整改。

因该宾馆屡教不改，没有严格落实“四实”登记制度，违反了《反恐怖主义法》，嘉善警方依法对该宾馆作出罚款10万元的处罚，并对前台工作人员赵某某作出罚款1000元的处罚。

（三）事件影响

由于嘉善警方持续加大社会层面治安管控清查整治行动，依法查处旅馆业违法经营行为，确保全县旅馆100%落实“实名、实数、实情、实时”的“四实”登记住宿制度，为全县经济发展和人民安居乐业创造安定、平稳、有序的社会环境。

三、其他反恐怖军事行动

1月1日，新疆召开反恐怖工作电视电话会议，传达贯彻全国反恐怖工作电视电话会议精神，总结工作，分析形势，部署任务。会议强调，各地各部门各单位要深刻认识新疆反恐怖斗争面临的严峻复杂形势，始终保持清醒头脑，聚焦落实新疆工作总目标，牢固树立总体国家安全观，牢牢绷紧反恐怖斗争这根弦，全面提升反恐怖工作能力和水平，坚定坚决打好反恐维稳“组合拳”，不断开创新疆和谐稳定新局面。

1月4日，河南光山警方开展多途径反恐宣传，让反恐意识深入民心。光山警方为切实提升辖区广大人民群众的反恐意识，打好反恐怖“人民战争”，建立起全民参与的反恐长效机制，创建和谐安宁的人居环境，光山县公安局、交通局、邮政局、人行、火车站等反恐成员单位在该县司马光宾馆门前隆重启动了“共筑反恐防线，共护社会平安”为主题的反恐宣传周活动。

1月4日，数十名武装人员闯入联合国驻南苏丹特派团划设的武器禁区。紧要关头，中国蓝盔临危不惧，成功将武装人员驱离。

1月11日，登封民警进行110反恐演练，进一步提升基层派出所的接处警及反恐战斗力和应急反应能力，登封市公安局宣化派出所15名人员参加了演练。

1月15日，通州警方展开首次反恐宣传活动，普及反恐知识，提高全民知恐防恐意识。同时也提升社会公众防范应对恐怖袭击的意识和避险自救、紧急应对能力，切实打好反恐怖人民战争，筑起反对暴恐活动的铜墙铁壁。

1 月 18 日，武警天津总队组织反恐救援实战演练。按照中央军委部署，武警天津总队闻令而动，随即开展实战化拉练演练，从开训之始立起战斗力唯一标准，总队紧贴城市反恐、救援实战，在逼真环境下锤炼部队。

1 月 30 日，新疆自治区召开扫黑除恶专项斗争会议，对黑恶势力“零容忍”，坚决依法扫除。自治区召开扫黑除恶专项斗争电视电话会议，就全区组织开展扫黑除恶专项斗争进行安排部署。会议要求，要坚决把思想认识和行动统一到以习近平同志为核心的党中央决策部署上来，充分认识开展扫黑除恶专项斗争的重大政治意义、现实意义和历史意义，拿出决战决胜的精神状态和雷霆万钧的实际行动，坚定坚决扫除黑恶势力，为新疆持续稳定、长期稳定、全面稳定打下坚实基础。

2 月 2 日，山东青岛特警组建反恐突击队力保春运安全。为应对春运期间旅客激增带来的安全隐患，落实“平安春运，有序春运”的工作理念，济南铁路公安局青岛公安处特警支队正式组建反恐突击队，并举行授旗仪式。

2 月 8 日，中国常驻联合国副代表吴海涛在安理会恐怖行为威胁国际和平与安全公开会上，呼吁各国凝聚打击恐怖主义的国际共识，共同铲除恐怖主义滋生的土壤。

2 月 11 日，北京站实战反恐演练处突警情。由铁路、地方公安机关、驻站 999 急救人员、北京站等单位参与的联合反恐演练在北京站广场举行。通过多警种、多部门不定期的联合演练，目的就是熟练掌握处突流程，分工合作，磨合衔接，形成合力，以便能够快速有效处置突发事件，全力确保春运客流高峰平稳度过，全力确保广大旅客春运出行安全。

2 月 13 日，中国常驻联合国代表马朝旭在安理会发言，呼吁国际社会树立命运共同体意识，结合恐怖主义发展的新趋势和新特点，加强合作，共同应对。中国作为国际反恐阵营重要成员，近年来深入参与联合国、上海合作组织等多边合作机制，为国际反恐斗争作出重要贡献。中国愿同各国一道，共同应对恐怖主义威胁，维护世界和平与安宁。

2 月 24 日，中国赴马里维和部队针对当地出现多起袭击联合国维和部队的现状，我维和工兵分队严密组织实施了夜间防卫演练。此外，分队还启动与联马团指挥部门、友军的信息共享与协同行动机制，共同应对安全风险。

2 月 25 日，武警雪豹突击队挺进幽闭山谷磨合反恐新战法。近日，武警某部雪豹突击队按战斗编组挺进幽闭山谷，展开魔鬼周极限训练，研究新任务新战法，提高特战队员反恐实战能力。

3 月 3 日，西藏自治区举行维稳力量誓师动员大会及武装拉动演练。西藏自治区举行维稳力量誓师动员大会及武装拉动演练。驻藏解放军、武警官兵、公安干警和公安现役部队官兵警容整齐、军容威武，彰显了众志成城、誓保稳定的坚定信念和无坚不摧、敢打必胜的坚强意志。全体参演部队官兵精神饱满、斗志昂扬，一辆辆装甲车、装备车、特种车迎风而来，充分展示了参演武警部队威武之师、文明之师的良好形象，展示了维护祖国统一、维护社会稳定的坚定信念。

3 月 3 日，武警江西总队抚州支队把特战分队拉到陌生地域，设置复杂多变的战术背景，重点对山地反恐战、水上反恐战和特种狙击战进行演练，提升特战分队应对复杂条件下的作战能力。

3 月 3 日，武警海南省总队琼南片区特战分队结合五指山景区实际情况，以刀斧砍杀、枪盾、棍盾及近几年突发个人极端事件为题材开展反恐防袭演练活动，全方位锤炼特战分队防暴恐袭击的处置方法，确实提高反恐能力。

3 月 16 日，印度陆军参谋长拉瓦特当天表示，印中两国年度“手拉手”联合演练今年将恢复举行。他称，洞朗对峙后停滞的印中军事外交已经重启，两国边境会晤机制也已经开始。接下来，中印将进行一系列高层访问，印度总理莫迪将在 6 月访华，参加在青岛举行的上海合作组织首脑峰会。

3 月 17 日，中国和柬埔寨两军“金龙－2018”反恐联合训练暨人道主义救援 17 日在柬埔寨磅士卑省某综合训练场举行开训仪式。这是 2016 年以来中柬两军第二次组织联训。

3 月 19 日，武警青岛支队成立“反恐心理训练室”训练官兵心理素质。支队某部训练馆内，建有一座神秘的“鬼屋”，屋内幽暗的灯光、仿真的假人、曲折的迷宫，再配上恐怖的音乐，营造出阴森的氛围，每走一步都急剧挑战着人类的神经，这是青岛支队专门为训练官兵的心理素质而建的“反恐心理训练室”。训练室将反恐现场的血腥、恐怖、怪异、攻击等场景，结合声光电、雨雪雾、尸体、障碍等强烈的感官刺激，让特战官兵在高度紧张、毛骨悚然的环境里，感受实战氛围。锤炼了官兵遂行反恐战斗过硬的心理素质和在黑暗、恐怖、压抑的条件下细致搜索、快速发现、快速射击的实战能力。

3 月 19 日，新疆自治区扫黑除恶专项斗争首战告捷。据自治区扫黑除恶专项斗争领导小组办公室介绍，我区扫黑除恶专项斗争首场战役——“雷霆一号”已取得初步战果。截至目前，共收网涉黑组织、涉恶团伙 27 个，抓获犯罪嫌疑人 330 余名，查封、冻结、扣押涉案资产 470 余万元，自治区扫黑除恶专项斗争首战告捷。

3 月 23 日，济南铁路公安开展春季反恐防暴及消防演练。为确保春季管内安全稳定，切实提升职工应急处突能力，济南铁路公安处黄台站派出所组织铁路职工开展了春季反恐防暴及消防演练。

3 月 29 日，鄂州民警到幼儿园开展反恐防暴演练。为进一步提升学校师生的安全防范和自防自救意识，提升校园保卫处应对暴力恐怖事件的快速反应和应急处理能力，鄂州市庙岭派出所到辖区新世纪双语幼儿园开展反恐应急演练暨安全知识教育培训，派出所警力、幼儿园教职工参加了本次演练活动。通过此次演练，进一步增强了学校师生、保安人员在遇到歹徒行凶等突发性事件的反恐安全防范意识，以及民警们快速反应处置突发事件的应变能力，有力推动了校园安全防范工作的深入开展，确保在校师生的人身安全。

4 月 1 日，武警福建总队南平、三明、龙岩 3 个支队的 100 余名特战队员全副武装，采取摩托化与徒步奔袭的方式，快速机动至群山峻岭中。一场以实战为背景的山林地“掏黑窝子、捕歼战斗”演练拉开序幕。此次魔鬼周极限训练围绕紧贴实战、练就过硬素质的目标展开，全面检验和提高特战队员在艰苦环境和复杂陌生条件下的智、体、技、战综合作战能力，努力实现反恐训练向实战化转变。

4 月 2 日，中国第 4 批赴南苏丹维和步兵营高标准通过了联合国组织的装备核查。装备核查是联合国对出兵国装备能否满足维和要求而进行的综合性评估，也是联合国对出兵国进行经济补偿的重要依据。此次核查中，联南苏团派出的核查组一行首先听取了维和步兵营装备编制和数质量情况报告，随后对集装箱板房、各型车辆武器、电力和净水设备、自我维持类装备、医疗设备等 1600 余台（部、件）装备物资进行了详细检查。最终，维和步兵营所属装备物资的良好状态和优异性能得到了核查官的充分肯定。核查官科瓦博纳评价说：“中国营是联南苏团任务区环境卫生最好、药品储备最齐全的维和分队。”

4 月 2 日，为期 15 天的“金龙 –2018”中柬反恐联合训练暨人道主义救援在柬埔寨磅士卑省落下帷幕，此次联训设置“反恐技战术、联合反恐指挥、联合反恐实兵演习和人道主义救援”等 4 个专题，中柬双方各派出 200 余名官兵参加，展开反恐器材操作使用、实弹射击、模拟机降和机动渗透等专业课目训练。

4 月 5 日，中国常驻联合国副代表吴海涛表示，中方坚决反对任何国家、组织或个人，在任何情况下使用化学武器，同时重申政治解决是叙利亚问题的唯一出路。

4 月 5 日，武警云南总队大理支队以遂行多样化任务为牵引，聚焦战斗力标准，开展复杂情况下实战化军事训练，锻炼特战队员在各种野外复杂地域和生疏地形的综合作战能力，让特战队员在实战氛围中不断提升反恐技能和战术水平，真正锻造出一支反恐“利刃”。

4 月 7 日，武警广西总队南宁支队组织特战分队到桂北地区开展抢滩登陆、滩涂追击、武装奔袭、极限体能等科目训练。训练中，特战队员们面对陌生复杂水域，训练热情丝毫不减，在水上逐浪竞渡，旨在利用艰苦的环境、残酷的训练，挑战特战队员身体极限，锻造“全面过硬、能打胜仗”的反恐劲旅，锤炼部队在各种复杂环境下的整体作战能力。

4 月 19 日，中国第六批赴马里维和部队，在陆军第 80 集团军某部正式组建。这是第 80 集团军重组重塑后，首支派出执行联合国维和任务的分队。

4 月 26 日，武警山西总队忻州支队着眼反恐需求，以机动中队特战排强化训练为契机，组织特战官兵进行实战化快速射击训练，全面提升特战队员快速射击能力。

5 月 6 日，国务委员、公安部部长赵克志日前在政法领导干部学习贯彻习近平新时代中国特色社会主义思想专题研讨班上强调，全力做好新时代维护国家安全和社会稳定工作。赵克志表示，要全面贯彻总体国家安全观，严厉打击各种渗透颠覆破坏活动、暴力恐怖活动、民族分裂活动、宗教极端活动，坚决捍卫中国共产党领导和我国社会主义制度。要着力推进更高水平的平安中国建设，不断增强人民群众获得感、幸福感、安全感。要牢牢把握对党忠诚、服务人民、执法公正、纪律严明的总要求，全面深化公安改革，大力加强队伍建设，切实履行好新时代职责使命。

5 月 9 日，南充一中开展 2018 年安保人员“反恐防暴”培训演练活动。为了保障校园环境稳定安全，加强学校安保人员对突发恐怖事件的防范意识和应急处置能力，提高安保人员“反恐防暴”的业务技能，通过专业知识的学习和实战演练，该校安保人员掌握了更多的应急技巧，提高了应急意识，进一步为师生营造一个稳定安全的校园治安环境，提供了保障。

5 月 14 日，中国公安部与老挝公安部首次执法合作部级会晤在万象举行，双方就执法安全各领域合作进行了深入交流，达成了广泛共识。双方同意，共同加大对电信网络诈骗、跨国拐卖人口犯罪、非法出入境犯罪的打击力度；加强在维护国家安全、反恐、移民管理等方面的合作；建立“一带一路”建设重大项目安保合作机制；继续加强边境联合巡逻管控，深化湄公河执法安全合作；加强禁毒信息情报交流和办案合作，继续推进平安航道联合扫毒行动；建立健全中老地方公安机关警务执法合作机制。

5 月 18 日，广西壮族自治区公安厅东兴口岸签证处牵头组织开展了多部门反恐处突联合演练。东兴市公安局、东兴边防检查站、东兴海关、东兴口岸国际道路运输处、东兴市口岸办公室、东兴市人民医院等单位 60 余人参加演练。

5 月 24 日，绵竹市公安局开展平安校园行暨校园反恐防暴演练活动。绵竹市公安局相继在绵竹市七一中学、实验中学、广济学校等再次开展“平安校园行”主题反恐防暴演练活动。

5 月 25 日，西南大学开展反恐演练建设平安校园。本次演练是在北碚区公安分局指导下，由学校保卫处牵头，多部门联合开展的一次综合演练。通过本次演练，检验了西南大学反恐应急预案，锻炼了学校各职能部门应急处突的能力，提高了学校应对恐怖袭击和各类突发情况的处置能力，推动了西南大学反恐防暴工作的扎实开展。

5 月 28 日，“长城－2018”反恐国际论坛在中国人民武装警察部队特种警察学院开幕。为期 4 天的“长城－2018”反恐国际论坛每两年举办一次，本届论坛以山地反恐为主题，来自中国、法国、巴基斯坦、埃及等 28 个国家同类任务部队的 180 余名代表参会，与会代表将围绕山地反恐组织指挥、现场封控、现场侦察、突击战法等议题进行专项研讨和交流互动。

5 月 28 日，滇北某训练基地进行山岳丛林训练的海军陆战队蛟龙突击队，依托当地复杂地形展开了一场贴近实战的反恐营救演练，全面锤炼部队在陌生环境和恶劣条件下的反恐制胜本领。

6 月 1 日，云南省安保维稳和反恐怖工作视频会议在昆明召开。会议指出，要切实把思想和行动统一到习近平总书记重要指示和中央对当前维稳反恐工作的形势判断和总体要求上来，增强忧患意识，提升工作主动性，及时预见、分析、研判、防控风险，进一步聚焦重点维稳领域、重点反恐环节、重大矛盾化解、重大案事件处置，抓实扫黑除恶等重点专项工作。各级各部门要层层压实责任，严格督导，有序协作，努力实现“三个确保”和“三个坚决防止”的目标，全力维护全省社会大局持续稳定。

6 月 4 日，呼和浩特启用手机可视化一键报警系统。市公安局着眼群众实际需求，立足公安实战需要，于 2016 年联合内蒙古神防安防科技有限公司研究开发了“手机可视化一键报警应用软件”，以全面支撑公安机关指挥通信、侦查破案、治安防控、社会管理、反恐防暴、维稳处突、规范执法等公安业务应用。

6 月 5 日，中国代表团在第十七届香格里拉对话会发出中国声音。代表团成员分别在“亚太地区军力发展的战略影响”“印度洋地区的竞争与合作”“管理地区安全合作竞争”三场特别会议上发言，从多个方面阐述了中国在地区安全问题上的主张：第一，创新安全理念，跟上时代发展步伐；第二，促进共同发展，夯实亚太和平稳定的经济基础；第三，完善地区安全架构，筑牢亚太长治久安的根基；第四，妥善处理分歧矛盾，维护亚太和平稳定的良好环境。

6 月 9 日，中国“海警 2304 舰”在韩国釜山参加完为期三天的“北太平洋地区海岸警备执法机构论坛 2018 多边多任务演练”。此次演练主办方为韩国，主题是“反恐和大规模海上搜救演练”。来自北太平洋地区的韩国海洋警察厅、美国海岸警卫队、俄罗斯边防局、日本海上保安厅和中国海警局等在内的海岸警备执法机构代表团参加了业务交流研讨，各国的参演舰船、飞机和特勤队员参加了反恐和大规模海上搜救演练等多个科目的活动。我全体参演官兵圆满完成了整个演练，展现了中国海警过硬的业务技能和良好精神风貌。

6 月 13 日，尤溪县开展水上安全与防恐应急演练。为进一步提高水上交通事故和密集场所防恐应急处置能力，最大限度地减少事故损失，尤溪县旅游局、尤溪县交通局海事处、汤川乡人民政府联合，在侠天下景区开展水上安全与防恐应急演练活动。

6 月 13 日，陕西省公安厅反恐总队在西安举行省级反恐怖情报信息平台建设应用培训班，部署推进省级反恐怖情报信息平台建设应用。

6 月 16 日，国务委员兼外交部长王毅在北京与来华访问的土耳其外长恰武什奥卢共见记者时表示，伊核协议是多边主义的重要成果，来之不易，理当维护，重要的是要做到三个坚持：一是坚持原则；二是坚持对话；三是坚持合作。

6 月 16 日，四部门就依法办理恐怖活动和极端主义犯罪案件出台指导意见。为依法严惩恐怖活动和极端主义犯罪，最高检日前联合最高法、公安部、司法部下发《关于办理恐怖活动和极端主义犯罪案件适用法律若干问题的意见》，明确相关案件的定罪标准、办案程序和工作机制。

6 月 16 日，国务委员兼外交部长王毅在北京与来华访问的土耳其外交部长恰武什奥卢在共见记者时表示，面对当前充满不确定性的地区和国际形势，中土双方可重点就维护战略稳定开展合作。一是支持各自维护国家稳定和安全；二是维护新兴经济体的稳定发展；三是共同维护地区形势的稳定。

6 月 16 日，黑河市公安局在五大连池风景区圣水广场举行“2018 · 全市公安机关跨区域反恐综合演练”活动。演练调集了黑河市公安局局机关、交警支队、武警支队、消防支队、边防支队、爱辉公安分局、合作区公安分局、风景区公安分局、铁路公安分局、大岛公安分局、机场公安分局、北安市公安局、嫩江县公安局、五大连池市公安局、孙吴县公安局、逊克县公安局十六支综合维稳力量，共计 2300 余名公安民警、辅警、现役官兵和 320 余辆反恐处突车辆参加综合演练。

6 月 21 日，中国首支铁路警方专业反恐精锐队伍——“战鹰突击队”在沪成立，并在上海火车站举行了命名和授旗仪式。据铁路警方介绍，“战鹰突击队”主要承担上海地区各大火车站严重暴恐事件及重大突发事件的现场处置任务。

6 月 22 日，武警福建总队“魔鬼周”极限训练第四片区采取红蓝对抗、现场导调、实案真演、全程评估的方法，组织机动支队 100 余名特战队员开展反劫持战斗综合演练，全程突出警戒封控、多维侦察、攻心谈判、武力突击、追逃搜捕等内容，全面检验指挥员组织指挥水平，锤炼特战队员过硬的心理素质和快速处突能力。

6 月 25 日，武警银川支队组织“城市反恐战”极限训练。为全面检验特战分队训练质量、总结提炼城市反恐战实战经验、不断提升部队实战化训练水平，连日来，武警银川支队百余名特战队员利用废弃居民区展开了以城市反恐战为课题的“魔鬼周”极限训练。

6 月 26 日，海军第二十九批护航编队徐州舰，在亚丁湾西部海域协同被护商船组织特战队员武力营救被劫商船演练。

6 月 26 日，中老缅泰第 71 次湄公河联合巡逻执法在云南西双版纳关累港启动。

6 月 27 日，中国常驻联合国代表马朝旭在联合国安理会阿富汗问题公开辩论会上发言指出，中国支持阿富汗早日实现和平、安全、稳定与发展。

6 月 28 日，中国常驻联合国代表马朝旭在联合国会员国反恐机构负责人高级别会议上提出，国际社会应加强反恐合作，预防和打击并重。马朝旭强调，中国一贯支持国际反恐合作，深入参与联合国、上海合作组织等多边机制反恐工作。中国将继续在力所能及的范围内向发展中国家提供反恐物资和能力建设等援助，愿同各国一道，共同打击恐怖主义，维护世界和平与安宁。

6 月 29 日，中共中央政治局委员、中央外事工作委员会办公室主任杨洁篪在南非德班出席第八次金砖国家安全事务高级代表会议。会议着眼于为 7 月金砖国家领导人约翰内斯堡会晤做政治准备，就国际形势和地区热点问题以及加强金砖国家在维和行动、反恐、网络安全等领域的合作深入交换意见，达成广泛共识。

7 月 1 日，成都市公安局特警支队组织开展实战实训。当天，252 名特警队员分成 6 个方队实弹参加演练。这是成都特警近年来规模最大、规格最高、人员最多、装备最全、内容最丰富、最贴近实战的一次综合性、整建制的综合演练。

7 月 5 日，中国第 14 批赴苏丹达尔富尔维和工兵分队在路况恶劣、安全局势严峻的情况下，顺利完成格洛临时作战基地至塔维拉维和营地之间的 105 公里道路勘察任务，并提交了详细报告。

7 月 5 日，襄阳市保康县公安局联合当地涉爆单位，在该县城关镇九皇山炸材库开展了反恐防暴演练。

7 月 5 日，国务委员兼外交部长王毅在维也纳出席伊朗核问题外长会后，接受中国媒体集体采访。王毅说，在伊核问题上，中方坚持以下五点主张：第一，国际规则应当遵守。第二，全面协议应当执行。第三，中东稳定应当维护。第四，单边制裁应当摒弃。第五，对话协商应当坚持。

7 月 10 日，中国第 8 批赴南苏丹维和工兵分队组织了一场综合应急防卫演练，以增强官兵处置突发事件的能力。

7 月 11 日，中国常驻联合国代表马朝旭在儿童与武装冲突问题安理会高级别公开辩论会上发言，呼吁国际社会保护武装冲突中的儿童。马朝旭在会上指出，一是防患未然，教育儿童珍爱和平，反对战争，防止儿童受到极端思想和恐怖主义侵害。二是停火止暴，共同维护国际和平与安全。三是着眼长远，为当事国加强能力建设提供帮助。四是加强协调，形成保护儿童的国际合力。

7 月 11 日，四川师范大学在狮子山校区南大门举行反恐防暴应急演练。学校党委常委、副校长张海东莅临活动现场指导，成都市公安局交通管理局第三分局、锦江区公安分局狮子山派出所、锦江区保安服务公司以及学校相关职能部门和学院安全工作负责人到现场进行观摩。

7 月 14 日，中国强烈谴责巴基斯坦自杀式爆炸袭击。针对巴基斯坦自杀式爆炸袭击一事，外交部发言人华春莹表示，中方对这起袭击事件深感震惊，予以强烈谴责。中国反对一切形式的恐怖主义，坚定支持巴基斯坦政府和人民为打击恐怖主义、维护国家稳定和人民安全所作的不懈努力。

7 月 15 日，中国与俄罗斯、巴基斯坦、伊朗 3 国在伊斯兰堡展开了会谈，主要内容就是如何打击阿富汗地区的恐怖组织，也就是长期对世界安全产生威胁的“伊斯兰国”，一定要防止这些恐怖分子从邻国渗透到其他地区，尤其是巴基斯坦的一些省份，各国在打击恐怖分子的问题上态度一致，因为这事关整个世界的安全，各国都有义务去打击恐怖分子。

7 月 15 日，习近平就巴基斯坦发生严重恐怖袭击事件向巴基斯坦总统侯赛因致慰问电。习近平表示，恐怖主义是人类的共同敌人。中方坚决反对一切形式的恐怖主义，对这一恐怖袭击事件予以强烈谴责。中国人民始终同巴基斯坦人民站在一起，坚定支持巴基斯坦为打击恐怖主义、维护国家稳定、保护人民生命安全所作的努力。

7 月 16 日，中国与克罗地亚首次警务联合巡逻在克罗地亚南部旅游城市杜布罗夫尼克正式启动。克罗地亚成为继意大利之后第二个与中国警方开展警务联合巡逻的国家。

7 月 22 日，香港西九龙高铁总站首次举行反恐演习。香港警方首次在广深港高铁西九龙站进行一项代号为“飞箭”的跨部门反恐演习。演习的主要目的是加强相关部门和机构的反恐应变能力及协作、优化反恐应变计划，以及提高公众对反恐工作的认知。香港多个纪律部队共约 600 人参加演习。

7 月 22 日，武警西藏总队组织特战队员在海拔 4000 米的高原山地，展开极限反恐训练，磨砺反恐硬功。

7 月 22 日，银川举行自治区 60 大庆安保维稳反恐演练。宁夏警官职业学院体育场上，公安、消防、武警、预备役民兵严阵以待，一场由大规模群体性事件演变的突发性暴恐事件综合实战演练即将拉开帷幕。

7 月 23 日，由甘肃省警察协会、甘肃省保安协会、甘肃省安全技术防范协会、甘肃省消防协会等单位联合主办，甘肃亚飞展览策划有限公司承办的 2018 西部（甘肃）安防暨智慧城警用反恐与消防应急救援装备博览会在兰州甘肃国际会展中心开幕。

7 月 23 日，上饶高铁站举行反恐防暴演练。为确保上饶火车站暑运高峰往来旅客的出行安全，上饶高铁站联勤联动指挥中心联合多警种，在站前广场举行了站地反恐防暴演练。

7 月 24 日，2018 年军地联合反恐维稳演练在宁夏银川市某训练基地举行。

7 月 24 日，武警山东总队组织特战官兵在鲁中山区某地域，展开丛林地对抗反恐演练，在实战氛围中全面检验部队山林地反恐作战能力。

7 月 27 日，大冶警方赴辖区企业开展反恐防暴演练。为增强企业员工对突发事件的安全防范意识，进一步提高大冶公安在防恐反恐反暴工作中的组织能力和应变处理能力，加强各部门在应急事件中相互协作和协调能力，大冶市公安局反恐大队联合金湖派出所及新冶特钢安保人员，开展反恐防暴演练活动。

7 月 28 日，由中国官兵施工建设的联合国驻黎巴嫩临时部队（联黎部队）首个多功能弹药销毁场竣工验收暨揭牌仪式在黎巴嫩南部地区纳古拉村举行，联黎副司令希瓦拉姆等出席。

7 月 30 日，孝义市公安局举行 2018 联合反恐防暴应急处突实战演练。

为适应当前严峻复杂的反恐斗争形势，有效提高全社会安全防范和反恐防暴意识，切实提高孝义市公安局反恐防暴实战能力和快速处置水平，做好重点要害部位的应急处突工作，确保和谐稳定大局，孝义市公安局反恐大队、下栅派出所、警犬大队联合山西汾西矿业集团化工有限责任公司，在下栅乡总库区举行2018联合反恐防暴应急处突实战演练。

7月31日，武警安徽总队合肥支队紧贴实战要求，举行公共交通反劫持演练，检验提升特战分队应急处突的战斗力，确保遇有情况能够快速到位，灵活高效处置。

8月7日，“雄鹰突击－2018”中国和白俄罗斯特种部队联合训练，在北部战区陆军济南某综合训练基地开训。

8月8日，湖南省株洲市公安民警开展2018反恐实战联合演练。此次实战演练是根据2018年全省反恐怖重点工作部署，经市反恐怖工作领导小组研究决定而开展的，目的就是检验全市应急处置力量的战备情况和机动处置能力。

8月8日，陕西省反恐怖工作领导小组办公室召开专题会议，部署全省反恐维稳工作。会议要求，陕西省各级公安机关要牢固树立“一盘棋”思想，抓好涉恐人员排查管控和公安检查站反恐查控两项重点工作的部署落实，涉及警种、部门要拿出时间表、列出路线图，实现周周有推进、月月有落实，确保各项工作按照时间节点逐一完成。

8月11日，驻香港部队组织最大规模陆海空联合反恐演练。解放军驻香港部队出动5艘舰艇、4架各型直升机和数十名陆军特战队员，在香港附近海域组织三军联合反恐演练。

8月13日，黑龙江省首届反恐怖知识竞赛决赛在黑龙江省公安厅举行。8支参赛队经过激烈角逐，七台河代表队勇夺竞赛第一名。本次知识竞赛推动了反恐怖宣传教育工作不断面向社会各界深入开展，有效提升了全省各级反恐怖部门和广大公众“知恐、识恐、防恐、反恐”的主动意识和能力水平。

8月14日，中国第17批赴黎维和部队多功能工兵分队狠抓练兵备战、精武强能，组织群众性比武竞赛。

8月21日，第73次中老缅泰湄公河联合巡逻执法启动。中方4艘执法艇从中国西双版纳关累港鸣笛起航，沿澜沧江－湄公河向“金三角”水域下水开展巡航，这标志着第73次中老缅泰湄公河联合巡逻执法行动正式启动。

8 月 22 日，中国军队将赴俄罗斯参加俄军“东方－2018”战略演习并将与俄方共同组织联合演习。

8 月 23 日，中国第一批赴苏丹达尔富尔维和直升机分队第一梯队 80 名官兵圆满完成联合国和非盟驻达尔富尔联合特派团（联非达团）赋予的各项飞行任务，搭乘专机平安抵达北京。

8 月 23 日，中国常驻联合国副代表吴海涛在安理会关于反恐问题的公开会上发言，阐述中国在反恐问题上的立场。第一，应进一步凝聚打击恐怖主义的国际共识。第二，应合力解决滋生恐怖主义的根源问题。第三，应切断恐怖分子的跨境流动网络。第四，应打击恐怖组织利用互联网从事恐怖活动。

8 月 24 日，上海合作组织“和平使命”大型反恐演习在俄罗斯举行，同为组织成员国的印度和巴基斯坦，首次共同参加此次演习。这也是 70 年来，巴基斯坦和印度首度共同军演。

8 月 24 日，“和平使命－2018”联合军演举行开幕仪式。“和平使命－2018”上海合作组织联合反恐军事演习开幕式，在俄罗斯切巴尔库尔训练基地举行。

8 月 27 日，中俄哈三国在上合组织“和平使命－2018”演习，在车里雅宾斯克州举行。

8 月 27 日，中国赴苏丹达尔富尔维和直升机两批轮换分队举行了轮换交接仪式，中国首支维和直升机分队在圆满完成为期一年的工作任务后正式将指挥权交接给第二批直升机分队。

8 月 29 日，“和平使命－2018”联合反恐实兵实弹演习在俄罗斯切巴尔库尔市第 255 综合训练场举行。

9 月 3 日，为切实提升巡特警反恐维稳应急处突实战能力，综合检验巡特警队伍人员、装备、应急指挥、防暴处突等工作情况，严厉打击暴力恐怖犯罪活动，湖北江陵巡特警开展反恐突击演练。

9 月 3 日，大庆机场举行了反恐综合演练，以提升大庆机场反恐防暴应急处置能力。大庆市委市政府、黑龙江省公安厅、民航东北地区管理局、民航黑龙江监管局、黑龙江机场集团、大庆军分区等单位相关领导现场观摩了演练。

9 月 6 日，高铁溧水站派出所近日会同溧水站、溧水综治办、南京市公安局溧水区公安局分局东屏派出所、溧水分局交警大队、溧水区东屏卫生院等单位在溧水站广场开展以“暴恐分子持械砍杀旅客群众”为科目的反恐防暴处突演练。

9 月 6 日，钦州多警种开展反恐处突演练。进一步提高民警的应急处突快速反应和应急处置能力，提高各警种之间的协同作战能力。

9 月 7 日，中国常驻联合国代表马朝旭就叙利亚当前局势表示，中方呼吁所有相关方加大外交努力，通过对话解决问题，推动事态朝着缓和的方向发展。

9 月 10 日，合肥市公安局特警支队组织特警队员赴巢湖与水上公安分局协同开展水上反恐科目集训，此次训练的主要内容包括突击艇隐蔽接近侦查、突击手湖面精准射击以及丛林条件下战术射击等科目，着重进行了水上移动射击、丛林战术射击等专项训练，旨在提升特警队员水上执法执勤、应急处突、协同配合、反恐制胜能力。

9 月 11 日，中国常驻联合国代表马朝旭在安理会叙利亚问题公开会上发言，呼吁政治解决叙利亚危机。

9 月 13 日，天津地铁运营公司与天津市公安局公交总队在地铁 6 号线梅江会展中心站内，联合举行了一场反恐应急演练。

9 月 14 日，公安部党委委员、反恐专员刘跃进近日表示，公安部高度重视并大力加强与各国执法安全合作，积极践行“合作促安全、安全保发展”的核心理念，加强对重大犯罪活动和恐怖主义威胁的打击和预防，开展有针对性的联合打击行动，互学互鉴、优势互补，共同提升执法能力和安全治理水平。

9 月 14 日，为进一步提高五指山市反恐应急处突能力和水平，市公安局组织各业务警种 70 余人在体育训练基地开展反恐联合演练。

9 月 15 日，中国赴黎巴嫩维和部队参加联合国驻黎巴嫩临时部队（联黎部队）组织的“猛虎 - 2018”系列演习。此次演习以联黎任务区爆发大规模冲突，中国维和部队接收、保护、转移联黎雇员及其家属为背景，以信息预警、指挥控制、人员甄别、营区封控、出营救援、医疗救护、应急消防等内容为重点，旨在检验中国维和部队安全保障能力。

9 月 15 日，中国第 6 批赴马里维和部队以“应对不明身份武装人员恐怖袭击”为背景，在位于驻地加奥的绿洲靶场进行了应急反应、支援行动、火力反击、医疗后送等战术课目的演练，检验了部队应急处突能力，强化了官兵应对安全威胁的意识。

9月17日，满洲里市反恐办开展系列活动提升群众反恐意识。为提高全民防恐反恐意识，普及防恐反恐基本常识，及时发现、坚决打击暴力恐怖犯罪活动，提高全民参与反恐斗争的积极性，近日，市反恐办开展了系列宣传活动，提升群众反恐意识。

9月17日，武警某部雪豹突击队近日采取跨区远程机动、全程实兵对抗方式，将新型作战单元拉进陌生地域展开新一季度"魔鬼周"极限训练。

9月17日，中国参加俄罗斯"东方－2018"战略演习。此次军演是俄罗斯自冷战结束以来规模最大的一次，被俄国防部长称为"史无前例"。中国军队参与此次军事演习。

9月18日，安徽工业大学为进一步加强消防应急疏散和反恐防暴工作，增强广大师生的安全防范意识，提升学校有效应对处置突发事件的能力。在马鞍山市公安特警支队、消防支队官兵的支持配合下，学校在佳山校区举行"2018级新生消防应急疏散暨反恐防暴演练"

9月18日，中国常驻联合国代表马朝旭大使在安理会讨论叙利亚政治和人道局势公开会上发言时重申，政治解决是实现叙利亚持久和平与稳定的唯一出路。呼吁相关各方相向而行，为对话和谈、政治解决叙利亚问题营造有利外部条件。

9月19日，中尼特种部队联合训练首次在中国境内举行。近日，由西藏军区官兵组成的中国特种部队和尼泊尔特种部队在成都举行"珠峰友谊－2018"中尼特种部队联合训练，这是继2017年两军首次进行联合训练以来开展的第二次此类活动，也是两军首次在中国境内举行的联合训练。

9月20日，中国第22批赴刚果（金）维和部队第一梯队100名官兵，从乌鲁木齐地窝堡国际机场出发赶赴刚果（金）任务区，执行为期一年的维和任务。

9月20日，中国常驻联合国副代表吴海涛表示，政治解决苏丹与南苏丹之间存在争议的阿卜耶伊地区问题是唯一出路，安理会及国际社会应加强协调，提供建设性帮助。

9月20日，中国赴黎巴嫩维和部队参加联合国驻黎巴嫩临时部队（联黎部队）举行的"钢铁风暴－2018"多国联合演习，中国官兵的出色表现赢得联黎司令部好评。

9 月 23 日，空降兵“空降尖兵－2018”特种侦察比武竞赛在鄂北山区展开，7 支侦察分队以远程跨域渗透作战为背景，围绕空降、渗透、侦察、狙击等多个课目展开激烈比拼，侦察兵全疆域作战能力得到全面提升。

9 月 25 日，新疆军区某炮兵团奔赴某基地展开炮兵群跨昼夜实弹战术演习，在实训中练协同、极限条件下练射击、复杂地域中练保障、艰苦环境中练作风，实现从“打靶”向“打仗”、“应考”到“应战”的转变，火炮打击能力实现新突破。

9 月 27 日，珠峰友谊—2018”中尼特种部队联训落幕。为期 10 天的“珠峰友谊—2018”中国和尼泊尔两军特种部队联合训练，在成都圆满落幕。这是两军特种部队间举行的第二次联合训练。

9 月 27 日，武警六盘水片区第三季度“魔鬼周”极限训练在贵州乌蒙深山腹地打响，数百名特战队员集结六盘水乌蒙高原，在临危、临难、临战的复杂环境下开展体能、技能、心理为一体的超极限训练，全面提升特战队员反恐实战能力。

9 月 28 日，昆明启动“新六进”反恐宣传活动。按照省反恐办关于开展《反恐怖主义法》“新六进”宣传季活动的整体部署，昨日上午，昆明市反恐办在南屏步行街举行全市《反恐怖主义法》“新六进”宣传活动启动仪式。此次宣传活动将为期 3 个月，以“进餐厅酒店、进机场车站、进商场超市、进物流寄递、进社区村组、进校园厂矿”为主题，旨在进一步提高人民群众对恐怖主义、恐怖活动的认识，认清恐怖主义的本质及其危害性，增强群众反恐防范意识，提高安全自救和互救能力。

9 月 29 日，武警部队“巅峰”特战比武竞赛落下战幕。武警部队第二届“巅峰”特战比武竞赛总结表彰会在京郊某训练基地举行，隆重表彰 10 个比武优胜单位和 20 名“特战全能精兵”，标志着比武竞赛圆满结束。

9 月 29 日，正在黎巴嫩执行维和任务的中国第 17 批赴黎维和部队与意大利、克罗地亚、匈牙利、奥地利、西班牙、柬埔寨等国维和友军开展扫雷排爆联合训练暨战例研究活动。

10 月 5 日，公安部日前发布《公安机关互联网安全监督检查规定》，该规定自 11 月 1 日起施行。根据规定，公安机关应当根据网络安全防范需要和网络安全风险隐患的具体情况，对互联网服务提供者和联网使用单位开展监督检查。

10 月 7 日，武警云南总队某特战分队在演练中不断查找和消除与实战不相符的短板弱项，苦研实战需要，苦练打仗本领，不断缩短训练和实战的距离。在滇中腹地，一场以解救人质行动为背景的反恐演练悄然展开。

10 月 10 日，人民银行、银保监会、证监会联合发布《互联网金融从业机构反洗钱和反恐怖融资管理办法（试行）》（下称《办法》），旨在规范和切实预防互联网金融从业机构反洗钱和反恐怖融资工作。

10 月 11 日，武汉城市轨道交通（地铁）反恐防范标准正式实施。

10 月 11 日，桂林武警开展火车反劫持演练锤炼官兵反恐“硬功”。该支队开展了火车反劫持实兵实装对抗演练，在真枪实弹中锤炼官兵反恐“硬功”。演练重点围绕反恐理论研究、特种枪械应用射击、现场封控、隐蔽侦察、营救人质等内容进行了综合演练，确保部队遇有情况能够迅速出动、高效处置。

10 月 11 日，位于南苏丹西部城市瓦乌的联合国营地，中国第九批赴南苏丹（瓦乌）维和工兵分队开展防卫演练，积极应对各种安全威胁。

10 月 11 日，中国代表在联大呼吁维护多边主义，应对国际安全挑战。在纽约联合国总部出席第 73 届联大第一委员会一般性辩论的中国代表团团长、外交部军控司司长傅聪呼吁，国际社会应携手维护多边主义，共同应对国际安全挑战。

10 月 12 日，执行“和谐使命－2018”任务的中国海军和平方舟医院船抵达多米尼克首都罗索，开始进行为期 8 日的友好访问，这是中国海军舰艇首访多米尼克。

10 月 13 日，武警广西总队北部湾片区“魔鬼周极限训练”在广西中越边境防城港市某山林地展开。

10 月 15 日，中国积极支援印尼赈灾。根据印度尼西亚抗灾署消息，截至目前，印尼中苏拉威西省发生的强烈地震及地震引发的海啸已经造成 2073 人死亡，主要搜救工作已经结束。灾难还造成 680 人失踪、1.07 万人受伤，8.28 万人从灾区撤离。灾难发生后，中国政府、当地中资企业、中国志愿者团体等开展了积极有效的救援工作。

10 月 15 日，武警吉林总队吉林支队组织特战分队开展了为期一周的水上反恐训练，旨在全面提升部队实战化军事训练水平，提高特战分队打赢制胜能力。

10 月 18 日，达茂旗反恐办组织开展反恐宣传防范和演练活动。为进一步促进达茂建设，提高公民反恐、防恐意识，营造全民反恐氛围。近日，达茂旗反恐办组织反恐部门积极开展反恐宣传防范和演练活动。

10 月 18 日，中国常驻联合国代表马朝旭在联合国安理会巴勒斯坦问题公开辩论会上发言时指出，中方将继续为推动中东和平进程发挥建设性作用。第一，应推进而非削弱“两国方案”。第二，应团结合作，推动巴以和谈尽快走出僵局。第三，应妥善处理耶路撒冷等最终地位问题。

10 月 18 日，随着中国空军三架伊尔－76 运输机分别从北京、武汉等地起飞，参加“和平友谊—2018”中马泰联合军事演习的中方导演部、陆军实兵部队通过空中机动方式，经停香港赤腊角机场向预定演习地域集结。

10 月 20 日，首届中国－东盟地区安全与反恐国际研讨会在广西民族大学举行。此次国际研讨会由广西民族大学东盟学院、中国－东盟地区安全与反恐战略研究院主办，广西民族大学重点人文社科研究基地中国－东盟海上安全研究中心、菲律宾研究所共同承办

10 月 21 日，为进一步强化公安民警应对恐怖袭击事件的处突能力，提高反恐应急处突意识，确保辖区安定和社会和谐，湛江市开发区公安分局集结多警种举行反恐应急演练。

10 月 22 日，武警新疆总队组织特战队员开展了为期 7 天 6 夜的极限训练，全面锤炼特战队员在复杂条件下的谋战打赢能力。

10 月 22 日，中国和印度签署了首份安全合作协议，该协议将加强和巩固在反恐、打击有组织犯罪、毒品控制、打击人口贩卖和信息交流方面的互助合作，该协议也标志着两国关系的一个新开端。

10 月 23 日，西藏自治区拉萨市城关区 70 余名民兵参与了一场反恐演习。

10 月 25 日，巴彦淖尔机场派出所开展反恐防暴应急救援演练。为充分调动机场内保力量和广大职工参与反恐防暴工作，有效促进巴彦淖尔机场各部门、各驻场单位在突发事件应急处置过程中联勤联动工作机制的作用，机场派出所联合公安局巡特警大队、机场安检、地服、消防等部门开展了反恐防暴应急救援演练。

10 月 26 日，武警云南总队滇中片区来自昭通、曲靖及昆明支队百余名特战队员在滇中密林中展开野外山林地超极限训练，在近似实战的背景下，锤炼特战分队的反恐制胜能力。

10 月 25 日，为期两天的中国 – 东盟“海上联演 – 2018”实兵演练在湛江以东海空域演习区展开。

10 月 29 日，近日，罗甸县公安局巡特警大队联合治安大队、交警大队和农发行罗甸县支行开展了反劫持反恐防暴演练。

10 月 29 日，重庆市举行山城 · 2018 大学城地区高校反恐实战演练。在反恐实战演练中，公安、武警、教育、医疗等部门分工合作、密切配合，开展了应对驾车冲撞、刀斧砍杀、人质劫持和爆炸等恐怖袭击，以及车辆追缉、山地反恐作战等项目的反恐演练。

10 月 29 日，陕西省渭南市举行“2018 实战反恐演练”。此次演练以反恐实战为牵引，着眼当前主要恐怖袭击手段的发展变化，针对车辆劫持、暴恐分子围剿等暴恐活动预设情景，设置了特警应用射击、聚众斗殴警情处置、暴恐分子劫持人质事件处置、暴恐分子窝点搜捕、山地搜捕行动等 5 个演练科目。

11 月 3 日，天津市卫生计生委与天津市消防总队联合，以“坚持全员参与共建平安医院”为主题，举办了全市卫生计生行业 2018 年度消防反恐综合演练现场观摩会暨安全管理经验交流会。

11 月 5 日，垫江县公安局五洞派出所民警走进辖区学校，开展校园反恐防暴演练，检验校园安保人员应对突发性暴力事件的反应和处置能力，进一步提升校园师生安全警惕意识和安全防范能力，切实预防和有效处置各类恶性伤害师生案件的发生。

11 月 6 日，呼和浩特机场公司举办大型反恐处突综合演练。

11 月 7 日，西安市公安局雁塔分局联合西安理工大学举办了“反恐防恐　扫黑除恶　户籍新政——平安宣传进校园”主题宣传暨反恐应急处置示范演练。演练单位的民警共 200 余人参加了活动。

11 月 9 日，香港警方在旺角大球场进行“日塔”反恐演习。此次演练多个部门单位和部队参与，如西九龙冲锋队、警察机动部队等，希望加入不同元素，警方收集了不同国家恐怖袭击材料加入到演练中，希望通过演练，增强各部门合作、协调、应变力等。

11 月 10 日，陕西举行普通高校反恐地震火灾应急处置示范演练。此次演练由陕西省委高教工委、陕西省公安厅、陕西省地震局、西安市人民政府主办，西安欧亚学院、西安市公安局、西安市地震局承办，希望通过本次应急演练，增强演练组织单位、参与单位和人员对应急预案的熟悉程度，提高其应急处置能力。同时，普及相关应急知识，在全省高校中形成示范效应，提高高校师生的风险防范意识和自救互救等灾害应对能力。

11 月 10 日，澳门特区政府警察总局首次联同中国人民解放军驻澳门部队，于澳门东亚运动会体育馆进行代号“灵犬”的联合反恐演练，旨在增强跨部门间的联动机制，提升应对突发公共事件的能力。

11 月 12 日，承德举行亮剑 2018 反恐应急处突拉动演练在双滦区鼎盛王朝广场举行。此次应急处突拉动演练，进一步强化了我市各处置力量的实战意识，为坚决筑牢首都政治“护城河”和反恐“护城河”提供了实战经验，奠定了坚实基础，达到了预期效果。

11 月 13 日，浙江省杭州市公安局特警支队展开反恐处突实战演练，特警搏击术、特警棍术、个人极端暴力事件处置等演练一一进行，磨砺特警队员的实战能力，展示了当地公安高精尖的警用装备和精湛的战术水平。

11 月 14 日，2018 年中部警务合作区公安特警红蓝对抗反恐实战演练活动在湖北省咸宁市桂花镇金桂湖水库举行。来自江西、河南、湖北、湖南四省公安机关的 40 余名公安特警参加此次演练。

11 月 19 日，联合国安理会举行安理会叙利亚政治进程问题公开会。中国常驻联合国代表马朝旭作为安理会轮值主席主持会议，并就推动叙利亚政治进程提出三点建议。第一，推动尽快组建具有代表性、为各方所接受的叙利亚宪法委员会，平衡照顾叙利亚政府等各方合理关切，以启动持续有效的叙利亚政治进程。第二，持续推动叙利亚局势趋稳向好。第三，叙利亚政府和反对派应从国家前途和人民根本利益出发，搁置分歧，逐步找到符合叙利亚实际、兼顾各方合理关切的政治解决方案。

11 月 20 日，为了有效地防止车站内恐怖暴力事件发生，加强安保人员对突发恐怖事件的防范意识，提高安保人员对恐怖事件的合理处置、自救自护及有效的逃生避险能力，最低限度减少因突发恐怖事件造成的人员伤害，确保旅客的生命安全，萧山长运公司举行了防恐防暴应急演练。

11 月 20 日，中老缅泰联合巡逻执法编队举行反恐演练。在中老缅泰国四国指挥官的共同指挥下，湄公河联合巡逻执法编队驶离中国西双版纳关累港，正式开展第 76 次中老缅泰湄公河联合巡逻执法行动。

11 月 24 日，武警工程大学聚焦练兵备战，坚持“战斗力标准”和“院校向部队靠拢、向实战靠拢”的原则，严密组织 2015 级指挥类学员开展反恐对抗演练，着力培养“能打仗、打胜仗”的合格人才。

12月4日，石林警方多部门联合开展景区反恐防暴应急演练。石林县公安局风景区派出所联合县公安局驻景区PTU、石林风景名胜区管理局、鼎业保安公司、景区医疗急救点等多部门在石林风景区开展反恐防暴应急演练活动。

12月5日，武警福建总队龙岩支队结合任务实际，按照实战化训练标准，狠抓特战队员反恐处突训练，有效提升反恐制胜能力。

12月6日，北京反恐特警掀起冬训练兵热潮。为贯彻落实公安部特警“冬训”练兵部署，进一步加强首都公安反恐特警队伍建设，从今年11月初至12月底，在全局反恐特警系统开展为期两个月的“冬训”练兵。

12月10日，渝北警方开展校园反恐防暴安全演练。为贯彻落实“服务学校29条”措施，进一步加强幼儿园安全工作，近日，渝北区公安分局龙山派出所社区民警与社区志愿者，来到辖区幼儿园开展反恐防暴安全演练和心理健康教育活动。

12月12日，“携手－2018”中印陆军反恐联合训练在四川成都举行开训仪式。

12月13日，中越海军将进行北部湾第25次联合巡航。根据中越两军相关协议，南部战区海军与越海军第1区舰船在北部湾海域进行第25次联合巡逻，并开展搜救演习。

12月14日，联合国安理会就叙利亚人道主义局势举行公开会。中国常驻联合国代表马朝旭阐述了中方观点。马朝旭阐述了中方三点看法。第一，叙利亚总体人道形势依然严峻；第二，叙利亚安全形势总体平稳，全境范围内冲突下降，改善人道状况具备更有利环境；第三，叙利亚人道援助需求发生新变化，随着叙利亚有关地区局势好转，修复和重建住房、供水、电力、医疗和教育设施是基本需求，清除地雷等战争遗留爆炸物成为当务之急。

12月17日，河南省《反恐怖主义法》宣传月活动启动仪式在郑州市高铁东站西广场举行。

12月17日，湖北总队荆州支队举行“魔鬼周”极限训练。支队着眼反恐作战任务需要，树立“实战、精英、高难、综合”导向，采取红红对抗和红蓝对抗的形式组织实施。

12月17日，近日，武警西藏总队拉萨支队在海拔4500多米的高原山地展开了一场山地反恐实兵演练，复杂恶劣的自然环境，紧贴实战的对抗课目，挑战着特战队员们的技战术能力。

12 月 19 日，“云安 2018”民航反恐应急综合演练在广东举行。中国民用航空局公安局联合广东省公安厅、武警广东省总队、中国南方航空公司、广东省机场集团公司，在广州白云机场联合举办“云安 2018”民航反恐应急综合演练。

12 月 27 日，武警广西总队来宾支队组织官兵在深山密林开展 7 天 6 夜的“魔鬼周”极限训练，锤炼特战队员在陌生环境下的反恐作战能力。

12 月 27 日，中缅边境应急扫雷行动正式启动。南部战区陆军在云南省德宏州芒市举行中缅边境应急扫雷行动启动仪式。

12 月 28 日，福建平潭综合实验区反恐实战演练。由平潭综合实验区公安局举办的“海渔 2018”反恐实战演练，在海渔广场举行。

12 月 29 日，十三届全国人大常委会第七次会议决定，批准 2017 年 6 月 9 日由中华人民共和国代表在阿斯塔纳签署的《上海合作组织反极端主义公约》，同时声明：在中华人民共和国政府另行通知前，《上海合作组织反极端主义公约》暂不适用于香港特别行政区、澳门特别行政区。

2018 年中国遭受恐怖袭击次数及伤亡人数

时间	1 月	2 月	3 月	4 月	5 月	6 月	7 月	8 月	9 月	10 月	11 月	12 月	合计
袭击次数		1	1		1	1				1	1		6
伤亡人数		2			1	14				4			21
总计：2018 年中国共遭受恐怖袭击 6 次，伤亡 21 人													

第五章/2018年中东地区反恐怖军事行动*

第一节　中东地区反恐怖军事行动综述

2018 年中东地区仍然战乱频繁，冲突不断。美将驻以使馆搬至耶路撒冷，单方面退出“伊核协议”，伊拉克国民议会选举和土耳其大选结束，也门安全趋于恶化，未来形势不容乐观。乱局背后，归因于俄罗斯、美国等大国在中东的博弈，也归因于沙特、伊朗、土耳其和以色列等地区强国的角力，土耳其、以色列对叙利亚战事介入程度不断加深。极端组织“伊斯兰国”武装分子在叙境内仅剩个别据点，其在叙伊行将覆灭，叙政府在俄军强力支持下几近收复全境，取得了战略和战术“双胜利”，这标志着 2018 年中东反恐取得了决定性胜利。纵观 2018 中东局势，各国力量结构发生变化，土耳其、伊朗做大，美俄竞争加剧，两大对峙集团逐渐形成，“擦枪走火”风险增大；非传统安全威胁治理和消解难度进一步加大，各强国势力代理人的扶植与培育进一步推动宗教极端主义和恐怖主义的泛滥。从国际秩序角度来看，中东国家必须建立独立的、行之有效的、完整的国家政权结构，最终处理好政治、经济、安全等一系列问题，最终走出中东困局。

---

* “中东”一般泛指西亚和北非地区共 24 个国家。西亚国家包括：沙特、伊朗、科威特、伊拉克、阿联酋、阿曼、卡塔尔、巴林、土耳其、以色列、巴勒斯坦、叙利亚、黎巴嫩、约旦、也门和塞浦路斯，不包括阿富汗。北非包括：苏丹、埃及、利比亚、突尼斯、阿尔及利亚、摩洛哥、马德拉群岛、亚速尔群岛。

一、中东地区面临的恐怖威胁

随着美国领导地位的弱化，在“伊斯兰国”被击溃的形势下，中东地区主要矛盾发生变化，开始从反恐转向什叶派和逊尼派两大阵营间的对立，且新一轮极端主义、恐怖主义狂潮将从中东向全球外溢和扩散，特别是中东的恐怖、极端分子回流和渗透。在中东参与“圣战”的恐怖分子中，许多人持有原居住国的有效护照或旅行签证，一些具有极端思想的人员已“升级”为暴恐行动实施者，但在有关部门的可疑分子名单上全无记录，直到东窗事发才发现大量恐怖、极端思想宣传品和武器弹药，对这类人员实施有效监控十分困难。恐怖组织“伊斯兰国”陷入最低谷，核心问题是叙利亚危机，但随着叙伊局势稳定，叙利亚危机将逐步解决，保持叙伊两国领土完整和国家统一的大框架不会有变化。① 沙特与土耳其的矛盾和摩擦加剧，其实质是双方争夺中东地区主导权，伊斯兰世界，尤其是逊尼派主导权、发展模式之争等一系列矛盾的体现。阿拉伯世界尤其是海合会将进一步分裂，进而使海合会6国形成了“3+2+1”的碎化结构。

（一）土叙矛盾恶化，“代理人战争”频发

支持政府的叙利亚武装进入阿夫林地区，帮助库尔德武装“对抗土耳其入侵”。20 辆客货两用小型卡车架设重机枪，从叙政府军控制的努布勒村集结出发，经过一个检查站，进入阿夫林地区。事发当日，车上武装人员挥舞叙利亚国旗，呼喊支持叙利亚政府的口号。土耳其 1 月份对阿夫林发起代号为“橄榄枝”的军事行动，以“人民保护部队”为打击目标。土政府指认“人民保护部队”是它所认定的恐怖组织库尔德工人党在叙利亚的分支。无论是叙利亚政府方面、还是叙利亚库尔德人方面都没有提及进入阿夫林地区的武装人员数量。针对土军在叙境内的军事行动，叙政府斥为“野蛮侵犯”，俄方面已介入。土方就土军阻止叙利亚亲政府武装进入阿夫林地区的行动与俄方沟通，继而声称俄方“认可”土方做法。土耳其发起“橄榄枝”行动前曾通报俄罗斯，俄军在土军行动前撤离阿夫林地

---

① 参见《中东热点“此起彼伏”2018 年仍难走出乱局》，搜狐网，2017 年 12 月 28 日，http://www.sohu.com/a/213374960_465554。

区。土把进入阿夫林地区的武装人员称作“恐怖分子”，认为那些人员“单独行动”。按照土方说法，土军队发现10辆卡车准备进入阿夫林，并以炮火拦截，迫使对方后撤。位于英国的叙利亚人权观察组织说，叙亲政府武装一队人员已经进入阿夫林地区，另一支武装力量后撤。土军与叙利亚境内库尔德人武装当天交火，地点是阿夫林地区与土军控制的叙利亚城市阿扎兹之间的一大片区域。土军控制了土叙边境一条连接叙利亚北部两个地区的主要道路。另外，土军夺取了包括阿夫林地区北部4座村庄在内9座村庄的控制权。

（二）也门战事持续恶化，未来走向不明

年初，也门胡塞武装袭击了一艘沙特超级油轮。[①] 4月3日，一艘沙特油轮在红海以西的荷台达遭到炮火袭击，以回应不久前造成也门平民死亡的一次空袭。这次袭击发生之前，胡塞武装在3月26日向沙特发射了一系列导弹。沙特截获了其中的7枚导弹，但有一人被导弹碎片炸死。当时这艘载着200万桶原油的油轮位于一个关键的航道中，已在红海中停泊，目的地指向埃及港口埃因苏赫纳。埃及荷台达是也门城市，位于西海岸中部卡希布湾内，濒临红海的东南侧，是也门主要港口之一。这表明，也门将战争引向沙特和其石油设施的行动有所升级。三年前，沙特加入了也门战争，但沙特与伊朗之间的代理权之争迄今并未刺激国际油价大幅上升。如果与伊朗结盟的胡塞武装在袭击沙特及其石油设施方面取得更大的成功，这种情况可能会发生改变。在胡塞叛军迫使也门总统哈迪流亡国外后，沙特王储萨勒曼领导沙特卷入了这场地区战争。但油价并没有对此次油轮袭击事件有所反应。沙特能源部长法利赫表示，这次袭击是胡塞武装一次绝望的尝试，但不会停止沙特的石油供应。

美国则认为这可能是破坏石油运输行动的开始。一年前，沙特军队阻止了一起轰炸沙特阿美燃料站的阴谋。据称是胡塞武装策划了这一计划。此次袭击事件发生，正值特朗普政府对伊朗采取更为强硬态度之际。随着美国国家安全顾问博尔顿上任，美国更有可能退出伊朗核协议。沙特阿拉伯主导的多国联军20日控制了也门红海港口城市荷台达所辖机场，胡塞反

---

① 参见《沙特称其油轮遭胡塞武装袭击》，新华网，2018年7月25日，http://www.xinhuanet.com/。

政府武装声称将继续战斗。荷台达战事蔓延至居民区，居民区面临缺少安全饮用水、霍乱爆发等人道主义危机。多国联军发言人表示，联军已控制荷台达机场，正在清理胡塞武装埋下的地雷。联军称将向胡塞武装施压，迫使他们接受政治解决方案。荷台达市郊、荷台达机场以南 20 公里的地方仍在激战，阿拉伯联合酋长国支持的也门政府军地面部队与胡塞武装在一段连接机场与港口的道路交火。胡塞武装首领阿卜杜勒·马利克·胡塞呼吁抵制联军地面部队推进，胡塞武装在主要街道放置扩音装置，播放胡塞武装首领的讲话片段和战争歌曲。“街道变成了鼓舞士气的舞台。”随着搭载着士兵的大批坦克和军车进入空荡荡的街道，荷台达居民担心战事将转变成极具破坏力的巷战。大批民居开始逃离荷台达，街道几乎都空了，一片萧条，人们在向萨那等胡塞武装控制的内陆地区转移。而胡塞武装在多条道路上埋了地雷，居民逃离家园的路线很危险。据联合国统计，自多国联军本月发起对荷台达的攻势后，已有大约 5200 个家庭逃离。大约 3/4 的进口物资经由荷台达运至也门其他地方，也门大约 2200 万人口依赖国际援助度日。白宫表示对也门方面的事态发展感到担忧。白宫呼吁胡塞武装停止将战事进一步升级，并进行和平谈判。

（三）叙利亚“化武”谜团，“白头盔”获最佳表演奖

当地时间 4 月 13 日晚，美国对叙利亚发动空袭，理由是叙政府军使用化学武器袭击无辜平民。空袭共打击了 3 个据点，均为叙利亚境内与化学武器相关的目标，90 分钟内多达 110 枚导弹呼啸着砸向叙利亚。这一幕似曾相识，2016 年 4 月，美国就以惩罚叙利亚政权使用化学武器为由，向叙政府军的军用机场投射了 59 枚战斧巡航导弹。美国防部称，“这是一场持续的行动，当叙利亚政权停止使用化学武器时，打击才将正式结束。”截至目前，尚未找到叙利亚使用化学武器的证据。在叙利亚战乱中，被指控使用最多的化学武器分别是沙林、芥子气和氯气。但是在 2013 年 10 月，叙利亚正式成为《禁止化学武器公约》的缔约国，并与联合国合作，销毁其库存的化学武器和生产设备。2014 年 8 月，时任美国总统奥巴马亲自宣布，已经将叙利亚上缴的化学武器全部销毁。国际社会为削减生化武器等非人道武器进行了不懈努力，最终在联合国框架内，通过旷日持久的谈判，达成了《禁止化学武器公约》并于 1997 年生效，国际上绝大多数国家都签署了这两个公约，使限制化学武器的广泛性得到体现。值得注意的

是，一系列公约或议定书的签署并没有使一些国家停止研制、存储化学武器，只是更加隐蔽。特别是面对霸权主义国家强大的军事实力与赤裸裸的战争威胁，一些实力偏弱的国家倾向于发展先进的生化武器以求自保。而且，霸权主义国家在生化武器履约上执行双重标准，并把生化武器履约作为发动战争的幌子。

生物化学技术具有很强的军民两用性，虽然禁止发展、生产和存储生化武器，但是无法禁止民用生物化学技术的发展。比如氯气也是一种重要的工业原料，而且毒性相比新一代化武要弱得多，因此氯气并不在《禁止化学武器公约》的附表化学品目录中。因此，必须对生物化学技术、设施、产品等进行严密的软硬件监控和保护，严防扩散和流失。然而，几天之后配合与国际禁化武组织工作的联合国安全小组在叙利亚杜马镇遭到袭击。禁化武组织负责人说，联合国安全保障小组在叙利亚杜马镇遭到炮火和小型爆炸袭击。禁止化学武器组织调查团于 17 日派出安全小组进入大马士革东郊东古塔地区的杜马镇，以评估当地安全形势。早前西方指责叙利亚政府使用化武袭击东古塔区的杜马镇。莫斯科方面驳斥了关于疑似叙军方使用氯气弹的消息。俄副外长表示，禁止化武组织专家遭遇威胁，“有武装分子恐吓平民，还妨碍国际社会——联合国和禁止化武组织专家的正常工作。有人不愿意相关事件得到专业、客观的调查。”早前西方指责叙利亚政府使用化武袭击东古塔区的杜马镇，美英法三国就此空袭叙利亚多处地点。俄曾表示，抛出叙军使用化武这一谣言的目的是庇护恐怖分子，并为外部势力可能发动武力攻击找藉口。俄罗斯 26 日在海牙为常驻禁止化学武器组织的代表召开新闻发布会，17 名叙利亚杜马镇事件的目击证人参加了此次会面。在他们当中，有家中有 3 个孩子的家庭，其中 1 个孩子是哈桑·迪亚布，他称在“疑似”的化武攻击后，他身上被浇水。俄罗斯常驻禁止化学武器组织代表亚历山大·舒利金称，美国又一次以武力威胁叙利亚，但俄罗斯不会让它得逞。舒利金称，“有可能会有挑衅，因为我们的美国伙伴再次威胁要用新武器打击叙利亚，但我们不会允许他们这样做。”此前有报道称，“白头盔”组织制作的所谓叙利亚杜马镇化武袭击后果视频中的男孩哈桑·迪亚布讲述了拍摄经过。他说：“我们当时在地下室，听到街上有喊声，有人喊让大家都去医院。我们跑到医院，我刚进门，就被一把抓住，开始往我身上冲水。然后把我们和其他人一起放到了床上。”迪亚布的父亲证实了他的话，并补充说，杜马镇没有发生什么化武袭击，他是被迫参与拍摄短视频的。他说，男孩饿得没东西可吃，他们要他参与拍摄，这样他就可以得到米饭、椰枣和饼干。美国、英国和法国 4 月 14 日对叙利亚政府的所谓化武生产设施发动导弹袭击。

（四）以色列过度使用武力

联合国人权理事会当天召开特别会议并通过决议，谴责以色列违反国际人权法和联合国相关决议，在加沙地带等地区对巴勒斯坦平民过度使用武力，并决定紧急派遣独立国际调查委员会，对暴力事件开展调查。5 月 14 日，在加沙地带举行的抗议美国驻以色列大使馆迁馆的示威活动中爆发冲突，造成 60 名巴勒斯坦人死亡，1300 多人被实弹打伤。以色列有 1 名士兵遭石块袭击受轻伤。决议要求以色列立即完全终止其对加沙的非法封锁。呼吁各方立即停止一切袭击和暴力，确保示威能够和平进行，并避免可能危害平民生命的行为。决议决定紧急派遣由人权理事会主席任命的独立国际调查委员会，对 3 月 30 日至今在包括加沙和东耶路撒冷在内的巴勒斯坦被占领土上发生的违反国际人道主义法和国际人权法的指称进行调查，明确事件真相和责任人，并建议相关问责措施，确保追究有关人员的法律责任。决议获得 29 票赞成，2 票反对，14 票弃权。美国和澳大利亚投了反对票。中国投了赞成票。联合国人权事务高级专员扎伊德表示，以色列总理内塔尼亚胡称示威者受到哈马斯的收买，以军已经“尽可能努力减少伤亡”，但这一说法缺乏证据支撑。他指出，许多死伤的巴勒斯坦人“手无寸铁，被实弹击中后背、前胸、头部和四肢”。扎伊德对人权理事会通过的决议表示支持，称希望独立和公正的国际调查能够查明真相，并带来公正的结果。他强调相关人员必须被追究责任，这样才能终止暴力、恐惧和仇恨，避免巴以双方走向共同毁灭的结果。据报道，自 3 月 30 日以来已有 116 名巴勒斯坦人在同以色列的冲突中丧生，其中包括 15 名儿童，另有超过 1. 2 万人受伤，其中 3500 多人是被以军开枪打伤。

（五）叙非军事区动用重型武器进攻，破坏非军事区停火协议

多个极端武装并未显现离开非军事区的迹象。阿勒颇省西部地区遭受迫击炮等重型武器攻击。政府军控制区 13 日深夜起受到来自伊德利卜省非军事区发出的炮击，2 名政府军士兵死亡。伊德利卜省位于叙利亚西北部，与阿勒颇省相邻，是反对派在叙利亚境内最后一处主要落脚点，同时是一

些极端武装控制的最后一块主要地盘。依据俄土设立非军事区的协议，反对派武装可以留在非军事区，但必须在 10 月 10 日前撤出重型武器，极端武装必须在 10 月 15 日前离开。然而，14 日的炮击显示，重型武器并未完全从这一地区撤出。截至 14 日，反对派武装和极端武装没有回应炮击说法。与撤出重型武器相比，“解放叙利亚”联盟等极端武装能否撤离，是对非军事区协议的更大挑战。最近数日，没有一支极端武装离开营地。“解放叙利亚”联盟是盘踞在伊德利卜省最大的极端武装，占据伊德利卜省将近 60% 的地区，同时在邻近的阿勒颇省、哈马省和拉塔基亚省控制不少地盘。“解放叙利亚”联盟没有明确支持或反对非军事区协议。这一武装最近数日陆续撤出重型武器，而据点仍在。就目前形势而言，不清楚极端武装能否依照协议、在 10 月 15 日前撤离伊德利卜省非军事区。如果“解放叙利亚”联盟拒绝撤离，可能触发两种后果：土耳其方面及其支持的叙反对派武装“全国解放阵线”联手对这一极端武装发起攻击；俄方支持叙政府军在伊德利卜省发起进攻。叙利亚总统巴沙尔·阿萨德说，非军事区并非永久性安排，叙利亚政府终将收复反对派武装和极端武装控制的地域。

（六）“伊斯兰国”对伊拉克和叙利亚的恐怖威胁依然存在

尽管极端组织“伊斯兰国”已经失去了 99% 的地盘，转而在伊拉克和叙利亚采取游击战策略，但想要持续地压制该组织仍可能需要数年、甚至数十年的时间。根据美国国防部提供的信息，这在很大程度上是由于使伊拉克安全部队“自力更生”还需要走很长的路。根据横跨伊拉克和叙利亚的打击“伊斯兰国”组织行动的季度报告，“系统性缺陷依然存在，其中许多正是导致“伊斯兰国”组织 2014 年崛起的那些缺陷。虽然高级军官已认识到伊拉克军队在能力上的差距，也认识到如果没有持续的支持和关注，“伊斯兰国”组织可能会在该地区“东山再起”，但美国国会对打击“伊斯兰国”组织的支持在新财年有所减弱，而且美国拨给叙利亚的大约 2.3 亿美元维稳资金被转到了其他国家。这份季度报告指出，伊拉克首都巴格达等城市的安全形势已经大大改善，安全部队已经拆除了约 300 个警方和安全检查站以及 1000 个隔离和封锁巴格达的路障。白宫表示，驻叙利亚美军的军事使命也将发生根本性变化，重点将放在伊朗身上，而不是放在“伊斯兰国”组织身上。随着城市中的暴力活动减少，“伊斯兰国”组织在伊拉克安全部队控制较少的农村地区实施的大规模伤亡事件却增多了。在所报告的285起暴力袭击事件中，有92%发生在巴格达以北的几个省份，包括安巴尔省、尼尼微省、萨拉赫丁省、基尔库克省和迪亚拉省。最近6个月来，“伊斯兰国”组织武装分子每周杀害3至4名部落首领和村中老人。伊拉克军队仍然缺乏进行基本情报收集的能力，没有合格的无人机飞行员，几乎完全依赖联军来收集、分析和传送情报。这意味着伊拉克高级领导层依赖联军获得有关他们自己的军事行动的信息。这一现状可能会使联军在伊拉克的存在持续数年之久。在目前的伊拉克军队中，执行现代军事任务所需的其他基本因素也极度缺乏。联军官员承认，在集中的指挥结构开始调整前，很可能需要伊拉克军官不断听取联军顾问的意见。如果不使用个人手机，伊拉克安全部队“就无法运行”。指挥官们还需要繁琐的书面命令，这些命令可能牵制作战行动，拖延远离首都的战场上的关键行动。

二、中东国家的反恐怖军事对策

美国政府决定停止向叙“温和反对派”提供武器和训练，是美国调整对叙政策的实质性一步，迫使其中东盟友作出相应调整，叙利亚战场形势以及国际和地区环境由此将朝有利于巴沙尔政权的方向发展。叙政府军的胜利必将反映到谈判上，叙反对派坚持要求巴沙尔在政治过渡前下台的立场已不可能实现。如叙再生乱，“伊斯兰国”恐将卷土重来。而土耳其在叙北部地区，以打击“伊斯兰国”为名采取的军事行动，目的则是为了防止当地库尔德人势力扩张。

（一）以色列抓捕企图制造恐怖袭击的激进组织成员

以色列国家安全局1日发布声明称，以色列抓捕了17名企图制造恐怖袭击的激进组织成员。2017年11月，以色列国家安全局、以色列国防军和以色列警方发起联合行动，在约旦河西岸朱迪亚和撒马利亚地区抓捕了17名企图制造恐怖袭击的激进组织成员，这一组织与活跃在加沙地带的巴勒斯坦伊斯兰抵抗运动（哈马斯）关系密切。哈马斯正在试图制造更多的恐怖袭击，以色列安全部门将继续采取果断措施挫败哈马斯的袭击计划，哈马斯需对其实施的任何袭击行为负责。1日晚上，从加沙地带发射的一枚火箭弹击中了以色列南部一个空旷地带，没有造成人员伤亡。以色列总理内塔尼亚胡 1 日在内阁会议上再次指出，哈马斯需对任何从加沙地带发射的火箭弹负责。自美国总统特朗普 2017 年底宣布承认耶路撒冷为以色列首都，并将启动美驻以使馆从特拉维夫迁往耶路撒冷的进程以来，以巴紧张局势不断升级。哈马斯成立于 1987 年，一直拒绝承认以色列，主张通过暴力斗争方式消灭以色列。以色列和美国将其视为恐怖组织。

（二）巴解组织强硬回应“耶路撒冷为以色列首都”

巴勒斯坦解放组织（巴解组织）召回驻华盛顿办事处代表胡萨姆·佐姆洛特，作为巴方回应美方承认耶路撒冷为以色列首都的最新步骤。[①] 巴勒斯坦外交部长里亚德·马勒基以回国磋商政治事务为目的，做出召回决定。报道没有对“磋商”内容提供任何细节。12 月 31 日，巴勒斯坦民族解放运动（法塔赫）成立 53 周年纪念日，巴勒斯坦国总统、巴解组织执委会主席、法塔赫领导人马哈茂德·阿巴斯说，耶路撒冷是“巴勒斯坦人民永恒的首都”。这一系列举措和表述，起因是美国总统唐纳德·特朗普 12 月 6 日宣布承认耶路撒冷为以色列首都，启动把使馆从特拉维夫搬迁至耶路撒冷的进程。后续，国际社会普遍反对，巴方民众持续抗议，13 名巴勒斯坦示威者丧生，其中大部分死于与以军的冲突。作为最初回应，阿巴斯拒绝与原定 12 月下旬到访的美国副总统迈克·彭斯会面，声明巴方不再接受美国调停巴以和平进程、不再接受美国提出的任何方案。彭斯原定访问的其他阿拉伯国家同样不满，致使他无法如期成行，中东之行推迟至明年 1 月。以色列总理本雅明·内塔尼亚胡声称，“多个国家”正考虑效仿美国政府、将大使馆迁往耶路撒冷。只是迄今仅危地马拉宣布迁馆。

国际社会承认巴解组织是巴勒斯坦人民唯一合法代表。美国尚未承认巴勒斯坦国，但允许巴解组织从 1994 年起在华盛顿设立办事处。1 个多月前，美国国务院通知巴方，因违反美方法律要求，巴解组织驻美办事处将被关闭。数天后，国务院改口，允许巴解组织办事处继续“有条件”运行。以色列 1967 年占领东耶路撒冷后，单方面宣布整个耶路撒冷是以色列“永久且不可分割的首都”，巴方则坚持建立一个以东耶路撒冷为首都的巴

---

① 参见《美国将承认耶路撒冷是以色列首都，这事儿到底有多严重》，海外网，2017 年 12 月 6 日，http：//www. haiwainet. cn/。

勒斯坦国。国际社会普遍不承认以色列对耶路撒冷拥有主权。联合国大会12月21日通过一项决议，认定任何宣称改变耶路撒冷地位的决定和行动“无效”。

（三）埃及宣布将全国范围紧急状态再度延长

1月2日，埃及总统塞西签发总统令，宣布将全国范围紧急状态自本月13日起再度延长3个月。这是自2017年4月起埃及政府第三次宣布延长全国紧急状态。分析认为，此次延长凸显出埃及严峻的安全局势及政府打击恐怖主义、确保国家安全的决心。埃及反恐形势近期持续紧张。2017年4月9日，埃及北部城市坦塔和亚历山大分别发生针对教堂的爆炸袭击，造成至少45人死亡，极端组织“伊斯兰国”宣称制造了袭击。埃及议会随后表决通过在全国范围内实施为期3个月的紧急状态，并于2017年7月和10月两次将紧急状态延长3个月。2017年12月29日，首都开罗南部一教堂遭不明身份武装分子袭击，造成至少10人死亡、多人受伤。面对如此严峻的反恐形势，此次第三次延长紧急状态显示出埃及政府打击恐怖主义的决心。塞西在总统令中说，埃及军方和警方将采取一切必要手段应对恐怖分子的威胁，同时要断绝其经济来源，以维护国家安全与民众的人身和财产安全。总统令还规定，埃及武装部队和警察机关拥有打击恐怖主义和确保国家安全的“所有权力”。近些年来，埃及北西奈地区频繁遭到“伊斯兰国”武装分子袭击，数百名军警和平民因此丧生。分析认为，埃及近期恐怖活动多发的原因与国际社会加大打击“伊斯兰国”组织的大环境有关。全球反恐压力并没有因“伊斯兰国”实体的瓦解而有所减轻。面对在战场不断失利的局面，“伊斯兰国”的战略转向“保存有生力量、开辟新战场”，把一些指挥员和骨干分子转移到埃及西奈半岛等地区，进行组织、煽动、招募和破坏活动。随着“伊斯兰国”的溃败，国际反恐形势依然严峻。“伊斯兰国”的巢穴虽然已经丧失，但其领导机构和大部分成员并未消失，其宣扬的极端主义思想仍在多个国家和地区渗透，未来仍可能催生新的恐怖主义形态，国际社会对此应有充分准备。整体来看，恐怖主义在西奈半岛乃至埃及全境的影响力在下降，生存空间也在日益减少，埃及极易成为“伊斯兰国”报复和突围的突破口，也将会成为国际社会打击该极端组织的重要前线。埃及民众普遍认可和支持政府延长紧急状态的做法，企盼恐怖活动尽快得到遏制，以使国家形势恢复稳定，从而过上安定的生活。

（四）俄军成功制止一起针对空军基地和补给站的攻击型无人机恐袭企图

1 月 6 日凌晨，俄军安全保障系统成功制止一起针对俄驻叙利亚赫迈米姆空军基地和塔尔图斯港补给站的恐袭企图，恐怖分子企图利用攻击型无人机发起袭击。[①] 俄方正在就此展开调查，对于恐怖分子所用无人机的来源，目前尚无定论。俄罗斯军事专家已经在仔细分析无人机的结构、内部组件和爆炸物。破译无人机数据后，确定了无人机的起飞地点。这是恐怖分子第一次利用无人机在 50 公里之外进行操控，并利用了 GPS 卫星定位的现代技术。俄称，对俄罗斯在叙利亚境内截获的无人机进行技术分析的结果显示，恐怖分子能够在 100 千米左右距离发动远程攻击。恐怖分子使用攻击型无人机的事实证明，有人向他们转交了“可以借助这类无人机打击任何国家的技术”。恐怖分子无人机来源成谜，俄专家正在调查叙利亚境内恐怖分子获取无人机设备和技术的渠道，目前仅能确定，恐怖分子使用的无人机装载的爆炸物使用了外国研制的导火管。并认为：“恐怖分子在企图袭击俄罗斯驻叙利亚军事设施期间使用的工程解决方法，只可能来自那些掌握先进卫星导航技术和远程遥控投送爆炸物到指定地点技术的国家”。五角大楼则表示，美国防部不掌握有关恐怖分子企图袭击俄军事基地的详细情况，但根据经验，恐怖分子使用的无人机技术以及设备在公开市场上很容易获取。虽然俄美官方均未对此做出最终结论，但俄罗斯议会已经出现了美国等西方国家可能参与提供技术的声音。俄国防委员会副主席认为，企图袭击俄罗斯军事基地的武装分子的背后是“伊斯兰国”极端组织，而该组织不可能独立行动，需要依靠西方国家的情报部门。“如果不说是在这些国家的支持下，至少也是在他们的直接纵容下‘伊斯兰国’组织才得以行动”。他强调，“伊斯兰国”已经成为西方国家的傀儡。俄联邦委员会国防与安全委员会副主席则直接指出，在制定攻击俄驻叙基地的计划时需要非常熟悉形势，这样计划周密的攻击行动没有美国情报部门的参与就无法完成。就恐怖分子企图使用无人机攻击俄方军事设施一

---

① 参见《俄称袭击驻叙基地无人机弹药或来自乌克兰》，新浪网，2018 年 1 月 12 日，http：//news. sina. com. cn/。

事，反无人机技术被提上日程。俄罗斯国家近卫军将组建反无人机特种部队，建立专门的反无人机系统，对抗无人机的专用设备或将部署在核电站等国家重要场所。

（五）伊拉克军方在伊北部城市采取安全行动

伊拉克政府军 13 日当天开始在北部萨拉赫丁省图兹胡尔马图市采取行动，旨在恢复当地的安全与秩序。政府军反恐部队与当地警方快速反应部队已经部署到图兹胡尔马图市的主要道路。由于当地近来发生多起针对库尔德居民住所的袭击和爆炸事件，军方将在该市展开搜查行动，清理未经登记的武器，未经登记的武器将被没收，军队以外的任何人都不应持有武器。图兹胡尔马图市位于巴格达以北大约 230 千米，人口以什叶派土库曼人为主，同时生活着众多库尔德人和逊尼派阿拉伯人。去年 10 月 16 日，伊拉克政府军全面进驻与库尔德自治区存在争议的地区，其中包括图兹胡尔马图。原先生活在该市的库尔德居民多数都选择离开。在图兹胡尔马图市被政府军控制后，很多库尔德居民的住所遭到当地隶属于什叶派民兵武装“人民动员组织”的土库曼武装人员的袭击。政府军还将对图兹胡尔马图以东的山区展开清剿，打击躲藏在那里的武装分子。之前常有武装分子从这片山区向图兹胡尔马图发射迫击炮弹，导致很多平民伤亡。

第二节　中东地区主要恐怖袭击事件

一、伊德利卜市发生了爆炸袭击①

（一）事件背景

叙利亚伊德利卜省是反政府武装大本营，恐怖组织“征服阵线”在内的多个反政府武装盘踞于此。由于反对派及恐怖组织间诉求有所区别，伊德利卜省内经常发生反政府武装组织间内讧。在 2017 年中下旬，“征服阵线”及下属武装曾与“沙姆自由人”出现大规模冲突，以“征服阵线”

---

① 参见《叙反政府武装控制区发生爆炸致 18 人丧生》，环球网，2018 年 1 月 18 日，http：//www. huanqiu. com/。

领导的“沙姆解放组织”胜利而告终。

（二）事件经过

当地时间 1 月 7 日，在反政府武装组织控制区域伊德利卜市发生了一起爆炸，导致 18 人丧生，数十人受伤。

爆炸袭击目标是位于伊德利卜市多个小型武装组织的总部，目前不清楚袭击由何方策划。袭击发生后，多个救援团体对可能被埋在瓦砾下的人员进行了搜救。

（三）事件影响

叙政府军在 2015 年后彻底失去了对该地区控制，尽管处于“冲突降级区”范围，但叙政府仍在伊德利卜南部地区进行针对“征服阵线”的反恐行动。

二、利比亚首都国际机场遭武装分子袭击

（详见第一章内容）

三、也门爆发内战

也门冲突，即也门内战，是也门自 2015 年开始至今的内战，由也门政变引发，两个集团及其支持者各自宣称代表也门政府。参战一方是总统阿卜杜拉布·曼苏尔·哈迪领导的也门政府及其盟友南方运动，总部设在亚丁；另一方是胡塞武装组织及其盟友前总统阿里·阿卜杜拉·萨利赫。阿拉伯半岛“基地”组织（AQAP）和“伊斯兰国”（ISIS）也参与了这次内战，AQAP 控制了大片内陆领地，并延伸到海岸。

2017 年 12 月 4 日，前总统阿里·阿卜杜拉·萨利赫被胡塞武装组织打死。截至 2017 年 12 月 6 日，统计综合信息，也门胡塞武装与支持前总统萨利赫的武装力量之间的军事冲突仍然持续，冲突已经造成 600 余人伤亡。

（一）事件背景

2014 年开始能源“改革”，也门局势恶化。为减少国家财政支出，也门政府废除了实行多年的燃油补贴政策，大幅提升汽油和柴油价格，令已十分贫困的也门百姓苦不堪言。胡塞武装组织借机指责政府内部腐败现象严重，要求解散内阁，自 2014 年 8 月中旬起，该组织在首都萨那郊区集结数千名武装人员，企图以武力威胁政府妥协。9 月，胡塞武装组织使用武力夺取了萨那的控制权，在随后的内阁改组、军队改革等问题上与也门政府摩擦不断。2015 年中旬，由沙特带头的阿拉伯多国对也门的空袭行动持续几近一个月，与此同时，美国加快了对阿拉伯联军的武器援助，而伊朗也宣布向亚丁湾派遣军舰。各方外部势力对也门冲突的干预力度不断增加，也门局势正急剧升温。分裂势力——也门南方过渡委员会（STC）在与政府军作战后，几乎完全控制了位于也门南部的港口城市亚丁。

（二）事件经过

28 日，也门临时首都亚丁爆发冲突，由南方分裂势力和政府军组成的反北方胡塞武装组织的联盟被瓦解。冲突已经造成 40 人死亡。也门总理艾哈迈德·本·达格尔和他的内阁成员被安置在临时首都亚丁的总统府内。分裂势力掠夺了亚丁的军事基地，总理本·达格尔谴责其为“政变”，并已乘飞机前往安全地带。

（三）事件影响

早在 2015 年，总统哈迪（Abdrabbuh Mansour Hadi）和他的内阁在胡塞武装组织的攻势下被迫逃离首都萨那，也门合法政府迁都亚丁。萨那受袭击促使沙特领导的多国联盟发动军事行动打败了叛军。共计超过 9245 人遇害，300 万人流离失所。南方分裂势力和政府军曾是盟友，双方的支持者在过去的 3 年并肩作战，但这个联盟似乎一直不安定。在 28 日的冲突爆发之前，南方分裂势力情绪高涨，而在 1990 年也门统一之前，南也门独立于北也门之外。

总统哈迪身为南也门人，但一直与北方保持团结。尽管南方分裂势力对总统哈迪疑虑重重，但仍与之联手对抗北方胡塞武装组织，阻止其夺取亚丁，并将他们赶出南方大部分地区。但是，双方的紧张局势依然存在。

而沙特领导的联盟内的分裂，使局势更加复杂。沙特阿拉伯支持总统哈迪，而联盟的重要合作伙伴——阿拉伯联合酋长国，却与分裂势力有密切合作。

四、其他恐怖袭击事件

1月1日，利比亚在2017年因暴力事件共造成433人死亡，包括79名儿童和10名妇女，近40万人流离失所。

1月4日，1名埃及籍青年在爱尔兰街头随机杀人，造成1名日本留学生死亡，另有2人受伤。警方已拘捕施袭青年，并将此事视为街头随机杀人事件。嫌犯动机尚不明，当局正沿着恐袭等方向对此事展开调查。

1月6日，伊拉克东部迪亚拉省发生爆炸袭击事件，造成至少3人死亡。袭击发生在该省首府巴古拜以东60公里的地区。6日晚，一辆装有炸弹的汽车首先在该地区一部落首领的一处房屋附近爆炸，随后一名自杀式袭击者冲进房屋引爆了身上的炸弹。

1月6日凌晨，驻叙利亚境内的俄军防空系统发现13个小型的空中目标，它们正在接近俄罗斯军事设施。9架无人机飞近赫梅米姆空军基地，另外3架飞近塔尔图斯港补给站。俄军无线电技术部队成功控制了6架无人机，其余7架全部被昼夜执勤的铠甲S型防空导弹系统击落。

1月7日，代表沙特阿拉伯的律师以缺乏证据为由，呼吁美国纽约法官驳回一桩要求沙特方面为“9·11”袭击负责的诉讼。

1月12日，极端组织“伊斯兰国”在伊拉克北部基尔库克省制造2起袭击事件，造成4名平民丧生。

1月13日，巴格达发生一起汽车炸弹爆炸事件，导致至少2人死亡、8人受伤。这是巴格达2018年以来首次发生爆炸袭击。此前几个月，巴格达的安全局势较为平稳。目前尚无任何组织宣称制造了此次袭击，但极端组织“伊斯兰国”武装过去经常在伊拉克境内发动类似袭击。

1月14日，黎巴嫩南部城市赛达发生一起汽车炸弹爆炸事件，造成1名在黎巴嫩的巴勒斯坦伊斯兰抵抗运动（哈马斯）官员受伤。爆炸发生在中午时分，地点位于哈马斯官员哈姆丹的住所外。当哈姆丹打开汽车车门时发生了爆炸，他被炸伤，随后被送往医院。

1月15，发生在伊拉克巴格达市中心的两起炸弹袭击事件已造成至少

27 人死亡、91 人受伤。巴格达卫生部下属的医院目前已接收 27 具爆炸事件遇难者遗体，收治 91 名伤者。

1 月 15 日，利比亚首都的黎波里米提加国际机场遭武装分子袭击，致 89 人伤亡。5 架停放在机场内的飞机在冲突中严重损坏，机场已临时关闭。

1 月 18 日，简氏恐怖主义与叛乱活动情报中心当日发表的一份报告称，伊拉克和叙利亚 2017 年在恐怖袭击中丧生的人数大幅下降。

1 月 25 日，一枚从叙利亚阿夫林地区发射的导弹击中土叙边境城市基利斯当地一座清真寺，导致 1 人死亡、13 人受伤。其中 2 名伤势严重。另一枚导弹击中距离清真寺百米远的公寓楼，造成至少 5 人烟雾中毒。

1 月 25 日，极端组织在叙利亚东部代尔祖尔幼发拉底河流域对叙政府军发动了新一轮大规模袭击，叙政府军及亲政府武装在俄罗斯空军协助下对极端组织进行了还击，打死至少 25 名恐怖分子。其中 32 名叙政府方人员在攻击中丧生。

1 月 28 日，也门政府军和分裂势力——南方过渡委员会的武装力量当日在首都亚丁爆发激烈冲突，造成至少 15 人死亡。

1 月 28 日，伊拉克发生多起袭击事件，造成 4 人死亡、9 人受伤。

1 月 30 日，也门东南部一个检查站遭遇自杀式汽车炸弹袭击，造成至少 11 人死亡。

2 月 1 日，土耳其空军日前对伊拉克北部库尔德工人党目标实施两次空袭，打死 49 名武装人员。

2 月 2 日，自土军 1 月 20 日对叙利亚北部阿夫林地区采取行动以来，土耳其东南部哈塔伊省和基利斯省共遭到 82 枚来自叙境内的火箭弹袭击，导致 5 名土耳其平民身亡，另有约 100 人受伤。

2 月 4 日，俄罗斯一架苏－25 战机 3 日在叙利亚西北部伊德利卜省执行打击极端分子任务时被便携式防空导弹击落，该战机飞行员丧生。

2 月 6 日，叙利亚大马士革总统区遭到迫击炮炮击，一发炮弹击中俄驻叙商务代表处。造成物质损失，没有人受伤。

2 月 7 日夜间，美国领导的“国家反恐联盟”在代尔祖尔省东北对正在打击极端组织及“叙利亚民主军”武装分子的亲叙利亚政府武装发动了袭击，造成至少 20 人死亡。

2 月 8 日，联合国负责反恐事务的副秘书长沃龙科夫警告，尽管极端组织“伊斯兰国”在伊拉克、叙利亚以及菲律宾南部遭受重大挫败，但该组织仍对国际安全构成严重威胁。

2 月 8 日，伊拉克境内发生两起袭击事件，造成包括 1 名袭击者在内的 9 人丧生，另有 10 人受伤。当地安全部队随后赶到并展开搜索行动。目前尚无任何组织宣布制造袭击事件。

2 月 9 日，利比亚班加西市一座清真寺旁 9 日发生爆炸，造成 8 人死亡。目击者称阿布胡赖拉清真寺入口处，一个装有爆炸物的背包发生爆炸，已知有 8 名死者。

2 月 12 日，伊拉克情报机构称，IS 头目巴格达迪并没有死，但病情严重，生命接近尾声，目前隐藏在叙利亚东北部沙漠地区。

2 月 13 日，土耳其在叙北部阿夫林地区的军事行动已导致 180 名平民死亡、413 人受伤。死伤者包括妇女、儿童和老人，死伤者姓名都被阿夫林地区医院记录在案。

2 月 14 日，恐怖组织“伊斯兰国”行动开始至今，已造成 1.8 万名伊拉克平民死亡，3.6 万人受伤。

2 月 17 日，以色列时间当天下午 16 点左右，一辆以军巡逻车在靠近加沙南部罕尤尼斯地区（Khan Younis）以方一侧遭遇炸弹袭击，共造成 4 名以军士兵受伤，其中 2 人伤势严重。该爆炸装置是在日前（16 日）的一次加沙民众边境示威活动后留下的。

2 月 18 日，伊拉克什叶派民兵武装“人民动员组织”武装人员于当晚在北部基尔库克省遭恐怖分子伏击，造成 27 名民兵死亡。极端组织“伊斯兰国”伏击了“人民动员组织”成员，双方发生激烈交火，在这起伏击中，另有 8 辆车在交火中被毁。

2 月 20 日，支持政府的叙利亚武装进入阿夫林地区，帮助库尔德武装“对抗土耳其入侵”。土称亲政府武装进入这一叙利亚北部地区“不可容忍”。

2 月 21 日为止，叙政府军和反政府武装在东古砻地区的冲突造成至少 346 人身亡，878 人受伤，仅 21 日就有 70 人死于冲突。

2 月 24 日，也门临时首都亚丁的一个反恐部队营地于当晚遭遇连环自杀式汽车炸弹袭击，造成 5 名士兵死亡，另有多名士兵受伤，两起爆炸发生后，事发地附近发生了激烈交火。

2 月 24 日，位于叙利亚首都大马士革东部东古塔地区的反政府武装向大马士革城区发射了超过 70 枚炮弹。除了大马士革城区外，此前叙政府开通的平民撤离东古塔通道也成为袭击对象。袭击一共造成至少 3 人死亡，60 人受伤，其中包括 14 名儿童。

2 月 24 日，利比亚南部城市迈尔祖格附近一军事检查站发生武装冲突，导致 3 人死亡。4 名武装分子驾驶一辆四驱车发起袭击，随后双方发生交火，导致 2 名政府军士兵和 1 名武装分子被打死，另有 3 名武装分子被政府军抓获。

2 月 24 日，也门临时首都亚丁的一个反恐部队营地当晚遭遇连环自杀式汽车炸弹袭击，造成至少 14 名士兵死亡，另有 40 人受伤。极端组织已经宣布对这两起自杀式炸弹袭击负责。

2 月 25 日，美国国务院宣布，将于今年 5 月把美国驻以色列大使馆从特拉维夫迁往耶路撒冷。巴勒斯坦及土耳其等国指责美国无视联合国决定，坚持破坏和平。

3 月 1 日，土军在叙利亚阿夫林军事行动中共有 8 名土军士兵阵亡，另有 13 名士兵受伤。当日下午，土耳其特种部队与叙利亚库尔德武装"人民保护部队"发生激烈战斗。"人民保护部队"使用地道进行伏击，土军开炮掩护伤员撤离。截止 2 日，土军消灭共计 2295 名敌对武装分子，这些人被土军打死、俘获或主动投降。

3 月 4 日，美国驻土耳其大使馆，晚间发布声明称，由于存在"安全威胁"，该使馆将在 3 月 5 日不对公众开放，仅提供紧急服务。

3 月 12 日，极端组织"伊斯兰国"武装分子在伊拉克北部地区杀害 9 名平民。"伊斯兰国"武装分子 11 日深夜在萨拉赫丁省图兹胡尔马图市北部一条公路上冒充政府军设立检查站，并袭击路过的平民车辆，导致 9 名平民死亡，另有多人受伤。

3 月 14 日，利比亚最高国家委员会主席阿卜杜勒拉赫曼·苏韦利在利比亚西部山区视察时遭伏击，造成 2 名陪同人员受伤，4 名安全人员被武装分子劫持，苏韦利本人躲过一劫。武装分子随后被击退。

3 月 15 日，以军早晨出动坦克和飞机，打击了加沙地带 5 个属于巴勒斯坦伊斯兰抵抗运动（哈马斯）和巴勒斯坦伊斯兰圣战组织的军事目标。6 时左右，在加沙地带北部例行巡逻的以色列士兵遭到两个爆炸物袭击，巡逻车轻微受损，以军士兵没有伤亡。

3 月 20 日，"伊斯兰国"恐怖分子在夜间突袭并控制了叙利亚首都的一个地区，36 名亲政府士兵被打死。

3 月 21 日，也门南部达利阿省当天发生路边炸弹袭击，造成 3 名平民死亡，另有 5 人受伤。伤者已被送往附近医院治疗。安全人员正对此次袭击展开调查。在爆炸发生数分钟前，几名也门军方高官的车队从这条公路上经过。

3 月 22 日，两名巴勒斯坦伊斯兰抵抗运动（哈马斯）安全人员在搜捕袭击巴总理车队嫌疑人的行动中死亡。

3 月 24 日，埃及北部城市亚历山大，发生一起汽车爆炸，目前已造成至少 1 人死亡、4 人受伤。调查小组已前往事发现场。埃及军方曾于 2 月 9 日宣布进行名为“西奈 2018”的大规模反恐行动，旨在清除西奈半岛等地的恐怖分子和极端分子。迄今，已有超过 150 名恐怖分子被消灭。

3 月 25 日午夜前，沙特军队在利雅得击落 3 枚导弹，导弹碎片坠入利雅得一处民宅，造成来自埃及的平民 1 死 2 伤。

3 月 28，也门一支军方车队在东部哈德拉毛省遭遇武装分子袭击，造成至少 11 名士兵死亡。这些士兵大部分是刚入伍的新兵，还有一些来自哈德拉毛省特种作战部队。

3 月 28 日，联合国安理会谴责也门胡塞武装对沙特阿拉伯进行导弹袭击。联合国称，也门面临全球最紧急的人道主义危机。

3 月 29 日，以美国为首的国际联盟人员在叙利亚遭到简易爆炸装置袭击，导致 2 名联军人员死亡，另外 5 人受伤。

3 月 30 日，1 名美军士兵在叙利亚曼比季执行任务时遇袭身亡。当天这名士兵在巡逻时，一个简易爆炸装置在其附近被引爆，导致他重伤身亡。

3 月 31 日，沙特防空部队当天成功拦截了也门胡塞武装发射的一枚导弹。导弹碎片造成 1 人受伤。

4 月 2 日，沙特阿拉伯领导的多国联军 2 日空袭了也门红海港口城市荷台达一处营地，造成至少 14 人死亡。受到袭击的营地位于哈利区，住着流离失所者。还有 9 人在空袭中受伤，死亡人数可能进一步增加。

4 月 3 日，一艘沙特油轮在红海以西的荷台达遭到炮火袭击，当时该油轮正前往埃及港口埃因苏赫纳。

4 月 4 日，一名巴勒斯坦人在以色列战机深夜对加沙地带东部边境的轰炸中死亡。轰炸后，一具巴勒斯坦人的尸体 5 日早晨被发现。死者为 1 名 23 岁青年。至此，已有 19 名巴勒斯坦人在 3 月 30 日以来的冲突中死亡。

4 月 7 日，也门胡塞武装袭击了一艘沙特超级油轮。

4 月 8 日，叙利亚反抗军顽强坚守东古塔地区的最大城镇杜马曝出遭到沙林毒气攻击，据当地医疗人员、救援人员表示，杜马镇上方出现毒气向下飘进镇里，造成至少 70 人丧命。叙利亚救援组织“白盔”（The White Helmets）发文表示，死亡人数可能继续攀升。

4 月 9 日，伊拉克西部安巴尔省哈迪塞市当天凌晨发生一起自杀式袭击事件，造成至少 2 名安全人员丧生，另有 7 人受伤。伊安全部队随后与极端组织“伊斯兰国”武装分子展开交火，3 名武装分子被打死，至少 2 名安全人员丧生，另有 7 人受伤。

4 月 9 日，以色列空军空袭了加沙地带北部的一处巴勒斯坦军事目标。此次袭击的军事目标是巴勒斯坦伊斯兰抵抗运动（哈马斯）的一个军事基地，并称这是对 8 日巴勒斯坦人潜入以色列境内安装爆炸物行为做出的回应。

4 月 9 日，4 名伊朗军事人员在叙利亚一处空军基地遭空袭事件中身亡。以色列战机实施了这起针对叙利亚空军基地的空袭。叙政府军防空部队拦截了其中 8 枚导弹，但其余导弹击中目标，并导致多人在袭击中伤亡。

4 月 10 日，埃及亚历山大市一所军事法院 10 日初审判处 36 名制造 2017 年坦塔、亚历山大恐怖袭击的被告死刑。

4 月 12 日，伊拉克中部萨拉赫丁省发生极端组织“伊斯兰国”武装分子袭击事件，已导致至少 14 名平民死亡。当天下午，当地村民在为这 4 名遇难者举行葬礼时又遭到路边炸弹袭击，导致 10 人死亡。

4 月 13 日晚，美国对叙利亚发动空袭，理由是叙政府军使用化学武器袭击无辜平民。空袭共打击了 3 个据点，均为叙利亚境内与化学武器相关的目标，90 分钟内多达 110 枚导弹呼啸着砸向叙利亚。

4 月 14 日，埃及西奈省中部一座军营遭到恐怖分子“大规模”袭击，造成 8 名军人死亡，至少 15 人受伤，另有 14 名恐怖分子被击毙。

4 月 17 日，叙利亚中部霍姆斯省的空军基地遭导弹袭击，叙利亚防空系统成功对导弹实施拦截，击落约 10 枚飞向该基地的导弹。

4 月 18 日，配合与国际禁化武组织工作的联合国安全小组在叙利亚杜马镇遭到袭击。

4 月 18 日，极端组织“伊斯兰国”（IS）对 6 个月前在叙利亚东部代尔祖尔省失守据点附近发动突袭，造成至少 25 名叙利亚士兵丧生，至少有 13 名“圣战”分子死亡。

4 月 19 日，俄副外长表示，恐怖分子在叙利亚妨碍禁止化学武器组织专家进入杜马镇。

4 月 19 日，沙特阿拉伯一个安全检查站遭遇一伙不明身份的武装分子袭击，多名警察死伤。警方抓捕了 2 名袭击者，均为沙特人。

4 月 19 日，利比亚首都的黎波里唯一还在运营的机场米提加国际机场当天凌晨再次遭遇火箭弹袭击，造成一架客机受损，没有人员伤亡。武装分子发射的一枚火箭弹击中利比亚航空公司的一架空客 A320，另外多枚火箭弹击中到达大厅。

4 月 23 日，也门当地一场结婚典礼上发生空袭，造成至少 20 人丧生，40 人受伤。控制也门北部大部分地区的叛军青年运动将攻击归咎于支持也门政府、以沙特阿拉伯为首的联军。

4 月 24 日，胡塞武装控制的“Al – Masirah”电视台发表特别声明称，也门最高政治委员会主席萨利赫·阿里·萨马德在沙特空军发动的空袭中丧生。

4 月 25 日，叙利亚首都大马士革纳赫艾沙区市场遭到武装分子袭击，导致 4 人死亡，15 人受伤。

4 月 26 日，俄罗斯在海牙为常驻禁止化学武器组织的代表召开新闻发布会，到场的有目睹叙利亚杜马镇“化武攻击”状况的证人。叙利亚复苏学医生哈利尔·阿尔 – 杰什在会上表示，4 月 7 日，在叙利亚杜马镇的城市医院，病人们并无遭到化武攻击的症状，只有因灰尘和烟引起的轻度和中度窒息病征。

5 月 2 日，利比亚选举委员会总部遭自杀式攻击，造成至少 12 人死亡和 7 人受伤。极端组织“伊斯兰国”随后宣称对此次袭击负责①。

5 月 2 日，联合国秘书长古特雷斯对当天针对利比亚最高选举委员会发动的恐怖袭击表示谴责。

5 月 7 日，沙特阿拉伯领导的多国联军战机当天对位于萨那的也门总统府进行空袭，造成至少 6 人死亡、30 人受伤。

---

① 参见《利首都选举委员会总部遭遇自杀式炸弹袭击　已致少 11 人死亡》，国际在线，2018 年 5 月 8 日，http：//www. cri. cn/。

5 月 7 日，伊拉克国民议会选举候选人法鲁克・朱布里在北部尼尼微省盖亚拉镇附近的家中遇刺身亡，极端组织“伊斯兰国”认领这次袭击。关于朱布里的死因说法不一。

5 月 8 日，利比亚北部城市苏尔特附近一军事检查站遭自杀式汽车炸弹袭击，导致东部武装势力“国民军”2 名士兵丧生、3 名士兵受伤。

5 月 8 日，摩洛哥与西班牙联合行动，摧毁了一个与“伊斯兰国”（IS）有关联的“恐怖主义团伙”。上述恐怖主义团伙共有 5 名成员，年龄均在 22 岁到 33 岁之间。

5 月 9 日，叙利亚首都大马士革两地遭炮弹袭击。袭击共造成 4 人死亡、24 人受伤。一枚炮弹当天落入大马士革城北的迈萨特广场，一辆汽车被击中后发生爆炸，造成至少 2 人死亡、10 多人受伤。

5 月 10 日，以色列军方当天对叙利亚发动了导弹袭击，造成 3 人死亡、2 人受伤，一座雷达站、一个弹药库和多个防空阵地遭袭受损。

5 月 12 日，伊拉克中部萨拉赫丁省和东部迪亚拉省发生多起针对议会选举的袭击，造成 4 名安全人员死亡，另有 5 人受伤。同时，安全部队击毙了 2 名自杀式袭击者。

5 月 14 日，在加沙地带举行的抗议美国驻以色列大使馆迁馆的示威活动中爆发冲突，造成 60 名巴勒斯坦人死亡，1300 多人被实弹打伤。一名以军士兵遭石块袭击受轻伤。

5 月 16 日，叙利亚首都大马士革市区遭火箭弹袭击。袭击造成至少 2 人死亡、19 人受伤，多辆汽车和多栋建筑损坏。

5 月 18 日，叙利亚中部城市哈马市一空军基地发生巨大爆炸。

5 月 18 日，伊拉克民防部门工作人员连日来在摩苏尔西城废墟下挖掘出 763 具尸体。目前挖掘工作仍在继续。

5 月 18 日，联合国人权理事会当天召开特别会议并通过决议，谴责以色列违反国际人权法和联合国相关决议，在加沙地带等地区对巴勒斯坦平民过度使用武力，并决定紧急派遣独立国际调查委员会，对暴力事件开展调查。

5 月 19 日，一支名为“圣战连”的叙利亚反政府武装发表声明，宣称制造了 18 日发生在叙利亚中部省份哈马省的政府军军用机场爆炸事件。该组织人员 18 日在哈马省军用机场的弹药库和燃料库内放置了爆炸物，不少设施、装备被炸毁，逾 50 人死亡。

5月22日，极端组织“伊斯兰国”武装人员对叙利亚中部古城巴尔米拉附近一处军方岗哨发动袭击，致死叙政府军及其盟军至少26人，包括伊朗籍人员。

5月24日，叙利亚中部一座军用机场当天遭导弹袭击，叙防空系统成功拦截了导弹。导弹未能命中目标。

5月24日，伊拉克首都巴格达发生一起自杀式炸弹袭击，至少造成4人死亡、15人受伤。

5月24日晚间，在利比亚东部城市班加西市中心发生了一起汽车炸弹袭击，造成至少7人死亡，约20人受伤。遇难者是平民。

5月27日，叙利亚境内武装分子袭击了叙东部的叙政府军某部，致使4名俄罗斯军人死亡。交火持续了约1小时，叙政府军方面共消灭43名武装分子，摧毁敌方6辆配备大口径武器的汽车。

6月2日，也门政府军近日在沙特领导的多国联军支持下与胡塞武装在也门西海岸发生激烈战斗，双方至少有78人死亡、数十人受伤。冲突还造成政府军50辆军车被毁。

6月2日，伊拉克中部萨拉赫丁省拜莱德市附近当天发生袭击事件，当地一个家庭的12人遭身份不明武装分子枪杀。死者中包括4名妇女和3名儿童，1名6个月大的婴儿中弹后奇迹生还。

6月5日，以色列消灭了一个恐怖团体，该团体计划对该国总理内塔尼亚胡等高官发动袭击。当时，以总理内塔尼亚胡正在欧洲展开访问。

6月6日，当天发生在巴格达东部萨德尔城的爆炸造成的死亡人数升至14人，另有90人受伤。至少5所房屋被完全炸毁，另有附近多个建筑和车辆受损。

6月9日，也门胡塞武装下午再次炮击沙特南部吉赞省，导致3名沙特平民身亡。联军表示将对胡塞武装给予严厉报复。

6月13日，美国主导的国际联盟连续对叙利亚东北部哈塞克省发动空袭，造成30名平民死亡。

6月14日，利比亚东部产油区“石油新月地带”发生激烈武装冲突，导致由利比亚退役将领哈夫塔尔领导的利比亚东部武装势力“国民军”5名士兵死亡。

6月17日，极端组织“伊斯兰国”武装分子当晚分别在伊东部迪亚拉省和中部萨拉赫丁省发动袭击，打死 2 名卡车司机，另外绑架了 15 人。伊安全部队随后赶到事发现场并开始搜查工作。

6 月 20 日，土耳其军方一车队当天在哈卡里省遭火箭弹袭击，造成 2 名士兵身亡、1 名士兵受伤。遇袭车队当时刚离开一处临近土耳其与伊拉克边境地区的军事基地。

6 月 20 日，沙特阿拉伯主导的多国联军宣布控制了也门红海港口城市荷台达所辖机场。

6 月 27 日，叙利亚北部阿勒颇省阿夫林市当天发生两起汽车炸弹袭击，造成多名武装人员和平民死亡。

6 月 27 日，伊拉克安全部队在东部迪亚拉省发现 8 具被极端组织“伊斯兰国”绑架人员的尸体。其中 6 人来自伊南部卡尔巴拉省和西部安巴尔省，是安全部队人员或民兵武装人员。这些尸体上有中弹痕迹且被安上爆炸装置，伊安全部队在拆除爆炸装置后将尸体运到法医部门。

7 月 1 日，伊拉克北部城市基尔库克一个国民议会选举投票箱存放点遭到自杀式汽车炸弹袭击，造成 1 名警察死亡，22 人受伤。目前尚无组织或个人对这起事件负责。

7 月 7 日，利比亚“人工河”项目位于利比亚东南部的一个项目处遭到武装分子袭击，2 人被杀害，2 人被绑架。

7 月 8 日，沙特一道路安全检查站当天遭恐怖分子袭击，袭击事件中 4 人死亡、1 人受伤。

7 月 8 日，叙利亚中部霍姆斯省一座空军基地当晚遭以色列导弹袭击，叙防空系统拦截多枚导弹并击中一架进行袭击的战机。

7 月 15 日，巴勒斯坦加沙地带最大城市加沙发生了一起爆炸。爆炸导致 2 人死亡、1 人受重伤。

7 月 23 日，1 名枪手袭击了伊拉克埃尔比勒省办事处，袭击造成 2 名警察受伤。

7 月 23 日，闯入伊拉克库尔德自治区（库区）首府埃尔比勒的省政府大楼的 3 名不明身份武装分子已被击毙，3 名人质获救。目前安全部队正在大楼内进行搜查。

7 月 25 日，极端组织“伊斯兰国”残余分子在伊拉克东部迪亚拉省制造了两起袭击，共导致 4 人死亡、1 人被绑架。

7 月 25 日，叙南部苏韦达省多地 25 日遭极端组织“伊斯兰国”武装分子袭击，造成至少38人死亡、37人受伤。此外，“伊斯兰国”武装分子还对苏韦达省东部和北部多个村庄发动袭击，叙军方击退其进攻并消灭多名武装分子。

7月25日，以军派飞机袭击了叙利亚一处火箭弹发射装置。连日来，以色列针对叙利亚发起的军事行动接连发生，叙利亚内战前线逼近戈兰高地无疑令以色列十分紧张。

7月25日，“伊斯兰国”在叙利亚南部斯威达省以及北部和东部村庄发动一连串自杀攻击与枪击，并绑架了36名当地德鲁兹族女性和儿童。遭IS攻击地区还有17名男性下落不明，目前不清楚他们是否也被绑架。

7月26日，约旦河西岸地区一定居点当天晚上发生袭击事件，3名以色列人受伤，发动袭击的巴勒斯坦人当场被打死。

7月27日，巴勒斯坦人与以色列士兵在加沙地带与以色列交界地区发生冲突，造成至少2名巴勒斯坦人死亡，其中包括1名少年。

8月5日，本·拉登的母亲称自己的儿子原本是“好孩子”，只是在大学时期被“洗脑”了。

8月5日，极端组织“伊斯兰国”公布的一段视频显示，1名7月在叙利亚南部苏韦达省遭该组织绑架的男性人质于8月2日被杀害，被绑架人质共有30多名，其中大部分是妇女和儿童，引发外界对剩余人质命运的担忧。

8月4号，叙利亚迈斯亚夫科学研究中心主任阿齐兹·伊思博博士在哈马省迈斯亚夫，于车内遭爆炸袭击身亡。叙通社指控美国及以色列“直接或间接”参与了叙利亚科研人士的暗杀行动。但有反政府武装组织已经宣称对此次暗杀行动负责。

8月7日，恐怖组织“基地”已故首脑本·拉登的家人证实，本·拉登之子哈姆扎已和“9·11恐袭”劫机者之女结婚。

8月9日，也门北部一辆载有儿童的巴士遭到袭击，造成数10人死伤。

8月9日，联合国秘书长安东尼奥·古特雷斯要求立即对发生在也门的大客车遭空袭事件作独立调查。沙特阿拉伯领导的多国联军当天早些时候向也门西北部萨达省哈延市一处市场发动空袭，摧毁一辆载有儿童的大客车。死伤者多为儿童。

8 月 10 日，约旦首都安曼近郊的富海斯小镇发生汽车炸弹爆炸事件，造成 1 名约旦士兵身亡，另有 6 人受伤。目前正在医院治疗，其中 1 人伤势严重。

8 月 12 日，叙利亚西北部城镇塞尔迈达的一间军火库发生爆炸，至少造成 39 名平民死亡，其中包括 12 名儿童。这间军火库被一反政府伊斯兰武装控制。事发后，当地救援人员已经开始动用推土机等设备试图将倒塌建筑的残骸挪开，以救助更多的被埋在废墟下的居民。1 名在现场的“白头盔”成员表示，死者中包含女人和孩子。另有其他的救援人员表示，他们在废墟中发现了 5 名幸存者。

8 月 14 日，也门塔伊兹省省长马哈茂德当天在亚丁省遇袭受轻伤。他的车队当天前往临时首都亚丁途中，在亚丁市郊外遭到路边炸弹袭击，随后遭不明身份人员枪击。马哈茂德及其随从在袭击中受伤。

8 月 14 日，两个支持也门政府的武装派系在过去两天发生火并，导致双方至少 18 人死亡。这两支武装都属于由沙特阿拉伯主导、打击也门胡塞反政府武装的多国联军阵营。

8 月 23 日，利比亚西部城市兹利坦附近一安检站遭到武装分子袭击，导致 7 名安全人员死亡、2 名安全人员受伤。

8 月 23 日，“基地”组织头目艾曼·扎瓦希里时隔一年多发声，当日现身一段新视频。这段视频当天出现在互联网，时长 5 分钟，扎瓦希里号召包括宗教极端主义武装人员在内的支持者团结一致打“圣战”。

8 月 25 日，埃及北西奈省阿里什市发生一起针对安全检查站的袭击事件。4 名武装分子被打死，安全部队人员伤亡不明。

8 月 27 日，胡塞武装再次对沙特展开了袭击。此次攻击胡塞武装使用了两艘伊朗支援的海军快艇，上面堆满炸药后，一路隐蔽潜航至沙特西部吉赞省石油港口外后，直接瞄准港口处停泊的油轮冲了上去。快艇爆炸所产生的能量将油轮炸出了一个大缺口，大量石油外泄引起滔天大火弥漫港口，夜晚下整个港口上空都被大火点亮。对此事件，沙特方面表示是伊朗在背后精心策划实施的，因为也门胡塞武装根本没有这个能力和装备，所以伊朗方面应该负主要责任。

9 月 1 日，也门胡塞武装宣称成功击中停靠在沙特阿拉伯南部吉赞省水域的一艘沙特军舰。

9 月 5 日，自 8 月下旬以来统计数据至今，首都的黎波里的武装冲突已造成 63 人死亡、12 人失踪。此次武装冲突还造成超过 200 人受伤，其中 50 余人被送到邻国突尼斯接受治疗。

9 月 7 日，伊拉克巴格达市中心“绿区”当天凌晨遭 3 枚迫击炮袭击，未造成人员伤亡。

9 月 9 日，伊朗革命卫队证实，他们前一天对伊拉克北部的库尔德反政府武装发动了导弹袭击。至少有 11 名伊朗库尔德反叛组织成员被杀死。

9 月 10 日，位于利比亚首都的黎波里的利比亚国家石油公司总部遭武装分子袭击。袭击导致至少 2 名员工死亡，另有 10 人受伤。

9 月 12 日，伊拉克萨拉赫丁省首府提克里特市发生汽车炸弹袭击事件，造成 7 人死亡、数十人受伤。

9 月 15 日，叙首都大马士革国际机场当晚遭以色列导弹袭击，叙防空系统击落数枚导弹。

9 月 16 日，约旦河西岸地区发生袭击事件。袭击造成 1 人死亡，袭击者受重伤。袭击者持刀袭击了 1 名以色列平民后，被 1 名路人开枪击伤。以军赶到事发现场后抓获了袭击者，并对其可能存在的同伙展开搜捕。

9 月 22 日，伊朗西南部城市阿瓦士举行阅兵式，遭身份不明的武装分子袭击，导致至少 29 人死亡，另有 60 多人受伤，死伤者包括多名伊朗伊斯兰革命卫队士兵。该事件中 4 名武装分子全被击毙。事件发生后，伊朗宣布立即召见英国、荷兰和丹麦驻伊朗大使，并指责他们窝藏恐怖分子。

9 月 24 日，利比亚的首都黎波里由于民兵组织之间的停战协议被打破，战斗再次打响，自 8 月下旬以来，首都的黎波里的武装冲突已造成包括市民在内的 115 人死亡。

9 月 24 日，伊朗革命卫队副司令警告美国和以色列当心来自德黑兰的“毁灭性”反击，并指责美以两国参与了发生在阿瓦士市阅兵式上的袭击事件。

9 月 24 日，伊朗最高领袖大阿亚图拉阿里·哈梅内伊说，22 日袭击一场伊朗阅兵式的人获美国支持，受到沙特阿拉伯和阿拉伯联合酋长国资助。

10 月 1 日，以色列总理内塔尼亚胡否认以色列与发生在伊朗南部的恐怖袭击事件有关。

10 月 2 日，极端组织“伊斯兰国”当天杀害了 1 名今年 7 月在叙南部苏韦达省绑架的人质。1 名 25 岁叙利亚女性已遭“伊斯兰国”人员枪杀。

10 月 4 日，土耳其一辆军车在土东南部巴特曼省遭路边炸弹袭击，造成 7 名士兵身亡、2 名士兵重伤。威力巨大的爆炸在现场造成一个约 1.5 米深的大坑。

10 月 6 日，叙利亚北部边境城市阿扎兹发生一起汽车炸弹袭击。此次袭击造成至少 4 人死亡，27 人受伤。阿扎兹位于叙利亚北部阿勒颇省，距土耳其边界不足 10 千米，战略位置重要。

10 月 7 日，约旦河西岸北部巴尔坎工业园区发生一起枪击事件，造成 2 人死亡，1 人受伤。1 名 23 岁的巴勒斯坦男性于 7 日上午 8 时左右持长枪闯入该工业园区一间厂房内，对 3 人开枪后逃离现场。厂房内的监控录像显示，枪手在近距离对受害人射击后持枪逃离。

10 月 7 日，土耳其当局估计沙特记者卡舒吉已在沙特驻土领事馆被杀害，多家媒体报道了这一消息，土耳其检方已开始调查。土耳其警方认为，一个行动小组专门赶到伊斯坦布尔，完成任务后当天离开。

10 月 13 日，恐怖组织“伊斯兰国”武装分子袭击了叙利亚 EL－BAHRA 地区难民营，将 130 户人家 700 人作为俘虏。这 700 人作为俘虏被送至哈金镇。

10 月 14 日，叙利亚武装人员在伊德利卜省非军事区动用重型武器发动攻击，破坏非军事区停火协议。

10 月 15 日，伊朗驻土耳其安卡拉大使馆接获自杀式炸弹袭击威胁的消息，对人员进行紧急疏散。

10 月 16 日，伊拉克什叶派武装“人民动员组织”当天在东部迪亚拉省打死“伊斯兰国”2 名高级头目，为该组织在迪亚拉省的最高军事头目阿布·多哈及其 1 名重要助手，另有 4 名武装分子被捕。

10 月 16 日，14 名安全部队人员当天凌晨 4 时或 5 时在靠近巴基斯坦的边境地区遭绑架，包括伊朗伊斯兰革命卫队成员。

10 月 17 日，加沙地带巴勒斯坦武装人员当日发射火箭弹，击中以色列南部城市贝尔谢巴一座民宅。巴勒斯坦伊斯兰抵抗运动（哈马斯）当天罕见谴责这一事件，斥为“破坏埃及斡旋、不负责任的举动”。

10 月 18 日，俄罗斯总统普京在瓦尔代国际辩论俱乐部年度会议上表示，极端组织 IS 在美国控制的叙利亚地区将几名美国和欧洲公民劫持为人质。并称每次射杀 10 人，前天已处死首批 10 名人质。

10 月 23 日，伊拉克北部尼尼微省一个市场当日遭汽车炸弹袭击，造成至少 7 人死亡，约 40 人受伤。巨大的爆炸摧毁了一些摊位、商店和车辆。

10 月 24 日，也门港口城市荷台达一处菜市场遭空袭，造成至少 19 人遇难，10 人受伤。部分伤者伤势严重，死亡人数可能会上升。

10 月 26 日，巴勒斯坦人在加沙地带边境地区和约旦河西岸地区与以色列士兵发生冲突，5 名巴勒斯坦人在冲突中被以军士兵开枪打死。

10 月 27 日，极端组织在叙利亚东部代尔祖尔省哈金附近对美国支持的“叙利亚民主军”（SDF）发动袭击，导致至少 60 名武装人员身亡。

10 月 30 日，叙利亚外长穆阿利姆表示，尽管俄罗斯和土耳其在索契达成协议，但非法武装团伙仍然盘踞在伊德利卜省。因此，伊德利卜省仍处于土耳其和西方支持的恐怖分子控制下。

10 月 31 日，约 4000 名“伊斯兰国”恐怖主义组织武装分子在伊拉克和叙利亚边境一带聚集。伊拉克武装部队目前处于高度警戒状态。

11 月 1 日，伊拉克中部萨拉赫丁省省长阿马尔·哈利勒车队当天遇袭，2 名护卫人员受伤。11 月 2 日，俄罗斯驻叙利亚停火调解中心主任弗拉基米尔·萨夫琴科表示，武装分子准备再次在伊德利卜省冲突降级区内利用有毒物质发起挑衅。

11 月 2 日，埃及一辆公共汽车遭到袭击，造成至少 7 人死亡，14 人受伤。

11 月 4 日，以色列特拉维夫市发生汽车爆炸事件，造成 2 人死亡。在这起事件中，一辆车爆炸，一辆车起火，现场发现 2 名死者为男性。

11 月 6 日，伊拉克境内此前由极端组织“伊斯兰国”控制的区域内发现 200 多座乱葬坑，其中最小的一处坑洞内有 8 具遗体，最大的一处可能埋有数千人。

11 月 17 日，武装分子对叙利亚拉塔基亚省的政府军部队发动袭击，造成 18 名军人死亡、1 人受伤。

11 月 18 日，伊拉克萨拉赫丁省首府提克里特当天发生汽车炸弹袭击事件，至少 5 人死亡，另有 13 人受伤。死伤者包括多名妇女和儿童。爆炸还造成附近建筑和民用车辆严重受损。

11 月 23 日，也门南部阿比扬省一处检查站当天遭武装分子袭击，造成至少 4 名安全部队成员死亡。

11 月 24 日，恐怖组织的武装分子对阿勒颇省的 al - Khalidiye 和 al Zahraa 市居民区，以及 Nile 街区用氯气弹实施炮击。

11 月 24 日，叙利亚北部阿勒颇市遭到氯气炮击，至少 107 人送医治疗。而后，俄方在叙利亚伊德利卜非军事区发现武器发射装置，俄空天军的飞机轰炸了其阵地。

12 月 6 日，伊朗东南部城市恰赫巴哈尔一处警察总部附近遭到汽车炸弹袭击。此次事件已经导致至少 3 人死亡，多人受伤。

12 月 7 日，美国主导的打击极端组织“伊斯兰国”国际联盟当天在叙东部代尔祖尔省空袭，造成 8 名平民死亡，并摧毁了当地唯一一家医院。

12 月 8 日，伊朗总统鲁哈尼向“所有抵制伊朗的人”发出警告：如果我们打击毒品和恐怖主义的能力受到破坏，你们就无法在毒品、难民、炸弹和暗杀中幸存下来。

12 月 13 日，约旦河西岸当天发生持枪袭击事件，2 名士兵丧生，另有 1 名士兵和 1 名以色列平民受重伤。

12 月 14 日，利比亚首都以东地区发生枪战，造成 8 人死亡。当天两伙武装分子在位于首都的黎波里以东约 100 公里的米萨拉塔附近发生激烈枪战，造成 8 人死亡。

12 月 25 日位于利比亚首都的黎波里的利民族团结政府外交部遭到袭击，造成至少 3 人死亡。极端组织“伊斯兰国”宣布制造了这起袭击。“伊斯兰国”在社交网站上声明，该组织成员携带自杀式炸弹腰带和武器，袭击了位于利比亚首都的黎波里的利民族团结政府外交部。

12 月 25 日，伊拉克北部尼尼微省泰勒阿费尔镇当天发生一起汽车炸弹袭击事件，造成 2 人死亡、12 人受伤。

12 月 28 日夜间，伊拉克东北部位于伊朗边境附近的城市哈奈根突然遭受极端组织袭击，已造成 15 人死亡，其中包括 2 名警察，另有 13 人受伤，目前冲突仍在进行当中。

第三节　中东国家主要反恐怖军事行动

一、埃及宣布将全国范围紧急状态再度延长①

埃及反恐形势持续紧张。自2017年4月起，埃及北部城市坦塔和亚历山大分别发生针对教堂的爆炸袭击，造成至少45人死亡，极端组织“伊斯兰国”宣称制造了袭击。埃及议会随后表决通过在全国范围内实施为期3个月的紧急状态，并于2017年7月和10月两次将紧急状态延长3个月。

（一）行动背景

2017年12月29日，首都开罗南部一教堂遭不明身份武装分子袭击，造成至少10人死亡、多人受伤。

（二）行动概况

1月2日，埃及总统塞西签发总统令，宣布将全国范围紧急状态自本月13日起再度延长3个月。这是自2017年4月起埃及政府第三次宣布延长全国紧急状态。此次延长凸显出埃及严峻的安全局势及政府打击恐怖主义、确保国家安全的决心。埃及反恐形势近期持续紧张。

面对如此严峻的反恐形势，此次第三次延长紧急状态显示出埃及政府打击恐怖主义的决心。塞西在总统令中说，埃及军方和警方将采取一切必要手段应对恐怖分子的威胁，同时要断绝其经济来源，以维护国家安全与民众的人身和财产安全。总统令还规定，埃及武装部队和警察机关拥有打击恐怖主义和确保国家安全的“所有权力”。

（三）行动评析

近些年来，埃及北西奈地区频繁遭到“伊斯兰国”武装分子袭击，数百名军警和平民因此丧生。埃及近期恐怖活动多发的原因与国际社会加大

---

① 参见《埃及再次延长全国紧急状态3个月》，新华网：2018年1月3日，http://www.xinhuanet.com/。

打击“伊斯兰国”组织的大环境有关。全球反恐压力并没有因“伊斯兰国”实体的瓦解而有所减轻，国际反恐形势依然严峻。其巢穴虽然已经丧失，但其领导机构和大部分成员并未消失，其宣扬的极端主义思想仍在多个国家和地区渗透，面对在战场不断失利的局面，“伊斯兰国”的战略转向“保存有生力量、开辟新战场”，把一些指挥员和骨干分子转移到埃及西奈半岛等地区，进行组织、煽动、招募和破坏活动。未来仍可能催生新的恐怖主义形态。

整体来看，恐怖主义在西奈半岛乃至埃及全境的影响力在下降，生存空间也在日益减少。但需要注意的是，埃及政府依然需要审慎制定反恐战略与具体政策，以应对严峻的安全形势。埃及极易成为“伊斯兰国”报复和突围的突破口。埃及民众普遍认可和支持政府延长紧急状态的做法，企盼恐怖活动尽快得到遏制，以使国家形势恢复稳定，从而过上安定的生活。埃及人民都非常痛恨恐怖事件，恐怖活动使外国游客对埃及望而却步，严重影响了埃及经济的发展。希望政府采取“铁拳”措施，早日彻底铲除各类恐怖活动。

二、俄军成功制止一起针对俄驻叙利亚空军基地和补给站的攻击型无人机恐袭企图

（一）行动背景

俄专家正在调查叙利亚境内恐怖分子获取无人机设备和技术的渠道。目前仅能确定，恐怖分子使用的无人机装载的爆炸物用的是外国研制的导火管。俄罗斯国防部称，“恐怖分子在企图袭击俄罗斯驻叙利亚军事设施期间使用的工程解决方法，只可能来自那些掌握先进卫星导航技术和远程遥控投送爆炸物到指定地点技术的国家”。

（二）行动概况

1 月 6 日，俄军安全保障系统成功制止一起针对俄驻叙利亚赫迈米姆空军基地和塔尔图斯港补给站的恐袭企图，恐怖分子企图利用攻击型无人机发起袭击。俄罗斯军事专家已经在仔细分析无人机的结构、内部组件和爆炸物。破译无人机数据后，确定了无人机的起飞地点。俄国防部指出，

这是恐怖分子第一次利用无人机在 50 千米之外进行操控，并利用了 GPS 卫星定位的现代技术。消息称，“对俄罗斯在叙利亚境内截获的无人机进行技术分析的结果显示，恐怖分子能够在 100 千米左右距离发动远程攻击”。俄国防部强调，恐怖分子使用攻击型无人机的事实证明，有人向他们转交了“可以借助这类无人机打击任何国家的技术”。

（三）行动评析

虽然俄美官方均未对此做出最终结论，但俄罗斯议会已经出现了美国等西方国家可能参与提供技术的声音。俄国防委员会副主席认为，企图袭击俄罗斯军事基地的武装分子的背后是“伊斯兰国”极端组织，而该组织不可能独立行动，需要依靠西方国家的情报部门。如果不说是在这些国家的支持下，至少也是在他们的直接纵容下“伊斯兰国”组织才得以行动。他强调，“伊斯兰国”已经成为了西方国家的傀儡。

俄联邦委员会国防与安全委员会副主席说，在制定攻击俄驻叙基地的计划时需要非常熟悉形势，这样计划周密的攻击行动没有美国情报部门的参与就无法完成。他对西方情报部门的行为感到愤慨。

就恐怖分子企图使用无人机攻击俄方军事设施一事，俄罗斯方面表示，俄罗斯有必要建立专门的反无人机系统。俄方此前就预测到恐怖分子会使用无人机，而这在 1 月 6 日成为了现实。俄军将组建反无人机特种部队，并考虑在部队内部建立特种部队小组，测试对抗无人机的技术模型。特种中心正在与国防部、联邦安全局和联邦警卫局共同研究这个问题，对抗无人机的专用设备将部署在核电站等国家重要场所。

三、“国际联盟”将建立一支民兵武装，以维护叙利亚边境地区安全

（一）行动背景

“叙利亚民主军”于 2015 年 10 月正式成立，在武器装备、经费给养、人员培训和战术指挥等方面长期受到美国等国家支持。“叙利亚民主军”的人员构成以当地库尔德人为主，其中不乏来自土耳其境内库尔德分离主义武装组织的成员。

“伊斯兰国”2017 年在叙境内溃败后，叙政府军忙于应对“伊斯兰

国”残余势力、各派反政府武装和巩固各地安全局势。“叙利亚民主军”借机控制叙东北部大片区域，这引起土耳其的不安和警觉，威胁要采取打击行动。目前，美国在叙东北部派驻一支2000多人的部队，其主要任务是在训练和指挥方面向当地反政府武装提供帮助，并参与打击“伊斯兰国”。

（二）行动概况

1月16，美国领导的打击极端组织“伊斯兰国”国际联盟近日宣布，将在叙利亚东北部建立一支民兵武装，以维护叙利亚边境地区安全，防止恐怖分子卷土重来。美国此举表面上打着反恐旗号，实质上是为了维持美国在叙东北部的长期军事存在。美方一年多来一再宣称美国在叙的首要目标是击败“伊斯兰国”，不过是为了掩人耳目而已。

根据美国领导的国际联盟公布的计划，这支被称为“边境安全部队”的民兵武装最终将达到3万人，其中一半人员将来自当地主要反政府武装“叙利亚民主军”，而另外一半人员的招募工作也已经展开。目前，首批大约230人正在接受相关训练。

（三）行动评析

既然得到美国支持的“叙利亚民主军”已经在叙东北部地区站稳脚跟，建立了面积广大的根据地，美国又何必另起炉灶，打造“边境安全部队”呢？更何况这两支武装是换汤不换药。其主要原因在于，美国希望以此来维持其在叙东北部的长期军事存在。

首先，“叙利亚民主军”的宗旨是反对叙利亚现政权，要建立新政权取而代之。以往，美国一直以打击“伊斯兰国”作为支持“叙利亚民主军”的理由。但“伊斯兰国”在叙利亚溃败之后，美国继续支持“叙利亚民主军”已不再名正言顺，很难再得到其盟友的积极响应。

其次，“叙利亚民主军”包含90多个派系，且各派别在最终目标和利益诉求方面存在很大差异，甚至相互拆台。通过建立“边境安全部队”，美国希望打造一支超越派系矛盾的“准军事部队”，为叙东北部未来进一步发展成为“国中之国”打下基础。

再次，要实现所谓“边境地区安全”的目标，需要一个长期过程。这既可以成为美国在叙东北部维持长期军事存在的理由，也有利于美国继续拉着其他西方国家和海湾阿拉伯国家对叙东北部反政府武装提供支持。

长远来看，美国此举势必会损害俄罗斯在叙利亚的利益。对俄罗斯来说，如果不能维护叙利亚主权和领土完整，那么它对叙利亚进行军事干预的效果将大打折扣，而且其在中东好不容易树立起来的影响力也将受到破坏。

对于土耳其来说，美国宣布在叙东北部建立“边境安全部队”，实际上就是宣布把当地库尔德人武装置于美国的保护之下。这样一来，土耳其要想再对叙利亚境内库尔德人武装大打出手恐怕就要有所顾忌了。

四、其他反恐怖军事行动

1 月 1 日，以色列国家安全局抓捕了 17 名企图制造恐怖袭击的激进组织成员。这一组织与活跃在加沙地带的巴勒斯坦伊斯兰抵抗运动（哈马斯）关系密切。

1 月 1 日，伊朗多个城市近日爆发游行示威活动，已有包括 1 名警察在内的 8 人在示威活动中死亡。警方没有向示威人群开枪，反而是一些平民装束的人趁乱向维持秩序的警察射击，造成多名警察受伤。

1 月 2 日，巴勒斯坦解放组织（巴解组织）召回驻华盛顿办事处代表胡萨姆·佐姆洛特，作为巴方回应美方承认耶路撒冷为以色列首都的最新步骤。

1 月 2 日，埃及总统塞西当天发布总统令，宣布将全国范围紧急状态自本月 13 日起再度延长 3 个月。

1 月 2 日，伊朗最高领袖哈梅内伊首次就伊朗国内近期发生的示威游行发表谈话。他说，敌对势力为打击伊朗而煽动骚乱，伊朗人民应提高警惕。

1 月 2 日，以色列议会通过一项法律修正案，强化对耶路撒冷的控制。

1 月 2 日，巴勒斯坦谴责以色列议会通过一项旨在加强对耶路撒冷控制的法案，称其“非法”，是对巴勒斯坦人民“宣战”。

1 月 3 日，以色列议会以 52 票赞成、49 票反对的微弱多数票初步通过一项允许对“恐怖分子”判处死刑的法案。这意味着以色列将从法律上加强对“恐怖分子”的打击。该法案还需经过三轮辩论投票后才有可能正式成为法律。

1 月 3 日，伊朗示威持续，目前已有 450 人被捕。上周在伊朗西部爆发的示威抗议向全国扩散，已有20多人丧生。最初的示威诉求是抗议高物价和经济困难，但很快发展成焚烧公共建筑，宗教中心，警察汽车的暴力骚乱。

1月3日，以色列抓捕了3名被伊朗情报部门招募和赞助的巴勒斯坦间谍，这些间谍的目的是为伊朗收集情报和策划针对以色列的恐怖袭击。

1月3日，以色列总理内塔尼亚胡称，政府将实施一项遣返数万非洲难民的计划，并对试图非法滞留的难民采取强制手段。

1月4日，俄罗斯国防部辟谣，至少7架俄军机在袭击中被摧毁的报道是“假的”。另俄军驻叙利亚的赫梅明空军基地于去年12月31日遭恐怖分子袭击，导致2名俄军人死亡。

1月5日，以色列通知上万名来自苏丹和厄立特里亚的非法入境者在3个月内离境，否则将面临监禁。

1月5日，伊朗最高国家安全委员会秘书阿里·沙姆哈尼表示，美国在叙利亚的军事存在是非法的，因此，美国应从该国撤军。

1月5日，伊朗首都德黑兰市民举行集会活动表达对政府的支持，反对暴力，抗议外国干涉。

1月6日，叙政府军向极端组织“征服阵线”在伊德利卜省东南部的多个据点发动突袭，收复包括50余个村镇在内的大片领土。政府军在行动中重点打击了武装分子的补给线，摧毁其装备和车辆，同时捣毁极端组织在山区的大量据点。

1月7日，以色列国防军指责巴勒斯坦伊斯兰抵抗运动（哈马斯）在过去一年时间里向以色列发动的火箭弹袭击较过去两年大幅增加。2017年全年共有35枚火箭弹从加沙地带向以色列发射，几乎相当于2016年和2015年的总和。

1月9日，以色列发动4架战机和地对地导弹，袭击了叙利亚首都大马士革附近的一军事基地。以色列当天还向叙利亚发射了3枚地对地导弹，这3枚导弹均被叙利亚的防御系统拦截。

1月9日，沙特外交大臣阿德尔·朱拜尔此前建议叙反对派不要把重点放在对抗叙利亚总统巴沙尔·阿萨德的政权上，而应集中于今年1月份在俄罗斯索契举行的会议上与大马士革达成政治解决。

1月9日，调查表明此前攻击俄驻叙利亚基地的无人机是从叙温和反对派武装控制的伊德利卜降级区西南部地区发射的。

1月9日，以军当天凌晨对叙利亚境内多处目标发射导弹，叙防空系统对此进行了拦截。

1月9日，巴基斯坦中止了与其在反恐战争中的长期盟友美国的军事和情报合作，巴基斯坦与美国螺旋形恶化的关系降至新的低点。

1月10日，埃及军警对北西奈省会阿里什的雷斯地区展开清剿，过程中遭遇武装分子还击。双方发生激烈交火，8名恐怖分子被击毙。在行动结束后对恐怖分子藏匿的农场的搜索中，发现多个爆炸装置以及枪支弹药等武器。

1月10日，土耳其要求俄罗斯和伊朗出面，制止叙政府军向叙利亚"温和反对派"控制的伊德利卜省发动攻势。俄罗斯则告诉土方，管好"温和反对派"武装。

1月11日，土耳其伊斯坦布尔市警方在该市的7个区开展了反恐突袭行动，抓捕42名涉嫌参与极端组织"伊斯兰国"的外国公民。行动中查获的电子版材料证实落网者确实涉嫌参与恐怖活动。

1月11日，一名疑似极端组织成员驾驶一辆装满爆炸物的汽车，在利比亚第三大城市米苏拉塔以南大约100公里处阿布格莱恩镇上的检查站"自首"，目前还不清楚他自首的原因。

1月12日，土耳其要求德国取消赴土旅行警示，意在追求两国关系正常化。近日，安卡拉方面一再试图与柏林关系正常化。除此之外，土耳其政府还释放了两名被捕德国公民。

1月12日，俄军在叙利亚西北部伊德利卜省发射激光制导炮弹，消灭了曾对俄驻叙基地发动过袭击的武装分子。

1月12日，极端组织"伊斯兰国"当天在伊北部基尔库克省哈维杰地区制造两起袭击事件，造成4名平民丧生。

1月13日，土耳其武装部队对叙利亚西北部阿勒颇省阿夫林地区的数个库尔德武装目标进行炮击。炮击至少进行了36次。

1月13日，伊拉克政府军当天开始在北部萨拉赫丁省图兹胡尔马图市采取行动，旨在恢复当地的安全与秩序。

1月13日，伊拉克巴格达发生一起汽车炸弹爆炸事件，导致至少2人死亡、8人受伤。目前尚无组织宣布对事件负责。

1月13日，伊拉克政府军当天开始在北部萨拉赫丁省图兹胡尔马图市采取行动，旨在恢复当地的安全与秩序。

1 月 14 日，来自中国的 AR－1 反坦克导弹引发多国浓厚兴趣。在伊拉克打击极端组织的战斗中，伊政府军利用彩虹无人机共发射 200 余枚 AR－1 导弹，摧毁大量极端组织目标，该导弹强大的作战能力令人印象深刻。

1 月 14 日，俄军侦察兵在叙利亚伊德利卜省发现恐怖分子组装和存放无人机的地点。

1 月 14 日，美国主导的打击“伊斯兰国”多国联盟证实，其正与叙利亚反政府武装“叙利亚民主军”共同打造“叙利亚边境安全部队”，这支武装人数最终将达大约 3 万。土政府当天说，无法接受美方打造所谓叙“边境安全部队”的做法。

1 月 15 日，联合国秘书长古特雷斯“以最强烈的言辞”谴责当天发生在伊拉克首都巴格达的自杀式爆炸袭击事件。这 5 人均未出席 16 日的审判现场，法庭认为他们“没有表现出足够的悔过”。

1 月 17 日，在以色列中西部城市佩塔提克瓦，以色列安全人员参加反恐应急演练。当日，以色列在中部城市佩塔提克瓦举行反恐应急演练，演练模拟恐怖分子在体育场内实施自杀式爆炸袭击。以色列国防军、特警、消防、急救等多个部门约 180 人参加了演练。

1 月 17 日，土耳其和俄罗斯、美国就在叙利亚西北部阿勒颇省阿夫林地区展开行动，打击库尔德武装“人民保护部队”（YPG）的可能性进行磋商。

1 月 18 日，土耳其大国民议会通过议案，决定将目前实施的紧急状态自 1 月 19 日起延长 3 个月。这是土耳其第六次延长紧急状态。2016 年 7 月发生未遂军事政变后，土耳其政府宣布实施紧急状态并多次延期至今。

1 月 18 日，巴勒斯坦解放组织（巴解组织）执行委员会秘书长埃雷卡特呼吁欧盟担负起挽救巴以和平进程的责任。

1 月 19 日，土耳其近日对叙利亚阿勒颇省境内与土接壤的阿夫林地区发动猛烈炮击，打击受美国支持的叙利亚库尔德武装“人民保护部队”，“人民保护部队”当日表示将予以还击，叙政府也警告土方不要挑起战事。

1 月 18 日，联合国秘书长叙利亚问题副特使拉姆齐在大马士革与叙副外长米格达德举行了会晤，拉姆齐在会后向外界表示，叙政府已同意于 1 月 25 日至 26 日参加在奥地利首都维也纳举行的叙利亚问题会谈，会谈将在叙利亚问题日内瓦和谈框架下进行，重点关注修订宪法相关议题。

1 月 20 日，由于土耳其在叙利亚开展打击库尔德武装的军事行动，驻扎在叙利亚西北部阿夫林地区的俄军出于安全考虑从该地区撤离。当晚，俄美外长通电话讨论叙利亚局势。

1 月 21 日，土耳其军队在叙阿夫林地区的空袭造成 9 人死亡，13 人受伤。死者中有 6 名平民和 3 名人民保护部队战士。伤者皆为平民。

1 月 20 日，土耳其军队已经开始对叙利亚西北部与土接壤的阿夫林地区发动军事行动，以打击当地的库尔德武装。

1 月 21 日，在土耳其哈塔伊省与叙利亚边境地区，土军地面部队准备开往叙利亚北部阿夫林。土耳其军队当天上午已进入叙利亚边境，展开对叙北部阿夫林的地面军事行动。①

1 月 21 日，伊朗外交部发表声明，希望土耳其立即终止在叙利亚阿夫林发起的军事行动，避免叙北部危机进一步恶化。伊方正密切关注土耳其在叙军事行动。

1 月 21 日，约旦期待美方能够在耶路撒冷地位问题上找到正确方向，尊重耶路撒冷的历史地位，约旦将与美方保持密切合作。

1 月 22 日，伊北部基尔库克省警方当天在清剿行动中击毙 11 名“伊斯兰国”武装分子。

1 月 22 日，土军在叙利亚北部阿夫林地区与叙利亚库尔德人武装“人民保护部队”激战，已拿下阿夫林 11 座村庄。

1 月 23 日，以色列总理内塔尼亚胡表示，他计划在达沃斯论坛期间劝说德国和法国领导人对“伊核协议”做出实质性修改。

1 月 24 日，土耳其军队近日在叙利亚北部军事行动中消灭至少 260 名武装人员。

1 月 24 日，土耳其警方在该国东南部尚勒乌尔法省逮捕来自 6 个国家的 14 名涉嫌与“伊斯兰国”（IS）恐怖组织有关联的外国公民。

1 月 26 日，阿尔及利亚反恐部队当天在阿东部靠近突尼斯的边境地区打死 8 名恐怖分子。

1 月 26 日，土耳其空军于当日凌晨摧毁叙利亚阿夫林地区 23 个目标。其中包括掩体和武库。所有参加行动的 13 架飞机安全返回基地。

1 月 26 日，叙利亚政府代表和反对派代表，在维也纳达成协议，同意

---

① 参见《土耳其开始对叙北部阿夫林地面军事行动》，人民网：2018 年 1 月 22 日，http：//world. people. com. cn/。

在大马士革东郊东古塔地区停火。根据该项协议，东古塔地区的叙利亚武装冲突各方自大马士革时间 27 日零时起实施全面停火，允许人道主义援助进入被围困地区，政府军与反政府武装同时交换被俘人员。

1 月 27 日，伊朗伊斯兰革命卫队在伊朗西部边境地区与极端组织“伊斯兰国”武装分子交战，击毙 5 名武装分子，伊斯兰革命卫队方面有 3 人阵亡。

1 月 27 日，土耳其方面收到美方的保证，美方确保不再向叙利亚库尔德武装“人民保护部队”提供武器。土耳其外交部长继续呼吁，美国在叙利亚曼比季的驻军应该马上撤离。

1 月 30 日，为维护稳定和安全，沙特政府要求在沙特境内的外国人，必须随身携带身份证，否则将被监禁和罚款。沙特护照局称，“如果不随身携带身份证，将被严惩：被监禁 6 个星期和罚款 3000 里亚尔（沙特货币，约合 800 美元）。

1 月 30 日，沙特阿拉伯领导的多国联军呼吁在也门临时首都亚丁爆发冲突的也门政府军和南方分离主义武装立即停火。

1 月 30 日，由俄罗斯、土耳其和伊朗倡议的叙利亚全国对话大会在俄南部城市索契开幕。这次会议是迄今为止涉及派别最多、覆盖面最广的一次叙利亚全国对话大会。

1 月 30 日，美国与卡塔尔在华盛顿举行首轮战略对话，双方表示将加强安全反恐合作。

1 月 30 日，也门南方过渡委员会的武装力量当天突破也门政府军的防守，已经占领亚丁。

1 月 31 日，巴勒斯坦伊斯兰抵抗运动（哈马斯）和巴其他派别表示，反对美国将哈马斯领导人伊斯梅尔·哈尼亚列入恐怖分子名单。同时被列入恐怖主义名单的还有两个活跃在埃及和一个活跃在加沙地带的组织。

2 月 1 日，黎巴嫩总理萨阿德·哈里里表示，黎巴嫩不会强迫在黎叙利亚难民返回叙利亚，黎巴嫩接纳叙利亚难民已有 7 年，并将继续接纳他们。黎巴嫩不允许任何人在任何情况下强迫叙利亚难民离开。

2 月 1 日，土耳其军队在叙利亚北部开展军事行动以来，已消灭 790 名武装人员。1 月 31 日夜间至 2 月 1 日凌晨，土空军出动战机空袭并摧毁了 18 处敌对目标，消灭 78 名武装人员。

2 月 2 日，一名土耳其检察官对 120 名涉嫌与居伦有关的军方人士下达拘捕令。这是 2016 年 7 月土耳其军事政变未遂之后，土耳其政府进行的最新一轮逮捕行动。

2 月 2 日，安卡拉的丘库拉姆巴尔区税务监察局大楼发生爆炸，已经确定该起事件为恐怖袭击。犯罪嫌疑人与叙利亚“库尔德民主联盟党（PYD）”有关。爆炸造成 3 人受伤。

2 月 2 日，利比亚军方下属的石油设施卫队的下属部队和极端组织“伊斯兰国”武装分子在利中部小镇扎拉附近发生交火，1 名卫队军人、3 名“伊斯兰国”武装分子死亡。卫队下属的一支侦察部队在巡逻时发现 3 名“伊斯兰国”武装分子试图炸毁当地一个火车站，双方随即发生交火。侦察部队 1 名士兵被打死，另有 2 人受伤，“伊斯兰国”方面有 3 名武装分子被击毙。

2 月 2 日，联合国秘书长古特雷斯表示，近期在俄罗斯索契召开的叙利亚全国对话大会的成果使他相信，和平进程已经进入到一个“有意义”的阶段。

2 月 2 日，巴方呼吁建立新的国际多边机制推动停滞多年的巴以和谈。巴方有恢复巴以和谈的意愿，以色列和美国媒体近期指责巴总统阿巴斯不愿展开和谈的说法是不负责任的。

2 月 2 日凌晨，以色列国防军出动战机，轰炸巴勒斯坦伊斯兰抵抗运动（哈马斯）设在加沙地带北部的一处设施。

2 月 2 日，土耳其反对美国把巴勒斯坦伊斯兰抵抗运动（哈马斯）领导人伊斯梅尔·哈尼亚列入全球恐怖分子名单，指责美方这一作法将给中东和平进程造成负面影响。

2 月 3 日，伊朗最高领袖的外交事务顾问阿里·阿克巴尔·韦拉亚表示，伊朗的地区影响力就是大，不论美国如何设法压制，这一影响力都将持续存在。美国想要撕裂中东，伊朗绝不会坐视，也绝不会限制自身影响力的外溢。

2 月 3 日，土耳其军队越境进入叙利亚，展开代号为“橄榄枝”的军事行动。法国警告说，如果土耳其的军事介入变成对叙利亚的入侵，将成为北约不得不面对的问题。就马克龙这一言论，土外交部长恰武什奥卢回应称，法国没有资格给土耳其上课，法国殖民非洲的历史世人都知道。

2 月 3 日，俄罗斯一架苏 -25 战机在叙利亚被击落，这是首次有俄军战机被叛军的地面火力击落，飞行员虽然被弹射出去，但在地面被打死。

事件激起俄罗斯人的怒火，俄军随即展开报复，轰炸了叙反对派的据点，炸死超过 30 名武装分子。

2 月 3 日，7 名土军士兵，在打击叙利亚库尔德人武装“人民保护部队”的行动中丧生。这是土耳其发起对叙利亚西北部阿夫林地区的军事行动以来，土军死亡人员最多的一天。

2 月 4 日，土耳其副总理贝基尔·博兹达警告，土耳其可能扩大在叙利亚的军事行动，届时在叙利亚北部曼比季的美国军方人员如果被误认为是敌方人员，不排除可能受到攻击。

2 月 4 日，法国和土耳其商议制定一份“外交路线图”，为结束叙利亚战端寻求政治解决方案。

2 月 5 日，土耳其在叙利亚北部阿夫林地区军事行动已持续两周，共造成近 500 人伤亡。

2 月 5 日，伊拉克当局宣布战胜“伊斯兰国”后，美军已经开始缩减在伊拉克的驻军规模。

2 月 5 日，打击极端组织“伊斯兰国”军事行动胜利后，驻伊拉克美军正“静悄悄地”撤兵。过去一周，已有数十名驻伊美军以及大批武器和设备被运出伊拉克。

2 月 6 日，IS 组织的“新闻部长”乌迈尔·亚塔克被土耳其安全机构逮捕。

2 月 6 日，叙利亚东部与西北部战火重燃，政府军在东部加强轰炸与围剿，而在西北部，政府军与土耳其在不同地区作战。至少有 28 名平民死亡，轰炸地区出现难闻的化学武器气味。

2 月 6 日，土军队将扩大在叙利亚北部的军事行动范围，进入阿夫林以东的曼比季地区。

2 月 6 日为止，库区目前拘押了近 4000 名极端组织“伊斯兰国”成员，其中包括该组织的部分外籍武装人员。

2 月 7 日，俄驻大马士革商务代表处遇袭后表示，叙利亚对俄罗斯外交代表机构再次遭到恐怖分子袭击事件表示强烈谴责。

2 月 7 日，伊政府军开始在北部萨拉赫丁省发起行动，以消灭潜藏在该省部分地区的多个武装组织。

2 月 8 日，极端组织“伊斯兰国”（IS）内部臭名昭著的英籍“四人组”最后两名成员落网。他们分别为亚历山大·阿蒙·科泰（Alexanda A-

mon Kotey）和沙菲·谢赫（El Shafeeel-Sheikh）。2018 年 1 月，他们在叙利亚东部被美国支持的叙利亚民主军抓获。

2 月 8 日，美国主导的国际联盟，空袭了叙东部代尔祖尔省的武装人员，造成数十人伤亡。

2 月 9 日，叙政府军针对反政府武装控制的东古塔区，连续 4 天发动空袭，造成 228 名平民丧生，包括 58 名儿童。

2 月 9 日，叙利亚外交部分别致函联合国安理会和联合国秘书长，呼吁谴责美国领导的国际联军在叙利亚的非法行动，称联军在叙利亚犯有“战争罪”。

2 月 9 日，埃及军方宣布自当天起在西奈半岛等地展开一场大规模反恐军事战役。这一反恐战役获得埃及总统塞西批准，旨在彻底清除西奈半岛北部和中部以及尼罗河三角洲等地的恐怖分子和极端分子。

2 月 9 日，土耳其首都安卡拉一家检察院下令，以发表针对土耳其在叙利亚军事动的不当言论为名，通缉土第二大反对党人民民主党共同主席凯末尔巴伊。

2 月 10 日，反恐专家日前向联合国安理会提交一份全球反恐形势调研报告，分析近来两大极端组织“伊斯兰国”和“基地”组织在各地的势力消长。报告表明，虽然近两年“基地”组织的声势被“伊斯兰国”盖过，但现阶段前者实力未必输给后者，尤其是在阿拉伯半岛和东非。

2 月 9 日，埃及军方宣布自当天起在西奈半岛等地展开一场大规模反恐军事行动。这一反恐行动获得埃及总统塞西批准，旨在彻底清除西奈半岛北部和中部以及尼罗河三角洲等地的恐怖分子和极端分子。

2 月 10 日，以色列对叙利亚境内的目标进行了空袭，遭到防空力量的回击，一架 F－16 战斗机坠毁，但飞行员成功逃生，已经被送往医院。

2 月 10 日，土耳其警方逮捕了 48 名疑为“伊斯兰国”恐怖组织成员的人员，他们涉嫌策划袭击。

2 月 11 日，埃及在全境范围内展开对恐怖分子的清剿行动。军方正在在西奈半岛展开进行代号为“西奈 2018”的军事行动。军方和媒体均以“战争”一词来形容这次清剿行动。

2 月 11 日，土耳其集结大量陆空武器于叙利亚边境地区，这一次它们攻击的对象是阿夫林地区的恐怖分子。而在计划实行的这段时间里，叙利亚北部将会成为新的战场。

2 月 10 日，11 名土耳其军人在叙丧生。这是自 1 月 20 日土耳其军队对叙利亚北部的库尔德武装发动攻势以来，土军遭遇的最重大伤亡。2 名土方军人因直升机被击落而丧生，另有 9 名军人在不同的事件中丧生，但土军方未提供更多细节。

2 月 10 日，一架土耳其军用直升机当天在叙北部阿勒颇省阿夫林地区上空被击落。这架土直升机是在阿夫林西北部拉乔镇上空被击落的。

2 月 10 日，以军一架 F－16 战斗机当天遭叙利亚防空火力击落，在以北部边境地区坠毁，两名飞行员逃生。

2 月 10 日，土耳其警方扣押数十名疑似极端组织“伊斯兰国”武装人员，他们涉嫌预谋在该国首都安卡拉发动恐怖袭击。

2 月 10 日，以军拦截并击落一架从叙利亚“入侵”以色列领空的“伊朗无人机”。以军当天派战机空袭叙境内伊朗无人机操控站，一架 F－16 型战机执行任务时被击落，随后以军再次空袭叙境内目标。

2 月 11 日，为回应来自叙利亚军事基地的无人机进入以控制区，以军当天出动战机对叙境内多个军事设施进行空袭，遭叙方地面防空火力回击。

2 月 12 日，伊拉克重建国际会议在科威特开幕。这是伊拉克取得打击极端组织“伊斯兰国”胜利后举行的首次伊重建国际会议。会议由科威特、伊拉克、联合国、欧盟和世界银行五方共同主持，共有来自全球 70 多个国家和国际组织的代表以及千余家企业和社会组织参与讨论伊拉克重建议题。

2 月 12 日，土耳其武装部队总参谋部发表声明说，自上月土军方开始在叙利亚北部采取军事行动以来，已有 31 名土耳其士兵在与敌对武装分子的冲突中阵亡，另有 143 名士兵在行动中受伤，伤者目前均无生命危险。土军已消灭 1369 名敌对武装分子，并在空袭行动中摧毁 627 处敌军目标。

2 月 13 日，埃及军方在西奈半岛行动中打死 10 人，逮捕 400 人。

2 月 13 日，由美国主导的打击“伊斯兰国”国际联盟 13 日在科威特召开部长级会议。会议强调应继续反恐努力以推动伊拉克重建进程。

2 月 11 日—16 日，美国国务卿雷克斯·蒂勒森出访中东，参加由美国主导的打击“伊斯兰国”国际联盟会议。“伊斯兰国”势力几乎土崩瓦解，然而西亚却似乎迎来了新一波动荡。

2 月 15 日，科威特副首相兼外交大臣宣布，伊拉克重建国际会议已为伊拉克重建募集约 300 亿美元的援助。

2 月 14 日，为期三天的伊拉克重建国际会议在科威特落下帷幕。此次会议是伊拉克取得打击极端组织“伊斯兰国”胜利后举行的首次伊重建国际会议，来自 70 多个国家和国际组织的代表及千余家企业和社会组织参会。

2 月 14 日，叙利亚外交部副部长米格达德对近期亲反政府武装媒体及西方国家再度指控叙利亚政府使用化学武器进行了否认，并重申叙政府没有化武，也不会使用化武。

2 月 15 日，摩洛哥中央司法调查局拘捕 3 名疑似极端组织“伊斯兰国”的成员，理由是这些人涉嫌在摩境内发动恐怖袭击。

2 月 16 日，俄海军在叙利亚行动期间共向“伊斯兰国”武装分子发射 100 多枚巡航导弹，完成了 400 余次战斗出动，击毁 1250 个目标。

2 月 16 日，第 54 届慕尼黑安全会议（慕安会）开幕。全球数百位政府高官、专家学者聚会素有“防务达沃斯论坛”之称的慕安会，讨论在新的国际安全形势下如何应对国际安全威胁。

2 月 16 日，土耳其和美国同意建立一个机制以解决两国间一系列争议问题，缓解双边紧张关系，努力实现关系正常化。

2 月 18 日，叙政府军同意派兵进入由库尔德武装把守的阿夫林地区，抵御土耳其军队。

2 月 18 日，以色列总理本雅明·内塔尼亚胡与伊朗外交部长贾瓦德·扎里夫在德国慕尼黑安全会议上相互叫板，前者威胁会对伊朗“采取行动”，后者强调以色列的不败神话已经被打破。

2 月 19 日，伊拉克一家法院判处 1 名加入极端组织“伊斯兰国”的土耳其籍女子死刑，同时判处加入该组织的另外 10 名外籍女性成员无期徒刑。

2 月 19 日，继 17 日轰炸加沙地带后，以色列国防军当日凌晨再次对加沙地带南部实施轰炸，但未造成人员伤亡。

2 月 19 日，土耳其副总理博兹达警告叙利亚政府不要介入阿夫林战事、支持正在与土军交战的库尔德武装“人民保护部队”。博兹达表示，如果叙政府介入阿夫林战事，将给叙利亚的分裂“开绿灯”，并给该地区“带来灾难”。博兹达表示，土方正在密切关注事态进展。

2 月 19 日，土耳其总统埃尔多安与俄罗斯总统普京通话。埃尔多安称，土耳其将继续坚定地向阿夫林地区推进，打击当地的库尔德武装。

2 月 19 日，支持政府的叙利亚武装将进入叙北部阿夫林地区，帮助抗击土耳其军队。亲政府的叙利亚武装可能会在数小时内进入阿夫林地区，支持当地民众，抗击土军的进攻。

2 月 19 日，由以色列和美国联合进行的“箭 -3”式弹道导弹拦截系统测试于当天凌晨在以色列中部地区测试成功。当天测试课题颇有难度，而“箭 -3”的表现“非常出色”，当天测试旨在“完善性能”，并再次验证以色列多层反导体系实力。

2 月 19 日，沙特阿拉伯外交大臣阿德尔 · 朱拜尔说，对卡塔尔提议像欧洲联盟那样，中东国家结盟，沙特“没有兴趣参加”。

2 月 20 日，土耳其发起的“橄榄枝行动”开始已有一个月，军事推进速度非常有限。如果“橄榄枝行动”演变成一场持久战，将很可能会演变成土耳其的“越南战争”。

2 月 20 日，土耳其检方 20 日发布拘捕令，下令搜捕 170 名与 2016 年未遂政变幕后组织有牵连的嫌疑人。被通缉的 170 名嫌疑人曾通过电话与“居伦运动”高层联系。

2 月 20 日，叙政府军和俄罗斯方面当天对叙利亚首都大马士革东郊东古塔地区发动空袭，导致平民伤亡，一所医院停止运转。

2 月 21 日，第二批支持政府的叙利亚武装人员已于当天进入叙北部阿夫林地区，将与库尔德武装“人民保护部队”联合抗击土耳其军队。第一批亲政府武装人员于 20 日进入阿夫林地区，第二批武装人员也于 21 日抵达，并被部署到相关阵地。

2 月 22 日，叙总统巴沙尔 · 阿萨德当天在大马士革会见到访的俄罗斯总统叙利亚问题特使亚历山大 · 拉夫连季耶夫，双方商讨了反恐等问题。

2 月 22 日，得益于一份以色列军方情报，澳方挫败一起恐怖分子企图炸毁民用客机的阴谋。澳大利亚政府感谢以色列军方提供的情报，这帮助澳方直接挫败了恐怖分子企图炸毁飞机的阴谋。“如果没有以方情报，（阿联酋）阿提哈德航空公司的航班将在空中爆炸，机上百余名乘客或将丧命。”

2 月 22 日，叙军方直升机向反政府武装据守的大马士革东郊东古塔地区空投了大量传单，呼吁平民在政府军对东古塔地区开始军事行动前从该地区撤离。

2 月 22 日，联合国安理会将于美国东部时间 23 日 11 时就一份敦促叙利亚全境停火 30 天的决议草案进行投票表决。

2 月 23 日，土耳其一家法庭对 3 名大学教授做出判决，理由是他们曾于 2016 年签署一份批评土安全武装部门对库尔德人实施行动的请愿书，涉嫌进行“宣传恐怖主义”。①

2 月 25 日，伊拉克中央刑事法院以加入极端组织“伊斯兰国”的罪名判处 16 名土耳其妇女死刑。这些妇女承认加入了极端组织“伊斯兰国”。

2 月 25 日，俄罗斯驻叙利亚停火协调中心发布消息称，联合国停火决议通过后，叙多地发生违反停火协议情况。

2 月 25 日，英国两艘军舰，抵达卡塔尔，即将与卡塔尔海军举行共同训练。

2 月 25 日，叙利亚库尔德党派卸任领导人萨利赫·穆斯利姆在捷克首都布拉格被捕。捷克警方宣布，接获土耳其经由国际刑警组织发出的红色通缉令，在布拉格逮捕并拘禁 1 名 67 岁外国男子，但没有公布被捕人士的身份。

2 月 26 日，俄罗斯国防部长绍伊古表示，为撤出平民和伤员，将在叙利亚东古塔地区实施人道主义停火。

2 月 26 日，叙利亚常驻联合国日内瓦办事处代表称，大马士革将继续在包括东古塔在内的叙利亚境内执行反恐军事行动。

2 月 26 日，伊朗伊斯兰革命卫队曾向叙利亚和伊拉克派遣医护人员，救治在打击极端组织行动中受伤的人员。

2 月 27 日，埃及安全部队过去 4 天打死 11 名恐怖分子后，本月开始的“西奈 2018”大规模反恐行动迄今已剿灭 82 名恐怖分子。被剿灭的 11 名恐怖分子中有 4 人是在准备进行自杀式爆炸袭击时被打死的，其余 7 人在北西奈阿里什市一处据点内与军方交火时被击毙。

2 月 27 日，由俄罗斯推动的大马士革东郊东古塔地区人道主义停火当天上午正式生效，但停火开始后，反政府武装向用于平民疏散的安全走廊发射了炮弹，阻挠平民撤离。

2 月 26 日，俄罗斯总统弗拉基米尔·普京下令，对叙利亚东古塔地区

① 参见《土耳其 3 名大学教授涉嫌“宣传恐怖主义”被判监禁》，环球网，2018 年 2 月 24 日，http://www.huanqiu.com/。

反对派武装的军事打击从27日起每天“人道间歇”5小时，设立“人道通道”撤离平民。这些举措将有助于落实联合国安全理事会要求叙利亚全境停火30天的决议。

2月27日，联合国秘书长也门问题特使谢赫艾哈迈德呼吁也门冲突各方以国家利益为重，结束战争。

2月27日，联合国官员表示，历经3年战争后，也门的生活环境已是“灾难性的”。在也门，爆发饥荒和霍乱的风险高涨，该国正经历全球当前情况最为恶劣的人道危机。

2月28号，第二天的“五小时停火”照例执行。虽然叙利亚政府依然在名为“瓦菲丁通道”的安全走廊附近安排了救护车和大巴，准备运送撤出的平民，但和27号第一天的情况一样，从上午9点停火开始到下午2点停火时间结束，都没有任何迹象显示有平民通过这里撤离东古塔。

3月1日，联合国安理会上周通过决议，要求叙利亚全境连续停火至少30天，呼吁解除对叙利亚首都大马士革东郊东古塔等四个区域的围困。俄罗斯随即推动自2月27号起、在东古塔地区每天实施五小时人道主义停火，并开辟人道主义通道。

3月1日，德国总理默克尔和美国总统特朗普当日晚通电话，对叙利亚局势表示严重关切，敦促冲突相关方立即落实联合国安理会相关决议，停止军事行动。

3月2日，叙军方掌握的可靠情报显示，在大马士革东郊东古塔地区活动的反政府武装正在计划使用化学武器嫁祸政府军。

3月3日，库尔德武装遭受土耳其干涉军“开战以来最猛烈的打击”，土耳其军队及其仆从军从东南北三个方向向阿夫林发动不惜代价的猛攻，在土军的优势火力打击下，库尔德武装多个阵地已经宣告崩溃，库尔德军方发言人马赫穆德公开向叙利亚军方喊话，要求中央军承担起保卫叙利亚领土完整的重任，尽快派遣正规军抵抗土耳其“侵略者”。

3月3日为止，在叙利亚境内的美军约有2000人左右，但根据五角大楼发布的信息可以看出，有4.4万名美军失踪，很显然，这些失踪的美军正在全球各地执行黑任务，其中不乏就隐藏在叙利亚，这还没提到在叙利亚周边的美国海空军部队。

3月3日，伊朗军方高官、准将马苏德·贾扎耶里说，如果想要就伊朗导弹项目与伊朗谈判，欧美国家必须先销毁自身的核武器和远程导弹。

3 月 4 日，埃及安全部队近日在西奈半岛北部阿里什地区的反恐行动中又打死 10 名恐怖分子，逮捕 245 名涉恐嫌疑人，同时有 4 名军警在交火中身亡。

3 月 4 日，巴林内政部安全机关破获一个恐怖团伙，逮捕了 116 名恐怖分子。该恐怖组织计划袭击巴林警察以及石油和其他国家重要设施，破坏巴林经济和国家安全。

3 月 4 日，埃及总统塞西和沙特阿拉伯王储穆罕默德·本·萨勒曼表示，两国将团结一致，一同应对本地区面临的威胁和挑战，特别是共同打击恐怖主义及其支持者。

3 月 4 日，巴勒斯坦民族解放运动（法塔赫）革命委员会呼吁阿拉伯国家采取对策，反对美国承认耶路撒冷属于以色列的表态。

3 月 4 日，叙利亚总统巴沙尔誓言要把针对东古塔地区反政府武装的军事行动继续进行下去。伊朗重申支持巴沙尔，与此同时，美英法德等西方国家纷纷“谴责”东古塔地区的军事行动，并宣称叙利亚政府和俄罗斯要为此负责。

3 月 4 日，沙特阿拉伯和埃及当日宣布，设立 100 亿美元联合投资基金，把西奈半岛南部上千平方公里埃及土地纳入沙特规划的“新未来”项目。

3 月 5 日，叙利亚总统巴沙尔·阿萨德表示，叙利亚东古塔地区针对恐怖分子的行动还将继续。他称，当地的人们想要远离恐怖分子。

3 月 5 日，叙政府军在东古塔地区继续与反对派武装激战，依照一个民间团体的说法，政府军已经掌控东古塔 10% 的区域。

3 月 5 日，土耳其拘捕了 4 名伊拉克人，称他们与美国驻安卡拉大使馆受到的安全威胁有关。

3 月 5 日，叙政府军正在东古塔地区稳步推进，已经收复了东古塔大约 40% 的区域。叙政府军经过多日激战，在大马士革东郊的东古塔地区取得了“重大”进展，目前叙政府军已经收复了东古塔大约 40% 的区域，当日的军事行动成功地收复了东古塔东南部一处城镇，目前叙政府军正试图将东古塔地区一分为二，切断当地武装组织之间的联系。

3 月 5 日，伊朗总统鲁哈尼在德黑兰会晤到访的法国外交部长勒德里昂时说，伊核问题全面协议如果失效将是各方共同的损失，伊朗已做好准备应对不利局面。

3 月 5 日，46 车人道主义物资在联合国、红十字国际委员会和叙利亚红新月会带领下进入反政府武装控制的大马士革东部东古塔地区。这是自俄罗斯上月底宣布在东古塔地区实施人道主义停火以来救援物资首次进入该地区。

3 月 6 日，沙特阿拉伯与埃及宣布，将合作设立一个 100 亿美元（约合人民币 634 亿元）的联合基金，用以在西奈半岛南部建设一座新的超级城市。埃及还承诺为此项目拨出超过 1000 平方千米的土地。

3 月 6 日，土耳其将在叙利亚北部阿夫林周边地区建立 9 个难民营，难民营可接纳大约 17 万人。哈密·阿克索伊表示，建立难民营为了应对可能出现的阿夫林难民潮。

3 月 6 日，叙利亚东古塔地区反对派武装人员可经由运送人道主义物资的通道撤离，俄方可以提供交通工具和安全保障。只是叙反对派武装对俄方提议并不买账，反称这是要赶走东古塔居民。

3 月 6 日，土外长恰武什奥卢说，德国成为恐怖组织“库尔德工人党”和“居伦运动”的海外庇护所，大量犯罪分子在德国藏身。土方提醒德方要“警惕”。

3 月 7 日，最新统计数据显示，过去 4 年中共有 300 名为极端组织“伊斯兰国”效力的法国公民在伊拉克和叙利亚地区身亡。土总参谋部称，“自‘橄榄枝’行动开始以来，消灭 3055 名恐怖组织成员。行动成功继续。

3 月 7 日，叙利亚空袭自 2 月起已造成超过 800 人死亡。联合国安理会 3 月 8 日将就此召开紧急闭门会议。

3 月 7 日，叙政府军及其麾下的民兵武装当天攻下连接东古塔南北两个区域的一处战略要地，把反对派武装控制的地盘一切为二。

3 月 8 日，土军在叙阿夫林行动期间消灭 3055 名库尔德民主联盟党、库尔德自卫军以及伊斯兰国 ISIS 恐怖组织成员。

3 月 8 日，自土军方在叙利亚阿夫林采取军事行动以来，有 3055 名敌对武装人员被打死、俘获或主动投降。

3 月 8 日，联合国难民事务高级专员菲利波·格兰迪，呼吁国际社会向黎巴嫩提供更多援助，以助其应对叙利亚难民危机。

3 月 8 日，土耳其将与伊拉克开展联合军事行动，打击伊北部库尔德工人党武装。跨境军事行动可能在 5 月伊拉克议会选举后开始。

3 月 8 日，伊拉克总理海德尔·阿巴迪下令，把什叶派民兵武装“人民动员组织”编入安全部队。此举意在为定于 5 月举行的议会选举争取选票。

3 月 8 日，土军及其盟军攻占叙利亚北部阿夫林地区一座军事重镇。这座重镇是通往阿夫林市区的桥头堡，土军后续推进将势不可挡。

3 月 9 日，首批叙利亚反政府武装人员从东古塔地区撤离，此前因安全原因推迟运送的救援物资进入东古塔反政府武装控制区。13 名反政府武装人员 9 日晚经东古塔杜马区抵达政府军开辟的瓦菲丁通道，在接受安全检查后登上政府军准备的车辆。这批武装人员将前往何处尚不清楚，但据信其中一些人将前往叙北部伊德利卜省的反政府武装控制区。

3 月 9 日，叙政府军对东古塔地区发动新一波空袭，危及运送重要救援物资的车队。叙政府军已对这个反抗军控制的地区发动近 3 周的猛烈攻势，并取回一半以上土地。红十字会不得不推迟救援行动。

3 月 10 日，叙政府军当天在东古塔地区收复一处战略要地，当地数一名平民在政府军保护下撤离。政府军当天由东向西攻克了位于东古塔腹地的迈斯拉巴镇，军事行动取得重要进展。

3 月 10 日，叙利亚专家在以前由反政府武装分子控制的区域发现 24 吨有毒化学制剂。武装分子计划在东古塔地区假造化武攻击，攻击并栽赃叙政府军。

3 月 10 日，伊拉克国际防务展在巴格达开幕，来自全世界 18 个国家的 70 多家展商参展。伊拉克总理阿巴迪在展会开幕式上发表讲话说，恐怖主义的威胁尚未终结，伊拉克仍然需要加强军力以保护和平并加快重建。

3 月 11 日，巴勒斯坦解放组织（巴解组织）、巴勒斯坦伊斯兰抵抗运动（哈马斯）等巴主要派别表示，反对美国召集举行加沙地带人道主义危机国际捐助会议。

3 月 11 日，阿尔及利亚外交部长阿卜杜勒·卡德尔·迈萨赫勒表示，阿尔及利亚将于 4 月举行一场非洲高级别反恐会议。

3 月 12 日，巴林逮捕了 116 人，这些人被控隶属于一个同伊朗革命卫队有关的“恐怖”组织。并缴获了大量武器和炸药。

3 月 12 日，土耳其方面在叙利亚阿夫林地区的军事行动近日进展迅速，目前已对阿夫林城区形成包围之势。目前，土军已控制阿夫林地区 1100 平方公里土地。

3 月 12 日，联合国秘书长古特雷斯说，安理会此前一致通过的要求叙利亚全境停火的第 2401 号决议尚未得到执行。

3 月 12 日，美国常驻联合国代表妮基·黑莉指认俄罗斯在执行叙利亚东古塔地区停火决议方面“不作为”，说美方已向联合国安全理事会提交新的停火决议草案。

3 月 13 日，土耳其和美国已就联合巡防叙利亚北部重镇曼比季达成一致。作为土耳其在叙利亚境内军事行动目标的库尔德武装“人民保护部队”将撤出曼比季。

3 月 13 日，叙利亚反对派武装在东古塔地区“导演”化学武器袭击，而美国将以此为借口用导弹空袭叙首都大马士革。一旦如此，俄方认为驻叙军人面临生命威胁，将“报复”。

3 月 14 日，土耳其对叙利亚北部阿夫林地区的攻势加强。同时，尽管联合国决议呼吁停火，叙政府军部队仍继续轰炸东古塔地区。

3 月 15 日，沙特阿拉伯王储穆罕默德·本·萨勒曼说，一旦伊朗发展核武器，沙特将跟进效仿。他声称伊朗实力不济，引发伊方严厉回应。

3 月 15 日，沿着撤离通道，大批平民 15 日开始撤离。这是 2 月下旬东古塔局势升级以来，规模最大的一次撤离。叙政府军已于 14 日收复了首都大马士革东郊东古塔地区一处反政府武装控制的据点。

3 月 16 日，埃及总统塞西称，他准备亲自参加打击恐怖分子的斗争。塞西称：“我准备穿上军装，与官兵一起作战，以使我们能够克服恐怖主义。”

3 月 16 日，政府军收复首都大马士革东郊东古塔地区 70% 的土地，军方将继续保证当地被困平民安全撤离。

3 月 16 日，联合国秘书长古特雷斯说，他对叙利亚东古塔和阿夫林的人道主义局势以及流离失所人员的处境深表关切。

3 月 16 日，伊朗外交部长扎里夫表示，伊朗已经做好准备应对美国可能退出“伊核问题”全面协议以及由此带来的各种后果。

3 月 16 日，联合国安理会再次要求叙利亚各方全面执行安理会此前通过的要求叙利亚全境停火的第 2401 号决议。

3 月 16 日，总统埃尔多安表示，土耳其军方已控制叙利亚阿夫林地区 3/4 的土地。自阿夫林军事行动开始以来，土军已控制了 1320 平方千米土地，有 3530 名敌对武装人员被打死、俘获或主动投降，土耳其在很大程度上掌控了该地区局势。

3 月 16 日，土耳其武装部队向叙利亚北部阿夫林城区投放传单，呼吁困在城区的库尔德武装“人民保护部队”投降。土耳其总统雷杰普·塔伊普·埃尔多安的发言人说，土方“很快”就会把库尔德武装逐出阿夫林。

3 月 17 日，俄罗斯驻叙利亚停火协调中心表示，截至目前已有 1.7 万余名叙利亚平民从叙东古塔地区撤离。

3 月 17 日，3 万多名被困平民当天从叙首都大马士革东郊东古塔地区撤离。

3 月 18 日，经过一个多月的搜捕行动，以色列军方和警方当天逮捕了 1 名在约旦河西岸城市阿里艾勒刺死以色列平民的嫌疑人。

3 月 18 日，土耳其军队与其盟军叙反政府自由军攻入叙利亚库尔德民兵大本营阿夫林市。土耳其国旗飘在阿夫林上空。土军两个月的攻城战将安卡拉宣称的“恐怖分子”库尔德人民保护军赶出了这座叙利亚西北城市。

3 月 18 日，叙政府军当天在大马士革东郊东古塔地区又收复两个重要地点，军事行动持续推进。

3 月 17 日深夜和 18 日凌晨，以色列军方摧毁了巴勒斯坦伊斯兰抵抗运动（哈马斯）的两条地道。该地道曾被部分摧毁，但近几周内，以军方监测到哈马斯试图重建该地道。

3 月 18 日，当天下午在耶路撒冷老城内，1 名巴勒斯坦男子持械重伤 1 名以色列安保人员，袭击者被当场击毙。袭击者现年 28 岁，来自约旦河西岸城市纳布卢斯附近的村庄。

3 月 18 日，占据叙利亚东古塔南部的反对派武装“拉赫曼军团”说，正在与一个联合国代表团协商停火和疏散伤病员。

3 月 19 日，宣布拿下叙利亚阿夫林一天后，土耳其总统埃尔多安说，土耳其军队将继续东进，沿叙利亚北部边境横扫库尔德人控制区，甚至可能跨境进入伊拉克。

3 月 21 日，巴勒斯坦少女阿赫德·塔米米因掌掴以色列士兵遭羁押，21 日与以方检察官达成认罪协议，军事法庭可能判处她 8 个月监禁。塔米米的律师加比·拉斯基说，依照认罪协议，塔米米承认 12 项指控中的 4 项，包括袭击、煽动和妨碍军人执行公务。

3 月 22 日，伊拉克外交部谴责土耳其战机当天越境空袭并炸死伊拉克平民。伊方对土方袭击库尔德自治区手无寸铁的平民的行为表示谴责，坚决反对任何邻国在伊境内实施军事打击。

3 月 22 日，美国国务院和约旦政府宣布，正式启用建于约旦首都安曼南郊的一个新反恐训练基地。基地启用后，美国在约旦的反恐援助能力将成倍增强，尤其在危机响应、爆炸事故调查等方面。

3 月 22 日，以色列总理内塔尼亚胡会见到访的保加利亚总统拉德夫，双方商讨了如何加强在科技、创新和贸易等领域的合作。

3 月 22 日，随着叙政府军在东古塔战场不断推进，反政府的“沙姆自由人组织”武装人员及家属当日从该地区撤离，另一主要反政府武装“拉赫曼军团”当天宣布停火，与政府军就撤离问题展开谈判。

3 月 22 日，在叙利亚东古塔地区哈赖斯塔镇，一支反政府武装当天将依据与叙利亚当局达成的协议撤离战区。多家国际媒体预测，其他仍滞留在东古塔的反政府武装或许会接受类似协议、效仿撤离。

3 月 24 日，土耳其军队及其支持的叙利亚自由军已于当天“完全控制”叙利亚北部阿夫林地区，阿夫林地区所有村庄的恐怖分子都已被消灭，对地雷和爆炸物的排查清理工作正在进行。

3 月 24 日和 25 日，6000 余名反政府武装人员及其家属从首都大马士革东古塔地区多地撤离，前往北部伊德利卜省反政府武装控制区。

3 月 25 日，埃及警方在首都开罗以北布海拉省的反恐行动中打死 6 名恐怖分子。这 6 人来自恐怖组织“决断”，涉嫌参与 24 日在埃及第二大城市亚历山大发生的一起针对该市安全部门负责人穆斯塔法 · 尼米尔的汽车爆炸袭击。截至目前，爆炸已造成 2 名警察死亡，至少 4 人受伤，尼米尔在袭击中幸免于难。

3 月 25 日，沙特阿拉伯防空部队当地时间深夜在利雅得上空拦劫一枚导弹，疑似为也门胡塞反政府武装发动的攻击。目击者表示听到巨大的爆炸声，空中也出现明亮闪光。

3 月 25 日，土耳其称从叙利亚的库尔德武装势力手中拿下阿夫林后，叙北部泰勒里法特镇（Tal Rifaat）将是土耳其跨境战役的下一个目标。

3 月 25 日，伊拉克军方联合行动指挥部否认土耳其军队已经进入伊拉克北部尼尼微省辛贾尔地区对库尔德工人党实施打击。

3 月 25 日，以色列国防部长阿维格多 · 利伯曼表示，以色列不会允许伊朗在叙利亚建设军事设施，以色列必须为应对来自北部的“下一场战争”做好准备。

3 月 26 日，土耳其总统埃尔多安宣布，将对伊拉克辛贾尔的库尔德民兵组织发动新的军事行动，他还要接管位于叙利亚阿勒颇北部的库尔德人控制的塔尔里法特镇。

3 月 26 日，沙特阿拉伯领导的多国联军表示，将对也门胡塞武装的导弹袭击报复伊朗。

3 月 26 日，埃及总统选举开始投票，为期 3 天。现任总统阿卜杜勒—法塔赫·塞西没有强力竞争对手，赢得连任几无悬念。投票率高低，成为看点。

3 月 27 日，土耳其总理耶尔德勒姆致电伊拉克总理阿巴迪，确认土方尊重伊拉克主权，未经许可不会展开越境军事行动。

3 月 28 日，叙利亚反政府武装和被困平民当天继续从大马士革东郊东古塔地区撤离。当天，1017 名武装人员及家属共 4108 人乘坐大巴从伊尔宾镇郊的通道撤离东古塔，前往叙北部伊德利卜省的反政府武装控制区。数百名被困平民也经政府军开辟的安全通道撤离东古塔，被送往临时安置点。

3 月 28 日，叙政府军准备发动一场“规模浩大”的军事行动，以夺回反对派武装在东古塔地区控制的最后一座城镇。留在东古塔的唯一一支反对派武装“伊斯兰军”近几天与俄罗斯方面谈判。这支武装占据的地盘是东古塔最大的城镇杜马镇，镇内据信还有数万人未撤离。

3 月 29 日，叙利亚政府已经向盘踞在东古塔地区的最后一支反对派武装“伊斯兰军”下最后通牒，限他们 3 天内撤离，否则兵戎相见。72 小时通牒从 28 日晚算起，如果“伊斯兰军”4 月 1 日还不撤，叙政府军将发动最后总攻。

3 月 30 日，巴勒斯坦总统阿巴斯当日深夜发表电视讲话，谴责以色列士兵当天向加沙地带平民开枪射击造成大量巴勒斯坦平民伤亡的事件，称以色列应对此负全责。

3 月 30 日，巴勒斯坦人与以色列士兵当日在加沙地带边境爆发冲突，导致至少 15 名巴勒斯坦人死亡、1400 多人受伤。

3 月 30 日，土耳其总理埃尔多安和其他官员拒绝法国出面调解土耳其与叙利亚库尔德人武装之间的冲突，坚称土方不与“恐怖分子”谈判，法方“管得太宽”。

3 月 31 日，以色列军方说，如果巴勒斯坦伊斯兰抵抗运动（哈马斯）组织的示威者继续在以色列家门口闹事，以军将把打击范围从边界隔离栏附近扩大到整个加沙地带。

4 月 1 日，叙利亚军方宣布已收复首都大马士革东郊东古塔地区大部分城镇。军方将继续在武装分子最后据点杜马展开军事行动。

4 月 1 日，以沙特阿拉伯为首的联军于南部成功拦截一枚由也门反政府叛军青年运动发射的导弹，事件中仅一人受伤。青年运动旗下组织确认，曾向沙特发射导弹。

4 月 1 日，埃及和约旦两国外长在开罗举行联合新闻发布会，谴责以色列士兵日前在加沙地带开枪打死巴勒斯坦示威者，呼吁国际社会负起责任，保护巴勒斯坦人权利。

4 月 2 日，叙政府军宣告东古塔之战大获全胜。反对派武装在这一地区只剩杜马市一处据点，受到围困，当天与俄罗斯方面达成协议，同意撤离伤员。

4 月 2 日，利比亚民族团结政府在首都的黎波里以东发起追击极端组织“伊斯兰国”利比亚分支残余武装分子的军事行动。

4 月 2 日，土军准备对境外新目标采取行动。土方已要求伊拉克政府对聚集在辛贾尔的库尔德工人党武装人员采取行动，否则土军将对辛贾尔采取行动。

4 月 2 日，随着叙利亚东古塔地区最后一支反政府武装“伊斯兰军”开始撤离，叙政府军即将全面夺回对这一战略要地的控制权。这是叙政府军 2016 年年底收复重镇阿勒颇以来最重大的军事胜利，反政府武装实力被进一步削弱。

4 月 3 日，伴随东古塔战事发展，叙政府军开始全面收复这一最靠近首都大马士革的反政府武装主要控制区。这一战局以及政局的演进，预示着新世纪以来美国中东策略在叙利亚遭遇严重挫折。

4 月 4 日，俄罗斯、土耳其及伊朗领导人在安卡拉举行峰会后发表联合声明，表示反对破坏叙利亚主权及领土完整的“分离主义”议程，并拒绝所有以打击恐怖主义为借口在当地建立新势力的企图。

4 月 6 日，叙首都大马士革东古塔地区的反政府武装“伊斯兰军”当天破坏已达成的撤离协议，对撤离通道和大马士革多地发动袭击。叙军方随后对“伊斯兰军”目标发动军事打击。

4 月 6 日，大批巴勒斯坦人在加沙地带边境继续示威，与以色列士兵爆发冲突，至少 7 名巴勒斯坦人丧生，超过 1000 人受伤。

4 月 7 日，土耳其总统埃尔多安对法国总统在爱丽舍宫接见叙利亚库尔德民兵代表的行为表示不满，并指责此举相当于法国支持恐怖分子。

4 月 8 日，联合国副秘书长苏亚雷斯表示，联合国将向伊拉克派遣专家以搜集极端组织“伊斯兰国”的犯罪证据。

4 月 8 日，叙政府否认政府军在大马士革东古塔地区使用了化学武器，称这一指责是没有说服力的“陈词滥调”。

4 月 8 日，叙政府军当天和盘踞在大马士革东古塔地区的反政府武装“伊斯兰军”再次达成协议，该武装组织将在 48 小时内从其据点杜马撤离并释放扣押人员。

4 月 8 日，利比亚最高国家委员会投票选出新主席，来自正义与建设党的迈什里接替苏韦利成为该委员会的第二位主席。

4 月 8 日，伊朗原子能组织主席萨利希表示，如果西方国家背弃“伊核协议”，伊朗将在 4 天内重启 20% 丰度铀浓缩活动。

4 月 9 日，叙利亚中部霍姆斯省一座政府军空军基地当日凌晨遭导弹袭击，造成多人死伤。位于霍姆斯省东部的 T4 军用机场当日凌晨遭多枚导弹袭击，叙政府军防空部队拦截了其中 8 枚导弹，其余导弹击中目标，多人在袭击中死伤。

4 月 9 日，阿尔及利亚外长阿卜杜勒·卡德尔·迈萨赫勒呼吁非洲国家制定共同战略，携手切断恐怖组织资金来源。

4 月 9 日，盘踞叙利亚首都大马士革东郊东古塔地区的反政府武装“伊斯兰军”当日晚释放了全部扣押人员，获释者从“伊斯兰军”据点杜马撤出后抵达政府设置的安置点。

4 月 9 日，在叙利亚一处政府军空军基地遭导弹袭击后，多名俄罗斯官员要求与叙国内冲突无关的国家慎重考虑涉叙立场，不要干预叙利亚局势。

4 月 10，埃及总统塞西会见阿联酋阿布扎比王储穆罕默德·本·扎耶德·阿勒纳哈扬，双方商讨了反恐及若干地区热点问题，表示将携手抵制对阿拉伯国家内部事务的干涉。

4 月 10 日以来，叙利亚局势再添变数。叙首都大马士革东郊东古塔地区 7 日据称发生“化学武器袭击”，政府军目标随后又遭空袭。

4 月 10 日，叙利亚发生化学武器袭击。法国当日表示，法国将在未来数天内与美、英等国就叙化武袭击做出“强硬回应”。此前美国也表示，美方在军事上有很多应对选项。

4 月 10 日，联合国安理会针对最近有关叙利亚杜马市再次发生化学武器袭击事件召开紧急会议，并就三项分别由美国与俄罗斯提出的有关建立新的国际独立调查机制对事件进行调查以确定责任方的决议草案进行了表决，最终三份决议草案均未获得通过。

4 月 11 日，沙特防空部队当天成功拦截了也门胡塞武装射向沙特首都利雅得和南部奈季兰省的各一枚弹道导弹，还击落了胡塞武装的两架无人机。

4 月 11 日，联合国秘书长古特雷斯敦促安理会采取行动，避免叙利亚局势失控。

4 月 11 日以来，美国及其盟国在叙利亚周边屯兵、大战似乎一触即发。欧洲航空安全组织当日发布紧急通知，警告飞经叙利亚及周边空域的航班未来 72 小时谨防导弹袭击。

4 月 12 日，以色列当日对加沙地带发起打击，造成巴勒斯坦伊斯兰抵抗运动（哈马斯）1 名战斗人员死亡。

4 月 12 日，国际禁化武组织（OPSW）调查专家已经获得叙利亚签证，并将于 14 日正式开始对疑似化学武器袭击事件展开调查。

4 月 12 日，叙利亚外交部发表声明称将全力配合禁止化学武器组织（OPCW）关于杜马镇疑似化学武器袭击的调查。

4 月 12 日，总部位于英国伦敦的叙利亚人权观察组织表示，叙利亚东古塔地区杜马镇的剩余叛军已缴出重型武器投降，而且其头目也已离开受围困地区前往叙北部。

4 月 12 日，叙利亚总统巴沙尔·阿萨德说，美国威胁对叙发动军事打击将加剧地区动荡，威胁国际和平与安全。

4 月 13 日，叙利亚新一轮军事冲突一触即发，美国将对叙利亚 8 个地点发动军事行动。期间，美军派出侦察机飞近地中海东部，侦察俄军驻叙利亚的军事基地。

4 月 13 日，沙特防空部队拦截了也门胡塞武装射向沙特南部吉赞省的一枚弹道导弹。这是胡塞武装连续第三天向沙特发射导弹。

4 月 13 日，巴勒斯坦人与以色列士兵在加沙地带边境爆发冲突，造成

1名巴勒斯坦人死亡，另有900多人受伤。

4月14日，伊朗强烈谴责美国、英国和法国对叙利亚发动军事打击。伊朗认为他们这一侵略行为显然违反国际法，侵犯了叙利亚主权和领土完整，美国及其盟国在没有任何证据证明叙政府军使用化学武器的情况下侵略叙利亚，而且他们要为自己的冒险行径负责。

4月14日，叙利亚政府和军方对美国等国家当天早些时候对叙发动军事打击表示强烈谴责，强调美国等国此举破坏国际法和联合国宪章。另据中国驻叙利亚大使馆消息，中国在叙人员均安全。

4月14日，美英法三国对叙利亚发动军事打击。有分析指出，西方国家发起此次袭击，既为震慑地区博弈对手，也为安抚中东盟友，但不足以改变叙利亚及中东地区政治、军事形势发展趋势。

4月14日，叙利亚军方宣布全面收复大马士革东郊东古塔地区。随着最后一批反政府武装撤离东古塔地区杜马镇，政府军现已全面解放东古塔，军方取得重大胜利，整个东古塔地区的恐怖主义被清除。

4月14日，美国副总统彭斯在秘鲁首都利马说，美国政府已经做好再次军事打击叙利亚的准备，并将应对叙利亚及其盟国可能采取的报复行动。

4月14日，叙利亚总统巴沙尔·阿萨德说，美国主导的对叙利亚军事打击说明西方在叙利亚的图谋失败。伊朗总统鲁哈尼14日致电巴沙尔，双方就空袭事件交换了看法。

4月14日凌晨，特朗普下令美军联合英、法对叙政府军的军事设施进行“精准打击”，三方共发射105枚远程巡航导弹，意在惩罚叙政府“动用化学武器”。此举不仅令叙局势骤然升级，还牵动中东地缘博弈变得更加复杂。

4月15日，利比亚民族团结政府的咨询机构最高国家委员会主席迈什里表示，利比亚反恐需要国际社会的参与。

4月16日，伊朗安全部队当天在伊东南边境的锡斯坦－俾路支斯坦省查获一批武器和爆炸物，这些物品被怀疑可能用于实施恐怖袭击。

4月16日，禁止化学武器组织执行理事会在荷兰海牙开会讨论叙利亚“化学武器袭击”指控，俄罗斯代表与美英法代表针锋相对，要求禁化武组织调查团尽快查明真相。

4月17日，叙防空系统当天凌晨拦截了多枚射向叙境内两个空军机场的导弹。当天凌晨，有 6 枚导弹射向叙中部霍姆斯省附近的沙伊拉特军用机场，叙防空系统拦截了其中大部分导弹。另有 3 枚导弹射向叙首都大马士革附近的杜迈尔军用机场，在击中目标前被叙防空系统全部拦截。报道未确认导弹的发射源。

4 月 17 日，禁化武组织的专家当天下午已进入杜马镇，将对叙利亚东古塔地区的“化武袭击”事件展开调查。据悉，禁化武组织原计划 14 日开展调查任务，美英法却在清晨对叙利亚发动了导弹突袭。对此，禁化武组织曾表示，调查将继续进行。

4 月 17 日，在沙特召开的联合国反恐中心咨询委员会第 16 次会议期间，联合国和阿拉伯国家联盟签署反恐合作伙伴关系协定（也称作谅解备忘录），以共同应对恐怖主义带来的挑战。联合国秘书长古特雷斯出席了会议。

4 月 18 日，土耳其大国民议会 18 日投票通过政府提出的议案，将目前实施的紧急状态自 4 月 19 日起再延长 3 个月。

4 月 18 日，埃及军队近日在西奈半岛击毙 1 名恐怖分子头目。

4 月 18 日，以色列总理内塔尼亚胡间接警告伊朗，“如果有任何人对我们动手，绝不饶恕”。当天是以色列一年一度的阵亡将士纪念日。内塔尼亚胡在耶路撒冷一处墓地悼念在历次战争和冲突中去世的以色列将士以及在恐怖袭击中遇难的以色列人。

4 月 18 日，联合国安全人员前一天在叙利亚据称发生化学武器袭击的杜马镇实地考察时遭遇枪击，原本定于 18 日进入杜马的禁化武组织调查团再度推迟行程。

4 月 19 日，伊拉克不同地区法院开庭审判涉嫌参加“伊斯兰国”恐怖组织嫌犯，至少有 200 多人被判死刑，另有 150 人被判无期徒刑。有人权组织批评审判不公正，但伊拉克司法当局坚持审判与判决依法合法。

4 月 19 日，盘踞在大马士革北部加拉蒙地区的“伊斯兰军”等反政府武装已从杜迈尔镇全部撤离，叙政府军当天已进驻杜迈尔镇。

4 月 19 日，叙利亚总统巴沙尔·阿萨德将法国政府授予的荣誉军团勋章退还法方。

4 月 19 日，伊拉克空军当空袭叙利亚境内“伊斯兰国”据点，以期加速铲除这一极端组织势力。伊方与叙利亚政府协调后，派遣空军 F－16 战机进入叙利亚领空，空袭叙伊边境“伊斯兰国”目标。打死 36 名武装人员，其中包括该极端组织的 5 名头目。

4 月 19 日，叙政府军收复东古塔后，发现反对派武装留下的化学武器，其中包括来自德国的化武。

4 月 19 日，卡塔尔军队参加了近日于沙特阿拉伯结束的联合军演，这是美国的阿拉伯国家盟友在陷入一场持续近 1 年的争端后出现妥协的明显迹象。

4 月 20 日，俄罗斯外长拉夫罗夫表示，俄方掌握有力的证据，表明英国导演叙利亚杜马镇的化武攻击。①

4 月 20 日，俄罗斯外长拉夫罗夫表示，美国及其盟友对叙利亚发起军事打击行动，消除了俄向叙提供 S－300 防空系统在道义上的阻碍。

4 月 20 日，以色列总理内塔尼亚胡称，以军做好应对伊朗任何行动的准备，任何伤害以色列人民的企图都将付出代价。

4 月 20 日，巴勒斯坦人与以色列士兵在加沙地带边境爆发冲突，造成 4 名巴勒斯坦人死亡，另有约 730 人受伤。

4 月 20 日，沙特阿拉伯领导的多国联军空袭也门西南部塔伊兹省，有导弹击中该省一个市场附近区域，造成至少 17 名平民死亡。

4 月 20 日，“伊斯兰国”同意向叙政府军交出这一极端组织在首都大马士革的两处地盘，这标志着叙政府军彻底控制首都及周边地区。

4 月 21 日，伊政府军近来持续炮击叙利亚境内极端组织“伊斯兰国”目标。部署在伊叙两国边境地带的伊政府军密切观察叙境内“伊斯兰国”武装分子的活动情况，近来基本每天都对叙境内“伊斯兰国”目标进行炮击。

4 月 21 日，叙政府军继续对首都大马士革南部的武装分子据点哈杰尔艾斯沃德区进行炮击，以迫使占据该地区的反政府武装尽快投降。

4 月 21 日，禁止化学武器组织叙利亚杜马疑似化武袭击调查组进入杜马镇，实地对一处地点进行了取样，以便确定在 4 月 7 号是否发生了化武袭击。禁化武组织将根据局势，考虑再次访问杜马镇等未来行动。

4 月 21 日，伊朗总统鲁哈尼表示，即使美国退出伊核问题全面协议，伊朗经济也不会因此受到影响。

---

① 参见《俄外长：俄有证据表明英国导演叙杜马镇的化武攻击》，中国新闻网新媒体，2018 年 4 月 20 日，http：//www. cciatv. com/。

4 月 21 日，叙利亚军方找到了恐怖分子武装的军火库，发现了大量美制导弹，令人触目惊心。

4 月 22 日，当天凌晨以色列军警在约旦河西岸地区逮捕 19 名巴勒斯坦人，其中包括 15 名巴勒斯坦伊斯兰抵抗运动（哈马斯）成员。

4 月 22 日，叙政府军继续出动战机和大炮，打击首都大马士革南部郊区的极端组织据点。叙利亚官方媒体报道，连日来的军事行动是为“彻底扫除”那里的恐怖分子。

4 月 23 日，沙特防空部队当天成功拦截了也门胡塞武装射向沙特南部吉赞省的 2 枚弹道导弹。被摧毁的导弹碎片落到居民区，但未造成人员伤亡。

4 月 23 日，来自叙利亚的一枚炮弹当日落在以色列控制区，作为回应，以色列向叙利亚一处炮兵阵地发射了炮弹。

4 月 24 日，叙利亚首都大马士革郊外东古塔杜马镇的医生米尔万 · 贾拜尔称，没有一个因化学武器中毒的病人来医院就医，只有遭受爆炸和粉尘污染的人来看病。贾拜尔强调，在古塔医院有遭受化武攻击的伤员的报道和视频是“谎言和编排好的闹剧”。

4 月 24 日，随着伊朗和以色列两国间的局势不断紧张，近日，伊朗军方领导人阿布多拉特 · 穆萨维（Abdolrahim Mousavi）向以色列放话称，就算以色列得到了美国的支持，也会在 25 年内“消失”。

4 月 25 日，伊拉克空军打击了恐怖组织“伊斯兰国”在叙利亚境内的目标。伊拉克安全部队是在联军的支持下策划并开展这一复杂行动的。

4 月 24 日，美国总统特朗普在一场新闻发布会上谈到了将尽快从叙利亚撤军，并表示该地区的一些富有国家应该在美国撤军后承担起责任。在特朗普的这番讲话过后，沙特外长朱拜尔也随即对卡塔尔撂下狠话，称卡塔尔如果不想失去美国的军事支持且其政权“在一周内被颠覆”，就应该向叙利亚派兵。

4 月 25 日，伊朗总统鲁哈尼发表讲话，再次强调伊朗将不会接受任何对“伊核协议”进行的改动。

4 月 25 日，为期两天的叙利亚问题国际会议在布鲁塞尔闭幕。与会各方同意 2018 年共同出资 44 亿美元，用于叙利亚人道主义援助。

4 月 25 日，俄表示，俄罗斯专家正在培训叙利亚军方人员，以操作俄方将向叙利亚提供的新防空系统。另外，叙利亚已把拦截下的美国“战斧”巡航导弹移交俄罗斯，以便俄方研究用以改进武器。

4月26日，德国联邦政府承诺额外拨款10亿欧元，用以援助叙利亚以及该地区的难民。联合国此前呼吁各援助国出资，并警告称1300万民众亟待紧急救助。

4月26日，以色列警告称，如果伊朗打击特拉维夫，以色列将不惜一切代价打击德黑兰，并摧毁所有威胁以色列的伊朗在叙利亚的军事设施。

4月27日，伊拉克战机空袭叙利亚境内极端组织目标，消灭多名叙境内恐怖分子。伊将继续展开类似的空袭行动，一方面进一步削弱极端组织势力，另一方面保证本国的边境安全。

4月27日，禁止化学武器组织发表声明说，该组织调查团当天再次进入叙利亚杜马镇，就据称发生的“化武袭击”事件进行调查。

4月27日，以色列军方当晚出动战机轰炸了位于加沙地带北部的6个巴勒斯坦伊斯兰抵抗运动（哈马斯）海军军事目标。

4月27日，巴勒斯坦示威者与以色列士兵在加沙地带边境再次爆发冲突。据巴方统计，冲突造成3名巴勒斯坦人死亡、近900人受伤。

4月28日，政府军与极端组织“伊斯兰国”等武装分子在大马士革南部激战，收复多处失地。除了轻武器交火，还使用了火炮对极端武装的阵地进行轰击。政府军的主要攻击方向是大马士革南部的几个小镇和伊尔穆克难民营，在该难民营中聚集有极端组织的武装分子。

4月28日，俄罗斯、土耳其和伊朗三国在莫斯科举行外长会，讨论推动解决叙利亚问题，并决定于5月14日至15日在哈萨克斯坦首都召集新一轮叙问题阿斯塔纳和谈。

4月28日，沙特防空部队当天成功拦截了也门胡塞武装射向沙特南部吉赞省的4枚导弹。

4月28日，伊朗外交部长表示，美国总统特朗普改变“伊核协议”的要求是不可接受的。

4月28日，叙政府军在首都大马士革南部地区与“伊斯兰国”武装人员发生激烈交战，夺下这一极端组织控制的部分区域。

4月28日，沙特主导的多国联军前一天对控制也门首都萨那的反政府武装胡塞武装发动空袭，炸死50余人。胡塞武装28日晚些时候向沙特南部城市吉赞发射多枚弹道导弹。

4月29日，叙政府军部队与由美国支持的库尔德武装组织在叙利亚东部地区爆发了流血冲突，该武装联盟组织 6 名成员在冲突中丧生，22 人受伤。

4 月 29 日，叙政府军与首都大马士革南部多个地区的反政府武装组织达成协议，包括雅尔达、巴比拉和拜特萨姆地区的武装分子及家属将撤离，愿意留下的人员在上交武器后也将得到赦免。

4 月 29 日，正在沙特阿拉伯访问的美国新任国务卿蓬佩奥说，如不对伊朗核协议进行重大修改，美国将退出该协议。

4 月 29 日，俄罗斯、土耳其和伊朗三国外交部长在俄罗斯首都莫斯科会面，为下一轮叙利亚问题阿斯塔纳和平谈判做准备。一些分析人士说，叙利亚最近发生的疑似“化学武器袭击”使三国分歧重现，这次会面更多以协调意见、展示团结为目的。

4 月 29 日，到访以色列的美国务卿蓬佩奥在特拉维夫表示，美国“期待着与像以色列这样的强大盟友”在多个方面“密切合作”以遏制伊朗。

4 月 30 日，正在约旦访问的美国务卿蓬佩奥表示，“两国方案”是解决巴以问题的“可能方案”之一，最终解决办法应由巴以双方协商决定。

4 月 30 日，伊朗伊斯兰革命卫队副司令侯赛因·萨拉米当天表示，伊朗决不会放弃发展弹道导弹。萨拉米强调，伊朗导弹是防卫性质的，是对敌人的主要“威慑力量”。他表示，伊朗发展弹道导弹符合国际法，相关反伊言论毫无道理。

4 月 30 日，以色列总理内塔尼亚胡发表电视讲话，称掌握了伊朗就核项目“说谎证据”以来，以色列在应对伊朗方面动作频繁。

5 月 2 日，伊朗外交部发表声明，回应摩洛哥宣布与伊朗断交一事，否认摩洛哥关于“伊朗支援西撒哈拉人民解放阵线”的说法。

5 月 3 日，联合国秘书长古特雷斯近日表示，如果“伊核协议”无法持续，世界可能会面临新的战争。他敦促美国总统特朗普不要退出“伊核协议”。

5 月 3 日，国际刑警组织主席孟宏伟表示，阿尔及利亚在维护地区稳定方面发挥了重要和积极的作用。阿尔及利亚安全机构在打击各类犯罪行为、维护国家和地区安全形势方面起到非常重要的作用。

5 月 3 日，数以百计的反抗军和平民，准备于当地时间 5 月 3 日撤离叙首都大马士革南部三个地区。根据这项撤离协议，叙将取得反抗军在大马士革的最后地盘。

5 月 3，伊朗外交部长说，就伊朗核问题全面协议，伊方不会重新谈判，也不会接受添加新内容。

5 月 4 日，巴勒斯坦人在多地举行抗议以色列占领的示威活动。以军发射子弹或催泪瓦斯驱散示威者。当天的冲突导致千余名巴勒斯坦人受伤。

5 月 4 日，禁止化学武器组织（禁化武组织）发表声明说，该组织调查团当天结束了在叙利亚杜马镇就“化武袭击”事件进行的实地调查。

5 月 6 日，沙特牵头的军事干预也门局势的联盟表示，沙特防空系统在当日晚间拦截了两枚弹道导弹，这两枚导弹由也门胡塞武装势力发射。

5 月 6 日，以色列总理内塔尼亚胡在内阁例行会议上说，以色列将阻止伊朗在叙利亚扩大针对以色列的军事势力。

5 月 6 日，土外长表示，若美国方面出台法律停止对土出售武器装备，土方必将反击。他同时回应北大西洋公约组织成员国对土耳其与俄罗斯“走近”的担忧，说土俄关系和双方防务合作不是土耳其与西方国家关系的“替代选项”。

5 月 6 日，伊朗总统鲁哈尼警告，如果美国退出伊核问题全面协议，伊朗将采取反制措施，美国将“前所未有地后悔”。但他没有说明伊朗将采取哪些应对手段。

5 月 7 日，为对叙利亚和伊拉克境内的恐怖武装发动新的打击行动，土耳其军方紧急召回了 2000 多名退役官兵。

5 月 7 日，埃及总检察长纳比勒·萨迪克下令，将 555 名来自极端组织“伊斯兰国”分支“西奈省”的恐怖分子提交军事法庭审判，其罪名为组建和参与 43 个恐怖主义团伙和策划 63 起恐怖袭击。

5 月 7 日，以色列警告说，任何针对以色列的攻击都将遭到“坚决回击”。

5 月 8 日，法国国防部对叙利亚政府“放出狠话”称，如果叙利亚政府再次使用化学武器，法国或将对叙利亚继续进行打击。

5 月 8 日，摩洛哥政府宣布该国与西班牙的一次联合行动，摧毁了一个与“伊斯兰国”（IS）有关联的“恐怖主义团伙”。

5 月 8 日，以色列当天向叙首都大马士革以南基斯韦地区发射导弹，致两名平民丧生。以色列没有回应媒体报道。

5 月 9 日，沙特阿拉伯领导的多国联军发表声明说，沙特防空部队当天成功拦截了也门胡塞武装向首都利雅得发射的 2 枚弹道导弹。

5 月 9 日，以色列军方称伊朗在叙利亚的军事力量向以色列占领的戈兰高地发射了 20 多枚导弹，其中防御系统拦截了一部分，此次袭击对以色列造成的损害非常小，没有人员伤亡。

5 月 9 日深夜和 10 日凌晨，伊朗伊斯兰革命卫队“圣城旅”从位于叙利亚境内的军事基地向以色列控制的戈兰高地发射近 20 枚火箭弹，随后以军对伊朗目标进行了还击。

5 月 9 日，也门胡塞反政府武装向沙特阿拉伯首都利雅得发射多枚导弹，被“全部拦截”。当天在利雅得市中心，人们听到至少 4 次爆炸声响，相关部门尚未收到人员伤亡和建筑物受损的报告。

5 月 9 日夜，以色列出动 28 架次战机，对叙利亚境内的“伊朗军事目标”实施了大规模轰炸，共发射约 60 枚炮弹，造成至少 3 人死亡、2 人受伤。

5 月 10 日，在美英法联军以“叙政府使用化武”为由，对叙利亚发动军事打击后，叙总统阿萨德首次回应“化武”疑云。他否认叙政府使用化学武器，并强调这是美国导演的“蹩脚戏”，目的是提振恐怖分子的士气。

5 月 10 日，以色列总理内塔尼亚胡发表声明说，任何针对以色列的攻击，都将被“加倍回击”，对于企图发动攻击者，以色列也将“先发制人”进行打击。

5 月 10 日，叙利亚总统阿萨德将中国、俄罗斯和伊朗称为叙利亚的盟友，同时表示，他本人最重要的盟友是叙利亚人民。

5 月 10 日，伊拉克政府安全顾问希沙姆 · 哈希米说，伊拉克军队利用“伊斯兰国”最高头目阿布 · 贝克尔 · 巴格达迪先前被捕的助手，成功诱捕这一极端组织 4 名高级指挥官。

5 月 10 日，以色列称对伊朗在叙利亚境内的几乎全部军事设施发动了打击。此前，伊朗部队在当天凌晨首次从叙利亚对以色列占领的戈兰高地发动了火箭弹袭击。

5 月 11 日，巴林政府表示以色列有权进行自卫和摧毁危险源。这是巴林公开支持以色列对叙利亚境内伊朗军事设施进行打击。

5 月 11 日，戈兰高地以军据点当天凌晨遭叙利亚境内伊朗军队火箭炮袭击，以军随后打击叙利亚境内目标。叙利亚官方说，叙军试图抵御以军袭击。

5 月 11 日，6 名试图破坏伊拉克议会选举的自杀式袭击者在萨拉赫丁省首府提克里特附近被击毙，这批袭击者是极端组织“伊斯兰国”武装分子。

5 月 11 日，伊朗外交部谴责以色列袭击叙利亚境内目标，称其为“公然的侵略行径”。此前一天，以色列出动战机，猛烈空袭叙境内“伊朗目标”，理由是报复伊朗方面的“火箭弹袭击”。

5 月 11 日，伊朗外交部谴责以色列袭击叙利亚境内目标，称其是“侵略行为”。

5 月 12 日，美国宣布退出伊朗核问题全面协议后仅两天，美国财政部联合阿拉伯联合酋长国制裁 6 名伊朗人和 3 家实体，理由是这些个人和实体绕过对伊制裁，向伊斯兰革命卫队“圣城旅”输送数以亿计美元资金。

5 月 12 日，以色列空军在加沙北部地带发动了 8 次空袭行动，造成了大批人员死伤。以军当天炸毁加沙地带北部一条地道。这条地道据信被巴勒斯坦伊斯兰抵抗运动（哈马斯）用于向以色列发动袭击。

5 月 13 日，阿尔及利亚军队当天在与利比亚交界地区出动地面与空中部队举行实弹演习。

5 月 14 日，在美国驻以色列新使馆将开馆和巴勒斯坦“浩劫日”70 周年临近之际，以色列军方表示，因担心近日将爆发几周以来规模和激烈程度最大的抗议活动，军方正向加沙地带和约旦河西岸边界地区增派军队，人数为数千人。

5 月 15 日，以色列总理内塔尼亚胡办公室发布消息称，在巴勒斯坦大规模抗议活动背景下，以色列军队、警察和情报机构均转入高度戒备状态。

5 月 15 日，美国无人机，在也门南部的舍卜沃省炸死“基地”组织阿拉伯半岛分支 4 名成员。

5 月 16 日，也门政府军在西部地区打死至少 40 名胡塞武装人员。

5 月 16 日，以色列国防军当天 2 次出动坦克，共炸毁巴勒斯坦伊斯兰抵抗运动（哈马斯）位于加沙地带的 3 个观察哨所。

5 月 16 日，随着最后一批反政府武装人员从霍姆斯省北部撤离，叙利亚政府已全面收复中部省份霍姆斯。武装分子撤离后，霍姆斯省北部和哈马省南部共 1200 平方千米土地被政府军收复，65 个村镇恢复安全。

5 月 18 日，以色列建立了一个独特的“导弹网”，用以保护一个新机场，这是其新近建成的一段东部边界屏障的一部分。

5 月 20 日，极端组织“伊斯兰国”与叙政府军谈妥，正撤离叙利亚首都大马士革南部最后一处据点。不过，叙政府否认这一消息并表示，政府军将以作战方式结束这一极端组织在首都及其周边的存在。

5 月 21 日，在北部摩苏尔市发现极端组织“伊斯兰国”挖掘的一条地道，至少 12 名藏身其中的武装分子在随后的交火中被打死。

5 月 21 日，随着首都大马士革南部打击极端组织“伊斯兰国”军事行动取得胜利，大马士革及其周边地区武装分子被完全清除，该区域已恢复安全。

5 月 21 日，叙政府军从极端组织“伊斯兰国”手中夺回首都大马士革及其郊区的控制权。目前，叙军突击部队仍在继续对房屋和隧道进行检查，搜索隐藏的自杀式袭击者和狙击手。

5 月 21 日，阿尔及利亚、埃及和突尼斯 3 个利比亚邻国外长在阿尔及利亚首都阿尔及尔召开会议，讨论利比亚和平进程，呼吁国际社会帮助利比亚尽快摆脱持续动荡局势。

5 月 21 日，叙利亚军方宣布收复极端组织“伊斯兰国”在首都大马士革南郊的最后据点。政府军说，这是叙利亚内战爆发 7 年来大马士革及其周边地区首次“彻底安全”。

5 月 21 日，驻叙利亚赫迈米姆空军基地当天击落一架身份不明的小型无人驾驶飞机。当地时间当晚大约 10 时 30 分，一个“外来物体”出现在赫迈米姆空军基地上空。一小时后，俄军击落基地上空一架无人机。

5 月 21 日，随着首都大马士革南部打击极端组织“伊斯兰国”军事行动取得胜利，大马士革及其周边地区武装分子被完全清除，该区域已恢复安全。

5 月 23 日，以色列战机攻击了位于加沙地带的哈马斯目标。以方称，此次空袭是为了报复巴勒斯坦人在 22 日对以实施“越境突袭”。

5 月 23 日，叙利亚副外长费萨尔 · 梅克达德表示，伊朗武装力量及其支持的黎巴嫩真主党是否应从叙撤离的问题关乎叙主权，应由叙政府自己决定。

5 月 23 日，阿尔及利亚国防部发布声明说，本周内有数名恐怖分子相继向政府军投降，同时上缴一批武器弹药。

5 月 23 日，总部设在荷兰海牙的禁止化学武器组织发表新闻公报说，巴勒斯坦已于 17 日向联合国秘书长提交加入《禁止化学武器公约》的文书，公约将于 6 月 16 日对巴勒斯坦生效。

5 月 23 日，以色列总理内塔尼亚胡表示，以色列将“坚决击退伊朗的进攻”，不会让伊朗在叙利亚建立军事基地，也不会让伊朗发展核武器。

5 月 24 日，伊拉克宣布，在伊拉克境内打击“伊斯兰国”的主要作战行动已经结束。在这种情况下，驻伊美军的部署重点开始转向阿富汗。但实际上，特朗普政府的美国军事战略已经发生重大转变，反恐作战已不是核心任务，结束在伊拉克的反恐战争将进一步促进美军正在进行的战略转向。

5 月 24 日，叙利亚大马士革，叙利亚亲政府武装力量和平民返回大马士革南部耶尔穆克难民营。本月 21 日，叙政府军已收复了恐怖组织“伊斯兰国”在大马士革近郊的最后据点哈贾尔阿斯瓦德。

5 月 25 日，土耳其和美国当天就确保叙利亚北部曼比季的安全稳定问题举行会晤，并已拟定合作路线图。

5 月 26 日，沙特防空部队当天击落一架企图接近其一座机场的也门胡塞武装无人机。

5 月 29 日，以南部埃什科尔地区当天遭到 20 余枚迫击炮弹袭击。上午 7 时左右，与加沙地带相邻的以色列南部地区响起安全警报，25 枚迫击炮弹射向以色列境内，以军的“铁穹”防御系统拦截了大部分炮弹。8 时左右，又有至少两枚炮弹射向埃什科尔的一片开阔地区，未造成人员伤亡。

5 月 28 日，以军当天炮击了加沙北部的一个军事哨所。以军炮击导致 1 人死亡、1 人受伤。

5 月 29 日，埃及安全部队近日在西奈半岛北部和中部的反恐行动中打死 8 名恐怖分子，逮捕 64 名犯罪嫌疑人和涉恐嫌疑人。

5 月 29 日夜间至 30 日凌晨，以军对加沙地带 25 个与哈马斯有关联的军事目标发起打击，以回应巴勒斯坦此前的火箭弹和迫击炮袭击。

5 月 30 日，根据土美两国协议，围绕曼比季地区，幼发拉底河西侧的库尔德武装人员将从 6 月 4 日起，在一个月内陆续撤离。土耳其外交部也曾在本月 25 日透露，正在与到访的美国代表团商洽曼比季合作路线图。

6 月 2 日，叙利亚总统巴沙尔说，美国应该从伊拉克战争中吸取教训，离开叙利亚。他誓言收复叙利亚全境，包括有美国士兵部署的区域，不论以谈判还是武力方式。

6月2日，以色列国防军发表声明说，当天有2枚火箭弹从加沙地带射向以色列境内。以军的“铁穹”防御系统拦截了其中一枚火箭弹，另一枚应该是落在了加沙地带。

6月2日，俄表示，尽管沙特阿拉伯反对卡塔尔购买俄制S－400远程防空导弹，但俄向卡塔尔出售该武器的计划不会改变。

6月2日，也门政府军近日在沙特领导的多国联军支持下与胡塞武装在也门西海岸发生激烈战斗，双方至少有78人死亡、数十人受伤。

6月2日深夜和3日凌晨，以军战机对加沙地带巴勒斯坦伊斯兰抵抗运动（哈马斯）的多处军事目标发动两轮攻击。

6月3日，卡塔尔政府官员在苏丹首都喀土穆重申，支持苏丹政府以《达尔富尔和平多哈协议》为基础，恢复与达尔富尔地区武装派别之间的和平谈判。

6月5日，以色列国家安全局破获了一个专门针对高官和政要的“刺杀团伙”，被捕嫌疑人中至少有1人来自东耶路撒冷的巴勒斯坦难民营。

6月6日，叙军方在情报部门的协助下截获大批供应给伊德利卜恐怖分子的武器。当时这批武器正在从霍姆斯省北部试图向伊德利卜转移。被缴获的武器中包括大口径机关枪、手榴弹以及配套的弹药，此外还有地雷。

6月7日，沙特和阿联酋宣布，两国决定实施共同军事安全和经济战略，以进一步深化两国合作、维护两国安全，加强两国国际及地区地位。

6月7日，伊拉克空军在对叙境内发动新的袭击期间，摧毁了极端组织“伊斯兰国”的一处指挥所。

6月10日，也门政府军与胡塞武装在该国西部荷台达省多地发生激烈交火，造成40人死亡、数十人受伤。

6月10日，古特雷斯对叙利亚伊德利卜省小镇宰尔代纳在7日和8日晚间遭遇空袭并造成人员伤亡深表关切。

6月11日，利比亚政府军在该国东部西哈地区对恐怖势力发动了强大的清剿行动，“基地”组织3名高级头目被打死。

6月11日，也门政府军在荷台达省共打死至少250名胡塞武装人员。也门国防部当天在其网站上宣布，过去一周来，在沙特阿拉伯领导的多国联军支援下，也门政府军与胡塞武装在位于西部海岸的荷台达省南部地区发生激烈交火，打死至少 250 名胡塞武装人员，其中包括 20 多名胡塞武装指挥官。此外，也门政府军还俘虏了 143 名胡塞武装人员。

6 月 11 日，针对存放国民议会选举部分投票箱的仓库失火事件，伊拉克警方当天逮捕了 4 名涉嫌参与纵火的嫌疑人。

6 月 12 日，土军战机连夜在伊拉克北部摧毁 12 处反政府武装库尔德工人党目标。

6 月 11 日，土军已在伊拉克北部甘迪勒和辛贾尔地区发起军事行动，打击库尔德工人党武装力量。这是继 2016 年 8 月和去年 1 月对叙利亚北部发动“幼发拉底盾牌”以及“橄榄枝”行动后，土再次启动越境打击行动。

6 月 16 日，在沙特阿拉伯领导的多国联军支援下，政府军已于当天收复位于也门西海岸的荷台达国际机场。

6 月 17 日，摩洛哥中央司法调查局表示，摩洛哥在 2003 年卡萨布兰卡恐袭事件后采取预防性反恐政策，2015 年至今共捣毁 53 个恐怖主义团伙，将 815 名涉恐嫌疑人移交司法机关。

6 月 17 日，2018 年以色列反恐技术会议在特拉维夫举行。与会专家普遍认为，在打击全球恐怖主义问题上，应当加强对互联网、人工智能等高科技手段的利用与研发。

6 月 18 日，根据土耳其和美国达成的合作路线图，土美军队正在联合巡防叙利亚北部的曼比季地区。

6 月 19 日深夜和 20 日凌晨，以色列军方出动战机轰炸了加沙地带约 25 个军事目标。此次轰炸巴勒斯坦伊斯兰抵抗运动（哈马斯）的军事目标，是回应此前哈马斯从加沙向以色列发射约 45 枚火箭弹和迫击炮弹。

6 月 19 日，以沙特为首的多国联军继续对据守在也门港口城市荷台达的胡塞武装发动攻势。多国联军自本月 13 日对荷台达发动进攻以来，已经取得一些进展，并帮助也门政府军完成对荷台达国际机场的清剿任务，完全控制机场。

6 月 20 日，在打击“伊斯兰国”组织的战斗中发挥重要作用的伊拉克准军事部队中，有 20 多名武装人员 6 月 18 日在叙利亚东部地区发生的空袭中丧生。美国将此次空袭与以色列联系起来。

6 月 22 日，叙利亚南部一支规模较大的反政府武装当天宣布加入政府军。在俄方斡旋下，叙政府军与叙南部冲突降级区的反政府武装“叙利亚自由军”进行了谈判，后者下属一支规模较大的武装派别“奥马里旅”宣布转投叙政府军“麾下”。

6 月 23 日，伊拉克战机空袭了极端组织在叙利亚境内的一处目标，炸死 45 名武装分子，其中包括 2 名负责战争事务的头目和 1 名负责媒体事务的头目。

6 月 24 日，阿尔及利亚表示愿意与其他国家分享打击恐怖主义和极端主义的经验。

6 月 24 日，沙特防空部队当天成功拦截也门胡塞武装向沙特首都利雅得发射的 2 枚弹道导弹。

6 月 24 日，叙军方近期在叙利亚和伊拉克边境地区消灭大量极端组织“伊斯兰国”残余分子，并收复约 1800 平方公里土地。

6 月 25 日，沙特阿拉伯领导的多国联军当天对也门阿姆兰省阿姆兰市实施空袭，造成包括妇女和儿童在内的至少 9 人死亡。

6 月 25 日，11 架俄军机日前已从叙利亚返回俄罗斯境内的常驻地。包括两架卡－52 直升机和 9 架各型战机在内的 11 架俄罗斯军机完成了在叙利亚的战斗任务，现已返回俄罗斯境内。

6 月 26 日，叙利亚反政府武装“叙利亚自由军”被曝接到美国信息，后者要求这一武装在南部“冲突降级区”行动时不要考虑美方“军事介入”。

6 月 24 日，埃及议会同意全国范围紧急状态从 7 月 14 日起再次延长 3 个月。埃及先前已多次延长全国紧急状态。

6 月 26 日，叙政府军在叙南部德拉省的军事行动中收复关键地区，并开始进攻德拉省首府德拉市由反对派控制的区域。

6 月 26 日，土耳其总统埃尔多安当天与美国总统特朗普通电话，双方强调加强两国防务和军事合作。

6 月 27 日，联合国叙利亚问题特使德米斯图拉日就叙利亚局势向安理会进行通报时说，叙西南地区大规模地面战争和空袭对平民所造成的影响非常严重，他呼吁国际社会共同努力，防止叙平民再遭苦难。

6 月 28 日，叙利亚军队在代尔祖尔省东南部的战斗中全面清除了“伊斯兰国”极端组织在巴迪耶（沙漠）的恐怖分子残余，重新控制了这个 5800 平方公里的地区。

6 月 28 日，利比亚东部武装力量“国民军”首领哈夫塔尔宣布，经过一个多月的战斗，“国民军”完全控制东部城市德尔纳。这意味着，除东南部沙漠地带仍活跃着一些极端组织和民兵组织外，利比亚东部地区已完全处于“国民军”控制之下。

6 月 28 日，数百名居住在黎巴嫩的叙利亚难民在两国政府协调下跨过边境，返回家园。叙利亚内战 7 年来，2018 年 4 月开始有叙利亚难民成规模地返乡，显示叙利亚部分地区安全局势有所好转。

7 月 2 日，叙政府军在叙南部德拉省的军事行动取得了较大进展，近几天内连续收复关键区域，战事进展顺利，并最终将反政府武装分子赶出这一控制区。

7 月 3 日，在埃及武装力量强大打击下，IS 西奈地区头目向埃及当地安全机构投降。埃及“西奈部落联盟”权威消息称，“IS 组织西奈地区 3 名头目已经向拉法市安全机构投降。”“西奈部落联盟”的消息指出，投降的 3 名头目主要负责 IS 武装在亚米特和布尔阿地区的行动。

7 月 4 日，极端组织“伊斯兰国”（IS）头目巴格达迪的儿子胡代法·巴德里在俄罗斯军方对叙利亚霍姆斯一处洞穴发起的导弹袭击中殒命。

7 月 4 日，伊朗政府指认境外反政府组织“伊朗人民圣战者组织”策划几天前针对法国巴黎一场集会的爆炸图谋。伊朗政府说，这是给伊朗总统哈桑·鲁哈尼的西欧之行制造麻烦。

7 月 5 日，阿尔及利亚表示不会屈从外部压力而向境外派出反恐部队。

7 月 5 日，法国政府否认支持伊朗认定的恐怖组织，同时称将尽快查明导致 1 名伊朗外交官在欧洲被捕的爆炸案真凶。

7 月 5 日，叙西南部德拉省的战事短暂停顿几天后再次白热化。同时，叙反对派与俄罗斯方面重启停火谈判。

7 月 6 日，禁止化学武器组织（禁化武组织）发布公报说，与叙利亚杜马镇“化武袭击”事件有关样本的分析结果显示，在爆炸物余留及样本中发现多种氯化物。

7 月 6 日，以色列军方打击了叙利亚的一个军事哨所。

7 月 6 日，叙政府军当天收复叙利亚与约旦边境上的重要口岸纳西卜。俄罗斯谈判代表当天早些时候与叙南部德拉省反对派武装达成停火协议，叙政府军下午抵达并控制纳西卜，升起叙利亚国旗。

7 月 8 日，叙中部霍姆斯省一座空军基地当晚遭以色列导弹袭击，叙防空系统拦截多枚导弹并击中一架进行袭击的战机。目前尚无人员伤亡报告。

7 月 9 日，叙政府军及亲政府武装继续收拢对反政府武装在德拉市控制区的包围，目前叙政府军已经抵达德拉市附近的约旦边界。[①]

7 月 10 日，在叙利亚南部德拉省格哈拉兹工作的工程兵发现了一处包括美制陶氏反坦克系统在内的军事物资储存点。

7 月 10 日，俄罗斯国防部否认最近在叙利亚境内特别是南部德拉省有俄军人伤亡。并说，叙利亚境内的所有俄罗斯军人“都健康地活着”，正在按计划执行任务。

7 月 11 日，土耳其总检察长办公室对网络红人、邪教头目阿德南·奥克塔尔（Adnan Oktar）及其 234 名成员签发逮捕令。

7 月 11 日，以色列军方在以叙边境使用爱国者导弹拦截了一架来自叙利亚的无人机。这架无人机进入了以色列领空，以军发射 1 枚爱国者导弹将其击落。

7 月 12 日，叙政府军进入叙南部德拉省首府德拉市拜莱德区，并在邮政大楼前的公共广场上升起了叙利亚国旗，正式收复整个德拉市。

7 月 13 日，叙南部德拉省两城镇的反对派武装当日下午开始向叙政府军交出重型和中型武器，加入和政府军的和解协议。

7 月 14 日，以色列当天下午出动战机，对位于加沙地带的数十个巴勒斯坦伊斯兰抵抗运动（哈马斯）军事目标进行了轰炸。

7 月 14 日，以色列遭到了近年来规模罕见的袭击，从加沙地区向以色列境内发射了近 200 枚火箭弹、导弹和迫击炮弹，其中有 27 枚火箭被以色列的“铁穹”反系统拦截，此外大部分火箭弹和炮弹都落入了以色列境内，包括若干居民社区。虽然以色列军方只承认有 3 人受伤和轻微的建筑物损失，但是鉴于此次导弹袭击的规模远超此前，毕竟大部分都没有被反导拦截成功，很可能将造成以色列惨重损失。

7 月 15 日，伊拉克军队和警察正在对巴库巴市和迪亚拉省东北部的极端组织残余武装分子展开特别行动，政府方面希望通过清剿能让国内局势早日恢复平静。虽然在伊拉克的极端组织势力被大部分消灭，但一些残余分子在同情者的支持下依然不停发动袭击。极端组织的残余武装分子常常

---

① 参见《7 年前叙利亚内战爆发地　今天被叙政府军收复》，观察者网：2018 年 7 月 13 日，https：//www. guancha. cn/。

利用夜间和打了就跑的办法让伊拉克军队和警察难以应对。

7 月 15 日，以色列空军再一次对叙利亚国内的一些特殊目标进行了空袭，不过这次叙方的防空力量没有像往常一样不做任何反应，而是用巨大的力量进行还击，给以色列空军造成了很大的压力和威胁。

7 月 15 日，以军已在以色列中部和南部地区加强部署“铁穹”防御系统。

7 月 22 日，政府军目前正在加紧备战，即将对盘踞在南部德拉省的极端组织发起总攻。

7 月 22 日，俄罗斯驻叙利亚赫迈米姆空军基地防空系统当天击落了 1 架试图靠近的小型无人机。

7 月 23 日，以军当天通过“大卫投石索”导弹防御系统拦截了 2 枚从叙利亚境内发射的导弹。

7 月 23 日，以方当天夜间拒绝了俄罗斯方面提出的将伊朗在叙利亚军事力量撤至叙以边境 100 千米外的建议，要求伊朗军事力量完全撤出叙利亚。

7 月 23 日，以色列军方首次使用“大卫弹弓”中程导弹防御系统，应对号称从邻国叙利亚发射的导弹。

7 月 24 日，以军当日下午发射 2 枚爱国者导弹，拦截进入以色列领空的 1 架叙利亚苏霍伊战机。

7 月 25 日，沙特指责受到伊朗支持的也门胡塞武装近期袭击了 2 艘原油油轮，因此暂停经由一条红海重要航道的一切石油运输。

7 月 27 日，美国决定向埃及发放 1.95 亿美元的军事援助。此前，出于对埃及的人权状况的担忧，美国于去年暂停了这笔援助。

7 月 28 日，叙政府军在叙南部耶尔穆克谷地打击极端组织“伊斯兰国”的行动取得持续进展，接连收复多个村镇。

7 月 31 日，埃及国会通过一项媒体监管法案，政府有权根据该法案对社交媒体用户加强管理，以打击“虚假新闻”。

7 月 31 日，俄罗斯、伊朗和土耳其政府代表团在俄西南部索契市发表会谈声明，决心继续在叙利亚反恐，推动政治解决叙问题，呼吁加强对叙人道救援和重建的支持力度。

7 月 31 日，阿尔及利亚反恐部队在阿北部地区进行的反恐行动中打死 4 名恐怖分子。阿军队从 30 日起在首都阿尔及尔以东 400 千米处的斯基克达省山区进行反恐围剿行动，两天来共打死 4 名恐怖分子。阿军队还在恐怖分子活动场所缴获一批武器弹药和通讯工具。

7 月 31 日，也门胡塞反政府武装将单方面暂停红海海域军事行动两周，以支持联合国等方面的和平努力。

8 月 1 日，叙军方收复了极端组织“伊斯兰国”在叙南部德拉省的最后一个据点古赛尔镇。

8 月 1 日，以色列空军连夜空袭戈兰高地叙利亚控制一侧，打死 7 名计划进入以色列进行恐怖活动的“伊斯兰国”武装分子。以军在 2 日早上的搜寻中，发现了多个炸药带和一把 AK－47 突击步枪。以色列国防部目前正处于高度戒备状态，将准备应对各种情况，以保证以色列公民的安全。

8 月 2 日，在俄罗斯空天军的支援下，叙利亚军队全歼在叙南部三省的极端组织“伊斯兰国”和“征服阵线”分子。

8 月 5 日，埃及军方连续来在西奈半岛实施的反恐行动中打死 52 名武装分子，逮捕 49 名涉恐嫌疑人。

8 月 5 日，以色列总理办公室当晚发表声明说，以色列国防军已做好准备，应对来自加沙地带的任何情况。

8 月 5 日，埃及军方连日来在西奈半岛的军事行动中打死至少 52 名武装分子。自今年 2 月掀起代号为“西奈 2018”的大规模反恐行动以来，埃及军方和警方迄今击毙超过 300 名武装分子和涉恐人员。

8 月 5 日，伊朗塔斯尼姆通讯社证实革命卫队海军近期在波斯湾水域进行了军事演习。

8 月 7 日，叙政府军开始对极端组织“伊斯兰国”在叙南部的最后据点发起大规模军事行动。

8 月 7 日，苏丹和埃及军方领导人在苏丹首都喀土穆举行会谈，双方同意加强军事领域合作，提升边境管控能力以共同打击恐怖主义、武器和毒品走私以及人口贩运等活动。苏丹陆军参谋长卡迈勒·阿卜杜勒－马鲁夫和埃及武装部队参谋长穆罕默德·法里德·赫加齐共同主持了当天的会谈。

8 月 8 日，以色列战机对加沙地带巴勒斯坦伊斯兰抵抗运动（哈马斯）12 个目标实施轰炸，以回应哈马斯向以南部发射火箭弹和迫击炮弹。巴方说轰炸造成 1 名巴勒斯坦人死亡、6 人受伤。

8 月 9 日，以色列总理内塔尼亚胡晚间召开安全内阁会议，要求以色列国防军继续“强力”打击巴勒斯坦伊斯兰抵抗运动（哈马斯）。

8 月 9 日，美国“9·11”恐袭事件“帮凶”穆尼尔·穆塔萨迪克将从德国监狱提前获释，并将被驱逐至摩洛哥。穆塔萨迪克曾因协助和教唆恐怖主义袭击被判 15 年监禁处罚。

8 月 10 日，叙政府军对极端组织“伊斯兰国”在叙南部苏韦达省最后据点发起的军事行动取得持续进展，政府军控制区域继续扩大，“伊斯兰国”成员和装备均有损失。

8 月 10 日，数千名巴勒斯坦人在加沙地带边境举行抗议活动时与以色列士兵发生冲突，2 名巴勒斯坦人在冲突中被以军士兵开枪打死，其中 1 名为救护人员。

8 月 10 日，联合国安理会呼吁对沙特阿拉伯领导的多国联军空袭也门造成数十名儿童死亡的事件展开“可信和透明”的调查。一辆载有儿童的大客车 9 日在也门西北部萨达省达哈延市一处市场遭多国联军空袭，造成至少 43 人死亡，另有 64 人受伤。遇难者中包括 29 名儿童，大多数儿童年龄不到 10 岁。空袭事件引起国际社会极大关注。沙特领导的多国联军迫于国际压力，于 10 日宣布将对这起空袭事件进行调查。

8 月 11 日，约旦安全部队当天下午在首都安曼附近的萨勒特市和小股恐怖分子发生激烈交火，交火已造成 1 人死亡。匿名军方人士说，还有 16 人在交火中受伤。

8 月 11 日，约旦军方与小股恐怖分子交火事件已造成 4 人死亡，目前共有 5 名恐怖分子被抓获。

8 月 12 日，巴勒斯坦政府要求国际社会向以色列施压，以解除对加沙地带长达 11 年的封锁。

8 月 12 日，埃及安全部队当天突袭了西奈半岛北部一处极端分子藏身地点，打死 12 名极端分子。

8 月 13 日，埃及安全部队在首都开罗以南的十月六日城，对藏匿在一所公寓里的一伙极端分子发动突袭，打死 6 名极端分子。

8 月 14 日叙政府军行动的下一个目标可能是伊德利卜省，力图从反对派手中夺回这一西北省份的控制权。

8 月 16 日，伊空军战机日前轰炸了叙利亚境内的一处极端组织“伊斯兰国”目标，炸死数名恐怖分子。伊拉克联合行动指挥部在一份简短声明中说，基于确切情报，伊空军数架 F－16 战机在叙利亚境内发起空袭行动，成功摧毁“伊斯兰国”一处行动指挥部，炸死数名筹划于近日进入伊拉克实施恐怖袭击的武装分子。

8 月 16 日，埃及总统塞西与法国总统马克龙通电话，双方呼吁政治解决利比亚问题。两国总统一致认为，解决利比亚问题的关键在于不同派别之间达成共识，并强调利比亚问题只能由利比亚人民以他们满意的方式解决。

8 月 16 日，沙特在中东的“最大对手”伊朗，直接参与了也门内战，并向胡塞武装提供了弹道导弹。目前，也门政府军正在沙特领导的联军的支援下，与胡塞武装在该国南部省份激战，也门和沙特一方已有 9000 名军人战死，大约 2.7 万至 2.9 万人受伤。

8 月 16 日，伊空军战机日前轰炸了叙利亚境内的一处极端组织“伊斯兰国”目标，炸死数名恐怖分子。

8 月 17 日，数千名巴勒斯坦人在加沙地带边境举行抗议活动时与以色列士兵发生冲突，2 名巴勒斯坦人在冲突中被以军士兵开枪打死。

8 月 22 日，叙方强烈谴责美英法三方有关化学武器袭击的联合声明，称声明是“对恐怖分子武装的持续支持”。

8 月 24 日，沙特边防军人成功阻止了也门胡塞武装一艘布雷快艇对沙特阿拉伯国家石油公司位于吉赞省石油设施的攻击。

8 月 25 日，伊拉克安全部队当天在伊第二大城市摩苏尔附近展开行动，打死 10 名极端组织“伊斯兰国”武装分子。

8 月 26 日，伊朗国防部长阿米尔·哈塔米抵达叙利亚，讨论深化两国防务和军事合作、伊朗帮助叙利亚重建经济等议题。

8 月 27 日，伊朗与叙利亚签署一项协议，帮助这一饱受战火蹂躏的国家重建军队和军事工业。

8 月 28 日，伊朗情报部长表示，伊朗安全部队已经查明并逮捕了在政府机构工作的数十名间谍。目前，伊朗方面并没有提供这些人士的具体身份信息。

8 月 28 日，美国参联会表示，美国计划和土耳其在叙利亚北部地区开展联合巡逻。

8 月 28 日，情报显示一个美国高级别代表团两个月前秘密访问叙首都大马士革，与叙方情报主官商讨美方撤军条件，涉及伊朗在叙军事存在、石油利益分配和反恐情报共享等。

8月28日，伊朗情报安全部门逮捕了“数十名”在政府机构工作的间谍。

8月29日，埃及军方在西部沙漠地区和西奈半岛北部地区共击毙20名恐怖分子。

8月30日，埃及军方发言人宣布2018年度埃及与美国“光明星”联合军演将于9月8日至20日在埃及穆罕默德·纳吉布军事基地举行，此外两国还将在地中海举行海军演习。

8月30日，俄罗斯外交部长拉夫罗夫表示，恐怖分子利用叙利亚伊德利卜省攻击叙部队和俄驻叙赫迈米姆空军基地的行为不可接受，应消灭那里的恐怖分子。

8月31日，叙政府表示他们有十足的权利清除在伊德利卜省的恐怖分子。

9月1日，极端组织“伊斯兰国”1名重要头目当日在伊北部萨拉赫丁省被击毙。当日清晨在萨拉赫丁省舍尔加特镇以西，伊拉克士兵和部落武装与一伙正转移据点的“伊斯兰国”武装人员发生交火。安全人员击毙了被军方通缉的“伊斯兰国”下属分支“纳哈万德营”的头目萨利赫·卡尔卡兹。

9月3日，伊朗国防部表示，伊朗打算强化弹道和巡航导弹能力，获取新一代战斗机和潜水艇，以提升防卫能力。

9月3日，伊朗、俄罗斯和土耳其三国领导人会议将聚焦叙利亚问题。

9月3日，以色列表示可能对伊拉克境内据认为是伊朗的军事资产实施打击。以色列已在备受战争蹂躏的叙利亚实施过大量军事打击。

9月5日，土耳其外长恰武什奥卢与到访的德国外长马斯在安卡拉举行会晤，双方强调进一步改善两国关系，同时共同防止叙利亚伊德利卜地区紧张局势升级。

9月6日，沙特主导的阿拉伯联军拦截了也门胡塞武装向沙特发射的一枚导弹，但被摧毁的导弹碎片造成37人受伤。

9月6日，埃及与美国特种部队当天举行联合反恐演习。当天的演习内容包括反恐理论讲座和实际演练、拆除爆炸装置等。

9月6日至9日，经联合国特使斡旋，也门冲突双方定于在瑞士日内瓦谈判。也门政府官员9月2日说，谈判双方不会“面对面”，可能着重谈战俘交换协议。

9月6日，叙利亚南部至少12个反政府武装组织的20多名指挥官和普通成员说，以色列近年来秘密武装和资助这些组织、以阻止极端组织“伊斯兰国”武装分子占领以色列边界附近的阵地。

9月7日，克里姆林宫在一份文件中称，俄军在叙利亚展开行动期间，协助消灭了大约8.7万名武装分子，并解放了141个定居点。

9月7日，伊朗、俄罗斯和土耳其三国领导人围绕叙利亚问题在伊朗首都德黑兰举行会晤。当天，叙反对派在该国西北部占据的最后一块主要地盘伊德利卜遭多轮空袭。

9月7日，以军战机当天轰炸了巴勒斯坦伊斯兰抵抗运动（哈马斯）位于加沙地带的两个观察哨所。

9月7日，伊朗、俄罗斯和土耳其三国总统在伊朗首都德黑兰举行会晤后发表联合声明，强调叙利亚危机应通过政治途径解决，同时叙境内的恐怖分子必须被消灭。

9月7日，俄罗斯、土耳其和伊朗三国总统在伊朗首都德黑兰会晤并达成共识，即应经由政治途径解决叙利亚问题，同时继续打击叙境内恐怖分子。

9月8日，埃及和美国在地中海海滨城市亚历山大以西的穆罕默德·纳吉布军事基地举行“光明星”联合军演，演习将持续至20日。

9月8日，伊朗伊斯兰革命卫队当天向伊拉克境内武装分子目标发射了7枚短程导弹。

9月9日，叙利亚冲突的最后一场重大战斗似乎已经“箭在弦上”。尽管美英法军队“磨刀霍霍”，海空力量部署到位蓄势待发，但是俄罗斯和叙利亚并不为所动，伊德利卜的空袭照旧，地面部队摩拳擦掌誓要彻底端掉“恐怖分子的老窝”。联合国叙利亚问题特使德米斯图拉表示，一场“战争风暴”正在集结。

9月9日，在新一轮也门和谈流产数小时后，也门交战双方在红海港口城市荷台达的战事加剧，双方共有70多人丧生。

9月9日，伊朗伊斯兰革命卫队证实前一天越境行动，使用地对地导弹攻击武装组织“伊朗库尔德斯坦民主党”在伊拉克境内的目标。伊朗军事行动致死11名“伊朗库尔德斯坦民主党”人员、致伤30人。

9月9日，俄空天部队和叙继续针对伊德利卜省和哈马省的反政府武装据点进行攻击。自叙政府军准备攻下伊德利卜以来，世界大国和强国围绕叙战局进行的博弈便进入白热化。与此同时，美军在叙境内的动向也格外引人关注。①

9月11日，叙利亚的伊德利卜省持续受到空袭。因伊德利卜省西北部与土耳其接壤，土耳其从开始便反对对其开展军事打击。随着空袭进一步加强局势趋于紧张，当天土耳其敦促国际社会声援并积极支持邻国叙利亚的伊德利卜省停火。

9月12日，也门政府军已成功切断胡塞武装位于也门红海城市荷台达与首都萨那之间的关键供给线，这将极大影响胡塞武装军事和后勤物资输送。

9月14日，土耳其、俄罗斯、德国和法国高官当天在土耳其城市伊斯坦布尔举行会晤后一致同意须政治解决叙利亚伊德利卜问题。

9月16日，也门安全部队当天在南部阿比扬省遭“基地”组织阿拉伯半岛分支武装分子伏击，5名安全部队人员在交火中死亡，多名武装分子被打死。

9月15日，以色列导弹当天晚上锁定叙利亚首都大马士革的机场，触发防空系统，并击落以方数枚导弹。

9月16日，利比亚民族团结政府总理萨拉杰决定，组建一支联合武装力量，以结束首都的黎波里各派混战局面。

9月17日，土耳其军队最近向叙利亚西北部伊德利卜省增派后援部队和军备，为叙政府军和俄军可能发起的大规模军事行动做准备。

9月18日，以色列战机轰炸了加沙地带与以色列交界地区，造成2名巴勒斯坦人死亡。

9月19日，政府军当天在也门南部贝达省挫败了一起胡塞武装的袭击，打死至少18名胡塞武装分子。

9月19日，俄总统普京已经同意以色列提议，接受以色列代表团赴俄提供以方信息，以全面调查俄罗斯军机在叙利亚遭误击事件。

9月19日，鉴于叙利亚局势逐渐缓和，黎巴嫩真主党可能减少在叙武装人员数量。与此同时，纳斯鲁拉否认卷入一起牵涉俄罗斯军机遭误击的

① 参见《昼打夜停！俄叙继续空袭伊德利卜省和哈马省》，国际在线，2018年9月10日，http：//www. cri. cn/。

以色列空袭行动。

9 月 20 日，以色列军队已在北部和南部战线做好准备，以应对来自伊朗和其他方面的威胁。

9 月 22 日，在白天进行的针对伊拉克西部省份沙漠地区的清剿活动中，伊拉克部队查获并摧毁了 60 多具爆炸装置，抓获 4 名极端组织嫌疑人。

9 月 21 日，俄罗斯与土耳其已经就叙利亚西北部伊德利卜省非军事区的界线划定达成一致。土耳其国防部当天证实这一消息。

9 月 21 日，伊朗在石油运输战略水道霍尔木兹海峡附近开展空中军事演习。

9 月 21 日，发生在利比亚首都的黎波里的武装冲突已造成至少 10 人死亡、59 人受伤，其中包括不少平民。

9 月 22 日，在俄军伊尔 –20 被击落的当夜，叙利亚防空部队发射了超过 20 枚地空导弹，而当时以色列战机已经返回基地，准备降落。

9 月 24 日，土耳其政府下令逮捕了包括高级军官在内的 61 名士兵，海军和陆军部队均有涉及，原因是这些士兵涉嫌与伊斯兰布道家法土拉·葛兰有联系。土耳其政府称此人 2016 年曾在土耳其策划过一场未遂的军事政变。

9 月 24 日，以色列空军针对叙利亚的行动是造成俄军机被叙军导弹击落的主要原因。此外，俄方决定协助叙军提高防空能力的做法是适当的。

9 月 26 日，俄罗斯决定向叙利亚提供 S –300 防空系统，并承诺压制从海上进攻叙敌机的无线电信号，这将令以色列的行动瘫痪，且使该国无法对叙利亚领土进行突袭。

9 月 27 日，以色列准备重开戈兰高地以叙脱离接触地区的库奈特拉关口。

9 月 29 日，叙利亚外长穆阿利姆表示，叙利亚在经历了长达 7 年多的战争后，“打击恐怖主义的战斗已经接近尾声”。

10 月 1 日，约旦外交大臣艾曼·萨法迪表示，叙利亚和约旦边境开放的确定日期暂未确定，有关技术细节协调完毕后才会开放。

10 月 1 日，伊朗伊斯兰革命卫队对叙利亚境内的“恐怖分子营地”发射了多枚导弹，以报复 9 月 22 日发生于伊朗南部胡齐斯坦省首府阿瓦士的阅兵仪式遭袭事件。

10 月 4 日，埃尔多安表示，土耳其将在叙利亚保持军事存在，直到叙利亚举行选举。

10 月 5 日，突尼斯总统府宣布，从本月 8 日起，将该国全国紧急状态再次延长一个月。此前，埃塞卜西总统与突内政部长、国防部长举行了会议，评估全国总体安全形势，特别是安全部门和军队应对极端主义和管控边境的能力，以及在打击恐怖组织和有组织犯罪方面的措施。

10 月 5 日，利比亚国民代表大会谴责一起对利比亚情报部门高级官员的绑架事件。

10 月 6 日，突尼斯总统埃塞卜西在会见阿尔及利亚内政部长贝德维时说，突阿两国应加强边境地区的安全合作，共同打击恐怖组织。

10 月 6 日，叙利亚伊德利卜省境内的主要反对派武装宣布，将根据此前俄罗斯与土耳其在索契达成的协议要求，从伊德利卜省非军事区撤除重型武器。

10 月 7 日，叙方将收复剩余的反对派控制区，俄罗斯和土耳其达成的有关伊德利卜省协议是“临时措施”。

10 月 7 日，伊朗议会表决通过一项备受保守派指责的法案，为加入《联合国打击恐怖主义融资公约》铺平道路。除美国以外的伊朗核问题全面协议签署国先前要求伊朗加入这一国际公约，与国际反恐准则“接轨”，以维持“伊核协议”。

10 月 8 日，突尼斯国防部宣布，突尼斯与沙特阿拉伯两国空军当天开始在突尼斯北部比塞大省举行联合军事演习。

10 月 8 日，埃及安全部队在北西奈省的反恐行动中击毙了至少 52 名武装分子。

10 月 9 日，以沙特为首的多国联军称，悬挂伊朗国旗的“萨维兹”号货船完全用于军事目的，其中包括提供指挥与控制以及向其他船只运送武器。

10 月 9 日，埃及警方在北西奈省首府阿里什市的突袭行动中击毙 10 名恐怖分子。埃及警方接到线报后，对阿里什市一处恐怖分子藏身地点进行突袭，当时这些恐怖分子正在策划恐怖行动。突袭中，警方击毙 10 名恐怖分子并缴获 3 挺机枪、2 支步枪及一些弹药。

10 月 9 日，叙利亚总统巴沙尔·阿萨德颁布法令，赦免境内外逃避兵役人员。大赦令对本月 9 日前违反军事刑法中有关逃避兵役条款的人员免除刑罚，法令自发布当日起生效。根据法令，叙境内和境外在逃人员分别有 4 个月和 6 个月的宽限期，在规定期限内自首者方可被赦免。曾经参与反政府武装对抗政府的逃兵役人员不在赦免之列。

10 月 11 日，以军当天摧毁一条从加沙地带“渗透”至以色列境内的地道。这是自 2017 年 10 月以来，以色列摧毁的第 15 条地道。

10 月 11 日，根据土俄两国达成的协议，叙利亚反对派武装已从叙伊德利卜省非军事区完成撤离重武器的任务。

10 月 11 日，埃及一军事法庭判处 17 名参与制造教堂恐怖袭击者死刑，同时判处 19 人无期徒刑，判处另外 10 人 10 年至 15 年有期徒刑。

10 月 12 日，土耳其总统顾问及发言人易卜拉欣·卡林说，应沙特阿拉伯方面要求，土耳其和沙特将成立联合调查组，就沙特籍记者贾迈勒·卡舒吉“失踪”事件展开调查。

10 月 11 日，巴勒斯坦高级官员说，联合国中东问题特使尼古拉·姆拉德诺夫抛开巴方政府，在以色列与巴勒斯坦伊斯兰抵抗运动（哈马斯）之间斡旋停火，有“越位”之嫌，巴方拒绝继续与他合作。

10 月 12 日，众多巴勒斯坦人在加沙地带与以色列交界地区举行抗议活动时与以色列士兵发生冲突，至少 7 名巴勒斯坦人被以军士兵开枪打死。

10 月 12 日，美国驻联合国大使尼基·黑莉表示，以色列、叙利亚和联合国已经一致同意，在周一开放戈兰高地的库奈特拉过境点。

10 月 15 日，叙利亚副总理兼外交部长瓦立德·穆阿利姆与到访的伊拉克外交部长易卜拉欣·贾法里举行会谈，就叙伊两国打击极端组织，加快开放边境口岸等事宜进行了讨论。

10 月 15 日，以色列当天出动战机轰炸了加沙地带南部的一个巴勒斯坦伊斯兰抵抗运动（哈马斯）哨所。

10 月 15 日，伊朗表示已做好准备参与叙利亚重建。过去几年伊朗一直参与打击叙利亚恐怖分子，在战争结束后当然也会积极参与叙利亚重建工作，伊朗各行各业都会参与其中。

10 月 15 日，埃及警方当天在南部的突袭行动中击毙至少 9 名恐怖分子。警方在接到线报后对一处恐怖分子藏匿的洞穴进行了突袭，该处洞穴位于通向南部索哈杰省的公路附近。随后双方发生交火，警方击毙 9 名恐怖分子，缴获 6 支自动步枪、2 套爆炸装置以及一些地图和文件。

10 月 15 日，是叙利亚极端武装撤出西北部伊德利卜省非军事区的最后期限。当天零时前数小时，盘踞在那里的最大极端武装“解放叙利亚”联盟发表声明，暗示将遵守非军事区协议。这意味着，由土耳其和俄罗斯一个月前商定的这份停火协议或许有望继续执行。

10月15日，埃及官方发布公报说，总统塞西签署总统令，宣布将全国范围紧急状态自本月15日起再延长3个月。

10月15日，叙利亚外交部长瓦利德·穆阿利姆说，如果叙利亚极端主义武装当天没有撤离西北部伊德利卜省非军事区，政府军将作“开战”准备。

10月17日，以军对加沙地目标实施打击，以回应来自巴勒斯坦的火箭弹袭击。以色列军方称，以方飞机开始袭击位于加沙地带的“恐怖主义目标”。

10月17日，以色列出动战机轰炸位于加沙地带的20多个军事目标，造成巴勒斯坦方面1人死亡、3人受伤。

10月18日，巴解组织执行委员会秘书长埃雷卡特表示，他已向国际刑事法院提交正式照会，要求对以色列侵犯巴勒斯坦人民权利、侵占巴勒斯坦土地的“罪行”尽快展开调查。

10月20日，极端组织“伊斯兰国”当天释放了6名该组织在叙南部苏韦达省绑架的人质。

10月21日，约旦表示将废止1994年与以色列签订的和平协定中的部分内容。

10月21日，埃及议会以多数票通过了关于紧急状态期限延长3个月的决定。早前，埃及总统下达命令，将紧急状态期限从10月15日凌晨1点开始延长3个月。

10月21日，阿联酋武装部队开始与美军举行为期两周、代号为“铁魔术19”的联合军演。

10月23日，伊情报部长表示伊情报人员近期在南部边境地区抓获15名恐怖嫌疑人。

10月24日，埃及国家安全部队在西部沙漠地区展开清剿行动，击毙11名恐怖分子。

10月26日，巴基斯坦陆军参谋长巴杰瓦批准了特别军事法庭对14名恐怖分子的死刑判决，这些人过去曾实施一系列恐怖袭击并造成人员伤亡。

10 月 26 日，叙利亚常驻联合国代表表示，叙利亚政府将在其认为合适的时机收复位于该国西北部、与土耳其接壤的伊德利卜省。

10 月 26 日深夜和 27 日凌晨，以色列南部遭受从加沙地带发射的 34 枚火箭弹的袭击，作为回应，以军轰炸了加沙地带巴勒斯坦伊斯兰抵抗运动（哈马斯）的 87 个军事目标。

10 月 27 日，土耳其、俄罗斯、法国和德国领导人在土耳其城市伊斯坦布尔举行有关叙利亚局势的四方峰会。峰会结束后发表的联合声明说，四国领导人呼吁在叙利亚全面停火以减少流血冲突。

10 月 27 日，巴勒斯坦伊斯兰圣战组织（杰哈德）宣布与以色列停火，避免加沙地带局势升级。在埃及的斡旋下，杰哈德领导层决定与以色列达成停火协议。

10 月 29 日，美国主导的国际联军又一次向叙利亚哈金镇投掷了白磷弹。国际联军在 13 日也曾对哈金镇使用白磷弹。对此，国际联军表示，没有使用白磷弹，且称此次空袭主要是为了打击恐怖分子。

10 月 29 日，叙副总理兼外长说，叙西北伊德利卜非军事区内仍有恐怖分子及其重型武器存在，表明土耳其不愿履行相关义务。

10 月 29 日，以军表示以色列无意打击叙利亚境内部署的 S－300 防空导弹系统，但希望大马士革能够按照其指定用途正确使用这一系统。

10 月 30 日，土耳其在叙利亚北部的幼发拉底河以东地区展开军事行动，打击库尔德武装“人民保护部队”。

10 月 30 日，沙特阿拉伯领导的多国联军当天空袭胡塞武装位于也门西部海岸荷台达省的训练营地，造成至少 150 名胡塞武装人员死亡，数百人受伤。

10 月 31 日，卡塔尔表示已做好准备应对来自任何一方的军事威胁。卡塔尔有能力保护自己，不必依靠朋友和盟友。尽管卡塔尔有盟友和朋友，也和美国签有军事合作协议，但不会考虑请求任何一方向卡塔尔提供保护。

10 月 31 日，埃及、沙特阿拉伯、阿联酋等阿拉伯国家将于 11 月 3 日至 16 日在埃及西北部马特鲁省的穆罕默德·纳吉布军事基地举行联合军事演习。

11 月 1 日，土耳其军队与美国军队开始在叙利亚北部曼比季地区进行首次联合巡逻。

11月1日，也门政府表示愿与也门胡塞武装重启和平谈判，寻求结束也门持续数年的武装冲突。

11月1日，埃及安全部队近日在西奈半岛的反恐行动中打死18名恐怖分子。

11月2日，作为沙特最大的武器供应国，美国和英国正在加大施压，要求在也门实现停火。也门的战争已成为世界上最惨烈的人为人道主义灾难。

11月3日，伊拉克政府军开始在西部沙漠地带发起大规模安全行动，以清剿极端组织“伊斯兰国”残余力量。

11月4日，埃及安全部队在明亚省击毙19名涉嫌两天前参与一起袭击事件的极端组织武装人员。

11月6日，土耳其外长恰武什奥卢批评美国重启对伊朗制裁，呼吁通过对话解决争端。

11月6日，突尼斯全国紧急状态将从本月7日起再次延长一个月。突尼斯总统府当天发表声明说，将全国紧急状态延长一个月至12月6日。

11月8日，叙政府军当天解救了19名今年7月在叙南部苏韦达省被极端组织“伊斯兰国”绑架的人质。

11月9日，土警方当天在全国32个省同步采取行动，至少已拘捕了74名涉恐现役军人。

11月11日，巴勒斯坦总统阿巴斯在约旦河西岸城市拉姆安拉强调，巴勒斯坦人民坚持命运自决和建立独立巴勒斯坦国。

11月12日，阿拉伯联合酋长国阿布扎比王储穆罕默德在阿布扎比与到访的英国外交大臣亨特举行会谈，双方讨论了双边关系、地区局势等问题。

11月12日，为期两天的利比亚问题会议在意大利南部港口城市巴勒莫召开，利比亚主要政治力量领导人及国际社会代表将探讨解决利比亚危机的办法。

11月13日，巴勒斯坦伊斯兰抵抗运动（哈马斯）等武装派别单方面宣布停火，以色列安全内阁则要求以军在必要时继续对加沙地带采取军事行动。

11月15日，在巴勒斯坦宣布独立30周年之际，巴勒斯坦各界强调，建立一个以1967年边界为基础、以东耶路撒冷为首都的独立的巴勒斯坦国是巴勒斯坦人民不可剥夺的合法权利。

11 月 16 日，土耳其一家法院判处 2016 年伊斯坦布尔阿塔图尔克国际机场恐怖袭击案 6 名被告终身监禁。

11 月 17 日，伊朗内政部长法兹利表示，目前伊朗和巴基斯坦边境地区安全形势严峻，伊朗希望加强与巴方边境安全合作。

11 月 19 日，俄罗斯驻叙利亚冲突各方调解中心主任弗拉基米尔·萨夫琴科表示，武装分子炮击叙利亚阿勒颇科研中心区，造成 2 名叙军人身亡，7 人受伤。

11 月 19 日，以总理内塔尼亚胡在议会说，执政联盟"危机"宣告结束。他说，他为经过努力而成功阻止政府解散"感到高兴"，在安全局势敏感时刻，解散政府是"不负责任"的做法。为了确保以色列国家和人民的安全，政府将继续"理智、负责任和坚决地"采取行动。

11 月 19 日，面对美国重启对伊制裁，伊朗外交部长表示，伊朗不仅能够在新的制裁下生存下来，而且还会变得更加"繁荣兴旺"。

11 月 20 日，叙利亚军结束了在萨法高原地区的行动，此地为恐怖组织"伊斯兰国"在叙利亚南部的最后一个据点。

11 月 20 日，美国财政部将对来自叙利亚、伊朗、俄罗斯等国的 3 个实体和 6 名个人进行制裁，理由是被制裁对象参与将伊朗石油经由俄罗斯运往叙利亚的活动。

11 月 20 日，伊拉克空军针对叙利亚境内目标进行了轰炸，消灭了至少 40 名恐怖分子。

11 月 21 日，美国领导的"国际联盟"在叙利亚东部代尔祖尔省哈金（Hajin）地区再次使用了白磷弹进行空袭。空袭造成了多名平民伤亡。这已经是叙方在 11 月以来第四次指控"国际联盟"使用白磷弹。此前，"国际联盟"曾对此进行了否认。

11 月 21 日，美国国防部长马蒂斯说，美军正在叙利亚北部边境一带设立观察哨所，以便为土耳其提供反恐军事情报。

11 月 21 日，伊政府军在近日的反恐行动中打死 20 名极端组织"伊斯兰国"武装分子。

11 月 22 日，德黑兰和华盛顿紧张关系升级之际，伊军表示，美国设在阿富汗、阿联酋和卡塔尔的军事基地，以及在波斯湾的航空母舰，都在伊朗的导弹射程范围内。

11月21日，意大利警方成功在米兰拘捕一名涉嫌从事恐怖主义活动的男子。这名嫌疑人现年23岁，是埃及公民，自称来自“伊斯兰国”。

11月22日，伊朗无意应美国要求重新谈判2015年伊朗核问题全面协议。

11月22日，美国驻禁止化学武器组织（OPCW）特使沃德在海牙举行的该组织年度大会上指责伊朗违反对OPCW的承诺，没有通报其与化学武器有关的活动，但他的言论遭伊朗反驳。

11月23日，土耳其外交部长恰武什奥卢敦促美国方面推动库尔德武装“人民保护部队”今年年底前完全撤离叙利亚北部城市曼比季。

11月23日，联合国也门问题特使马丁·格里菲思抵达也门港口城市荷台达，试图推动也门交战双方持续停火，为拟12月举行的和平谈判创造条件。

11月24日，美国在叙利亚北部靠近土耳其边境地区建设少数观察点，目的是共享入境土耳其的恐怖分子的动向，土方对此深表不安。

11月24日，伊朗总统哈桑·鲁哈尼当日呼吁世界各地的穆斯林团结起来反对美国，还暗示自己的“宿敌”沙特不要“为罪犯铺上红地毯”。

11月25日，美国无人机当日在也门南部贝达省炸死6名“基地”组织阿拉伯半岛分支成员。

11月26日，以色列士兵在约旦河西岸城市希伯伦附近开枪打死1名巴勒斯坦人。以军当天还在约旦河西岸地区逮捕47名巴勒斯坦人。

11月26日，阿拉伯联合酋长国赦免并释放英国“间谍”马修·赫奇斯。阿联酋方面认定赫奇斯“罪行极为严重”；英国政府声称赫奇斯不是间谍，先前警告阿联酋方面，如果不放人，将有“严重后果”。

11月27日，土耳其警方在伊斯坦布尔拘捕23名与反政府武装库尔德工人党有关联、并试图发动袭击的嫌疑人。

11月28日，俄罗斯总统叙利亚问题特使拉夫连季耶夫在哈萨克斯坦首都阿斯塔纳表示，清剿“征服阵线”以及叙利亚境内其他极端组织的行动将一直持续到其被彻底消灭为止。

11月29日，为期2天的第11轮叙利亚问题阿斯塔纳和谈在哈萨克斯坦首都阿斯塔纳结束，与会各方讨论了叙利亚伊德利卜省局势、交换战俘及组建叙利亚宪法委员会等问题。

11月29日，为期2天的叙利亚问题新一轮会谈在哈萨克斯坦首都阿斯塔纳落下帷幕。参加会谈的俄罗斯、伊朗和土耳其代表指出，三国将继续合作以彻底消灭叙境内恐怖组织。

11 月 30 日，叙利亚外交部致函联合国，谴责美国主导的国际联盟和以色列对叙发动袭击。美国主导的打击极端组织“伊斯兰国”的国际联盟 30 日对叙东部代尔祖尔省沙法镇的民居和民用设施实施了空袭，造成 30 多名平民死亡，其中大部分是妇女和儿童。由于仍有平民被困废墟内，死亡人数有可能继续上升。

11 月 30 日，美国支持的叙利亚民主军称，他们抓获了极端组织“伊斯兰国”1 名高级头目，该人曾为“伊斯兰国”首领阿布·贝克尔·巴格达迪担任助手。

12 月 1 日，在与美国紧张局势升高之际，伊朗海军入役一艘该国自产先进的驱逐舰。伊媒称该驱逐舰具有躲避雷达侦测的隐形功能，并可能被派往美国后院地区执行任务。

12 月 1 日，美国国务卿蓬佩奥在一份声明中称伊朗试射了一种能够携带多枚弹头的中程弹道导弹，违反了“伊朗核协议”。伊朗表示，导弹计划纯粹是防御性的，但表示会主动打击任何破坏伊朗石油运输的行为。

12 月 1 日，伊朗海军展示一艘具备雷达隐身能力的国产驱逐舰，战舰将部署在阿巴斯港的海军基地。

12 月 2 日，以美国为首的国际联军部队对叙军在古拉卜山岭地区的阵地方向发射了数枚导弹。

12 月 2 日，美国领导的国际联军在叙利亚发动精准空袭，炸死涉及在 2014 年杀害美国援助工作者彼得·卡西格及其他西方人质的“伊斯兰国”（IS）组织头目乌马拉恩（Abu al Umarayn）。

12 月 4 日，以军方已经发起“北盾行动”，旨在摧毁黎巴嫩真主党修建的跨境地道。以色列军方发现了数条从黎巴嫩延伸至以色列境内的地道，这些地道是黎巴嫩真主党挖掘和修建的。为了摧毁这些跨境地道，以军方已经发起“北盾行动”。

12 月 4 日，也门胡塞武装代表团在联合国也门问题特使马丁·格里菲思的陪同下，从首都萨那启程，前往瑞典参加和谈。

12 月 4 日，土耳其多地检方下令拘捕至少 242 名与 2016 年未遂军事政变幕后组织有牵连的嫌疑人。

12 月 4 日，黎巴嫩总统要求黎巴嫩军队和安全部门密切关注南部黎以边境地区的局势。

12 月 8 日，当天总理内塔尼亚胡与俄罗斯总统普京通电话时，向普京详细说明了旨在摧毁真主党跨境地道的“北盾行动”最新进展和以色列挫败地道威胁的决心。

12 月 9 日，埃及与萨赫勒和撒哈拉地区国家开始举行反恐演习。此次演习于 9 日至 14 日在穆罕默德·纳吉布军事基地举行，是在埃及首次举行类似演习。

12 月 10 日，伊拉克政府举行活动，庆祝伊拉克取得打击极端组织“伊斯兰国”胜利一周年。

12 月 10 日，伊拉克庆祝打击极端组织“伊斯兰国”胜利一周年。伊拉克总理阿德尔·阿卜杜勒—迈赫迪说，国家如今面临重建家园、增加就业、打击腐败等挑战，“最终胜利”将是实现民众的愿望。

12 月 10 日，卡塔尔政府特使穆罕默德·埃马迪提议，在受以色列封锁的加沙地带建造一座机场。以色列方面没有回应。

12 月 10 日，以色列军人进入约旦河西岸城市拉姆安拉展开行动。以军在行动中打伤 27 名巴勒斯坦人。

12 月 11 日，伊拉克空军战机当天空袭了叙利亚境内靠近伊拉克边境的两处极端组织“伊斯兰国”目标。

12 月 11 日，也门政府代表和反政府的胡塞武装代表继续在瑞典谈判，就交换俘虏事宜达成一致。按胡塞武装的说法，双方期待交换总计 1.5 万名俘虏。也门政府表示，冲突方难以达成停火协议。

12 月 11 日，利比亚民族团结政府副总理艾哈迈德·马蒂格发表声明，严厉谴责南部沙拉拉油田发生的暴力行为，要求武装分子立即撤出。

12 月 12 日，土耳其“数日内”将在叙利亚的幼发拉底河以东地区向库尔德武装发起军事行动。

12 月 12 日，土耳其总统埃尔多安，向叙利亚境内库尔德武装下达战书，称土耳其军队将在数日内进军幼发拉底河东岸，把该地区“从分裂三义恐怖组织手中解救出来”。美国对此很快做出回应，表示当前驻叙美军也在这片区域活动，不能接受土耳其的单边行动。土美在叙北爆发直接冲突的可能性，引发两国新一轮战略博弈。

12 月 13 日，美国参议院通过议案，要求美国终止对沙特阿拉伯在也门军事行动的支持。在送交总统签署之前，议案还须在众议院获得通过。

但美国总统特朗普此前已表示将否决该议案。

12 月 14 日，土耳其检察部门下令抓捕 267 名军方人员和军工企业人员，指认他们与“恐怖组织”“居伦运动”有关联。

12 月 14 日，以叙利亚库尔德人为主的武装攻破极端主义组织“伊斯兰国”在叙利亚的“最后据点”。库尔德人与“伊斯兰国”的正面作战看似进入尾声，却同时面临与土耳其军队再次交战的可能。

12 月 14 日，土耳其总统埃尔多安表示，如果美国不清除叙利亚曼比季城内的库尔德武装，土方将派安全部队入城。

12 月 13 日，控制叙利亚近 1/4 国土的库尔德武装向土耳其放话，称如果土耳其军队胆敢打到幼发拉底河以东，库尔德武装将“强力”回击。

12 月 14 日，美国财政部宣布制裁 2 名南苏丹人和 1 名退役以色列军官。

12 月 14 日，以色列安全部队拆毁了一栋巴勒斯坦人所属的房屋，这名巴勒斯坦人被指控杀害 1 名以军士兵。

12 月 15 日，卡塔尔埃米尔（国家元首）塔米姆强调，卡塔尔对解决海湾断交危机的立场没有变化，那就是解除针对卡塔尔的封锁，以对话化解危机。

12 月 15 日，澳大利亚总理莫里森周六宣布，澳大利亚政府承认西耶路撒冷为以色列首都。对此，巴勒斯坦高级官员赛义卜 · 埃雷卡特（Saeb Erekat）形容此举“不负责任”，违反国际法。

12 月 16 日，苏丹总统巴希尔在访问叙利亚时表示，苏丹愿为叙利亚实现领土完整提供力所能及的支持。

12 月 16 日，埃尔多安再次表示，将继续打击叙利亚北部的“人民保护部队”，“埋葬”这支背后由美国支持的武装。

12 月 17 日，自当地时间 18 日零时起，部署在也门荷台达的“政府武装力量将停止所有军事行动”。

12 月 17 日，土耳其总统埃尔多安表示，随时可能对叙利亚境内幼发拉底河东岸发起反恐军事行动。

12 月 18 日，土耳其伊斯坦布尔一家法院下令逮捕 118 名涉嫌与 2016 年未遂政变幕后组织有牵连的军人。

12 月 19 日，土耳其警方当天在伊斯坦布尔市拘捕至少 19 名与极端组织“伊斯兰国”有关联的外国嫌疑人。

12月19日，以色列议会初步通过一项法案，允许以色列军方“驱逐”巴勒斯坦袭击者的家属。

12月19日，沙特阿拉伯领导的多国联军空袭也门首都萨那机场，摧毁胡塞武装1架无人机。这是也门冲突双方在新一轮和谈达成协议后，联军首次空袭萨那机场。

12月19日，特朗普宣布美国将从叙利亚撤出约2000名士兵。土耳其总统埃尔多安做出回应称，美国撤军后，土耳其部队将继续留在叙利亚，打击当地的库尔德武装和极端组织“伊斯兰国”（IS）。

12月20日，埃及安全部队近期打死8名恐怖分子，另有4人被逮捕。被打死和逮捕的恐怖分子系穆斯林兄弟会下属的“决断”组织成员。该组织被埃及政府认定为恐怖组织。

12月19日，随着在叙利亚打击极端组织“伊斯兰国”的战事取得成果，美国已开始撤回驻叙美军。特朗普同日在推特上也表示，美国“已经击败”叙利亚境内的“伊斯兰国”势力，针对“伊斯兰国”的军事行动是本届政府驻军叙利亚的“唯一原因”。

12月21日，伊安全部队在基尔库克省发现一处乱葬坑，其中葬有遭到极端组织“伊斯兰国”杀害的人员。

12月21日，也门政府军在南部达利阿省打死至少18名胡塞武装人员。

12月21日，联合国安理会一致通过决议，支持也门政府和胡塞武装在瑞典达成的协议，并授权联合国派观察员监督协议执行情况。

12月21日，伊朗伊斯兰革命卫队宣布，伊朗伊斯兰革命卫队将于22日举行代号“伟大先知12”大规模演习，演习主要将在波斯湾及伊朗南部盖什姆岛举行，伊朗伊斯兰革命卫队空降部队、快反部队、特种部队等各军兵种都将参与此次演习，特种部队将在演习中演练深入敌后作战等，伊朗伊斯兰革命卫队海军快速攻击艇也将参与22日的演练。

12月22日，联合国一支先遣队抵达也门，以监督也门政府和胡塞武装落实双方达成的包括停火在内的协议。

12月22日，伊总理阿卜杜勒·迈赫迪日前同美国国务卿蓬佩奥通电话，双方讨论了美国从叙利亚撤军等问题，蓬佩奥称美国将继续致力于打击伊拉克境内的极端组织“伊斯兰国”。

12月22日，负责协调打击极端组织“伊斯兰国”联合行动的美国总统特使布雷特·麦格克（Brett McGurk）日前宣布辞职，抗议总统特朗普从叙利亚撤军的决定。

12 月 22 日，苏丹国家情报与安全局表示，在以色列情报和特勤局（摩萨德）暗中支持下，苏丹反政府武装“苏丹解放运动”（努尔派）在各地制造骚乱。

12 月 22 日，伊朗外交部指称美国在中东地区的军事存在给地区安全带来不稳定。

12 月 23 日，埃及安全部队在北西奈省阿里什市打死 14 名图谋在圣诞节期间发动袭击的恐怖分子。

12 月 23 日，土耳其总统埃尔多安在与特朗普通电话时承诺，如果美国撤出叙利亚，土耳其将为消灭伊斯兰国（ISIS）承担责任。

12 月 23 日，土耳其军队正向土耳其南部与叙利亚接壤的边境地区增派部队。一支由大约 100 辆坦克、装甲车、小型卡车和客车组成的车队正驶往土耳其南部哈塔伊省基利斯地区，车上载有突击队成员、重机枪、榴弹炮和其他重型武器。

12 月 24 日，土耳其新增援部队越过叙土边境，正在靠近叙利亚北部城镇集结，该地区由美国支持的库尔德人部队控制。尽管土耳其表示，在本周美国总统特朗普决定撤出美军后，土耳其将继续推迟在叙利亚东部的承诺进攻。

12 月 24 日，伊拉克总理阿卜杜勒·迈赫迪表示，美国从叙利亚撤军将对伊拉克产生消极影响。

12 月 25 日，美国宣布即将从叙利亚撤军，法国则宣布继续驻军叙利亚，倘若法国为保护库德族民兵而在叙留守驻军部队，绝不会有任何好处。

12 月 26 日，特朗普上周突然宣布从叙利亚撤军，震惊了其全球伙伴，但土耳其是少数支持特朗普从叙利亚撤军的美国盟友。

12 月 26 日，伊朗最高国家安全会议当天证实，为帮助解决阿富汗国内安全问题，伊方与阿富汗塔利班进行了对话。

12 月 27 日，以色列空军日前对叙利亚发动空袭时，位于黎巴嫩领空的 2 架民航飞机险些并被波及。

12 月 27 日，位于大马士革的阿拉伯联合酋长国驻叙利亚大使馆在关闭近 7 年后于 27 日重新开放。

12月28日，叙政府军宣布进驻叙北部曼比季地区。同日，叙库尔德武装“人民保护部队”宣布撤离曼比季。

12月29日，叙利亚军方宣布叙政府军已收复曼比季地区。土称叙军宣布收复曼比季的消息是在打“心理战”，目前曼比季局势仍旧不明。

12月29日，埃及安全部队清晨对吉萨省和北西奈省内的武装恐怖分子据点发起突袭行动，共击毙40名武装分子。

12月29日，根据与也门政府本月早些时候在瑞典达成的协议，也门胡塞武装已开始撤出濒临红海的荷台达港。

12月29日，埃及警方凌晨展开突击行动，在吉萨省和北西奈省击毙40名武装人员。埃及内政部认定死者是恐怖分子，指认他们密谋对政府机构、旅游景点、教堂等目标发动一系列袭击。暂时不清楚这些武装人员是否关联前一天吉萨金字塔附近炸弹袭击。①

12月30日，土耳其警方当天在首都安卡拉抓捕了30名正在谋划在新年期间实施恐怖袭击的外国人。

12月30日，美军已将位于叙利亚东北部哈塞克地区仓库内的武器运离至伊拉克，此为美总统特朗普决定从叙撤军以来首次将武器运出的行为。

2018年中东遭受恐怖袭击次数及伤亡人数

时间		1月	2月	3月	4月	5月	6月	7月	8月	9月	10月	11月	12月	合计
以色列	袭击次数	1	1					1		1	1	1	1	7
	伤亡人数	3	4					4		1	3	2	2	19
伊拉克	袭击次数	4	3	1	2	5	2	3	2	3	1	2	3	31
	伤亡人数	125	46	30	26	31	121	28	31	110	47	20	39	654

① 参见《埃及警方再捣“恐怖”窝点 击毙40名武装人员》，新华网，2018年12月31日，http：//www. xinhuanet. com/。

续表

时间		1月	2月	3月	4月	5月	6月	7月	8月	9月	10月	11月	12月	合计
沙特	袭击次数				3		1	1	1	1				7
	伤亡人数				2		3	5						10
利比亚	袭击次数	1	2	1	2	2		1	1	1			2	13
	伤亡人数	89	11	6	19	32		2	9				11	179
也门	袭击次数		2	2	2				1		1	1		9
	伤亡人数		74	19	61				5		29	4		192
叙利亚	袭击次数	1	1	1	3	6	2	3	2		2	2		23
	伤亡人数	14	99	8	57	129	20	75	40		31	126		599
土耳其	袭击次数		1				1				1			3
	伤亡人数		105				3				9			117
埃及	袭击次数			1	1				1			1		4
	伤亡人数			5	37				4			21		67
黎巴嫩	袭击次数	1												1
	伤亡人数	1							8					9
合计：约旦首都安曼 8 月份发生袭击一次，6 人受伤。全年，中东地区共遭受恐怖袭击 99 次，伤亡 1852 人														

第六章／2018年西欧地区反恐怖军事行动*

第一节　西欧地区反恐怖军事行动综述

2018 年的西欧，在反恐领域仍面临一系列严峻的新挑战和需要解决的新问题。在 IS 被击溃的形势下，新一波极端主义、恐怖主义狂潮正从中东向全球外溢和扩散。从世界各地来到中东进行“圣战”的人员纷纷回流，对西欧各国的安全和稳定形成严重威胁。需要指出的是，一系列可能进一步催生恐怖、极端行动的激化因素也在不断出现。极端主义、恐怖主义的滋生不仅受地区冲突频发，全球性挑战此起彼伏，以及贫困、失业、收入差距拉大、移民难融入等因素影响，更重要的是受西方国家多年来实施的对外干涉政策、甚至直接参与军事行动所致。要避免悲剧重演，西欧区域国家就要共同担负起责任，加强团结协作，摒弃双重标准，抛开私心杂念，既治标又治本，共同维护地区安全与繁荣。

一、西欧地区面临的恐怖威胁

极端恐怖主义对西欧各国的暴恐活动和极端行为由明转暗，实施手段和方式多样化，对西欧各国的安全和稳定形成严重威胁。

---

* 西欧包括 7 个国家：英国、爱尔兰、荷兰、比利时、卢森堡、法国、摩纳哥。

（一）外籍“圣战者”加速回流，极端恐怖主义威胁持续存在

“伊斯兰国”骨干四处逃散，威胁多国安全。“伊斯兰国”在叙、伊的实体覆灭，意味着国际反恐一时失去焦点目标，前线随之推移，四散到多个地区。恐怖组织呈现“去焦点化”与“多中心化”趋势，组织结构“扁平化”的同时还呈现“碎片化”的特点。不同暴恐组织可能会出现合流、重组，恐怖分子携带极端思想，在返回母国或转战第三国后，可能会发展出新的恐怖形态。随着“伊斯兰国”在叙利亚和伊拉克节节败退，新的恐怖组织会在各恐怖势力中重新占有主导地位。而且新组织的生命力也会更顽强，从现在的情报分析来看，这些组织吸取了“伊斯兰国”覆灭的教训，尽管巧妙地改头换面，实际上仍是变种的与“伊斯兰国”并无异样的恐怖组织。在战事推进的过程中他们逐渐发现，一个经过重新包装的恐怖组织正在暗中集结，等待卷土重来的一天，对后“伊斯兰国”时代的中东乃至整个国际社会构成新的安全隐患。

（二）“独狼式”恐怖袭击增多，个体极端行为成为社会不稳定因素

从 2018 年发生的一系列袭击事件来看，大多与“伊斯兰国”有关，其中又以“独狼式”袭击居多。极端组织之所以频繁发动袭击，主要是因为其在中东的控制区遭到围剿，生存空间被大大压缩，为了突围而急于展开报复，为此将其成员迅速分散到各国，从而给这些地区带去了不稳定因素。同时，伊拉克和叙利亚的战场态势都在朝着对“伊斯兰国”极为不利的方向发展。在此背景下，一些来自中东以外地区的“伊斯兰国”成员纷纷撤回本国，并在这些国家制造恐袭事件。“独狼式”袭击成本低且更加隐蔽，加上“伊斯兰国”在网络上的煽动，恐怖袭击成为极端分子的最终选择方式。

（三）“圣战”妇女儿童带来令人胆寒的恐怖新威胁

英国《太阳报》网站发表史蒂夫·霍克斯的文章《“圣战新娘”来了》称，布鲁塞尔担心，将近 1000 名“圣战新娘”返回西方，从而带来一个令人胆寒的新的恐怖威胁。欧盟边境管理机构官员发布的报告警告说，威胁正在“发展”，欧洲将面临由女性和孩子带来的巨大风险。欧洲边境管理局的报告说，来自欧洲的大约 1000 名妇女已经加入恐怖组织，据

信“数百名”未成年人已经被带到该地区。随着“伊斯兰国”的崩溃，估计很多人将试图返回。

二、西欧国家反恐怖军事对策

在 IS 被击溃的形势下，新一波极端主义、恐怖主义狂潮正从中东向全球外溢和扩散。在中东进行“圣战”的人员纷纷回流，对西欧的安全和稳定形成严重威胁。西欧国家在周边地区动荡、内部矛盾尖锐，特别是在英国脱欧的背景下，防止恐怖分子回流和渗透让西欧各国难以有效应对。内外安全威胁交织于西欧的政治脆弱期，并对其政治安全造成直接冲击，是当前西欧安全的心腹大患。加强国际合作、加大资金力量投入、严控边境线、利用技术手段进行防范、使用武力进行打击，将有效应对多面复杂的反恐怖形势。

（一）进一步加强国际反恐怖合作，提高情报交换和联合执法的速度和效率，建立强有力的反恐统一战线

打击恐怖主义，既需要各国加强全球反恐合作，合力铲除恐怖主义的根源，也需要化解仇恨。欧洲国家强化自身的反恐能力固然重要，但如果没有在欧盟层面构建统一的合作反恐机制，恐怕没有任何一国可以免于恐怖主义的威胁。不过，在日益严峻的反恐形势下，欧盟国家还需在共享情报方面进一步合作。欧盟国家在分享反恐情报方面存在“信息黑洞”，目前 28 个成员国中只有一半国家向欧洲刑警组织提供了本国的反恐情报。欧盟安全事务委员朱利安·金也指出，进一步提升信息共享并加强情报分析是 2018 年欧洲反恐优先事项。

（二）加大军警、立法、技术、财力投入，鼓励民众和警察积极参与反恐

在恐怖势力分化、流窜的同时，各国的反恐策略亦在跟进升级。不少国家都在加紧补防，强化反恐举措。其一，加强军警反恐力量。例如，恐袭不断的英国已决定成立一支由特种空勤团、特种舟艇部队和特种侦察团混编的新反恐部队；暴恐势力蔓延的“萨赫勒五国”亦联合组建反恐部队，初期定编 5000 人，后期计划再增加至 1 万人。其二，巩固反恐立法，

织密社会反恐网络。法国新反恐法案《加强国内安全和反恐法》于 11 月生效，将软禁可疑人员、扩大调查乘客资料范围等通过立法加以保留；此前，德国颁布《网络管理法》，授权有关部门在紧急状况下可关闭网站；俄罗斯、加拿大等国也纷纷出台新的法律法规。各国反恐立法整体趋严，社会管控收紧。其三，升级反恐技术手段。例如，针对恐怖分子驾车冲进人群实施恐袭的案例，欧洲随即加强了相应防范措施，如设置机动路障、水泥柱墙等实现人车隔离。再如，针对极端思想在暗网的传播，各国抓取、分析涉恐信息的软件也在相继投入研发。其四，国际反恐合作进一步加强，大量反恐资源向“洼地”流动。如：法国、欧盟分别向萨赫勒五国捐资 800 万欧元和 5000 万欧元，助其初步建成联合反恐部队。

（三）加大运用高科技、大数据等手段进行反恐

随着当前高科技、特别是计算机网络技术的迅速发展，恐怖分子越来越多地使用生物技术、化学技术、核与放射性技术、网络技术等高科技手段。运用高科技、大数据反恐已是当务之急，利用高科技、大数据等技术手段加强恐怖袭击的预防，其重点应完善、提升反恐体系的防范预警机制、快速反应机制和后果处理机制。例如，采用大数据手段对“嫌疑犯”撒下严密、精确监控的天罗地网。又如，可采用心理学方式和高端心理测试仪器研究宗教极端思想的根源和演变，尽可能对具有极端思想的人员做艰苦细致的思想工作，如有的国家培养了一批伊斯兰教神职人员参与审讯工作，在周密的心理解析的基础上，手持古兰经对恐怖嫌犯进行耐心劝说，取得了较好的效果。为应对极端主义、恐怖主义组织和人员越来越多采用高科技手段，加紧研制、升级反恐怖装备、特别是高科技装备也刻不容缓。有学者担心，不久后恐怖组织可能使用无人驾驶车辆和无人机实施恐怖攻击，因为它们的造价已大幅下降。同时，在组织联系日趋松散的情况下，许多新生的“独狼”和恐怖团伙往往是自发形成的，而将这些人凝聚在一起的便是极端主义的意识形态。国际社会越来越认识到，反恐实际上也是一场“意识形态的斗争”。值得赞许的是，不久前一批高科技公司共同建立了“全球互联网反恐论坛”，以信息化技术反击网络恐怖主义和宗教极端主义。需要指出的是，为应对恐怖团伙越来越多地采用高科技手段，加紧研制、升级反恐装备、特别是高科技装备已刻不容缓。目前，新一代刑侦、技侦设备，防高爆设备，防车辆冲撞装置、身份识别安检设

备、不断升级的计算机硬件和软件，高效无线和卫星通讯器材、新式警用交通工具、高层消防装备、防化特种器材等等，都应尽快充实到反恐作战第一线。

（四）加强边境管控妥善解决难民问题

难民是欧洲国家遇到的无法躲避的重要事项，如何使其融入社会，减少参恐涉恐机率，必须对其进行妥善安排，并加强边境管控减少非法入境等问题。一是监控持有合法证件回国的“可疑分子”。在中东参与“圣战”的人员中，许多人持有原居住国的有效护照或旅行证件，随时可能通过正常途径回来。各国相关部门虽然发现了一些“迹象”，有时甚至收到了有关方面的通报，但在没有确凿证据的情况下无法对这些人采取拘押等强制措施，长期实施有效监控又十分困难。二是防止有极端思想的人员“升级”为暴恐行动实施者。近期发生暴恐袭击的国家都出现了这样的情况：当暴恐行动实施者被抓获或击毙后，人们才发现他们的名字早已在“具有极端思想”的人员名单上；还有些人居然在有关部门的可疑分子名单上全无记录，甚至被认为是“良民”，直到他们被抓获或击毙后，才在他们住处发现大量恐怖、极端思想宣传品和武器弹药，但这时一切都太晚了。

第二节　西欧地区主要恐怖袭击事件

2018 年，西欧袭击事件不断发生，类型各样，最具代表性的是驾车冲撞、枪击以及刀具砍杀等。

一、法国卡尔卡松市和特雷布镇袭击事件

2018 年 3 月 23 日上午，1 名持械男子先在奥德省的卡尔卡松市抢劫一辆汽车，并开枪射杀车内 1 名乘客、重伤驾车司机，随后驾车驶往卡尔卡松附近的特雷布镇，途中向 4 名警察射击，打伤 1 名警察。

（一）事件背景

制造该恐袭的男子 1992 年生于摩洛哥，2015 年曾因轻罪入狱一个月，

2016 年至 2017 年间，他曾受到情报部门的注意，但当时没有迹象显示他可能发动恐怖袭击。

该男子在实施连环袭击过程中，曾高呼效忠极端组织“伊斯兰国”，并要求法国释放一名两年多前参与制造巴黎连环恐袭案的恐怖分子。

（二）事件经过

2018 年 3 月 23 日上午，一名持械男子先在奥德省的卡尔卡松市抢劫一辆汽车，并开枪射杀车内 1 名乘客、重伤驾车司机，随后驾车驶往卡尔卡松附近的特雷布镇，途中向 4 名警察射击，打伤 1 名警察。此后他逃进特雷布一家超市试图劫持人质，并在超市内杀死两人，又劫持数人躲在超市内。①

在警方交涉下，袭击者留下一名女性、释放其他人质。44 岁的警官阿诺·贝尔特拉姆提出，与那名女性人质互换。互换后，贝尔特拉姆设法保持手机通话状态，让外面的同事听到超市内情况。听到枪声后，法国特种部队击毙袭击者。贝尔特拉姆受重伤，被送去医院抢救。

（三）事件影响

极端恐怖主义的威胁和难民潮冲击的社会矛盾进一步激化。同时，这次事件的发生将促使法国政府继续延长紧急状态，持续影响人们的日常出行和活动自由。

二、法国巴黎歌剧院附近发生一起持刀袭击事件

法国巴黎 5 月 12 日晚发生的持刀袭击事件已造成包括袭击者在内的 2 人死亡、4 人受伤，极端组织“伊斯兰国”宣称制造了此次袭击事件。②

（一）事件背景

袭击者来自车臣地区，自“伊斯兰国”被打散后，大量的“伊斯兰

---

① 参见《法国恐袭事件中英勇受伤宪兵中校不治身亡》，新华网，2018 年 3 月 24 日，http：//www. xinhuanet. com/。

② 参见《法国巴黎又发生恐袭事件致 1 死 4 伤 IS 宣称负责》，华声在线，2018 年 5 月 14 日，http：//www. voc. com. cn/。

国”武装分子流入俄罗斯车臣地区，再加上由于上世纪 90 年代以来，两次车臣战役的缘故，如今的车臣地区盘踞着大量的恐怖主义武装。而巴黎亦非第一次成为恐怖袭击者的目标，早在 2015 年的时候，巴黎便遭受过特大恐怖袭击，当时造成了 132 人死亡。在那次受到袭击后，法国对“伊斯兰国”武装进行了疯狂的报复。

自 2011 年来，每次对中东的行动都有法国的身影，利比亚也好，叙利亚也好，但凡有作战行动，法国都会充当急先锋的角色，当年出于对“旧殖民地”的维护，也出于其大哥山姆大叔不愿再陷入一场战争的原因，高卢鸡们毅然昂着头扑向了利比亚，然而令大公鸡们没有想到的是，“伊斯兰国”也的确是个疯狂的存在，差不多和他们有过交集的国家都遭了他们的殃。因此，法国及西欧的其他国家将成为恐怖分子袭击的重点。

（二）事件经过

当地时间周六晚，法国巴黎市中心发生持刀袭击事件，一名男子持刀随意袭击路人。袭击地点位于首都巴黎 2 区，距离著名景点巴黎歌剧院仅几百米。巴黎歌剧院附近有商业街，是人群非常密集的地区。

袭击发生后，警方封锁了事发现场，一些荷枪实弹的警察在附近维持秩序，不时有警车和救护车驶入。法国巴黎检察官弗朗索瓦·莫兰在现场召开新闻发布会时表达：“多位目击者证实袭击者在行凶时高呼宗教口号，考虑到袭击者的行为方式，巴黎检察院反恐部门已展开调查。”极端组织“伊斯兰国”宣称制造了此次袭击事件，但尚未确认袭击者具体身份。

法国总统马克龙 12 日晚在社交媒体上向此次袭击事件受害者表示慰问和哀悼，并向击毙歹徒的警察致敬。他说，法国不会向极端分子低头，“法国再次付出了血的代价，但丝毫不会向自由之敌退让”。反恐专家李伟认为，马克龙上台以后，虽然在不断修订反恐法，不断强化反恐措施，但是对于类似独狼式的恐怖袭击依然无法完全遏制。这次恐怖袭击不仅对法国，对欧洲其他国家也会产生很大影响。

（三）事件影响

巴黎是整个欧洲的中心城市，在这里制造恐怖袭击可以造成辐射效应，产生全球性影响；“独狼式”袭击是极端组织的报复性打击手段，为了达到一定的政治目的，以暴恐手段对法国和其他西方国家起到恫吓作用。

三、比利时列日枪击事件

2018 年 5 月 29 日，比利时东部城市列日发生枪击案，涉案枪手被警方击毙，比利时当局将事件定性为“恐怖袭击”，该事件造成至少 3 人死亡，数人受伤。

（一）事件背景

“独狼式”袭击成本低且更加隐蔽，加上“伊斯兰国”在网络上的煽动，成为极端分子发动袭击的首选方式。在比利时列日市，枪杀 2 名警察和 1 名平民的男子在袭击发生前一晚还杀死了 1 名男子。检察官称他们将这些袭击视为“恐怖主义谋杀”。这名枪手在被警察击毙之前，还在一所学校里劫持了 1 名女性做人质。官员说，这名 31 岁的男子在袭击期间多次喊出“Allahu Akba”（阿拉伯语中的“真主至大”）。

（二）事件经过

2018 年 5 月 29 日上午 10 时 30 分左右，涉案枪手在列日市中心一家咖啡馆附近，先是从背后挥刀砍伤两名巡警，随后夺走他们身上佩戴的枪支，开枪将 2 名巡警及 1 名坐在车中的路人射杀。

接着枪手逃进邻近的中学，将一名女性工作人员劫为人质。在与警方对峙中，枪手被击毙，人质及学校的师生无恙，不过数名警察在枪战中受伤。现场传来多起枪声，人们四散逃亡，事发地及附近街区被警方封锁。造成至少 3 人死亡，数人受伤，涉案枪手被警方击毙。

（三）事件影响

列日市检察官宣布，“这起事件被定性为恐怖袭击”。

事后比利时政府将全国安全警戒级别一度提至最高的 4 级，即安全威胁“严重而紧迫”。

四、其他恐怖袭击事件

1 月 2 日，法国跨年期间发生了多起汽车纵火事件，据统计，2017 年 12 月 31 日有 1031 辆汽车被毁，510 人被逮捕，被烧毁的汽车和被捕的滋事者都有所增加。

1 月 12 日，3 名法国士兵在马里东部的一起汽车炸弹袭击中受伤。

2 月 1 日，法国港口城市加来发生阿富汗人和厄立特里亚人大规模移民斗殴事件，至少 5 人遭枪击，身受重伤。遭枪击的 5 人中，4 名厄立特里亚青年被送往当地医院接受手术治疗。另一人因伤势严重，被送到附近的里尔接受治疗。

2 月 22 日，据法国情报部门判断，巴黎系列恐袭的主谋之一——化名“阿布·艾哈迈德”的比利时籍摩洛哥裔男子欧萨马·阿塔尔已在中东地区身亡。现年 33 岁的欧萨马·阿塔尔拥有“埃米尔”“化学家”等多个绰号。欧洲警方调查认定，阿塔尔是组织 2015 年巴黎系列恐袭和 2016 年布鲁塞尔连环爆炸案的主要幕后黑手之一。法国和比利时反恐情报人员怀疑，阿塔尔从叙利亚遥控招募了至少 4 名参与巴黎系列恐怖的恐怖分子，其中包括两名在法兰西球场发动自杀式袭击的“人肉炸弹”。

2 月 22 日，一封寄给英国哈里王子与未婚妻梅根·马克尔的信件内含白色粉末并包含疑似种族歧视内容。

2 月 27 日，英国皇家歌剧院及附近的科文特花园受炸弹威胁，据称现场发现“可疑包裹”，已进行人员疏散。在接到消息称皇家歌剧院及附近的科文特花园发现“可疑包裹”后，伦敦警察厅即刻派警察赴现场并疏散人群，警方也带着嗅探犬对现场进行了搜查。随后不久，伦敦警察厅及英皇家歌剧院发表声明称，此事已终结，现场已恢复正常，皇家歌剧院的工作人员和艺术家们已经安全返回室内。

3 月 4 日，西非国家布基纳法索首都瓦加杜古发生爆炸，军方总部大楼附近的法国使馆、法国文化中心遭受袭击。布基纳法索警察总长说，首都遭到“疑似极端分子”攻击。布基纳法索安全部长晚些时候证实，袭击造成至少 16 人死亡，约 80 人受伤。

3 月 7 日，英国中央刑事法院开庭审理伦敦帕森斯绿地爆炸案，嫌犯艾哈迈德·哈桑（AhmedHassan）曾自己承认被极端组织训练杀人。2017

年 9 月，18 岁的哈桑在伦敦西部一条高峰时期列车上放置炸弹，并在帕森斯绿地站引爆，致使 30 多人严重烧伤。

3 月 14 日，俄前双面间谍斯克里帕尔及其女儿于在英国一购物中心附近离奇昏迷一案尚未查明真相，近日又曝出了另一起俄罗斯流亡商人在英国死亡的事件。据悉，英国反恐小组已介入对此事的调查。

3 月 20 日，法国伊泽尔省（Isère）日前破获一个“圣战”团体，其中 3 人因涉嫌为恐怖活动提供资助而被移送起诉。据官方统计，目前仍有 600 多名法国人在中东地区从事“圣战”。自 2014 年以来，大约 1700 名法国人离境前往伊拉克和叙利亚等地参加“圣战”。据巴黎地方检察官掌握的情报，有 676 名法国人，其中包含 295 名女性，目前仍然停留在相关地区。

3 月 23 日，法国总统马克龙表示，一名持有武器的恐怖分子当天在法国南部奥德省的卡尔卡松市和特雷布镇制造恐怖袭击，导致 3 人丧生、16 人受伤，其中至少 2 人伤势严重。该男子目前已被法国特种部队击毙，极端组织“伊斯兰国”宣称对此负责。

3 月 24 日，法国内政部长科隆上午在社交媒体上宣布，在法国南部奥德省特雷布镇超市人质劫持事件中受伤的宪兵中校阿诺·贝尔特拉姆不治身亡，使此次系列恐袭的死亡人数增至 4 人。

3 月 24 日，在法国南部发生连环恐怖袭击至少 3 人死亡事件后，法国总统马克龙主持召开紧急会议，重申坚决打击恐怖主义的决心。

3 月 28 日，英国数百所学校收到了恐吓电邮，威胁学童将受到汽车袭击或枪击，多校暂时关闭以防万一。但警方其后表示，相信其中逾百所学校收到的电子邮件只是恶作剧。

4 月 2 日，伦敦警方确认，在伦敦市区遭枪击的一名 16 岁男孩 3 日在医院死亡。这是伦敦今年以来第 50 名暴力犯罪遇害者。英国警方统计，伦敦今年以来暴力犯罪案件频发，3 个多月已有 50 人死于凶杀，创 2005 年以来同一时间段内的最高纪录。

4 月 26 日，法国最高反恐检察官弗朗索瓦·莫兰说，安全部门确认 416 名法国人向极端组织“伊斯兰国”捐款。按照莫兰的说法，这些资金大多由在土耳其和利比亚的 320 名筹款人转给武装分子。

5 月 3 日凌晨，英国伦敦一庆典现场突发爆炸，造成至少 30 人受伤。有目击者称，有人向庆典篝火中投掷手机，这可能是引发爆炸的原因。

5 月 2 日，法国媒体报道，法国公共账务部部长热拉尔德·达尔马宁收到多封匿名死亡恐吓信，信中主要提到他“归顺”法国总统马克龙并且多次被指控“强奸”。目前，达尔马宁已针对恐吓信提出控告。

5 月 12 日晚，法国巴黎歌剧院附近发生一起持刀袭击事件，导致 1 人死亡、4 人受伤，伤者中有一名中国籍公民。12 日晚间发生持刀袭击事件，造成包括凶手在内的 2 人死亡，4 人受伤。极端组织“伊斯兰国”宣称对此次袭击负责。据消息人士称，实施这起袭击的男子在车臣出生。

5 月 23 日晚，英国警方逮捕了一名 19 岁男子，原因是此人涉嫌“准备恐怖行动”。伦敦大都会警察局在声明中表示，这起事件与上周被逮捕的一名 18 岁男子涉嫌准备“恐怖行动”有关，也和 23 日在伦敦南部逮捕的一名 20 岁女子有关。

5 月 29 日，上午 10 时 30 分，比利时东部城市列日发生一起枪击事件。在列日市中心日常巡逻的两名女警察遭到一名持刀男子袭击。男子抢走警察枪支并把两人打死，后在逃窜途中又打死一名路人。袭击者最终被击毙。当天东部城市列日发生的枪击警察事件是“恐怖袭击”。目前事件原因尚在调查中。

5 月 31 日，涉嫌鼓动伊斯兰武装分子攻击英国王室四岁乔治王子的男子，当日在伦敦的法庭承认犯下恐怖主义罪行。32 岁的英国男子胡赛因·拉希德（Husnain Rashid）在通讯应用 Telegram 上发布信息，并上传乔治王子的照片，鼓动“圣战”分子对这位英国王室的第三顺位继承人实施攻击，还提供了一些可能地点的资料，如王子在伦敦的学校地址，并宣言“即便是王室，亦不能幸免”。

6 月 6 日，法国司法部长尼古拉·贝卢贝（Nicole Belloubet）女士当日接受法国 BFMTV 电视台采访时确认，从现在起到 2019 年将有 450 名在押的伊斯兰极端分子刑满获释。巴黎检察官弗朗索瓦·莫兰（François Molins）称这将对法国安全构成“重大威胁”。目前法国有近 500 名犯人是伊斯兰恐怖分子，他们在入狱之前已经走上了宗教极端化道路。其中有 20 人将在 2018 年内出狱，30 人在 2019 年出狱。此外还有 1000 多人因普通刑事或民事罪行入狱，但在监狱里走上了极端化道路，其中 30% 的人将在 2019 年出狱。法国政府将成立特别协调小组，对这些危险分子进行跟踪测试，预防他们出狱后重操旧业，试图通过这种办法解决这一棘手难题。

6 月 17 日，法国东南部沿海城市滨海拉塞讷发生一起持刀伤人事件。一名女性在超市高喊“真主伟大”，并用小刀刺伤 2 人。目前各方信息显

示，行凶者可能存在心理问题，但检察机关表示不排除激进化倾向

6 月 19 日，英国伦敦北部南门地铁站发生小规模爆炸，造成至少 5 人受伤。当地警方称爆炸与恐怖主义袭击相关的可能性不大，而经专家鉴定，可能是由于电池短路引起的。尽管如此，事故仍然引发恐慌。

6 月 22 日，英国警方在伦敦查令车站发现一名可疑男子，该男子自称携带了一枚炸弹。英国警方随后关闭查令十字车站并进行了人群疏散。伦敦警察厅警员证实，他们目前正在协助英国交警处理此事。

7 月 1 日，法国在西非国家马里北部的一支联合巡逻部队遭自杀式汽车炸弹袭击，4 名平民丧生，31 人受伤，包括 4 名法方士兵。马里国防部发言人布巴卡尔·迪亚洛说，参加“新月形沙丘”行动的法方军人和马里政府军在加奥大区联合巡逻时遭伏击。武装人员先是用一辆汽车冲撞巡逻队，随后引爆炸弹、开枪。

7 月 3 日至 4 日夜间，法国卢瓦尔－大西洋区的南特市爆发骚乱。事件起因是一名 22 岁的来自巴黎的男子驾车拒绝服从交通管制，并在倒着开车的时候撞到了一名警察，防爆武警因此向他开枪，伤及该男子的颈部动脉，随后该男子伤重不治。一名检察官表示，这名男子此前有逮捕令在身，罪名是“有组织的偷盗，窝藏赃物等”。

8 月 12 日凌晨，英国曼彻斯特莫斯赛德地区发生枪击事件，造成 10 人受伤，案件原因和枪手身份还在进一步调查中。事发地区位于曼彻斯特市中心以南约 3 千米处，是黑帮团体活跃区域，当地毒品枪支泛滥问题非常严重。

8 月 14 日，英国伦敦一辆汽车以时速 80 千米的速度撞向国会大楼，期间撞倒多人。涉事司机被捕，动机未明，事件导致两人受伤。当局把事件定性为恐袭，反恐警方接手调查。有目击者说，司机当时蓄意撞人。伦敦警察厅 15 日对外公布，14 日晨英国议会大厦驾车撞击事件肇事者为萨利赫·哈特（Salih Khater），已被列为恐袭犯罪嫌疑人。

8 月 22 日，早间荷兰格尔德兰省城镇林厄瓦尔德（Lingewaard）的市政厅遭到袭击。一名男子驾驶一辆携带有两个燃气罐的汽车冲进市政府大楼，随后其中一个燃气罐发生爆炸，驾车男子死亡。警方认为，这起事件应与恐怖主义无关。

8 月 23 日，法国巴黎郊区发生持刀袭击事件，造成 2 人死亡、1 人重伤。据称，这起事件可能与家庭纠纷有关，两名受害者是袭击者的家人。

但与此同时，极端组织“伊斯兰国”宣称对袭击负责。法国地方政府官员称，袭击者被警方开枪打死。

8 月 27 日晨，英国伦敦市中心摄政街发生汽车撞人事件，造成 4 人受伤。当日凌晨 4 点 30 分左右，在伦敦市中心繁华街道摄政街，一辆汽车在一辆警方摩托车的追捕下撞上公交车站，致使一名行人和车内 3 人受伤。4 人均被紧急送往医院，目前暂无伤亡详情报告披露。英国警方将此列为恐怖袭击事件，目前此案正在审理中。

8 月 31 日中午，一名男子在荷兰阿姆斯特丹中央火车站站台持刀刺伤 2 人，后被警察开枪击中。事件造成火车站人群恐慌，站前广场人员被临时疏散，事发站台被关闭数小时。两名伤者伤势严重，但无生命危险，美国驻荷兰大使馆已确认伤者是美国公民。

9 月 14 日，法国南部城市尼姆的一家酒吧附近发生汽车撞人事件，已致 2 人受伤。据目击者称，事发时司机驾驶一辆白色车辆冲进人群，失去方向控制之后撞向街边的护栏，当时他嘴里还高喊“真主至上。”目前还没有官方消息证实这一事件是恐怖袭击。事发之后他试图逃跑，但目前已被警方逮捕。

9 月 19 日，法国总统马克龙出席恐怖主义受害者年度纪念仪式。马克龙在致辞时表示，法国将建立一座恐袭受害者纪念馆，也将加强照顾恐怖袭击受害者。

11 月 6 日，英国《每日镜报》报道称，外号“白寡妇”的英国恐怖嫌犯仍然活着，并正在叙利亚与“伊斯兰国”狂热分子并肩作战。50 岁的萨莉·琼斯曾被认为在 2017 年 10 月与她 12 岁的儿子乔乔在一次无人机攻击中被炸死。但一名被叙利亚库尔德武装抓获的加拿大籍“伊斯兰国”武装分子坚称，她躲过了那次袭击。化名“图拉布”的穆罕默德·阿里告诉恐怖主义研究人员阿马尔纳特·阿马拉辛加姆说，琼斯正藏匿在叙利亚的东北部。

11 月 17 日，英国伦敦北部地区傍晚发生枪击事件，至少造成 3 人受伤。当居民们在火车站附近进行圣诞前采购时发生了枪击事件。地点位于伦敦恩菲尔德区，3 人被送医治疗，其中 2 人受枪伤。事发现场已被封锁。

11 月 21 日，英国伦敦北部的一个废弃的公寓里发现了两个自制的爆炸装置，目前英国反恐部门已介入调查。据反恐人员初步调查，该公寓先前并未与恐怖主义有所联系。

12 月 11 日，法国斯特拉斯堡市圣诞集市附近发生枪击事件，目前已造成 4 人死亡，11 人重伤，警方仍在追捕嫌犯。官方表示，此案可能与“恐怖袭击”有关，法国的反恐部门已展开调查。法国总统马克龙也密切关注事态进展。中国驻斯特拉斯堡总领馆已发布紧急安全提醒。

第三节　西欧地区主要反恐怖军事行动

2018 年西欧需要痛定思痛，反恐形势不容乐观，“基地”组织可能死灰复燃。数据显示，法国安全部门已挫败 25 起恐袭企图。2018 年上半年，法国西南部奥德省、巴黎市中心等地相继发生恐袭事件，极端分子袭击警察等治安人员的事件时有发生。为了应对恐袭威胁及其所带来的社会恐慌，法国总理菲利普近期宣布的反恐计划共推出了 32 条措施，拟从识别、阻止、保护、惩戒和共同行动五方面入手，通过设立专门机构，应对“不断演变的恐怖主义威胁”。近期的恐袭多为驾车冲撞或是持刀行凶，“独狼式”袭击成为主要的恐袭手段，有关部门很难进行有效防范。有鉴于此，反恐部门呼吁建立更有效的信息共享机制，以准确识别出可疑行为，防患于未然。难民危机与移民融合难题叠加，欧洲想彻底消除本土“内生性”恐怖主义威胁，需要刮骨疗伤，还有很长的路要走。除了反恐力量和手段需要得到加强之外，西欧更应该从整体和根源性的角度，思考西欧恐怖主义成因，找到综合解决恐怖主义的方案。

一、法国警方展开反恐行动逮捕嫌疑人

法国境内的流浪人员及极端分子袭击事件增多，境内宗教场所组织宣传极端思想受到法国警方的高度重视。

（一）事件背景

法国境内位于格朗德桑市的穆斯林协会 2005 年成立，近年来，因宣传极端思想受到警方关注。

（二）事件经过

10 月 2 日，法国北部，当地警方在北部省格朗德桑特市展开反恐行动，逮捕了 11 名嫌疑人。这次反恐行动的目标是位于格朗德桑特市的一家穆斯林协会，约 200 名警察对协会总部和部分负责人的住家进行了搜查。

（三）事件评析

自 2015 年遭到多起恐怖袭击以来，法国一直处于全国紧急状态。2017 年 10 月 31 日，法国总统马克龙宣布结束长达 718 天的全国紧急状态但同理签署新的反恐法案，新反恐法案赋与法国各省省长多项权限，如可批准在举办重大体育、文化及节庆活动时设立警戒区、监视可能从事恐怖活动的重大嫌疑人，以及关闭传播极端思想的宗教场所。

二、英国警方抓捕驾驶汽车冲撞议会大厦嫌犯

恐怖主义对英国仍然是巨大威胁，近期的恐怖袭击多为驾车冲撞或是持刀行凶，有关部门很难进行有效防范。近 17 个月内遭到 6 次恐怖袭击，英国反恐形势严峻复杂。

（一）事件背景

8 月 14 日，一名男子驾驶汽车撞击人群及英国议会大厦外的防护栏，造成多人受伤。英国警方迅速逮捕了涉案司机，并将这一事件定性为“恐怖袭击”。

（二）事件经过

8 月 14 日，一名男子驾驶一辆汽车撞上英国议会大厦外的安全护栏，致多名行人受伤，警方当场拘捕该名男子。据外媒报道，该嫌犯身份确定，名为萨利赫·卡特（Salih Khater），系苏丹裔英国公民。14 日早晨 7 时 37 分，嫌犯驾驶银色福特嘉年华车，冲撞了骑自行车的人和行人，之后撞上了英国议会大厦外的安全屏障。事件造成 1 名男子和 1 名女子受伤，他们在案发现场接受治疗后，被送往医院，目前两人都已经出院。据悉，另有一名男子也在现场接受了治疗。

（三）事件评析

8 月 16 日，英国议会大厦附近制造汽车冲撞事件的嫌疑人身份背景逐步明朗，基本上排除了宗教极端主义的作案动机，但警方仍将此事件界定为恐袭事件，并继续对嫌疑人展开问讯和调查。由于伦敦等英国大城市接连发生恐袭事件，如何加强安保措施成为舆论关注的焦点。伦敦市长萨迪克·汗主张对议会大厦附近广场实施“交通封锁”，将其改造为步行区，但也有舆论声音反对采取过度的安保警戒措施。此次袭击事件是英国 17 个月内遭受的第六次恐怖袭击，凸显出英国国内严峻的反恐形势。

三、其他反恐怖军事行动

1 月 6 日，法国总统马克龙新年伊始即宣布将立法打击虚假新闻。这是继德国、英国和意大利之后，又一个宣布向虚假新闻宣战的欧洲国家。马克龙说：“如果哪个机构或个人传播了虚假新闻，就应该受到法律制裁，责令其删除相关内容，关闭相关网站或涉案用户的账号。”

1 月 8 日，法国内政部长科隆说，2017 年法国共挫败 20 起恐怖袭击图谋。法国《进步报》报道说，科隆强调，如今法国没有任何地方是零风险，每个地方都要对恐袭保持警惕。2017 年 12 月底，法国安全部门分别在巴黎地区和里昂市抓获一名 19 岁女子和一名 21 岁男子，两人均企图实施恐袭。

1 月 10 日，伦敦市长萨迪克·汗（Sadiq Khan）对外界表示，伦敦警方将加大街头拦截搜身的力度，以防止不断上升的暴力犯罪。

1 月 12 日，据英国天空电视台报道，警方在伦敦希斯罗机场逮捕了一名女子，称其涉嫌准备进行恐怖主义行动。

1 月 15 日，法国一座监狱日前发生服刑罪犯持刀捅伤 3 名狱警事件，全法各地监狱工会发起声援和罢工行动，要求更安全的工作环境。事发地的监狱长已经辞职，法国司法部长将视察该监狱，而总统马克龙也承诺将针对监狱系统制定一份改革“全面计划”。

1 月 15 日，法国国防部长富罗伦萨·帕尔利在巴黎表示，希望推动非洲萨赫勒五国集团联合部队能力的加速提升，并完成相关“行动路线图”，在打击该地区恐怖组织上取得进展。由法国组织的支持萨赫勒五国集团部长级会议当天在巴黎召开，帕尔利与非洲萨赫勒五国集团的国防部长以及军队参谋长出席会议。帕尔利表示，五国联合部队必须在 2018 年具备行动能力，在法国“新月形沙丘”军事行动提供支持的基础上，在未来 6 个月内完成相关路线图。据法国媒体报道，此次会议的主要目标是尽快加强该支多国部队的作战能力。据法国国防部消息称，该部队的士兵人数有望在 2018 年的年中达到 5000 人。

1 月 18 日，法国和英国将签署一份协议，加速英方接收滞留在法国的未成年难民移民的进程。同时，双方将加强在军事、经济等领域的合作。

1 月 16 日晚间，一名法国女子因涉嫌与恐怖行动有关，从叙利亚回国后在巴黎戴高乐机场被捕。与该女子随行的还有其 3 个孩子，目前这 3 名儿童暂时被移交监管。

1 月 18 日，英国首相特蕾莎・梅和法国总统马克龙达成新的边境安全协议，英国将支付法国更多费用，以阻止移民试图从法国这端前往彼岸的英国。

1 月 18 日，第 35 届英法峰会在英国桑德赫斯特皇家军事学院拉开帷幕，英国首相特雷莎・梅和法国总统马克龙会谈，重点讨论两国面临的非法移民和军事防务两大问题。

1 月 22 日，比利时首相米歇尔表示，比利时的全国反恐警戒水平已经从 3 级下调至 2 级。不过米歇尔指出，比利时仍旧密切关注安全形势。

1 月 28 日，法国司法部长尼科尔・贝卢贝表示，如果为极端组织“伊斯兰国”作战的法国籍“圣战”分子在伊拉克或叙利亚被判处死刑，法国政府将进行干预。

1 月 29 日，荷兰最大的三家银行称，过去一周它们多次遭到连续的网络攻击，导致银行网站无法登录，网银服务中断。

2 月 8 日，欧洲国家一方面不打算将在伊拉克、叙利亚反恐战争中被俘的本国公民引渡回国，由本国司法部门审判；另一方面，又反对伊拉克等当地国家的司法部门在审判时判处这些欧洲“圣战”分子死刑。不过，对于随父母前往中东参加“圣战”或在中东出生的儿童，欧洲国家均对其命运表示了关注。

2 月 8 日，法国国防部长弗洛朗丝・帕利说，法国 2019 年至 2025 年国防预算将达到近 3000 亿欧元（约合 3680 亿美元），以期让法国“掌握自身命运”。

2 月 13 日，英国议会大厦的一间办公室收到一个可疑包裹，反恐警察前往现场调查，但后来发现这种粉末是无害的。

2 月 18 日，英国首相特雷莎·梅 17 日呼吁欧洲联盟从“务实”角度出发，在明年 3 月英国正式“脱欧”前与英国达成新的打击犯罪和反恐安全协议，以保护双方公民人身安全。

2 月 20 日，法国反恐部门在该国南部逮捕了 3 名与巴塞罗那恐袭有关的嫌疑人。目前，尚无证据显示这 3 名嫌犯直接参与了此次恐袭。法国对内安全总局执法人员 20 日在南部加尔省和塔恩省分别展开反恐行动，共逮捕了 3 名男子。他们被怀疑与制造巴塞罗那恐袭的恐怖分子有联系。

2 月 21 日，两名法国军人当天上午在马里执行反恐任务时，因乘坐的装甲车触发简易爆炸装置引起爆炸而不幸身亡。法国总统马克龙向牺牲的两名军人致以深深敬意，并向其亲友表示慰问。

2 月 21 日，法国政府正式提出了新的移民和避难法案。此间媒体认为，这是一份充满争议的法案，首次在执政党阵营内部引发分歧。

2 月 22 日，英国情报部门军情五处前负责人伊莉莎·曼宁汉－布勒说，英国目前正与欧盟在安全事务方面开展“极其紧密”的合作，因此并不希望看到这种关系因“脱欧”受到损害。

2 月 24 日，法国国防部长弗洛朗斯·帕尔丽透露，法国在非洲撒哈拉—萨赫勒地区开展的反恐行动迄今已击毙 450 名极端组织武装分子。

2 月 24 日，法国总理爱德华·菲利普公布防范极端思想蔓延的国家行动计划，通过 60 项措施在监狱、社交媒体和学校等不同层面加大打击极端化的力度。

2 月 26 日，法国政府公布了一项新的去极端化计划，针对监狱、学校和社交媒体等提出了 60 条改革措施，将教育、司法、科研、网络、企业等均纳入去极端化领域，以更好地预防极端思想的侵袭，保证法国国土安全。舆论分析，这一计划与以往政策不同的是不再仅仅依靠社会力量，而是发动与之相关的多个专业领域，使其打破隔阂、产生联动，凸显了法国政府预防极端思想蔓延的新方向。

2 月 26 日，法国内政部长杰拉尔·科隆透露，今年年初以来，法国已经挫败了两起恐怖袭击图谋，其中一起的目标是“体育设施”，另一起针对执行“哨兵行动”巡逻任务的军人。

2 月 26 日，法国总统府发表公报说，法国总统马克龙和德国总理默克尔当天与俄罗斯总统普京进行电话会谈，法德表示愿与俄罗斯共同努力推动叙利亚和平进程。

3 月 2 日，英国《太阳报》网站发表史蒂夫·霍克斯的文章《“圣战新娘”来了》称，布鲁塞尔担心，将近 1000 名“圣战新娘”将返回西方，从而带来一个令人胆寒的新的恐怖威胁。欧盟边境管理机构官员发布的报告警告说，威胁正在“发展”，欧洲将面临由女性和孩子带来的巨大风险。在前往中东加入“伊斯兰国”之后，这些女性和孩子将返回。欧洲边境管理局的报告说，来自欧洲的大约 1000 名妇女已经加入恐怖组织，据信“数百名”未成年人已经被带到该地区。随着“伊斯兰国”的崩溃，估计很多人将试图返回。

3 月 4 日，曾为俄罗斯和英国双面间谍的斯克里帕尔（66 岁）和女儿尤莉亚（33 岁）被发现在英格兰西南部索尔兹伯里一座购物中心外的长椅上昏迷不醒。两人目前仍在医院留医，病情危急。英国调查后说，两人是被诺维乔克神经毒剂所伤。该说法随后遭到俄方否认。

3 月 4 日，比利时布鲁塞尔警方在反恐搜查行动中，逮捕了 8 名嫌疑人士。比利时当地媒体报道了这一消息，随后，法新社联系到了接近调查的消息人士，证实了这些人于 4 日在莫伦贝克（Molenbeek）被捕，该地区与巴黎和布鲁塞尔的恐袭有关。

3 月 7 日，法国情报部门的最新统计数据显示，过去 4 年中共有 300 名为极端组织“伊斯兰国”效力的法国公民在伊拉克和叙利亚地区身亡。

3 月 15 日，法国东部伊泽尔省当局近日在干诺贝地区展开反恐突击行动，共 5 人落网，分别为 4 男 1 女，他们正在被司法警方反恐部门拘留。有关行动是为了捣毁在伊拉克和叙利亚恐怖组织的网络，巴黎调查法官下令针对数个可疑财务组织展开搜查，涉及已前往伊拉克和叙利亚的两名男子。与二人有联系的几名被捕男子为 18 至 30 岁，被捕女子则为 53 岁，原籍全部为法国干诺贝市。

3 月 15 日，英国国防部长表示，英国将投资 4800 万英镑（约合 4.2 亿元人民币）在其位于维特郡波特唐的军事研究实验室建立一个新的化学武器防御中心。

3 月 16 日，英国、法国和德国联合向欧洲联盟提交文件，提议欧盟以伊朗试验弹道导弹、支持叙利亚政府为由，对伊方施加新的制裁。

3 月 19 日，法国总理菲利普在公布新的反种族主义与排犹主义计划，旨在“更有效地”打击与取缔互联网上的仇恨言论，通过强迫平台“负起自己的责任”来遏止倾泄在网上的“仇恨浊流”。

3 月 21 日，荷兰选举地方议员，同时就是否支持一项赋予政府更多网络监视权力的新法举行公民投票。初步结果显示，反对这项新法的荷兰选民占上风。

3 月 23 日，在人们担心俄罗斯可能发动网络袭击导致停电之际，谍报机构的负责人告诫英国主要电力公司的老板们要加强安全防范。国家网络安全中心官员近日提醒国家电力公司保持警惕，并就如何加强防范以防止断电问题给出了建议。

3 月 23 日，法国警方逮捕两名据信关联当天奥德省连环袭击案的嫌疑人。一名持枪男子 23 日上午在法国南部奥德省卡尔卡松市和特雷布镇先后发动袭击，遭警方击毙。根据法国政府发布的信息，袭击者 25 岁，摩洛哥出生，法国国籍，与父母等家人住在卡尔卡松。他当场杀害 3 人、致伤 16 人，一名受伤警官 24 日上午不治身亡。

3 月 26 日，法国南部小城特雷布的一家超市上周五发生恐怖袭击事件，在与恐怖分子的对峙中，警官阿尔诺 · 贝尔特拉姆主动要求与人质进行交换，并在之后的交火中身受重伤。24 日，法国内政部长柯隆布表示，贝尔特拉姆因伤重不治身亡。贝尔特拉姆在袭击中英勇无畏的表现感动整个法国，政要和民众纷纷于上周末对他表示哀悼。

3 月 26 日，法国外长勒德里昂在约旦河西岸城市拉姆安拉说，法国坚持通过“两国方案”解决巴勒斯坦与以色列的矛盾。

3 月 27 日，南法城镇特雷布恐袭事件的调查工作仍在继续。与此同时，法国右派反对党借机向总统马克龙发难，指责其“天真”，并要求恢复紧急状态。法国当地时间 3 月 26 日，法右翼在野党共和党成员洛朗 · 沃基耶（Laurent Wauquiez）指责马克龙在反恐问题上持“错误的天真”态度，并敦促后者恢复“紧急状态”。

3 月 29 日，一名自称为极端组织“伊斯兰国”战士的男子日前在法国南部的一个小镇开枪射击，造成 4 人死亡，该男子现年 25 岁，来自摩洛哥。在此次事件中，自愿成为人质的警员、44 岁的贝尔特拉姆被肇事男子杀害，法国政府在巴黎市内为追悼贝尔特拉姆举行了国葬。

3 月 29 日，法国决定从明年起儿童 3 岁开始就得接受义务教育。法国国总统马克龙当天在巴黎的“幼儿教育”研讨大会上宣布这项决定，称这是为了促进平等和预防恐怖主义蔓延。

3 月 30 日，法国总统马克龙向库尔德主导的叙利亚民主力量（SDF）成员承诺称，法国将保护叙利亚北部的稳定，对抗极端组织“伊斯兰国”（IS）。随后，叙利亚民主力量驻巴黎代表团成员 Khaled Eissa 向媒体表示，马克龙已承诺将向该地区派兵支援，提供人道主义援助并推导外交解决方案。但并未透露法国可能派驻的士兵人数。

4 月 3 日，英国特种空降部队的成员正藏身位于伦敦、伯明翰和曼彻斯特的秘密地点，小组成员包括狙击手和拆弹专家。

4 月 8 日，土耳其再次因为在叙利亚的库尔德民兵与法国发生纠纷。土耳其总统埃尔多安对法国总统在爱丽舍宫接见叙利亚库尔德民兵代表的行为表示不满，并指责此举相当于法国支持恐怖分子。由于法国对叙利亚“民主军”（SDF）的支持，法国和土耳其这两个北约盟国近段时间以来已经开始有外交争端。

4 月 9 日，3 名通过网络游戏认识的法国青少年因涉嫌策划袭击军事设施在巴黎未成年人刑事法庭出庭受审。这 3 名青少年不仅迅速被极端思想洗脑，而且还计划对法国西南部的贝阿尔角海军设施发动袭击。他们被控“合伙从事恐怖主义犯罪活动”，最高将面临 20 年监禁的刑期。

4 月 12 日，美英法等国对叙动武蓄势待发之际，欧洲航空安全组织（Eurocontrol）发布紧急通知，警告飞经叙利亚及周边空域的航班“未来72 小时”谨防导弹袭击。总部设在布鲁塞尔的欧洲航空安全组织在一份简短公告中称，由于未来 72 小时可能对叙利亚发射空对地导弹或巡航导弹，飞机飞行倚赖的无线电导航设备可能间歇性中断，即日起飞经东地中海空域的航班须谨慎行事。

4 月 12 日，英国政府发言人发表了一则声明，称英国内阁已达成一致，决定支持美国对叙利亚的军事行动，以确保阿萨德政权不会继续使用化学武器，但具体的行动措施并未说明。当天下午，在英国内阁会议上，部长们收到了叙利亚杜马无辜平民袭击事件的最新消息，消息表示阿萨德政权“极有可能”对叙利亚人民使用了化学武器。内阁一致认为，鉴于阿萨德政权有使用化学武器的记录，且阿萨德政权“极有可能”是这次化学武器袭击的责任方，部长们认为，要采取相应措施以防止化学武器被再次使用。

4 月 12 日，法国总统马克龙接受法国电视 1 台专访时说，由于在法国发动过恐袭的一些恐怖主义分子来自叙利亚，法国将在叙利亚把打击恐怖主义进行到底，这是法国对于解决叙利亚局势计划的第一步。

4 月 13 日，英国民众对叙利亚动武持保留态度，仅 22% 表达支持，即便如此，英国政府依然同意“有必要有所动作”，将军事行动的选项纳入考虑。

4 月 14 日，美英法三国对叙利亚发动军事打击。有分析指出，西方国家发起此次袭击，既为震慑地区博弈对手，也为安抚中东盟友，但不足以改变叙利亚及中东地区政治、军事形势发展趋势。

4 月 14 日，英国和法国政府两国分别派出“旋风”战斗机和“阵风”战斗机参与美军行动，攻击叙利亚境内目标。

4 月 14 日，美、英、法三国发射 100 多枚导弹，对叙利亚政府军事、民用设施发动空袭。这是继去年 4 月用军事手段打击叙政府军目标后，西方国家再次对叙利亚采取军事行动。理由也跟上次如出一辙，为了回应对日前叙利亚东古塔地区发生的“化学武器袭击”。

4 月 14 日，法国南部城市蒙彼利埃于发生示威游行，但抗议活动失控，演变为骚乱，警方逮捕 50 余人。市长指控当地一位左派议员采取纵容态度，应当为事态负责。示威人数的规模在 1000 人到 2000 人之间，其中有无政府主义者、反对大学入学制度改革的活动人士、维护移民权利人士、以及反对朗德圣母地区强行驱离行动人士等，诉求并不完全相同。

4 月 16 日，法国尼斯市在 3 所小学试行“让警察守卫校园”的做法。市长埃斯特罗斯表示，警察进驻校园能起到震慑恐怖分子的作用，若该做法被证明效果好，将于今秋入学季在全市有需要的小学进行推广。

4 月 21 日，法国一个极右翼组织的成员登上阿尔卑斯山脉的一处法国和意大利国境线所在高地，象征性“封堵”这条数月来难移民入境的主要通道，以宣示阻止偷渡者进入法国的诉求。

4 月 22 日晚，法国国民议会通过了政府推出的《避难与移民》法案，主要就充满争议的“帮助非法移民罪”条款做出修改，将原有的刑事罪责改为无罪。左派、右派，以及民间团体对该法案仍存在批评。

4 月 26 日凌晨，荷兰反恐特种部队在鹿特丹地铁举行了一次重大演习，在 Blaak 地铁站营造了场景，模拟国王节遭到了恐怖分子的袭击。

4 月 29 日晚，英国内政大臣安伯·拉德突然宣布辞职，缘由与她和前内政大臣、现任首相特雷莎·梅近来反复致歉的损害加勒比海地区移民权益事件有关。30 日，英国政府任命赛义德·贾维德为内政大臣，接替安伯·拉德。

5 月 3 日，英国政府计划促成更全面且紧密的“反俄联盟”。前驻俄大使表示，妖魔化俄罗斯是灾难性策略，这不利于英国未来发展。

5 月 7 日，正值法国总统马克龙执政一周年，法国多项民调结果对其不利，近 6 成受访者称不希望看到他连任。

5 月 7 日，法国当天下午 16 时左右，上加龙省省会图卢兹的市中心惊现一枚炸弹。涉事地点是一处工地，工地相关人员发现了这枚炸弹并报了警。有关方面迅速部署警戒线，并通知扫雷人员前往援助。扫雷人员在现场长久逗留。这枚炸弹长 80 厘米，直径达到 30 厘米。有当地网友在社交媒体上称这是一枚燃烧弹，表示危险已经排除了。

5 月 8 日，法国国防部长帕利对叙利亚政府“放出狠话”称，如果叙利亚政府再次使用化学武器，法国或将对叙利亚继续进行打击。

5 月 12 日，英国首都伦敦一名女子涉嫌在未成年时与身为极端组织“伊斯兰国”成员的“未婚夫”密谋袭击大英博物馆，10 日接受审理。

5 月 12 日，法国当天晚 8 点半左右，20 岁的车臣裔男子阿兹莫夫（Khamzat Azimov）在巴黎著名景点歌剧院附近持刀滥刺，导致一人死亡，4 人受伤。13 日，俄罗斯联邦车臣共和国总统拉姆赞·卡德罗夫表示，虽然阿兹莫夫出生在车臣，但他在法国长大，是法国培养了他个性、观点和信仰。法国政府要为阿兹莫夫走上犯罪道路“负全责”。法国《观点》周刊 5 月 14 日报道称，法国外交部长勒德里昂于当地时间 5 月 14 日指责卡德罗夫的言论令人难以接受。

5 月 12 日，法国首都巴黎市中心发生持刀伤人事件，造成至少 1 人死亡、4 人受伤。袭击者被巴黎警方击毙。极端组织“伊斯兰国”宣称制造了此次袭击事件。巴黎恐袭再次引发舆论对法国安全政策的批评。

5 月 14 日，法国总统马克龙谴责以色列军方对抗议美国驻以使馆迁往耶路撒冷的巴勒斯坦民众开枪的暴行，并表示耶路撒冷地位问题只能由以色列和巴勒斯坦双方解决。

5 月 14 日，为吸引更多中国游客赴法，法国旅游发展署在法国驻华大使馆举办法国吸引力推介会。该国是中国游客在欧洲的最大旅游目的国，但越来越多人对法国安全形势产生担忧。就在上周六，巴黎市中心发生恐袭事件。因此，“安全保障”成为 14 日法方向中国游客重点推介的内容。

5 月 18 日，法国内政部长称，法国警方挫败了一起袭击图谋，并逮捕 2 名埃及裔男子。这两名埃及裔年轻男子企图用爆炸物或蓖麻毒素实施袭击。

5 月 17 日，据外媒报道，法国巴黎发生持刀袭击事件，造成多人伤亡。本案嫌犯的一名友人遭到起诉，另有两名女子被拘押接受问讯。

5 月 18 日，法国内政部长杰拉尔·科隆在巴黎宣布，法国情报部门近期挫败一起可能使用蓖麻毒素的恐怖袭击图谋，两名埃及裔涉案嫌疑人被捕。

5 月 23 日，法国政府内政部长热拉尔·科隆说，打算动用警力拆除首都巴黎几座合计容纳近 2500 名非法移民的帐篷营地。尽管巴黎市长安娜·伊达尔戈反对，科隆当天说，除了下令赶走分布在市区多处帐篷营地的非法移民，他别无选择。科隆的拆除令有望今后几天内执行。他在一份声明中明言，拆营地可能导致一些非法移民遭驱逐出境。

5 月 28 日，120 多名来自法国北部的难民儿童被贩卖者利用后拐卖到英国失踪，英国政府敦促加强跨境拐卖儿童防范力度。英国全国防止虐待儿童协会（NSPCC）呼吁政府加强针对贩卖儿童犯罪的跨境管理，此前发现人贩承诺将儿童难民带到英国，对 11 岁的儿童进行了性虐待，并强迫他们携带毒品。

5 月 30 日，2018 年俄罗斯世界杯日益临近，人们在翘首以盼的同时，也对世界杯期间爆发恐怖袭击的风险感到担忧。据法国《费加罗报》报道，由于恐怖主义威胁的持续，法国内政部长杰拉尔·科隆（Gérard Collomb）当日宣布，将禁止该国公共场所的大屏幕转播 2018 年俄罗斯世界杯的比赛。

5 月 30 日，早些时候，法国巴黎市政府派出人员对巴黎一个容纳了约 1500 人的临时移民营进行清除，这个移民营已成为法国近期围绕移民问题争论的焦点。

5 月 30 日，宣称制造一天前在比利时东部城市列日发生的恐怖袭击。调查人员说，若不是现场两人仗义出手，这起血案可能殃及更多人。比利时检方说，袭击者名为本杰明·埃尔曼，现年 31 岁，比利时籍。这名男子 5 月 29 日持刀从背后偷袭两名在街头巡逻的女警察，从她们身上夺走配枪，而后开枪射杀倒在地上的两人。

5 月 31 日，法国外交部长让·伊夫·勒德里昂（Jean – Yves Le Drian）

表示，在伊拉克被捕的法国籍女子梅丽娜·布加迪尔（Mélina Boughedir）是一名极端组织“伊斯兰国”（IS）的恐怖分子，该女子应在伊拉克接受审判。

6 月 3 日，在英国伦敦，人们为伦敦桥恐袭遇难者献上鲜花。当日，英国民众在伦敦桥举行活动纪念伦敦桥恐袭事件一周年。2017 年 6 月 3 日，伦敦泰晤士河上伦敦桥附近发生恐怖袭击，共造成 8 人死亡、近 50 人受伤。

6 月 4 日，法国政府当日再次开展针对巴黎当地“难民村”的清除活动，从两个卫生条件极为恶劣的难民营中转移出 1000 多人。据当地警察局统计，此次清除的位于巴黎第十区和第十八区的两个难民营共有 973 人，其中位于第十区圣马丁运河营地的难民营共有约 550 人，大部分来自阿富汗。对这一营地的清理于当地时间 4 日早晨六点半左右开始，进展平稳。

6 月 10 日，英国暴力罪案数字继续上升，部分地区激增五成以上。暴力案件形式纷繁，枪击案、电单车暴抢、帮派械斗等。有研究指出，英国进入 15 年来治安最坏的时期。根据警方公布的最新数据，英格兰和威尔士警方接报的暴案上升 14%。

6 月 15 日，埃菲尔铁塔是法国巴黎的地标式建筑，为防范恐怖主义袭击，巴黎市政府正在埃菲尔铁塔周围修建一层透明的防弹玻璃墙及铁质栏杆。该透明防弹玻璃墙高 3 米、厚度达 6.5 厘米。外围铁栏杆则被漆为褐色，以保证埃菲尔铁塔整体协调、美观。防弹玻璃墙工程将在 2018 年 9 月全面竣工。

6 月 23 日，时值英国脱欧公投两周年之际，上万英国民众在伦敦市中心示威游行，呼吁对英国脱欧协议进行最终公投。这是自 2016 年脱欧公投以来最大规模的一次示威游行。

6 月 25 日，数千名来自英国各地的警察将被抽调参与美国总统特朗普访英的安保工作，防止可能发生的恐怖袭击和反美抗议活动。

6 月 26 日，英国中央刑事法院判决恐袭嫌疑犯哈立德·阿里（Khalid Ali）策划恐怖袭击罪名成立，获刑终身监禁。28 岁的哈立德·阿里为一名居住在伦敦北部的水管工，于 2017 年 2 月即将对位于伦敦唐宁街的英国首相府发动恐怖袭击时被警方抓捕。警方现场从其身上搜查出 3 把尖刀。

6 月 26 日，法国卢瓦雷省的一个家庭因参与极端组织“伊斯兰国”（IS），当日在巴黎法院接受审判，家中次子萨米·雷顿（Samy Rettoun）

将面临最高 10 年的有期徒刑。

7 月 2 日，比利时检察官称，该国警方 6 月 30 日逮捕了一对伊朗裔比利时夫妇，他们涉嫌密谋当天在巴黎近郊维勒班实施炸弹袭击。同一天，另外 3 名嫌疑人分别在法国、德国、奥地利被捕。

7 月 2 日，比利时政府说，调查人员“及时”抓捕一对打算前往法国发动炸弹袭击的伊朗裔比利时籍夫妇。按照比利时联邦检察院的说法，阿米尔和纳西麦赫图谋前往法国首都巴黎郊区维勒潘特，对伊朗反对派“伊朗人民圣战者组织”举行的集会发动炸弹袭击。这对夫妇曾联系伊朗驻越南使馆一名外交官，后者在德国被捕。

7 月 5 日，法国政府否认支持伊朗认定的恐怖组织，同时称将尽快查明导致 1 名伊朗外交官在欧洲被捕的爆炸案真凶。

7 月 9 日，英国政府正在草拟禁止携带上飞机物品的新名单。英国民众日常使用的速溶咖啡、香料、高蛋白等食品，以及洗衣粉、痱子粉、化妆粉底等日用品，若多于 12 安士（56 克，350 毫升）均不得上机。听到有关消息，有用奶粉哺乳孩子的母亲反应强烈。

7 月 11 日，因多桩恐怖罪行被判刑的阿尔及利亚裔法国人贾迈勒·贝加勒即将刑满出狱，但不会被释放，而是被法国政府引渡回其原籍国阿尔及利亚继续服刑。报道综合多家法国媒体消息称，因企图策划自杀式爆炸，攻击美国驻法国大使馆等罪行被判刑的贝加勒，将于 7 月 16 日服完他在法国的刑期。根据法国与阿尔及利亚达成的外交协议，他离开伊勒－维兰纳省的维赞（Vezen）监狱后将立刻被送到阿尔及利亚。

7 月 11 日，援引法新社报道称，在法国总理府发布新的反恐计划之前，法国参议院恐袭威胁调查委员会近日公布一篇报告。报告指出，法国在对付来自国内的恐袭威胁方面手段和措施“确实不足”，并特别强调了萨拉菲派原教旨主义的“危险”。

7 月 12 日，报道称自 7 月 5 日以来，法国正式实行“列车反恐警察”（Train Marshalls）计划，在法国行驶的列车上部署国家宪兵队行动小组（GIGN）反恐精锐部队人员，这些军人身穿便衣，混入乘客之中，一旦发生恐袭，将采取相应的干预行动。

7 月 13 日，近年来，法国政府陆续推出多个反恐计划，反恐力度的加大，使法国自今年年初以来成功挫败了七次恐怖袭击。然而在“内生”恐怖主义以及“恐怖分子出狱潮”的大背景下，法国总理爱德华·菲利普将提出一个带有 32 项具体措施的新反恐计划。

7 月 13 日，英国一名在网上唆使恐怖分子袭击英国乔治小王子和其他目标的男子 13 日在伦敦一家法院被判终身监禁。这名 32 岁男子叫胡斯纳因·拉希德，来自英国西北部，曾是一名网页设计师，目前失业。

7 月 13 日，法国总理府发布的消息称，法国总理爱德华·菲利普当日公布一项新的国家反恐计划，拟从多个方面入手加大反恐力度，提高反恐成效。菲利普说，为更有效察觉恐怖主义活动的动向，法国将成立一个专门的小组，着重搜集有恐怖袭击案底者的资料，以及他们开展恐怖活动时的行为特征；法国还将成立反恐检察院，专门负责反恐案件的调查，并设立专门法官，提升对恐袭事件遇难者家属赔偿、抚恤的速度。菲利普强调，为更好预防恐怖袭击，法国将成立专门机构，以加强对刑满释放的恐怖分子或思想极端化分子行为表现的跟踪、观察。他说，明年底法国将有约 450 名曾因恐怖主义行为或思想极端化入狱的囚犯刑满释放，其中一些人仍可能“重操旧业”，需要安全部门加强监视。

7 月 13 日，法国内政部长热拉尔·科隆宣布，由于本周末将先后迎来法国国庆日和法国国家队参加的世界杯决赛，所以法国政府将调集 11 万名警察和宪兵，以及 4.4 万名消防队员以确保安全。科隆还要求法国各省市负责人密切关注可能出现的可疑情况，在国庆庆祝活动场所设立安全警戒区，降低出现暴力事件的风险。此外，法国各大城市公共交通的安保工作也将得到加强。

7 月 15 日，法国队大败克罗地亚队，第二次赢得世界杯比赛，法国举国欢庆。但形势急转直下，一些打砸抢分子趁机生乱。当日晚，法国首都巴黎以及外省的里昂和鲁昂等多个城市爆发骚乱，大量汽车被砸甚至被烧毁、多家店铺被洗劫。

7 月 20 日，英国媒体曝出，该国情报机构和警方正利用青少年儿童探取信息。据英国《卫报》消息，英国情报机构和警方正利用“儿童间谍”对恐怖分子、帮派成员、毒贩实施秘密行动。

7 月 20 日，法国总统府发表新闻公报说，法国和俄罗斯将共同在叙利亚实施一个人道主义项目，为叙首都大马士革东郊东古塔地区提供急需的医疗物资。

7 月 23 日，法警方驱逐聚居在西部城市南特一座公园内的约 450 名苏丹和厄立特里亚移民。援助团体表示，当中多数人将因此流落街头。

7 月 26 日，英国脱离欧洲联盟事务大臣多米尼克·拉布在比利时布鲁塞尔和欧盟“脱欧”谈判首席代表米歇尔·巴尼耶举行第二次会谈。巴尼耶在会谈后的联合发布会上说，欧盟与英国就“脱欧”协议的 80% 已达成共识。

8 月 1 日，法国国民议会最后一读审议通过《避难与移民法》案后，这套法案最终获国会两院通过。议会最终表决时，法案以 100 票赞成、25 票反对以及 11 票弃权通过。议会多数派共和国前进党 - 民主联盟的议员投了赞成票，右派和左派议员都投了反对票。据报道，法国内政部长科隆标榜这套法案是一套“平衡”的法案，一方面方便驱逐申请避难被拒的人，另一方面能更好地接待获准避难的人。但法案内容引起了许多争议，遭到左派和右派的强烈批评，双方批评的理由迥异。在执政党内部也引起了激烈的辩论。

8 月 6 日，据英国《卫报》报道，今年上半年发生在英国的两起可疑神经毒气袭击事件已先后致 1 人死亡，3 人受伤，目前英国皇家检察院已准备好相关文件，随时会向俄罗斯方面提出引渡要求。报道说，英方在出动了数百名警力并展开相关调查后，已经掌握了两名俄罗斯人在英国期间的所有活动动向。英国已预计到这次引渡要求会遭到俄罗斯的拒绝。双方会再次展开一次外交口水战。

8 月 8 日，法国一名男子因企图乘坐帆船赴叙利亚参加“圣战”，于 5 月 18 日在埃罗省被法国国内安全总局（DGSI）逮捕；几天后，其另一名同伙也被传讯。据法国电视台 BFMTV 报道，上述男子现年 45 岁，住在一艘帆船上，他一直计划利用这艘船前往叙利亚参加“圣战”，还打算带上自己 10 岁的女儿，其妻因担心女儿安全而通知警方。

8 月 14 日，在法国东南部城市格勒诺布尔，一名蒙面人拖着布满电线的行李箱出现在市中心广场，引发民众恐慌。当地警方迅速将其逮捕，但最终调查发现，这只是街头艺人表演的“行为艺术”，其携带的“可疑装置”不存在任何危险。在恐袭的阴影下，法国民众和安全部门对“行为艺术”的强烈反应，折射出社会弥漫的不安全感。

8 月 16 日，英国议会大厦附近制造汽车冲撞事件的嫌疑人身份背景逐步明朗，基本上排除了宗教极端主义的作案动机，但警方仍将此事件界定为恐袭事件，并继续对嫌疑人展开问讯和调查。由于伦敦等英国大城市接连发生恐袭事件，如何加强安保措施成为舆论关注的焦点。伦敦市长萨迪克·汗主张对议会大厦附近广场实施“交通封锁”，将其改造为步行区，但也有舆论声音反对采取过度的安保警戒措施。

8 月 17 日，一名男子驾驶汽车撞击人群及英国议会大厦外的防护栏，造成多人受伤。英国警方迅速逮捕了涉案司机，并将这一事件定性为“恐怖袭击”。据英国《独立报》报道，此次袭击事件是英国 17 个月内遭受的第六次恐怖袭击，凸显出英国国内严峻的反恐形势。

8 月 31 日，法国总统马克龙 29 日至 30 日对芬兰进行正式访问。访问期间，马克龙呼吁欧盟加强自身防务合作，以抵御日益增加的安全威胁。马克龙在访问期间分别与芬兰总统尼尼斯托和总理西皮莱举行会谈，并举行联合新闻发布会。马克龙表示，当前北约关系出现裂痕，美国的不确定性增加，欧盟国家应加强团结，强化军事和防御合作。

8 月 31 日，荷兰阿姆斯特丹中央火车站突发持刀行凶事件，2 人被刺伤。

9 月 2 日，据解密的美国文件披露，英国特种空降部队抓获的一名伊拉克军阀给出前所未有的情报，称伊朗训练什叶派民兵组织对英国和美国部队发起“全面战争”。

9 月 2 日，英国首相特雷莎·梅发表文章，承诺坚守内阁所制“脱欧”蓝图，不向欧洲联盟作任何妥协。但英国媒体报道，特雷莎·梅所属保守党有部分议员反对这一蓝图，正在着手起草另一份脱离欧盟的计划。

9 月 3 日，荷兰华侨新天地刊文称，一直以来，荷兰阿姆斯特丹发生社会治安事件的概率都很高，近日，当地出现 2 起恶性事件，住在阿姆的华人尤其要小心，尽可能远离危险。当地时间 9 月 1 日早上，在荷兰阿姆斯特丹中央火车站 4 –5 号月台，2 名乘客被一名行凶者用刀砍伤。警察为保安全，直接向行凶者连开 2 枪，由于人流量大，不明真相的群众一度发生大面积恐慌。

9 月 9 日，法国巴黎发生一起持刀砍人事件，造成 7 人受伤，其中 4 人重伤。一男子持刀和铁棍行凶后遭警方拘捕。警方表示，目前无任何证据证明这是一起恐怖行动。综合报道，当地时间 9 日晚，法国巴黎发生一起持刀砍人事件，造成 7 人受伤，其中 4 人重伤。一男子持刀和铁棍行凶后遭警方拘捕。警方表示，目前无任何证据证明这是一起恐怖行动。

9 月 10 日，据英国政府透露，阿富汗境内的“伊斯兰国”（IS）极端武装分子正与英国和西欧境内的恐怖主义分支机构进行接触，其有可能发动恐怖袭击。尽管此前已有充分的证据表明阿富汗的“伊斯兰国”极端组织正在崛起，但这是政府首次证实该组织现在对英国构成了直接威胁。

9月11日，法国一位名为 Nadia A 的37岁女性，因在2014—2016年间教唆年轻女性投奔叙利亚并加入恐怖组织“伊斯兰国”（IS），被判7年监禁。但她本人否认指控。报道指出，巴黎轻罪法庭认为 Nadia A 在社交网络，尤其向“极容易受影响的年轻女孩”宣传 IS 教义和“圣战”思想，判处其7年监禁。即使获得减刑，Nadia A 也必须服满2/3的刑期。

9月13日，英国公布的最新数据显示，因涉及恐怖主义活动被定罪的人数在英国创下有纪录以来的新高。

9月18日，英国国家警察局长理事会（National Police Chiefs' Council）主席萨拉·桑顿（Sara Thornton）表示，英国无协议脱欧将损害英国警方的反恐能力，阻碍防范和打击恐怖主义等各种犯罪行为。

9月24日，英国反对党工党本周将进行投票，决定是否在首相特雷莎·梅的“脱欧”方案未能获议会批准的情况下推动进行第二次“脱欧”公投。早些时候，英国工党党魁科尔宾表示，如果工党投票决定推动二次“脱欧”公投，他将予以支持，这加大了特雷莎·梅面临的压力。目前特雷莎·梅与欧盟达成“脱欧”协议的计划陷入僵局。

9月25日，英国首相特雷莎·梅暗示，她宁愿选择“无协议脱欧”，也不会选择欧盟目前的提案，并强调英国需要看到欧盟的其他提案，以推动英国脱欧谈判向前发展。特雷莎表示“我认为糟糕的协议是将会使英国分裂的协议。”

9月27日，荷兰当局通报，经数月调查，警方挫败一起“大规模恐怖袭击”图谋，逮捕7名嫌犯。荷兰公共检察官办公室发布公告，宣布27日早些时候，荷兰国家警察特种部队反恐大队在东部阿纳姆市和韦尔特市将7名“图谋发动大规模恐怖袭击”的嫌犯捉拿归案。

9月29日，英国一团伙头目密谋在荷兰一场“大型集会”中实施袭击，但尚不知道确切地点，“据推测其计划中还包括使用炸弹和 AK-47 自动步枪展开袭击”。为实施“大型袭击”，嫌疑人一直在寻找 AK-47 自动步枪、小型武器、手榴弹、炸药以及用于准备汽车炸弹的材料。

9月30日，英国首相特蕾莎·梅呼吁所属保守党团结一致，支持她的脱欧计划，并向批评者直接喊话，强调他们要求自由贸易协定的愿望，正是她脱欧提案的核心。距英国预定脱欧仅剩6个月，英国外交和贸易政策将遭遇 40 多年来最大转变，但是在中间偏右保守党内，甚至在政府内部，如何脱欧的辩论都还在激烈进行着。

10 月 2 日，法国北部，当地警方在北部省格朗德桑特市展开反恐行动，逮捕了 11 名嫌疑人。公报说，这次反恐行动的目标是位于格朗德桑特市的一家穆斯林协会，约 200 名警察对协会总部和部分负责人的住家进行了搜查。

10 月 2 日，法国政府宣布，冻结伊朗情报和安全部下属国内安全机构资产以及两名伊朗人的资产，其中一人为伊朗驻奥地利外交官阿萨杜拉·阿萨迪。阿萨迪已遭德国警方逮捕，将引渡至比利时。

10 月 5 日，报道称，荷兰警方称挫败了一起大型恐怖袭击。鹿特丹检察机关通报称，警方反恐部队逮捕了 7 名嫌疑人。“一个恐怖分子团伙被捣毁了”，荷兰司法大臣费迪南德·赫拉珀豪斯说。据称，可能发动的袭击的准备阶段已经开始很久。

10 月 4 日，荷兰国防部称，今年 4 月荷兰情报机构挫败了俄罗斯武装力量总参谋部情报总局（GRU）对禁止化学武器组织的网络攻击。

10 月 4 日，俄罗斯外交部发表声明称，荷兰方面以间谍为由发起反俄活动对双边关系造成严重破坏。荷兰国防部称，今年 4 月俄武装力量总参谋部情报总局四名特工持外交护照入境荷兰，随后将所雇车辆停在禁止化学武器组织海牙总部附近一家酒店的停车场，试图通过在车上架设的专业设备，“入侵”禁化武组织无线网络。但荷兰军事情报与安全局当场挫败了俄方行动并将四名特工驱逐出境。

10 月 8 日，据《欧洲时报》报道，法国内政部长科隆辞职后，政府重组在即。据称，重组将在 10 日之前进行。届时很有可能出现的情况是，总理菲利普宣布辞职，并被重新任命，负责组建新一轮内阁班子。在法国，政府辞职有多种情况：议会或总统选举之后，此前政府本着“礼貌”的原则提出辞职；如果总理和总统不合，前者也可能会提出辞职；如果国民议会对政府提交不信任案并通过，政府被迫辞职。

10 月 9 日，英国“脱欧”事务大臣拉布充满信心地表示，英国与欧盟的“脱欧”谈判将在下周举行的欧盟峰会上有所进展，但他再一次请求欧盟在最棘手的问题上“与英国一样做出让步”。

11 月 2 日，英国伦敦警察厅消息称，伦敦发生持刀伤人事件，2 人受伤，嫌犯已被拘留。警方称，事件发生在肯辛顿区。伦敦警察厅在声明中称："周五中午时分接获报案。2 人受刀伤，1 人被拘留。没有开枪，这起事件与恐怖主义无关。"

11 月 4 日，据英国伦敦和布鲁塞尔消息人士消息，英国首相特蕾莎·梅争取到了欧盟的让步，整个英国得以留在关税同盟之中，并因此绕过了脱欧谈判最困难的问题——爱尔兰问题。但梅的发言人称该报道是"臆测"，并提到了首相本人关于与欧盟谈判进展的声明。

11 月 5 日，由于英国脱欧协议谈判一直没有取得实质性进展，英国的本土企业纷纷表示，越来越担心英国可能会在 2019 年 3 月"无协议"脱欧。当地时间 4 日，至少 60 家英国商界巨头联名上书，要求对当前的脱欧协议进行公投。

11 月 5 日，英国伦敦发生两起"可疑包裹"事件，地点涉及议会广场和希思罗机场。目前事件已经落幕，事发地重新开放。据报道，两起事件中一起发生在伦敦中区。警方做出发布消息称，由于一起"仍在发展中的事件"，警方将议会大厦附近的议会广场关闭。消息人士透露，在这个区域发现了可疑包裹。

11 月 6 日，多家法国媒体称，有 6 人因涉嫌图谋袭击法国总统马克龙而被捕。这 6 名嫌犯为 5 名男性 1 名女性，年龄介于 22 岁至 62 岁，他们据报与法国极右翼组织有关联，被怀疑图谋组织针对马克龙的袭击。他们是被法国情报部门抓获的，当局没有公布他们的具体身份。

11 月 7 日，法国总统马克龙到访法国北部地区时，再次重提成立"欧洲联军"的主张，强调只有拥有"真正的欧洲联军"，才能加强自身保卫力量，应对各方军事威胁。

11 月 7 日，英国工党影子脱欧事务大臣凯尔·斯塔莫爵士（Sir Keir Starmer）表示，工党将投票否决一切不包含细节的脱欧协议。英国最大的在野党工党领袖人物之一斯塔莫在当日接受英国媒体采访时表明，反对"盲目脱欧"，对首相特雷莎·梅的脱欧协议首次作出否定表态。

11 月 7 日，法国内政部长克里斯托夫·卡斯塔内在国民议会介绍 2019 年移民预算时表示，2018 年法国驱逐非法移民数量大大增加，政府在打击非法移民层面实现转折性突破。据官方数据显示，2017 年法国政府驱逐了 14859 名非法移民，同比增长 14%，2018 年增长率更是达到 20%。卡斯塔内强调，有关部门会更加严格执行相关程序，并采取强硬手段。

11 月 7 日，法国安全部门日前在法国西北部小城勒芒抓捕了一名企图在法国发动恐怖袭击的叙利亚人，这是法国政府今年以来挫败的第 6 起恐袭企图。

11 月 10 日，国总统马克龙与德国总理默克尔共同在一战停战地贡比涅森林纪念一战结束 100 周年。一战停战地贡比涅森林位于法国东北部历史名城贡比涅郊外，在此地举行庄严仪式纪念一战结束 100 周年。马克龙与默克尔在停战地中央的纪念碑前肃立，他们神情严肃。这是默克尔作为德国总理首次来到一战停战地。

11 月 11 日，马克龙与特朗普在会晤前和记者进行了简短会面。马克龙回忆了他此前访美经历，并用英语表示，法美关系很重要。马克龙表示，他会与特朗普讨论伊朗问题、叙利亚问题、气候变化等。

11 月 11 日，英国交通大臣乔·约翰逊宣布辞职，称英国首相特蕾莎·梅将与欧盟达成的脱欧协议是“可怕的错误”，只会削弱英国经济，令英国受欧盟掣肘，呼吁举行第二次脱欧公投。这已经是从特雷莎·梅政府辞职的第 18 位部长。

11 月 13 日，英国首相特雷莎·梅近日提出脱欧策略的折中方案，但受到各方抨击。外媒 13 日分析称，英国议会可能会否决特雷莎·梅达成的任何协议，并加大了明年 3 月英国将在“无协议”情况下无序脱欧的风险，爱尔兰边境问题尚未解决。

11 月 13 日，在巴黎遭恐怖袭击三周年之际，巴黎终于结束了连续多日的阴雨天气，太阳终于使阴霾渐渐消散。正如巴黎的天气，人们心中对恐袭的阴霾也渐渐消散，生活已经重新走向正轨。

11 月 14 日，现年 22 岁的亚当·托马斯和 38 岁的克劳迪娅·帕塔塔斯夫妇在英国因参加遭禁的极右翼团体“全国行动”组织被判有罪，他们给自己孩子取了向阿道夫·希特勒致敬的名字。

11 月 14 日，英欧“脱欧”协议草案在英国内阁通过后，在不到一天的时间里，英国内阁已有多名成员“闪辞”。英国内阁通过“脱欧”协议草案后，截至目前，已有北爱尔兰事务大臣沙利什·瓦拉、“脱欧”事务大臣多米尼克·拉布、工作和养老金部大臣艾斯特·麦克维，和“脱欧”事务部次长休艾拉·布雷弗曼这 4 名成员辞职。

11 月 18 日，当地时间 17 日，超 28 万法国民众因不满近期燃油税上涨，身穿黄色背心涌上街头向总统马克龙发起抗议。这场持续近一天的抗议导致 1 人意外死亡，227 人受伤。

11 月 18 日晚，英国伦敦北部发生持刀袭击事件，造成 4 人被刺伤。截至目前，没有收到有关拘捕的消息。据报道，该案件发生在英国北部埃德蒙顿地区（Edmonton），警方称，4 名受害者都是 20 多岁的男性，目前受伤情况暂不明。

11 月 19 日，数千名英国环保人士在伦敦市中心进行示威活动，至少 85 名示威者因阻碍交通被警方逮捕。

11 月 22 日，英国首相特雷莎 · 梅 21 日在布鲁塞尔与欧盟委员会主席容克就英国退欧协议举行的会谈“取得良好进展”，欧盟委员会在会后表示，双方将就英国脱欧继续磋商。此外，德国总理默克尔也加大对英国政府施压，以促使英国通过此前达成的脱欧协议草案。

11 月 23 日，法国多个地区和海外属地留尼汪岛连日出现街头示威，截至 21 日，两人在冲突中死亡，超过 500 人受伤。总统埃马纽埃尔 · 马克龙 21 日指示内阁“毫不妥协地维持秩序”。法国多个地区从 17 日开始出现小规模街头示威，缘由是政府上调“污染税”，汽油和柴油价格相应上涨。示威者除了针对油价，同时表达对小城镇和乡村地区社会福利遭削减的不满。

11 月 22 日，法国宣布对沙特阿拉伯记者卡舒吉遇害案的 18 名涉案人员实施制裁。被制裁对象将被禁止进入法国领土和整个申根区。有关制裁措施将根据正在进行的调查进展进行审查或延长。

11 月 24 日英国首相特雷莎 · 梅将赴布鲁塞尔与欧盟敲定“脱欧”协议正式版本，除英国外的 27 个欧盟成员国将于 25 日召开特别峰会，就协议进行表决。

11 月 23 日，法国军队总参谋长弗朗索瓦 · 勒库安特发布新闻公报说，执行“新月形沙丘”行动的法军 22 日晚在马里中部的莫普提大区对当地一恐怖组织发起军事打击，共击毙 30 多名恐怖分子。公报说，法军此次打击的恐怖组织名为“马西纳解放运动”，被击毙者中很可能包括该组织的重要头目哈马敦 · 库法。

11 月 25 日，英国脱欧又迈出关键性一步——欧盟成员国领导人在布鲁塞尔通过英国脱欧协议草案。不过，这份协议仍有待英国议会与欧盟其他成员国分别表决通过才能生效。由于英国国内及欧盟内部仍对此协议存在诸多不满，分析指出，英国仍存在“无协议脱欧”可能性。

11 月 25 日凌晨，法国救援组织在位于距离法国大约 19 千米的英吉利海峡，救起了 8 名试图跨越英吉利海峡前往英国的难民。

11 月 27 日，英国首相特雷莎·梅表示，英国议会下议院将于 12 月 11 日对英国与欧盟达成的脱欧协议进行表决。

11 月 28 日，英国首相特雷莎·梅 27 日开始为期两周的环英之旅，首站造访北爱尔兰和威尔士，为广受非议的退出欧洲联盟协议争取支持。一天前，梅在英国议会下院发表讲话，力劝议员们接受“脱欧”协议。英国首相办公室同时宣布，英国议会定于 12 月 11 日投票表决这份协议。

11 月 27 日，法国总统马克龙表示，到 2035 年，法国目前运行的 58 座核反应堆中将有 14 座被关闭，其中 4 到 6 座将在 2030 年前关闭。马克龙还宣布，法国将在 2022 年之前关闭其剩余的 4 座燃煤电厂，作为该国反污染努力的一部分。

12 月 1 日，英国首相特雷莎·梅表示，她会专注于说服议会议员在 12 月 11 日英国脱欧协议表决时，支持她的“脱欧”协议，而不是花时间准备第二方案“B 计划”。

12 月 1 日，在英国宣布退出欧盟“伽利略”计划后，英国商业、能源暨产业策略部长萨姆·吉玛（Sam Gyimah）于 11 月 30 日请辞，他表示，这显示英国和欧盟未来的协议都会是“欧盟优先”，他将在议会投下反对票。

12 月 1 日，法国警方当天在巴黎香榭丽舍大街上与即将参与第三次示威游行的人发生了冲突。为了维持当地的秩序，警方对游行示威的群众动用了催泪瓦斯、致眩手榴弹和水枪。警方还称，由于担心此次抗议活动受到极右翼和极左翼团体的渗透，在这场骚乱中逮捕了 60 人。巴黎当地时间周六（1 日）爆发大规模抗议，对马克龙政府政策不满的“黄背心”抗议者制造暴力，纵火抢劫。巴黎警方当天表示，超过 100 人在骚乱中受伤，400 多人被警方逮捕，警方在冲突中使用了催泪瓦斯。正在阿根廷参加 G20 峰会的法国总统马克龙 1 日通过电话演讲向国内喊话，称无论任何理由“都不能制造暴力”，并指责有人煽动民众情绪。英国《卫报》2 日称，法国国内反马克龙的“黄背心运动”影响力正日益扩大，反映出法国国内日益尖锐的社会矛盾，甚至可能危及马克龙政权。

12 月 1 日，法国东南部 300 名消防员开始加入“黄背心”运动，抗议政府提高燃油税，造成燃油价格暴涨。

12 月 1 日，法国总统马克龙在社交媒体上公开谴责当天在巴黎利用抗议示威活动蓄意闹事、进行打砸抢的暴力分子。他表示，这些暴力分子“所想要的只有混乱……他们将被识别出来并被绳之以法”。马克龙说，没有任何理由可以使得治安部队受攻击、商店被抢劫、建筑被焚烧、行人或记者受威胁以及巴黎凯旋门被玷污等行为成为正当的事情。

12 月 3 日，英国首相特雷莎·梅 3 日表示，多位国家的领导人希望在英国脱欧之后与其签订贸易协议，在 12 月 11 日英国议会投票前，此举是对她的脱欧协议的再次声援。

12 月 5 日，法国总理菲利普为平息国内紧张局势，4 日宣布中止上调燃油税等三项措施，但一些反对党和环保人士表示政府的措施并不到位，应该进一步考虑更深层次的社会问题。

12 月 5 日，英国政府公布“脱欧”协议全部法律建议，回应前一日议会对政府藐视议会的指责。此举可能使英国政府与欧盟达成的“脱欧”协议更难在英国议会获得通过。

12 月 7 日，据外媒报道，8 日，法国或将再次爆发“黄背心”抗议活动，法国总理菲利普 6 日表示，将动员超过 8.9 万名执法人员，装甲装备也将驶上巴黎街头。据报道，巴黎将有 8000 名警察和宪兵确保 8 日的秩序，拟于当天开到巴黎街头的 12 辆装甲运输车将处于预备状态，动用这些车辆需总理本人批准。巴黎警署要求香榭丽舍大道上的商人撤走摆在外面的摊位、保护好店面和玻璃橱窗。商店附近不得留有铁棍等物品，汽车禁止停在附近。

12 月 9 日，法国当局本周末在巴黎全城戒备，严防上周“黄背心”示威的暴力事件重演，虽然当局采取了预防性措施，但 8 日抗议活动中还是有零星冲突发生。当天，法国全国有超过 1000 名“黄背心”示威者被拘捕。

12 月 10 日，法国各地连续第四个周末爆发抗议调涨燃油税的“黄背心”示威。全国有超过 13.6 万人参与示威，造成至少 135 人受伤，超过 1700 人被捕。法国总理菲利普表示会继续与和平示威者对话，矢言恢复国家团结，总统马克龙很快将发表重要演说，推出措施响应示威者诉求。

12 月 11 日，法国总统马克龙宣布多项福利措施以走出危机。法国总统马克龙 10 日晚在向法国民众发表电视讲话时宣布了上调最低工资标准、对加班期间所获薪酬免税等一系列增加福利的措施，以平息法国民众的不满情绪，凝聚民心走出危机。马克龙说，法国如今处于经济和社会紧急状态，最近数周在法国本土和海外领地发生的事情深深困扰法国，其中交织着合理的诉求和不能容忍的暴力行为。他承认，自己就任以来的一些言论伤害了部分民众，但他深信会找到一条道路共同走出危机。

12 月 12 日，为应对愈演愈烈的“黄背心”运动，法国总统马克龙 10 日发表重要讲话，推出加薪减税等多项利民措施，期盼平息“黄背心”运动怒火。最新民调显示，“黄背心”示威运动的支持者有所下降。

12 月 12 日，数百名警察和士兵搜捕在欧洲一个著名圣诞市场附近向人群开枪的极端主义嫌疑人。这起发生在法国东部城市斯特拉斯堡的事件已造成 3 人死亡，至少 13 人受伤，并且让整个法国再次陷入紧张。

12 月 13 日，当地时间 12 日晚，英国保守党对现任党首、英国首相特蕾莎·梅的不信任案投票结果出炉，特蕾莎·梅赢得投票，从而保住了党首和首相之位。特蕾莎随后表示，现在应该继续推进脱欧工作。不过，保守党内风波不断，已遭到外界批评，脱欧进程也增加了更多变量。

12 月 16 日，法国地方官员表示，当地时间 14 日傍晚，一名司机驾车在比利时邻近法国边界处发生事故丧命。报道称，事故原因系他驾驶的车辆，撞上因“黄背心”运动示威者设置的路障而减速的一部卡车。报道称，这是与“黄背心”运动有关的第 7 名丧生者。

12 月 18 日，鉴于“无协议脱欧”的可能性正在增加，18 日，英国内阁大臣举行会议，加紧准备应对计划。目前距离英国脱欧的最后期限仅有 3 个多月，首相特蕾莎·梅只能尽量争取时间。特蕾莎·梅此前表示，政府正为无协议脱欧作准备，而且“内阁将讨论下个阶段做法，以确保我们准备好面对那种局面”。

12 月 19 日，法国斯特拉斯堡恐袭案的一名同谋 17 日被移送法办。37 岁的奥德雷·M 因涉嫌向杀手谢里夫·谢卡特提供作案用的枪，当天被移交给反恐法官，被控“恐怖主义歹徒结伙”罪名后被羁押。奥德雷·M 在监狱里结识谢里夫·谢卡特。他前科累累，但未被情报部门列为“S”级监视对象。他涉嫌向杀手提供凶枪，这是一把旧式手枪，子弹中所含的火药数量微弱。

12 月 19 日，法国多家非政府组织向法国总统马克龙及法国政府递交信函，通告将对法国政府在气候领域的不作为启动司法程序。按照规定，法政府可以在两个月内作出明确的回答，否则他们将在巴黎行政法院状告法国政府。

12 月 19 日至 21 日，英国伦敦盖特威克机场受到无人机干扰，造成圣诞假期许多航班停飞。英国警方此前逮捕了 2 名涉嫌操控无人机的嫌疑人，但 23 日这 2 人又被释放，警方继续追查线索。英国第二繁忙的盖特威克机场因为不断有人通报目击无人机盘旋，不得已被迫关闭，19 日到 21 日影响近 14 万名乘客。

12 月 20 日，“今日俄罗斯”（RT）消息称，英国伦敦东部的一家医院发生砍刀袭击事件，三人被刺伤。武装警察随后赶到现场，目前一名男子被逮捕。

12 月 22 日，法国“黄背心”示威者发起第六个“周六行动”后，一段关于这场示威活动的视频在电视台和网上播放。视频中，愤怒的人群试图围殴骑摩托的警察。24 日，法国总理菲利普前往巴黎警署探望摩托警队，菲利普严词谴责暴力行径，巴黎司法部门也已就相关事件展开调查。

12 月 23，英国政府公布了脱欧后的移民政策计划。根据该计划，英国脱欧后，吸收移民的侧重点将转移到高技术移民，并且将取消高技术移民的人数限制，而欧盟低技术工人将不再可以自动获得在英国工作的权利。

12 月 24 日，英国反对党工党党魁科尔宾表态，拒绝支持再次举行“脱欧”公投，宁可和欧盟重新谈判关税安排，工党党员对此表示失望。

12 月 25 日，英国定于 2019 年 3 月 29 日正式脱离欧盟，但英国议会现在仍未能就“脱欧”协议达成共识。在社会陷入严重分歧之际，英女王伊丽莎白二世将发表“脱欧”前最后一份圣诞致辞，强调社会和谐以及尊重他人的重要性，寄语民众团结一致。她还称，较以往任何时刻，世界此时更需要和平和善意。

12 月 27 日，英国主管国家安全事务的内政部国务大臣本 · 华莱士日前表示，英国政府将在全国机场部署无人机侦测系统，彻底杜绝无人机对机场构成的威胁和干扰。

12 月 27 日深夜至 28 日凌晨，尼日尔与法国军队在尼西部蒂拉贝里省开展大规模联合行动，打死 15 名恐怖分子。

12 月 31 日，在“黄背心”抗议和恐袭威胁夹击的背景下，法国政府将出动近 15 万安保人员，在跨年夜增加各地治安保护。法国内政部发表公告称，政府将派出 147935 名警方以及“步哨行动”组巡逻军人，在各地加强治安保护。这比去年 14 万人的数量稍高。内政部表示，“2019 年新年庆祝活动在恐袭威胁系数不断提高，以及多重未备案的社会运动背景下进行”，以此暗示“黄背心”抗议活动对安保的挑战。

12 月 31 日早晨，英国伦敦西部发生持刀伤人事件，1 名男子受伤，有 39 人因涉嫌该案被捕。

2018 年西欧地区遭受恐怖袭击次数及伤亡人数

时间	法国		英国		荷兰		比利时		西班牙	
	袭击次数	伤亡人数	袭击次数	伤亡人数	袭击次数	伤亡人数	袭击次数	伤亡人数	袭击次数	伤亡人数
1 月	1	3								
2 月	1	2								
3 月	5	16								
4 月	3	6								
5 月	3	10								
6 月	3	8								
7 月	2	7								
8 月	5	24			1	0	1	4		
9 月	3	15	1	10						
10 月	1	2	2	11						
11 月	1	1								
12 月	2	700	1	6						
合计	30	794	4	27	1	0	1	1		
全年，西欧地区共遭受恐怖袭击 36 次，伤亡 822 人										

第七章 ╱2018年中欧地区反恐怖军事行动*

第一节 中欧地区反恐怖军事行动综述

2018 年，中欧国家走过了漫漫的反恐之路，恐怖主义阴霾挥之不去。尤其是德国接连遭遇暴力和恐怖袭击威胁，加之难民问题，恐怖主义威胁指数增高。随着暴恐事件的频发，惊恐情绪在民众中滋生、蔓延，社会和平秩序遭到严重破坏，民众对安全局势表现担忧。恐怖主义与难民问题相互交织，周边国家间关系稳定基础较为敏感的大背景下，恐怖袭击目的发生了根本性变化，极端分子不再有诉求。这也使中欧地区的反恐任务更加艰巨，制定新的反恐计划应对恐怖威胁。

一、中欧地区面临的恐怖威胁

梳理 2018 年中欧国家安全、恐怖事件，其中 90% 涉及德国，其中多以难民问题、恐怖袭击、地区派别冲突居多，中欧局势可以用难民管控日趋复杂和恐怖威胁滋生蔓延来概括。

（一）难民安置问题及其转变为恐怖分子的潜在威胁不可小觑

申请无期、生活无望、环境恶劣、在困苦中不断挣扎，同时受恐怖组

---

* 中欧包括 8 个国家：波兰、捷克、斯洛伐克、匈牙利、德国、奥地利、瑞士、列支敦士登。

织威胁、煽动，以及当地民众的排挤、敌视，较多难民在备受煎熬中艰难度日。1 月 4 日，由于 2017 年赴德国避难或与亲人团聚的难民人数大幅下降，德国多地的难民临时安置房大量闲置。在德国人口较稠密的北威州和巴登－符腾堡州，临时安置房数量超出实际需要 3 倍之多。地方政府虽然想要削减临时安置房数量以节省开支，但又担心未来赴德难民人数会突然增加。1 月 17 日，奥地利总理库尔茨到访德国，与德国总理默克尔会谈，这是库尔茨成为奥地利总理后，德奥这两个近邻领导人的首次会晤。然而，在会晤后举行的联合记者会上，两人却因为难民问题针锋相对。3 月 19 日，据最新统计，德国去年一年办结的难民申请仍超欧盟其他各国之和。鉴于欧盟外部边界"依然无法得到有效控制"，德国内政部长泽霍费尔日前宣布将继续对德国边境实施管控以确保民众安全。这一决定 19 日得到了德国总理默克尔的支持。① 3 月 21 日，德国总理默克尔承认应对难民危机准备不足，造成了德国社会的分裂，但她承诺，类似这类"人道主义的例外"将不会重演。4 月 17 日，法国《欧洲时报》德国版微信公众号刊文称，赴欧难民越来越多，难民证的需求量也日益增加，一条产业链也逐渐形成。欧洲与中东之间的土耳其是难民往返两地的中转站。由于缺少进入土耳其的合法途径，大部分在欧难民只能选择偷渡，同时也会卖掉手中已经沦为废纸的难民证，以换取现金带回家。4 月 22 日，德国和伊拉克就难民回乡和重新融入社会达成了加强合作的协议。根据德国政府的消息，24 万逗留德国的伊拉克人中，有 1.2 万人必须离境。4 月 30 日，德国南部巴符州发生的上百难民袭警以阻挠同伴遭遣返一事，德国警方 5 月 3 日予以强硬回应，出动数百警力开展大搜捕。德国内政部长泽霍费尔表示，全力支持铁腕严惩肇事者。5 月 31 日，德国总理默克尔表示，仇外心理、种族主义和反犹情绪在德国和世界任何地方，都是不被容忍的。"右翼极端主义不是过去的事情，在德国仍有很多人仅仅因为移民难民身份或长相肤色就被妖魔化和攻击，这种暴行是我们国家的耻辱。"6 月 20 日，匈牙利国会通过与打击非法移民措施相关的一揽子法律修正案。法案在匈牙利国会高票通过，反映了匈牙利在非法移民和难民问题上与欧盟裂痕日益加深。6 月 25 日，"欧盟因难民潮面临分裂"，德国《柏林日报》用这样的

---

① 参见《去年新难民数仍"冠绝全欧" 德计划延长边境管控》，中新网，2018 年 3 月 20 日，http://www.chinanews.com/。

大字标题发出警告，显示出欧盟内部对近来又一波难民潮问题的激烈争论。7月4日，德国总理默克尔4日为联盟党内部就难民政策达成的妥协进行解释时说，难民问题关系到欧盟的未来，呼吁欧盟和其他国家共同解决这一难题。7月4日，在德国内政部长泽霍费尔69岁生日当天，69名难民被遣返至阿富汗，其中一人随后在喀布尔被发现自杀。对于来自其他政党的辞职要求，泽霍费尔表示拒绝辞职。[①] 7月13日，欧盟28个成员国的内政部长在奥地利南部的因斯布鲁克召开会议，商讨难民问题，以解决汹涌到欧洲境内的难民潮。9月19，据匈牙利《新导报》报道，匈牙利政府最近决定，尽管匈牙利目前没有受到大规模难民的侵扰，仍将继续维持因大规模难民造成的危机而宣布的紧急状态（“危机状态”）。[②] 9月22日，澎湃新闻报道，近来德国兴起了一场集结左翼力量的“起立”运动，自2015年难民潮以来越发保守、右倾的德国是否会因此而发生改变？

（二）极端组织“伊斯兰国”依然是中欧地区的恐怖威胁

极端组织“伊斯兰国”的阴影在中欧国家挥之不去。7月19日，以色列总理内塔尼亚胡会见了到访的匈牙利总理欧尔班·维克托，双方讨论了维护安全、打击极端组织“伊斯兰国”等领域的合作。内塔尼亚胡表示，双方都意识到“伊斯兰国”带来的威胁是“实实在在的”，它将威胁到以色列、阿拉伯国家、欧洲和整个世界的安全。以色列将采取多种形式打击“伊斯兰国”。以色列和匈牙利在经济等领域有着巨大的合作机会，双方在技术、商业、旅游、安全等诸多领域已经开展了合作。欧尔班表示，安全对于一个国家最为重要，双方都面临移民危机和恐怖主义威胁，必须采取措施加以应对。他同时表示，两国友好关系在很大程度上归功于两国领导人的紧密联系，匈牙利对于任何形式反犹主义行为采取“零容忍”政策。9月24日，德国国防部长乌尔苏拉·冯德莱恩说，在伊拉克努力确保“伊斯兰国”组织的恐怖分子不会在地下基层组织中重整旗鼓之际，德国军队将需要在很长时间里帮助伊拉克重建军队。她在视察驻扎在巴格达以北30

---

① 参见《被遣返难民上吊自杀　德内政部长拒绝辞职》，环球网，2018年7月12日，http：//www. huanqiu. com/。

② 参见《匈牙利政府决定维持因难民潮而宣布的紧急状态》，中国新闻网，2018年9月19日，http：//www. chinanews. com/。

千米处的塔吉军事基地的德军时说，收复之前被“伊斯兰国”组织武装分子占领的领土所进行的战斗现在基本结束了，在伊拉克约有 125 名驻军的德国因此致力于支持伊拉克的战后重建。她表示：“抗击‘伊斯兰国’组织的斗争给伊拉克留下了深深的创伤和伤痕。重建伊拉克需要耐心。这关乎一个国家在各个领域的重建。”10 月 7 日，一名火车司机在驾驶至纽伦堡附近的阿勒斯堡（Allersberg）时听到可疑噪音，由于并未出现技术故障，所以火车照常行驶。但在终点站慕尼黑进行车检时，发现了短路和挡风玻璃破损等问题。德国联邦犯罪调查局巴伐利亚分局表示，不明身份人员用木块将一根钢缆固定于铁轨上。但因钢缆很薄，在被火车碾压时断掉，所以并未造成脱轨事故。在事发地点附近，除发现木质和铁质残片外，附近桥墩上的阿拉伯语涂鸦也被列入调查范围，但涂鸦内容没有具体指向某事件。此外，在现场还找到两封由阿拉伯语书写的恐吓信，信中称，除非欧盟停止对 IS 的袭击，否则将在欧洲范围内继续针对铁路展开袭击。经德国警方调查显示，这是一起袭击未遂事件，并可能与极端组织“伊斯兰国”（IS）有关。[①]

（三）恐怖分子对民生目标实施袭击或破坏的可能性不断加大

3 月 12 日，德国多地多处土耳其建筑、清真寺被纵火袭击后，土耳其政府向德国驻安卡拉大使馆发文抗议，敦促德方采取行动。报道称，土耳其方面认为，针对在德清真寺被袭击事件，德方对此并未作出太多解释，也未采取太多相关预防措施。土耳其现执政党——“正义与发展党”发言人 12 日晚表示：“我们曾请求德国外交大使赴安卡拉并对此作相关说明。”他还批评道，尽管德国联邦政府采取了预防措施，但袭击穆斯林机构的事件经常发生，希望德国对这个问题“更加敏感”。近期，德国境内发生了一系列纵火袭击土耳其机构事件。报道称，这一系列事件发生原因及动机不详，但或与土耳其针对叙利亚西北部库尔德人的军事攻击有关。此前，土耳其政府认为，库尔德工人党发动了这一系列袭击。4 月 7 日下午，明斯特尔老城区一家餐馆门前，一名中年男子驾驶一辆箱式车辆冲撞正在休息就餐的人群，致死 2 人、致

---

① 参见《德国铁路曾遭袭击未遂 调查显示可能与 IS 有关》，环球网，2018 年 11 月 6 日，http：//www. huanqiu. com/。

伤20人。袭击者在案发现场自杀身亡。[①] 4月8日，德国首都柏林警方在柏林市夏洛滕堡—维尔默斯多夫区、新克尔恩区搜查后逮捕多名嫌疑人。警方在社交媒体"推特"发布消息，特警共逮捕6人。嫌疑人年龄18岁至21岁，一些迹象显示他们可能参与策划在柏林半马比赛期间"暴力犯罪"。根据这些迹象，同时考虑西部城市明斯特尔前一天发生闹市区驾车撞人事件，警方实施抓捕。嫌疑人打算在比赛期间持刀行凶。他有两把刀"磨得锋利"。报道说，这名主嫌认识柏林卡车恐袭事件凶手阿尼斯·阿姆里。阿姆里2016年12月杀害一名卡车司机后驾驶卡车在柏林冲撞圣诞集市人群，致死11人、致伤数十人。

（四）新"反犹主义"引担忧　多地集会声援犹太群体

2月17日，波兰总理马泰乌什·莫拉维茨基出席慕尼黑安全会议时发表争议言论，称第二次世界大战中作恶者"不仅有德国人，还有犹太人"。以色列总理本雅明·内塔尼亚胡和其他官员立即回应，对波兰总理这一言论表达"震惊"、予以谴责。4月20日，一名头戴圆顶小帽的以色列人在柏林遭3名讲阿语男子辱骂攻击，引发德国国内对新"反犹主义"的担忧。4月25日晚，出于对"另一种形式的反犹主义"的担忧，德国多地举行集会，数千人头戴犹太人标志性的圆顶小帽，以声援犹太群体。在柏林一地，就有超过2000人参加了此次游行，科隆等地也举行了类似集会。在东部城市埃尔福特，约150人参加了集会。德国外交部长马克斯向媒体表示，反犹太者攻击的是"我们所有人"，"没有人应为他们的出身、肤色或宗教信仰而受到歧视"。一段视频在德国社交网站上广泛流传开来，视频中，一名以色列籍阿拉伯人遭到3名说阿拉伯语男子的连串反犹辱骂和腰带鞭打。《金融时报》称，这起光天化日下发生在德国首都时尚街区的事件，正值德国多座城市急剧增多的反犹袭击事件引起公众越来越大的关切。德国总理默克尔谴责了这起袭击。她对以色列第十频道表示："我很沮丧，我们一直无法彻底解决反犹问题。""我们出现了一种（来自）难民或阿拉伯裔的新现象，他们将另一种形式的反犹主义带入这个国家，但可悲的是我们之前也有反犹主义。"德国媒体近期报道了一系列关于犹太儿

---

① 参见《企图袭击柏林半程马拉松赛？德国警方逮捕6人》，新华网，2018年4月10日，http：//www. xinhuanet. com/。

童被同为小学生的孩子欺负辱骂的新闻，后者常常来自土耳其裔或阿拉伯裔家庭。德国犹太人中央理事会（the central council of Jews in Germany）主席约瑟夫·舒斯特（Josef Schuster）向德国广播电台 Radioeins 表示，“原则上，大胆表明（自己的犹太身份）是（对抗反犹主义的）最好方式”。“但我不得不建议个人不要在德国大都市区戴圆顶小帽。”他建议犹太人在德国大城市中谨言慎行。《霍芬顿邮报》报道，德国穆斯林团体已声明反对“反犹主义”的兴起，德国穆斯林中央委员会还成为周三全国游行的支持者。“一些难民中存在反犹主义。”该委员会主席马兹耶克（Aiman Mazyek）说，该组织正在向难民群体展开教育项目，包括组织他们前往集中营参观，或与犹太邻居见面等。右翼政治党派德国选择党（AfD）指责称，过去3年有160万移民涌入德国，其中大部分来自中东，这加剧了德国的反犹问题。但穆斯林团体声称，绝大多数针对犹太人和犹太人财产的袭击仍是德裔人所为。德国《每日镜报》（Tagesspiegel）援引官方数据报道称，在2017年，平均每天有4起反犹案件，与2016年大致相同。其中约95%案件由右翼极端主义分子实施。批评者指责，默克尔政府为应对这一趋势所做的努力太少了。据悉，德国政府已任命前外交家菲利克斯·克莱因（Felix Klein）作为反犹议题专员，他将于下个月开展工作。[①] 8月25日，德国东部城市开姆尼茨1名男子被刺身亡，嫌疑人是3名难民。当地极右翼团体利用此事在网络上煽动对外国人的仇恨，该城市随后连续爆发极右翼游行。27日，开姆尼茨一群半蒙面的人袭击了一家犹太人餐馆，高喊“犹太人滚出德国”。本月9日晚，数百名右翼极端分子参加了东部另一城市克滕市的排外游行，甚至有人在游行队伍中高唱纳粹歌曲。9月10日，德国政府发言人赛贝特10日强烈谴责最近针对犹太人餐馆的袭击和极右翼分子参与的游行，指出反犹主义行为和言论触碰了国家的底线。[②] 11月9日，德国总统施泰因迈尔9日在联邦议院发表讲话，呼吁德国民众铭记历史上的“光明与黑暗”，对当今的一些极右现象保持警惕。

---

① 参见《德国新“反犹主义”引担忧多地集会声援犹太群体》，澎湃新闻，2018年4月27日，http：//www. thepaper. cn/。

② 参见《德国政府谴责袭击犹太人餐馆和极右翼排外游行》，新华网，2018年9月11日，http：//www. xinhuanet. com/。

（五）气候变化与人类危机已成为涉恐的新形式

事实上，气候变化滋生安全威胁的现状已经引发广泛重视，这种威胁会从不稳定区域逐渐向全球范围扩展。全球变暖将导致空前规模的难民潮，气候因素堪称是“21 世纪最大的安全威胁”，如此发展，中欧地区也难以逃脱幸免。9 月 3 日，德国外交部长海科·马斯当天在乍得湖国际会议上宣布，德国计划在 2020 年前，为非洲乍得湖地区的非洲人民提供 1 亿欧元的人道主义援助。马斯表示，在乍得湖地区，正在上演着一场“我们这个时代最大的人道主义戏剧”。根据联合国统计数据，该地区共有 1100 万人需要救援。而在乍得湖近撒哈拉沙漠南部地区，有 240 万人正在逃亡。贫穷和气候变化也使情况更加恶化。在会议开始前，马斯向媒体表示，乍得湖区域已经变成如博科圣地或“伊斯兰国”等组织随意践踏的操场，而这些组织已经为欧洲安全造成威胁，“欧洲不可能视而不见”。

（六）媒体造谣称发生严重恐袭引发社会恐慌

3 月 26 日，德国曼海姆市检察官办公室宣布，正在调查一起假新闻事件。一家名为莱茵－内卡博客（Rheinneckarblog）的自媒体 25 日发表了一篇文章称，曼海姆市“遭遇了西欧最严重的恐怖袭击”。文章称，有 50 名恐怖分子持刀在 25 个不同地点砍杀了 136 人。“街道各处都躺着尸体。”文章写道：“血的味道弥漫在空气中。伤员则在呼救。”这篇文章中提到的内容几乎立刻就被当地警方否认。警方在推特上辟谣，称这篇文章是“虚构的文字”。在社交媒体上，莱茵－内卡博客称自己是一家主要报道德国西南部莱茵－内卡河地区新闻的信息平台。该博客的编辑团队表示，在文章发表后，他们受到了数百封咒骂的邮件，且服务器处于瘫痪状态。不过，该机构却仍在为自己发布假新闻的行为进行辩护，称行为本身并不是为了引发社会恐慌，而是为了“模拟未来的威胁包括袭击和假新闻”。“德国已经不再安全，我们能做什么？这是一个有趣和必要的辩论话题。”德国媒体管理委员会称已收到 4 起针对这一事件的投诉，称涉事媒体涉嫌违反媒体从业规范第一条，即“对事实的尊重”和“向公众提供符合事实的信息”。德国记者协会主席 Frank Ueberall 表示，他对涉事媒体的解释并不买账。“利用新闻手段散布不实信息即使是作为一项实验也是错误的。”

（七）网络成为施恐工具，信息指导实施恐怖活动

年轻人则成为恐怖分子拉拢利诱的主要对象，并已成为恐怖袭击的先锋力量。“伊斯兰国”对未成年人及青年人产生的影响力和号召力是令人震惊的。“伊斯兰国”懂得利用推特（Twitter）、脸书（facebook）、Whatsapp 等社交平台将宣传抵达受众，利用热门标签达到传播效果。青少年具有盲从和狂热的特点，当在社会上遭遇种种问题时，“伊斯兰国”仿佛给迷惘的青年人提供了一趟冒险之旅，被他们“洗脑”的未成年人自愿响应他们号召，心甘情愿地成为“圣战者”，并且不惜牺牲生命。尽管各个国家以及社交网站都采取了网络管控措施，欧洲刑警组织称极端组织利用网络传播极端思想、招募“志愿者”的手段层出不穷，欧洲反恐压力持续增加。据极端组织前招募官称，为了提升吸引力，极端组织不惜雇佣专业人员制作精美的宣传片，并由专人特别是西方人负责在互联网上传播，蛊惑年轻人或前往伊拉克、叙利亚，或在西方国家发动恐怖袭击。极端组织招募官通过社交网站晒房子、晒高薪，甚至晒在当地娶到的漂亮妻子，拿这些优厚的条件作为噱头吸引西方国家的年轻人。恐怖组织抓住年轻人性情不成熟、易受新鲜事物吸引、容易听信传言和宣传、具有较大的可拉拢性的特点，不断向这一群体展开攻势，企图招募更多人员壮大实力。

（八）右翼力量是中欧地区面临的组织性威胁

难民也好，脱欧也罢，对于欧洲解体来说，充其量不过是催化剂而已，真正产生致命威胁的是那些带有疑欧色彩的右翼民粹主义政党的集体崛起。3 月 29 日，德国新闻电视台报道德国各地的“绊脚石”不断失踪，疑是极右翼分子所为。德国右翼民粹政党德国选择党一名议员还曾提案要求德国不要再铺设“绊脚石”。在德国城市街头常常可见镶嵌在街道上的“绊脚石”，这是德国大屠杀纪念活动的一部分。用黄铜制成、约 10 厘米见方的“绊脚石”上刻着人名、生日、忌日和遇难地点等信息，用以纪念被纳粹杀害或驱逐的犹太人。目前世界上约有 6.7 万块“绊脚石”，被称为世界上最大的纪念碑。难民危机以来，德国极右翼势力崛起，他们对国内反省纳粹历史的文化感到不耐烦。德国各地频繁出现“绊脚石”失踪现象，总共约 400 多块“绊脚石”被人偷偷挖走。德国选择党的崛起让该国的历史反思文化受到严重挑战，他们将反省文化称为“记忆上的独裁”。

该党巴登－符腾堡州州议员格德翁上月还向州议会提交议案，指控“绊脚石”的创造者把一种纪念文化强加给德国人，告诉人们该纪念谁、什么时候要纪念。格德翁的提案在德国引发严厉批评并被最终否决。巴登－符腾堡州社民党议员奥克斯勒指出，“绊脚石”是德国人对二战历史“内疚、羞愧和悲伤”的反映。德国人只有反省历史，才能避免历史重演。在拥有欧洲最大犹太人群体的法国，近年来反犹情绪也日益高涨。犹太人组织认为，该国不断强大的极左、极右翼政治势力是助长这种情绪的一大原因。85 岁的纳粹大屠杀幸存者米雷耶·克诺尔上周五在巴黎家中遇害，警方初步认定这是针对犹太人的特定犯罪行为。28 日，数千市民走上街头悼念克诺尔，其中包括法国内政部长和文化部长等官员。然而，当法国极左翼领袖梅朗雄和极右翼领袖勒庞不顾组织者事前反对，出现在悼念游行队伍中时，愤怒的人群并没有领他们的情。“反犹主义者出没于极左和极右翼阵营!”组织悼念活动的犹太组织表示，他们绝不会和这两个政党联手，“他们不受欢迎”。据英国广播公司（BBC）报道，悼念人群用嘘声表达对梅朗雄和勒庞的不欢迎。为避免发生冲突，梅朗雄和勒庞被迫退出集会，据称勒庞后来又重新加入游行队伍。勒庞说，“多年来我们一直在谴责反犹主义，这是我们的定位”。但她的辩解并未打消人们的愤怒。

二、中欧国家的反恐怖军事对策

2018 中欧国家反恐形势依然严峻，面对纷繁复杂，交织多变的国际社会环境和反恐安全形势，面对难民危机和国内右翼势力的活动，社会处于动荡边缘，中欧国家采取了有力应对措施，从立法上约束、从根源上扼制、从形式上的防范、从行为上监督、从网络上监控、从军事上打击，以此来维护社会安全。

（一）完善立法机制，从制度上严控

4 月 16 日，欧盟委员会主管移民、内部事务与公民事务的委员季米特里斯·阿夫拉莫普洛斯对德国媒体表示，欧盟委员会将提交法案，要求成员国公民身份证必须添加电子指纹和其他生物信息，以防止恐怖分子和犯罪分子潜入欧盟境内。必须切断恐怖分子和犯罪分子的资金、武器和爆炸物来源，防止他们伪造证件，以阻止他们潜入欧盟境内。德国目前对身份

证指纹信息录入采取自愿原则，护照则按规定从2007年起必须录入指纹。按照欧盟立法程序，以上法案需要经过欧洲议会通过、欧盟理事会批准方能生效，并有待成员国具体执行。德国内政部对这一法案持积极态度，认为履行义务在身份证上添加指纹信息可加强安全感。德国警察工会对此表示欢迎的同时还强调，反恐的同时也要考虑数据安全与保护。①

（二）修订法律条款，收紧难民政策

6月24日，德国总理默克尔因难民政策的改革问题陷入其从政以来最大危机。这次向她发难的不是别人，而是来自默克尔所在的基民盟的姐妹党——基社盟。6月28日，“欧盟峰会决定着默克尔的命运”，据德国《图片报》报道，欧盟夏季峰会于本周四和周五在布鲁塞尔举行。难民政策问题将成为本次峰会的焦点，如果本次峰会没有达成难民问题的欧洲解决方案，德国总理默克尔将面临下台危机。7月4日，德国总理默克尔4日为联盟党内部就难民政策达成的妥协进行解释时说，难民问题关系到欧盟的未来，呼吁欧盟和其他国家共同解决这一难题。11月16日，德国总理默克尔表示，德国的难民政策应更多从源头上解决难民问题，政府应在帮助移民融入社会等方面加大投入。

（三）加大对极端行为排查打击力度，防患于未然

4月18日，德国联邦警察出动1500余名警察、搜查12个州的62个目标、逮捕超过100名嫌犯。开展了该国史上最大规模的一次搜捕行动，成功打掉一个涉嫌强制卖淫、贩卖人口的犯罪团伙。德国GSG9联邦反恐部队也参加了此次行动。9月27日，俄罗斯卫星网报道，德国特警在一家柏林咖啡厅内拘捕了一名21岁的叙利亚公民，他涉嫌策划在以色列实施恐袭。② 12月29日，德国莱茵兰－普法尔茨州刑事犯罪调查部门表示，警方于当天在该州美因茨市逮捕了一名涉嫌策划在荷兰发动恐袭的26岁叙利亚

① 参见《欧盟拟为成员国公民身份证添加指纹信息立法》，环球网，2018年5月29日，http：//www. huanqiu. com/。

② 参见《德国特警逮捕一名涉嫌策划恐袭嫌犯系叙利亚公民》，中国新闻网，2018年9月28日，http：//www. chinanews. com/。

男子。[1] 4 月中旬，曾在德国乌尔姆地区一土耳其清真协会会所纵火的 4 名男子，已被警方逮捕。犯罪嫌疑人均为叙利亚籍，其中一男子已对犯罪事实供认不讳。

（四）加大遣返难民力度，减少社会压力

为减少在德难民数量，减轻社会压力，德国为难民回家提供返乡费和创业金。在遣返难民过程中部分难民存在抵触。7 月 4 日，在德国内政部长泽霍费尔 69 岁生日当天，69 名难民被遣返至阿富汗，其中一人随后在喀布尔被发现自杀。对于来自其他政党的辞职要求，泽霍费尔表示拒绝辞职。左翼党议会党团内部政策发言人 Ulla Jelpke 当日在柏林表示，一个对于将人驱逐到战争国家而感到高兴的内政部长不仅是人道主义的缺失，也是其职责能力的缺失。左翼党副主席 Jan Korte 直接表示希望泽霍费尔辞职："在我看来，泽霍费尔应该被解雇。"但泽霍费尔周三向记者表示，对于来自左翼党和自民党的辞职要求完全不理解。"这是非常令人遗憾的，我们需要才从实际情况出发，谨慎处理此事"，泽霍费尔说："我昨天不知道这件事，今天早晨才有所了解。"报道还称，泽霍费尔的用词丝毫没有遗憾或怜悯之情。

（五）加大边境难民管控，遏制非法涌入

自 1995 年起实施的申根协定曾使欧盟大多数国家和欧洲一些非欧盟成员国共同取消了边境检查和驻军，这令欧洲单一市场主要目标之一的"人员自由流动"成为可能。但随着国际安全形势和恐怖活动的不断蔓延以及难民问题的不断恶化，加强边境管制，甚至临时关闭边境，减少人员流动，可有效限制恐怖分子活动空间，维护地区安全稳定。针对当前的反恐和难民危机形势，德国和奥地利均考虑延长其实施的边境管控措施。奥地利方面甚至提出应将管控延长至叙利亚内战彻底结束。3 月 19 日，据最新统计，德国 2017 年一年办结的难民申请仍超欧盟其它各国之和。鉴于欧盟外部边界"依然无法得到有效控制"，德国内政部长泽霍费尔日前宣布将继续对德国边境实施管控以确保民众安全。这一决定 19 日得到了德国总理

---

① 参见《涉嫌策划恐袭一叙利亚人在德国被捕》，中国新闻网，2018 年 12 月 30 日，http：//www. chinanews. com/。

默克尔的支持。泽霍费尔是在 18 日出版的德国《星期日世界报》专访中宣布延长边境管控的决定的。"只要欧盟的外部边界仍然无法得到有效控制，我们就必须对德国国境线进行保护和管控。"泽霍费尔说。默克尔同意泽霍费尔的上述说法。作为申根协定成员国，德国原本早已取消与邻国间的边检。然而 2015 年秋季，由于涌入德国的难民人数过多，德国不得不恢复边境管控。根据欧洲统计局的统计结果，德国在 2017 年共对 52.4 万人的避难申请作出了裁决，而这个数字比其他所有欧盟国家处理的避难申请总和还要多。过多的难民不仅给德国造成了沉重的财政负担，也造成了德国民意急剧分化，并最终表现为极右翼民粹主义色彩的政党 AfD 在 2017 年 9 月大选中登堂入室进入国会。此前，德国曾将解决难民危机的希望寄托在《都柏林协定》和分摊难民的配额制上。然而，作为难民进入欧洲大陆的首选登陆国家，希腊和意大利根本无力处理过多的难民庇护申请，大量难民突破边境封锁，前往德国和北欧国家避难。而难民配额制也遭到了维谢格拉德四国（波兰、捷克、匈牙利和斯洛伐克）等欧盟其他国家的强烈抵制，举步维艰。本次延长边境管控系过去主政地方时长期与默克尔难民政策唱反调的泽霍费尔履新后针对移民及难民议题的又一动作。在发表完"伊斯兰不属于德国"的争议言论后，泽霍费尔的最新决定再次让人们见识到了其在难民问题上的强硬态度。

（六）加强国际合作多方联合治恐

面对恐怖威胁，没有哪个国家能够独善其身，早已不再能单凭一己之力解决，只有加强国际合作，发挥情报机构作用，加大反恐投入和打击力度。共同打击恐怖主义是打击恐怖主义和暴力极端主义的必要途径。3 月 6 日，正在德国访问的土耳其外交部长梅夫吕特·恰武什奥卢说，德国成为恐怖组织"库尔德工人党"和"居伦运动"的海外庇护所，大量犯罪分子在德国藏身。土方提醒德方，要"警惕"。6 月 21 日，维谢格拉德集团四国总理与奥地利总理在布达佩斯举行会晤。匈牙利总理欧尔班说，与会各国一致认为，欧洲应该有能力保护自己的边界并为公民提供安全。6 月 24 日，欧盟部分国家领导人在布鲁塞尔召开关于难民问题的非正式会议。德国总理默克尔会后说，目前仍不可能达成所有欧盟国家都认可的方案，她倾向于成员国通过双边或多边协议解决难民问题。6 月 28 日，"欧盟峰会决定着默克尔的命运"，据德国《图片报》报道，欧盟夏季峰会于本周四和周五在布鲁塞尔举行。难民政策问题将成为本次峰会的焦点，如果本次峰会没有达成难民问题的欧洲解决方案，德国总理默克尔将面临下台危机。

（七）利用技术手段，加大安检力度

在中欧未来反恐战略发展中，加强民防和扩大安全部门的权限，加大网络及枪支管理力度将成为重要的发展方向。特别是发生一系列暴恐袭击后，发现公共场所的安全检查是一个明显的安保漏洞，在火车站、地铁站区域主要依靠视频监控，而没有安全检查，导致凶器非常容易被带上交通工具，进入公共场所，因此有必要加强公共场所安全检查，给予安全部门更大的权限。应对恐怖危机，除做应有的打击准备之外，最主要的是加强防范。借助现代高科技手段，加强社会面监控，加大可疑人员的排查跟踪，扩大敏感信息的过滤筛查等等，将有助于防范恐怖袭击。

第二节　中欧地区主要恐怖袭击事件

2018 年中欧地区在世界政治、经济和军事大格局背景影响下，反恐及安全成为各国政府首要任务，全球范围内的分离运动与地区冲突此起彼伏，难民问题日益成为中欧国家焦点议题，由此引发的安全及恐怖威胁频繁发生，部分国家居民安全幸福指数有所下滑，安全形势令民众担忧。

一、德国汽车冲袭人群事件

（详见第一章内容）

二、德国公交车持刀砍人事件

7 月 20 日，德国北部城市吕贝克一辆公交车上发生持刀行凶案件。

（一）事件背景

嫌犯为 34 岁的伊朗裔德国籍男子，德国北部城市吕贝克一辆公交车上发生持刀行凶，案件已导致至少 10 人受伤，其中 3 人重伤。当局表示，没有线索表明此案具有恐怖主义背景。

（二）事件经过

20 日下午 13 时许，嫌犯在德国吕贝克一辆公交车上持 13 厘米长的刀具砍伤多名乘客。据吕贝克市检察长 Ursula Hingst 当晚在记者会上公布的案情，公交车司机当时从后视镜观察到嫌犯在车上放置一个正在向外冒烟的背包。司机立即停车并开启车门，让乘客逃生。当司机来到嫌犯身前时，嫌犯开始用刀袭击司机及身旁的乘客。乘客随后合力制服了嫌犯，此案受害者中无人身亡。拆弹人员在现场发现的背包中找到了助燃剂，但并未发现炸药。

（三）事件影响

目前嫌犯已被警方逮捕。其对犯罪指控始终保持缄默。检方表示，嫌犯生于伊朗，现有德国国籍，并居住在吕贝克。目前，此案尚未发现存在恐怖主义背景，嫌犯行凶背后的动机仍有待查明。事件发生后在民众中引发恐慌，对社会安全形势表示担忧。①

三、俄籍男子柏林被捕，涉嫌预谋炸弹袭击事件

8 月 22 日德国联邦检察院在反恐特警支援下于柏林逮捕了一名 31 岁的俄罗斯籍男子。该男子被怀疑预谋实施炸弹袭击和危害德国国家安全的重大犯罪行为。

（一）事件背景

德国联邦检察院表示，当天实施逮捕的决定与此前在法国进行的一起案件调查有关。2017 年 4 月 18 日，法国执法部门在马赛逮捕了一名嫌犯克莱门特・B. 并查获大批枪械和 3 千克 TATP（三过氧化三丙酮）烈性炸药。克莱门特・B. 被怀疑与另一名已落网的同伙在法国策划实施炸弹

① 参见《德国公交车持刀砍人案致至少 10 人受伤》，中国新闻网，2018 年 7 月 21 日，http：//www. chinanews. com/。

袭击。

（二）事件经过

法国当局在调查4月18日这一案件过程中发现了居住在德国的穆罕默德－阿里·C. 存在嫌疑。最终德国检方组织实施了对其的逮捕。检方查明，其于2016年10月26日在柏林的住所内存放了大剂量的TATP炸药，并在伊斯兰极端主义驱使下，计划与克莱门特·B. 共同制作爆炸装置，并企图分别在德法两国实施袭击。德国电视一台报道称，这一犯罪计划随后被警方行动打乱，穆罕默德－阿里·C. 和克莱门特·B. 的联系亦随之切断。

检方证实，嫌疑人位于柏林的住所内曾存有大量烈性炸药TATP。被捕的男性嫌犯名为穆罕默德－阿里·C. 据柏林－勃兰登堡广播公司报道，嫌犯来自俄罗斯车臣共和国。检方当天对其住所进行了搜查。

值得注意的是，由于调查人员发现2016年柏林圣诞市场恐袭案主犯阿姆里的手机内存有克莱门特·B. 的号码，克莱门特·B和穆罕默德－阿里·C. 是否曾参与柏林圣诞市场恐袭亦引发关注。

（三）事件影响

德国检方表示，目前并未有线索表明前述两名嫌犯曾经参与柏林圣诞市场恐袭案件，反之亦未有线索显示阿姆里曾支持两名嫌犯的炸弹袭击图谋。

穆罕默德－阿里·C将于23日被移交德国联邦法院的调查法官。目前，围绕此案的相关细节仍在进一步调查中。事件发生引发民众对社会安全形势的担忧，给联邦检察院和反恐特警维护国家安全和社会稳定警示。

四、柏林铁轨破坏事件

德国警方25日称，他们在疑似针对柏林铁路发动的袭击地点附近发现一面极端组织“伊斯兰国”的旗帜。

（一）事件背景

柏林警方已对事发现场查获的疑为极端组织IS（“伊斯兰国”）的旗帜

等物证展开调查。2018 年 10 月德国巴伐利亚州曾发生同类事件，当局目前在调查中倾向于认为这是一起极右分子策划的事件。

（二）事件经过

柏林警方 12 月 23 日，柏林卡尔斯霍斯特地区一处出城方向的铁路线路被查出高架线路遭到损坏。德国铁路公司 24 日向联邦警察报告了此事，警方在现场确认有一处支撑缆绳被撕裂，另有一处电缆遭到损坏。受此事影响，柏林这一地区的轨道交通一度部分中断。

警方随后表示，在现场搜查到的物证包括一面疑似“伊斯兰国”旗帜和数张用阿拉伯文书写的纸条。警方认为，此事中查获的物证与今年 10 月初发生在南部巴伐利亚州纽伦堡和慕尼黑之间的一起铁路遭破坏事件中的物证极为相似。当局将两起事件都定性为“对于铁路交通的危险性侵入”，而非袭击事件。

26 日，柏林警方一名发言人向此间媒体表示，相关物证已进入具体调查阶段。媒体从调查人员处了解到的信息显示，当局认为 10 月发生的上一次事件可能与德国极右翼分子有关，其动机或为影响马上要举行的巴伐利亚州议会选举。

（三）事件影响

警方在查获的纸条所写内容被查明是网络论坛上已存在的文本，因此他们并不认为此事与“伊斯兰国”组织存在关联，而很可能是极右分子利用这种方式令人们信以为真。截至目前，围绕此案的调查仍在进行中。事件发生引发民众对社会安全形势的担忧，给联邦检察院和反恐特警维护国家安全和社会稳定警示。

五、其他恐怖袭击事件

1 月 10 日，参考消息网报道英媒称，德国政府说，曾经在叙利亚和伊拉克作战的德国“伊斯兰国”组织（IS）武装分子的 100 多名子女不久后可能回到德国，这引发了民众安全担忧。

3 月 7 日，奥地利首都维也纳警方称表示，维也纳市中心发生持刀袭击事件，一对夫妇及他们的女儿被严重刺伤。其后不久，在同一区域发生了另一起持刀袭击事件，一名男子被严重刺伤，一名阿富汗籍男子被捕。①

3 月 11 日，一位 26 岁的奥地利人 11 日晚在伊朗驻维也纳大使的官邸附近持刀袭击 1 名警卫，随后被警方击毙。警方发言人哈拉尔德表示，警卫开火后，袭击者“当场死亡”。袭击发生在当地时间午夜之前，地点在一个居民区。②

5 月 30 日，位于德国与丹麦边界的城市弗伦斯堡（Flensburg），传出一起在列车上的砍人事件，至少一死两重伤，死者据信为行凶者，全案暂无恐袭迹象。③

7 月 3 日，一名受极端主义思想影响的突尼斯人企图利用蓖麻毒素在德国第四大城市科隆发动恐怖袭击；这名嫌疑人 6 月落网。

9 月 14 日，德国东部城市开姆尼茨近日再次发生外国人遭袭事件。一名伊朗人在该市被袭击受轻伤。目前已有 6 名嫌疑人被当局逮捕。

12 月 20 日，一辆小汽车在德国西部北威州雷克林豪森市市中心突然冲撞附近公交车站台候车人群，造成 1 死多伤。

第三节　中欧地区主要反恐怖军事行动

一、德国逮捕 6 名企图袭击柏林半程马拉松赛涉嫌人

4 月 8 日，德国首都柏林警方逮捕 6 人，怀疑他们企图袭击当天举行的柏林半程马拉松赛。

（一）事件背景

3.6 万名选手当天参加了德国柏林半程马拉松比赛，观众数以千计。这是德国规模最大的半马比赛。

---

① 参见《维也纳两起持刀伤人事件致 4 伤阿富汗籍男子被捕》，中国新闻网，2018 年 3 月 8 日，http：//www. chinanews. com/。

② 参见《男子在伊朗驻维也纳大使官邸附近持刀袭击被击毙》，中国新闻网，2018 年 3 月 12 日，http：//www. chinanews. com/。

③ 参见《德国列车发生砍人事件 1 死 2 伤　暂无恐怖袭击迹象》，中国新闻网，2018 年 5 月 31 日，http：//www. chinanews. com/。

（二）事件经过

当日警员在柏林市夏洛滕堡—维尔默斯多夫区、新克尔恩区搜查后逮捕多名嫌疑人。特警共逮捕6人。嫌疑人年龄18岁至21岁，一些迹象显示他们可能参与策划在柏林半马比赛期间“暴力犯罪”。根据这些迹象，同时考虑西部城市明斯特尔前一天发生闹市区驾车撞人事件，警方实施抓捕。德国《世界报》网络版报道，嫌疑人中一人为主谋，打算在比赛期间持刀行凶。他有两把刀“磨得锋利”。这名主嫌认识柏林卡车恐袭事件凶手阿尼斯·阿姆里。阿姆里2016年12月杀害一名卡车司机后驾驶卡车在柏林冲撞圣诞集市人群，致死11人、致伤数十人。

（三）事件影响

“外国情报部门”警告柏林警方，半马比赛时可能发生袭击。柏林市长米夏埃尔·米勒感谢警方阻止一次“即将发生的袭击”。大约630名警员负责现场安保，比赛安全结束。

二、难民袭警阻挠遣返，德国当局强硬执法

5月初，德国南部巴符州发生的上百难民袭警以阻挠同伴遭遣返事件。

（一）事件背景

德国警方5月3日予以强硬回应，出动数百警力开展大搜捕。德国内政部长泽霍费尔表示，全力支持铁腕严惩肇事者。

（二）事件经过

德国南部巴登－符腾堡州埃尔万根市警方本月3日通报的案情显示，4月30日，当局根据《都柏林公约》将一名23岁多哥籍男性遣返回其最初入境欧盟的国家意大利时发生了群体性抗命事件。

德国电视一台报道称，4月30日晚，负责遣返这名多哥籍难民的警方巡逻车遭到约150至200名难民的围攻，实施遣返的警察被迫放人。此后，前述难民得以暂时逃脱遣返。

5月3日，当地出动数百名警力对涉事的难民安置中心及其周边开展

大规模搜捕行动。截至当天 12 时 30 分共控制 292 人，其中包括 4 月 30 日脱逃的多哥籍男子。警方目前查明其中 23 人涉嫌参与群体性抗命，此外有 5 人因涉毒被调查、5 人因非法侵入住宅和违反外国人管理法被查，另有 2 人因涉嫌盗窃被调查。

（三）事件影响

德国内政部长泽霍费尔强烈批评上述难民阻挠遣返的事件，称其为“对遵纪守法民众的一记耳光”。他认为这种情况下对待这部分人不应“乐善好施”：“对这些行为必须以铁腕予以追究，我全力支持有关部门的工作。”“德国之声”报道称，当局目前正在评估以何种手段妥善处理这一难民安置中心。

三、疑似本·拉登前保镖被捕，将被驱逐回突尼斯

疑似本·拉登前保镖被捕，德国当局决定将其驱逐回原籍。

（一）事件背景

一名被怀疑曾为前“基地”组织领导人本·拉登担任保镖的 42 岁男子 25 日在德国波鸿市被捕。德国当局已决定将这名恐怖嫌疑人驱逐回原籍国突尼斯。

（二）事件经过

被捕的男子名为 Sami A. 。此人从 2005 年起居住在德国西部的波鸿市，并有妻子和子女。尽管此人由于其涉恐背景，2018 年 4 月已被波鸿所在的北威州内政部划定为“危险分子”，但由于明斯特高级行政法院曾裁决，此人若被驱逐回突尼斯有面临酷刑的危险，使其一直免遭驱逐。新任德国内政部长泽霍费尔上台后在难民议题上持强硬立场。他曾于 2018 年 5 月初公开表示，支持驱逐这名突尼斯人。这一案件由此为公众所知。尽管德媒未披露 Sami A. 是以何种身份在德国居留，但西德意志广播公司此前援引北威州移民融合部公开的信息显示，他根据德国《申请避难法》每个月从当局领取 1168 欧元。25 日，Sami A. 按照要求前往警察局履行每日报到义务时被捕。波鸿市一名发言人表示，导致此人截至目前无法被驱逐的

障碍已被德国联邦移民与难民局撤销，外国人管理局目前正在准备对其实施驱逐。

（三）事件影响

据“德国之声”报道，德国司法部门怀疑 Sami A. 曾于 1999 年至 2000 年在阿富汗“基地”组织军营接受军事训练，并曾作为本·拉登的保镖之一。Sami A. 本人始终否认上述指控。前“基地”组织领导人本·拉登于 2011 年在巴基斯坦被美军击毙。拉登被认为策划实施了 2001 年发生在美国纽约的“9·11”袭击事件。

四、其他反恐怖军事行动

1 月 4 日，由于 2017 年赴德国避难或与亲人团聚的难民人数大幅下降，德国多地的难民临时安置房大量闲置。

据德国之声电台报道，在德国人口较稠密的北威州和巴登－符腾堡州，临时安置房数量超出实际需要 3 倍之多。地方政府虽然想要削减临时安置房数量以节省开支，但又担心未来赴德难民人数会突然增加。

1 月 4 日，德国电视一台发布权威机构最新民调显示，超过六成受访者认可总理默克尔表现，但支持默克尔完成新的 4 年总理任期的受访者不足半数。

1 月 6 日，德国外长加布里尔在德国西部戈斯拉尔会见了土耳其外长恰武什奥卢，双方表示希望通过对话解决分歧。这是德土两国为缓和双边关系所做的又一次努力。

1 月 17 日，奥地利总理库尔茨到访德国，与德国总理默克尔会谈——这是库尔茨成为奥地利总理后，德奥这两个近邻领导人的首次会晤。然而，在会晤后举行的联合记者会上，两人却因为难民问题针锋相对。

1 月 20 日，土耳其发兵叙利亚后，德国一些议员呼吁德国政府暂时不要满足土方一项“升级坦克”的需求。

1 月 22 日，德国汉诺威机场登机大厅一度出现混乱。参与一场示威集会的库尔德人与土耳其乘客发生肢体冲突，警察到场才平息了这场殴斗。究其原因是日前土耳其军队对叙利亚库尔德武装发动的攻势。

1 月 26 日，德国社民党党部传出消息，德国社民党主席马丁·舒尔茨将在新一届内阁中担任部长职位，这并未出乎大家意料。

2 月 6 日，法媒称，波兰总统安杰伊・杜达颁布了旨在保护波兰免受纳粹罪行指控的“大屠杀”相关法律，但该法律使波兰与以色列、美国和乌克兰关系紧张。

2 月 17 日，波兰总理马泰乌什・莫拉维茨基出席慕尼黑安全会议时发表争议言论，称第二次世界大战中作恶者“不仅有德国人，还有犹太人”。①

3 月 1 日，德国法院判处 2017 年在汉堡市持刀行凶的巴勒斯坦人艾哈迈德・阿尔哈乌终身监禁。②

3 月 4 日，德国第二大政党社民党在 4 日的公投中批准了加入德国总理默克尔大联合政府的计划。

3 月 4 日，被称为欧洲的“超级星期天”。这是“决定柏林和默克尔”的一天，上午 9 时半，德国社民党终于宣布将与总理默克尔领衔的中右联盟党结盟组阁，结束了柏林为期 5 个多月的政治瘫痪局面，铁娘子默克尔也因此艰难地获得她自 2005 年执政以来的第四个任期。

3 月 5 日，默克尔当天就组建大联合政府开启新任期发表声明时表示，德国将赋予削弱的欧盟一个强有力的声音，政府成立后将首先着手处理贸易和与中国的竞争问题。

3 月 6 日，正在德国访问的土耳其外交部长梅夫吕特・恰武什奥卢说，德国成为恐怖组织“库尔德工人党”和“居伦运动”的海外庇护所，大量犯罪分子在德国藏身。土方提醒德方要“警惕”。

3 月 7 日，德国政府批准国防部有关调整海外军事部署的方案，决定增加德军在阿富汗和马里的部署，并扩展在伊拉克军事任务执行地域范围。

3 月 12 日，因近期德国多地多处土耳其建筑、清真寺被纵火袭击后，土耳其政府向德国驻安卡拉大使馆发文抗议，敦促德方采取行动。据德国《法兰克福汇报》13 日报道，在最近一土耳其清真寺遭放火袭击后，土耳

① 参见《波兰总理称犹太人二战作恶者以色列强烈谴责》，新华网，2018 年 2 月 19 日，http：//www. xinhuanet. com/。

② 参见《德国汉堡持刀袭击案凶手被判终身监禁》，新华网，2018 年 3 月 2 日，http：//www. xinhuanet. com/。

其政府 12 日向德国驻土使馆发文抗议。

3 月 15 日，德媒称，默克尔在联邦议院议长朔伊布勒面前宣誓就职。联邦议院此前已选举默克尔第四度出任总理。

3 月 15 日，美国、德国、法国、英国领导人发表联合声明，要求俄罗斯就该国前特工在英国“中毒”事件作出解释。当天，俄总统普京召集俄联邦安全会议，对英国近期对俄政策表示极度关切。

3 月 15 日，保加利亚总理鲍里索夫与到访的奥地利总理库尔茨在索非亚表示，只有确保欧盟外部边界的安全，欧洲才能应对面临的诸多挑战。

3 月 17 日，土耳其军方对袭击叙利亚阿夫林地区一家医院一事予以否认。当日，在德国城市汉诺威，许多库尔德移民对土耳其的军事行动展开游行抗议，有 2 人被拘留。

3 月 17 日，刚刚走马上任的德国内政部长泽霍费尔公开表示，伊斯兰“不属于德国”。该言论在德国政坛迅速引发争议，总理默克尔连同多名内阁成员迅速与泽霍费尔的言论划清界线。

3 月 20 日，据外媒报道，2017 年，德国有关机构审结的避难申请数量，超过其他欧盟成员国审结数量的总和。①

3 月 19 日，据最新统计，德国 2017 年一年办结的难民申请仍超欧盟其它各国之和。鉴于欧盟外部边界“依然无法得到有效控制”，德国内政部长泽霍费尔日前宣布将继续对德国边境实施管控以确保民众安全。这一决定 19 日得到了德国总理默克尔的支持。

3 月 20 日，德国法兰克福法院判处一名卡车司机 2 年半监禁，原因是他在 2017 年利用卡车将 51 名来自中东地区的难民偷运至德国和波兰边境。

3 月 21 日，德国总理默克尔承认应对难民危机准备不足，造成了德国社会的分裂，但她承诺，类似这类“人道主义的例外”将不会重演。

3 月 22 日，欧盟峰会在比利时布鲁塞尔举行，议程包括经济和贸易事务、欧元区深化改革以及英国“脱欧”等。在此之前，德国新政府外交动作频频，总理默克尔近日访问法国和波兰，在多个场合阐述欧洲政策，抓紧时间与各方商讨等待已久的欧盟改革计划。

3 月 26 日，德国曼海姆市检察官办公室宣布，正在调查一起假新闻事

---

① 参见《2017 年德国避难申请审结数量超欧盟其它国总和》，中新网，2018 年 3 月 20 日，http：//www. chinanews. com/。

件。此前，一家名为莱茵－内卡博客（Rheinneckarblog）的自媒体 25 日发表了一篇文章，称曼海姆市“遭遇了西欧最严重的恐怖袭击”。

3 月 27 日，在德国，难民庇护申请遭到拒绝，却又因为没有来源国身份证明而无法被遣返的难民申请者数量在 2017 年明显上升。

3 月 29 日，斯图加特检察机关及乌尔姆地方警察当日发布消息称，本月中旬曾在德国乌尔姆地区一土耳其清真协会会所纵火的 4 名男子，已被警方逮捕。①

3 月 29 日，德国新闻电视台称，近来德国各地的“绊脚石”不断失踪，疑是极右翼分子所为。德国右翼民粹政党德国选择党一名议员还曾提案要求德国不要再铺设“绊脚石”。②

3 月 30 日，德国外交部表示，俄罗斯外交部当天召见德国驻俄大使，并宣布驱逐 4 名德国驻俄外交官。德国外长马斯表示，即便在当前形势下，德方仍有意愿与俄罗斯开展对话，以维护欧洲安全。

4 月 1 日，据德国媒体报道，德国外长马斯表示德方希望继续与俄罗斯保持对话，并改善同俄罗斯的关系。

4 月 8 日，匈牙利举行国会选举，初步计票结果显示，青年民主主义者联盟（青民盟）和基督教民主人民党（基民党）所组成的执政联盟得票率近 49%，将获国会 2/3 多数议席。匈牙利国内和欧洲主流媒体，以“决定性”“压倒性”“超级”之类词语形容匈执政联盟的这场胜利。

4 月 12 日，德国总理默克尔说，德国不会参与对叙利亚的军事行动。默克尔在柏林与丹麦首相拉斯穆森共见记者时作出上述表示，但她强调：“我们支持所有表明化学武器不可接受的相关行动。”默克尔说，德国支持联合国安理会和禁止化学武器组织（OPCW）的工作。而对美国总统特朗普的相关推特，默克尔不愿意发表评论。

4 月 16 日，在美英法联合对叙利亚发动轰炸后，德国总理默克尔表示，打击是“必要且适当的”。但她此前曾表示，德国不会参与对叙利亚的军事打击行动。默克尔政府在对叙利亚动武问题上的“只说不做”，在

---

① 参见《4 名叙利亚男子在德纵火被捕　被控谋杀未遂和纵火》环球网，2018 年 3 月 30 日，http：//www. huanqiu. com/。

② 参见《反犹情绪日益高涨　德国右翼挖走“绊脚石”》，环球网，2018 年 4 月 3 日，http：//www. huanqiu. com/。

德国国内引起争议。

4月16日，欧盟委员会主管移民、内部事务与公民事务的委员季米特里斯·阿夫拉莫普洛斯对德国媒体表示，欧盟委员会将提交法案，要求成员国公民身份证必须添加电子指纹和其他生物信息，以防止恐怖分子和犯罪分子潜入欧盟境内。

4月17日，法国《欧洲时报》德国版微信公众号刊文称，赴欧难民越来越多，难民证的需求量也日益增加，一条产业链也逐渐形成。欧洲与中东之间的土耳其是难民往返两地的中转站。由于缺少进入土耳其的合法途径，大部分在欧难民只能选择偷渡，同时也会卖掉手中已经沦为废纸的难民证，以换取现金带回家。

4月18日，出动1500余名警察、搜查12个州的62个目标、逮捕超过100名嫌犯。德国联邦警察开展了该国史上最大规模的一次搜捕行动，成功打掉一个涉嫌强制卖淫、贩卖人口的犯罪团伙。德国GSG9联邦反恐部队也参加了此次行动。

4月20日，1名头戴圆顶小帽的以色列人在柏林遭3名讲阿语男子辱骂攻击，引发德国国内对新“反犹主义”的担忧。①

4月22日，德国和伊拉克就难民回乡和重新融入社会达成了加强合作的协议。根据德国政府的消息，24万逗留德国的伊拉克人中，有1.2万人必须离境。

4月26日，德国联邦政府承诺额外拨款10亿欧元，用以援助叙利亚以及该地区的难民。联合国此前呼吁各援助国出资，并警告称1300万民众亟待紧急救助。

4月27日，德国总理默克尔展开为期一天的美国之行。虽然在美受到的礼遇无法与本周来访的法国总统马克龙相比，但默克尔仍希望在伊核和贸易等问题上影响特朗普的决策。从结果看来，默克尔本次“救火之旅”成效有限。

4月30日，德国南部巴符州发生的上百难民袭警以阻挠同伴遭遣返一事，德国警方5月3日予以强硬回应，出动数百警力开展大搜捕。德国内政部长泽霍费尔表示，全力支持铁腕严惩肇事者。

---

①　参见《德国新“反犹主义”引担忧　多地集会声援犹太群体》，澎湃新闻，2018年4月27日，http：//www. thepaper. cn/。

5 月 28 日，奥地利总理库尔茨表示，欧洲应重点关注外部边境保护。库尔茨在接受英媒采访时表示：“我们需要把注意力从难民在欧盟的分配争论中转移出来，更多的集中到外部边境的保护之中。”

5 月 29 日，波兰国防部近日透露的一项提案表示，该国愿意支付最高 20 亿美元支持美军在波兰建立常驻基地。对此，俄罗斯联邦委员会国防与安全委员会第一副主席叶甫盖尼·谢列布列尼科夫回应称，俄国防部准备就波兰计划部署美军基地采取应对措施。

5 月 31 日，法国《欧洲时报》报道，德国东部城市德累斯顿的一处移民接待中心近日发生暴力冲突，造成 2 名警察和 1 名保安人员受伤。当地寻求庇护者与德国政府之间的冲突氛围越来越浓。

5 月 31 日，德国总理默克尔表示，仇外心理、种族主义和反犹情绪在德国和世界任何地方，都是不被容忍的。“右翼极端主义不是过去的事情，在德国仍有很多人仅仅因为移民难民身份或长相肤色就被妖魔化和攻击，这种暴行是我们国家的耻辱。”①

6 月 20 日，匈牙利国会通过与打击非法移民措施相关的一揽子法律修正案。修正案涉及包括宪法、刑法在内的 9 项法律，被一些欧洲媒体称为“史上最严”的移民法案之一。匈牙利政府当天发表声明说，相关法案的通过遵从了匈牙利人民的意愿，这是应对非法移民的又一个强有力的防御手段。法案在匈牙利国会高票通过，反映了匈牙利在非法移民和难民问题上与欧盟裂痕日益加深。

6 月 21 日，维谢格拉德集团四国总理与奥地利总理在布达佩斯举行会晤。匈牙利总理欧尔班说，与会各国一致认为，欧洲应该有能力保护自己的边界并为公民提供安全。

6 月 23 日，近来，“阿奎里厄斯”号事件引发法意“口水仗”。欧盟难民问题再次猛烈爆发。意大利民粹性质新政府改变了欧盟内部力量对比，德国默克尔政府遭遇“最后通牒”，匈牙利推出反难民新举措……在即将召开的欧盟峰会上，欧盟能就难民问题形成共识吗？

6 月 24 日，欧盟部分国家领导人在布鲁塞尔召开关于难民问题的非正式会议。德国总理默克尔会后说，目前仍不可能达成所有欧盟国家都认可

---

① 参见《德国右翼思潮抬头引发社会担忧》，人民网，2018 年 6 月 1 日，http：//www. people. com. cn/。

的方案，她倾向于成员国通过双边或多边协议解决难民问题。

6 月 24 日，德国总理默克尔因难民政策的改革问题陷入其从政以来最大危机。这次向她发出责难的不是别人，而是来自默克尔所在的基民盟的姐妹党——基社盟。

6 月 25 日，一名被怀疑曾为前“基地”组织领导人本·拉登担任保镖的 42 岁男子在德国波鸿市被捕。德国当局已决定将这名恐怖嫌疑人驱逐回原籍国突尼斯。

6 月 25 日，“欧盟因难民潮面临分裂”，德国《柏林日报》用这样的大字标题发出警告，显示出欧盟内部对近来又一波难民潮问题的激烈争论。

6 月 28 日，“欧盟峰会决定着默克尔的命运”，据德国《图片报》报道，欧盟夏季峰会于本周四和周五在布鲁塞尔举行。难民政策问题将成为本次峰会的焦点，如果本次峰会没有达成难民问题的欧洲解决方案，德国总理默克尔将面临下台危机。

6 月 28 日，欧盟起召开为期 2 天的峰会，讨论难民、英国脱欧及欧元区改革等问题，其中难民问题最受关注。①

6 月 28 日和 29 日，欧盟召开峰会讨论难民议题，在僵持 9 个小时之后，各国终于就难民问题达成协议。

6 月 29 日，据综合报道，在有关加强对移民潮控制的谈判中，德国总理默克尔从 14 个国家那里得到了加快遣送难民的许诺。据报道，默克尔写给社民党和基社盟党主席和议会党团主席的信函中通报了上述成果。

7 月 2 日，就难民问题分歧巨大的德国执政的联盟党——基督教民主联盟（基民盟）和基督教社会联盟（基社盟）在数小时会谈后就已在其他欧盟国家注册难民的处置问题达成一致。这令作为欧洲经济及难民处理问题“领头羊”的德国的政局纷争渐趋缓和。

7 月 3 日，德国总理安格拉·默克尔上周促成欧洲联盟首脑会议就移民管控“欧洲方案”达成妥协，没能让国内执政盟友满意。

7 月 4 日，德国总理默克尔 4 日为联盟党内部就难民政策达成的妥协进行解释时说，难民问题关系到欧盟的未来，呼吁欧盟和其他国家共同解

---

① 参见《欧盟举行峰会讨论难民问题德国面临内外交困局面》，中国新闻网，2018 年 6 月 29 日，http：//www. chinanews. com/。

决这一难题。

7 月 4 日，在德国内政部长泽霍费尔 69 岁生日当天，69 名难民被遣返至阿富汗，其中 1 人随后在喀布尔被发现自杀。对于来自其他政党的辞职要求，泽霍费尔表示拒绝辞职。

7 月 13 日，欧盟 28 个成员国的内政部长在奥地利南部的因斯布鲁克召开会议，商讨难民问题，以解决汹涌到欧洲境内的难民潮。

7 月 18 日，匈牙利外交部长彼得 · 西亚尔托表示，匈牙利政府将退出还没正式通过的联合国《移民问题全球契约》，理由是契约条款“违背匈牙利的常识和利益”。

7 月 19 日，以色列总理内塔尼亚胡会见了到访的匈牙利总理欧尔班 · 维克托，双方讨论了维护安全、打击极端组织“伊斯兰国”等领域的合作。

7 月 21 日，以军对叙利亚民间组织“白头盔”展开人道撤离行动，已有约 800 人成功撤出叙利亚。据俄罗斯《消息报》22 日报道，德国方面承诺，将对部分“白头盔”成员及其家人予以安置。

7 月 27 日，连日来，德国国脚、“移民典范”厄齐尔的退队决定和声明在德国引发一场有关种族歧视和移民融合的大讨论。德国一直被认为是战后历史反思和种族融合的榜样，但如今，国际舆论谈论的却是：“厄齐尔退出国家队事件正在分裂德国!”正如意大利《晚邮报》的评论，该事件在德国引起的效应是爆炸性的，是一次痛苦决裂，表明德国缤纷多元的神话不再。移民问题成了“长期慢炖着的社会问题”，移民整合也成为全球性难点。在一片争论和反思中，有德国人希望德国能抓住这次“自我批评的机会”，重塑良好国际形象。

7 月 27 日，随着叙利亚政府军节节胜利，美国要求以色列帮助“白头盔”组织撤离，德国、英国和加拿大也同意收留白头盔组织成员和家属，不过这一决定受到了国内的批评。

7 月 29 日，为了排查安全隐患，慕尼黑机场取消了数百个航班，导致数万名游客滞留机场，甚至不得不在机场过夜。目前机场损失数逾百万欧元，具体损失数目还在计算中。

8 月 18 日，前任联合国秘书长科菲 · 安南在瑞士因病去世，享年 80 岁。现任联合国秘书长古特雷斯称，在得知安南去世的消息后深感悲痛，“他永远都是一位有力的领导者”。

9月1日，德国东部城市萨克森州开姆尼茨举行了示威活动，超8000人参加了集会，警方派出了大量人力维持秩序。之前，外界非常担忧会再次出现骚乱。

9月3日，德国6个知名流行乐团在东部城市开姆尼茨联合举办音乐会，谴责种族主义和近来该市发生的一系列极右翼暴力集会，吸引了约6.5万名观众。

9月6日，一份最新调查显示，特朗普超过难民危机和恐怖主义，最让德国人“恐惧”。

9月10日，继德国东部城市开姆尼茨8月底爆发极右骚乱后，同处该国东部的克滕本月9日再度发生极右示威。德媒报道称，两次事件导火索同为有德国人在与难民发生冲突后致死。针对一段视频中显示克滕有示威者呼喊了纳粹口号，德国联邦政府发言人10日表示“震惊和愤怒”。①

9月10日，德国政府发言人赛贝特10日强烈谴责最近针对犹太人餐馆的袭击和极右翼分子参与的游行，指出反犹主义行为和言论触碰了国家的底线。

9月19，据匈牙利《新导报》报道，匈牙利政府最近决定，尽管匈牙利目前没有受到大规模难民的侵扰，仍将继续维持因大规模难民造成的危机而宣布的紧急状态（“危机状态”）。②

9月24日，匈牙利外交部长彼得·西亚尔托接受路透社专访时说，欧洲联盟必须与英国就后者退出欧盟达成公平协议，不惜一切代价避免英国“无协议脱欧”。

9月24日，德国国防部长乌尔苏拉·冯德莱恩说，在伊拉克努力确保“伊斯兰国”组织的恐怖分子不会在地下基层组织中重整旗鼓之际，德国军队将需要在很长时间里帮助伊拉克重建军队。

9月25日，德国与沙特阿拉伯政府同意，结束两国因德国前外交部长西格马·加布里尔批评沙特中东政策引发的外交争端。

9月27日，土耳其总统埃尔多安在访问德国前夕敦促德国将“居伦运

---

① 参见《德国涉难民命案引示威频发 极右人士纳粹口号令政府震惊》，中国新闻网，2018年9月11日，http://www.chinanews.com/。

② 参见《匈牙利政府决定维持因难民潮而宣布的紧急状态》，中国新闻网，2018年9月19日，http://www.chinanews.com/。

动”指定为恐怖组织。土耳其一直指责居伦是其 2016 年未遂政变的主谋。

9 月 27 日，俄罗斯卫星网报道，德国特警在一家柏林咖啡厅内拘捕了一名 21 岁的叙利亚公民，他涉嫌策划在以色列实施恐袭。[①]

10 月 2 日，瑞士联邦移民事务秘书处发布通报称，进入 2018 年，瑞士申请难民身份的人数持续下降，已经降至 8 年来的历史最低。瑞士很多州和地方行政区的难民中心，基本上已经处于闲置状态。

10 月 19 日，匈牙利宪法修正案已获得议会批准，该修正案调整了宪法第 22 款法条，对于拒绝前往避难所无家可归者露宿公众场所，可依据交通罚款条例进行处罚，对于拒绝缴纳和无力支付罚款者，司法机关可依法处以刑罚。

10 月 24 日，德国联邦统计局发布最新移民调查统计数据显示，2017 年，德国净增移民数量为 41. 6 万人，新增移民多来自欧盟和亚洲。

11 月 4 日，欧联通讯社报道，日前，瑞士苏黎世市议会就城市所有居民发放身份证议案进行投票表决，并获得了议会通过。该议案规定，政府将向所有在苏黎世居住的居民，其中包括瑞士公民、外国合法移民及非法移民发放苏黎世身份证。

11 月 5 日，德新社报道，德国警方近期在纽伦堡 - 慕尼黑城际快车（ICE）铁路段上发现一根被人固定的钢缆，调查显示，这是一起袭击未遂事件，并可能与极端组织“伊斯兰国”（IS）有关。

11 月 7 日，路透社报道，自从特朗普上台奉行“美国优先”政策以来，外交上采取单边主义做法，经济上保护主义抬头，美欧关系日趋紧张。德国外长海科 · 马斯提出必须用“欧洲团结”来回应。

11 月 9 日，德国总统施泰因迈尔在联邦议院发表讲话，呼吁德国民众铭记历史上的“光明与黑暗”，对当今的一些极右现象保持警惕。

11 月 12 日，继德国总理默克尔近日宣布将于 12 月卸任执政的基民盟党主席后，其姊妹党基社盟主席、德国内政部长泽霍费尔 12 日亦宣布将放弃党主席一职。此间分析指出，随着基民盟下任主席竞争日趋激烈，泽霍费尔此番宣布放弃党内职务或将带来执政的联盟党（基民盟/基社盟）高层一轮“换血”。

---

① 参见《德国特警逮捕一名涉嫌策划恐袭嫌犯系叙利亚公民》，中国新闻网，2018 年 9 月 28 日，http：//www. chinanews. com/。

11 月 16 日，德国总理默克尔表示，德国的难民政策应更多从源头解决难民问题，政府应在帮助移民融入社会等方面加大投入。

11 月 21 日，夜间德国最大规模反恐演习在科隆波恩机场举行，近千名警察和海关人员参演。

11 月 21 日，德国基民盟政党集会上，角逐德国基民盟主席的候选人默尔茨表示，应就是否修宪、收紧避难权展开讨论，引发了很大争议。①

11 月 25 日，奥地利驻土耳其使馆附近零时发生枪击事件。

12 月 27 日，奥地利警方表示，维也纳中部的圣斯蒂芬大教堂在受到炸弹威胁后被疏散。

12 月 27 日，奥地利维也纳郊区一所修道院遭抢劫，5 名神职人员在事件中受伤，其中 1 人伤情严重。

12 月 29 日，德国莱茵兰－普法尔茨州刑事犯罪调查部门表示，警方于当天在该州美因茨市逮捕了 1 名涉嫌策划在荷兰发动恐袭的 26 岁叙利亚男子。

2018 年中欧地区遭受恐怖袭击次数及伤亡人数

时间		1 月	2 月	3 月	4 月	5 月	6 月	7 月	8 月	9 月	10 月	11 月	12 月	合计
德国	袭击次数			1	3	1	1	1		1			1	9
	伤亡人数			0	30	3	0	13		1			7	54
奥地利	袭击次数			3								1	1	5
	伤亡人数			4									5	9
全年，中欧地区遭受的恐怖袭击集中发生在德国，奥地利共遭受袭击 5 次，伤亡 9 人														

① 参见《德国总理默克尔潜在“接班人”希望收紧避难权》，中国新闻网，2018 年 11 月 23 日，http：//www.chinanews.com/。

第八章／2018年南欧地区反恐怖军事行动*

第一节　南欧地区反恐怖军事行动综述

2018 年，南欧地区整体安全形势较为稳定，未发生较为严重或大规模的恐怖袭击事件，但受周边国家政治局势动荡影响，面临的恐怖威胁将长期存在。其中最为直接的威胁源来自“伊斯兰国”和各国内部分裂的现实难题，其次是不断升级恶化的难民潮带来的潜在威胁。为应对此类威胁，南欧区域各国将联手合力从政治、军事、经济、法律以及网络等领域打击恐怖主义，以求应对日趋复杂严峻的安全形势。

一、南欧地区面临的主要恐怖威胁

各国政府对恐怖活动防范手段的不断加强，恐怖分子施恐方法也在不断翻新变化，传统、简单、高效的袭击手段被恐怖分子频繁反复使用，随着“伊斯兰国”恐怖组织及“圣战”组织正不断向全欧洲渗透，给欧洲整个社会带来了极度恐慌与不安。恐怖分子有生力量及生存空间逐步缩小，为保存实力，恐怖袭击方式也发生了悄然变化。受地缘政治影响、难民危机、“伊斯兰国”恐怖组织等多重因素影响，南欧地区安全形势虽然有所好转，但不容乐观。

---

* 南欧包括 16 个国家：罗马尼亚、保加利亚、塞尔维亚、马其顿、阿尔巴尼亚、希腊、斯洛文尼亚、克罗地亚、波斯尼亚和黑塞哥维那、意大利、梵蒂冈、圣马力诺、马耳他、西班牙、葡萄牙、安道尔。

（一）恐怖组织“伊斯兰国”依然是最大的源头威胁

极端恐怖组织“伊斯兰国”的影子无处不在，对东欧、整个欧洲乃至全球的影响较为深远，仍旧是最大的源头性威胁。受到多方打击，恐怖组织“伊斯兰国”的实力不断减弱，但其极力反击的可能性极大。2 月 1 日，法国《欧洲时报》报道称，根据国际刑警组织（TERPOL）的情报显示，50 名极端组织“伊斯兰国”（IS）的“圣战”分子可能已经抵达意大利。[①] 2 月 6 日，意大利外交与国际合作部部长安杰利诺·阿尔法诺 6 日说，乘坐难民船到达欧洲的“伊斯兰国”极端组织成员构成一种“切实风险”。3 月 28 日，意大利警方在北部城市都灵抓捕一名与极端组织“伊斯兰国”有关联的摩洛哥裔男子。这是警方近两日抓获的第二名涉恐嫌疑人。警方称，当天抓获的这名男子计划发动汽车袭击，并一直在寻求“独狼”参与实施行动。意大利看守内阁内政部长明尼蒂在警方抓捕行动后紧急召集国家反恐战略分析委员会特别会议，呼吁在人群集中的地区提升安全保护级别。明尼蒂对媒体说，国家面临的恐怖主义威胁依然严峻，希望新政府能继续驱逐意大利境内的激进分子。当前整个欧洲面临反恐困局，难民问题和失业问题突出的意大利社会安全形势严峻。3 月 4 日意大利举行议会选举，因没有出现获得议会绝对多数席位的党派或党派联盟，组建新政府的磋商正在进行之中。[②] 5 月 8 日援引法新社报道称，摩洛哥政府在当地时间 5 月 8 日宣布，该国与西班牙的一次联合行动，摧毁了一个与“伊斯兰国”（IS）有关联的“恐怖主义团伙”。“伊斯兰国”恐怖组织通过各种途径招募成员、募集资金、筹备物资，以期满足施恐行动需要。恐怖主义团伙共有 5 名成员，年龄均在 22 岁到 33 岁之间。摩洛哥内政部在一份声明中表示，在与西班牙安全部门的协调下，恐怖团伙 3 名成员在摩洛哥北部 Fnideq 被捕。余下 2 人在西班牙北部城市毕尔巴鄂被捕。摩洛哥内政部在此次行动还缴获了一批武器、军用制服以及电子设备。该恐怖团伙成员涉嫌宣传恐怖主义，并在摩洛哥与西班牙招募年轻人以 IS 名义实施恐怖主义行

---

① 参见《国际刑警组织：50 名极端组织成员或已抵达意大利》，环球网，2018 年 2 月 1 日，http：//www. huanqiu. com/。

② 参见《意大利警方近日连捕两名涉恐嫌疑人》，新华网，2018 年 3 月 29 日，http：//www. xinhuanet. com/。

为。此次行动打击了 IS 嚣张气焰。[1] 7 月 17 日，西班牙安全官员们警告说，近 200 名“伊斯兰国”（IS）极端武装分子在中东战区作战后可能准备返回西班牙老家。伊斯兰恐怖主义是“全球主要威胁之一”，并称西班牙政府必须加紧行动杜绝极端组织在网上的宣传，以减少国内变得激进的人员数量。据西班牙国家安全部的官员说，大约 175 名武装分子可能很快试图逃回西班牙，目前已有约 37 人成行。总部设在马德里的西班牙《阿贝赛报》报道说，国家安全部门称，随着其武装分子被从叙利亚和伊拉克等国家赶出来，像“伊斯兰国”和“基地”组织这样的恐怖组织可能会开始把重点放在在欧洲实施恐怖袭击上。安全部门的一份报告说，估计有 5 万名外国武装分子跑到中东去参加 IS——其中约 6000 人来自欧洲。西班牙安全部门估计，大约有 1/3 的外国武装分子已经回到老家。报告称，除了在中东战场打过仗的武装分子回国以外，一些恐怖组织也在努力地在互联网上招募年轻人。西班牙国家安全部门的这个发现也反映了英国的情况，据称数百名跑到叙利亚和伊拉克参战的英国极端分子已经回国。苏凡中心 2017 年 10 月的一项令人震惊的研究报告披露，至少 425 名“伊斯兰国”组织的武装分子已经从自封的“哈里发国”的废墟逃离。据报道，有些人已对该组织彻底失望，但另有一些人在美国支持的武装将他们从“伊斯兰国”组织在叙利亚的“首都”拉卡赶出后就直接离开了该地区。11 月 21 日，意大利警方成功在米兰拘捕一名涉嫌从事恐怖主义活动的男子。这名嫌疑人现年 23 岁，是埃及公民，自称来自“伊斯兰国”。[2] 12 月 18 日，据欧联网援引意大利欧联通讯社报道，日前，意大利巴里警方成功抓捕了一名涉嫌恐怖宣传的恐怖组织成员。该恐怖分子受控于“伊斯兰国”分支机构，专门负责煽动恐怖袭击活动，并扬言要将炸弹放进意大利所有教堂。[3]

（二）难民危机及遣返政策极易促生极端暴力犯罪

为避免大量难民涌入，意大利、土耳其等国拒收遣返难民、邻国马其

---

① 参见《摩洛哥与西班牙联合行动摧毁与 IS 有关恐怖团伙》，环球网，2018 年 5 月 10 日，http://www.huanqiu.com/。

② 参见《埃及男子涉嫌在意大利从事恐怖活动被警方拘捕》，中国新闻网，2018 年 11 月 23 日，http://www.chinanews.com/。

③ 参见《意大利一名恐怖组织成员落网疑犯曾接受特殊训练》，中国新闻网，2018 年 12 月 18 日，http://www.chinanews.com/。

顿收紧边界管控、多国设置接收难民数量等等，致使大量难民滞留边境。由于长时间滞留以及缺少生活必须食品和医药物资品，加之希望渺茫等因素的影响，部分难民开始占据相关道路并试图推翻边境铁线网墙，甚至与警方发生冲突。难民的境况越来越艰难，各港口城市及收容所均已人满为患，难民及幼童只能在各种环境中露宿。意大利看守内阁内政部长明尼蒂呼吁，当前整个欧洲面临反恐困局，难民问题和失业问题突出的意大利社会安全形势严峻。10 月 12 日，法国宪兵驾车进入意大利境内，丢弃非洲难民，引发意大利抗议。要求法国方面做出合理解释。意大利都灵省科拉维耶雷（Claviere）市警察在巡逻时，意外发现法国一辆宪兵警车进入意大利境内后，驶向意大利边境地区的一片丛林，然后从车上丢下了 2 名非洲难民，迅速返回了法国境内。意大利外交部部长莫阿韦罗・米拉内西已致电法国驻意大利大使，要求法国方面对该国宪兵向意大利境内丢弃 2 名难民事件做出合理解释。[①] 1 月 22 日，保加利亚总理鲍里索夫与来访的捷克总理巴比什在首都索非亚表示，欧盟的难民接收制度不但已经失效，而且分裂了欧盟，需尽快着手改革。5 月 22 日，意大利极右翼政党领袖马泰奥・萨尔维尼在竞选中将移民问题作为主要目标，他希望通过严苛庇护条件、大幅降低接待难民预算、拆除难民营等强有力的手段，在一年内驱逐 50 万名难民。6 月 10 日，一艘载有 629 名难民的慈善船只“水瓶座号”抵达距意大利 35 海里、距马耳他 27 海里的水域。离船只最近的两国均以强硬姿态拒绝开放港口，600 多名难民滞留海上一天时间，他们该何去何从引发多方关注。11 日，西班牙介入此事打破僵局，表示欢迎船只停靠瓦伦西亚港，这才解除一场人道危机。6 月 11 日，西班牙政府发表声明称，西首相桑切斯已做出指示，西班牙将履行国际人道主义危机救援承诺，接收 Aquarius 号停泊西班牙港口，这艘船载有 600 多名冒生命危险横渡地中海的难民。[②] 6 月 11 日，继 10 日拒绝一艘难民救援船靠岸后，意大利新政府 11 日仍拒绝这艘难民救援船登陆。

---

① 参见《法国宪兵向意大利境内丢弃两名难民意方表示抗议》，中国新闻网，2018 年 10 月 17 日，http：//www. chinanews. com/。

② 参见《法救援船遭意马两国相互推诿　西班牙决定接收难民》，环球网，2018 年 6 月 12 日，http：//www. huanqiu. com/。

（三）极端暴力案件及“独狼式”恐怖袭击刺激民众敏感神经

复杂多变的社会生态环境和大量难民涌入，使排外思潮持续高涨，个人极端行为不断涌现，使本就脆弱的社会安全多了一份动荡。社会极端个人和团体参与恐怖袭击的事件在逐步增多，恐怖组织不再为个别恐怖袭击事件负责，足以说明有个人或团体行为因素存在。1 月 1 日，意大利北部都灵市郊外发生一起爆炸袭击事件。事发时，郊区民众欢度跨年夜，爆炸造成 4 人不同程度受伤，爆炸物周围 30 多间民宅玻璃被震碎，4 辆汽车被炸毁。爆炸物周围的居民表示，爆炸发生时，屋内具有强烈的震感。爆炸物是一枚自制的纸质炸弹，外包装类似烟花，爆炸威力强大。涉案嫌疑人佯装丢垃圾，将炸弹装在一个纸箱内放在了街边的垃圾桶旁。爆炸时，在剧烈的爆炸声中，强大的冲击波卷起垃圾箱附近的杂物四处横飞，停在垃圾桶附近的 4 辆汽车被炸毁，远在道路对面的民居门窗不同程度受损，4 名路过的行人受伤。这些伤者分别是 2 名意大利人和 2 名来自摩洛哥的移民。目前伤者仍在留院观察，暂无生命危险。爆炸发生后，警方封锁了附近街道，并对爆炸物周围的废弃房屋和建筑工地进行了地毯式搜索。在一处建筑工地内警方发现了 12 枚与爆炸物相同能量的纸质炸弹，以及 2 颗自制的掷弹筒和近 1 公斤的烈性炸药。警方怀疑，爆炸事件和警方搜查起获的爆炸物很有可能与极端组织有关。警方正在全力缉捕涉嫌引发爆炸事件的疑犯和制造爆炸物团伙，以及烈性炸药的来源。[①] 2 月 24 日，意大利罗马市中心人民广场，大约 2 万多民众举行大规模抗议示威活动，反对法西斯主义和极端民族主义的抬头。该国领导人则呼吁民众大选前一定要保持冷静可克制，远离暴力。[②] 3 月 29 日，意大利警方在反恐突击行动中逮捕了 5 名突尼斯人。警方怀疑他们与发动 2016 年德国柏林圣诞市集恐袭的阿姆里有关，可能是其所属恐怖活动网络的一部分。检察官怀疑被捕的这些突尼斯人涉及的罪行，包括策划“国际恐怖主义”活动，伪造文件，以及帮助激进的突尼斯人非法移民。不过，消息人士表示，没有证据表明这些

---

① 参见《垃圾桶藏炸弹意大利跨年夜 4 人炸伤》，新华网，2018 年 1 月 3 日，http：//www. xinhuanet. com/。

② 参见《意大利国家领导出席罗马示威活动吁民众远离暴力》，中国新闻网，2018 年 2 月 26 日，http：//www. chinanews. com/。

嫌疑人直接参与柏林卡车袭击事件，或者他们正准备在意大利发动恐袭。当地媒体援引调查人员消息称，嫌犯包括一名来自罗马南方拉丁纳市的突尼斯人，他据称计划向艾姆里提供假身份证件，以助他逃往国外。这些人与德国恐袭凶手阿尼斯·阿姆里有关联，涉嫌策划国际恐怖行动、伪造文件、协助思想极端化的突尼斯人非法移民。阿姆里是突尼斯人，曾在意大利生活。意大利警方 28 日在北部城市都灵抓捕一名 23 岁摩洛哥裔意大利男子，指认他与“伊斯兰国”有关联，翻译并散播极端主义内容的材料，研究用刀或汽车袭击平民，招募“独狼”袭击者。警方正在调查 13 名与这名摩洛哥裔男子有联系的人。27 日，警方在东南部城市福贾逮捕一名向儿童灌输极端暴力思想的埃及裔意大利男子。罗马即将举行复活节庆典。内政部长马尔科·明尼蒂 28 日要求警方在旅游景点和其他人流密集地点加强安全保卫力度。他在一份声明中说，“所有警力和情报机构将在反恐一线不间断执勤”。意大利面临的恐袭风险高于以往任何时候，因为随着“伊斯兰国”在中东溃败，许多欧洲籍极端人员经由意大利回国。2018 年年初以来，以涉嫌威胁国家安全为由，意大利已驱逐 29 名外国人。[①]

（四）民族和国家分裂势力弱化，但是其潜在威胁依然存在

5 月 3 日，西班牙民族分裂组织“埃塔”已于 4 月 16 日发出解散信，表示该组织“已经彻底解散所有分支机构，并结束其政治诉求”。提起“埃塔”，现今人们可能不太熟悉，但其在 20 世纪中后期曾让西班牙、法国乃至整个欧洲闻“埃”色变。其时，“埃塔”与争取北爱尔兰脱离英国统治的爱尔兰共和军一道，成为西欧活跃的民族分离组织，让欧洲人饱受折磨。“埃塔”成立于 1959 年，主张在西班牙北部和法国西南部巴斯克地区建立独立的巴斯克人国家，遭到西班牙和法国反对。为达到其政治目标，“埃塔”走上了暴力求独的不归路，通过暗杀、绑架、爆炸等恐怖手段夺走了 800 多人的生命。“埃塔”犹如伊比利亚半岛上的恶魔，吞噬着一个个鲜活的生命。“埃塔”走向穷途末路的直接原因是欧洲各国对暴力求独予以铁腕打击。西班牙和法国一直对“埃塔”采取强硬态度，坚决不与其谈判。两国警方和司法部门通力协作，重拳出击，不断压缩“埃塔”

---

① 参见《意反恐行动逮捕 5 名嫌疑人　或与柏林恐袭凶犯有关》，中新网，2018 年 3 月 30 日，http：//www. chinanews. com/。

的活动空间。最近十多年来，一些核心领导成员被抓，300 多名“埃塔”成员在西班牙各地服刑，一些骨干分子逃往海外。在强大压力之下，2011 年 10 月，“埃塔”宣布永久停火；2017 年 4 月，“埃塔”宣布“完全解除武装”并交出藏匿的武器。此番“埃塔”宣布彻底解散，标志着西班牙和法国联手打击分裂主义的重大胜利。“埃塔”走向穷途末路的根本原因是民族分裂主义逆历史和时代潮流，不得人心。在巴斯克地区，绝大多数居民不赞同“埃塔”的暴力行径。为了维持自身生存，“埃塔”依靠绑架勒索、偷盗等手段“搞创收”，更令人不齿。“埃塔”解散是一面镜子，揭示了世上所有分裂主义和极端主义组织的最终下场。针对西班牙民族分离组织“埃塔”宣布彻底解散的声明，西班牙首相拉霍伊 3 日回应说，不会因此就“让他们逍遥法外”。拉霍伊在西班牙洛格罗尼奥市出席国民警卫队特种部队训练基地揭牌仪式时说：“‘埃塔’可以宣布他们组织的消失，但他们犯下的罪行以及正义对他们的审判和惩治不会随之消失。”拉霍伊说，“埃塔”的恐怖活动是彻头彻尾的失败，国家不会对暴力杀害数百名无辜平民的恐怖分子作丝毫让步。

二、南欧国家的反恐怖军事对策

南欧国家已召开联合会议以应对恐怖威胁和难民问题，将会在经济、军事、法律、区域政策等方面叠加用力，治标与治本同步进行，以求取得有效的打击效果。面对诸多的恐怖威胁和突如其来地区矛盾，打击和解决恐怖威胁必须加强多边合作，共同发力合作制胜。

（一）以预防为主导，升级安保措施，加强国际合作，严厉打印暴力恐怖活动

反恐问题一直以来都是全球性的共同课题，唯有通过加强国际合作，寻求解决办法。同时，在对应难民危机问题上，国际社会或欧盟必须有一致的准则。2 月 20 日报道，西班牙内政部当日表示，西班牙警方与法国警方日前采取联合行动，在法国南部逮捕 3 人，并怀疑其与 2017 年 8 月发生在巴塞罗那和坎布里尔斯的恐怖袭击有牵连。2017 年 8 月 17 日，西班牙巴塞罗那的兰布拉大道上发生卡车冲撞人群的袭击事件，造成 15 人死亡。肇事者 Younes Abouyaaqoub 当日逃逸后，于 8 月 21 日被警方击毙。两国警

方发起联合行动，在法国南部的 Pont - Saint - Esprit 和西南部的 Albi 逮捕3人，认为其与参与恐袭的嫌犯 Driss Oukabir 有联系，目前并没有证据显示这3人参与了袭击行动。报道称，袭击者所驾驶的卡车是用 Driss Oukabir 的证件租来的，因此后者成为嫌疑最大的对象。但这位摩洛哥后裔声称，他弟弟声称拿走自己的证件是用来租车“搬家”。Driss Oukabir 的弟弟 Moussa 正是涉嫌制造巴塞罗那和邻近城市坎布里尔斯两起恐袭的主谋之一。他和其他4名同伙在坎布里尔斯驾车制造冲撞事件后，被警方击毙。这起恐袭造成6名平民和1名警察受伤，其中1人身亡。[①] 召开联合会议，加强反恐多领域军事合作8月29日，在欧盟与意大利就难民问题拉锯之际，欧盟防长非正式会议上奥地利首都维也纳拉开帷幕。意大利再度要求改革欧盟地中海难民行动，向其他国家“分流”难民。8月11日，西班牙首相桑切斯与德国总理默克尔11日在西班牙南部桑卢卡尔 - 德巴拉梅达市举行非正式会晤。双方一致认为，欧盟应团结起来，携手解决难民问题。8月13日，继此前分别与西班牙和希腊达成返还所谓“二次移民”的双边协议后，德国内政部长泽霍费尔13日宣布，该国已与意大利就签署难民返还协议达成一致。[②]

（二）加强信息搜集研判，做好准备，精准打击恐怖活动，防患于未然

3月上旬，意大利警方根据美国联邦调查局（FBI）反恐信息通报，在维泰博市逮捕了一名24岁的拉脱维亚移民男子。警方在该男子的住所找到了多种制造爆炸物的材料。目前，警方以私藏爆炸物品、涉嫌制造恐怖袭击事件，将该男子拘捕。美国联邦调查局在对互联网涉恐言论甄别中，一名意大利男子经常在互联网为恐怖袭击事件点赞，并散布发动恐怖袭击言论。美方认为，涉案人极具恐怖袭击倾向和危险，随即向意大利警方通报了情况。意大利警方在调查中发现，2017年10月31日，美国曼哈顿下城世贸中心附近发生卡车冲撞行人，造成8人死亡事件后，疑犯曾为此起恐

① 参见《法国与西班牙警方联合逮捕三名巴塞罗那恐袭嫌犯》，环球网，2018年2月22日，http：//www. huanqiu. com/。

② 参见《德国已与意西希三国达成难民返还协议》，中国新闻网，2018年9月14日，http：//www. chinanews. com/。

袭事件点赞助威。与此同时，涉案男子还在互联网上发布曼哈顿恐袭嫌疑人赛波夫的照片，并在网上晒出了硝酸钾等爆炸物制造材料，扬言向幼儿园发动攻击。据悉，涉案男子被捕前处于失业状态，该男子性格孤僻，终日与电脑为伴，沉醉于社交网络。警方在搜查其住家时，起获了大量爆炸物制造原料、电子起爆装置和 1 支步枪、2 把气枪、多发子弹。警方尚未发现涉案嫌疑人与恐怖组织或“伊斯兰国”有任何联系。[①] 3 月 28 日，意大利警方在北部城市都灵抓捕一名与极端组织“伊斯兰国”有关联的摩洛哥裔男子。这是警方近两日抓获的第二名涉恐嫌疑人。3 月 29 日，意大利警方在反恐突击行动中逮捕了 5 名突尼斯人。警方怀疑他们与发动 2016 年德国柏林圣诞市集恐袭的阿姆里有关，可能是其所属恐怖活动网络的一部分。[②]

（三）加强边境管控，遏制难民涌入，重拳打击“伊斯兰国”

尽管不是所有难民都是恐怖分子，但难民确已被恐怖组织所利用，并有不断扩大延展的趋势，控制好难民的数量和可疑人员的涌入可有效减少防恐压力。5 月 8 日援引法新社报道称，摩洛哥政府在当地时间 5 月 8 日宣布，该国与西班牙的一次联合行动，摧毁了一个与“伊斯兰国”（IS）有关联的“恐怖主义团伙”。“伊斯兰国”恐怖组织通过各种途径招募成员、募集资金、筹备物资，以期满足施恐行动需要。恐怖主义团伙共有 5 名成员，年龄均在 22 岁到 33 岁之间。摩洛哥内政部在一份声明中表示，在与西班牙安全部门的协调下，恐怖团伙 3 名成员在摩洛哥北部 Fnideq 被捕。余下 2 人在西班牙北部城市毕尔巴鄂被捕。摩洛哥内政部在此次行动还缴获了一批武器、军用制服以及电子设备。该恐怖团伙成员涉嫌宣传恐怖主义，并在摩洛哥与西班牙招募年轻人以 IS 名义实施恐怖主义行为。此次行动打击了 IS 嚣张气焰。7 月 17 日，西班牙安全官员们警告说，近 200 名“伊斯兰国”（IS）极端武装分子在中东战区作战后可能准备返回西班牙老家。伊斯兰恐怖主义是“全球主要威胁之一”，并称西班牙政府必须

---

① 参见《意大利移民自制炸弹拟袭击幼儿园被警方拘捕》，中国新闻网，2018 年 3 月 19 日，http：//www. chinanews. com/。

② 参见《意反恐行动逮捕 5 名嫌疑人或与柏林恐袭凶犯有关》，中新网，2018 年 3 月 30 日，http：//www. chinanews. com/。

加紧行动杜绝极端组织在网上的宣传，以减少国内变得激进的人员数量。据西班牙国家安全部的官员说，大约 175 名武装分子可能很快试图逃回西班牙，目前已有约 37 人成行。总部设在马德里的西班牙《阿贝赛报》报道说，国家安全部门称，随着其武装分子被从叙利亚和伊拉克等国家赶出来，像“伊斯兰国”和“基地”组织这样的恐怖组织可能会开始把重点放在在欧洲实施恐怖袭击上。安全部门的一份报告说，估计有 5 万名外国武装分子跑到中东去参加 IS——其中约 6000 人来自欧洲。西班牙安全部门估计，大约有 1/3 的外国武装分子已经回到老家。报告称，除了在中东战场打过仗的武装分子回国以外，一些恐怖组织也在努力地在互联网上招募年轻人。西班牙国家安全部门的这个发现也反映了英国的情况，据信数百名跑到叙利亚和伊拉克参战的英国极端分子已经回国。苏凡中心 2017 年 10 月的一项令人震惊的研究报告披露，至少 425 名“伊斯兰国”组织的武装分子已经从自封的“哈里发国”的废墟逃离。据报道，有些人已对该组织彻底失望，但另有一些人在美国支持的武装将他们从“伊斯兰国”组织在叙利亚的“首都”拉卡赶出后就直接离开了该地区。

（四）加大打击力度，减少社会动荡因素

7 月 11 日，葡萄牙警方在全国多个城市展开搜捕行动，共逮捕了 56 名摩托车黑帮“地狱天使”成员。为防“地狱天使”成员下周在葡南部的法鲁市集会时发生暴力事件，约 400 名警察在首都里斯本及附近的塞图巴尔、南部的法鲁以及北部的阿威罗等市同时展开先发制人的搜捕行动。葡警方在 11 日的新闻发布会上宣布，警方当天对不同城市的 80 多处“地狱天使”窝点进行了搜查，并逮捕了 56 名帮派成员，其中包括 4 名德国人和 1 名芬兰人。他们涉嫌参与谋杀、盗窃和敲诈等。今年 3 月，“地狱天使”内部不同派别的成员在里斯本一家餐馆发生冲突，造成 6 人重伤。西班牙司法部门 8 日证实，警方挫败一起意欲刺杀首相佩德罗 · 桑切斯的图谋。按巴塞罗那警方的说法，嫌疑人因为对西班牙政府准备迁移前独裁者弗朗西斯科 · 佛朗哥的陵墓不满，萌生刺杀桑切斯的念头。当地媒体报道，他在社交媒体发布刺杀首相的计划。西班牙加泰罗尼亚警方在社交媒体“推特”宣布，逮捕 1 名“图谋刺杀桑切斯”的男子，在这名嫌疑人家中发现大量武器。巴塞罗那警方在另一份声明中说，嫌疑人现年 63 岁，一周前在加泰罗尼亚一个小城落网。警方在嫌疑人家中搜获 16 件武器，包括狙击枪和冲锋枪。他在一家私营保安企业工作，有允许持有武器的证件。加泰罗尼亚司法部门一名发言人告诉德新社记者，这名嫌疑人现在由监狱收押，司法审理已经开始。[①]

（五）加大监管网络力度，严控恐怖主义传播途径，收紧难民政策，从源头把控恐怖主义蔓延

网络已成为人类生活的重要组织部分，与此同时恐怖组织利用网络施恐、宣恐、招募的信息也在肆意传播，必须加强监控和控制防止其成为恐怖分子施暴工具。3 月 22 日，西班牙马德里政府近日或将批准法案，为所有在马德里停留 1 年以上的非法移民颁发“临时身份证”，也叫“城市身份证”。5 月 22 日，意大利极右翼政党领袖马泰奥·萨尔维尼在竞选中将移民问题作为主要目标，他希望通过严苛庇护条件、大幅降低接待难民预算、拆除难民营等强有力的手段，在一年内驱逐 50 万名难民。6 月 23 日，法国总统马克龙宣布，法国和西班牙呼吁欧洲共同应对难民危机，并提出了建立“封闭式难民中心”的建议，为弥合欧洲国家在难民问题上的分歧另辟途径。[②] 6 月 29 日，欧盟各国在夏季峰会上就解决难民难题达成一致，将探索在欧盟境外设置难民中心、在欧盟境内设置“管控中心”。不过，对于希腊难民安置中心的工作人员来说，这份协议并不能解决他们目前面临的难题——经费枯竭。7 月 10 日，欧洲边境管理局近日通报称，随着意大利、希腊等国对沿海边境口岸的收紧，禁止难民船只靠岸登陆，国际偷渡组织经由利比亚进入意大利或希腊的路线已彻底被阻断。偷渡集团已经开始另辟通往欧洲的渠道，选择经由西地中海从摩洛哥最后进入西班牙。目前，通过该条线路涌入西班牙的大批难民，再次为欧盟带来了新的压力。11 月 13 日，根据意大利内政部部署，罗马警方对位于罗马市迪布勒迪纳（Tiburtina）火车站附近一处难民非法宿营地进行了集中清理。警方在行动中，共收容了 120 名非法移民和已获得了居留许可的 30 名难民。

---

① 参见《西班牙警方挫败刺杀首相图谋一名男子被捕》，新华网，2018 年 11 月 10 日，http：//www. xinhuanet. com/。

② 参见《马克龙：法国和西班牙建议设“封闭式收容中心”接收难民》，中国新闻网，2018 年 6 月 24 日，http：//www. chinanews. com/。

第二节　南欧地区主要恐怖袭击事件

一、意大利北部城市跨年夜发生爆炸袭击事件

1月1日，意大利北部都灵市郊外发生一起爆炸袭击事件。

（一）事件背景

事发时，郊区民众欢度跨年夜，爆炸造成4人不同程度受伤，爆炸物周围30多间民宅玻璃被震碎，4辆汽车被炸毁。爆炸物周围的居民表示，爆炸发生时，屋内具有强烈的震感。

（二）事件经过

爆炸物是一枚自制的纸质炸弹，外包装类似烟花，爆炸威力强大。涉案嫌疑人佯装丢垃圾，将炸弹装在一个纸箱内放在了街边的垃圾桶旁。爆炸时，在剧烈的爆炸声中，强大的冲击波卷起垃圾箱附近的杂物四处横飞，停在垃圾桶附近的4辆汽车被炸毁，远在道路对面的民居门窗不同程度受损，4名路过的行人受伤。这些伤者分别是2名意大利人和2名来自摩洛哥的移民。目前伤者仍在留院观察，暂无生命危险。

（三）事件影响

爆炸发生后，警方封锁了附近街道，并对爆炸物周围的废弃房屋和建筑工地进行了地毯式搜索。在一处建筑工地内警方发现了12枚与爆炸物相同能量的纸质炸弹，以及两颗自制的掷弹筒和近1公斤的烈性炸药。警方怀疑，爆炸事件和警方搜查起获的爆炸物很有可能与极端组织有关。警方正在全力缉捕涉嫌引发爆炸事件的疑犯和制造爆炸物团伙，以及烈性炸药的来源。[①]

---

① 参见《垃圾桶藏炸弹意大利跨年夜4人炸伤》，新华网，2018年1月3日，http://www.xinhuanet.com/。

二、科索沃塞族领导人遭暗杀事件

1 月 16 日科索沃北部 1 名塞尔维亚族领导人清晨遭暗杀。

（一）事件背景

科索沃是位于塞尔维亚南部的一个自治省。科索沃 2008 年 2 月单方面宣布从塞尔维亚独立，获得美国和多数西方国家承认。塞尔维亚始终坚持对科索沃拥有主权。

（二）事件经过

奥利弗·伊万诺维奇 64 岁，居住在科索沃北部城市米特罗维察。当天早晨 8 时许，伊万诺维奇遭多名不明身份枪手袭击，中弹倒在他所属自由、民主和正义党的办公楼外，送医院抢救无效死亡。尸检认定，他上半身中 6 颗子弹。科索沃北部现有 4 至 5 万塞族人。事发城市米特罗维察由伊巴尔河分为两部分，北岸为塞族聚居区，南岸是阿尔巴尼亚族聚居区。塞尔维亚政府代表随后拒绝参与定于当天重新启动的塞尔维亚与科索沃对话；至少一名塞尔维亚政党领导人指认西方国家“安全部门”参与暗杀。

（三）事件影响

塞尔维亚国家安全委员会召开紧急会议，总统武契奇随后向媒体通报，认定这是一次针对整个塞尔维亚的恐怖袭击，塞尔维亚有必要参与调查。科索沃总理拉穆什·哈拉迪纳伊拒绝塞方参与调查，同时声称可能邀请美国联邦调查局协助调查。他声称，一些人可能会把这一事件政治化。[①]

三、无政府主义者在意大利联盟党一处办公场所制造炸弹袭击

10 月 12 日晚，意大利特伦托省阿拉（Ala）市联盟党一处办公场所，遭到了无政府主义投放的土制炸弹袭击。事件造成了该办公场所的玻璃全

---

① 参见《科索沃塞族领导人遭暗杀西方国家被指参与此事》，解放日报，2018 年 1 月 18 日，http：/m. jfdaily. com/。

部被震碎，未造成人员伤亡。

（一）事件背景

意大利联盟党主席、副总理兼内政部长萨尔维尼，原计划 10 月 21 日前往特伦托地区进行视察。并亲自会见竞选特伦托省负责人的联盟党代表，为联盟党在该地区的竞选活动造势。

（二）事件经过

炸弹袭击事件的目的在于抗议联盟党参选特伦托地区负责人，以及反对萨尔维尼为联盟党在特伦托地方选举助选。在位于特伦托省阿拉市联盟党办公场所门口，爆炸袭击者在地上用黑色涂鸦方式写着“风还在吹”，表明该爆炸事件由意大利无政府主义负责，以及他们的政治立场。当地警方已经抓捕了两名涉嫌参与制造炸弹袭击事件的犯罪嫌疑人，有关案件警方正在做进一步调查。

（三）事件影响

联盟党特伦托省地方选举秘书处负责人表示，无政府主义的炸弹不会吓倒联盟党，无论他们采取任何形式向联盟党发起攻击，均无法阻扰联盟党的参选计划，竞选工作将会如期进行。①

四、其他恐怖袭击事件

1 月 10 日，保加利亚首都索菲亚机场因传出炸弹威胁，正紧急疏散两个航站楼内的旅客。②

2 月 1 日，法国《欧洲时报》报道称，根据国际刑警组织（TERPOL）的情报显示，50 名极端组织伊斯兰国（IS）的“圣战”分子可能已经抵达意大利。

① 参见《意大利联盟党一处办公场所遭炸弹袭击两疑犯被捕》，中国新闻网，2018 年 10 月 15 日，http：//www. chinanews. com/。

② 参见《保加利亚索菲亚机场遭炸弹威胁　紧急疏散旅客》，中国新闻网，2018 年 1 月 11 日，http：//www. chinanews. com/。

2 月 6 日，意大利外交与国际合作部部长安杰利诺·阿尔法诺 6 日说，乘坐难民船到达欧洲的“伊斯兰国”极端组织成员构成一种“切实风险”。

2 月 7 日，晚上，意大利那不勒斯发生一起枪击事件，2 名坐在车内的意大利男子遭到不明身份人的射击。枪声过后，2 男子当场饮弹身亡，射击者随后逃之夭夭。①

2 月 22 日，凌晨，美国驻黑山大使馆遭到自杀式爆炸袭击，袭击者身亡，使馆未遭到破坏。②

3 月 18 日，意大利警方根据美国联邦调查局（FBI）反恐信息通报，在维泰博市逮捕了一名 24 岁的拉脱维亚移民男子，并在该男子的住所找到了多种制造爆炸物的材料。目前，警方以私藏爆炸物品、涉嫌制造恐怖袭击事件，将该男子拘捕。③

4 月 16 日，据欧联网援引意大利欧联通讯社报道，日前，意大利撒丁岛萨萨里省埃斯波尔拉图市发生一起炸弹袭击事件。当地的一名副市长位于乡间住宅，被不明身份的人放置炸弹并引爆。爆炸导致部分房屋倒塌，未造成人员伤亡。

5 月 8 日，摩洛哥政府宣布，该国与西班牙的一次联合行动，摧毁了一个与“伊斯兰国”（IS）有关联的“恐怖主义团伙”。

9 月 12 日，意大利米兰省科马西纳市发生了一起街头枪战。枪战过程中，射击双方大约射出了 10 发子弹，随后射击双方逃离现场。枪战中未造成人员伤亡。

11 月 5 日，意大利雷焦艾米利亚市的一家邮局发生人质劫持事件，4 名妇女在被挟持 7 个小时后被释放，没有人受伤，劫持者被警方逮捕。

12 月 17 日，凌晨 2 时 35 分，希腊首都雅典电视台 SKAI TV 的大楼发生爆炸，导致办公设施损毁，没有人员受伤。警方表示，爆炸是由一个简易爆炸装置引起。另据俄罗斯卫星通讯社报道，爆炸发生前 45 分钟，希腊网站 Zougla 与 Antenna 电视台编辑部接到恐吓警告。

---

① 参见《意大利那不勒斯发生枪击事件枪手逃跑 2 人身亡》，中国新闻网，2018 年 2 月 9 日，http：//www. chinanews. com/。

② 参见《美国驻黑山大使馆遭自杀式爆炸袭击未造成严重损坏》，中国新闻网，2018 年 2 月 22 日，http：//www. chinanews. com/。

③ 参见《意大利移民自制炸弹拟袭击幼儿园被警方拘捕》，中国新闻网，2018 年 3 月 19 日，http：//www. chinanews. com/。

12 月 27 日，希腊雅典市中心一座教堂外 27 日发生爆炸，一名警员和教堂管理员受伤。①

第三节　南欧地区主要反恐怖军事行动

一、法国与西班牙警方联合逮捕 3 名巴塞罗那恐袭嫌犯

2 月 20 日报道，西班牙内政部当日表示，西班牙警方与法国警方日前采取联合行动，在法国南部逮捕 3 人，并怀疑其与 2017 年 8 月发生在巴塞罗那和坎布里尔斯的恐怖袭击有牵连。

（一）事件背景

2017 年 8 月 17 日，西班牙巴塞罗那的兰布拉大道上发生卡车冲撞人群的袭击事件，造成 15 人死亡。肇事者 Younes Abcuyaaqoub 当日逃逸后，于 8 月 21 日被警方击毙。

（二）事件经过

两国警方发起联合行动，在法国南部的 Pont - Saint - Esprit 和西南部的 Albi 逮捕三人，认为其与参与恐袭的嫌犯 Driss Oukabir 有联系，目前并没有证据显示这三人参与了袭击行动。

报道称，袭击者所驾驶的卡车是用 Driss Oukabir 的证件租来的，因此后者成为嫌疑最大的对象。但这位摩洛哥后裔声称，他弟弟声称拿走自己的证件是用来租车“搬家”。

（三）事件影响

Driss Oukabir 的弟弟 Moussa 正是涉嫌制造巴塞罗那和邻近城市坎布里尔斯两起恐袭的主谋之一。他和其他 4 名同伙在坎布里尔斯驾车制造冲撞事件后，被警方击毙。这起恐袭造成 6 名平民和 1 名警察受伤，其中 1 人

---

① 参见《希腊雅典一教堂外发生爆炸致 2 人伤警方正在调查》，中国新闻网，2018 年 12 月 27 日，http://www.chinanews.com/。

不治身亡。

二、意大利移民自制炸弹拟袭击幼儿园被警方拘捕

3 月上旬，意大利警方根据美国联邦调查局（FBI）反恐信息通报，在维泰博市逮捕了一名 24 岁的拉脱维亚移民男子。

（一）事件背景

警方在该男子的住所找到了多种制造爆炸物的材料。目前，警方以私藏爆炸物品、涉嫌制造恐怖袭击事件，将该男子拘捕。

（二）事件经过

美国联邦调查局在对互联网涉恐言论甄别中，一名意大利男子经常在互联网为恐怖袭击事件点赞，并散布发动恐怖袭击言论。美方认为，涉案人极具恐怖袭击倾向和危险，随即向意大利警方通报了情况。

意大利警方在调查中发现，2017 年 10 月 31 日，美国曼哈顿下城世贸中心附近发生卡车冲撞行人，造成 8 人死亡事件后，疑犯曾为此起恐袭事件点赞助威。与此同时，涉案男子还在互联网发布曼哈顿恐袭嫌疑人赛波夫的照片，并在网上晒出了硝酸钾等爆炸物制造材料，扬言向幼儿园发动攻击。

（三）事件影响

据悉，涉案男子被捕前处于失业状态，该男子性格孤僻，终日与电脑为伴，沉醉于社交网络。警方在搜查其住家时，起获了大量爆炸物制造原料、电子起爆装置，和 1 支步枪、2 把气枪、多发子弹。警方尚未发现涉案嫌疑人与恐怖组织或“伊斯兰国”有任何联系。

三、意大利警方近日搜捕 2 名涉恐嫌疑人

3 月 28 日，意大利警方在北部城市都灵抓捕一名与极端组织“伊斯兰国”有关联的摩洛哥裔男子。这是警方近两日抓获的第二名涉恐嫌疑人。

（一）事件背景

警方称，当天抓获的这名男子计划发动汽车袭击，并一直在寻求“独狼”参与实施行动。

（二）事件经过

意大利看守内阁内政部长明尼蒂在警方抓捕行动后紧急召集国家反恐战略分析委员会特别会议，呼吁在人群集中的地区提升安全保护级别。明尼蒂对媒体说，国家面临的恐怖主义威胁依然严峻，希望新政府能继续驱逐意大利境内的激进分子。当前整个欧洲面临反恐困局，难民问题和失业问题突出的意大利社会安全形势严峻。3 月 4 日意大利举行议会选举，因没有出现获得议会绝对多数席位的党派或党派联盟，组建新政府的磋商正在进行之中。

（三）事件影响

3 月 27 日，在意大利东南部城市福贾，一名埃及裔意大利男教师因教唆学生为圣战献身被警方抓获。此前，包括首都罗马在内的多座城市曾出现炸弹警报，引发民众不安。

四、意大利警方逮捕 5 名柏林恐袭嫌疑人

3 月 29 日，意大利警方在反恐突击行动中逮捕了 5 名突尼斯人。

（一）事件背景

警方怀疑他们与发动 2016 年德国柏林圣诞市集恐袭的阿姆里有关，可能是其所属恐怖活动网络的一部分。

（二）事件经过

检察官怀疑被捕的这些突尼斯人涉及的罪行，包括策划“国际恐怖主义”活动，伪造文件，以及帮助激进的突尼斯人非法移民。不过，消息人士表示，没有证据表明这些嫌疑人直接参与柏林卡车袭击事件，或者他们正准备在意大利发动恐袭。当地媒体援引调查人员消息称，嫌犯包括一名

来自罗马南方拉丁纳市的突尼斯人，他据称计划向艾姆里提供假身份证件，以助他逃往国外。

这些人与德国恐袭凶手阿尼斯·阿姆里有关联，涉嫌策划国际恐怖行动、伪造文件、协助思想极端化的突尼斯人非法移民。阿姆里是突尼斯人，曾在意大利生活。他 2016 年 12 月 19 日在柏林驾驶偷来的卡车冲撞圣诞集市人群，致死 12 人、致伤数十人。极端组织“伊斯兰国”“认领”那起袭击。作案 4 天后，阿姆里在意大利米兰遭警方击毙。

意大利警方 28 日在北部城市都灵抓捕一名 23 岁摩洛哥裔意大利男子，指认他与“伊斯兰国”有关联，翻译并散播极端主义内容的材料，研究用刀或汽车袭击平民，招募“独狼”袭击者。警方正在调查 13 名与这名摩洛哥裔男子有联系的人。27 日，警方在东南部城市福贾逮捕一名向儿童灌输极端暴力思想的埃及裔意大利男子。

罗马即将举行复活节庆典。内政部长马尔科·明尼蒂 28 日要求警方在旅游景点和其他人流密集地点加强安全保卫力度。他在一份声明中说，“所有警力和情报机构将在反恐一线不间断执勤”。

（三）事件影响

作为行动的一部分，意大利警方仍在罗马，那不勒斯，以及中部和南部城镇拉丁纳、维泰博、卡塞塔和马泰拉进行搜查。明尼蒂接受意大利《新闻报》采访时说，意大利是欧洲联盟经济大国中迄今唯一没有遭“伊斯兰国”袭击的国家。但是他同时也说，意大利面临的恐袭风险高于以往任何时候，因为随着“伊斯兰国”在中东溃败，许多欧洲籍极端人员经由意大利回国。2018 年年初以来，以涉嫌威胁国家安全为由，意大利已驱逐 29 名外国人。①

五、摩洛哥与西班牙联合行动　摧毁与 IS 有关恐怖团伙

5 月 8 日援引法新社报道称，摩洛哥政府在当地时间 5 月 8 日宣布，该国与西班牙的一次联合行动，摧毁了一个与“伊斯兰国”（IS）有关联

---

① 参见《意反恐行动逮捕 5 名嫌疑人或与柏林恐袭凶犯有关》，中新网，2018 年 3 月 30 日，http：//www. chinanews. com/。

的“恐怖主义团伙”。

(一) 事件背景

“伊斯兰国”恐怖组织通过各种途径招募成员、募集资金、筹备物资，以期满足施恐行动需要。

(二) 事件经过

恐怖主义团伙共有 5 名成员，年龄均在 22 岁到 33 岁之间。摩洛哥内政部在一份声明中表示，在与西班牙安全部门的协调下，恐怖团伙 3 名成员在摩洛哥北部 Fnideq 被捕。余下 2 人在西班牙北部城市毕尔巴鄂被捕。

(三) 事件影响

摩洛哥内政部在此次行动还缴获了一批武器、军用制服以及电子设备。该恐怖团伙成员涉嫌宣传恐怖主义，并在摩洛哥与西班牙招募年轻人以 IS 名义实施恐怖主义行为。此次行动打击了 IS 嚣张气焰。①

六、200 名“伊斯兰国”外籍武装分子或逃回西班牙

7 月 17 日，西班牙安全官员们警告说，近 200 名“伊斯兰国”极端武装分子在中东战区作战后可能准备返回西班牙老家。

(一) 事件背景

伊斯兰恐怖主义是“全球主要威胁之一”，并称西班牙政府必须加紧行动杜绝极端组织在网上的宣传，以减少国内变得激进的人员数量。

(二) 事件经过

据西班牙国家安全部的官员说，大约 175 名武装分子可能很快试图逃回西班牙，目前已有约 37 人成行。

总部设在马德里的西班牙《阿贝赛报》报道说，国家安全部门称，随

---

① 参见《摩洛哥与西班牙联合行动摧毁与 IS 有关恐怖团伙》，环球网，2018 年 5 月 10 日，http：//www. huanqiu. com/。

着其武装分子被从叙利亚和伊拉克等国家赶出来，像“伊斯兰国”和“基地”组织这样的恐怖组织可能会开始把重点放在在欧洲实施恐怖袭击上。安全部门的一份报告说，估计有 5 万名外国武装分子跑到中东去参加 IS——其中约 6000 人来自欧洲。西班牙安全部门估计，大约有 1/3 的外国武装分子已经回到老家。

报告称，除了在中东战场打过仗的武装分子回国以外，一些恐怖组织也在努力地在互联网上招募年轻人。西班牙国家安全部门的这个发现也反映了英国的情况，据称数百名跑到叙利亚和伊拉克参战的英国极端分子已经回国。苏凡中心 2017 年 10 月的一项令人震惊的研究报告披露，至少 425 名“伊斯兰国”组织的武装分子已经从自封的“哈里发国”的废墟逃离。

（三）事件影响

据报道，有些人已对该组织彻底失望，但另有一些人在美国支持的武装将他们从“伊斯兰国”组织在叙利亚的“首都”拉卡赶出后就直接离开了该地区。[①]

七、葡萄牙警方逮捕 56 名摩托车黑帮成员

7 月 11 日，葡萄牙警方在全国多个城市展开搜捕行动，共逮捕了 56 名摩托车黑帮“地狱天使”成员。

（一）事件背景

为防“地狱天使”成员下周在葡南部的法鲁市集会时发生暴力事件，约 400 名警察在首都里斯本及附近的塞图巴尔、南部的法鲁以及北部的阿威罗等市同时展开先发制人的搜捕行动。

（二）事件经过

葡警方在 11 日的新闻发布会上宣布，警方当天对不同城市的 80 多处“地狱天使”窝点进行了搜查，并逮捕了 56 名帮派成员，其中包括 4 名德

---

① 参见《英媒称 200 名 IS 外籍武装分子或逃回西班牙》，参考消息网，2018 年 7 月 24 日，http：//www.cankaoxiaoxi.com/。

国人和 1 名芬兰人。他们涉嫌参与谋杀、盗窃和敲诈等。

（三）事件影响

2018 年 3 月“地狱天使”内部不同派别的成员在里斯本一家餐馆发生冲突，造成 6 人重伤。

八、法国宪兵向意大利境内丢弃 2 名难民引发意方抗议

10 月 12 日，法国宪兵驾车进入意大利境内，丢弃非洲难民，引发意大利抗议。要求法国方面做出合理解释。

（一）事件背景

意大利都灵省科拉维耶雷（Claviere）市警察在巡逻时，意外发现法国一辆宪兵警车进入意大利境内后，驶向意大利边境地区的一片丛林，然后从车上丢下了 2 名非洲难民，迅速返回了法国境内。

（二）事件经过

10 月 12 日，意大利边境巡逻警察发现，法国一辆宪兵警车驶入意大利领土后，在意大利境内的一片丛林丢下 2 名非洲难民，随后法国宪兵立即驱车返回了本国领土。意大利警察在跟踪过程中，使用随车摄像装置记录了事件的全过程。

事件发生后，意大利副总理兼内政部部长萨尔维尼表示，他很难相信，法国宪兵居然会潜入意大利境内丢弃难民。并强调，如果有人把意大利当作欧洲的难民营，公然违反欧盟和国际公约，在边境地区肆意挑衅和制造事端。意大利方面绝不会坐视不理，将如实向欧盟方面通报情况。依据《都柏林公约》，逃往欧洲的难民应在首个登陆的国家申请庇护，倘若难民在欧洲某国登陆后，再次前往其他国家寻求庇护，将被遣返首次登陆国家。目前，法意两国在执行该项公约中，法国每月平均将有 20 多名难民被送至意大利，交由意大利政府重新安置。

对于法国宪兵向意大利境内丢弃 2 名难民事件，法国欧洲事务部部长纳塔莉·路易索回应称，这完全是一起意外事件。根据她了解的情况，事件中的几名宪兵都是新兵，前往边境执行警务工作时间很短，对地域情况

还不是十分了解，因此误入了意大利领土。法国方面已责令有关部门对事件展开调查，并确保今后类似事件绝不会再次发生。法国国家宪兵总署和法国国家警察总署则表示，两警署已组成联合调查组对事件展开全面调查，将尽快向意大利方面给出圆满的解释，从而确保两国警方在边境地区的密切合作。意大利边境城市科拉维耶雷市长佛朗哥·卡普拉表示，希望能够像法国方面解释的那样，仅仅是工作上的小小失误，而不是对边境协议的公然挑衅。过去虽然有法国宪兵在边境地带，从警车上赶下难民的事件发生，但毕竟没有直接将难民丢弃在意大利国土上。

（三）事件影响

萨尔维尼则认为法国方面对事件的解释有些牵强。他强调，该事件绝非是简单的失误和意外，其行为对于意大利来说完全是一种挑衅。如果法国避重就轻地来解释事件原因，能够令人信服的话，那么，不清楚法国方面将难民丢弃在荒野，又该作何解释？当地时间10月15日，意大利外交部部长莫阿韦罗·米拉内西已致电法国驻意大利大使，要求法国方面对该国宪兵向意大利境内丢弃2名难民事件，做出合理解释。[①]

九、西班牙警方挫败刺杀首相图谋

西班牙司法部门8日证实，警方挫败一起意欲刺杀首相佩德罗·桑切斯的图谋。

（一）事件背景

按巴塞罗那警方的说法，嫌疑人因为对西班牙政府准备迁移前独裁者弗朗西斯科·佛朗哥的陵墓不满，萌生刺杀桑切斯的念头。当地媒体报道，他在社交媒体发布刺杀首相的计划。

（二）事件经过

西班牙加泰罗尼亚警方在社交媒体“推特”宣布，逮捕1名“图谋刺

① 参见《法国宪兵向意大利境内丢弃两名难民意方表示抗议》，中国新闻网，2018年10月17日，http：//www. chinanews. com/。

杀桑切斯”的男子，在这名嫌疑人家中发现大量武器。巴塞罗那警方在另一份声明中说，嫌疑人现年 63 岁，一周前在加泰罗尼亚一个小城落网。

警方在嫌疑人家中搜获 16 件武器，包括狙击枪和冲锋枪。他在一家私营保安企业工作，有允许持有武器的证件。

（三）事件影响

加泰罗尼亚司法部门一名发言人告诉德新社记者，这名嫌疑人现在由监狱收押，司法审理已经开始。

十、其他反恐怖军事行动

1 月 22 日，保加利亚总理鲍里索夫与来访的捷克总理巴比什在首都索非亚表示，欧盟的难民接收制度不但已经失效，而且分裂了欧盟，需尽快着手改革。

2 月 24 日，意大利罗马市中心人民广场，大约 2 万多民众举行大规模抗议示威活动，反对法西斯主义和极端民族主义的抬头。该国领导人则呼吁民众大选前一定要保持冷静和克制，远离暴力。①

1 月 31 日，欧洲某主流媒体报道称，国际刑警组织曾向意大利内政部通报，将有 50 名“伊斯兰国”恐怖分子从海上登陆意大利。对此，意大利内政部立即做出回应，否认曾接到过国际刑警组织通报，称该消息为不实之说。

2 月 9 日，为应对恐怖活动威胁，西班牙政府于当地时间 2 月 9 日召开内阁会议，或将针对所有西班牙过境航班的旅客信息进行严格筛查，包括姓名、登机牌、行程单等。

3 月 20 日，《环球时报》报道，作为 2017 年以来牵动欧洲政局变化的最后一幕，意大利选举本月初以意料之外、情理之中的方式收场。民粹政党的大获全胜，不仅让意大利的政治前景陷入迷雾，也没能为几乎同时发生的德国新政府组阁成功锦上添花，更让之前“欧洲已战胜民粹”的乐观情绪一扫而空。这不仅让民粹有了公开挑战主流政治的底气和本钱，也加

---

① 参见《意大利国家领导出席罗马示威活动吁民众远离暴力》，中国新闻网，2018 年 2 月 26 日，http：//www. chinanews. com/。

快了西方民粹政治的合流，成为西方政治变化的重要节点。

3 月 22 日，西班牙马德里政府近日或将批准法案，为所有在马德里停留 1 年以上的非法移民颁发“临时身份证”，也叫“城市身份证”。

3 月 28 日，电据《欧洲时报》报道，近日，意大利驻突尼斯大使馆接到一封匿名信，称 41 岁突尼斯籍男子 AtefMathlouthi 计划在意首都罗马实施恐怖袭击。25 日，意大利各主流媒体纷纷报道了这则有关“罗马恐袭警报”的新闻，一时间罗马民众人心惶惶，AtefMathlouthi 也被全意通缉。

3 月 29 日，意大利警方曾在反恐突击行动中，拘捕了 5 名突尼斯人。此间，有关方面就近期反恐形势通报称，仍有超过 50 名以上的恐怖主义分子，藏匿于意大利市井伺机发动恐袭行动。①

4 月 14 日，凌晨美、英、法三国对叙利亚发动空袭，理由是“叙利亚政府使用化学武器”。值得关注的是，提供相关信息的是一个被称为“白头盔”的组织。这个组织到底是干什么的？谁给的资金？它们提供的信息可信不可信？

4 月 22 日，突尼斯驻意大利米兰总领事馆门前遭不明身份人蓄意纵火。火灾使周围的建筑物遭到不同程度破坏，但未造成人员伤亡。目前，意大利警方已介入调查。②

4 月 8 日，初步计票结果显示，青年民主主义者联盟（青民盟）和基督教民主人民党（基民党）所组成的执政联盟得票率近 49%，将获国会 2/3 多数议席。匈牙利国内和欧洲主流媒体，以“决定性”“压倒性”“超级”之类词语形容匈执政联盟的这场胜利。

4 月 20 日，“埃塔”组织在声明中表示，为数十年来因该组织“独立运动”造成的“伤痛”和“危害”道歉。

5 月 3 日，希腊总理齐普拉斯在莱斯沃斯岛举行的一个地区经济发展会议上承诺，加大力度，帮助该岛应对难民问题带来的挑战。

5 月 3 日，西班牙民族分离组织“埃塔”发表声明，宣布彻底解散其所有组织机构，结束所有政治活动。这宣告了这一极端主义组织正式走向

---

① 参见《意紧绷反恐警弦玩具被疑为炸弹地铁站被迫关闭》，中国新闻网，2018 年 4 月 2 日，http：//www. chinanews. com/。

② 参见《突尼斯驻意大利总领馆门前遭人纵火警方介入调查》，中国新闻网，2018 年 4 月 24 日，http：//www. chinanews. com/。

消亡。

5月22日，意大利极右翼政党领袖马泰奥·萨尔维尼在竞选中将移民问题作为主要目标，他希望通过严苛庇护条件、大幅降低接待难民预算、拆除难民营等强有力的手段，在一年内驱逐50万名难民。

6月10日，一艘载有629名难民的慈善船只“水瓶座”号抵达距意大利35海里、距马耳他27海里的水域。离船只最近的两国均以强硬姿态拒绝开放港口，600多名难民滞留海上一天时间，他们该何去何从引发多方关注。11日，西班牙介入此事打破僵局，表示欢迎船只停靠瓦伦西亚港，这才解除一场人道危机。

6月11日，西班牙政府发表声明称，首相桑切斯已做出指示，西班牙将履行国际人道主义危机救援承诺，接收“水瓶座”号号停泊西班牙港口，这艘船载有600多名冒生命危险横渡地中海的难民。

6月11日，继10日拒绝一艘难民救援船靠岸后，意大利新政府11日仍拒绝这艘难民救援船登陆。

6月13日，当地时间13日，因对法国谴责意大利不接受难民船一事感到不满，意大利外交部传召法国驻意大使。

6月13日，意大利海岸防卫队迪乔迪（Diciotti）号救援船，载着932名难民抵达了意大利南部卡塔尼亚（Catania）港口，意大利当局已下令接收并安置船上的所有难民。这是继意大利政府拒绝法国非政府地中海救援组织的水瓶座号救援船和船上629名难民登陆后，再次向难民开放港口，准许意大利本国海上救援船只入港靠岸。

6月14日，意大利总理和法国总统通话，承诺共同应对非法移民难题、联手在国际框架下向需要帮助的人提供必要援助。移民政策同样困扰德国总理安格拉·默克尔。她所在的基督教民主联盟的姊妹党基督教社会联盟准备就移民政策改革方案与默克尔摊牌。

6月15日，法国和意大利两国领导人在会面中一致要求欧盟在非洲建立难民问题处理中心，防止难民横跨地中海进入欧洲大陆。

6月16日，两艘名为“生命线（Lifeline）”和“狐鲛（Seefuchs）”号非政府组织救援船，从利比亚海域救起百余名难民和非法移民后，目前正在驶向地中海水域。意大利政府获悉消息后，已明确表示拒绝两艘难民救援船靠港登陆。

6月19日，晚间，意大利海岸警卫队一艘船只抵达西西里岛南端港口波扎洛（Pozzallo），船上 500 余名难民将登陆，其中包括日前由美国海军在利比亚外海救出的 40 余人。①

6 月 23 日，法国总统马克龙宣布，法国和西班牙呼吁欧洲共同应对难民危机，并提出了建立“封闭式难民中心”的建议，为弥合欧洲国家在难民问题上的分歧另辟途径。

6 月 29 日，欧盟各国在夏季峰会上就解决难民难题达成一致，将探索在欧盟境外设置难民中心、在欧盟境内设置“管控中心”。不过，对于希腊难民安置中心的工作人员来说，这份协议并不能解决他们目前面临的难题——经费枯竭。

7 月 10 日，欧洲边境管理局近日通报称，随着意大利、希腊等国对沿海边境口岸的收紧，禁止难民船只靠岸登陆，国际偷渡组织经由利比亚进入意大利或希腊的路线已彻底被阻断。偷渡集团已经开始另辟通往欧洲的渠道，选择经由西地中海从摩洛哥最后进入西班牙。目前，通过该条线路涌入西班牙的大批难民，再次为欧盟带来了新的压力。

8 月 3 日，据外媒报道，欧盟为鼓励更多成员国接收难民，宣布对西班牙的紧急援助金增加到 3000 万欧元，让西班牙支付额外工作费用且协助应对难民工作的挑战。

8 月 5 日，在坐牢 31 年之后，西班牙“巴斯克祖国与自由”组织（Euskadi Ta Askatasuna—ETA，简称“埃塔”）的恐怖分子桑蒂·博特罗斯被释放。此前，他被西班牙法院判处近 3000 年刑期。

8 月 11 日，西班牙首相桑切斯与德国总理默克尔 11 日在西班牙南部桑卢卡尔－德巴拉梅达市举行非正式会晤。双方一致认为，欧盟应团结起来，携手解决难民问题。

8 月 13 日，继此前分别与西班牙和希腊达成返还所谓“二次移民”的双边协议后，德国内政部长泽霍费尔 13 日宣布，该国已与意大利就签署难民返还协议达成一致。

8 月 13 日，马耳他武装部队从马耳他以南 53 海里处救出 114 名移民，并将他们带到马耳他。同一天，马耳他政府拒绝载有 141 人的民间救援船“阿奎里厄斯”号的入港请求。

---

① 参见《逾 500 难民乘意大利船只抵西西里 10 人严重脱水》，环球网，2018 年 6 月 22 日，http：//www. huanqiu. com/。

8 月 19 日，意大利和马耳他因移民救援船停靠问题再掀“口水战”。这艘救援船载有 177 人，已在海上滞留 3 天。

8 月 20 日，一名 29 岁的阿尔及利亚籍男子持刀冲入西班牙科内利亚市一个警察局，试图袭击警员，被警方当场击毙。西班牙警方暂时将这一袭击事件定性为恐怖主义袭击事件，正在调查该男子和极端组织是否存在联系。事件发生后，西班牙内政部表示将加强地方警察分局的安保，并将召开会议对恐怖主义威胁状况进行评估。①

8 月 20 日，一艘已在海上滞留 4 天、载有 177 名难民的意大利海警巡逻船停靠在了意南部的西西里岛卡塔尼亚港，但仅批准未成年人下船上岸。意大利副总理兼内政部部长萨尔维尼 22 日呼吁欧盟尽快解决难民的去向和安置问题。意大利外交部已经正式要求欧盟进行干预。

8 月 22 日，停靠在意大利西西里岛卡塔尼亚港口的意大利海警舰船，受命将船上 29 名未成年人难民送上岸，其他滞留船上的 148 名难民如何处置，仍需等待政府的下一步通知。目前，意大利副总理兼内政部部长萨尔维尼态度坚决，要求必须由欧盟统一协调安置，否则拒绝难民登陆。

8 月 29 日，在欧盟与意大利就难民问题拉锯之际，欧盟防长非正式会议上奥地利首都维也纳拉开帷幕。意大利再度要求改革欧盟地中海难民行动，向其他国家“分流”难民。

8 月 29 日，西班牙救援人员发现 8 艘共载 196 名移民的小船。

9 月 16 日，意大利警方调集百余名警察聚集在罗马菲乌米奇诺机场，准备押解遣返 15 名来自突尼斯的难民回国。由于执行遣返任务的民航包机发生故障，警员在机场看守难民长达 10 几个小时后，飞机仍无法确定起飞时间。意大利内政部只好下令终止遣返任务，并为 15 名被羁押的难民发放路费和津贴，将全部难民就地遣散。

9 月 24 日，在意大利副总理兼内政部部长萨尔维尼主导下，意大利内阁部长联席会议正式批准了国家安全法修正案议案。该议案暨“萨尔维尼安全法令”议案，首次将国家安全与移民问题联系在一起，并将移民问题

---

① 参见《大量非法移民和难民涌入　西班牙反恐任重道远》，人民日报，2018 年 8 月 22 日，http：//paper. people. com. cn/。

纳入国家安全法条款。①

9月25日，欧洲联盟5个成员国达成协议，“分摊”上周在地中海获救的58名非法移民，结束他们在海上的漂泊。

9月26日，意大利总理孔特在联大第73届会议一般性辩论中发言指出，地中海移民危机，能够且必须通过“责任分担”的方式加以应对，这需要原籍国、中转国和目的地国共同合作，不但要注重确保每一个人的尊严，更要坚定地打击那些践踏移民尊严和生命的人口贩运者。

10月2日，意大利警方受命拘捕了雷焦卡拉布里亚省里亚切市市长多梅尼科·卢卡诺（Domenico Lucano）。检方将以涉嫌违规帮助非法移民，为非法移民提供便利，教唆非法移民以不正当手段获取意大利居留等多重罪，对卢卡诺提起公诉。

10月3日，意大利马切拉塔地方法院开庭审理今年2月3日发生在该市的一起枪击非洲移民案。主审法官在听取控辩双方意见后，认定犯罪嫌疑人犯罪事实清楚，且社会影响恶劣。经法院合议庭审议，法院当庭作出一审判决，分别以非法持枪、杀人未遂、蓄意制造种族事件等罪名，判处被告12年监禁。②

10月11日，德国政府将租用民航班机，遣返40名从意大利逃往德国的难民。届时，飞机将直接飞往罗马菲乌米奇诺机场，德国方面已经正式通知意大利政府，做好相关难民的接收准备工作。不过，意大利政府已经直接拒绝了德方遣返难民的要求。

10月13日，希腊雅典北部发生一起车祸，导致11名难民在事故中被大火烧死。事发时一辆载有难民的卡车和一辆小型货车发生正面碰撞。事发地点位于卡瓦拉附近的Sarakina村附近。③

10月16日，爱丽舍宫承认，法国宪兵队日前将移民遣返回意大利是个“错误”。

10月18日，科索沃自行宣布“独立”10年后，立法机构一读通过三

---

① 参见《意大利国家安全法修正案被指“反移民”》，中国新闻网，2018年9月26日，http://www.chinanews.com/。

② 参见《意大利男子枪击非洲移民案疑犯一审获刑12年》，中国新闻网，2018年10月5日，http://www.chinanews.com/。

③ 参见《希腊发生两车相撞严重车祸11名难民被大火烧死》，中国新闻网，2018年10月15日，http://www.chinanews.com/。

项立法草案，为组建常备武装部队铺路，招致塞尔维亚强烈抗议，斥为“和平威胁”。

10 月 24 日，电题：“中国是维护国际秩序的坚定力量”——专访塞尔维亚国防部长亚历山大·武林。

10 月 26 日，希腊外交部收到一个可疑包裹，警方紧急疏散外交部工作人员。

10 月 29 日，俄罗斯国防部长绍伊古在会见到访的希腊国防部长坎梅诺斯时表示，北约的军事活动让俄方担忧，俄方希望与希腊开展军事合作。

11 月 7 日，意大利参议院就副总理兼内政部长萨尔维尼所提出的最新移民法案进行审议和表决，并以 163 票支持，59 票反对，19 票弃权通过了新移民法案。

11 月 10 日，意大利国家参议院就国家《交通法》修正案进行审议，并通过《交通法》第 93 款、第 132 款等相关法条修改议案。根据《交通法》最新规定，意大利居民、包括意大利生活工作的欧盟和非欧盟国家的外国移民，禁止长期使用其他欧洲国家的注册车辆。

11 月 13 日，根据意大利内政部部署，罗马警方对位于罗马市迪布勒迪纳（Tiburtina）火车站附近一处难民非法宿营地进行了集中清理。警方在行动中，共收容了 120 名非法移民和已获得了居留许可的 30 名难民。

11 月 20 日，一伙身份不明的武装人员袭击了马林迪市附近的一个购物中心，5 人受伤，一名来自意大利的女性被绑架。①

11 月 21 日，意大利警方成功在米兰拘捕一名涉嫌从事恐怖主义活动的男子。这名嫌疑人现年 23 岁，是埃及公民，自称来自“伊斯兰国”。

11 月 25 日，意大利副总理兼内政部部长萨尔维尼下令打开国门，获准在海上漂泊的 264 名难民和意大利海岸警卫队救起 79 名难民，分别从波扎洛和克罗托内港口登陆。

11 月 27 日，意大利国家众议院就副总理兼内政部部长萨尔维尼所提出的移民法修正案和行政安全法令进行审议和投票表决，并以 396 票赞成，99 票反对，通过了移民法修正案和行政安全法令。

---

① 参见《肯尼亚马林迪发生枪击：5 人受伤 1 意大利女子遭绑架》，中国新闻网，2018 年 11 月 22 日，http：//www. chinanews. com/。

12 月 18 日，据欧联网援引意大利欧联通讯社报道，日前，意大利巴里警方成功抓捕了一名涉嫌恐怖宣传的恐怖组织成员。该恐怖分子受控于“伊斯兰国”分支机构，专门负责煽动恐怖袭击活动，并扬言要将炸弹放进意大利所有教堂。①

12 月 28 日，一艘搭载着利比亚海域获救的 311 名难民慈善救援船，已驶入西班牙海域获准登陆。该船将停靠直布罗陀（Gibraltar）南部奎利纳维斯（Crinavis）港口。

2018 年南欧地区遭受恐怖袭击次数及伤亡人数

时间	意大利		塞尔维亚		希腊	
	袭击次数	伤亡人数	袭击次数	伤亡人数	袭击次数	伤亡人数
1 月	1	4	1	1		
2 月	1	2				
3 月						
4 月	1	0				
5 月						
6 月						
7 月						
8 月						
9 月	1	0				
10 月	1					
11 月	1	0				
12 月	4	2			2	2
合计	10	8	1	1	2	2
全年，南欧地区共遭受恐怖袭击 13 次，伤亡 11 人						

① 参见《意大利一名恐怖组织成员落网疑犯曾接受特殊训练》，中国新闻网，2018 年 12 月 18 日，http：//www. chinanews. com/。

第九章／2018年北欧地区反恐怖军事行动*

第一节　北欧地区反恐怖军事行动综述

2018 年，北欧相对于欧洲整体面临的反恐形势比较缓和，但恐怖威胁依然存在，特别是“伊斯兰国”和难民问题对整个北欧社会造成的影响较大，已引起民众和社会的恐慌，纷纷采取措辞保证本国安全。

一、北欧地区面临的恐怖威胁

北欧地区恐怖威胁主要来自于恐怖组织策划、地方帮派争斗、情绪化难民实恐等，由此产生的影响造成北欧民众和社会恐慌，让人们饱受困扰的同时也为北欧的安全形势感到担忧。

（一）恐怖组织影响持续存在，依然是各类恐怖威胁中的主导因素

自 2014 年极端的“伊斯兰国”组织号召支持者攻击西方国家的公民，并教导他们如何在没有军事配备的情况下，使用石头或刀子展开攻击，或开车冲撞人群后，欧洲已有多地发生车辆冲撞事件。瑞典检方 1 月 30 日以恐怖主义罪对 2017 年 4 月斯德哥尔摩卡车袭击嫌疑人、乌兹别克斯坦籍男子阿基洛夫提起诉讼。2017 年 4 月 7 日，一辆被劫持的货运卡车高速冲向

* 北欧包括 6 个国家和地区：芬兰、瑞典、挪威、冰岛、丹麦、法罗群岛（丹）。

斯德哥尔摩市中心皇后大街上的人群，造成 4 人死亡、15 人受伤。事发后，阿基洛夫等 3 名嫌疑人被警方拘捕，阿基洛夫随后认罪。检察官伊尔曼在当天的新闻发布会上说，阿基洛夫承认效忠极端组织“伊斯兰国”，并曾多次试图赴叙利亚未遂。阿基洛夫花了数月时间策划袭击，并对包括同性恋酒吧、轮渡等在内的多个可能目标进行了研究。伊尔曼说，阿基洛夫想通过发动袭击惩罚瑞典参加反对“伊斯兰国”的国际联盟，他将要求法庭判处阿基洛夫无期徒刑并将其引渡出瑞典。“我的目标是永远禁止阿基洛夫在我们的社会中自由活动。”①

（二）地方帮派浑水摸鱼冲突不断，成为影响社会安全的次要因素

瑞典国内一些地方枪击事件不断频发，造成多人伤亡，事件的直接原则是地方帮派斗争。瑞典全国“治安脆弱地区”较多，在这些地区，帮派冲突频发，警方执法困难，近年来有很多瑞典警察陆续离职，社会安全形势不容乐观。8 月 13 日晚，瑞典警方收到来自瑞典吕瑟希尔、阿拉福什、法尔肯贝里、特罗尔海坦和哥德堡等多个城市的火灾信息，有近 100 辆汽车受损或烧毁。警方表示，“我们遇到过多次火灾，但是在同一个晚上，在如此短的时间内，并且在不同地方还没有发生过类似的事件。”南部城市哥德堡警方在 13 日 21 点接到第一起报警电话，之后又收到从该市以及 100 千米以外的特罗尔海坦、吕瑟希尔和法尔肯贝里的报警电话。主要是车辆被烧毁，多是小轿车、卡车，还有一些垃圾处理场。据目击者说主要是一些青少年所为，这些青少年团伙行动，穿着黑衣，有的戴着头套和帽子，看不清脸。警方 14 日称没有人因此次恶性事件受伤，也没有人因此事被捕。目前，警方没有给这一系列恶性事件定性。②

（三）难民逐步成为恐袭直接参与者，极易情绪化施恐

据芬兰安全情报局的情报，当前面临的最直接恐怖威胁来自“独狼”式恐怖分子和受极端恐怖主义煽动的小型恐怖团伙。难民在各国难民政策

---

① 参见《瑞典以恐怖主义罪对卡车袭击嫌疑人提起诉讼》，新华网，2018 年 1 月 31 日，http：//www. xinhuanet. com/。

② 参见《瑞典多地发生燃爆恶性事件：近百辆汽车被点燃》，中央广电总台央视新闻客户端，2018 年 8 月 14 日，http：//news. cctv. com。

影响下极易情绪化施恐，已成影响地区安全稳定的长期性危险因素。为进一步加强对难民和移民的管理工作，促进移民的融入，有效遏制移民犯罪。挪威政府决定 10 月 29 日将向国家议会提出移民融合议案，要求议会立法禁难民扎堆群居，强化移民融入机制。挪威政府认为，瑞典在安置难民的问题上有很多经验教训，值得挪威进行借鉴。鉴于瑞典政府允许难民和移民自由选择居住地点，导致瑞典形成了很多移民社区。而移民社区自成一体的现象，又滋生了移民黑势力、暴力、贫穷、贩毒和犯罪土壤，沦为移民的犯罪“天堂”。为了吸取瑞典的教训，挪威难民定居应该改变挪威一体化和多样化理事会（Imdi）目前的安置办法，要禁止新难民继续前往移民聚集社区居住。移民融合议案要求，从 2019 年开始，在难民的安置问题上，将由挪威知识与融合部门来决定难民定居地点，不再是由一体化和多样化理事会（Imdi）和专家委员负责难民安置工作。在移民人数超过 30% 的社区，将禁止安置新难民。新难民安置要采取分散安置方式，将移民安置到全国各地，从而有效提高地方政府融合能力，政府要优先考虑难民工作机会较多的地区。据悉，奥斯陆是挪威移民占比最高的城市，该市的斯托弗（Stover）移民占比为 56.9%，诺德斯塔（Nordstrand）为 55.4%，阿尔纳（Alna）为 53.6%，比耶克（Bjerke）为 44.2%，格鲁吕（Grorud）为 40.2%，奥斯陆老区为 39.4%。其中挪威第二大城市卑尔根也有一些社区移民比例超过了 30%。挪威知识与融合大臣桑纳（Jan Tore Sanner）表示，在移民聚居区继续安置难民的做法是不正确的。政府应安排难民居住在他们能够找到更适合自己工作的地方，要让他们有机会接触主流社会、了解社会、学习语言，更好地融入当地社会。①

二、北欧国家的反恐怖军事对策

2018 年北欧地区国家针对恐怖威胁积极采取军事应对措施。通过加强移民立法、建立预警机制、加强教育引导、重视国际合作、收紧难民政策予以应对，确保了社会面基本稳定。

---

① 参见《挪威将立法禁止移民扎堆群居强化移民融入机制》，中国新闻网，2018 年 10 月 28 日，http：//www. chinanews. com/。

（一）加强移民立法，加强反恐等应对突发事件宣传

已停发 30 年的《如若战争来临》（If the War Comes）的宣传册，已于 2018 年 5 月起向 470 万个瑞典家庭发放，以指导民众在战争状态下的如何应对，包括如何撤退、使用防毒面具等。这些小册子还将指导民众如何应对恐袭、网络攻击以及自然灾害。瑞典民事应急机构（Swedish Civil Contingencies Agency）的克里斯蒂娜·安德森（Christina Andersson）说，“面对气候变化、恐怖袭击、流行病和信息操纵等明显更复杂的威胁，人们需要学习和知道怎样去应对”。10 月 29 日，为进一步加强对难民和移民的管理工作，促进移民的融入，有效遏制移民犯罪。挪威政府决定向国家议会提出移民融合议案，要求议会立法禁难民扎堆群居，强化移民融入机制。

（二）建立预警机制，采取措施防患于未然

瑞典、挪威等国加强国内外形势分析研判，适时出台分析报告，做好应急准备及动员，发放宣传手册，立法加强难民、移民管控及融入机制，各国政府正防止恐怖事件的发生，加强执法力度，以强化公共安全。

（三）做好引导教育，注重公共安全

瑞典政府计划在教育机构开展培训，防范极端主义与种族主义思潮在学校传播。情报机构将与移民局共享情报，及时甄别具有恐怖主义和极端主义倾向的高风险人员。政府还将防范极端组织获得瑞典政府对宗教组织提供的资金。

（四）重视国际合作，实现互助共赢

加强反恐领域国际合作，作为一项必要的反恐手段，一直以来备受国际社会认可。6 月 18 日，联合国秘书长古特雷斯在挪威首都奥斯陆表示，当今世界暴力冲突增多，局势正在恶化，需要通过积极有效的调解工作来解决冲突问题。①

---

① 参见《联合国秘书长呼吁通过调解解决世界冲突》，新华网，2018 年 6 月 20 日，http://www.xinhuanet.com/。

（五）加强边境管控，难民政策收紧

过去两年发生在欧洲地区的一系列恐怖袭击表明，恐怖组织有可能利用申根区边境管控上的漏洞，实施越境恐怖袭击，边境管控压力增大。挪威政府决定向国家议会提出移民融合议案，要求议会立法禁难民扎堆群居，强化移民融入机制。挪威政府表示，为了吸取瑞典的教训，挪威难民定居应该改变挪威一体化和多样化理事会（Imdi）目前的安置办法，要禁止新难民继续前往移民聚集社区居住。

第二节　北欧地区主要恐怖袭击事件

一、瑞典多地发生燃爆恶性事件

8 月 13 日，瑞典警方收到来自瑞典吕瑟希尔、阿拉福什、法尔肯贝里、特罗尔海坦和哥德堡等多个城市的火灾信息，有近 100 辆汽车受损或烧毁。

（一）事件背景

警方表示，“我们遇到过多次火灾，但是在同一个晚上，在如此短的时间内，并且在不同地方还没有发生过类似的事件。”

（二）事件经过

8 月 13 日，瑞典警方多个城市的火灾信息，有近 100 辆汽车受损或烧毁。目击者说主要是一些青少年所为，这些青少年团伙行动，穿着黑衣，有的戴着头套和帽子，看不清脸。警方 14 日称没有人因此次恶性事件受伤，也没有人因此事被捕。警方没有给这一系列恶性事件定性。据瑞典媒体报道，瑞典南部城市哥德堡警方在 13 日 21 点接到第一起报警电话，之后又收到从该市以及 100 公里以外的特罗尔海坦、吕瑟希尔和法尔肯贝里的报警电话。主要是车辆被烧毁，多是小轿车、卡车，还有一些垃圾处理场。

（三）事件影响

此次燃爆事件主要是一些青少年所为，这些青少年团伙行动，穿着黑衣，有的戴着头套和帽子，看不清脸。此次事件除给造成财产损失外，也造成了社会恐慌，严重影响了社会安全。

二、其他恐怖袭击事件

2018 年，北欧安全形势没有明显恶化，瑞典、意大利纷纷提高本国应对极端事件级别，瑞典国防委员会提出“弹性”的报告。

瑞典检方 30 日以恐怖主义罪对去年 4 月斯德哥尔摩卡车袭击嫌疑人、乌兹别克斯坦籍男子阿基洛夫提起诉讼。检察官伊尔曼在当天的新闻发布会上说，阿基洛夫承认效忠极端组织“伊斯兰国”，并曾多次试图赴叙利亚未遂。阿基洛夫花了数月时间策划袭击，并对包括同性恋酒吧、轮渡等在内的多个可能目标进行了研究。伊尔曼说，阿基洛夫想通过发动袭击惩罚瑞典参加反对“伊斯兰国”的国际联盟，他将要求法庭判处阿基洛夫无期徒刑并将其引渡出瑞典。“我的目标是永远禁止阿基洛夫在我们的社会中自由活动。”①

第三节　北欧地区主要反恐怖军事行动

1 月 14 日，E 安全报道瑞典国防委员会（SDC）2017 年 12 月底，向瑞典内阁提交了一份题为“弹性（Resilience）”的报告，囊括了瑞典全面防御理念和“2021 年—2025 年的民防发展蓝图”。瑞典政府正寻求通过更积极的资本密集型计划增加网络安全投入，加强瑞典的防卫能力以抵御网络恐怖分子和网络犯罪团伙发起的潜在破坏性攻击。

1 月 18 日，英国广播公司（BBC）报道，瑞典将于今年 5 月起向 470 万个瑞典家庭发放，以指导民众在战争状态下的如何应对，包括如何撤

① 参见《瑞典以恐怖主义罪对卡车袭击嫌疑人提起诉讼》，新华网，2018 年 1 月 31 日，http：//www. xinhuanet. com/。

退、使用防毒面具等。这些小册子还将指导民众如何应对恐袭、网络攻击以及自然灾害。BBC 称，发布宣传册的背后是对俄罗斯军事活动、日益增多的恐怖主义事件和假新闻的担忧。

4 月 30 日，瑞典检方以恐怖主义罪对去年 4 月斯德哥尔摩卡车袭击嫌疑人、乌兹别克斯坦籍男子阿基洛夫提起诉讼。

6 月 14 日，俄罗斯驻挪威使馆发声，谴责挪威意图引入更多美军，把驻地部署在更靠近俄罗斯的北部地区。对此，美国国防部发言人辩称，美方人员在挪威只为训练，对俄罗斯不构成威胁。

6 月 18 日，联合国秘书长古特雷斯在挪威首都奥斯陆表示，当今世界暴力冲突增多，局势正在恶化，需要通过积极有效的调解工作来解决冲突问题。

7 月 9 日，为保障俄罗斯总统普京和美国总统特朗普即将在赫尔辛基举行的会面安全进行，芬兰表示可能会从本周五开始，为来自申根国家的游客恢复实行为期 4 天的边境检查。

8 月 13 日，瑞典当地时间 21 点，瑞典警方收到来自瑞典吕瑟希尔、阿拉福什、法尔肯贝里、特罗尔海坦和哥德堡等多个城市的火灾信息，有近 100 辆汽车受损或烧毁。警方表示，“我们遇到过多次火灾，但是在同一个晚上，在如此短的时间内，并且在不同地方还没有发生过类似的事件。”

9 月 21 日，一名俄罗斯公民因涉嫌在挪威从事非法情报收集活动而被捕。报道援引挪威警察安全局官员的话说，这名 51 岁的俄罗斯男子于 21 日晚在奥斯陆加勒穆恩机场被捕。该男子将被拘留两个星期，以接受警方调查。根据挪威法律，从事非法情报收集活动可被判处 3 年监禁。①

9 月 27 日，德国《法兰克福汇报》网站报道：北约备战冷战结束以来最大规模军演将于 4 周后开始的“三叉戟接点 2018”军事演习将是冷战结束以来北约举行的最大规模军演。布鲁塞尔的北约军方人员证实，根据最新计划，届时将有超过 4.4 万名官兵参加这场在挪威举行的军演。

10 月 19 日，美国核动力航空母舰自 1991 年以来，首次越过北极圈进入北极。

① 参见《51 岁俄罗斯男子因涉嫌在挪威非法收集情报被拘留》，新华网，2018 年 9 月 24 日，http://www.xinhuanet.com/。

美国海军新闻处称，由美国海军哈里·杜鲁门号航空母舰率领的航母突击编队随后将前往挪威海，以“展示美国海军的机动性和硬实力”。

10 月 19 日，据挪威媒体 19 日报道，因涉嫌在挪威从事非法情报收集活动而被捕的俄罗斯公民米哈伊尔·博奇卡廖夫当天被释放，并获准离开挪威。

10 月 29 日，为进一步加强对难民和移民的管理工作，促进移民的融入，有效遏制移民犯罪，挪威政府决定向国家议会提出移民融合议案，要求议会立法禁难民扎堆群居，强化移民融入机制。①

10 月 30 日，晚上，丹麦外交部长安德斯·萨缪尔森（Anders Samuelsen）称，伊朗情报局此前向丹麦外交部发起攻击未遂，目前，丹麦方面已经召回驻伊朗大使。

11 月 16 日，联合国也门问题特使马丁·格里菲思 16 日说，他计划近期召集也门政府和胡塞武装代表在瑞典举行新一轮和谈，双方领导层已确认将出席此次和谈。

12 月 4 日，也门胡塞武装代表团在联合国也门问题特使马丁·格里菲思的陪同下，从首都萨那启程，前往瑞典参加和谈。

2018 年北欧地区遭受恐怖袭击次数及伤亡人数

时间		1 月	2 月	3 月	4 月	5 月	6 月	7 月	8 月	9 月	10 月	11 月	12 月	合计
瑞典	袭击次数								1					1
	伤亡人数								0					0
全年，北欧地区共遭受恐怖袭击 1 次，伤亡 0 人														

① 参见《挪威将立法禁止移民扎堆群居强化移民融入机制》，中国新闻网，2018 年 10 月 28 日，http：//www. chinanews. com/。

第十章／2018年东欧地区反恐怖军事行动*

第一节　东欧地区反恐怖军事行动综述

东欧地区的安全威胁主要来自俄罗斯和乌克兰，在俄乌领土争端的大背景下，这两国也是恐怖袭击和恐怖活动发生最频繁、受害程度最深的国家，乌克兰东部地区的领土争端，将是研究东欧反恐形势的重要切入点，综合 2018 年度东欧地区发生的恐怖事件和各国反恐行动看，安全形势不容乐观。东欧面临的安全威胁是多方面的，不仅有来自内部的领土纷争和民族对立，同时还有来自周边国家安全形势带来的外在影响，乌克兰东部地区作为俄乌、俄美、俄欧等各方的“角力场”，多方力量的汇集，必然使矛盾在这一地区爆发，并进而辐射到乌克兰、俄罗斯乃至整个东欧地区。在这样错综复杂的地区环境中，只有加强对话，避免对抗，有针对性化解好各方矛盾，才能确保地区安全稳定。

一、东欧地区面临的恐怖威胁

除俄罗斯、乌克兰外，东欧其他国家安全形势相对较为稳定，恐怖威胁极少。从目前来看，未来或今后一段时期内，其受恐怖威胁的可能一直存在，其主要取决于乌克兰局势发展及其与周边国家关系发展和利益分割。

---

*　东欧包括 7 个国家：爱沙尼亚、拉脱维亚、立陶宛、白俄罗斯、俄罗斯、乌克兰、摩尔多瓦。俄罗斯反恐怖形势已在第三章作了具体分析，所以本章内容不包括俄罗斯部分。

（一）乌克兰东部地区冲突将会导致报复性恐怖袭击事件发生

乌克兰东部顿涅茨克和卢甘斯克地区作为冲突的焦点，如果短时间内不能解决的话，未来仍将是东欧地区安全的主要威胁，甚至可能引发地区性战争。明斯克协议签署了已近4年，该协议虽然终止了流血冲突，但并没有带来预想中的谈判。如今基辅依然无法控制顿涅茨克和卢甘斯克，而后两者也没有享有曾被承诺的特殊地位。8月31日，自行宣布成立的“顿涅茨克人民共和国”领导人扎哈尔琴科在顿涅茨克市中心的一家咖啡馆爆炸中身亡。顿涅茨克“政府”认定此事为恐怖袭击。俄罗斯与乌克兰随即就“谁是黑手”互相发难。“顿涅茨克人民共和国”委员会主席普希林宣称，这是来自基辅方面的“又一次入侵”，“顿涅茨克会对此予以报复”。发言人表示，恐怖袭击旨在破坏共和国稳定，由美国控制的乌克兰特别行动力量实施。随即，10月9日乌克兰北部切尔尼戈夫州一座军火库发生系列爆炸，10月20日和30日，乌克兰利沃夫火车站和基辅一地铁站因收到匿名炸弹威胁电话而关闭。虽然没有证据表明上述事件有直接联系，但由此而引发报复性恐怖袭击的威胁日益增大，并可能扩散到整个乌克兰和俄罗斯地区。①

（二）乌克兰东部“选举”使法、德、美、俄对立加剧，可能导致安全形势进一步恶化

11月11日，控制乌克兰东部顿巴斯地区顿涅茨克州和卢甘斯克州的民间武装不顾乌克兰政府反对，举行地方领导人和立法机构选举。12日初步计票结果显示，两地的分离主义势力代表将如预期获胜。乌克兰政府认定选举不合法，法、德、美声援乌政府，谴责选举“破坏乌克兰主权和领土完整”。乌克兰外交部11日在一份声明中说，顿涅茨克和卢甘斯克自行举行的选举“破坏明斯克停火协议，没有任何法律依据，因而无效，乌克兰政府不认可选举结果”。乌克兰总统彼得罗·波罗申科说，东部选举再一次显现“俄方破坏性活动”。乌外交部长帕夫洛·克利姆金10日警告，乌方将对俄方启动新一轮制裁。德国政府随后发表一份默克尔和马克龙的

---

① 参见《顿涅茨克亲俄民间武装领导人扎哈尔琴科被炸身亡》，中国新闻网，2018年9月1日，http：//www. chinanews. com/。

联合声明，指认“顿涅茨克和卢甘斯克部分地区举行的非法选举不符合2015年2月达成的明斯克协议和‘诺曼底机制’四国政府首脑声明的精神”，即顿巴斯地方选举必须以欧洲安全与合作组织设定的标准和乌克兰的现行法律为依据。美国政府乌克兰问题特使库尔特·沃尔克11日借社交媒体表达支持“乌东部人民留在和平统一的乌克兰”，同时指认俄罗斯支持东乌分离主义势力。乌方期望欧安组织常设理事会、欧洲联盟和七国集团近日会议就乌东部“非法选举”进一步发声。俄罗斯政府认为，乌东部两地选举没有违反明斯克协议，可以填补顿涅茨克民间武装领导人扎哈尔琴科遇刺身亡留下的“权力真空”。俄方不是乌克兰冲突的“参与方”，无权阻止东乌选举。在各方对立不断加剧的情况下，可能导致摩擦冲突升级，直接影响地区安全形势，引发恐怖事件。[①]

（三）俄乌军事对抗升级，擦枪走火导致战争威胁直接影响地区安全

11月27日，俄罗斯与乌克兰的军舰在刻赤海峡发生冲突，23名乌克兰船员和3艘船只被扣，多名乌克兰船员受伤。这是2014年继克里米亚危机之后，俄乌军队首次爆发面对面冲突，也是世界范围内近几年罕见的海上擦枪走火事件。乌克兰独立通讯社28日称，波罗申科表示，乌克兰将成立国防指挥部，以准备和组织国土防御工作。乌克兰临时被占领土事务部副部长格雷姆查克表示，目前乌克兰所有参与“联合力量行动”的部队都处于戒备状态，当前乌军所有作战部队满编。他说，已对具有作战经验的第一梯队20万预备役人员展开工作，以便必要时能够迅速动员起来。俄罗斯总统普京28日表示，乌克兰舰艇侵犯俄边境，这是乌克兰总统波罗申科在乌大选前制造挑衅事件。此前一天，波罗申科表示，俄军队在两国边境集结，基辅和莫斯科可能爆发全面战争。乌克兰正在采取多项备战措施。一旦军事对抗升级，各方冲突加剧。由此引发小规模、多手段的袭击、袭扰的类恐怖袭击事件势必使该地区安全形势进一步恶化。[②]

---

① 参见《乌克兰外交部谴责顿巴斯民间武装举行地方选举》，新华社，2018年11月12日，http：//www. xinhuanet. com/。

② 参见《俄称乌军人承认“挑衅”　欧洲政客吁对俄追加制裁》，中国新闻网，2018年11月28日，http：//www. chinanews. com/。

二、东欧国家的反恐怖军事对策

东欧地区面临的恐怖威胁主要来自内部，要化解当前紧张局势稳定社会安全生态环境，最重要的是加强周边国家反恐合作、妥善处理域内纷争、弱化相互敌对态势，建立良好稳定的生活秩序。

（一）加强各方对话谈判，通过协商解决乌克兰东部地区冲突

当前，新明斯克协议表面上仍是被各方接受的、解决乌克兰问题的基础。但新的变化正在发生。自法德两国主导的诺曼底模式陷入僵局后，俄美两国的特使苏尔科夫—沃尔科会晤模式逐渐被各方寄予厚望。目前，俄美双方会晤已举行4轮，重点讨论在顿巴斯冲突地区部署联合国维和部队一事。多方分析认为，俄美双方如果能就联合国维和部队部署问题达成一致，将对全面停火、进而推动政治解决乌克兰问题打开一扇大门。但俄罗斯政治分析中心专家切斯纳科夫认为，俄美双方立场差距仍然过大，2018年俄美双方还将就乌克兰问题展开多次会晤，谈判主要作用仅限于协调立场、避免冲突进一步升级。乌克兰冲突久拖不决，不仅涉及乌俄双方，更折射出俄罗斯和西方长期博弈的战略背景。从实际效果来看，新明斯克协议成了摆设，但乌克兰冲突最终还要对话解决，从这个角度来看，新明斯克协议仍不失为一个各方可以据此讨价还价的标杆。无论是“明斯克协议”还是法德两国主导的“诺曼底模式”还是”苏尔科夫—沃尔科会晤模式”，只有加强各方对话谈判，最终才能避免流血冲突。①

（二）发挥国际维和组织作用，使冲突地区局势得到有效控制

各方如能就联合国维和部队进驻冲突地区问题达成一致，使冲突地区得到联合维和部队的有效监控，必然使冲突降级，并最终解决。1月29日，美国政府乌克兰问题特使沃尔科称，俄罗斯在乌克兰顿巴斯冲突地区部署联合国维和部队问题上立场有所松动，俄“同意国际维和行动逐步扩大到整个冲突地区”。沃尔科介绍说，俄方在此次会谈中的立场“更加开放”，“联合国

---

① 参见《乌克兰冲突为何久拖不决》，新华网，2018年2月12日，http://www. xinhuanet. com/。

的维和行动可能会先从乌政府军和民间武装控制区的分界线区域开始，然后逐步扩大到更广的范围，最后覆盖整个冲突地区”。美方希望联合国在顿巴斯冲突地区的维和行动能得到更广泛授权，维护整个冲突地区的和平，而不仅仅是保护欧安组织在当地的观察团。据悉，沃尔科同苏尔科夫本月26日在阿联酋迪拜就解决乌东部冲突问题举行了闭门会谈。[①]

（三）加强反恐国际交流，建立联合反恐军事阵线

军事手段是应对恐怖威胁的最有力武器，消除恐怖主义除了相应的联合机制外还要有相应的打击手段，加大军事交流合作是维护地区安全的有力保障。8月4日至18日，白俄罗斯武装力量特种作战部队与中国军队组织了白中联合“神鹰”反恐演习。该演习旨在加强两军抵御恐怖主义威胁的合作。中白两军各派出50名官兵参训。联训遵循“友谊、交流、合作、安全”原则，突出“特战、创新、反恐、联合”特色。在10多天的时间里，双方特战队员围绕战斗技能、反恐技能和反恐战术等展开混编同训，先后完成徒手格斗训练、攀登滑降、直升机伞降机降等课目训练和综合演练。双方还开展了丰富多彩的文化交流活动。8月17日，“雄鹰突击-2018”中国和白俄罗斯特种部队联合训练，在北部战区陆军某综合训练基地完成综合演练并举行结训仪式。北部战区副司令员兼北部战区陆军司令员王印芳、白俄罗斯武装力量总参谋长兼国防部第一副部长别洛科涅夫出席结训仪式。[②]

第二节　东欧地区主要恐怖袭击事件

一、“顿涅茨克人民共和国”领导人扎哈尔琴科被炸身亡

顿涅茨克市中心的一家咖啡馆于8月31日发生爆炸，爆炸造成1人死

---

① 参见《美特使称俄同意在乌整个冲突地区部署维和部队》，新华网，2018年2月12日，http://www.xinhuanet.com/。

② 参见《美特使称俄同意在乌整个冲突地区部署维和部队》，新华网，2018年2月12日，http://www.xinhuanet.com/。

亡，3 人受伤。自行宣布成立的“顿涅茨克人民共和国”领导人扎哈尔琴科在爆炸中身亡。

（一）事件背景

2014 年 4 月，乌克兰东部顿巴斯地区（包括顿涅茨克州和卢甘斯克州）爆发乌政府军和民间武装间的大规模冲突，乌政府军在冲突地区实施“反恐行动”。经国际社会斡旋，冲突双方分别于 2014 年 9 月和 2015 年 2 月在白俄罗斯首都明斯克达成停火协议，确定了停火分界线，大规模武装冲突得到控制，但小型交火事件至今仍未停止。扎哈尔琴科生于 1976 年，是顿涅茨克亲俄武装分子重要领导人，2014 年 11 月担任自行宣布成立的“顿涅茨克人民共和国”领导人。

（二）事件经过

8 月 31 日，顿涅茨克市中心的一家咖啡馆发生爆炸，造成 1 人死亡，3 人受伤。而身亡的正是自行宣布成立的“顿涅茨克人民共和国”领导人扎哈尔琴科。俄罗斯与乌克兰随即就“谁是黑手”互相发难。乌国安委办公厅主任古希科夫 31 日晚些时候在电视直播中表示，“扎哈尔琴科死于爆炸的消息的确属实。”不过乌克兰方面否认，并认为这起袭击事件是顿涅茨克民间武装发生内讧。古希科夫指出，扎哈尔琴科之死很有可能缘于“内斗”，“因为顿涅茨克的武装分子之间由于利益分配问题彼此积怨已久”。他还强调，并非事事言听计从的扎哈尔琴科已成为俄罗斯的障碍，所以也不排除是俄罗斯人“下的黑手，此前已有这类先例”。①

俄外交部发言人扎哈罗娃则表示，有充分理由认为此事应归咎于基辅当局，“基辅方面已不止一次试图通过这种恐怖手段除掉扎哈尔琴科”。俄联邦安全局 9 月 10 日宣布，在该国斯摩棱斯克州逮捕了一名“伊斯兰国”组织成员，该成员供诉称，他是按照乌克兰安全局和“右区”组织（乌克兰一个极右翼组织）的指示，去刺杀一名“顿涅茨克民兵武装领导人”。俄罗斯国家杜马议员、“统一俄罗斯”党团第一副主席阿达利比·施哈戈

① 参见《顿涅茨克亲俄民间武装领导人扎哈尔琴科被炸身亡》，中国新闻网，2018 年 9 月 1 日，http：//www. chinanews. com/。

舍夫表示，根据情报，“伊斯兰国”成员很可能与刺杀顿涅茨克民兵武装领导人亚历山大·扎哈尔琴科有关。施哈戈舍夫称，“俄罗斯情报部门开展了非常有价值的行动，该行动无论如何都不能称为普通的逮捕武装恐怖分子行动。其最有价值的部分在于被捕的恐怖分子供出了有关乌克兰参与刺杀行动的信息。”顿涅茨克临时代理领导人德米特里·特拉别兹尼科夫早前则表示，已经逮捕了数名涉嫌谋杀扎哈尔琴科的嫌疑人，并称这些人承认这是乌克兰方面发起的一起刺杀行动。①

（三）事件影响

“顿涅茨克人民共和国”委员会主席普希林宣称，这是来自基辅方面的“又一次入侵”，“顿涅茨克会对此予以报复”。“顿涅茨克人民共和国”领导人顾问亚历山大·卡扎科夫表示，“目前共和国已进入紧急状态，边境已关闭。”民兵指挥部消息称，民兵部队在顿涅茨克领导人扎哈尔琴科遭遇恐怖袭击身亡后已进入最高战斗准备状态。顿涅茨克方面的民间武装现已将出入顿涅茨克市的通道全面封锁。发言人表示，恐怖袭击旨在破坏共和国稳定，由美国控制的乌克兰特别行动力量实施。顿涅茨克所有部队已经进入最高战斗准备。敌人没有破坏我们边境的可能。顿涅茨克作战指挥部副司令巴苏林表示，在扎哈尔琴科遇害后顿涅茨克政府发现，乌克兰军队在接触线已进入战斗准备。此次事件，使原本趋于缓和的乌克兰东部地区局势骤然紧张，加重了俄乌对立。

二、乌克兰北部切尔尼戈夫州一座军火库发生系列爆炸

乌克兰北部切尔尼戈夫州一座军火库于当地时间 10 月 9 日凌晨大约 3 时 30 分发生系列爆炸。爆炸导致周边 1 万多人紧急疏散，超过 60 人寻求医疗救助。

（一）事件背景

2014 年 7 月 17 日，MH17 航班在从荷兰阿姆斯特丹飞往马来西亚吉隆

---

① 参见《俄方称恐怖分子刺杀亲俄武装领袖　乌克兰幕后指使》，海外网，2018 年 9 月 11 日，http：//www. haiwainet. cn/。

坡途中，在乌克兰顿涅茨克州坠毁，298 名乘客和机组人员全部遇难。多国调查组认定 MH17 由俄军“山毛榉”防空系统发射的导弹击落。俄方否认关联飞机失事，指认乌克兰方面是这起空难的“罪魁祸首”。俄罗斯、乌克兰军队以及乌东部民间武装都装备“山毛榉”导弹。由乌克兰民间武装成立的“顿涅茨克人民共和国”一名发言人丹尼尔·别兹索诺夫 9 日说，发生爆炸的这座军火库存有“山毛榉”导弹。他强调，用于“山毛榉”防空系统的 9M38 导弹和所有技术文件都储存在乌克兰北部切尔尼戈夫州一座军火库里。这座军火库位于首都基辅以东大约 176 千米，占地 682 公顷。

（二）事件经过

乌克兰北部切尔尼戈夫州一座军火库于当地时间 10 月 9 日凌晨大约 3 时 30 分发生系列爆炸。爆炸导致周边 1 万多人紧急疏散，超过 60 人寻求医疗救助。乌国防部发言人罗季翁·季莫申科说，爆炸有间隔地发生在军火库不同区域，“两次爆炸同时发生，5 分钟后另外两起爆炸（发生在军火库的另一个区域）”，乌克兰国防部发言人 9 日说，当日凌晨军火库爆炸可能是人为制造。乌克兰媒体报道，它是乌最大的军火库之一。乌紧急服务部门先前说，这座军火库存有 8.8 万吨军火。乌国防部否认这一说法，对军火数量保密。一名目击者告诉路透社记者，强烈的爆炸震碎附近村庄房屋的窗户。一些军火在爆炸中震飞，落入附近树林里，传出爆炸声。[①]

（三）事件影响

当地政府随后关闭军火库半径 30 千米内空域，暂停公路和铁路运输。紧急服务部门说，天然气和电力供应中断。路透社报道，超过 1.2 万人紧急疏散。切尔尼戈夫州政府在一份声明中说，63 人因爆炸产生的浓烟感到不适，寻求医疗救助。乌军方说，没有收到爆炸导致人员伤亡的报告。法新社报道，这是乌克兰军火库近 3 年来发生的第六起大型火灾。

---

① 参见《乌政府疑军火库爆炸系人为 万人紧急疏散》，新华社，2018 年 10 月 11 日，http://www.xinhuanet.com/。

三、其他恐怖袭击事件

1月20日，6名乌克兰公民在阿富汗首都酒店遭袭事件中遇难。根据乌外交部最新通报，遇难的6名乌公民是乌克兰航空公司的工作人员。20日晚9时许，4名袭击者身穿炸弹背心冲入喀布尔洲际酒店实施袭击。在经历10多个小时的交火对峙后，阿富汗安全部队平息了这一袭击事件。袭击导致包括4名袭击者在内的22人死亡，其中包括14名外国公民。阿富汗塔利班宣称制造了这次袭击。

10月20日，乌克兰利沃夫火车站受炸弹威胁。乌克兰国家警察局利沃夫州总局新闻处20日表示，由于接到置放炸弹的报警，警方从利沃夫市火车站疏散了约800人，但没有找到危险爆炸物。该新闻处显示，20日警方接到报警称，利沃夫市火车站被安放炸弹。之后，拆弹专家、调查小组和其他特工部门赶到现场。公告中写道："疏散了约800名工作人员和乘客。执法人员认真检查了火车站大楼及其附近地区，没有发现危险爆炸物。

10月30日，乌克兰基辅一地铁站因收到匿名炸弹威胁电话而关闭。乌克兰基辅地铁新闻处发布消息表示，基辅"列夫·托尔斯泰广场"地铁站因收到炸弹威胁而关闭。新闻处在推特上称："'列夫·托尔斯泰广场'站以及转站关闭上下车。接到炸弹威胁匿名电话。"相关部门正进行检查。自2012年以来，乌克兰加强了对炸弹虚假威胁的定罪。本罪名的制裁规定了长达5年的监禁。

第三节　东欧地区主要反恐怖军事行动

1月13日，普京表态愿向乌克兰移交遗留在克里米亚的武器装备，证实俄方清楚是谁图谋袭击俄军驻叙两处基地，批评美国干涉俄罗斯总统选举进程。普京提及，愿意向乌克兰方面移交乌方存放在克里米亚的武器装备。克里米亚现在保存乌方大量舰船、战机和大量弹药，俄方专家认为，这些弹药不适合运输，只能原地拆解。俄方准备邀请乌军方参与处理过程。

1月18日，乌克兰最高拉达（议会）通过关于顿巴斯问题国家政策要点法案，将乌东部民间武装控制的顿涅茨克州和卢甘斯克州部分地区定性为“临时被占领土”。根据该法案，乌克兰在顿巴斯问题上的核心利益是“确保在‘临时被占领土’上的乌克兰国家主权”。该法案将乌东部民间武装控制区定性为“临时被占领土”，将俄罗斯称为“侵略者”，并赋予乌总统在“临时被占领土”动用武装力量对抗“侵略”的权力。

1月20日，联合国世界粮食计划署（简称世粮署）决定暂停在乌东部顿巴斯冲突地区的人道主义援助工作。据当地媒体报道，相关援助款项的募集工作进展缓慢，部分捐助者承诺的捐款不能及时到账是世粮署资金短缺的主要原因。世粮署最早要到2018年中才可能在乌东部冲突地区恢复援助工作。

1月26日，美国政府乌克兰问题特使沃尔科同苏尔科夫在阿联酋迪拜就解决乌东部冲突问题举行了闭门会谈。俄罗斯在乌克兰顿巴斯冲突地区部署联合国维和部队问题上立场有所松动，俄“同意国际维和行动逐步扩大到整个冲突地区”。美方希望联合国在顿巴斯冲突地区的维和行动能得到更广泛授权，维护整个冲突地区的和平，而不仅仅是保护欧安组织在当地的观察团。

2月10日，俄罗斯与爱沙尼亚在两国边界界河的一座桥梁上进行了间谍互换。这次被交换的俄间谍曾是一名军事情报军官，服役于俄罗斯三大情报机构之一的俄军总参谋部情报总局。他被指控在爱沙尼亚收集当地军队集结和调动方面的情报，因间谍罪被判处5年徒刑。

2月18日，数千乌克兰民众在首都基辅市中心举行口号是“为了明天，波罗申科下台”的示威游行，要求总统波罗申科辞职。示威者主要来自政党“新力量运动”，该党领袖为格鲁吉亚前总统萨卡什维利。示威游行的当天，经过基辅市中心的数个地铁站关闭，未引发大规模骚乱。基辅当天还发生了其他游行，一些极端民族主义者组织了名为“俄罗斯之死”的反俄活动。示威者向一家俄资银行和一处俄罗斯海外机构投掷石块。

3月14日，欧洲安全与合作组织特别代表萨伊迪克发表声明说，乌克兰东部冲突地区实施新的停火计划以来，当地违反停火的情况明显减少。萨伊迪克在欧安组织网站发表声明说，自3月5日起，乌东冲突地区开始实施新停火计划，在各方努力下，当地违反停火的平均次数降至两年来最低水平。今年以来，乌东地区平民因冲突而意外伤亡的人数也大幅减少。乌克兰问题三方联络小组（乌克兰、欧安组织、俄罗斯）14日在白俄罗斯首都明斯克举行了例行会谈。三方讨论了继续遵守停火问题和乌东地区的整体局势。各方还商定，三方联络小组下轮会谈将于4月4日举行。

3月16日，乌克兰总检察长尤里·卢岑科称，议员纳季娅·萨夫琴科企图使用手榴弹等武器在乌克兰议会大厦发动恐怖袭击。调查发现，萨夫琴科“独自策划、招募并发出了在议会大厦采取恐怖行动的指令”，准备用手榴弹、迫击炮和机关枪等武器在议会发动袭击。

3月16日起，乌克兰在首都基辅、东部城市哈尔科夫、西部城市利沃夫和南部港口城市奥德萨等大城市加强安防措施，以应对俄罗斯总统选举期间可能出现的动荡。乌克兰一些激进组织发布消息说，他们将于俄总统选举日前夜，开始对位于基辅、哈尔科夫、利沃夫、奥德萨的俄外交机构采取围困行动，以阻止在这些地方进行总统选举投票。此外，格鲁吉亚前总统萨卡什维利领导的政党“新力量运动”也宣布将于俄总统选举日在基辅市中心举行大型反俄示威活动。

4月4日，乌克兰临时被占领土部部长切尔内什呼吁国际社会向乌克兰提供必要援助，以帮助乌方清理东部顿巴斯冲突地区地雷及其他爆炸物。在顿巴斯冲突地区，需要清理地雷及其他爆炸物的土地面积达1.6万平方千米。2014年4月至2017年8月，至少2558名平民触雷身亡，其中近10%为儿童。

4月5日，乌克兰总统波罗申科在西南部城市文尼察视察工作时说，在乌克兰东部顿巴斯进行的“反恐行动”将于5月结束，转变为“联合力量行动”。目的是为更加有效地使用军事力量，应对来自顿巴斯日益严重的威胁，扩大乌克兰强力部门维护国家主权和领土完整的可能性。“反恐行动”由乌克兰国家安全局负责协调指挥，而“联合力量行动”将交由乌克兰武装部队指挥。

5月2日，乌克兰总统办公室发布消息称，乌克兰将采取和美国协调一致的对俄制裁措施，并将延长此前实施的相关对俄制裁期限。乌方此次制裁主要针对参与“入侵乌克兰网络信息、非法拘留在俄乌克兰公民”的实体和个人，以及俄罗斯议会议员。不过，具体被制裁的企业和个人名单尚未被公布。

5月30日，乌克兰问题三方联络小组（乌克兰、欧安组织、俄罗斯）

当天在明斯克举行例行会谈。欧洲安全与合作组织（欧安组织）特别代表萨伊迪克在白俄罗斯首都明斯克表示，乌克兰东部地区冲突各方应尽一切可能避免平民伤亡并特别关注儿童安全问题。会谈还着重讨论了乌东冲突地区民用基础设施安全问题、当地恢复通信及保障供水等问题、交换在押人员等问题。

6 月 11 日，德国、法国、俄罗斯和乌克兰外长在柏林就乌克兰局势问题举行“诺曼底”模式会谈，讨论进一步缓解乌克兰局势及部署联合国维和部队等问题。会谈各方讨论了联合国维和部队的部署问题和促进被俘人员互换的具体条件，并表示俄乌将尝试为此制定路线图。

6 月 21 日，俄罗斯总统普京与乌克兰总统波罗申科通过电话讨论了如何进一步维护乌东部安全、在乌东部部署联合国维和使团和交换双方在押人员等问题。此外，普京与波罗申科还讨论了如何派专员探望在俄罗斯和乌克兰境内被扣押的对方公民，以及适时交换这些在押人员等事宜。

6 月 27 日，乌克兰问题三方联络小组（乌克兰、欧洲安全与合作组织、俄罗斯）在白俄罗斯首都明斯克举行例行会谈，各方商定自 7 月 1 日凌晨起在乌克兰东部地区实施新的停火计划。此外，各方重申将完全遵守明斯克协议。

7 月 4 日，拉脱维亚首都里加举行犹太人大屠杀纪念活动，拉总统、议长、总理等政要和外国驻拉使节及犹太人社团代表等 500 多人出席活动。当天的纪念活动在犹太人大屠杀遗址举行。

8 月 4 日至 18 日，中国与白俄罗斯两国军队在中国境内举行“神鹰”反恐演习。中白两军各派出 50 名官兵参训。联训遵循“友谊、交流、合作、安全”原则，突出“特战、创新、反恐、联合”特色。

9 月 5 日，乌克兰问题三方联络小组（乌克兰、欧安组织、俄罗斯）在明斯克举行例行会谈。萨伊迪克在会谈后的新闻发布会呼吁乌东地区冲突各方尽最大努力遵守停火并避免人员伤亡。各方在当天的会谈中承诺将完全遵守明斯克协议。三方联络小组安全工作组讨论了采取解散武装等额外措施保障遵守停火的问题。

10 月 2 日，北约宣布，将在 10 月 25 日至 11 月 23 日举行“三叉戟接点 2018”军事演习，届时将有超过 4.4 万名官兵参加这场在挪威举行的军演。军演中将演练，当北约 29 个成员国中的一个或多个国家受到攻击，联盟其他成员国必须快速提供援助。

10 月 8 日，乌克兰与美国等北大西洋公约组织成员国联手启动大规模空战演练。“晴空 2018” 联合军演 8 日在乌克兰西部举行，将持续到 10 月 19 日。联合军演旨在 “增强地区维护空中主权的能力，以合作促进和平与安全”。大约 700 名军事人员参与，其中半数来自北约成员国，包括美国、英国、荷兰、波兰和罗马尼亚。

10 月 9 日，乌克兰国家边防局发布消息，在切尔尼戈夫州军火库发生爆炸后，该局加强了边境安全措施。乌克兰国家边防局成立了行动小组，与当地政府各有关部门和机构密切合作。该局后备力量已准备就绪，包括必要时可能使用的设备。国境线上加强了安全措施，针对跨境车辆仔细进行检查工作。

11 月 1 日，德国总理默克尔到访基辅，并与乌克兰总统波罗申科举行会谈。双方共同讨论了明斯克协议执行情况、亚速海局势升级等问题。波罗申科在会谈中重申支持明斯克协议，并履行相应义务。默克尔指出，由于俄罗斯不遵守明斯克协议，德国支持对俄延长制裁。

11 月 3 日，第四届 “白俄罗斯形势与中白关系” 学术研讨会在北京召开。研讨会由中国社会科学院中白发展分析中心与北京第二外国语学院白俄罗斯研究中心联合主办。

11 月 6 日，白俄罗斯总统卢卡申科在明斯克表示，白俄罗斯境内没有任何外国军事基地，目前也没有在白领土设立俄罗斯军事基地的必要。

11 月 11 日，乌克兰外交部在其官网发表声明，谴责民间武装当天在乌东部顿巴斯地区举行的地方领导人和议会选举 “严重破坏国际法准则、乌现行法律以及乌主权和领土完整”。

11 月 16 日，俄罗斯驻白俄罗斯大使巴比奇表示，必要时俄罗斯将根据俄白联盟相关义务向白方提供任何武器装备。如果美国在波兰部署军事基地，白俄罗斯将需要发展导弹等更加有效的武器装备，并将与俄罗斯一道被迫采取回应措施。

11 月 16 日，美国国务卿蓬佩奥与到访的乌克兰外长克利姆金在华盛顿举行会晤，双方强调将共同应对俄罗斯的威胁。两国当天发布美乌战略伙伴关系联合声明，表示两国将建立 “安全与应对俄罗斯侵略” “法治与人道主义问题” 和 “经济与能源” 三个双边工作组以强化双边关系。

11 月 25 日，俄罗斯克里米亚地区边防局发布突发消息称，3 艘乌克兰军舰越境，进入俄国水域并驶向刻赤海峡。俄方采取措施予以阻止。对此，乌方则称，俄方损害船只航行权，乌舰艇已返航。

11 月 26 日，乌克兰国防部宣布，该国武装力量根据总参谋长的命令进入为期 60 天全面战备状态。

11 月 26 日，联合国安理会在纽约联合国总部召开紧急会议，讨论日前俄罗斯、乌克兰在刻赤海峡发生的冲突。

11 月 27 日，乌克兰总统波罗申科表示，俄罗斯在接壤乌克兰的边境动作频频，驻军人数短时间内急增，在乌克兰接壤俄罗斯边境的俄军坦克数量足足多了 3 倍。警告可能有爆发战争风险。

11 月 28 日，俄罗斯宣布，在俄乌军舰因在刻赤海峡发生冲突造成克里米亚地区局势紧张之际，将在克里米亚部署第 4 个营的 S－400 防空导弹系统。

2018 年东欧地区遭受恐怖袭击次数及伤亡人数

时间		1 月	2 月	3 月	4 月	5 月	6 月	7 月	8 月	9 月	10 月	11 月	12 月	合计
乌克兰	袭击次数	1							1		1			3
	伤亡人数	6							4		0			10
全年，东欧地区除俄罗斯以外，共遭受恐怖袭击 3 次，伤亡 10 人														

第十一章／2018年南亚及阿富汗地区反恐怖军事行动*

第一节　南亚及阿富汗地区反恐怖军事行动综述

2018 年，南亚及阿富汗地区恐怖形势异常严峻。仅在阿富汗，恐怖组织就已威胁到阿 70% 的国土，大约 1500 万人生活在塔利班完全控制或非常活跃的区域，占全国人口总数的一半。“塔利班”“伊斯兰国”“基地”组织等恐怖组织都在努力扩大在该区域的影响力，相互间的争斗时常发生，本地区恐怖袭击事件频发，安全形势异常严峻。南亚各国及阿富汗继续争取国际社会支持，强化反恐合作，加大反恐打击力度，但反恐怖斗争仍面临严峻考验。

一、南亚及阿富汗地区面临的恐怖威胁

2018 年，随着“伊斯兰国”叙利亚的失利，恐怖影响逐步向周边渗透，特别是在阿富汗和南亚地区，本土恐怖组织的破坏影响，加上与外来恐怖分子的利益之争，恐怖袭击频发，地盘争夺不断，人员伤亡惨重，安全形势堪忧。

---

* 南亚包括的国家有：尼泊尔、不丹、孟加拉国、印度（包括锡金区）、巴基斯坦、斯里兰卡、马尔代夫七个国家。因中东地区不包括阿富汗，所以前面未对阿富汗反恐怖形势作一分析；又因阿富汗与巴基斯坦境内都是塔利班在作乱，所以将阿富汗并入南亚地区一并进行分析。

（一）塔利班卷土重来，阿富汗安全局势堪忧

在阿富汗，4% 的地盘处于塔利班完全控制之下，66% 的地盘属于塔利班非常活跃区域，两者合计为 70%。阿富汗重建特别监察长在提交美国国会的季度报告中说，阿富汗政府目前能够控制或具有影响力的地区仅占全国的 55.5%，这是阿富汗重建特别监察长 2015 年 11 月开始追踪地区控制情况以来的最低水平，阿富汗军队在面对持续不断的塔利班组织的武装进攻和美国参战前景黯淡的情况下逐步失去控制的现状。仅 3 月共发生 171 起袭击事件，造成 1018 人死亡，另有 792 人受伤。报告显示，3 月份，阿全国 34 个省中的 31 个省遭遇不同类型的袭击事件。3 月的死伤人数较 2 月上升了 29 个百分点，死伤者中既有普通民众，也有反政府武装人员和国家安全人员。联合国驻阿富汗援助团 10 月 10 日在官网发布最新报告说，今年 1 月至 9 月，阿富汗各类武装冲突和其他暴力事件共造成包括妇女、儿童在内的 8050 名平民死伤，其中死亡 2798 人，受伤 5252 人。报告说，各类武装冲突等造成平民伤亡情况依然严重。其中，前 9 个月平民死亡人数较 2017 年有所上升，这也是该机构 2014 年之后的最高同期纪录。报告说，楠格哈尔省、喀布尔省、赫尔曼德省以及法里亚布省是遭受各类冲突影响最严重地区。尤其在楠格哈尔省，今年前 9 个月各类武装冲突共造成 1494 名平民死伤，是 2017 年同期的 2 倍多。联合国阿富汗援助团对反叛武装组织把教育建筑作为打击目标的趋势表示担忧，联合国阿富汗援助团还注意到，阿富汗当局和美国军人在东部和北部发起的空中轰炸，造成平民死亡人数增多，上半年有 149 人死亡、200 人受伤，比去年同期升高 50%。该报告显示，对阿富汗平民而言，最主要的危险来自恐怖袭击，而最危险的地区则包括首都喀布尔和东部 Nangahar 省。半数以上的遇害者被认为死于“伊斯兰国武装组织”发起的攻击。联合国认为，这是阿最近 10 年来安全形势最糟糕的时期。

（二）巴基斯坦恐袭不断，安全形势面临严峻挑战

2018 年，巴基斯坦并不太平，恐怖袭击事件频发，人员伤亡惨重，安全形势面临严峻挑战。7 月 10 日晚，发生在该省首府白沙瓦的另一起自杀式炸弹袭击事件造成了包括巴基斯坦人民民族党领导人哈龙·比洛尔在内的 22 人死亡。13 日，巴基斯坦西南部俾路支省默斯东地区发生自杀式炸

弹袭击，造成至少 131 人死亡，是该国自 2014 年白沙瓦校园袭击事件后所遭受的伤亡最惨重的恐怖袭击事件。极端组织“伊斯兰国”宣称对当天的袭击事件负责。据报道，当天在俾路支人民党的一场政治集会上，当该党一名领导人的车队抵达集会现场时，袭击者在密集的人群中引爆了爆炸物，造成重大人员伤亡。13 日上午，巴基斯坦西北部开伯尔—普什图省发生一起针对政治人物的袭击事件，造成至少 4 人死亡。仅 7 月 15 日前后，巴基斯坦开伯尔—普什图省和俾路支省日前接连发生自杀式恐怖袭击事件，就超过 150 人死亡。联邦政府宣布 7 月 15 日为全国哀悼日，全国降半旗以悼念袭击事件的死难者。袭击事件引发社会各界强烈谴责，巴基斯坦总统侯赛因、过渡政府总理穆尔克、陆军参谋长巴杰瓦相继发表声明，谴责袭击行为是“懦夫行径”。联合国安理会 14 日发表媒体声明，“以最强烈的言辞”谴责该起自杀式炸弹袭击，对死者家属和巴基斯坦政府致以最深切的同情和慰问。安理会同时强调，必须将此类恐怖主义行径的实施者、组织者、资助者和支持者绳之以法，同时敦促所有国家按照国际法和安理会相关决议规定的义务，与巴基斯坦政府和其他有关方面积极合作。

（三）恐怖主义狂潮外溢，地区恐怖袭击蔓延

2018 年，打击“伊斯兰国”（IS）等极端、恐怖组织的斗争取得了令人鼓舞的胜利，但在庆祝胜利的同时，国际社会在反恐领域仍面临一系列严峻的新挑战和需要解决的新问题。新一波狂潮向全球扩散，在 IS 被击溃的形势下，新一波极端主义、恐怖主义狂潮正从中东向全球外溢和扩散。从世界各地来到中东进行“圣战”的人员纷纷回流，对各国的安全和稳定形成严重威胁。在阿富汗和南亚各国，从中东过来的 IS 人员已经建立新基地，发动了一系列恐怖袭击。恐怖组织之间的争斗也给当地百姓造成了巨大的影响。7 月 12 日，阿富汗塔利班组织在北部朱兹詹省与藏匿在当地的极端组织“伊斯兰国”武装人员发生激烈交火，造成双方至少 51 人死伤，事件起因是为了争夺在该地区的势力范围。塔利班组织试图将“伊斯兰国”武装人员赶出杜尔扎卜地区，双方近期已多次爆发冲突。除了造成人员伤亡外，还有上万户家庭为躲避战乱向朱兹詹省首府希比尔甘等地转移。

二、南亚及阿富汗地区的反恐怖军事对策

2018 年，阿富汗及南亚各国主动作为，加强反恐合作交流，强化周边关系，寻求国际社会支持，积极推进和平谈判，组织反恐联合军事演习，加强反恐力量建设，协同应对地区安全威胁和挑战。

（一）争取国际社会支持，强化反恐战线

1 月 27 日，阿富汗首都喀布尔发生的严重自杀式汽车炸弹袭击，造成 103 人死亡，235 人受伤。阿富汗塔利班宣称对该起袭击事件负责。此间舆论认为，这是喀布尔今年以来发生的“最严重袭击事件”。接连发生的恐怖袭击事件凸显了自美国 2001 年入侵阿富汗以来，该国脆弱的安全局势依然在持续恶化。此次袭击引发国际社会广泛关注，联合国、北约、欧盟以及美国、英国、印度、巴基斯坦、伊朗、沙特阿拉伯等当天纷纷发表声明对此次袭击予以谴责。巴基斯坦《黎明报》28 日发表社论指出，喀布尔发生的卑鄙袭击令人感到震惊，暴力袭击活动频发体现了阿富汗安全形势不断恶化，阿政府应当尽快着手解决情报和安全问题，迅速采取行动，遏制暴力袭击的“新浪潮”。4 月 23 日，印度强烈谴责 4 月 22 日发生在阿富汗首都喀布尔和东北部巴格兰省的恐怖袭击。印外交部声明称：“印度强烈谴责在喀布尔和巴格兰省的懦弱胆怯和野蛮的恐怖袭击。恐怖分子及其拥护者选择即将举行的议会和地区委员会选举的选民登记中心为其袭击目标的事实使本次袭击事件更令人愤慨。”印外交部强调，印度愿意向阿富汗提供任何可能的援助，包括向伤者提供医疗援助。6 月 18 日，联合国安理会发表媒体声明，用最强烈的言辞谴责近日发生在阿富汗东部楠格哈尔省的两次恐怖袭击。声明说，必须将此类恐怖主义行径的实施者、组织者、资助者和支持者绳之以法。声明敦促所有国家按照国际法和安理会相关决议规定的义务，与阿富汗政府和其他有关方面积极合作。安理会重申，任何形式的恐怖主义都是对国际和平与安全构成的最严重威胁，所有国家必须尽全力遏制恐怖主义活动。

（二）加强反恐交流合作，提升协同处置能力

2018 年，中印双方再次达成一致，重启中印“携手”军事联合训练。8

月22日至8月29日，上海合作组织“和平使命”大型反恐演习在俄罗斯举行，同为组织成员国的印度和巴基斯坦，首次共同参加此次演习。这也是70年来，巴基斯坦和印度首度共同军演。据印度《经济时报》23日报道，印度和巴基斯坦目前正参加在俄罗斯举行的上合组织大型反恐军演。此次军演在俄罗斯切巴尔库尔训练场举行，旨在扩大成员国之间的合作，以应对恐怖主义和极端主义。这是印度和巴基斯坦首次以成员国身份参加上合组织联合军演，也是两国自独立后首次同时参加军事演习。近年来，印巴两国因克什米尔问题冲突不断，因此，作为印巴独立后首次共同参加的军事演习，对缓解印巴边境紧张局势具有一定积极意义。一些军事观察家指出，长期以来，印度和巴基斯坦发生了很多冲突，印巴间的许多交流机制多因接连不断的边境冲突而中断，但上合组织演习可以促进两军积极互动，有助于缓解两国之间的紧张关系。9月10日至23日，印度与哈萨克斯坦的“KAZIND 2018”联合军事演习在哈国奥塔尔地区举行。演习首要目的旨在两军交流经验和更深入研究彼此战术，为双方更紧密的国防合作创造基础，并有利于加强两国间关系。”11月15日，印度和日本举行了首次陆上联合军事演习，演习的目的是提高两国军队合作打击恐怖主义的能力。12月11日，“携手－2018”中印陆军反恐联合训练在四川成都举行开训仪式，这次联训，也是2007年以来中印两军第7次反恐联合训练，旨在增进了解互信、巩固以往成果、交流训练经验、探索方法路子，共同提高联合反恐能力。12月15日，第二次中国－阿富汗－巴基斯坦三方外长对话在阿富汗喀布尔举行。国务委员兼外长王毅、阿富汗外长拉巴尼、巴基斯坦外长库雷希出席。对话期间，三方签署《合作打击恐怖主义谅解备忘录》，针对反恐问题，共同发表了三方联合声明。这些国与国之间的合作与交流，化解了一些矛盾，增进了相互间的信任，提升了南亚地区协同反恐行动能力。

（三）注重反恐力量建设，维护本地区安全稳定

2月28日，巴基斯坦空军组建了第六支“枭龙”中队。在入役典礼上，巴基斯坦空军司令表示中巴经济走廊对俾路支省和巴基斯坦至关重要，新中队将维护俾路支省的和平。3月8日，阿富汗国防部就组建地方军一事成立委员会并制定进度表。新组建的地方军旨在进一步加强对全国各地区的安全保障能力，拟在未来分三阶段招募包括各级指挥官、士兵在内约3.6万人。有分析称，新组建的地方军一方面是国家安全力量不断发

展与进步的具体表现，另一方面也是在阿富汗国内持续动荡的安全局势下，各地对于强化安保能力、打击恐怖势力的内在需要。地方军面临的任务将更加严峻，比如，地方军或将比地方警察更接近前线，甚至深入到地方警察不曾触及的山区，直接参与到对武装分子的军事打击之中。地方军也将帮助各地政府加强对当地其他武装人员的日常管控，以提升当地整体安全水平。建立地方军很有必要，对于升级地方安全保障能力有积极意义。首先，在各地招募人员符合当地安全需要，因为这些人往往也想保卫自己的家园。其次，地方军驻守动荡地区，他们的存在对于藏匿在当地的武装分子是一种威慑。再次，地方军和地方警察能够实现互补，配合国家安全部队不断在各地形成针对各类恐怖势力的安全防控网络。

第二节　南亚及阿富汗地区主要恐怖袭击事件

一、阿富汗首都遭塔利班袭击致 338 人死伤

1 月 28 日电，阿富汗首都喀布尔市中心发生一起严重自杀式汽车炸弹袭击，造成至少 103 人死亡、235 人受伤。国际社会纷纷予以谴责。

（一）事件背景

2018 年，阿富汗安全局势继续恶化，塔利班已威胁到 70% 的国土，频繁发生的武装冲突造成大量人员伤亡，联合国认为，这是阿最近 10 年来安全形势最糟糕的时期。此次恐怖袭击事件是本月以来阿富汗塔利班在喀布尔制造的第二起重大袭击事件。1 月 20 日，喀布尔洲际酒店遭遇塔利班袭击，造成包括 14 名外国人在内至少 22 人死亡。分析人士说，塔利班连续在喀布尔发动攻击，意在制造紧张气氛，是针对其近期在各地反恐斗争中遭受损失的报复行为。

（二）事件经过

当天 12 时 50 分左右，数名袭击者驾驶一辆满载炸药的救护车驶向共和国医院附近道路，在被安检岗的安全人员识别出其目的后，袭击者引爆

了炸弹。共和国医院大楼一整面墙的外窗户已被爆炸产生的冲击波损毁，附近商店均遭严重损毁。大部分死伤者是平民，其中一些人伤势严重，在距离爆炸现场约1公里远的驻地可以清晰看到爆炸现场上空的巨大灰色蘑菇云。阿富汗塔利班宣称制造了这次袭击事件。

（三）事件影响

一名安全人员对新华社记者说，此次爆炸地点附近还分布着阿内政部一处办公楼、喀布尔警察局总部、阿富汗高级和平委员会一处办公地点等。当地电视台实时滚动报道整个事件，称此次袭击是喀布尔今年以来遭遇的"最严重袭击事件"。阿富汗帕杰瓦克通讯社则用"屠杀"来描述这起悲剧。目击者说，爆炸发生后，能够看到现场上空升起巨大灰色蘑菇云，附近建筑物遭到不同程度的破坏。通往遇袭地点的主要交通道路已被警方封锁，陆续有救护车赶来将伤员送往附近医院接受救治。有报道说，遇袭地点周围的医院床位紧张，医护人员"不得不在医院院子里救助伤员"。一些医院血库告急，呼吁市民献血以帮助救助伤员。

阿富汗总统加尼强烈谴责袭击事件。他说，极端组织不希望看到阿富汗和平与稳定，但极端组织正在走向失败。阿富汗首席执行官阿卜杜拉呼吁全国团结一致应对困难，表示当务之急是尽快救助伤员。联合国、北约、欧盟以及美国、英国、印度、巴基斯坦、伊朗、沙特阿拉伯等国当天也纷纷发表声明谴责袭击事件。在法国巴黎，埃菲尔铁塔当晚通过熄灯方式哀悼袭击遇难者。联合国阿富汗援助团发表声明谴责袭击行为公然违反国际法。①

二、4·22喀布尔自杀式爆炸袭击致57人丧生，119人受伤

4月22日上午，阿富汗首都喀布尔发生自杀式爆炸袭击，导致至少57人丧生，119人受伤。

（一）事件背景

阿富汗独立选举委员会宣布，阿国民议会选举和地区议会选举将推迟

① 参见《阿富汗首都遭塔利班袭击致多人死伤　国际社会予以谴责》，新华网，2018年1月28日，http：//www.xinhuanet.com/。

到 2018 年 10 月 20 日举行。2018 年 4 月，该委员会开始在各省投票站启动选民登记工作，因为安全原因，全国至少还有 32 个地区无法设立投票站。为此选举委员会已向安全部门呼吁，希望确保选举工作在安全环境下开展。此次爆炸袭击位于喀布尔西部，主要居住着什叶派哈扎拉族（Hazara）的许多成员，该地区一直受到 IS 的攻击。

（二）事件经过

爆炸发生在位于喀布尔西区的一处选民登记中心附近。一名自杀式袭击者步行前往选民登记中心，并在入口处引爆炸弹，多名等待发放身份信息卡的民众受到袭击，周围建筑玻璃被震碎，车辆被炸毁，街道上满是碎石。随后极端组织“伊斯兰国”宣称对该起事件负责。阿富汗内政部发言人称，遇难者多为阿富汗平民，伤亡名单中包括大量妇女与儿童。

（三）事件影响

阿富汗定于 10 月 20 日举行国会大选，被视为明年总统大选的预演，这类袭击凸显选前的安保状况令人忧虑。这是 1 月以来喀布尔最严重的袭击事件，“死者都是平民，包括妇女与儿童。”在伤者就医的医院内，遇害者家属批评政府未能保护家人的安全。他们表示：“再没有人会去投票了。”阿富汗总统加尼面临国际伙伴的沉重压力，要求他确保在今年举行国会选举，然后在 2019 年举行总统大选，但外界广泛质疑选举是否能顺利进行。选民登记作业在本月展开后，已传出数起袭击，目的显然是要干扰选举准备工作。许多选民没有身份证，必须到选民登记中心领取，除非数以百万计选民的登记作业能在冬天来临前完成，10 月的选举恐要推迟到明年。①

三、4·30 喀布尔爆炸袭击

4 月 30 日，阿富汗首都喀布尔，当天上午接连遭遇两起爆炸袭击，袭击造成至少 21 人身亡、40 人受伤。阿内政部证实，死者中至少有 8 名记者。

---

① 参见《阿富汗选民登记中心遭炸弹袭击 致 57 人丧生百余人伤》，中国新闻网，2018 年 4 月 23 日，http：//www. chinanews. com/。

（一）事件背景

今年以来，阿各地袭击事件时有发生，首都喀布尔更是遇袭“重灾区”。4 月 22 日，喀布尔市区一选民注册站附近发生爆炸袭击，造成至少 57 人身亡、119 人受伤。有分析认为，极端组织在过去一年中没有在正面战场取得胜利，转而采取通过在重要城市发动袭击的方式，制造恐怖气氛。此外，阿富汗今年 10 月将迎来国民议会选举和地区议会选举，2019 年还将举行总统选举，极端组织企图通过袭击破坏国家政治进程和社会稳定。

（二）事件经过

两名自杀式袭击者先后实施了这两起爆炸，前后相差不到 1 小时。在第一起爆炸之后不久，一名袭击者伪装成摄影记者，冲进在现场采访的媒体人群并引爆了炸弹。袭击发生后，极端组织“伊斯兰国”宣称制造了上述袭击事件。两处爆炸地点相隔大约 200 米，地面上还有未清理干净的血迹，空气中夹杂着刺鼻的焦味。一名目击者说，两起袭击造成的死伤者还包括儿童、救援人员、警察等，“幸好第一起爆炸后，警方封锁了现场，否则死伤可能更严重”。

（三）事件影响

在事发地点附近的瓦济尔阿克巴汗医院，多名伤者被陆续送到这里抢救。有不少媒体从业者陆续赶到医院，陪伴受伤的同行。很多人静静地站在抢救室外守候。这一刻，记者们都放下手里的照相机、摄像机，默默为同行祈祷。“这是对媒体的残忍攻击”。阿富汗总统加尼当天下午对袭击行为表示“强烈谴责”，称袭击行为是“不能原谅的罪行”。当天，驻阿美军也发表声明谴责袭击事件，称袭击只会让阿富汗人民更加团结。①

四、巴基斯坦自杀式炸弹袭击死亡人数升至 149 人

7 月 13 日，巴基斯坦西南部俾路支省默斯东地区一政治集会现场发生

---

① 参见《阿富汗爆炸恐袭致 21 死 40 伤》，新华网，2018 年 5 月 1 日，http：//www. xinhuanet. com/。

自杀式炸弹袭击，造成 149 人死亡、186 人受伤。这起袭击已成为近年来该国最严重的恐怖袭击之一。

（一）事件背景

巴基斯坦将于本月 25 日举行国民议会选举，产生巴基斯坦新的执政党或执政联盟，并在此基础上组建新一届政府。各党派领导人纷纷举行政治集会造势，而恐怖分子则趁机制造多起恐怖袭击。自本月初开始，巴基斯坦进入大选前关键阶段，各地连续发生多起针对竞选党派的恐怖袭击，造成多人死伤。俾路支省位于巴基斯坦西南部，“基地”组织、巴基斯坦塔利班长期盘踞在该省山区，加之极端组织近年来也开始向当地渗透，恐怖袭击在当地时有发生。

（二）事件经过

13 日下午，俾路支人民党在俾路支省默斯东地区举行集会。当该党一名领导人的车队抵达集会现场时，一名自杀式袭击者近距离引爆了其携带的爆炸物，造成重大人员伤亡。袭击发生后，极端组织“伊斯兰国”宣称制造了这起袭击事件。巴基斯坦总统侯赛因、过渡政府总理穆尔克、陆军参谋长巴杰瓦及主要党派领导人等均对袭击事件表示谴责。15 日，巴基斯坦全国为死难者哀悼一天，并降半旗。

（三）事件影响

事件发生后，多国政府对这一恐怖袭击事件予以强烈谴责。7 月 15 日，中国国家主席习近平就巴基斯坦发生严重恐怖袭击事件致电巴基斯坦总统侯赛因，向无辜遇难者表示深切的哀悼，向伤者及遇难者的亲属表示诚挚的慰问。习近平表示，恐怖主义是人类的共同敌人。中方坚决反对一切形式的恐怖主义，对这一恐怖袭击事件予以强烈谴责。中国人民始终同巴基斯坦人民站在一起，坚定支持巴基斯坦为打击恐怖主义、维护国家稳定、保护人民生命安全所作的努力。①

---

① 参见《巴基斯坦自杀式炸弹袭击死亡人数升至 149 人》，新华网，2018 年 7 月 16 日 http：//www. xinhuanet. com/。

五、其他恐怖袭击事件

1 月 4 日，阿富汗首都喀布尔当天发生自杀式爆炸袭击，造成至少成 20 人死亡、30 人受伤。死者中有 5 名警察。爆炸发生在当晚 20 时 45 分左右，地点位于喀布尔第九警区。事发当天稍早时，警方查封了一家贩卖大麻及酒精的商店，涉事店家纠集一些人与警方对抗。一名袭击者突然闯入人群并引爆炸弹背心，造成平民和防暴警察死伤。极端组织“伊斯兰国”宣布对该起袭击事件负责。

1 月 15 日晚，一枚火箭弹落在了印度驻喀布尔大使馆界内，但未造成人员伤亡。据印度外交部发言人库马尔表示，火箭弹对使馆建筑后部的结构造成了轻微的破坏，但此次事件未造成火灾，也没有人员伤亡。

1 月 17 日晚，印度和巴基斯坦边防军队在克什米尔地区再次猛烈交火，交火持续到 18 日凌晨，双方均有伤亡。

1 月 21 日，阿富汗首都喀布尔的洲际酒店 20 晚遭到多名武装分子袭击，经过 10 多小时的对峙，阿安全部队成功击溃袭击者。袭击造成至少 5 名平民死亡，6 人受伤，126 名被劫持人质获释。当地时间 20 日晚 9 点左右，多名枪手闯入位于阿富汗首都喀布尔的洲际酒店，向酒店客人开枪，并挟持了人质。

1 月 21 日上午，阿富汗首都喀布尔洲际酒店发生恐怖袭击，造成不包括袭击者在内的至少 11 人死亡、20 人受伤。

1 月 22 日，一伙武装分子袭击了联合国驻阿富汗首都喀布尔的工作人员。袭击造成 1 人死亡，另有 1 名妇女被扣为人质。

1 月 24 日早，一名自杀式恐怖分子在办公室大楼门前引爆了爆炸装置，一伙武装人员随后进入办公室。阿富汗贾拉拉巴德的国际慈善组织“救助儿童会”办公室遇袭中的受伤人数升至 20 人。

1 月 29 日凌晨，阿富汗首都喀布尔的一所军事院校遭自杀式袭击，造成至少 2 人死亡，10 人受伤。极端组织“伊斯兰国”（IS）随后宣称对此次袭击负责。

1 月 29 日，在阿富汗首都喀布尔，阿富汗士兵在遭袭地点附近警戒。阿富汗国防部发言人 29 日对媒体证实，位于首都喀布尔的一处军队驻地当天遭到一伙武装分子袭击，包括袭击者在内至少 9 人死亡。

2月3日，巴基斯坦军方表示，一名自杀炸弹客当天袭击巴基斯坦西北部一座军营，造成至少11名官兵死亡和13人受伤。有一名军官在爆炸中丧生。巴基斯坦塔利班组织在发送给媒体记者的电邮中，宣称犯案。

2月10凌晨，印度武装分子使用自动武器向位于宋贾万地区的军营扫射，并投掷数枚手榴弹。许多军人家属居住在该地区。事后，袭击者躲藏起来。袭击造称2人丧生，9人受伤，其中包括妇女和儿童。2名伤者情况危急。

2月18日晚，印度东北部梅加拉亚邦加罗丘陵县发生一起爆炸袭击事件，造成包括一名该邦议会选举候选人在内的4人死亡。警方说，袭击事件发生在18日19时50分左右。民族主义国大党的梅加拉亚邦议会选举候选人乔纳森·桑格马及其保镖，以及另外两名该党成员在袭击中当场死亡。

2月23日，阿富汗国民军设在西部法拉省的一座军事基地遭塔利班武装分子袭击，18名士兵身亡。阿富汗国防部发言人道拉特·瓦齐尔说，23日深夜，大批塔利班武装分子袭击法拉省巴拉布洛克区一座军事基地，造成18名士兵死亡、2人受伤。

2月24日，阿富汗连续发生3起自杀式汽车炸弹袭击，造成至少9人死亡、16人受伤。阿富汗内政部发言人纳斯拉德·拉希米向媒体证实，当地时间8时20分，首都喀布尔第九警区遭遇自杀式汽车炸弹袭击，包括袭击者在内至少4人死亡，5人受伤。

2月27日，塔利班武装分子在阿富汗南部地区绑架了约20名巴士乘客。

2月28日晚，巴基斯坦西南部俾路支省首府奎达发生一起针对安全部队人员的自杀式爆炸袭击，造成4名安全部队人员死亡，另有6人受伤。

3月2日，阿富汗首都喀布尔当天发生一起汽车爆炸事件，造成4人受伤。当天上午8时50分左右，一辆为外国军队服务的阿富汗承包商公司的汽车在从喀布尔东部第九警区通往阿东部城市贾拉拉巴德的公路上发生爆炸，导致4名路过平民受伤，伤者已被送往附近医院接受救治。

3月6日，阿富汗东部一辆油罐车发生爆炸，随后又引发大火，造成至少2人遇难，另有2人受伤，附近40家商店被烧毁。

3月7日，阿富汗东部的楠格哈尔省发生一起自杀式爆炸袭击事件，造成包括袭击者在内的至少3人死亡，另有16人受伤。袭击发生在当天下午，地点位于首府贾拉拉巴德第一警区。3 名死者分别是袭击者、主管当地宗教事务的政府高级官员阿卜杜勒·扎希尔·哈卡尼及其随行保安。

3 月 9 日，阿富汗首都喀布尔发生自杀式爆炸袭击。根据内政部发布的消息称，袭击事件发生在喀布尔城西的一个检查站附近，导致至少 7 人死亡、另有 22 人受伤。尚无任何组织声称对此次袭击事件负责。

3 月 9 日，阿富汗北部塔哈尔省一处检查站遭武装人员袭击，造成至少 18 名安全人员身亡，另有 14 人受伤。

3 月 9 日，阿富汗西南部法拉省一个检查站遭到武装分子袭击，造成至少 15 名士兵身亡。阿富汗亚利安那新闻社援引消息人士的话报道说，袭击发生在 9 日夜，遇袭检查站位于法拉省巴拉布洛克地区，15 名身亡的士兵中包括 9 名阿军方特种兵士兵。报道说，另有至少 2 名该检查站的士兵被武装分子劫持，多人下落不明。阿士兵乘坐的 1 辆军车在袭击中被毁。

3 月 9 日，阿富汗首都喀布尔的一场政治集会遭遇自杀式炸弹袭击，包括一名袭击者在内至少 7 人死亡，22 人受伤。

3 月 14 日，巴基斯坦东部旁遮普省首府拉合尔附近的一个安全检查站当晚遭自杀式爆炸袭击，造成 9 人死亡、至少 20 人受伤。爆炸袭击发生在拉合尔市附近赖温德地区的一个安全检查站，造成包括 5 名警察在内的 9 人死亡，另有至少 20 人受伤。巴基斯坦塔利班宣称制造了此次爆炸袭击。

3 月 17 日，阿富汗内首都喀布尔当天上午发生一起自杀式汽车炸弹袭击事件，造成包括袭击者在内至少 3 人身亡、3 人受伤。袭击发生在 9 时 10 分左右，地点位于首都第九警区。有迹象显示，袭击目标是位于该警区的一处外国机构驻地，不过袭击者并未成功进入该驻地，车内炸药装置就被引爆。阿富汗塔利班组织宣称制造了这起袭击事件。

3 月 18 日，阿富汗首都喀布尔发生两起炸弹袭击事件，造成包括袭击者在内 3 人死亡、7 人受伤。第一起爆炸发生在当地时间 7 时左右，一枚路边炸弹在喀布尔帕格曼地区被引爆，造成 2 名平民死亡、1 人受伤。数小时后，在喀布尔西部第 13 警区的达什特巴尔奇一所私立学校内，1 名袭击者投掷 1 枚手榴弹，造成 6 人受伤，袭击者当场被炸死。据阿富汗公共卫生部证实，伤者目前均已被送往医院，其中包括 1 名儿童。

3 月 21 日，阿富汗首都喀布尔的喀布尔大学附近发生了一起爆炸袭击事件，根据阿富汗公共卫生部的最新数据，爆炸已造成至少 33 人死亡，65 人受伤。

3 月 21 日，阿富汗喀布尔一清真寺附近发生自杀式袭击，造成 26 人死亡，18 人受伤。

3 月 23 日晚间，阿富汗南部赫尔曼德省首府拉什卡尔加市发生一起自杀式汽车炸弹袭击事件，造成至少 10 人丧生、35 人受伤。此次袭击发生在拉什卡尔加市一座体育场附近，爆炸造成至少 10 人丧生、35 人受伤。

3 月 25 日，阿富汗赫拉特，两名袭击者在清真寺引爆炸弹，造成至少 1 人死亡，7 人受伤。

4 月 10 日，阿富汗北部昆都士省一处检查站当天遭阿富汗塔利班武装人员袭击，造成 2 名警察死亡、2 名受伤。昆都士省达什特阿尔奇行政区区长萨阿迪告诉新华社记者，袭击者是长期潜伏在警方内部的塔利班武装成员。9 日凌晨，此人持枪袭击执勤警察，随后脱逃。塔利班当天发表声明说，该组织一名成员打死 4 名警察后“回归组织”。

4 月 10 日，阿富汗西部赫拉特省发生一起爆炸袭击事件造成至少 8 人死亡，另有 21 人受伤。袭击发生在当地时间 9 日下午 5 时左右，地点位于该省南部信丹德地区，靠近当地一处清真寺。袭击者事先将炸药装置安装在一辆停靠路边的三轮车上，并使用遥控设备在人员往来密集时引爆炸药。死伤者全部为当地平民，包括妇女和儿童，其中一些伤者仍未脱离生命危险。

4 月 12 日，阿富汗一名地区政府官员以及至少 6 名警察在地区政府所在地遭遇的袭击中丧生。塔利班组织宣称对此次袭击负责。报道称，当地一些负责人表示，在上述塔利班发起的袭击中，有 1 名政府官员和至少 6 名警察死亡。但法新社报道的其他数字显示，这场发生在阿富汗东南部省份加兹尼、持续了逾 3 个小时的袭击，造成了至少 12 人死亡。

4 月 12 日晚，阿富汗西部赫拉特省南部信丹德地区一检查站遭塔利班武装人员袭击，造成至少 11 名安全人员身亡。塔利班武装人员使用火箭弹等袭击了该检查站，并与安全人员持续交火，除造成至少 11 名安全人员死亡外，还有至少 4 名安全人员受伤。塔利班武装方面也有人员伤亡。袭击发生后，塔利班武装发表声明，宣称制造了这起袭击事件，并称有至少 20 名安全人员在袭击中身亡，4 辆军车被塔利班武装人员抢走。

4 月 14 日，阿富汗北部巴格兰省一处供电设施遭塔利班武装袭击，造成首都喀布尔大面积停电。袭击发生在 14 日凌晨，遭袭的供电设施位于该省西南部渡什地区，向喀布尔供电的部分电缆和电塔等在袭击中受损。

4 月 15 日，2 名基督教徒在巴基斯坦南部城市奎达一座教堂前遭遇摩托车骑手袭击身亡，事件另外造成 3 人受伤。这是本月以来，当地发生的第二起类似袭击事件。

4 月 22 日，阿富汗首都喀布尔的一个选民登记中心生自杀爆炸袭击，造成人员伤亡，至少 4 人遇难。

4 月 22 日，阿富汗首都喀布尔一所学校附近 22 日响起爆炸声，造成人员伤亡。

4 月 25 日，阿富汗塔利班组织发表声明宣布将针对阿富汗政府和“外国占领军”发动一年一度的“春季攻势”，并声称已在全阿富汗境内实施了数起袭击。塔利班在声明中将阿富汗无法实现和平的原因归咎于“美国驻军的存在”。塔利班称，将对“政府部门、外国机构、官方集会及军事车辆”等目标实施袭击，警告民众远离上述目标。4 月以来，塔利班还先后在东部加兹尼省、西部赫拉特省、北部巴格兰省等地，针对政府机关、安全检查站和供电设施等目标发动多起袭击，不仅造成人员伤亡，还导致首都喀布尔大面积停电，给民众生产、生活带来严重影响。分析人士认为，随着天气转暖，塔利班的“战斗季节”开始，阿富汗安全局势将日趋复杂严峻。

5 月 6 日，阿富汗 1 名政府高级官员在西部法拉省遭不明身份枪手杀害，阿富汗塔利班可能是幕后黑手。

5 月 6 日，巴基斯坦内政部长阿赫桑·伊克巴尔当天在一次疑似暗杀行动中遭枪击，所幸生还。伊克巴尔的特别助理阿西姆汗透露，“阿赫桑被击中手臂，送往医院救治后已脱离危险。袭击者也已经被逮捕”，但他并未透露更多细节。

5 月 8 日，阿富汗东部一个选民注册站发生爆炸袭击，至少 12 人死亡，33 人受伤。爆炸发生在霍斯特省首府霍斯特市一座清真寺内。这座清真寺院内临时搭建帐篷，作为当地选民的登记注册点，爆炸物被人放置在帐篷内。

5 月 9 日，阿富汗首都喀布尔连遭 4 起爆炸袭击。第一起爆炸于当地时间 11 时 40 分左右发生在喀布尔西部的达什特巴尔奇地区，第二起爆炸发生在 11 时 58 分左右，与第三起爆炸之间相隔不足 1 分钟，地点都位于第 10 警区的新沙赫尔地区，第四起爆炸发生在西部第 13 警区。

5 月 11 日，阿富汗西部法拉省多个地区遭塔利班武装袭击，造成至少

20 名警察身亡。当地警察等安全人员与武装分子展开交火，交火一直持续到 11 日白天，至少 20 名警察身亡。武装分子方面也有伤亡。另据阿富汗阿里亚纳新闻社报道，袭击造成至少 43 名安全人员身亡，另有 10 名安全人员受伤。

5 月 13 日中午，阿富汗东部楠格哈尔省省会贾拉拉巴德市一处隶属于当地财政局的建筑遭到武装分子袭击，一名武装分子用炸弹炸开了建筑的大门，其余武装分子冲入建筑物内部，并与赶到的军警发生交火。袭击事件目前已经造成 1 人死亡，至少 2 人受伤。

5 月 13 日，阿富汗东部楠格哈尔省首府贾拉拉巴德市区的一处政府办公楼，遭到一伙武装人员袭击。持续的交火造成至少 18 人死亡、42 人受伤。当地时间 13 日中午，有 2 名武装人员靠近位于贾拉拉巴德市区内一处政府办公楼附近，并引爆汽车炸弹；其余的武装人员趁乱潜入政府办公楼内，实施袭击。安全人员与之进行了持续枪战，交火时间长达 5 个小时。目击者：先是发生了一次自杀式袭击，紧接着就是一场激烈的枪战。我看见两个拉人力车的车夫倒在地上，胳膊都断了。袭击者被全部击毙，被困人员获救，极端组织宣称对袭击事件负责。

5 月 18 日，阿富汗东部楠格哈尔省首府贾拉拉巴德市一体育场连续遭遇 3 起爆炸袭击，造成至少 8 人死亡、45 人受伤。遭遇袭击的体育场位于贾拉拉巴德市第一警区，3 起爆炸均由简易爆炸装置引发。

5 月 22 日，阿富汗东部加兹尼省发动了一系列袭击事件，导致至少 14 名警察死亡，包括一名地区警察局长以及一名后备部队指挥官。塔利班发言人穆贾希德（Zabihullah Mujahid）宣称对袭击事件负责，声称夺下雅加图区总部与迪雅克区警察检查站。

5 月 28 日，阿富汗警方在阿巴边界截获了一辆载有 9.8 吨可用于制造爆炸物的卡车。有 4 人被警方逮捕。恐怖分子打算用这些货物发起攻击。

5 月 30 日，阿富汗内政部遭遇武装分子袭击。武装分子引爆炸弹，试图闯入内政部，但在越过第一道路障后即被全数歼灭。恐怖组织“伊斯兰国”（IS）宣布对袭击负责，并称之为“自杀式突袭”。此次袭击发生在当地时间 30 日 12 点 30 分左右，并于 14 点左右结束。发动袭击的武装分子均被击毙，1 名安全部队人员丧生，另有 5 名警察受伤。袭击者有 8 人，乘坐 2 辆汽车抵达现场。其中 1 人引爆了身上的炸弹，其他人被安全部队击毙。

6 月 4 日，阿富汗首都喀布尔发生一起自杀式炸弹袭击，造成至少 7 人死亡，另有 9 人受伤。该袭击发生于一个神职人员集会场所附近。当地时间上午 11 点半左右，喀布尔西部地区靠近当地大学和一所警察学院处，发生袭击。当地警方和官员称，爆炸发生在喀布尔理工大学的大门口。大部分伤亡人员为当地平民，事件造成 7 人死亡，包括一名警察。另外，有 9 人受伤，包括 2 名警察。

6 月 9 日，塔利班袭击了阿富汗警察基地，造成 19 名警察死亡。此前，阿富汗总统加尼宣布在 6 月 20 日之前与塔利班反叛分子暂时停火。塔利班则在 9 日向阿富汗政府宣布于开斋节期间进行为期 3 天的暂时停火。

6 月 11 日，一名自杀式恐怖袭击者在阿富汗首都喀布尔农村复兴与发展部大楼出口处引爆炸药，目前已导致至少 12 人死亡、31 人受伤。该袭击者在农村复兴与发展部大门处引爆自杀式炸弹背心，导致该部门多名员工遇难或者受伤。

6 月 16 日下午，许多人在贾拉拉巴德郊区举行集会，欢庆阿政府和塔利班同意在开斋节期间停火。其间，一辆装有爆炸物的汽车发生爆炸，造成包括塔利班成员、阿富汗安全人员在内的 25 人死亡、54 人受伤。极端组织“伊斯兰国”当晚称是他们制造了袭击事件。

6 月 17 日下午，阿富汗东部楠格哈尔省省长办公室遭炸弹袭击，造成至少 15 人死亡、45 人受伤。爆炸发生在位于楠格哈尔省首府贾拉拉巴德的该省省长办公室外，当天当地政府官员在办公室与塔利班武装人员举行了会谈。当会议结束许多人走出办公室时，一名恐怖分子在大门外引爆了爆炸物。许多伤者伤势较重，死亡人数还可能上升。

6 月 19 日晚，阿富汗塔利班武装在西部两个省袭击多个安全检查站，造成至少 45 名安全人员死亡。

6 月 22 日，印控克什米尔地区瑙什拉村发生一起交火事件，1 名警察和 2 名武装分子在交火中丧生。22 日上午，当地警方和军方人员在接到有关情报后对该村进行一项搜索行动，而后遭遇武装分子的开火袭击。随后，警方及军方人员围攻了该村的一座房子，里面有 3 到 4 名武装分子。报道称，在交火过程中，有当地居民向安保人员投掷石块以“掩护”武装分子逃跑。这也导致警方同部分当地居民起了冲突。当地警方确认 1 名警察、2 名武装分子在交火中丧生。另有 2 名平民及 4 名安保人员受伤。

7 月 1 日下午，阿富汗东部楠格哈尔省首府贾拉拉巴德市发生自杀性袭击，袭击发生在贾拉拉巴德市一个繁忙市场内，一名自杀式袭击者引爆了爆炸物，造成至少 19 人死亡，21 人受伤，其中大部分伤亡者都是平民。

7 月 10 日，阿富汗东部楠格哈尔省首府贾拉拉巴德市遭遇一起自杀式爆炸袭击，造成至少 11 人死亡、4 人受伤。袭击发生在当地时间上午 10 时左右，地点位于贾拉拉巴德市第六警区一处安全检查站附近，死者中包括袭击者本人、2 名国安局工作人员以及 8 名平民。

7 月 10 日晚，巴基斯坦一政党在西北部城市白沙瓦举行的集会遭自杀式炸弹袭击，袭击造成至少 13 人死亡、47 人受伤。

7 月 11 日，阿富汗武装分子当天闯入该国东部贾拉拉巴德市教育局的一栋院落，与安全部队爆发数小时冲突，造成至少 10 人丧生。

7 月 11 日深夜，阿富汗北部昆都士省北部阿尔奇地区多个检查站日前遭到塔利班武装人员攻击，造成至少 23 名安全人员丧生。塔利班武装人员对当地多个安全检查站发动突然袭击，并与驻守检查站的安全人员持续交火。交火一直持续到 12 日凌晨，双方均有人员伤亡。此外，还有至少 13 名安全人员在交火中受伤。

7 月 12 日，阿富汗塔利班组织在北部朱兹詹省与藏匿在当地的极端组织“伊斯兰国”武装人员发生激烈交火，造成双方至少 51 人死伤。阿富汗哈马新闻社当天援引阿军方消息称，双方发生交火地点位于朱兹詹省杜尔扎卜地区，事件起因是为了争夺在该地区的势力范围。交火造成塔利班方面至少 10 人死亡，其中包括 1 名指挥官，另有 11 人受伤；“伊斯兰国”方面则有 16 人死亡，另有 14 人受伤。此外，还有至少 9 名“伊斯兰国”武装人员在冲突中被塔利班组织扣留。塔利班组织试图将“伊斯兰国”武装人员赶出杜尔扎卜地区，双方近期已多次爆发冲突。除了造成人员伤亡外，还有上万户家庭为躲避战乱向朱兹詹省首府希比尔甘等地转移。

7 月 15 日称，首都喀布尔当天发生一起自杀式爆炸袭击事件，造成包括 1 名袭击者在内的至少 8 人死亡，另有 15 人受伤。袭击发生在当天下午 16 时 30 分左右，地点位于首都市区第六警区。初步调查显示，一名袭击者在阿富汗农村复兴与发展部办公楼外引爆身上爆炸装置，造成人员伤亡。

7 月 17 日，恐怖组织“伊斯兰国”成员在阿富汗北部萨尔普勒省发动自杀式爆炸袭击，造成 15 人死亡，3 人受伤。此次爆炸发生在萨亚德行政区的一个葬礼上，“伊斯兰国”袭击者在葬礼上引爆了炸弹。

7 月 19 日夜，阿富汗北部昆都士省境内的伊玛目萨希卜地区发生袭击事件，造成至少 8 名地方警察身亡，另有 10 名警察受伤。一伙塔利班武装分子 19 日深夜对该地区一处检查站突然发起袭击，并与驻守检查站的地方警察展开激烈交火，交火一直持续到 20 日凌晨。在军方支援下，武装分子 20 日凌晨被击退。交火中，塔利班方面至少有 18 人身亡，12 人受伤。塔利班组织 20 日宣称对袭击事件负责，表示交火造成至少 16 名地方警察身亡。

7 月 22 日下午，喀布尔机场附近在阿富汗副总统杜斯塔姆抵达后不久发生爆炸，导致 14 人死亡，60 人受伤。据悉，机场附近的爆炸发生在当地时间 22 日 17 时左右，阿富汗副总统杜斯塔姆刚抵达，他此前因涉嫌酷刑拷问和绑架逃离阿富汗。警方发言人表示，爆炸装置被一名自杀式炸弹袭击者启动。他未能靠近杜斯塔姆，当阿富汗特种部队发现并阻止他时，他就发动了爆炸袭击。路透社报道称，恐怖组织“伊斯兰国”宣布对阿富汗喀布尔机场附近的自杀式炸弹袭击负责。

7 月 25 日，巴基斯坦西南部俾路支省奎达市一个选举投票站附近当天上午发生自杀式炸弹袭击。来自当地医院的消息说，袭击已造成包括 3 名警察在内的至少 29 人死亡、40 人受伤。1 名自杀式袭击者在奎达市东区向一辆警车发动袭击，并引爆所携爆炸物，造成人员伤亡。遇袭警车当时正在一个投票站附近执勤。极端组织“伊斯兰国”声称制造了此次袭击事件。

7 月 30 日，阿富汗东部楠格哈尔省首府贾拉拉巴德一家助产士培训中心 28 日遭武装人员袭击，3 人死亡，7 人受伤，所有武装人员被击毙。

7 月 31 日，阿富汗西部省份法拉省发生一起路边炸弹爆炸事件，目前已造成 11 人死亡，超过 30 人受伤。爆炸发生在法拉省一条高速公路上。当时一辆满载乘客的省际大巴车触发了路边的一个简易爆炸装置，并引起爆炸，爆炸造成了包括多名妇女和儿童在内的大量人员伤亡。

7 月 31 日，阿富汗东部楠格哈尔省首府贾拉拉巴德的一处政府办公楼当天发生袭击事件，包括 3 名袭击者在内的至少 18 人死亡，另有 15 人受伤。有 3 名袭击者发动了袭击，其中 1 人在办公楼外引爆炸药装置并当场死亡，另外 2 人冲向办公区并与保安发生激烈交火。这两名袭击者最终被赶来增援的军警击毙。

8 月 2 日早晨，3 名在阿富汗首都喀布尔工作的外国公民，遭不明身份的枪手杀害。3 名遇难者分别来自印度、马来西亚和马其顿。

8 月 4 日，阿富汗东部帕克蒂亚省一座什叶派清真寺当天发生的自杀式爆炸袭击死亡人数已升至 35 人。爆炸袭击发生在当地时间 3 日下午 1 时 30 分左右。2 名袭击者混入该清真寺内，在人群中引爆身上的爆炸装置。2 名袭击者均在爆炸中身亡，清真寺的墙体和窗户遭到严重破坏。

8 月 4 日晚，阿富汗南部乌鲁兹甘省一处军事基地遭塔利班武装人员袭击并被控制，造成至少 44 名士兵身亡。

8 月 5 日，北约车队在阿富汗东部遭遇塔利班自杀式爆炸袭击，造成 3 名北约士兵死亡。另外，爆炸还造成 1 名美军士兵和 2 名阿富汗国民军士兵受伤。

8 月 9 日晚，阿富汗军队退役将领扎勒迈 · 瓦尔达克在位于喀布尔第二警区的家中遭不明身份武装人员杀害。

8 月 10 日凌晨，阿富汗塔利班对阿东部加兹尼省首府加兹尼市发起大规模攻势，与阿安全部队激烈交火。驻阿美军出动武装直升机和小型无人驾驶飞机参战，帮助阿安全部队控制局势。

8 月 11 日，巴基斯坦发生自杀式袭击，3 名中国公民受伤。巴基斯坦警方表示，一辆载有中国工人的巴士星期六遭遇自杀式炸弹袭击，有俾路支省分离主义分子宣布对袭击负责。警方称，袭击发生在俾路支省西南部查盖区，袭击者提着装有爆炸物的行李，在巴士靠近时引爆。巴基斯坦分离主义组织“俾路支解放军”宣称对袭击负责。

8 月 14 日晚，阿富汗东北部巴格兰省一处军事基地遭塔利班武装袭击，造成至少 45 名阿富汗安全部队人员死亡。

8 月 16 日，阿富汗喀布尔教育中心遭自杀式炸弹袭击，造成 34 人死亡，56 人受伤。

8 月 16 日，阿富汗首都喀布尔市区一处军事培训基地附近当天爆发枪战，至少有 2 名武装分子被击毙。当天上午 10 时 15 分左右，一伙不明身份的武装分子潜入位于第五警区的一栋建筑内，朝附近军事培训基地射击。警方很快封锁事发区域，并与武装分子展开交火，至少有 2 名武装分子被击毙。

8 月 20 日，塔利班武装分子在该国北部昆都士省拦截了 3 辆公交车后，将车上超过 100 名乘客绑架。

8 月 21 日，阿富汗北部昆都士省境内当天发生一起劫持事件，至少 25

人被塔利班武装分子劫持。当天早 4 时左右，在昆都士省汗·阿巴德地区的一条公路上，一伙塔利班武装人员控制了 3 辆经过的客车，并劫持了车上的约 130 人。

8 月 22 日，一枚枚火箭弹突然射向位于阿富汗喀布尔的使馆区。袭击发生时，阿富汗总统加尼正在总统府内就庆祝宰牲节发表讲话。袭击者躲藏在靠近使馆区的一处清真寺内发射火箭弹，并与随后赶来的安全人员爆发持续枪战，“袭击者很可能是提前把武器弹药藏在了清真寺内部”。10 时左右，使馆区附近再次传出巨大爆炸声，爆炸产生的黑色浓烟向高空蔓延，原本热闹的街头气氛紧张，大量安全人员聚集在现场维持秩序。

8 月 26 日，阿富汗东部城市贾拉拉巴德市内一个集会现场当天遭遇自杀式炸弹袭击，造成包括 1 名袭击者在内至少 3 人死亡，4 人受伤。据警方消息人士称，袭击发生在当天中午，地点位于当地选举委员会办公地点附近。据目击者称，此次爆炸威力巨大，事发现场附近的建筑物遭到不同程度的损毁。

9 月 5 日，阿富汗首都喀布尔当天下午连续发生两起自杀式爆炸袭击，造成至少 16 人死亡、25 人受伤。第一起爆炸袭击发生在喀布尔第六警区一个体育场内，第二起爆炸袭击发生在该体育场外，两起爆炸袭击间隔约 1 个小时。

9 月 10 日，塔利班武装分子对阿富汗东北部昆都士省的一些检查站发起袭击，造成至少 15 名阿富汗安全部队人员死亡，18 人受伤。

9 月 11 日，阿富汗东部楠格哈尔省发生一起自杀式爆炸袭击，当地官员称，袭击致死人数已上升至 68 人。1 名袭击者在游行队伍中间引爆了爆炸装置，造成重大伤亡。

9 月 17 日，阿富汗西北部巴德吉斯省一处军事训练中心当天凌晨遭塔利班武装分子袭击，造成至少 10 名安全人员死亡。

10 月 5 日，孟加拉国海港城市吉大港上午发生交火事件，造成 2 人身亡。

10 月 6 日，阿富汗首都喀布尔发生连环爆炸袭击，造成至少 2 人死亡，另有 9 人受伤。爆炸袭击发生在首都第十二警区。第一起爆炸发生在当地时间上午 8 时左右，由路边炸弹引起，袭击目标是途经当地的军方车辆；第二起爆炸则针对第一次袭击之后赶来现场的警察和救援人员。

10 月 6 日，阿富汗北部昆都士省一伙塔利班武装人员在该省与军警发生枪战，交火造成至少 10 人死亡。此次枪战开始于 5 日晚，地点位于该省卡莱伊扎尔地区。当时一伙塔利班武装人员对这一地区的一安全检查站发动突然袭击，受到驻守检查站军警的反击，交火一直持续到 6 日凌晨。双方均有人员在交火中伤亡，军警方面有 7 人死亡、5 人受伤，塔利班方面有 3 人死亡、3 人受伤。

10 月 31 日，阿富汗喀布尔一所监狱外当天发生自杀式爆炸袭击，造成包括袭击者在内的至少 8 人死亡，另有 8 人受伤。此次袭击发生在当天 7 时 25 分，地点位于喀布尔的普勒恰尔希监狱门口外。初步调查显示，此次袭击目标是该监狱工作人员，但袭击至少造成 3 名儿童受伤。

11 月 1 日，阿富汗首都喀布尔发生一起爆炸袭击事件，造成包括 3 名警察在内至少 6 人受伤。此次袭击事件发生在喀布尔第一警区的迈万德医院附近，一枚吸附在一辆警车上的炸弹爆炸。伤者已被送往医院接受救治，警方正对这起爆炸袭击事件展开调查。

11 月 8 日，阿富汗北部塔哈尔省境内一处政府军营地日前遭塔利班武装人员袭击，造成至少 14 名政府军士兵死亡，另有 7 名士兵受伤。此次袭击事件发生在 7 日夜间，遇袭营地位于该省境内的哈贾加尔地区。袭击发生后，当地政府派出部队支援，持续交火造成约 20 名塔利班武装人员死伤。

11 月 11 日，阿富汗加兹尼省安全人员当天与塔利班武装发生激烈交火，造成至少 25 人死亡、17 人受伤。塔利班武装人员对该省杰戈里地区的多个安全检查站发动袭击，随后与检查站内的安全人员发生激烈交火。此次交火持续近 4 个小时，造成至少 10 名安全人员和 15 名平民死亡，此外还有 6 名安全人员和 11 名平民受伤。当地政府已向事发区域派出支援力量。

11 月 12 日下午，阿富汗首都喀布尔发生一起爆炸袭击事件，爆炸地点位于一处集会现场附近。根据阿富汗卫生部报告，袭击造成至少 3 人死亡、8 人受伤。

11 月 14 日，阿富汗政府军士兵在北部昆都士和塔哈尔、东部加兹尼等省与塔利班武装人员发生交火，双方均有人员伤亡。

11 月 20 日下午，阿富汗首都喀布尔发生一起爆炸袭击事件。造成至少 43 人死亡，另有 83 人受伤。

11 月 23 日，中国驻巴基斯坦卡拉奇领事馆遭多名武装分子袭击。袭击中 2 名巴基斯坦警察死亡，另有 1 名警察受伤。目击者在现场看到，袭击者至少有 3 ~4 人，他们对中国驻卡拉奇领事馆发动袭击，“袭击者试图冲进领事馆，在遭到守卫阻拦时开枪并投掷手榴弹”。

11 月 23 日，巴基斯坦西北部开伯尔 - 普什图省一个市场发生爆炸事件，造成至少 20 人死亡。这起事件发生在开伯尔 - 普什图省卡拉亚镇（Kalaya）。当地官员称，初步调查显示，爆炸是由一个“隐藏在装蔬菜的箱子里的简易爆炸装置”引发的。除了至少 20 人丧生，还有超过 50 人在爆炸中受伤。

11 月 23 日，阿富汗东部霍斯特省境内发生一起针对清真寺的袭击事件，遭袭的清真寺位于阿富汗国民军在该省的一处营地内。目前已造成至少 26 人死亡、50 人受伤。这起袭击发生在当天下午 1 点半左右，遭袭地点位于阿富汗国民军在霍斯特省的一处营地内。大部分死伤者都是国民军士兵，目前救援工作正在紧张进行中。有目击者称，这是一次自杀式爆炸袭击。

11 月 24 日，巴基斯坦西北部开伯尔 - 普什图省奥勒格宰（Orakzai）部落地区的一所宗教学校附近发生爆炸袭击，导致 33 人死亡。

11 月 23 日，阿富汗东部霍斯特省境内当天发生一起针对清真寺的袭击事件，造成至少 12 人死亡、33 人受伤。这起袭击发生在当天 13 时 30 分左右，遭袭的清真寺位于阿富汗国民军在该省的一处营地内。大部分死伤者都是国民军士兵，目前救援工作正在紧张进行中。有目击者称，这是一次自杀式爆炸袭击，袭击发生时正值上百名国民军士兵在清真寺内做礼拜。袭击者在混入清真寺后引爆身上的爆炸装置。

11 月 26 日，阿富汗西部法拉省一支安全护卫队遇到塔利班武装袭击，22 名警察身亡，5 人受伤。拉省议会成员表示，该警卫队是在护送新任的地区警察局长的路上受到袭击，该警察局长在袭击中丧生。

11 月 27 日，阿富汗发生一起自制炸弹爆炸事件，造成 3 名美国军人死亡，3 名军人受伤。一枚自制炸弹在加兹尼市附近爆炸，造成 3 名美国军人死亡，3 名军人受伤。”此外，还有 1 名美国承包商受伤。

11 月 28 日，阿富汗首都喀布尔当天发生一起爆炸袭击，造成至少 10 人死亡、19 人受伤。爆炸发生在位于第 9 警区的一个英国安保公司驻地附近，除人员伤亡外，还造成部分建筑和车辆损坏。阿富汗塔利班组织当天通过社交媒体宣称制造了这起爆炸袭击。

12 月 2 日，阿富汗塔利班武装人员当天上午在该国北部萨曼甘省境内劫持了至少 40 名卡车司机。这起事件发生在该省达拉苏夫地区，这些卡车司机是在驾车前往北部巴尔赫省的公路上被劫持的。

12 月 6 日，电阿富汗西部赫拉特省约数百名塔利班武装分子袭击了该省信丹德地区一处军营，打死 14 名政府军士兵，并劫持走约 20 名士兵。武装分子在袭击行动中还带走了遭袭军营里的大量武器弹药。他表示，发动袭击的武装分子也有伤亡。

第三节 南亚及阿富汗地区主要反恐怖军事行动

一、阿富汗政府军打死 194 名塔利班武装分子

8 月 13 日，阿富汗国防部长巴赫拉米向媒体证实，阿政府军连日来在东部加兹尼省首府加兹尼市与塔利班武装展开持续交火，打死 194 名塔利班武装分子。

（一）行动背景

加兹尼市距离阿富汗首都喀布尔约 150 千米，是连接喀布尔和南部地区的主要陆路枢纽。8 月 10 日凌晨，塔利班集结兵力从不同方向对该市发动大规模攻势，并试图夺取加兹尼市的控制权。有分析称，塔利班此次将目标对准东部重要城市旨在展示军事实力，制造恐怖气氛。

（二）行动概况

政府军为控制加兹尼市，及时派出精锐力量对塔利班实施打击，交火进入第四天，加兹尼市大部分地区就被政府军控制，被打死的塔利班武装分子中有 12 名指挥官，另外还有 140 多名武装分子被打伤。交火还造成约 100 名政府军士兵及 30 名市民身亡。军方在实施打击 24 小时，向加兹尼市再次派出包括特种部队在内的至少 1000 人的增援力量，政府军希望尽快将塔利班残余力量彻底从加兹尼市清除。双方的交火除造成大量人员身亡外，还造成加兹尼市区内许多建筑毁坏。一些塔利班武装分子 13 日下午开

始向城外转移，但双方在市区内的交火并未结束。

（三）行动评析

2018 年，阿富汗 4% 的地盘处于塔利班完全控制之下，66% 的地盘属于塔利班非常活跃区域，两者合计为 70%。2015 年 11 月，阿富汗政府控制了全国 72% 的地区，但现在仅能控制 56%。反政府武装分子的影响力或控制力已经从区区 7% 上升到 12.5%，阿富汗大约 1/3 的地区是“争夺”区。官方数据让人看到阿富汗军队在面对持续不断的塔利班组织的武装进攻和美国参战前景黯淡的情况下逐步失去控制的现状。为改变这种现状，阿富汗政府必须做出努力，采取必要措施，争取利益最大化，争取本国民众的支持和认可。①

二、阿富汗军方打死 27 名“伊斯兰国”武装分子

2 月 9 日，阿富汗军方在全国多地针对武装组织目标实施清剿行动，打死了包括 27 名极端组织“伊斯兰国”武装分子在内的至少 66 名武装人员。

（一）行动背景

楠格哈尔省是阿富汗境内武装分子较为活跃的地区。除塔利班武装分子在当地制造暴力袭击外，极端组织“伊斯兰国”自 2017 年初以来不断向该省渗透。2018 年以来，阿富汗塔利班、“伊斯兰国”及“哈卡尼网络”等频频在阿境内实施袭击，造成重大人员伤亡。阿富汗军方已于过去数月对该省的“伊斯兰国”武装分子展开多轮清剿行动，击毙击伤了大量武装分子。冬季通常是武装组织进行调整和招募战斗人员的季节，阿军方在冬季展开大规模清剿行动的目的是不给武装组织喘息和调整的机会。

（二）行动概况

阿军方此次行动旨在清除各地武装组织的据点，涉及楠格哈尔、卢格

---

① 参见《阿富汗政府军打死 194 名塔利班武装分子》，新华网，2018 年 8 月 14 日 http://www.xinhuanet.com/。

尔、帕克蒂亚等10个省份。阿富汗空军配合地面部队，对武装组织目标发动了至少12次空袭。66名被打死的武装人员中还包括阿富汗塔利班和“哈卡尼网络”人员。此外，至少25名武装人员被打伤，4名武装人员被抓捕。军方在清剿行动中摧毁了武装组织在各地的多个据点，缴获了火箭弹、冲锋枪等武器弹药。

（三）行动评析

由于数周以来阿安全部队加强了军事打击力度，北约联军也增加了无人机空袭次数，对各恐怖力量进行了有效的打击，恐怖组织大量人员伤亡，压缩了其控制区域，塔利班在阿境内的暴力袭击活动有所减少。[①]

三、阿富汗军方在南部打死30名塔利班武装分子

3月31日，阿富汗军方在南部坎大哈省进行的清剿行动中，共打死30名塔利班武装分子，打伤10人。

（一）行动背景

近期塔利班组织在南部省份的武装活动有所加剧。南部坎大哈省警方当天还证实，一辆军方巡逻车在首府坎大哈市遭迫击炮袭击，造成至少2名阿国民军士兵死亡。阿富汗总统加尼2月28日在出席第二轮“喀布尔进程”会谈时说，政府愿在不设前提条件的情况下与阿富汗塔利班组织展开和谈，但塔利班3月1日发表声明对阿政府的和谈呼声回应冷淡。此后，该组织在首都喀布尔、塔哈尔省、法拉省等地区制造了数起袭击事件，共造成数十人死伤。

（二）行动概况

阿国防与安全部队从30日晚间起，在该省迈万德行政区展开清剿行动，除打死打伤众多武装分子外，军方还摧毁了10处武装分子藏匿地。

---

① 参见《阿富汗军方打死27名“伊斯兰国”武装分子》，中国军网，2018年2月11日 http：//www. 81. cn/jfjbmap/content。

（三）行动评析

近期阿政府一直在努力争取与塔利班的和谈，但塔利班组织回应冷淡，并继续在多地实施恐怖袭击，造成大量人员伤亡和设施损坏。在此背景下，政府积极应对争取主动权是形势所迫，此次军事行动对塔利班组织进行了有效打击，为谈判争得了筹码，但同时也为阿富汗国内的安全形势增添了不确定性。①

四、其他反恐怖军事行动

1 月 1 日，至少 11 名极端武装分子在阿富汗安全部队于东部省份楠格哈尔省发起的一系列行动中被歼灭，另有 2 名极端分子被逮捕，其中 1 人为巴基斯坦国籍。

1 月 2，巴基斯坦阿托克地区一家医院内发生气瓶爆炸事故，造成包括 2 名儿童在内 6 人死亡，12 人受伤。爆炸造成医院部分建筑倒塌，许多人被埋在废墟中。

1 月 3 日，巴基斯坦政府计划接管与“达瓦慈善会”组织头目哈菲兹·赛义德有关的团体和资产。赛义德涉嫌策划 2008 年孟买连环袭击，受美国政府通缉，“达瓦慈善会”被联合国安理会列为恐怖组织。

1 月 5 日，联合国安理会发表声明，强烈谴责 4 日发生在阿富汗首都喀布尔的恐怖袭击。安理会声明“以最强烈的言辞”谴责这一“恶毒和懦夫式的”恐怖袭击，对死者家属和阿富汗政府致以最深切的同情和慰问，祝愿伤者早日康复。声明强调，必须将此类恐怖主义行径的实施者、组织者、资助者和支持者绳之以法，同时敦促所有国家按照国际法和安理会相关决议规定的义务，与阿富汗政府和其他有关方面积极合作。

1 月 6 日，阿富汗安全部队在东部拉格曼省对极端组织“伊斯兰国”目标实施清剿行动，打死至少 20 名武装分子。被打死的武装分子中有 2 人已确认是“伊斯兰国”在当地的主要指挥官。“伊斯兰国”的一处据点也在这次清剿行动中被摧毁。

---

① 参见《阿富汗军方在南部打死 30 名塔利班武装分子》，新华网，2018 年 4 月 1 日 http://www.xinhuanet.com/。

1 月 7 日，在赫尔曼德省最近的一次军事行动中，至少有 9 名塔利班武装分子被阿富汗军队歼灭，另有至少 18 名武装分子受伤。声明同时称，这次行动是在该省 Garemsir 地区发动的，目的是清剿武装叛乱分子，行动中还逮捕了 3 名当地的塔利班指挥官，并缴获了一批武器以及爆炸物。

1 月 10 日，报道援引阿富汗国防部发言人瓦奇瑞的话称，中方将资助武器、军事装备、军人制服等所有花费。阿军事专家已经启动建设该军事基地的前期准备工作。阿方为此还成立专门委员会，确定基地选址、建设成本以及其他技术问题。中方军事专家代表团也将抵达阿富汗，与阿方共同展开工作。

1 月 14 日，至少 17 名藏匿于该国东部楠格哈尔省的极端组织“伊斯兰国”武装分子日前在阿富汗军方的一次空袭行动中被打死。此次空袭行动地点位于该省阿钦地区和哈斯卡米纳地区。被打死的人员中有多名外籍武装人员。声明说，“伊斯兰国”在上述两个地区的多个据点及一批武器弹药也在空袭中被摧毁。

1 月 21 日在阿富汗喀布尔拍摄的遭武装分子袭击的洲际酒店，在经历 10 多个小时的交火对峙后，阿安全部队平息了首都喀布尔洲际酒店的袭击事件。阿富汗塔利班宣称制造了这次袭击。阿富汗内政部在当天下午公布的声明中说，4 名袭击者身穿炸弹背心，于当地时间 20 日晚 9 时左右冲入喀布尔洲际酒店实施袭击，随后与阿富汗安全部队发生交火对峙。最终安全部队从酒店中营救出 160 名住客，其中包括 41 名外国公民。

1 月 25 日，联合国安理会发表媒体声明，强烈谴责 24 日发生在阿富汗东部城市贾拉拉巴德的针对国际慈善机构救助儿童会的恐怖袭击。声明“以最强烈的言辞”谴责这一“恶毒和懦夫式的”恐怖袭击，对死者家属和阿富汗政府致以最深切的同情和慰问，祝愿伤者早日康复。声明强调，必须将此类恐怖主义行径的实施者、组织者、资助者和支持者绳之以法，同时敦促所有国家按照国际法和安理会相关决议规定的义务，与阿富汗政府和其他有关方面积极合作。此前，联合国秘书长古特雷斯 24 日通过其发言人发表声明谴责此次袭击。24 日，恐怖分子在救助儿童会位于贾拉拉巴德的办公地点引爆汽车炸弹，数名武装分子随后闯入办公地点与阿富汗安全部队进行了约 10 个小时的交火。袭击造成 4 名救助儿童会工作人员死亡，另有 25 人受伤。极端组织“伊斯兰国”声称该袭击系其所为。

1 月 26 日，据中国领事服务网消息，当地时间 1 月 21 日，中国驻阿富汗大使刘劲松拜会阿矿业石油部代理部长奈汗，促请阿富汗有关部门切实保障在阿从事能矿产业的中资企业安全，严防恐怖袭击，切实增强中方员工的安全感。

1 月 27 日电，美国总统特朗普和国务卿蒂勒森分别发表声明，严辞谴责发生在阿富汗首都喀布尔的汽车炸弹袭击事件，呼吁所有国家采取果断行动制止塔利班的暴行。

1 月 27 日，阿富汗首都喀布尔发生自杀式汽车炸弹袭击事件，造成重大人员伤亡。中国外交部发言人在 29 日的例行记者会上表示，中方强烈谴责这一袭击事件，对遇难者表示沉痛哀悼，向受伤人员和遇难者家属表示诚挚慰问。中方一贯坚定反对任何形式的恐怖主义，坚定支持阿富汗政府和人民为打击恐怖主义、维护国家稳定和人民安全所做的不懈努力。

1 月 27 日，首都喀布尔发生的严重自杀式汽车炸弹袭击造成 103 人死亡，235 人受伤。阿富汗塔利班宣称对该起袭击事件负责。此间舆论认为，这是喀布尔今年以来发生的“最严重袭击事件”，接连发生的恐怖袭击事件，凸显了自美国 2001 年入侵阿富汗以来，该国脆弱的安全局势依然在持续恶化。此次袭击引发国际社会广泛关注，联合国、北约、欧盟以及美国、英国、印度、巴基斯坦、伊朗、沙特阿拉伯等国当天纷纷发表声明对此次袭击事件予以谴责。巴基斯坦《黎明报》28 日发表社论指出，喀布尔发生的卑鄙袭击令人感到震惊，暴力袭击活动频发体现了阿富汗安全形势不断恶化，阿政府应当尽快着手解决情报和安全问题，迅速采取行动，遏制暴力袭击的“新浪潮”。

2 月 8 日，打击极端组织“伊斯兰国”军事行动胜利后，驻伊拉克美军正“静悄悄地”撤兵。与此同时，在另外一个战场——阿富汗，美军正在增兵。加大打击恐怖分子力度。在新战略框架内，美国将向阿富汗增派军事顾问和支援人员。

2 月 28 日，阿富汗总统阿什拉夫·加尼为结束长达 16 年的战争，向塔利班组织提议停火及释放囚犯，并欲承认该组织为政治党派。在于喀布尔召开的一次会议期间，加尼提出停火及释放囚犯的建议。他表示，准备在与塔利班达成协议的框架下修改宪法。此次会议的筹备得到北约一支高级代表团的支持。报道称，阿富汗塔利班 27 日曾呼吁美国与该组织在卡塔尔的代表“直接对话”。一名塔利班高层在巴基斯坦接受法新社采访时表示，鉴于美国和塔利班才是真正的战斗方，塔利班希望直接与美国对话。

他并强调此次平静的对话不需要有巴基斯坦或阿富汗等第三方在场。这是塔利班两年以来首次准备谈判，以结束自 2001 年以来与美国对抗的战争。阿富汗政府随即表态称，从不拒绝任何谈判提议。

2 月 28 日，巴基斯坦空军已经接收了新一批的枭龙战斗机，组建了第六支“枭龙”中队。在入役典礼上，巴基斯坦空军司令表示中巴经济走廊对俾路支省和巴基斯坦至关重要，新中队将维护俾路支省的和平。

3 月 5 日，阿富汗国防部发布声明称，过去 24 小时中，阿富汗军队对其多个省份发动空袭，消灭至少 42 名武装分子。阿富汗国防部表示，南部省赫尔曼德省有 7 名塔利班武装分子丧生，6 人受伤；中部地区有 15 名武装分子被歼；北部地区有 20 名极端组织“伊斯兰国”的武装分子被歼。报道还指出，阿富汗军队还在空袭中摧毁了武装分子的 2 个基地、一些车辆以及武器。

3 月 8 日，阿富汗国防部就组建地方军一事已成立委员会并制定进度表。新组建的地方军旨在进一步加强对全国各地区的安全保障能力，拟在未来分三阶段招募包括各级指挥官、士兵在内约 3.6 万人。根据计划，地方军将不同于各地目前已有的地方警察，而是隶属于国防部，地方警察则隶属于内政部，双方将相互配合、共同承担在各地维护社会安全的工作。

3 月 7 日，阿富汗东部楠格哈尔省情报部门在该省境内对当地塔利班组织展开打击行动，共打死 5 名武装分子，其中包括 1 名该组织在当地的高级指挥官。此次行动主要集中于该省苏尔赫罗德地区。除打死 5 名塔利班分子外，阿情报部门还摧毁一辆汽车和 4 辆摩托车，并缴获一批武器弹药。

3 月 9 日，联合国秘书长阿富汗事务特别代表呼吁塔利班组织与阿富汗政府开启和平谈判，以结束阿富汗人民遭受的战争苦难。

3 月 10 日，阿富汗军方在东部和南部三省发动的军事行动中打死 22 名武装分子。阿军方地面部队和空地部队分别对东部拉格曼省首府米特拉姆、东部楠格哈尔省以及南部赫尔曼德省的武装分子据点进行打击，打死 22 人，打伤 4 人，逮捕 1 人。军方在行动中打死了 6 名“伊斯兰国”武装分子，还摧毁了武装分子的车辆、武器弹药及藏匿地，但未透露军方人员是否有伤亡。

3 月 18 日，斯里兰卡总统西里塞纳在社交媒体推特上说，在对公共安全形势进行评估之后，他已指示解除全国紧急状态。

3月22日，在经历了45天的国家紧急状态后，马尔代夫总统22日宣布解除国家紧急状态。

3月31日，阿富汗军方消息称，包括2名中国人在内的7名武装分子周五被政府军击毙，另有13名武装分子受伤。政府军星期五30日在Mirawab Raghak地区发起代号“Kokcha-18”的清剿行动，7名武装分子被击毙，包括2名中国人。军方称，两人中有1名是“副指挥官”。除此之外，军方没有发布其他关于“中国籍武装分子”的任何细节。这篇报道还提到，阿富汗政府早些时候曾表示，有21个极端武装组织在阿富汗展开行动，其中包括“东突”。

4月8日，阿富汗军方称，“伊斯兰国”（IS）组织阿富汗分支头目被无人机炸死，这对该武装是致命一击。

4月7日，刚刚结束对阿富汗访问的巴基斯坦总理沙希德·哈坎·阿巴西说，阿富汗政府已经接受他的提议，愿意重新启动与阿富汗塔利班组织的和平谈判。

4月20日，印度政府将新设一个战略智库，负责制定国家军事和安全战略，并监管军备采购等问题。印度政府设立该委员会的目的是实现国防规划和战略一体化，在国防安全问题上提供具有前瞻性的建议。

4月22日，阿富汗警方日前在首都喀布尔市区挫败一起炸弹袭击图谋。警方在喀布尔市区第五警区发现一辆安置了磁性炸弹的汽车，并在袭击者引爆之前控制了这辆汽车和爆炸装置。

4月23日，印度强烈谴责4月22日发生在阿富汗首都喀布尔和东北部巴格兰省的恐怖袭击。印外交部声明称：“印度强烈谴责在喀布尔和巴格兰省的懦弱胆怯和野蛮的恐怖袭击。恐怖分子及其拥护者选择即将举行的议会和地区委员会选举的选民登记中心为其袭击目标的事实使本次袭击事件更令人愤慨。”印外交部强调，印度愿意向阿富汗提供任何可能的援助，包括向伤者提供医疗援助。

4月30日，联合国秘书长古特雷斯对发生在阿富汗的多起袭击表示愤慨，并对遇难者家属致以最深切的慰问。古特雷斯通过其发言人迪雅里克表示，阿富汗喀布尔市和坎大哈省当天相继发生的袭击造成众多平民、救援人员和学生伤亡。记者在袭击中所遭遇的蓄意攻击再次突显出媒体专业人员在从业时所面临的风险。

5月1日，印媒称，由于中国和印度即将积极行动，致力于设立最高指挥官热线以及恢复军事交流和演习，自 2017 年洞朗对峙以来实际控制线沿线加剧的军事紧张局势将逐步降温。名为“和平使命”的军演将在俄罗斯乌拉尔山区举行，其主要目标是加强上海合作组织 8 个成员国之间的反恐合作。

5 月 17 日，巴基斯坦军方在该国西南部俾路支省首府奎达附近挫败一起恐怖袭击，击毙 5 名恐怖分子。5 名恐怖分子当晚试图袭击奎达市郊区的一个边防部队应急救援中心，遭到执勤士兵阻击，恐怖分子被全部击毙，4 名边防部队士兵受伤。

5 月 22 日，巴基斯坦外交部当天表示，一个印度代表团将于 23 日出席在巴基斯坦举行的上合组织反恐会议。该报称，印度此次参会有着重要意义，因为该国曾抵制 2016 年在巴基斯坦伊斯兰堡举行的南亚区域合作联盟峰会，理由是巴基斯坦不断对跨境恐怖主义给予支持。巴外交部 22 日在声明中说，上合组织 8 个成员国的法律专家和上合组织地区反恐机构的代表们，将就地区面临的恐怖威胁以及增加反恐努力的方法展开讨论。

5 月 28 日，阿富汗和巴基斯坦高级军事和情报官员同意加强努力，以确保地区可持续和平。

6 月 7 日，阿富汗总统加尼宣布与塔利班反叛分子暂时停火。尼科尔森经由远程视频通话告诉出席美国国防部吹风会的媒体记者，阿富汗政府与阿富汗塔利班之间的“斡旋和对话正在秘密发生，涉及多个层面”。他没有提及双方参与谈判的具体人员，但披露塔利班高层和中层人员均参与其中。

6 月 8 日，印度尼赫鲁大学中国与东南亚研究中心教授狄伯杰日前在接受中新社记者采访时表示，上海合作组织为印中合作搭建了良好平台，弘扬“上海精神”意义重大。

6 月 7 日，阿富汗总统阿什拉夫·加尼说，阿富汗安全部队将在开斋节前后与阿富汗塔利班组织停火大约一周。塔利班方面暂时没有作出回应。加尼的办公室发表声明，宣布停火将从本月 12 日持续至开斋节结束，大概到本月 19 日，停火对象不包括极端组织“伊斯兰国”和“基地”组织。

6 月 11 日，联合国安理会欢迎阿富汗政府上周宣布与塔利班武装临时停火，以及塔利班随后宣布在开斋节期间停火 3 天。安理会再次要求塔利班接受阿富汗政府于今年 2 月提出的双方无条件直接和谈的提议，重申由阿富汗主导的包容性和平进程对于阿富汗长期繁荣和稳定的重要性，对阿富汗政府为此作出的努力表示支持，并表示联合国愿意为此提供帮助。

6 月 13 日，阿富汗塔利班要求美国从阿富汗撤军，呼吁与美方直接对话，用“和平方式”解决阿富汗冲突。北大西洋公约组织当天敦促塔利班坚持与阿富汗政府军的停火承诺。

6 月 15 日，据巴基斯坦媒体报道，巴基斯坦塔利班武装组织头目法兹卢拉可能已死于美国 13 日发起的一次无人机空袭行动。巴基斯坦塔利班尚未对此作出回应。报道说，美军无人机 13 日夜间在靠近巴基斯坦与阿富汗边境的阿富汗库纳尔省对巴基斯坦塔利班一个据点发动空袭，法兹卢拉是本次空袭的目标。巴基斯坦安全部门一名官员向新华社记者证实，空袭发生在 13 日夜间，法兹卢拉和其他 4 名塔利班指挥官已死于空袭。

6 月 15 日，阿富汗国防部发言人穆罕默德·拉德马尼什证实，巴基斯坦塔利班领导人法兹卢拉已经死于美军对阿富汗东部库纳尔省实施的一次无人机空袭行动。

6 月 18 日，联合国安理会发表媒体声明，用最强烈的言辞谴责近日发生在阿富汗东部楠格哈尔省的两次恐怖袭击。声明说，必须将此类恐怖主义行径的实施者、组织者、资助者和支持者绳之以法。声明敦促所有国家按照国际法和安理会相关决议规定的义务，与阿富汗政府和其他有关方面积极合作。安理会重申，任何形式的恐怖主义都是对国际和平与安全构成的最严重威胁，所有国家必须尽全力遏制恐怖主义活动。

6 月 26 日，巴基斯坦外交部发言人费萨尔确认，巴基斯坦塔利班领导人法兹卢拉已经死于美军对阿富汗东部库纳尔省实施的一次无人机空袭行动。这一信息也得到阿富汗国防部发言人的证实。

6 月 24 日，印度的反恐机构——国家安全卫队（NSG）引入了一种新的综合性心理测试，来选拔那些想要成为“黑猫”突击部队队员的入门级士兵。“黑猫”突击部队肩负着国家反恐反劫持的使命。

6 月 27 日，中国常驻联合国代表马朝旭 26 日表示，国际社会应支持阿富汗政府就国内和解问题与包括塔利班在内的反政府武装达成一致，开启和平进程。

6 月 30 日，在喀布尔宣布将结束与阿富汗塔利班的单方面停火，呼吁阿塔利班参与和平对话。加尼在当天举行的新闻发布会上表示，为期 18 天的停火已经结束，阿富汗安全部队将重新展开军事行动。加尼说，此前的停火取得了明显成效，表明全国上下为和平做好了准备。他还表示，此前阿塔利班停火 3 天说明该组织很多成员渴望和平。现在是阿塔利班给出积极回应的时候，只要阿塔利班做好准备，他将随时准备延长停火。

7 月 14 日，针对巴基斯坦自杀式爆炸袭击一事，外交部发言人华春莹表示，中方对这起袭击事件深感震惊，予以强烈谴责。中方向遇难者表示沉痛哀悼，向受伤人员和遇难者家属表示深切慰问。“中国反对一切形式的恐怖主义，坚定支持巴基斯坦政府和人民为打击恐怖主义、维护国家稳定和人民安全所作的不懈努力。”

7 月 14 日，巴基斯坦联邦政府就日前发生在开伯尔 - 普什图省和俾路支省的 2 起自杀式恐怖袭击事件发表声明，宣布 15 日为全国哀悼日，全国降半旗以悼念袭击事件的死难者。

7 月 15 日，印度新德里电视台报道，印度和巴基斯坦将参加下个月在俄罗斯举行的大型反恐演习，此次演习由上海合作组织（SCO）组织，目的是扩大成员国之间的合作，以应对恐怖主义和极端主义。

7 月 26 日，中印两国军方就加强边防一线风险管控、共同维护边境地区和平稳定等达成共识。中印是亚太地区的发展中大国，两国良性互动对维护该地区和平稳定具有重要作用。

8 月 2 日，据美国有线电视新闻网（CNN）报道，恐怖组织“呼罗珊”200 多名成员近日向阿富汗军方自首，表示宁愿向军方投降也不愿被塔利班抓获。然而，阿富汗军方却表示，该恐怖组织是经受不住军方的猛烈攻击才被迫选择向军方投降。据报道，阿富汗境内的恐怖组织“呼罗珊”的头目也在这些向军方自首的人之中，该恐怖组织在与塔利班激烈交战多日后，最终决定向军方自首。随后塔利班发言人发表声明表示，在与“呼罗珊”交战过程中，共有 153 名“呼罗珊”人员死亡，超过 100 人受伤，还有 134 人被俘。该发言人还在声明中表示，目前阿富汗北部的“呼罗珊”组织成员已经全部被塔利班清除。

8 月 6 日，阿富汗政府官员表示，政府可能特赦本周在北部朱兹詹省投降的上百名极端组织“伊斯兰国”成员，以鼓励更多反政府武装加入和平进程。路透社报道，大约 150 名“伊斯兰国”人员，其中包括 2 名高级头目，本周早些时候被塔利班武装赶出在朱兹詹省占据的地盘，随后向阿富汗安全部队投降。

8 月 13 日，印度政府特意安排德里警队新成立首支女子特警队，负责保护总理莫迪出席庆典。根据报道，这支特警队由 36 人组成，她们在过去 15 个月曾接受多项专业训练，掌握了武器使用、爆破、反恐、城镇战及攀爬多层大厦等技术，还个个精通以色列格斗术。

8 月 16 日，巴基斯坦军方说，巴陆军参谋长巴杰瓦当天批准特别军事法庭对 15 名恐怖分子的死刑判决，这些人曾参与实施一系列针对军警、平民、政府和教育机构的恐怖袭击活动。

8 月 20 日，阿富汗总统阿什拉夫·加尼当天宣布，政府将与该国塔利班组织有条件地实施为期 3 个月的停火。加尼说，政府与塔利班将“有条件地实施停火”。此次停火为期 3 个月，将在得到塔利班方面确认后，于本月 20 日开始执行。

8 月 20 日，印度和日本决定进一步加强两国防务合作关系，譬如加强双边军事演习、军事交流、高层互访以及在海事安全和国防生产方面的合作。报道称，印度陆军和日本陆上自卫队将于今年晚些时候举行反恐领域的首次联合军事演习，同时提高正在进行的海军演习和互动水平，演习包括的领域有反潜战和反水雷作战。

8 月 22 日至 8 月 29 日，上海合作组织“和平使命”大型反恐演习在俄罗斯举行，同为组织成员国的印度和巴基斯坦，首次共同参加此次演习。这也是 70 年来，巴基斯坦和印度首度共同军演。据印度《经济时报》23 日报道，印度和巴基斯坦目前正参加在俄罗斯举行的上合组织大型反恐军演。此次军演在俄罗斯切巴尔库尔训练场举行，旨在扩大成员国之间的合作，以应对恐怖主义和极端主义。

8 月 26，阿富汗国家安全局发表声明说，极端组织“伊斯兰国”阿富汗分支头目阿布·萨阿德·埃尔哈比日前在东部楠格哈尔省境内被打死。阿国家安全局在当天的一份声明中表示，阿军方和外国部队 25 日晚针对在楠格哈尔省霍吉亚尼地区的“伊斯兰国”目标展开联合军事行动。

9 月 5 日，印度国防部发表声明称，该国与哈萨克斯坦的“KAZIND 2018”联合军事演习将于 9 月 10 日至 23 日在哈国奥塔尔地区举行。印度国防部提醒称：“这是印哈两国第三次联合军演，上次演习去年在印度举行。”声明指出，演习首要目的旨在两军交流经验和更深入研究彼此战术。国防部补充称：“印度军队在反恐行动中获得的丰富经验对哈萨克斯坦军队具有重要意义。举行联合军演将为双方更紧密的国防合作创造基础，并有利于加强两国间关系。”

9月6日，印度与美国外交和防务“2+2”会谈在印度举行。双方官员签署一项通信安全协议，同意明年举行三军联合演习。

9月20日，巴基斯坦外交部证实，巴基斯坦总理伊姆兰·汗正寻求重新启动与邻国印度暂停多年的对话。印度与巴基斯坦是“老对头”。近年来，印方指认巴基斯坦向恐怖分子提供庇护。在两国存在领土争议的克什米尔地区，形势总体缓和，但冲突时有发生。

9月16日，印度内政部长拉杰纳特·辛格在印巴边境沿线的两个5公里地带启动首个“智能围栏”试点项目。该项目将部署激光激活的围栏和技术驱动的关卡，以堵住边界沿线脆弱的缺口。

10月7日，据Tolo news电视台援引阿富汗国防部的声明称，在阿国民军和安全部队及空军于不同省份展开的联合行动期间，阿富汗最近一天内至少消灭57名武装分子。据阿国防部消息，在过去的24小时内，阿国民军和安全部队在该国13个省份展开了行动，成功消灭了57名武装分子，有8人受伤。行动期间还摧毁了武装分子的武器。阿富汗正进行政府军与塔利班极端组织武装分子的对抗，塔利班此前曾占有该国农村地区的大片土地并向大城市展开进攻。“伊斯兰国”恐怖组织的影响也在该国加强。阿富汗国民军和安全部队正在全国进行联合反恐行动。

11月2日，中国国家主席习近平在人民大会堂会见巴基斯坦总理伊姆兰·汗。习近平欢迎伊姆兰·汗正式访华并出席首届中国国际进口博览会。习近平指出，中巴全天候战略合作伙伴关系是在两国长期相互支持、密切合作中形成和发展起来的特殊友好关系，得到两国人民衷心拥护和支持。无论国际形势和两国国内发生什么变化，中巴关系始终保持旺盛生命力，不断发展壮大。中巴合作不仅造福两国人民，也促进了地区和世界和平、稳定、发展。要加强反恐合作，打造更牢固的安全纽带。

11月2日，巴基斯坦宗教学者萨米·哈克在巴基斯坦遇袭身亡，暂不清楚他如何遇害。哈克曾教授阿富汗塔利班创始人穆罕默德·奥马尔等知名塔利班成员，因而被称为“塔利班之父”。

11月15日，印度和日本举行了首次陆上联合军事演习。印度军方声称本次演习的目的是提高两国军队合作打击恐怖主义的能力。本次演习于11月1日在印度瓦伊伦格泰反叛乱和丛林战争学校开始，为期2周，双方的联合反恐特遣队锻炼了反叛乱行为中各种技战术能力，包括互换使用对方武器和设备，实地行动训练和爆炸物处理。在行动中，双方各级指挥员密切协调工作，共同接受和处理信息，共同规划行动，并向各自的集成小队发布命令。

11月16日，阿富汗政府军在多个省份对塔利班武装展开军事行动，打死至少69名塔利班武装人员。阿富汗巴赫塔通讯社当天援引阿国防部消息报道说，此次军事行动在加兹尼、坎大哈、法拉、赫尔曼德等14个省份展开，共打死至少69名塔利班武装人员，打伤至少15名武装人员，并缴获一批武器弹药。

11月18日，美国新任阿富汗和解事务特别代表扎尔梅·哈利勒扎德说，希望阿富汗政府与塔利班明年4月20日前达成和平协议。消息人士同一天公开塔利班代表与哈利勒扎德在卡塔尔对话的部分细节。双方先前对话3天，但就多项议题没有达成一致。

11月20日，阿富汗安全部门在首都喀布尔抓获4名图谋制造袭击的极端组织“伊斯兰国”武装分子。声明说，被抓获的4人均为阿富汗人，他们图谋在喀布尔不同地区制造袭击事件。安全人员还同时查获一些武器弹药。4人已承认隶属于“伊斯兰国”阿富汗分支。

11月23日，中国驻巴基斯坦第一大城市卡拉奇总领馆突然遭遇袭击事件，3名试图闯入领馆的武装分子与警察交火。事件中，3名恐怖分子全部被打死，2名警察和2名平民不幸遇难，总领馆内中方所有馆员和家属均安全。袭击事件震惊巴基斯坦政坛，巴总理、外长等政要纷纷迅速出面强烈谴责，并承诺彻底调查，采取一切必要措施保护“中国朋友的安全”。

11月23日，3名非法武装分子试图闯入中国驻巴基斯坦卡拉奇领事馆未得逞，并在随后的交火中被击毙。24日，巴基斯坦方面在对这起恐袭的调查中取得重大进展，已逮捕了2名涉嫌与此次事件相关的共犯。这两名嫌犯是在警方和其他执法机构的联合行动中被逮捕的。消息人士称，至少有1名嫌犯在领事馆遭袭前，曾与实施袭击的恐怖分子接触过。

11月26日，印度安全部队在中部恰蒂斯加尔邦与纳萨尔派反政府武装发生交火，8名武装分子被击毙，2名安全部队士兵丧生。

11月28日，阿富汗援助国部长级会议在瑞士日内瓦举行，美、日、俄罗斯、中国等60多个国家参加，会议通过联合声明，确认了为推进和平进程开展国际协调的重要性。以 2001 年美国“9·11”恐怖袭击为契机发动的阿富汗战争是美国历史上最长的战争，早日实现和平成为当务之急。阿富汗总统加尼在演讲中称，“我们希望达成和平协议，让塔利班能加入民主而全面的社会”，表示将加速迈向和平的努力。塔利班方面并未参加此次会议。

12 月 1 日，巴基斯坦三军新闻局发表声明说，巴安全部队当天在西北部开伯尔－普什图省德拉伊斯梅尔汗地区击毙 1 名被通缉的恐怖分子，成功解救出被其劫持的 6 名人质。被击毙的恐怖分子名为哈基姆，携有自动武器和手榴弹。有 4 名安全部队人员在与哈基姆交火时受伤。被劫持的 6 名人质均为平民。声明说，此次行动是巴军方反恐行动的一部分，但未提及哈基姆劫持人质的时间和目的。

12 月 3 日，阿富汗执法人员试图对阿富汗国防部前任部长阿卜杜勒·拉希姆·瓦尔达克（Abdul Rahim Wardak）之子在喀布尔的住宅展开强攻，双方发生激烈枪战，导致 1 名警察身亡，7 人受伤。

12 月 3 日，巴基斯坦政府说，巴基斯坦总理伊姆兰·汗当天收到美国总统唐纳德·特朗普的一封信，内容是美国请求巴基斯坦帮忙促成阿富汗和平谈判，以结束这场旷日持久的战争。

12 月 6 日，巴基斯坦外交部长库雷希 5 日说，巴基斯坦赞赏中国在推动阿富汗和平与和解进程上发挥的积极作用，并期待第二次中阿巴三方外长对话朝预定方向前进，帮助阿富汗实现和平与发展。

12 月 6 日，巴基斯坦三军新闻局局长阿西夫·加富尔说，巴安全部队过去两年在全国开展了密集有效的反恐行动，国家安全局势明显好转。加富尔当天在新闻发布会上说，巴安全部队自 2017 年 2 月发起“平乱”行动以来共实施 44 次反恐行动，抓捕数千名嫌疑人，缴获约 3.2 万件非法武器，打击了恐怖主义资金支持链。加富尔表示，由于西北部开伯尔－普什图省的安全形势好转，巴安全部队将集中力量应对西南部俾路支省的安全威胁，6.5 万到 7 万名安全人员将被部署在俾路支省。

12 月 6 日，中国常驻联合国副代表表示，国际社会应支持“阿人主导、阿人所有”的包容性政治进程，支持阿富汗政府推动和谈的努力，推动塔利班早日回到谈判桌，帮助阿富汗和解进程不断取得积极进展。

12 月 8 日，巴基斯坦反恐部门和安全部队在该国东部旁遮普省逮捕了

5名隶属于“基地”组织的武装分子。巴基斯坦媒体援引消息人士的话报道说，巴反恐部门和安全部队根据情报机构提供的线索，在旁遮普省南部的巴哈瓦尔布尔地区采取抓捕行动。反恐部门和安全部队除了逮捕5名武装分子外，还在他们的藏身处查获大量武器弹药和现金。

12月11日，“携手-2018”中印陆军反恐联合训练在四川成都举行开训仪式。印度驻华武官、中方联训高级代表、双方参训官兵参加了开训仪式。10时整，开训仪式正式开始。中国人民解放军联训高级代表邝德旺在致辞时说，这次联训，是2007年以来中印两军第7次反恐联合训练，旨在增进了解互信、巩固以往成果、交流训练经验、探索方法路子，共同提高联合反恐能力，不针对第三方。据了解，这次联训共持续14天，中印双方参训官兵将以“中印两国联合打击国际恐怖组织”为背景，按照适应性训练、混编同训和综合演练3个阶段，共同完成“城镇条件下街区联合反恐作战”课题训练。联训期间，双方参训官兵混编成为A、B两个连队，共同生活、共同训练，互相学习彼此的战术技能、训练方法和指挥程序。

12月15日，第二次中国-阿富汗-巴基斯坦三方外长对话在阿富汗喀布尔举行。国务委员兼外长王毅、阿富汗外长拉巴尼、巴基斯坦外长库雷希出席。对话期间，三方签署《合作打击恐怖主义谅解备忘录》，并共同发表了三方联合声明。

12月25日，中国外交部发言人华春莹在北京的例行记者会上称，中国国务委员兼外长王毅25日上午会见了专程来华的巴基斯坦外长库雷希。双方一致认为，军事手段解决不了阿富汗问题，推进政治和解才是唯一现实可行的途径。

12月29日，阿富汗政府军在该国东部的楠格哈尔省针对阿富汗塔利班和极端组织“伊斯兰国”展开清剿行动，打死至少9名武装分子。声明说，政府军日前在楠格哈尔省境内的希萨拉克、代赫巴拉等地同时展开清剿行动。至少有5名塔利班武装分子在希萨拉克地区被打死，另有4名“伊斯兰国”武装分子在代赫巴拉地区被政府军空中打击身亡。政府军还在行动中缴获了一批武器弹药和车辆。

2018 年南亚及阿富汗地区遭受恐怖袭击次数及伤亡人数

时间	阿富汗		巴基斯坦		孟加拉国		印度	
	袭击次数	伤亡人数	袭击次数	伤亡人数	袭击次数	伤亡人数	袭击次数	伤亡人数
1 月	7	460						
2 月	3	123	1	24			2	15
3 月	13	345	1	29				
4 月	7	301	1	2				
5 月	8	235						
6 月	6	268					1	7
7 月	12	381	3	464				
8 月	8	231	1	3				
9 月	4	152						
10 月	3	45			1	2		
11 月	10	389	3	106				
12 月	2	14						
合计	83	2944	10	628	1	2	3	22
全年，南亚及阿富汗地区共遭受恐怖袭击 97 次，伤亡 3596 人								

第十二章 ／2018年东南亚地区反恐怖军事行动*

第一节　东南亚地区反恐怖军事行动综述

2018 年，由于东南亚各国文化宗教多元化，经济发展水平差异大，致使各国在反恐合作机制上步调不一。一些恐怖组织与本土分离主义势力及反政府武装混杂在一起，使得反恐问题在某些国家成为与政治乃至选举相关的话题，加大了合作反恐的复杂性。

一、东南亚地区恐怖主义新态势

根据 2018 年的研究结果，恐怖主义指数最高的国家依次为伊拉克（9.746）、阿富汗（9.391）、尼日利亚（8.660），其次为叙利亚（8.315）、巴基斯坦（8.181）以及索马里（8.020）。中东、北非等地区仍是国际恐怖活动的重灾区与策源地；南亚地区发生的恐怖袭击数量及死伤人数有明显下降；东南亚、欧洲、中亚地区成为恐怖主义新活跃区，反恐形势依然严峻。根据澳大利亚智库经济与和平研究所 2018 年 12 月 24 日公布的《2018 年全球恐怖主义指数报告》，菲律宾 2017 年是受恐怖主义危害最大的前 10 个国家之一，共有 326 人在恐怖袭击事件中丧命，菲律宾以

* 东南亚总共有 11 个国家：越南、老挝、柬埔寨、缅甸、泰国、马来西亚、新加坡、印度尼西亚（简称印尼）、菲律宾、文莱和东帝汶，其中东帝汶是经全民公决后，于 2002 年 5 月 20 日从印尼独立出来的，是东南亚最年轻的国家。

7.181 的评分，在“恐怖主义新兴热点”排行榜上名列第 10。马来西亚近年恐怖活动风险上升，公共安全事件有所增多，但社会安全环境总体较好。中国社会科学院《中国海外投资风险评级 2018》对世界 57 个国家的社会风险排名中，马来西亚排第 14 位，属于低级风险。

（一）“伊斯兰国”回流东南亚，美国从叙利亚撤军对中东反恐格局带来了新变化，“伊斯兰国”外籍恐怖分子比本土恐怖分子更危险

根据苏凡集团（The Soufan Group）报告，在中东参战的外籍极端分子中，有约 900 人来自东南亚国家，其中大多数是印尼和马来西亚人。这些极端分子还在“伊斯兰国”叙利亚“领地”内组建了名为“马来群岛单位”（Katibab Nusantara）的战斗小组。中东战场失利，这些东南亚“圣战”分子的残余势力作为“伊斯兰国”的存续力量将回流东南亚。在“伊斯兰国”被击溃的形势下，新一波极端主义、恐怖主义狂潮正从中东向全球外溢和扩散。从世界各地来到中东进行“圣战”的人员纷纷回流，对各国的安全和稳定形成严重威胁。据报道“伊斯兰国”武装分子在叙利亚和伊拉克并未被完全消灭，盟军占领区也可能被该组织再次夺回。目前有 1000 名来自于 50 个国家的“圣战”分子被关押在叙利亚库尔德人控制的监狱里。由于库尔德武装的撤离，他们中间有些人已经被释放或即将被释放，且母国并不愿意接收他们回国受审，其流散可能会再次造成全球性的恐怖主义威胁。

（二）网络恐怖主义问题越来越严重

“伊斯兰国”新版的马来语报纸《征服者》（Al - Fatihin）近期再度出现。“伊斯兰国”的宣传从公开社交媒体（Facebook、Twitter、YouTube、Telegram、WhatsApp）逐步转移，通过一些匿名分享网络平台开展强有力的网络宣传攻势，例如 Justpaste. it、Sendvid. com 和 Dump. to 等。“伊斯兰国”的网络杂志《达比克》（Dabiq）就是通过 Justpaste. it 网络平台长期向外发布的。而且这些网络平台的注册无需实名制，使用简单便捷，传播速度极快，拥有广泛的用户群。“伊斯兰国”在其他“暗网”（Deep Web）渠道传播极端思想及招募人员。

（三）恐怖分子利用学生签证进入马来西亚，东南亚仍然是恐怖分子的藏身地

马来西亚的签证需求十分宽松，对于许多国家公民来说不需要入境签证。出入境安全领域的脆弱点一直未得到有效控制。警方调查显示，不法集团利用学生签证，使外籍恐怖分子进入马来西亚。“他们利用在宗教学校学习的机会，借此获得学生签证而进入马来西亚。”2 月 2 日马来西亚移民局总监拿督斯里慕斯达法表示，当局将在 2021 年前全面落实“乘客预先扫描系统”（Advanced Passenger Screening System），严防国际罪犯或恐怖分子入境大马。根据 2012 年哈德逊研究所《各国年度反恐报告》显示，马来西亚等东南亚岛国一直被恐怖分子用作中转和规划活动的藏身地。马来西亚与泰国临近的北部边境控制一直很弱。菲律宾南部、印度尼西亚和马来西亚的沙巴州之间三角地带的海上安全存在缺口。

（四）马拉维恐怖事件在加剧东南亚城市大规模恐怖主义的恶性发展同时凸显国际影响

2017 年 5 月效忠“伊斯兰国”的“阿布沙耶夫”组织和“穆特”组织在马拉维市与菲政府军发生激烈冲突，并占领马拉维市达 5 个月之久，造成 1170 人死亡，几十万人流离失所。马拉维恐袭事件证实了“伊斯兰国”在东南亚深度存在及对东南亚渗透态势的全面升级，更凸显了“伊斯兰国”在东南亚的恐怖活动的目的不仅仅是制造恐慌，还包括“占领”地盘乃至建立“政权”。2018 年 3 月，据菲律宾军方消息，马拉维之战中亲“伊斯兰国”主力“穆特”组织的成员在政府军收复马拉维之前已经逃亡。这些残余部队目前正在重整、招募新兵，发动新的袭击，以“占领另一座城市”；马拉维恐怖事件也表明东南亚地区恐怖组织的作战方式及整体能力已得到极大提升，已经可以从丛林游击式的隐蔽作战转向城市的激烈对抗；马拉维恐怖事件，菲律宾政府证实有来自也门、迪拜、车臣及印度等国家或地区的恐怖分子参与了马拉维的战斗，并怀疑有来自巴基斯坦、孟加拉国、新加坡等国的恐怖分子加入了菲律宾南部的恐怖组织，呈现出更大的“国际化”特征。

（五）恐怖分子以家庭为单位，实暴者出现了妇女儿童

自 2015 年至今，490 多名印尼人因与“基地”组织和“伊斯兰国”

存有联系而被土耳其、新加坡等国家以及中国香港和中国台湾遣返回印尼。根据印尼警方的数据，2015 年到 2017 年，印尼共有 336 人被确认为恐怖主义案件嫌犯。马来西亚警方政治部反恐组高级助理总监阿育汉透露，从 2013 年至 2016 年 7 月 27 日，马来西亚警方在国内共逮捕 230 名与“伊斯兰国”有关的恐怖分子。自 2015 年至今，新加坡当局已拘留 14 名支持“伊斯兰国”的男性，并于 2017 年 6 月 12 日逮捕了首位受“伊斯兰国”影响而自我激进化的新加坡女性。印尼在境外的女佣群体的自我激进化问题十分严峻，其中包括在中国香港特区的印尼女佣。2018 年 5 月 13 日，在制造印尼泗水连环恐怖袭击事件的袭击者中，出现了印尼首名成功实施自杀式炸弹袭击的女性。女性在恐怖主义活动过程中往往做的是后勤保障、情报收集、恐怖活动策划以及恐怖袭击执行等工作，也有女性充当“人体炸弹”参与自杀式恐怖袭击的案例。更让人揪心的是出现了以家庭为单位的恐怖分子，儿童也被牵扯其中。

（六）菲律宾恐怖攻击事件覆盖范围广

2018 年菲律宾本土恐怖组织“阿布沙伊夫”，杀害 37 人，“马巫德集团”杀害 26 人。报告称，虽然在 2017 年，菲律宾恐怖攻击事件的单场死亡人数均在 10 人以下，但覆盖范围却极广，至少有 1 人死于恐怖攻击事件的地区超过 170 个。菲律宾总统杜特尔特之前以恐怖威胁为由，又延长南部民答那峨岛的戒严状态，直到 2019 年年底。

二、东南亚国家的反恐怖军事对策

东南亚有着多样的宗教信仰和复杂的地理环境，向来是极端组织招募人员、拓展组织的目标。过去 20 多年间，东南亚出现了不少武装组织。2014 年后，随着极端组织“伊斯兰国”的扩张，东南亚武装分子逐步与之合流，恐怖袭击日渐增多；自 2017 年以来“伊斯兰国”在中东地区节节败退，该组织就在加速筹划对外转移，东南亚便成为“伊斯兰国”渗透的重要目标区域。

（一）强化反恐立法，加强网络反恐

对于东南亚国家来说，增强反恐能力首先意味着在国内采取更严格的

应对措施，包括法律和安保等方面以加强自身反恐力量，提升反应速度，增强反恐能力。很多国家针对恐怖活动的特点打起了“宣传战”，努力消除恐怖袭击的社会基础。在马来西亚，政府一直努力从心理方面消除极端组织对普通民众的诱惑；马来西亚总理纳吉布 1 月 6 日在吉隆坡指出，马来西亚政府永远不会向恐怖主义妥协。[①] 2 月 2 日马来西亚移民局总监拿督斯里慕斯达法表示，当局将在 2021 年前全面落实“乘客预先扫描系统”（Advanced Passenger Screening System），严防国际罪犯或恐怖分子入境大马。在新加坡，政府加强监控力度，提出“安全新加坡”倡议，在公共场所增布监视器，随时把数据传送给警务部门，鼓励民众通过发达的信息网络，为政府传送可疑人物或事件的信息与图像；[②] 新加坡 2 月 27 日提议成立一条新的法律来协助处理恐怖袭击事件，它将阻止当地人们对事发现场进行拍照、录视频或传播警方有关行动等。在 2018 年元旦前夕滨海湾地区的新年倒数活动中，新加坡警方也开始尝试用配备闪光警戒灯、搜索灯以及音频警示扩音系统的无人机观察人潮情况。无人机拍摄的高清实时画面可通过无线信号传输到遥控器上架设的平板电脑，并能调整机上摄像头的角度。警方计划在 2018 年第四季度让无人机正式“服役”。8 月 7 日，新加坡移民局将在部分边境检查站试用虹膜识别技术，用于防范恐怖主义和保障民众生命安全。印尼政府采取了一系列行动：首先，对国内现有反恐机构进行整合；其次，政府加快制订反恐条例，强化反恐措施；第三，强化网络监管，以防国内社交网站被不法分子滥用，进行恐怖活动。马来西亚政府也绷紧反恐神经，采取联合防御措施，多次开展大突查，逮捕多名与极端组织相关的可疑人员；加快旨在识别和打击网络暴力极端主义的各种反恐中心的建设。1 月 3 日，根据 2017 年 5 月 19 日总统佐科签署的 2017 年第 53 号总统令，印尼政府正式成立新的“国家网络安全局”，以应对网络上的宗教极端主义和假新闻。[③] 5 月 13 日印尼东爪哇省首府泗水市连环恐怖袭击发生后，印尼总统佐科就敦促国会尽快通过新反恐法。

---

① 参见《马来西亚总理称政府永远不会向恐怖主义妥协》，中国新闻网，2018 年 1 月 6 日，http：//www. chinanews. com/。

② 参见《新加坡拟立新法禁止恐怖袭击现场人群发图文展开交流》，中国新闻网，2018 年 2 月 28 日，http：//www. huanqiu. com/。

③ 参见《印尼正式成立负责网络安全的政府机构》，人民网，2018 年 1 月 4 日，http：//www. people. com. cn/。

（二）国家反恐与双边反恐双轨并行

东南亚各国在国内积极健全反恐网络。印尼政府采取了一系列行动：首先，对国内现有反恐机构进行整合；5 月 16 日，印度尼西亚国家警察总长宣布，在这个世界上穆斯林人口最多的国家最近受到一波自杀性爆炸袭击之际，一支军方特种部队加入了警方打击恐怖组织的行动中。① 其次，政府加快制订反恐条例，强化反恐措施；第三，强化网络监管，以防国内社交网站被不法分子滥用，进行恐怖活动。马来西亚政府也绷紧反恐神经，采取联合防御措施，多次开展大突查，逮捕多名与极端组织相关的可疑人员；加快旨在识别和打击网络暴力极端主义的各种反恐中心的建设。在 2018 年元旦前夕滨海湾地区的新年倒数活动中，新加坡警方也开始言尝试用配备闪光警戒灯、搜索灯以及音频警示扩音系统的无人机观察人潮情况。无人机拍摄的高清实时画面可通过无线信号传输到遥控器上架设的平板电脑，并能调整机上摄像头的角度。警方计划在 2018 年第四季度让无人机正式“服役”。8 月 7 日新加坡移民局将在部分边境检查站试用虹膜识别技术，用于防范恐怖主义和保障民众生命安全。对反恐的共识带动行动，东南亚区域内国家间反恐合作机制正日趋完善。目前，东盟内部已经成立了反恐专家工作组；菲律宾、印尼、马来西亚三国去年启动了联合海上巡逻和联合空中巡逻机制，以强化合作打击区域恐怖主义和跨国犯罪的能力；今年初，印尼、马来西亚、文莱、菲律宾、新加坡、泰国 6 国启动了“我们的眼”情报合作机制，强调各国定期为打击武装分子提供信息交换，并创建武装分子数据库供各国掌握。②

（三）域内合作与国际合作双腿走路

面对越来越严峻的恐怖威胁，东南亚国家纷纷在国内、国际两条线上同时推进反恐合作。东盟作为一个整体，利用与域外国家的多边对话合作框架增设反恐议题，争取外界援助与合作，在东盟防长会议及东盟防长扩

---

① 参见《印尼连遭自杀式恐怖袭击　陆军特种部队协助警方反恐》，参考消息网，2018 年 5 月 25 日，http：//www. cankaoxiaoxi. com/。

② 参见《加强情报分享　启动联合巡逻　东南亚国家强化反恐合作（国际视点）》，人民网，2018 年 1 月 30 日，http：//www. people. com. cn/。

大会、东盟峰会和东亚合作领导人系列会议上，都将反恐议题放在重要位置。为了有效打击恐怖主义，联合防控被提上东盟系列会议议程，并不断得到强化。今年 2 月在新加坡召开的东盟防长会上，各国防长发表联合声明强调，要通过多种渠道加强反恐合作。4 月的东盟峰会上，各国领导人对此声明表示欢迎。而在国际合作层面，东盟分别同美国、中国、日本、俄罗斯、澳大利亚、印度、加拿大、新西兰、巴基斯坦、欧盟等国家或组织签署了反恐合作宣言或协议。东盟多国还分别与中、日、印、美、澳等国签署双边反恐合作协议。菲律宾军方 7 月 16 日发表声明称，菲律宾、澳大利亚两国海军将从当天起在苏禄海展开为期 10 天的联合军演，以增强在该海域打击“恐怖主义及海上劫持活动”的能力。①

第二节　东南亚地区主要恐怖袭击事件

一、印尼泗水市连遭爆炸恐怖袭击

当地时间 5 月 13 日以来，印尼东爪哇省首府泗水市发生 4 起爆炸袭击事件，袭击共造成至少 20 人死亡，40 多人受伤。让人担心的是，这些事件分别由 2 个不同的家庭制造，这可能是恐怖袭击事件的新的作案手段。而在不久前的 8 日晚，印尼西爪哇省德博（Depok）的警察防暴机动部队总部监狱发生暴乱。不到一周所发生的一连串暴力事件，进一步暴露了印尼反恐形势的严峻。②

（一）事件背景

近年来，极端组织“伊斯兰国”（IS）在中东活动的同时，也不断开辟海外战线，通过社交媒体等网络为自己招买年轻兵马。2016 年雅加达袭击事件后，IS 继续加大在东南亚的宣传力度，比如在视频中利用印尼人威

---

① 参见《菲律宾与澳大利亚在苏禄海展开联合军演》，新华网，2018 年 7 月 17 日，http：//www. people. xinhuanet. com/。

② 参见《印尼接连发生恐袭！为什么受伤的总是印尼？恐成 IS 的“温床”?》，中国东盟博览杂志，2018 年 5 月 19 日，http：//cati. nwupi. edu. cn/。

胁各国政府和警方，并吸引教促追随者发动袭击。印尼是世界上穆斯林人口最多的国家，约 2.6 亿人口中近 90% 信奉伊斯兰教，约 10% 是基督徒，其余信奉印度教、佛教等。对被迫从中东撤退的 IS 来说，这里可能是该组织建立发展业务和招募新成员的“沃土”。法新社称，印尼正努力应对国内滋生的激进情绪，对宗教不包容的担忧加剧，致使教堂容易成为袭击目标。据英国广播公司（BBC）报道，2002 年至今，印尼已遭遇近 10 起与极端武装分子有关的袭击事件。2002 年巴厘岛炸弹袭击造成 202 人丧生后，印尼当局强化了反恐措施，但形势一直在变化。从地理位置上来看，西欧和东南亚都是“外溢”极端分子考虑的“着陆点”，宗教和地理情况特殊的岛国印尼似乎成为了极端主义的“温床”。印尼、马来西亚和新加坡于 2015 年警告称，该地区发生与 IS 有关的袭击不是一道“是否题”，而是一道“时间题”。2016 年 1 月，印尼首都雅加达市中心发生一系列爆炸和枪击事件，是该国首次发生与 IS 有关的袭击。印尼一关押极端人员的监狱本月 8 日发生暴乱，IS 称其策划了这一暴乱。有猜测称，近期 IS 煽动监狱暴乱、JAD 头目阿曼·阿卜杜拉赫曼（Aman Abdurrahman）受审、斋月等原因可能引发了泗水连环袭击。

（二）事件经过

爆炸袭击从 13 日上午开始。一对夫妻和 4 个子女对印尼东爪哇省首府泗水市 3 座教堂实施了自杀式爆炸袭击，造成 12 名民众死亡、40 人受伤，袭击者全家殒命，最小的女儿年仅 9 岁。13 日晚，一名疑似恐怖分子在泗水南部诗都阿佐县其所住的公寓内，处理炸弹时发生爆炸，将其妻子和 17 岁女儿炸死，多人受伤。这名嫌疑人随后被警方击毙。14 日上午，一家 5 口分乘两辆摩托车在泗水市警察局入口处引爆炸弹，4 名家庭成员死亡，并造成 6 名警察和 4 名平民受伤。这家人大约 8 岁的女儿“被爆炸抛出”后幸存，正在医院接受治疗。

（三）事件影响

印尼总统佐科 13 日前往连环爆炸案发生地点。他称这种行为是“野蛮的、不人道的”，“我要求大家共同加入打击恐怖主义和激进主义的斗争，这些行为违背了我们的宗教价值观，没有任何语言可以表达我们对逝去的受害者的沉痛哀悼”。这是佐科 3 天内第二次就反恐主题在新闻发布会上表明态度和决心。5 月 10 日，在西爪哇省茂物行宫举行的记者会上，佐科刚刚表明“确认这个国家及其人民永远不会害怕恐怖主义，我们决不会给恐怖主义任何妨碍国家安全的机会”。彼时，印尼的反恐部队刚刚平息了一场监狱暴乱。多年来，分析人士一直警告称，印尼将发展成为东南亚一个军事前哨基地，因为从中东战场返回本土的武装分子可利用经验发动袭击。眼下，世界各地的穆斯林即将迎来伊斯兰教传统斋月，极端分子通常会在斋月期间发动袭击。澳大利亚迪肯大学专家格雷格·巴顿（Greg Barton）指出，泗水袭击可能拉开“一场更复杂运动的序幕”，“这是印尼人从叙利亚返回后的首个斋月”。据《纽约时报》报道，分析人士指出，如果 IS 今年仍能在斋月期间发动大规模袭击，将表明面临领土损失的该组织仍然是一个重大威胁。就印尼“圣战”分子的能力而言，一系列连环爆炸事件无疑是一场组织严密、协调一致的袭击行动。有分析称，IS 的势力保持着持续抬头的趋势，IS 极端分子回流对包括印尼在内的东南亚地区极有可能造成持续性的威胁。不仅如此，高频恐袭意味着背后的策划与造成的影响也都十分显著，这或将表明，印尼接下来很可能面临更具威胁性的恐怖主义挑战。印尼新闻网站 Poskota News 援引“印尼警察观察组织”（IPW）公布的数据称，至少有来自印尼 6 个地区、共 57 名恐怖组织的成员已经进入雅加达。这批恐怖分子借由陆路进入雅加达 5 个区域（雅加达中区、北区、南区、西区、东区）。报道称，不论数据是否有确实根据，但这样的信息不应该被忽视，印尼警方及社会各界应提高警觉。今年下半年，亚运会、世界银行及国际货币基金组织年会将先后在印尼举行。又恰逢印尼议会及全国地方“选举”，明年是总统大选的“竞选年”。面对恐怖主义和极端主义的渗透，佐科政府欲履行“确保人民安全和维持社会治安”以及“使恐怖分子在印尼没有容身之地”的承诺，面临的形势严峻。印尼政府经过此番连环爆炸案将在提高警戒级别的同时，也会做好相关的应对准备。在上周，美国领导的打击 IS 联盟宣布抓获 5 名 IS 高级头目，对该组织造成“重大打击”。尽管不少 IS 高级成员已被击毙或抓获，但受到 IS 影响的“细胞”依然存在，并有构成持续威胁的蔓延趋势。除印尼，法国巴黎近日也发生袭击事件，IS 宣称制造了此次袭击事件。从中东到西欧再到东南亚，从“萌芽”到“壮大”再到“败退”，本已走上穷途末路的 IS 不断制造流血事件，让人们不得不对恐怖主义始终保持警惕。

二、印尼巴布亚省数十名国有建筑公司员工遭枪杀

12 月 1 日，印尼东部巴布亚省恩杜加县一公路施工工地遭到当地武装分子袭击，共造成 31 名国有建筑公司员工死亡。[①]

（一）事件背景

巴布亚省位于印尼最东边，与巴布亚新几内亚共和国接壤。该地曾是荷兰殖民地，1961 年独立，1963 年由联合国和印尼共同管理，1969 年经由联合国认可的公民投票正式纳入印尼版图。20 世纪 60 年代开始，该地的“自由巴布亚运动”组织一直寻求巴布亚独立，将每年 12 月 1 日确定为所谓的“独立纪念日”。

（二）事件经过

12 月 1 日，一名在当地筑路的印尼国有建筑公司工人看到武装人员在庆祝所谓的“巴布亚独立日”，便对着他们拍照惹怒了武装分子。这伙武装分子冲进建筑工人营地，枪杀了 24 名工人。当时有 8 名工人逃脱后躲到当地一名议员家中。次日，武装分子又追踪至该议员家中，枪杀了 7 名工人，1 人逃脱。这伙武装分子还袭击了当地的一个军事哨所，打死 1 名士兵。

（三）事件影响

印尼总统佐科 5 日下午在雅加达总统府对近日在该国东部巴布亚省一建设工地遭枪杀的数十名国有建筑公司员工表示哀悼，强调武装袭击并未动摇国家建设巴布亚省的决心，相反更加坚定了这种决心。佐科命令印尼国家军队和警察对事件展开调查，对参与袭击的武装分子展开追捕。由 154 名军人和警察组成的联合行动队已被派往事发地点。除追捕武装分子、寻找遇难者遗体和保护平民外，他们还将承担保卫当地基础设施建设项目的任务。印尼总统办公厅主任穆尔多科当天下午亦表示，政府正在努力恢

---

① 参见《印尼巴布亚省数十名国有建筑公司员工遭枪杀总统哀悼》，中国新闻网，2018 年 12 月 5 日，http：//www. chinanews. com/。

复事发地区的安全和秩序。他强调，当地所有基础设施建设项目都将继续进行。

三、菲律宾南部遭汽车炸弹爆炸袭击

7月31日菲律宾南部巴西兰省拉米坦市发生汽车炸弹袭击事件，造成11人死亡、多人受伤。

（一）事件背景

阿布沙耶夫武装成立于20世纪90年代初，主要在菲律宾南部活动，曾参与制造一系列袭击和绑架活动。近年来在菲政府军打击下，该组织势力已被削弱。①

（二）事件经过

巴西兰省拉米坦市当地时间6时左右，政府军士兵发现一辆形迹可疑的白色面包车，随即军方人员在拉米坦城外一个安全检查站将车拦下。在检查过程中，面包车上的炸弹发生爆炸，造成6名士兵和4名平民死亡，面包车司机当场身亡，另有7名士兵受伤。同天中午，大马尼拉地区近郊安蒂波罗市公路旁遭人埋设炸弹，爆炸后造成2名路人受伤。8月1日深夜，中部马斯巴特市的码头遭人放置炸弹，所幸无人受伤。

（三）事件影响

菲总统发言人哈里·洛克当天将这起爆炸事件定性为“恐怖袭击”。他在一份声明中表示，菲政府对这起恐怖袭击予以最强烈的谴责，这次恐袭公然挑战菲律宾法律，政府正在对整个事件进行调查，将尽全力将策划者绳之以法。菲律宾首都区警长艾里萨说，高度警戒状态下，大马尼拉地区会有更多警察在路上巡逻，并加强情报搜集工作。他还指示大马尼拉地区所有警局及派出所加强稽查，并例行性在重要地点设置临时检查站。

---

① 参见《菲南部汽车炸弹爆炸死亡人数升至11人》，中国新闻网，2018年12月5日，http：//www. chinanews. com/。

四、其他恐怖袭击事件

1 月 16 日，菲律宾总统杜特尔特就菲律宾可能出现的恐怖威胁发出警告，他说，敌人可能会袭击机场、港口和其他公共场所。次日，菲律宾军方高层人员也指出，至少有 48 名外籍恐怖分子在菲律宾南部的棉兰老岛活动。

2 月 24 日，清晨缅甸若开邦首府实兑发生 4 起炸弹爆炸事件，造成 2 人轻伤。①

3 月 5 日，菲律宾军方说，至少 300 名支持极端组织“伊斯兰国”的武装人员已重新集结，正打算在南部马拉维市以外的地方发动攻击。

4 月 5 日，酷航（Scoot Airways）飞往泰国合艾 TR634 班机涉遭炸弹威胁，返往新加坡顺利在樟宜机场降落。②

5 月 8 日晚间，位于印尼西爪哇省德博（Depok）的警察防暴机动部队总部监狱发生暴乱，一些涉及恐怖活动的囚犯从警察手中抢走 30 件武器，杀害 5 名反恐部队成员、并将 1 名警察扣为人质。经过近 2 天的对峙，全副武装的反恐部队于 10 日上午攻入曾一度被恐怖嫌犯控制的监区，155 名参与暴乱的囚犯全部缴械投降。

5 月 10 日，印尼茂物一个拘留中心 8 日晚上发生骚乱，5 名 88 反恐部队的队员被杀，另有一名参与骚乱的暴乱分子被击毙。

6 月 25 日，菲律宾军方称，该国军队误杀 6 名警察，并造成另外 9 人受伤，原因是军队以为这些警察是菲律宾中部边远地区的反政府游击队。

6 月 25 日，一伙武装人员当天在印度尼西亚巴布亚省恩杜加县一机场向一架小型飞机及附近平民开火，造成 3 人死亡、2 人受伤。

6 月 11 日 23 时至 6 月 12 日 20 时，新加坡共遭受到 4 万次网络袭击，成为全球首要被袭目标。

7 月 3 日，菲律宾一名市长日遭一名枪手射杀，是最近两天第二名遭

---

① 参见《缅甸若开邦发生数起炸弹爆炸事件》，中国新闻网，2018 年 2 月 4 日，http：//www. chinanews. com/。

② 参见《新加坡酷航班机遭炸弹威胁　两架战机护送返航》，海外网，2018 年 4 月 5 日，http：//www. haiwainet. cn/。

暗杀的菲律宾市长。

10 月 7 日晚上 8 时 30 分许，曼谷拉差贴威区知名的水门商场（Watergate Pavillion）附近发生枪击事件，致外籍游客受牵连，导致其中 1 名印度男性游客不幸身亡，另有 4 人受伤。

12 月 31 日，菲律宾南部棉兰老岛地区哥打巴托市一个商场入口发生炸弹爆炸事件，造成至少 2 人死亡、21 人受伤。

第三节　东南亚地区主要反恐怖军事行动

一、印尼反恐部队逮捕击毙恐怖主义嫌疑人 197 名

自今年 5 月中旬泗水市发生连环自杀式爆炸恐怖袭击以来，印尼反恐部队在 2 个多月内，已逮捕、击毙 197 名恐怖主义嫌疑人。[①]

（一）行动背景

2018 年 5 月中旬，印尼第二大城市泗水市接连发生多起自杀式炸弹恐怖袭击，造成包括多名警察在内的重大人员伤亡。印尼反恐部队随即在全国范围内展开对恐怖分子的搜捕。印尼国会也于当月底加速通过了《反恐法》修订案，赋予警方打击恐怖主义行动的更大权限，允许警方对恐怖嫌疑人采取先发制人的行动而不必等到恐怖行为实施、必要时还可延长对恐怖嫌疑人的拘留期限，并允许印尼军方参与反恐行动。[②]

（二）行动概况

据印尼该国警察总长迪托 7 月 16 日在位于西爪哇省德博市的机动警察总部介绍，自 5 月份泗水市爆发连环自杀式恐怖袭击以来，印尼警察 88 反恐特种部队 2 个多月来在全国范围开展追缉恐怖分子行动，共逮捕、击毙

① 参见《印尼 2 个多月逮捕击毙涉恐嫌犯百余人　总警长令各省组反恐队》，中国新闻网，2018 年 7 月 18 日，http：//www. chinanews. com/。

② 参见《印尼 2 个多月逮捕击毙涉恐嫌犯百余人　总警长令各省组反恐队》，中国新闻网，2018 年 7 月 18 日，http：//www. chinanews. com/。

了 197 名恐怖嫌犯，其中 20 人因危及警员或民众生命安全而被击毙。仅在首都雅加达，警方就逮捕了近 50 名涉恐嫌犯。迪托表示，将继续追查恐怖网络，努力将恐怖主义斩草除根。他已下令印尼每一个省级警区都必须组建反恐特种部队，警员数量取决于各个地区的安全状况。迪托指令，对于包括恐怖主义思想传播者，恐怖爆炸案实施者、支持者和资金提供者，警方都将予以逮捕。他提醒警员在对恐怖分子实行执法时要加强警惕，因为恐怖分子都是亡命之徒。如果恐怖分子危及执法警员和公众的安全，警方有权采取果断行动给予制服。

（三）行动评析

泗水连环爆炸案震惊世界，一个清晰的信号告诉人们，印尼似乎销声匿迹很长时间的恐怖分子又回来了。而随着爆炸现场的一些细节逐渐显露，恐怖分子的真实面目和实施手段也逐渐清晰，一些惊人的新现象告诉我们，一个新的恐怖时期来临了。

印尼极端分子的活动高潮从历史上看可以分为两个阶段：第一个阶段从 2002 年的巴厘岛爆炸案开始，到 2015 年恐怖分子基本落网被歼。第二个阶段是从 2016 年雅加达萨利纳爆炸案开始，到这次的“5・13”泗水连环爆炸案达到高潮，未来是否还有更多恐袭事件，以及印尼警方何时能够将凶手绳之以法都是未知数，所以第二次高潮的结局如何尚不清楚。但是由第一次高潮到结束长达 13 年的时间来看，这次连环爆炸案的持续时间至少也要 10 年以上才能结束。

印尼的恐怖分子从来也没有被彻底清除，他们始终存在，而且还深深地植根于印尼大地，大有后继有人的趋势。这次的连环恐袭与十多年前的恐袭一脉相承，都是在伊斯兰祈祷团的指挥策划下实施的，这一点印尼警察总长迪托已经在 5 月 14 日下午的新闻发布会上证实。但是两次袭击的细节有些不同。一个是实施者出现了妇女和儿童，是家庭集团作案，而且基本上每次都有；二是袭击对象发生变化，由主要以西方外国人为目标变成了以印尼本国异教徒和警方为目标；三是行动变得国际化，由“伊斯兰国”统一指挥，全球联合行动，声势浩大。

二、其他反恐怖军事行动

1 月 3 日，根据 2017 年 5 月 19 日总统佐科签署的 2017 年第 53 号总统令，印尼政府正式成立新的“国家网络安全局”，以应对网络上的宗教极端主义和假新闻。据估计，目前印尼的互联网用户已超过 1.5 亿，人们对网络的依赖程度越来越高，面临的网络安全方面的任务和挑战也日益复杂和多元化。佐科当天在总统府宣布，委任国家保密局前局长佐科 · 塞蒂亚迪领导国家网络安全局。国家网络安全局直接对总统负责，该局属于非内阁政府机构，但该局局长拥有政府部长级别。处理网络安全工作的协调涉及国家网络安全局、印尼国防部、国家情报局、国家反恐局及政法安全事务统筹部所属的国家禁毒局。①

1 月 6 日，马来西亚总理纳吉布在吉隆坡指出，马来西亚政府永远不会向恐怖主义妥协。

1 月 10 日，马来西亚移民局总监拿督斯里慕斯运法指出，去年有约 5 万名试图进入大马的外籍旅客、学生或雇员，因为各种原因而被移民局盖上“禁止着陆”字眼，被直接遣送回国。

1 月 16 日，菲律宾众议院通过召集国会参众两院组成修宪委员会的决议，准备修改 1987 年制定的宪法，将菲律宾由中央集权改为联邦制，总统由现行只能做一任改为可连任一次。

1 月 18 日，菲律宾民调机构“社会气象站”（SWS）的一项调查显示，菲律宾民众对总统杜特尔特的施政满意率达到新高，其政府在反恐、扶贫以及公共建设方面取得成绩最受菲民众肯定。

1 月 22 日，电马来西亚全国总警长弗兹在吉隆坡表示，1 名本地男子和 1 名印尼男子因涉嫌从事恐怖活动被捕。

1 月 24 日，泰国当局以叛国和恐怖主义等罪名，指控曾在 2014 年领导反政府示威活动的泰国前副首相素贴和另外八名民主党党员。

1 月 24 日，菲律宾军队在该国南部逮捕了一名携带手榴弹及制爆设备的西班牙籍的突尼斯男子。据菲军方介绍，被捕男子今年 20 岁，名叫阿卜

---

① 参见《印尼正式成立负责网络安全的政府机构》，人民网，2018 年 1 月 4 日，http://www.people.com.cn/。

杜勒-哈基姆·拉比迪·阿迪卜（Abdelhakim Labidi Adib），其22日在巴西兰（Basilan）省的一个军事检查站被逮捕。和他同行的一个疑是“阿布沙耶夫”成员的菲律宾男子则逃脱。

1月24日，菲律宾总统杜特尔特表示，希望中国帮助守卫东南亚的重要海上航道，以解决该区海域的海盗及恐怖主义问题。杜特尔特24日在前往印度出席于1月24日至26日在新德里举行的东盟印度峰会之前，向东盟成员国发出呼吁：“我要告诉你们，如果我们做不到，我们将必须请求中国介入，并且像轰走在亚丁湾之索马里海盗那样地轰走他们。如果不是中国，亚丁湾的索马里海盗便将不会被遏止。”

2月2日，马来西亚移民局总监拿督斯里慕斯达法表示，当局将在2021年前全面落实“乘客预先扫描系统”（Advanced Passenger Screening System），严防国际罪犯或恐怖分子入境大马。“乘客预先扫描系统”与国际系统连线，可过滤所有入境乘客，掌握乘客的信息，及时防止恐怖分子入境。该系统主要阻止可疑乘客登上飞往大马的航班，在起飞地点拦截或禁止该名乘客登机或入境。①

2月12日，菲律宾总统杜特尔特下令，棉兰老岛原住民每杀死反政府武装“新人民军”1名成员，就能获得2万比索（约2800人民币）奖励金。据《菲律宾问询报》报道，杜特尔特日前对记者说，他愿意武装棉兰老岛原住民（Lumad），并安排他们去追捕那些杀害他们家人的反叛分子，原住民每杀死一名“新人民军”成员，就能获得2万比索奖励金。

2月21日，马来西亚警方说，警方在近期一系列反恐行动中逮捕了11名马来西亚和菲律宾籍恐怖组织嫌疑人，其中部分嫌疑人与菲律宾阿布沙耶夫武装有关。马来西亚警察总长菲齐当天在一份声明中说，警方1月24日至2月6日展开一系列反恐行动，逮捕了11名嫌疑人，其中10人在马来西亚邻近菲律宾南部的沙巴州被捕。被捕的嫌疑人中包括一名27岁的阿布沙耶夫武装重要成员。

2月26日，印度尼西亚政府安排120名决心悔改的前伊斯兰武装分子，与数十名恐袭受害者会面并道歉。当地官员表示，很多伊斯兰武装

---

① 参见《大马将落实“乘客预先扫描系统”严防罪犯恐嫌入境》，中新网，2018年2月2日，http://www.chinanews.com/。

分子已经痛改前非。安排此次会面的印尼反恐部门解释说，这些前伊斯兰武装分子决心与当局合作，用他们的经验警戒其他人不要成为极端分子。①

2 月 27 日，新加坡提议成立一条新的法律来协助处理恐怖袭击事件，它将阻止当地人们对事发现场进行拍照、录视频或传播警方有关行动等。该法律将成为新加坡议会 2018 年出台的《公共秩序和安全（特别权力）法案》的一部分。新加坡《海峡时报》称，提议的这部法律将适用于新闻记者。不遵守者将面临罚款或拘留等处罚。

4 月 11 日，菲律宾商报报道称，杜特尔特总统在 2018 年博鳌亚洲论坛上发表讲话时，重申了中菲伙伴关系，并邀请中国领导人今年 11 月访问菲律宾。杜特尔特在该论坛致辞时说，中菲将共同打击罪恶和毒品。“我们将肩并肩打击恐怖主义和暴力极端主义。没有错，没有稳定，亚洲就不会有进步。”杜特尔特总统使用了“肩并肩”一词，这也是他此前形容菲律宾与美国之间安全合作的用词。菲美每年进行名为“肩并肩”的联合军演。因 1951 年互防条约，美国目前是菲律宾唯一的条约盟友国。

4 月 12 日晚，菲律宾总统杜特尔特在香港会见菲律宾劳工的时候，就 2010 年发生在菲律宾的香港人质事件道歉。杜特尔特说：“请允许我对中国人民表示，从我的内心深处，我作为菲律宾的总统，谨代表菲律宾人民，就此向你们正式道歉。”这是菲律宾在任总统首次就此事进行正式道歉。

5 月 14 日，2018 年亚运会组委会主席托希尔表示，印尼目前已建立了特别反恐机制，以确保 8 月举办的亚运会的安全。印尼计划出动警察和军队以确保亚运赛事安全。同时，还将启动网络安全机制，以应对来自互联网的恐怖威胁。他指出，作为降低反恐风险的一部分，印尼将为出席和参加亚运会的贵宾、运动员和官员提供专门保护。与此同时，赛事举办场地和观众也将受到重点关注。购票者必须提供个人详细信息，比如地址和电话号码。第 18 届亚运会将于 8 月 18 日至 9 月 2 日在印尼首都雅加达和南苏门答腊省首府巨港等城市举行。②

---

① 参见《印尼 120 名恐怖分子向受害者道歉　被指已痛改前非》，海外网，2018 年 2 月 27 日，http：//www. haiwainet. cn/。

② 参见《印尼承诺保障 2018 亚运会安全》，新华社，2018 年 5 月 14 日，http：//www. xinhuanet. com/。

5 月 8 日晚间，位于印尼西爪哇省德博（Depok）的警察防暴机动部队总部监狱发生暴乱，一些涉及恐怖活动的囚犯从警察手中抢走 30 件武器，杀害 5 名反恐部队成员、并将 1 名警察扣为人质。经过近 2 天的对峙，全副武装的反恐部队于 10 日上午攻入曾一度被恐怖嫌犯控制的监区，155 名参与暴乱的囚犯缴械投降。

5 月 16 日，印度尼西亚国家警察总长说，在这个世界上穆斯林人口最多的国家最近受到一波自杀性爆炸袭击之际，一支军方特种部队加入了警方打击恐怖组织的行动中。

5 月 23 日，是菲律宾南部城市马拉维爆发反恐战局一周年的日子。当天，马拉维市长甘达姆拉在接受央视记者采访时表示，政府将尽快展开重建。马拉维的反恐危机已经过去整整一年了，尽管还面临着很多安全威胁，但是菲律宾政府说他们可以确保这样的悲剧再也不要发生。现在，政府的工作重心就是尽快地重建城市，让民众得以返回家园。

5 月 24 日，据美国福克斯新闻网报道，继此前菲律宾总统杜特尔特指责一名澳大利亚修女参加反对活动，并令其离开菲律宾。之后，该修女上诉，要求菲律宾政府撤回关于撤销她的传教士签证的命令，但她的要求遭到菲律宾移民局拒绝。报道称，菲律宾总统杜特尔特一直强硬回击他的批评者们，尤其是那些对他扫毒行动提出疑问的人。上个月，菲律宾政府阻止了 1 名持批评意见的意大利政治家入境。

6 月 1 日，马来西亚警方说，警方在近期一系列反恐行动中逮捕 15 名恐怖活动嫌疑人，其中包括多名外籍人士。马来西亚警察总长菲齐当天在一份声明中说，这些嫌疑人于 3 月 27 日至 5 月 9 日在马来西亚多个地点被捕，其中有人策划在大选期间制造袭击事件。菲齐说，被捕者中包括 6 名菲律宾籍嫌疑人，他们被指控为在菲律宾的武装分子收集武器。另有一名孟加拉国籍男子，因涉嫌为国际恐怖组织走私军火被捕。

6 月 8 日，针对日益严重的大学校园内激进主义思想渗透，印尼总统佐科要求国家机构和民间组织应该合力予以铲除。印尼官方安塔拉通讯社 8 日报道指，佐科 7 日在西爪哇省视察工作时作出上述要求。根据佐科接到的报告，如今印尼受激进主义和恐怖主义意识形态影响和渗透的大学校园数量不少。最近印尼媒体有关大学校园内恐怖主义活动的披露引起了社会的担忧。[1]

6 月 10 日，菲律宾军方在棉兰老岛马京达瑙省动用武装直升机向反政府武装“邦萨摩洛伊斯兰自由战士组织”据点发动空袭和地面进攻，打死 15 名武装分子。此次行动的指挥官表示，在清晨发动的攻击让武装分子“措手不及”，据点内约 100 名武装分子四散而逃，其中 15 人被击毙、2 人被抓获。空袭还炸毁了一座制造简易爆炸装置的设施。

6 月 12 日，新加坡将迎来朝鲜最高领导人金正恩和美国总统特朗普的会晤。对于这场会晤，新加坡方面严阵以待，现已做好了各项准备。6 月 10 日，是新加坡官方宣布进入“加强保安特别活动”（Enhanced Security Special Event）的第一天。“加强保安特别活动”是专为朝美领导人而设的，旨在保障会晤过程的绝对安全。

6 月 25 日，菲律宾中部萨马省发生一起当地警察和军队士兵之间的误击事件，造成 6 名警察死亡、6 名警察受伤。菲律宾警方表示，事件发生在当天上午 9 时左右，正在萨马省维拉尔市山区执行巡逻任务的当地警察，遭遇一群“武装人员”，双方交火 20 分钟，造成警方人员伤亡。这些“武装人员”后被证实为军队士兵。当地军方指挥官法纳西奥说，当时士兵在该区域执行对反政府武装“新人民军”的作战任务。警察在未沟通的情况下进入该区域，导致军方误认为其为“新人民军”成员，随即发动攻击。

7 月 1 日，据彭博社报道，上周五黄永宏在就新加坡军人节（7 月 1 日）接受采访时表示，新加坡面临的恐怖主义威胁不会在未来十年减弱。该国面临 2001 年“9·11”恐怖袭击以及 2002 年巴厘岛爆炸案以来“最高级别的恐怖主义威胁”，表示应加强国家间的合作对恐怖主义进行打击。他特别提到上月在新加坡举行的“金特会”，称其为新加坡武装力量提供了检验其防卫体系有效性的机会，也向潜在的袭击者发出信号：“新加坡武装力量不是闹着玩的”。

7 月 8 日，不到一周时间，菲律宾两名市长、一名副市长遭枪手杀害。警方说，三起枪案互不关联，民众无需担心。

7 月 12 日，据“中央社”报道，印度尼西亚警方持续扫荡恐怖组织，

---

① 参见《印尼总统要求政府和民间合力铲除校园激进主义》，中国新闻网，2018 年 6 月 8 日，http：//www. chinanews. com/。

近日在雅加达等地逮捕5名恐怖嫌犯，有的是面摊小贩，有的是公司保全，他们潜伏在生活的各角落，一旦犯案，实在防不胜防。报道称，警方88反恐特遣队近日在雅加达中区的塔纳阿邦（Tanah Abang）、希利尔（Bendungan Hilir）等地，逮捕涉及恐怖活动的多名嫌犯。①

7月15日凌晨，两名疑似恐怖分子骑着摩托车闯入西爪哇省南安由县（Indramayu）警署大院抛掷高压锅炸弹，在他们试图逃遁时被警员开枪击伤而被逮捕。14日下午5点30分左右，印尼警方88反恐特种部队在日惹特区史勒曼县恩格利克镇搜捕恐怖嫌犯时，3名疑似恐怖分子手持枪支及大砍刀拒捕，在与警方枪战中被击毙，另一名恐怖嫌犯逃脱，2名反恐警员被刺伤。

7月16日，菲律宾军方发表声明称，菲律宾、澳大利亚两国海军将从当天起在苏禄海展开为期10天的联合军演，以增强在该海域打击“恐怖主义及海上劫持活动”的能力。廷多格说，此次演习中，两国海军将会针对联合通信、作战规划、海上监控、搜索救援等方面进行协同演练，以提高两军的“训练、协同及合作水平”，增强两军在苏禄海应对和打击“恐怖主义及海上劫持活动”的能力。苏禄海位于菲律宾西南部，毗邻马来西亚和印度尼西亚。近年来苏禄海海域恐怖主义威胁明显上升，海盗活动和跨国犯罪频发。

7月17日，电据“中央社”报道，印度尼西亚警察总长狄托表示，自5月中旬泗水发生连续自杀式炸弹攻击以来，警方持续破获恐怖分子网络，迄今共逮捕197名涉恐嫌犯。雅加达警局发言人雷登示，警方对那些把民众安全置于险境并对警方发动袭击的歹徒，采取坚定果敢的行动。雷登指出，光是从7月6日至12日，共有1237人被列为矫正计划对象，同时有247名抢匪在雅加达各地被捕。这项扫荡街头犯罪的行动旨在亚运登场前改善雅加达的治安，并会持续进行到8月3日。

7月31日，印度尼西亚首都雅加达的南雅加达法院宣布，以涉嫌发动多起恐怖袭击和与境外恐怖组织存在关联的罪名，解散印尼本土极端组织“神权游击队”。主审法官阿里斯当天在法庭上说，有充分证据证明“神权游击队”成员在印尼多个地区实施了恐怖袭击，审判小组一致判定“神权

① 参见《印尼警方逮捕多名本地涉恐嫌犯：以各种角色“潜伏”》，中国新闻网，2018年7月12日，http://www.chinanews.com/。

游击队”为非法机构并予以解散。

8 月 6 日，新加坡《海峡时报》报道，新加坡移民局将在部分边境检查站试用虹膜识别技术，现在仅应用于新加坡公民和已获永久居留权人士，希望将来取代指纹识别技术。虹膜识别技术将在两处检查站试点使用：一处在新加坡北部与马来西亚交界处，一处在通往邻国印度尼西亚海岛的轮渡码头。①

8 月 15 日，菲律宾军方说，菲政府军与阿布沙耶夫武装近日在菲南部发生交火，有 7 名阿布沙耶夫武装分子在交火中被击毙，另有 6 名武装分子被打伤，政府军方面有 17 名士兵受伤。

9 月 15 日，菲律宾政府军与阿布沙耶夫武装近日在菲南部发生交火，有 7 名阿布沙耶夫武装分子在交火中被击毙，另有 6 名武装分子被打伤，政府军方面有 17 名士兵受伤。

10 月 10 日，孟加拉国首都达卡快速审判法庭对 2004 年导致至少 24 人死亡的手榴弹袭击案进行宣判，判处 19 人死刑。

12 月 6 日，菲律宾军方说，政府军当天在菲南部苏禄省解救出一名被阿布沙耶夫武装绑架的印度尼西亚籍人质。这名人质已被近三个月。今年 9 月他所乘坐的渔船在马来西亚沙巴州东南外海被一伙阿布沙耶夫武装分子拦截，他和另一名印尼籍船员随即遭绑。②

12 月 27 日，联合国秘书长古特雷斯通过发言人发表声明，呼吁孟加拉国第 11 届国民议会选举利益攸关方确保在选举前、选举中和选举后营造一个没有暴力、恐吓和强迫的环境，以使投票以和平、可信和包容的方式举行。古特雷斯指出，所有孟加拉国国民，包括少数族裔和妇女，必须在行使其投票权时感到安全。有关方面应支持民间社会和选举观察员在选举过程中发挥作用。

---

① 参见《新加坡边境安检试用虹膜识别技术》，新华网，2018 年 8 月 7 日，http：//www xinhuanet. com/。

② 参见《一名印尼人质被菲律宾军方解救　已遭绑架近三个月》，央视网，2018 年 12 月 7 日，http：//www. cnr. cn/。

2018 年东南亚地区遭受恐怖袭击次数及伤亡人数

时间		1 月	2 月	3 月	4 月	5 月	6 月	7 月	8 月	9 月	10 月	11 月	12 月	合计
菲律宾	袭击次数						1	6					1	7
	伤亡人数						15	23					23	61
泰国	袭击次数										1			1
	伤亡人数										5			5
印度尼西亚	袭击次数					8	2			1			2	12
	伤亡人数					75	5			7			32	112
缅甸	袭击次数		4											4
	伤亡人数		2											2
全年，东南亚地区共遭受恐怖袭击 24 次，伤亡 180 人														

第十三章 / 2018年中亚地区反恐怖军事行动*

第一节　中亚地区反恐怖军事行动综述

中亚地区经济发展不平衡，社会、历史、文化和宗教因素错综复杂，该地区国家一直面临较大反恐压力。2018 年，中亚五国与国际社会加强反恐合作，广泛搜集情报，积极开展反恐怖军事行动，堵截“恐怖组织”跨境通道，力保本地区安全稳定。

一、中亚地区面临的主要恐怖威胁

中亚地区连接亚欧非三大洲，是多种文明文化相互交融碰撞的对冲区，也是重要货物集散地和人员交流中转地，更是中国倡导并推动建设丝绸之路经济带的重点地区，2018 年中亚地区面临的恐怖威胁既有内部的，也有外部的，总体上内部问题大于外部威胁，内、外部恐怖威胁相互交织。

（一）阿富汗北部恐怖组织的活动严重影响了中亚地区安全

2018 年，中亚地区面临着来自阿富汗北部恐怖组织的严重威胁，阿富汗塔利班与政府军的交火近 60% 发生在塔吉克斯坦与阿富汗的交界处。吉

---

* 中亚是指中亚细亚地区，包括土库曼斯坦、乌兹别克斯坦、吉尔吉斯斯坦、塔吉克斯坦和哈萨克斯坦五个国家。

尔吉斯斯坦面临的最严重威胁是伊斯兰激进派别的增长会造成国家南北政治分裂，以及在吉尔吉斯南部吉尔吉斯人与乌兹别克人矛盾进一步尖锐，这种矛盾曾造成2010年的民族屠杀。阿富汗北部与土库曼斯坦接壤的法里亚布省“IS”和“乌伊运”恐怖组织活动猖獗，他们的据点在开萨尔县的一些村庄，资金充足，武器装备比较精良。中亚国家一直就是极端分子的主要袭击目标，极端武装分子在该省的影响加强，无疑会对土库曼斯坦和乌兹别克斯坦构成威胁。尽管中亚各国和上合组织成员国对打击恐怖主义都付出了努力，但威胁和挑战依然存在，武装分子依然在阿富汗北方频繁活动。2018 年恐怖势力又试图为“IS”武装分子从东部（即楠格哈尔省、库纳尔省和努尔斯坦省）向阿富汗北方渗透开辟道路。此外，恐怖势力希望“IS”恐怖分子到瓦罕走廊、昆都士等阿富汗北部地区，特别是巴德吉斯省，因为它与土库曼斯坦的边界线最长。为了控制这个省，一些恐怖分子打算从扎布尔加兹尼大桥穿过古尔省到巴德吉斯省。据阿富汗国家安全部门掌握的情报，恐怖分子花大力气沿着瓦罕走廊，穿越毒贩经常出没的高山小路首先到达塔吉克、乌兹别克和吉尔吉斯斯坦。情报机构还多次发现武装分子持中亚国家的假护照，穿过中国新疆维族自治区，之后又到达哈萨克斯坦，目的是渗入俄罗斯。也有恐怖分子通过伊朗和土耳其，之后到达阿塞拜疆，然后再到中亚国家，土耳其有专门的中心接待这些团伙。显然，他们的目的是扰乱中国、俄罗斯和中亚各国的稳定局面。

（二）“IS”对中亚地区的渗透与影响严重

随着叙利亚军队、伊拉克军队及国际反恐力量在军事上施加更大压力，极端组织“IS”在叙利亚的败退迫使残存武装分子移至其他地区活动，塔吉克斯坦内务部长拉希姆佐达说，2017 年共有 250 名加入“伊斯兰国”的塔吉克斯坦人在叙利亚和伊拉克丧生，另有 117 名塔吉克斯坦人脱离恐怖组织，从叙伊两国返回塔吉克斯坦。“IS”组织还加大了在中亚宣传和招募的力度。据塔吉克斯坦媒体报道，一名在“IS”参加圣战的塔吉克武装分子在网络视频上宣布，他和几位同乡已向“IS”头目提出申请，准备返回故乡与当地极端组织“安拉使者团”共同战斗，该组织因其成员实施自杀式袭击被世人所知，他们发布多个视频，号召信徒参加“圣战”。2014 年塔吉克安全力量曾逮捕 12 名该组织成员，他们试图招募当地居民到叙利亚参加圣战。受“IS”影响，宣传极端主义思想的案件在中亚国家多有发生。2018年，共有几十名因与伊斯兰恐怖组织有关联，或是宣传其思想的中亚公民被判刑。俄联邦安全局局长博尔特尼科夫指出，中东形成了以“IS”为基础的国际恐怖团伙，来自世界各地的成员在伊拉克和叙利亚经过战斗洗礼后，返回祖国，成为教练、策反者、宣传者和创建恐怖网络的专家，他们与“IS”保持着紧密的联系，独联体国家成了国际恐怖主义最合适的靶子。中亚地区最具威胁的恐怖组织——“乌伊运”的一个分支宣誓效忠“IS”。俄罗斯总统普京号召加强地区联盟，在后苏联空间采取优先措施消除“IS”威胁，并要求哈萨克、吉尔吉斯、塔吉克和俄罗斯在集安组织框架内加强协调行动。塔吉克斯坦总统拉赫蒙表示，叙伊两国境内的反恐战争虽已接近尾声，但并非意味着极端组织“伊斯兰国”和其他恐怖组织已被消灭，塔极端主义和恐怖主义威胁与日俱增，塔强力部门不应放松警惕。

（三）经济恶化使中亚地区极端主义加剧

2018年中亚地区原料与能源价格持续下跌，劳务汇款占国民生产总值较大的塔吉克、吉尔吉斯与乌兹别克斯坦等国，受卢布贬值、劳务输入国物价上涨、劳动力需求减少和劳务移民减少影响，经济较为艰难。据专家估计，上述原因造成塔吉克GDP下降20%，吉尔吉斯下降13%，乌兹别克下降15%。大量劳务移民被迫返乡，很难得到就业机会，成为社会的不稳定因素，犯罪率激增。比如2018年，塔吉克斯坦受俄罗斯经济下滑和移民政策收紧，造成30－40万塔吉克劳务移民从俄罗斯回国，生活无着，从阿富汗向塔吉克走私毒品的数量增加，塔阿边境极有可能成为“圣战者”向中亚渗透的中转站。在乌兹别克斯坦，社会经济进一步恶化和乌政府对反对派的严酷镇压，为极端主义、激进主义情绪的扩散提供了土壤，一部分阿富汗的乌兹别克人，特别是昆都士和巴达赫尚省的乌兹别克人更倾向于激进的原教旨主义者塔利班和乌伊运，对乌兹别克构成了潜在的威胁。吉尔吉斯与阿富汗没有直接接壤，但并没有与阿富汗激进的原教旨主义相隔绝。阿富汗有1.5万名吉尔吉斯族人，经济形势恶化，加剧了国内吉尔吉斯人与南方的乌兹别克人的种族矛盾，他们中间激进情绪传播明显。

二、中亚国家的反恐怖军事对策

2018 年，中亚各国针对地区安全形势和恐怖威胁，加强本国反恐力量建设和打击力度，广泛开展地区间反恐合作，防止国际恐怖组织向中亚地区蔓延。特别是上合组织和集安组织成员国在反恐合作方面取得了丰硕成果，推动了中亚国家的地区安全发展。

（一）加强反恐应对措施，防范打击恐怖组织

塔吉克斯坦总统拉赫蒙表示，为阻止塔吉克斯坦公民到其他国家参与武装冲突，塔政府修改了刑法，根据修改后的刑法，已停止参与其他国家武装冲突的塔吉克斯坦人，且并未犯有其他罪行，将被免除刑责。塔政府采取这些措施目的是让那些“受骗”到其他国家参与武装冲突的塔吉克斯坦公民回到亲人身边。在执法层面上，塔自去年底以来执行了更加严厉的去极端化与反恐政策，包括禁止着蒙脸服装，小于 40 岁的人不许出国朝觐，在反恐行动时允许掐断几小时的通讯与互联网络等。塔吉克斯坦内务部长拉希姆佐达表示，2017 年塔吉克斯坦护法机关破获涉及极端主义和恐怖主义犯罪案件超过 1300 起，制止各类恐袭事件 36 起，392 名加入“伊斯兰国”等恐怖组织的极端分子被抓获。此外，塔吉克斯坦内卫部队还摧毁涉恐、涉毒、极端主义和有组织犯罪团伙 210 个。① 据吉尔吉斯斯坦总检察院新闻办公室 8 日通报，2017 年吉共查封 159 个宣扬极端主义和恐怖主义的网站。通报说，这些网站宣扬的极端主义和恐怖主义内容主要来自“伊扎布特”、塔利班和“IS”等极端组织或恐怖组织。根据吉尔吉斯斯坦国家宗教事务委员会 2018 年 2 月公布的消息，目前有 20 个组织被吉法院定性为恐怖组织并禁止其在吉活动，包括“基地”组织、塔利班、“伊斯兰国”、“东突厥斯坦伊斯兰运动”、“东突厥斯坦解放组织”和“乌兹别克斯坦伊斯兰运动”等。②

---

① 参见《塔吉克斯坦总统：不应对恐怖威胁放松警惕》，新华网，2018 年 3 月 14 日，http：//www. xinhuanet. com/。

② 参见《吉尔吉斯斯坦 2017 年查封 159 个涉恐网站》，新华网，2018 年 1 月 10 日，http：//www. xinhuanet. com/。

（二）发挥上合组织功能，共筑联合反恐铁拳

6 月 9 日至 10 日在青岛举行了上海合作组织成员国元首理事会第十八次会议。会议批准了《上合组织成员国打击恐怖主义、分裂主义、极端主义 2019 年至 2021 年合作纲要》、通过旨在防止青年参与恐怖和极端组织活动的《上合组织成员国元首致青年共同寄语》和《上合组织预防麻醉药品和精神药物滥用构想》。会议强调要合力构建共同、综合、可持续、合作、平等和不可分割的安全架构，探讨共同应对现代威胁和挑战，维护和平与稳定，确立人类命运共同体的共同理念。会议指出打击一切形式和表现的恐怖主义是本组织成员国最重要的任务之一，应在该领域采取综合措施。重申对待恐怖和极端分子应摒弃双重标准，强调国家及其主管机关在本国境内及专门国际合作框架内打击恐怖主义和极端主义问题上的核心作用。[①] 习近平主席指出要积极落实上合组织成员国《打击“三股势力”2019 至 2021 年合作纲要》，继续举行“和平使命”等联合反恐演习，强化防务安全、执法安全、信息安全合作。要发挥“上海合作组织—阿富汗联络组”作用，促进阿富汗和平重建进程。未来 3 年，中方愿利用中国—上海合作组织国际司法交流合作培训基地等平台，为各方培训 2000 名执法人员，强化执法能力建设。[②] 上海合作组织地区反恐怖机构执委会主任叶夫根尼·瑟索耶夫表示上合组织地区反恐怖机构是地区安全体系的有效组成部分，2004 年成立以来一直致力于推动上合组织成员国有关机构在打击恐怖主义、分离主义和极端主义方面的协调与合作。通过该机构，上合组织成员国边防部门间的反恐合作得到加强，该机构在打击恐怖主义和极端主义宣传方面的作用也得到强化。据他透露，2013 年至 2017 年，上合组织成员国有关机构共制止 600 多起具有恐怖主义性质的犯罪活动，摧毁 500 多个武装分子培训基地，抓获 2000 多名国际恐怖组织成员，缴获 1000 多件自制爆炸装置、50 多吨爆炸物、1 万多支枪支及 100 多万发子弹。2016 年至 2017 年，成员国共屏蔽 10 万多家网站，这些网站共登载 400 多万条宣扬

---

① 参见《上海合作组织成员国元首理事会第十八次会议新闻稿》，新华网，2018 年 6 月 9 日，http：//www. xinhuanet. com/。

② 参见《习近平对构建上合命运共同体提出五点建议》，新华网，2018 年 6 月 10 日，http：//www. xinhuanet. com/。

恐怖主义和极端主义的信息。通过成员国间合作，俄罗斯联邦安全局 2017 年共摧毁 50 多个恐怖组织和极端组织窝点。俄罗斯、哈萨克斯坦、吉尔吉斯斯坦、塔吉克斯坦和乌兹别克斯坦有关部门通过联合行动，共逮捕和遣返 150 名被通缉的犯有恐怖主义罪行的人员。瑟索耶夫还表示，为建立广泛的反恐网络，上合组织地区反恐怖机构与国际刑警组织、独联体反恐中心、亚信会议等国际和地区组织进行密切合作，与联合国的合作正稳步快速推进。目前，该机构正准备同联合国反恐怖主义办公室、非洲恐怖主义研究中心等签署合作备忘录。① 中国公安部国际合作局局长廖进荣表示，上合各成员国通过加强内部协作，多年来制止了数百起恐怖案件，抓获一批恐怖极端分子，缴获了大量枪支弹药、爆炸物品，同时还开展多种演习，包括天山系列演习，努力遏制三股势力在本地区的发展。②

（三）强化边境反恐合作，全面防范恐怖威胁

“恐怖主义不是某一个国家的单独面临的问题，也绝对不是通过单个国家的力量就能解决的‘毒瘤’。”特别是基于来自阿富汗北部恐怖组织渗透、袭击的威胁越来越严重，中亚各国均加强了边境反恐合作，以防范“圣战者”入境。塔吉克斯坦和乌兹别克斯坦武装力量 9 月 18 日至 21 日在塔北部城市胡占德一军事基地举行联合反恐演习。塔乌两国共有 1.7 万名军人参加，演习内容为一伙恐怖分子非法进入乌兹别克斯坦的费尔干纳地区，企图破坏当地局势稳定。塔乌两国军队随即开展联合反恐行动消灭恐怖分子。塔吉克斯坦国防部第一副部长、塔武装力量总参谋长索比尔佐达表示，塔乌两国所在的地区局势日益复杂，国际恐怖组织武装人员在两国边境集结非常令人担忧，两国需要加强边境合作，对任何威胁作出快速反应并消除这种威胁。③ 9 月 25 日“伊塞克湖 - 反恐 2018”独联体反恐军演第二阶段在吉尔吉斯斯坦北部的“雪绒花”训练场举行。此次演习由独联体反恐中心指挥，参演武装力量来自俄罗斯、吉尔吉斯斯坦、阿塞拜

① 参见《上合组织反恐怖卓有成效——访上合组织地区反恐怖机构执委会主任瑟索耶夫》，新华网，2018 年 5 月 9 日，http：//www. xinhuanet. com/。

② 参见《上合组织目前面临哪些安全问题？公安部列 4 大威胁》，环球网，2018 年 6 月 8 日，http：//www. huanqiu. com/。

③ 参见《塔吉克斯坦和乌兹别克斯坦联合反恐演习结束》，新华网，2018 年 9 月 22 日，http：//www. xinhuanet. com/。

疆、亚美尼亚、白俄罗斯、哈萨克斯坦、塔吉克斯坦和乌兹别克斯坦等8个国家。军演主要内容为寻找和消除国际恐怖主义组织在中亚的“休眠基层组织”，制止和打击筹划中的涉恐行动，从被劫持的飞机上解救人质。独联体反恐中心负责人诺维科夫25日表示，“IS”国际恐怖主义组织试图在中亚建立自己的据点并激活“休眠基层组织”。此次演习旨在应对中亚地区面临的来自国际恐怖主义组织的威胁，打击恐怖主义及其他极端主义暴力犯罪。吉副总理拉扎科夫表示，包括“IS”在内的国际恐怖主义和极端主义组织一直未停止向中亚国家渗透，“独联体国家应采取共同措施确保地区安全与稳定”。[①] 为应对当前中亚地区安全形势面临“三股势力”、毒品走私、跨国有组织犯罪等严峻挑战，加强国际社会间的反恐合作是打击恐怖组织的根本方法。习近平主席强调，反恐合作要把握安全合作战略方向，巩固战略互信，加强政策沟通和协调，秉持共同、综合、合作、可持续安全观，推行综合施策、标本兼治的安全治理模式，加强安全合作行动能力，构建更加严密健全高效的执法合作网络，推进安全领域合作，共同加强反恐维稳能力建设。[②]

第二节　中亚地区主要恐怖袭击事件

一、4名西方游客在塔吉克斯坦遇袭身亡

7月29日，塔吉克斯坦南部发生一起车祸，一辆汽车冲撞正在进行自行车之旅的7名外籍观光者，造成4死2伤。

（一）事件背景

塔政府先前宣布2018年为“旅游年”，以推动旅游经济发展。事发路段为当地有名的自行车骑行路线，连接帕米尔公路。帕米尔公路始建于苏

---

① 参见《独联体“伊塞克湖－反恐2018”反恐军演第二阶段在吉举行》，中国新闻网，2018年9月26日，http：//www. chinanews. com/。

② 参见《对安全形势面临的挑战，习近平开出三个“药方”》，海外网，2018年5月23日，http：//cati. nwupl. edu. cn。

联时期，穿行几个中亚国家，高山环绕，风景优美。官方数据显示，今年前 5 个月，访塔游客人数比去年同期高三倍。

（二）事件经过

7 月 29 日下午，塔首都杜尚别以南大约 100 千米处当哈拉区一条乡村道路上，一辆韩国“大宇”牌小轿车撞向一队正在骑自行车的外国游客，车内人员随即“下车并持刀捅刺骑手们”。这队外国骑行客共 7 人。4 名死者中，2 人是美国公民，另 2 人国籍分别为瑞士和荷兰。1 名瑞士人和 1 名荷兰人受伤，已住院接受治疗。荷兰外交部 7 月 30 日说，遇袭身亡的荷兰公民 56 岁，事发时正与现年 58 岁的伴侣一起骑行。1 名法国游客没有受伤，接受警方询问。

塔吉克斯坦警方 7 月 30 日逮捕一名袭击嫌疑人，从嫌疑人身上搜到刀具和枪支。塔内务部长拉马宗 · 拉希姆佐达当天说，警方正在调查袭击动机的所有可能性，包括“道路交通事故、谋杀和恐怖主义”。警方 7 月 31 日发表声明，据那名嫌疑人交代，政府已经取缔的“塔吉克斯坦伊斯兰复兴党”策划了这场袭击。警方认定，嫌疑人名为侯赛因 · 阿卜杜萨马多夫，现年 33 岁，是 29 日袭击游客团伙的头目，作为塔吉克斯坦伊斯兰复兴党的“活跃成员”，曾在伊朗境内接受训练，原本打算完成袭击后逃往阿富汗。警方说，安全部门已击毙至少 4 名嫌疑人，除阿卜杜萨马多夫，另外拘留 4 名怀疑与袭击者有关联的嫌疑人。被击毙的嫌疑人包括 21 岁的贾法里丁 · 优素福夫，是那辆“大宇”轿车的车主。

塔吉克斯坦政府 2015 年取缔塔吉克斯坦伊斯兰复兴党，指认它“策划未遂政变”。路透社报道，这一组织流亡海外的领导层否认牵涉政变。塔吉克斯坦伊斯兰复兴党 7 月 31 日先于警方发表声明，向袭击遇难者家属和所属国家政府表示哀悼，希望调查结果能够“平息谣言”，暗示它与袭击无关。另一方面，根据设在美国的国际恐怖组织搜索情报集团所提供信息，“伊斯兰国” 7 月 30 日发布声明，宣称袭击由一支“分遣队”发动，目标是“十字军联盟国家公民”。不过，声明没有为佐证这一说法提供任何证据。

（三）事件影响

袭击事件可能给这个中亚国家的旅游业带来严重影响，美、瑞等国均发布了旅行提醒。美国国务院 7 月 30 日发布声明，谴责这起袭击事件，同时提醒打算赴塔旅行的美国公民随时关注政府发布的安全提示，并将对塔吉克斯坦的旅行建议由“采取正常的预防措施”提升为“活动时增加谨慎”。瑞士外交部发言人西尔维娅·穆勒表示，虽然袭击事件动机不明，瑞士政府发布的赴塔旅行提示已说明塔境内“存在发生袭击风险及道路旅行环境不佳”。塔吉克斯坦总统埃莫马利·拉赫蒙向遇害游客所属国领导人发出唁电，表达哀悼和慰问，并召集执法部门主管官员开会，指示在全国范围内加强安保。①

二、其他恐怖袭击事件

3 月 30 日，乌兹别克斯坦国家安全局局长阿布杜拉耶夫在乌最高会议参议院发言时表示，随着大国中东博弈转入新阶段和阿富汗国内政治斗争的激化，中亚地区局势不稳定因素将持续存在。极端组织“伊斯兰国”以及其他恐怖组织的武装人员正在阿富汗北部的中亚地区加强活动；曾在中东地区作战的中亚各国武装分子正陆续返回；部分地区的宗教极端分子数量有所增加，有部分人甚至企图加入宗教极端组织；各种分裂势力在乌境内的活动日益活跃以及外国情报机构正向部分乌分裂势力提供资金。乌国家安全正面临一系列新的威胁。②

11 月 8 日，塔吉克斯坦粟特州首府苦盏市的一座监狱发生暴动，造成 27 人死亡、6 人受伤。暴动的始作俑者是一名被关押在苦盏市某监狱的极端组织“伊斯兰国”成员，该囚犯袭击了 1 名狱警并抢夺了他的自动步枪，随后与聚集来的其他囚犯一同向狱警和工作人员发起攻击，并占领了一栋建筑。暴动被随后赶到的特警平息，但暴动造成 2 名狱警死亡，6 名狱警受伤，另有 25 名囚犯在暴动中身亡。③

---

① 参见《4 名西方游客在塔吉克斯坦遇袭身亡》，环球网，2018 年 8 月 1 日，http：//www. huanqiu. com/。

② 参见《乌兹别克斯坦安全部门称乌国家安全面临新威胁》，新华网，2018 年 3 月 31 日，http：//www. xinhuanet. com/。

③ 参见《塔吉克斯坦监狱暴动致 27 人死亡，祸首系“伊斯兰国”恐怖分子》，中国新闻网，2018 年 11 月 9 日，http：//www. chinanews. com/。

第三节　中亚地区主要反恐怖军事行动

1月16日，美国总统特朗普在白宫会见到访的哈萨克斯坦总统纳扎尔巴耶夫，双方表示将继续强化美哈在中亚反恐和经贸等方面合作，并将美哈关系定义为“增强的战略伙伴关系”。2015年11月，美国与中亚五国外长会议在乌兹别克斯坦举行，会议通过了中亚五国与美国之间伙伴关系和合作联合声明，批准建立六国外交部间定期政治对话新机制“C5＋1”。美国感谢哈萨克斯坦为美军在阿富汗反恐行动中提供的物流支持和过境便利，美哈将继续利用“C5＋1”机制应对中亚区域安全挑战，并期待阿富汗加入该机制。纳扎尔巴耶夫表示，未来哈方将继续为阿富汗提供平民职业培训和安全人员培训，并将参与到阿富汗交通基建项目和反恐合作中去。①

1月8日，吉尔吉斯斯坦总检察院新闻办公室通报，2017年吉共查封159个宣扬极端主义和恐怖主义的网站。通报说，根据总检察院提交的申请，比什凯克十月区法院做出关闭这些网站的判决。这些网站宣扬的极端主义和恐怖主义内容主要来自“伊扎布特”、塔利班和“伊斯兰国”等极端组织或恐怖组织。②

5月30日，中国驻乌兹别克斯坦大使姜岩表示，上合组织地区反恐怖机构即设立在乌首都塔什干，乌方十分重视保障该机构的有效运行，支持其在打击“三股势力”等方面发挥应有作用，“可以说，在推动上合组织框架下的安全合作方面，乌方作出了积极贡献”。姜岩强调，上合组织的主要宗旨之一是维护和加强地区和平、安全与稳定，共同打击“三股势力”。面对错综复杂的国际和地区安全威胁，单打独斗不行，迷信武力更不行，携手应对挑战，实现共同安全才是解决问题的正确选择，也是各成

---

① 参见《美国和哈萨克斯坦将强化反恐和经贸等合作》，新华网，2018年1月17日，http://www.xinhuanet.com/。

② 参见《吉尔吉斯斯坦2017年查封159个涉恐网站》，新华网，2018年1月10日，http://www.xinhuanet.com/。

员国的共识。①

2018 年中亚地区遭受恐怖袭击次数及伤亡人数

时间		1 月	2 月	3 月	4 月	5 月	6 月	7 月	8 月	9 月	10 月	11 月	12 月	合计
塔吉克斯坦	袭击次数							1				1		2
	伤亡人数							6				33		39
全年，中亚地区共遭受恐怖袭击 2 次，伤亡 39 人														

① 参见《驻乌兹别克斯坦大使：中乌在上合组织框架下合作成果丰硕》，中国新闻网，2018 年 5 月 30 日，http：//www. chinanews. com/。

第十四章 ╱ 2018年东亚地区反恐怖军事行动*

第一节 东亚地区反恐怖军事行动综述

2018 年，东亚地区总体反恐形势呈现紧张状态转趋于缓和与结构性矛盾并存的发展态势，对话与合作成为主导性特征。朝韩、朝美关系的改善，朝鲜在“弃核”和“弃导”方面所采取的一系列积极措施，大大缓解了朝鲜半岛经年历久的紧张局势，以往危机频发的状况得到改变。中日关系走出多年“政经双冷”的低谷，开始了新的接触与互动，但日本对华防范和对抗思维未有根本性改变，增强军事防卫力量又加剧东亚地区紧张与军事竞赛。中美关系对抗较量性上升与美国持续强势介入台海、东海与南海问题，则进一步影响东亚地区安全形势。

一、东亚地区面临的恐怖威胁

2018 年，相比世界其他地区，东亚地区面临的恐怖威胁较少，发生的恐怖活动也不多，主要以来自网络和其他渠道的恐怖威胁和极端主义暴力袭击事件为主，但在国际恐怖形势严峻的大背景下，偶发的恐怖袭击与威胁，还是给社会和民众造成一定的心理恐慌。

---

* 东亚，亚洲东部的简称，包括中国、日本、韩国、朝鲜和蒙古国五个国家。中国反恐怖形势已在第四章作了具体分析，所以本章内容不包括中国部分。

（一）电话恐怖袭击威胁，触动民众心理防线

电话恐怖威胁成为 2018 年恐怖活动的一个新特征，其制造的民众心理恐慌一点也不亚于真实性的恐怖袭击。日本成田国际机场 2018 年伊始就接到遭遇炸弹威胁，威胁者列出了几架廉价航空公司的航班，声称在飞机里藏了炸弹，并要求立即停止机场跑道的扩建计划，受此影响，从成田飞往松山的部分航班被迫取消。

（二）个人极端恐怖袭击，引发社会民众恐慌

个人极端恐怖袭击行为，因诱发因素多，防范难度大，从而增加了东亚地区的社会恐怖威胁。6 月 9 日一日本东海道新干线发生一起乘客挥刀斩人事件，新干线“希望 265 号”在神奈川县新横滨至小田原行驶时，1 名男子持刀刺杀 3 名乘客，造成 1 名男性死亡、2 名女性受重伤。这种事件，一度程度上引起日本民众的心理恐慌。

（三）国家民族矛盾激化，诱发个人极端行为

民族矛盾激化滋生恐怖主义思想、诱发恐怖行为，这成为东亚地区恐怖主义的又一诱因。日本右翼分子枪击在日的朝鲜人总联合会总部，就是一起典型的民族型恐怖活动。2 名男子在 2 月 23 日当天凌晨乘车来到位于东京千代田区的在日的朝鲜人总联合会总部，向建筑物连开数枪，子弹击中大门，虽未造成人员伤亡，但却引起了日本政府的高度关注，并将其列为民族矛盾型恐怖活动。

二、东亚国家的反恐怖军事对策

针对东亚地区面临的恐怖威胁，东亚各国积极在立法、科技、装备和国际合作等方面寻求防范和解决恐怖威胁的方法对策，多措并举全面应对恐怖威胁。

（一）注重反恐装备革新，筑牢反恐安全防线

随着 2020 年东京奥运的到来，为提升安保水平，提高反恐力度，防止炸药、枪支等危险品进入日本，日本两大国际机场——东京羽田机场和成

田机场，计划建设全自动高智能化（AI）的货物检测系统，以便对抵达这两大机场的行李进行快速精准的安检，防止混入危险品。[①] 韩国疾病管理本部在今年 2 月 9 日至 3 月 18 日举行的平昌冬奥会和残奥会期间，在韩奥运会体育场和 Mountain Cluster、江陵冰上竞技场等地设置可感知细菌和病毒的“生物手表”。该生物手表可以感知空气中生物粒子的大小为直径 1 微米。其工作方法为，识别生物粒子的散乱模式，并判断其浮动超过一定数量以上后就会自动收集。感知结果将实时传送给反恐应对班。若被检测出的生物粒子属于炭疽菌等用于恐怖袭击的病原体，将会对受害范围进行确认，并采取对潜在感染者注射抗生素等即刻应急措施。[②] JR 东日本旅客铁路公司在 2018 年度以后制造的所有旅客列车车厢内安装监控设备。该项措施除了预防色狼之外，还将有效遏制针对东京奥运会的恐怖事件。JR 东日本社长深泽祐二表示，“日本的街头监控正在普及，我们认为有遏制恐怖犯罪的效果，今后将会对采集到的视频严加管理。”[③] 日本原子能管制委员会批准位于鹿儿岛县的川内核电站 1 号机组，建设防范恐怖袭击或飞机撞击事故的设施。据报道，日本核电站的新管制标准规定，为防止核电站的中央控制室因恐怖袭击或飞机撞击事故遭到破坏，核电站必须在远离核反应堆的地方，建设备用中央控制室，或使中央控制室可以抵御飞机撞击造成的破坏。[④]

（二）加强反恐防控措施，应对多种恐怖袭击

日本国土交通省透露，日本东海道新干线发生乘客持刀砍人致死案件后，日本政府 20 日发布紧急措施，修改日本国土交通省令，明文规定禁止携带未妥善包装的刀具。如发现乘客不按照省令规定携带刀具上车，铁路工作人员有权责令该乘客在停车站下车。此外，日本 5 家运营新干线的 JR 铁路公司将在列车内配备透明盾牌和催泪喷雾器等防范、护身用具，并进

---

① 参见《日两大机场将建行李 AI 检测系统，欲提高反恐力度》，环球网，2018 年 1 月 10 日，http://www.huanqiu.com/。

② 参见《韩冬奥会将运用“生物手表”防止生物武器恐袭》，中国新闻网，2018 年 1 月 5 日，http://www.chinanews.com/。

③ 参见《JR 东日本将在所有新型列车上安装监控以应对色狼及恐怖事件》，人民网国际频道，2018 年 4 月 4 日，http://www.people.com.cn/。

④ 参见《日本核电站将建立新设施，能够防范恐袭或飞机撞击》，中国新闻网，2018 年 5 月 18 日，http://www.chinanews.com/。

行用具使用方法训练。各家铁路公司也共享技术与经验。同时，除增加车内警卫人员数量、扩大警备人员乘客区间外，铁路公司还加强工作人员的巡逻，并且会通过车内广播和滚动字幕告知乘客报警器的位置等。警方也加强与铁路方面的合作，在反恐对策和护身用具使用方法等方面进行指导，并实施联合训练。① 据日本共同社报道，日本主要航空公司基本决定7月开始对搭乘赴美国航班的乘客实施以粉末为对象的新的随身行李检查。这是应美国政府的要求不断加强登机前反恐对策的一环。报道称，航空公司将在登机口附近随机选择乘客，对带入客舱的随身行李进行检查，禁止携带超过一定量的粉末，包括面粉、砂糖、盐、香辣料、咖啡、化妆品等。预计350毫升以上的粉末将被禁止带入客舱。② 日本政府3月6日在内阁会议上敲定了《电气通信事业法》和《情报通信研究机构（NICT）法》修正案，写入了为加强打击网络攻击的措施和通信商之间推进信息共享的新制度。随着监控探头和各种传感器等物联网（IoT）设备的普及，劫持设备引起网上故障的网络攻击与日俱增。日本政府欲通过修改法律使各通信商通过第三方机构共享有关网络攻击的信息，从而能迅速阻断攻击。③ 为防止用于医疗仪器及非破坏性检查装置的放射性物质被恐怖分子恶意利用，日本原子能规制委员会在7月11日例会上就规定医院、企业及研究设施等有义务采取防盗措施的放射性物质进行了讨论。加强防范散布放射性物质的“脏弹”等恐怖行为，并力争于2019年9月施行相关法令。据规制委员会介绍，加强对策的对象是铯137、钴60等“特定放射性同位素”。它们广泛用于脑部肿瘤放射治疗中所用的“伽马刀”及非破坏性检查等方面，人若遭受过量辐射可能会对健康造成重大影响。规制委员会已敲定反恐对策大致框架，探讨了要防护的放射性物质种类、相关单位的管理规则等详细措施。医院、企业等要在特定放射性同位素的保管场所安装监控探头以检测是否有可疑人员闯入，此外要在有坚固大门的房间对储存容器进行严格管理。为抓获可疑人员，还要配备工作人员等使用的通信设备和应

① 参见《新干线砍人事件后续：将明文规定刀具不包装不让上车》，环球网，2018年7月20日，http://www.huanqiu.com/。

② 参见《日本各航空公司或将对随身行李进行粉末检查》，中国新闻网，2018年6月21日，http://www.chinanews.com/。

③ 参见《日本拟修改通信相关法，为打击网络攻击共享信息》，中国新闻网，2018年3月6日，http://www.chinanews.com/。

对指南手册。核电站等核能设施为排除恐怖分子，已引进作业人员身份调查制度。① 日本外务省表示，为应对海外恐怖袭击事件频发，对需要驻外的人员、企业要开设特别训练，培养社员“遇到恐怖袭击时的反应能力”。在该训练中，首先由前美军士兵指导学员们在发生枪击或爆炸时应如何迅速趴下并向出口爬行，随后进行了真实场景的模拟，并由教官进行指点。②

（三）强化区域反恐合作，提升联合打击能力

6月8日，在韩国釜山举行了“北太平洋地区海岸警备执法机构论坛2018多边多任务演练”。此次演练主办方为韩国，主题是“反恐和大规模海上搜救演练”。来自北太平洋地区的韩国海洋警察厅、美国海岸警卫队、俄罗斯边防局、日本海上保安厅和中国海警局等在内的海岸警备执法机构代表团参加了业务交流研讨，各国的参演舰船、飞机和特勤队员参加了反恐和大规模海上搜救演练等多个科目的活动。此次演练共出动了10艘舰船、5架直升机、3支特勤队伍和数百名官兵。印度海岸警备队以观察员身份观摩了此次演练。③ 日本共同社报道，日本和印度正考虑今年举行两国首次陆上联合“反恐”演练。日本陆上自卫队希望借演练为2020年东京夏季奥运会积累反恐经验。④ 据俄罗斯东部军区新闻处公告称，10月11日起俄罗斯和蒙古国武装力量在俄罗斯布里亚特共和国境内开始进行反恐实弹演习。演习课目包括两国联合部队搜寻恐怖分子、阻断恐怖分子的破坏行为、机降并对其进行歼灭。参加此次演习的两国兵力约1000人，双方动用各型武器装备约200件。⑤

---

① 参见《日本拟加强医院等放射性物质反恐防盗措施》，环球网，2018年7月11日，http：//www. huanqiu. com/。

② 参见《日外务省：驻外企业要为社员开设“反恐应对”训练》，环球网，2018年11月3日，http：//www. huanqiu. com/。

③ 参见《中国海警船与日韩美俄舰船进行联合反恐及搜救演练》，中国新闻网，2018年6月9日，http：//www. chinanews. com/。

④ 参见《日本、印度考虑今年举行首次陆上联合“反恐”演练》，新华国际，2018年5月31日，http：//www. xinhuanet. com/。

⑤ 参见《俄罗斯和蒙古国举行反恐演习》，人民网，2018年10月11日，http：//www. people. com. cn/。

第二节　东亚地区主要恐怖袭击事件

一、日本右翼分子枪击在日朝鲜人总联总部

据日本广播协会电视台报道，2月23日在日朝鲜人总联总部门口发生枪击事件，未造成人员伤亡。

（一）事件背景

近年来日本通过无休止的“日本礼赞”来寻找“文化优越感”，意图在文化上重拾“民族自信”，过度的“民族主义”也滋生了“排外主义”。日本右翼势力由残余军国主义团体组织发展壮大，公开掩饰、否认和美化日本对外侵略历史，坚持皇国史观，鼓吹民族主义，将内心积压的不安和恐慌发泄给在日的外国人群体，特别是在日的朝鲜人、韩国人，抱怨他们占用本该属于本国国民的社会资源，享受了本该属于日本人的社会福利。

（二）事件经过

2月23日凌晨，2名男子乘车来到位于东京千代田区的在日朝鲜人总联合会总部，向建筑物连开数枪。子弹击中大门，但未造成人员伤亡。正在附近巡逻的东京警视厅机动队员以涉嫌毁坏建筑为由现场逮捕了这2人。据报道，这2名男子均有右翼背景，其中1人为知名右翼分子，此前曾多次因过激行为遭警方逮捕。警方还在现场搜获1把手枪，两人可能涉嫌非法持有枪械。

（三）事件影响

在日本的朝鲜人总联合会成立于1955年，其总部设在东京，在日本全国各地设有支部。由于朝鲜与日本没有建立正式的外交关系，在日本朝鲜人总联合会事实上发挥着在日的朝鲜外交代表机构的作用。日朝历史矛盾

较多，枪击事件将进一步激起两国之间的民族仇视和对立。①

二、其他恐怖袭击事件

据日本媒体报道，1 月 1 日下午 4 时 50 分，日本成田国际机场遭遇炸弹威胁，一架航班被取消。威胁者在 1 日下午打电话给成田国际机场公司，列出了几架廉价航空公司的航班，声称在飞机里藏了炸弹，并要求立即停止机场跑道的扩建计划。千叶县驻机场警方随后对威胁者指出的几架航班进行搜查，但并没有发现爆炸物。警方认为，这是一场性质恶劣的恶作剧。受此影响，从成田飞往松山的 407 航班被迫取消。②

6 月 9 日晚 10 时，日本东海道新干线发生一起乘客持刀伤人案件，新干线“希望 265 号”在神奈川县新横滨至小田原行驶时，1 名男子持刀刺杀 3 名乘客，造成 1 名男性死亡，2 名女性受重伤。

第三节　东亚地区主要反恐怖军事行动

1 月 19 日下午，韩国国务总理李洛渊主持召开国家恐袭对策委员会会议，会议介绍去年反恐工作成果并敲定新年反恐计划。据委员会介绍，政府去年携手情报机构将来自 5 个国家的 17 名恐袭危险人物驱逐出境。据介绍，这 17 人不是作为恐怖主义组织成员入境韩国，而是在韩国停留过程中追随恐怖组织的外国人。会议还表决通过向在伦敦旅游时遭恐袭受伤的朴某（71 岁）提供治疗费和慰问金的方案。这是韩国政府第一次向在国外遭恐袭受伤的国民提供补贴。对策委方面表示，政府将继续秉持对公民生命安全负起无限责任的态度。会上还敲定了以预防恐袭、迅速全面应对、加大反恐力度为主轴的“2018 年国家反恐基本规划”，商定全力推进反恐工

---

① 参见《日本两名右翼分子枪击在日朝鲜人总联总部》，新华社，2018 年 2 月 24 日，http：//www. xinhuanet. com/。

② 参见《日本成田机场遭炸弹威胁，一架航班被取消》，环球网，2018 年 1 月 2 日，http：//www. huanqiu. com/。

作，为平昌冬奥会的安全保驾护航。①

2 月 5 日，为保障平昌冬奥会安全举行，韩国国情院与参赛国家情报调查机构联手启动国际情报合作室，共同应对突发状况，并启用尖端装备，防止机场周围出现威胁因素，在主要铁路车站投入志愿服务者力保安全。切实验证外国人的身份，杜绝与恐怖分子有关的人员入境，共针对 3.6 万名外国人采取了禁止入境韩国的措施，确保平昌冬奥会安全万无一失。

4 月 2 日，为应对多样化的网络相关犯罪与攻击，日本东京警视厅在东京举行了汇总调查与分析部门的新厅舍网络空间大楼落成仪式，旨在将此前分散在多个据点的办案人员等约 500 人集中一处，强化合作。入驻新厅舍的包括生活安全部网络犯罪对策课、公安部网络攻击对策中心等东京警视厅 5 个部门，以及警察厅的东京都警察信息通信部，总计 6 个部门。在刑事部搜查 1 课中，调查在网上发布恐吓及爆炸预告等案件的相关人员也入驻新厅舍。此外，新厅舍还新设 3 个工作组。其中之一是 6 个部门组成的“案件应对小组”，针对分部门难以应对的案件展开初期调查。设想调查对象包括去年全球爆发的勒索病毒等造成的损失等。

6 月 23 日，美国哥伦比亚广播公司报道称，韩国军方组建了特殊任务旅团，即半岛“有事时”专门针对朝军指挥部发起突袭的特种部队。但由于朝韩关系持续向好，韩国总统文在寅听取国防部有关报告后表示需要重新探讨。韩国军方也在调整国防策略，计划将原来用于突袭朝军指挥部的特种作战部队改为反恐部队。②

6 月 22 日，日本法务省公安调查厅发布 2018 年版《国际恐怖主义要览》报告，汇总了近期国际恐怖组织的动向和实际状况。鉴于日本将在 2019 年举办 G20 峰会，并将在 2020 年承办第 32 届奥运会，该部门呼吁日本政府加强反恐警戒。报告认为，欧美国家的恐怖主义活动呈上升态势。而以“软目标”为袭击对象的“独狼”式恐怖袭击的威胁依旧严峻。此外，日本已被“伊斯兰国”和“基地”组织等恐怖主义组织列入袭击名

① 参见《韩政府敲定新年反恐计划，驱逐 17 名涉恐高危人员》，中国新闻，2018 年 1 月 19 日，http：//www. chinanews. com/。

② 参见《韩军方：原计划突袭朝军指挥部部队将改为反恐部队》，央视新闻，2018 年 6 月 23 日，http：//news. cctv. com/。

单。2019 年在日本大阪举行的 G20 峰会和 2020 年在东京举行的第 32 届奥运会，将是恐怖组织进行宣传和袭击的好机会，日本政府有必要加强反恐警戒。①

6 月 28 日至 29 日，韩国反恐中心主任文英基率团赴美出席在联合国总部举行的反恐机构首长高级别会议。据报道，这场联合国组织的高级反恐会议，以加强国际合作应对全球恐袭威胁升级为主题。韩国将在会上介绍为预防暴力极端主义所作的努力，参与讨论情报共享、专业化、强化联合国反恐力量等具体合作方案。此外，韩国代表团还将出席与阿联酋、新加坡合办的互联网反恐相关活动，推介韩国与联合国反恐执行局之间的合作项目。②

7 月 9 日，据日本共同社报道，日本奥姆真理教原教主麻原彰晃 7 月 6 日在东京被执行死刑，此次与其一同被执行死刑的还有早川纪代秀等其他 6 名前骨干成员。奥姆真理教成员在麻原的指示下，先后制造了 1989 年的坂本律师一家遇害案、1994 年的松本沙林毒气事件和 1995 年的东京地铁沙林毒气事件等一系列恐怖事件，共造成 29 人死亡，约 6500 人受伤。麻原现年 63 岁，本名松本智津夫，于 1984 年成立奥姆神仙会，后改名为奥姆真理教。麻原谎称自己具有超能力，把自己塑造成“神”的形象，通过编造的一套歪理邪说对信徒进行精神控制，并指示信徒进行危害社会的恐怖事件。③

8 月 1 日，日本政府新设“国际反恐对策等情报共享中心”，掌握伊斯兰极端组织动向等国际恐怖活动相关信息的 11 个政府机关工作人员将常驻于此，对相关信息进行汇总和分析。此举目的是着眼于 2020 年东京奥运会和残奥会，在政府内部迅速共享信息，对恐怖活动防患于未然。该中心设于内阁官房的国际反恐情报收集组之下，有日本警察厅、外务省、防卫省等 11 个机关派送的 10 多名课长助理级人员常驻，使用所在机关的数据库汇集线索及相关情报，并向官邸上报分析结果。过去各机关通过电话、书

---

① 参见《担忧国际活动成恐袭目标，日公安调查厅呼吁加强反恐警戒》，环球网，2018 年 6 月 22 日，http://www.huanqiu.com/。

② 参见《韩将派团出席联合国反恐会议，介绍预防极端主义努力》，中国新闻网，2018 年 6 月 27 日，http://www.chinanews.com/。

③ 参见《日本奥姆真理教教主终被执行死刑，遗体今日已火化》，中国新闻网，2018 年 7 月 9 日，http://www.chinanews.com/。

面形式交换信息，而在共享中心则汇总提供的各种信息，力图实现更有效的共享。①

8 月 3 日，日本爱知县警方、陆上自卫队和名古屋市消防局在陆自守山驻地，举行了反化学武器恐怖袭击联合训练。此次训练着眼于 2019 年将在爱知县举行的 20 国集团（G20）外长会议和橄榄球世界杯，目的在于提升相互协作和应对能力。训练设想的情景是恐怖分子在市区工厂的空调设备附近散播剧毒的沙林毒气，造成包括儿童在内的居民多人受伤。爱知县警方防暴队、陆自第 10 师团、市消防局特别消防队等共派出约 160 人、约 25 辆车参加训练。在外部无法看清工厂内情形的状况下，身穿防护服的消防队员和防暴警察将孩子们引导到安全场所，同时设置作为有害物质去污设备的帐篷。训练中确认了运送伤员、去污和采样等工作程序。②

2018 年东亚地区遭受恐怖袭击次数及伤亡人数

时间		1 月	2 月	3 月	4 月	5 月	6 月	7 月	8 月	9 月	10 月	11 月	12 月	合计
日本	袭击次数		1											1
	伤亡人数		0											0
全年，东亚地区共遭受恐怖袭击 1 次，伤亡 0 人														

① 参见《防患未然日本政府着眼奥运新设反恐情报共享中心》，环球网 2018 年 8 月 1 日。

② 参见《日驻名古屋陆自举行反化学恐袭演练，着眼 G20 会议安保》，环球网，2018 年 8 月 3 日，http：//www. huanqiu. com/。

第十五章 / 2018年西非地区反恐怖军事行动*

第一节 西非地区反恐怖军事行动综述

2018 年，西非地区的反恐形势与上一年相比有一定的缓解，但依然十分的艰难。西非地区较大规模的恐怖活动十分猖獗，加之本土恐怖组织“博科圣地”向“基地”“伊斯兰国”等国际恐怖组织多方学习借鉴，加剧了当地反恐局势的恶化。[①]尤其是汽车炸弹、人体炸弹等暴恐袭击的不确定性，严重影响西非地区国家的社会发展进程。西非地区的反恐之路，依旧漫长而艰巨。

一、西非地区面临的恐怖威胁

在 IS 被击溃的形势下，新一波极端主义、恐怖主义狂潮正从中东向全球外溢和扩散。恐怖组织“博科圣地”由于中东回流人员的加入再次活跃，由起初的劫掠平民、袭击军警的游击战，慢慢地转变成无差别式的袭击与破坏，以小股多路、袭点爆面的“特种作战”，杀伤更多、更重要的

---

* 西非包括的国家有：塞内加尔、西撒哈拉、毛里塔尼亚、加蓬、刚果、刚果金、扎伊尔、冈比亚、马里、布基纳法索、几内亚、几内亚比绍、佛得角、塞拉利昂、利比里亚、科特迪瓦、加纳、多哥、贝宁、尼日尔、尼日利亚。

① 参见《尼日利亚神秘恐怖袭击：国际恐怖活动的新动向》，新华社，2018 年 1 月 26 日，http：//www. thepaper. cn/

目标，与“基地”“伊斯兰国”的圣战教义越来越相近。而国际恐怖组织在西非地区的扩张与影响，促使西非地区恐怖活动国际化。“博科圣地”在“中东血统”支持、指导下，强化恐袭策略，采用高级战术的方式，制造了更多骇人听闻的恐怖事件。针对联合国等国际组织的袭击力度也持续加大，尤其是驻扎在马里的法国部队，成为西非恐怖组织恐袭的重点对象。

（一）自杀式炸弹、路边炸弹袭击更为猖獗，暴恐袭击持续肆虐

炸弹袭击作为成本最小、伤害最重、影响最广、性质最恶的恐袭手段，已经成为西非各国面临的突出威胁。而肆虐西非地区的炸弹袭击事件已经由单一的定向袭击，演变成为富有战术套路的“特种作战”。由最初的路边炸弹，到“人弹”，再到多点同炸，到最后的小股扰乱、多点连环的方式，造成的伤亡也越来越严重。尤其是2018年1月16日，“博科圣地”在尼日利亚多地实施的有预谋的连环自杀式袭击事件，造成10余人死亡，65人受伤，事态严重、影响恶劣。仅上半年，西非尼日利亚地区就发生各类炸弹袭击事件10多次，造成近300人伤亡。据联合国相关部门报道，近几年，尼日利亚核实的881名儿童伤亡中，几乎一半是由自杀式袭击造成的，其中包括使用儿童作为人体炸弹。

（二）针对外军的恐袭力度加大，法国成为西非恐怖组织的重点攻击对象

法国在西非启动“新月形沙丘”行动后，向非洲萨赫勒地区派遣约4000名军人，对西非地区恐怖活动进行持续的打击，使恐怖组织多次受创，恐怖分子直接将其视为眼中钉，“萨赫勒五国”联合部队和法国军队正在成为恐怖分子的优先袭击目标。起初，恐怖分子只在马里对法国车队进行骚扰式袭击，而后袭击目标逐渐转变成针对“萨赫勒五国”联合部队和法军驻马里军事设施及办公场所。2018年以来，恐怖分子开始袭击马里周边国家的法国驻军，3月份，极端分子袭击了布基纳法索的法国大使馆和陆军总部[1]，造成8人死亡，80人受伤，影响极其恶劣。7月初在马里，

---

① 参见《喋血西非！布基纳法索陆军总部遭恐袭》，参考消息网，2018年3月12日，http://www.cankaoxiaoxi.com//。

又连续发生 3 起汽车炸弹袭击事件，造成包括法军在内的 35 人受伤。

（三）针对平民的恐袭事件持续不断，西非安全局势继续恶化

西非恐怖活动的泛滥不仅仅是针对政府机关及外国人员，平民也成为恐怖袭击的重要对象。对于恐怖组织来讲，针对平民的恐怖袭击，简单方便而又能提高威慑力，因此，西非的平民深受其害。尤其是在尼日利亚，“博科圣地”为了能吸纳更多的新鲜血液，不断扩大势力范围和提升威慑力，他们频繁制造针对村庄、城镇的恐怖袭击。2018 年 6 月份，恐怖组织“博科圣地”袭击了尼日利亚高原州的 11 个村庄，在此次事件中超过 200 人丧生，还造成一些房屋和车辆的损毁，使当地局势进一步恶化。

（四）各种绑架、劫持等恶性事件层出不穷，正常生活秩序受到严重影响

恐怖组织“博科圣地”在尼日利亚和尼日尔地区不断制造绑架、劫持事件，尤其是针对儿童和女学生的绑架袭击事件频繁发生。据联合国统计，近几年“博科圣地”在尼日利亚地区共绑架 1000 多名儿童，袭击了近 1000 多所学校，造成至少 2000 多名教师丧生。2018 年 2 月份，“博科圣地”袭击了位于尼日利亚约贝州达普奇地区的一所女子技术学院，在学校注册的 906 名遇袭女学生中，有 110 人下落不明。[①]

二、西非国家的反恐怖军事对策

恐怖主义的危害长期困扰西非地区国家，有效打击恐怖组织成为西非各国政治、经济发展的头等大事。但是，由于西非各个国家在反恐问题上存在利益差异及个别国家的主权让渡等问题，严重影响了国际反恐合作的广度和深度，更不利于形成地区联合反恐的局面。加之，近几年，恐怖组织采取化整为零、避实击虚策略，为了躲避大范围的集中清剿，多以游击式方式制造暴恐袭击，采用在中东积累的“先进”暴恐经验，武装反恐薄弱地区的恐怖“关系户”，将“战略”地带的劣势变为优势，妄图达到集

---

① 参见《“博科圣地”绑架 110 名女生尼日利亚当局沉默一周终证实》，人民网－国际频道，2018 年 2 月 27 日，http：//www. people. com. cn/。

中造势，扩大影响的效果。

（一）多管齐下，持续加大反恐怖打击力度

西非国家为有效打击恐怖主义，持续强化自身反恐能力，加大打击力度。由于西非地区地理环境的特殊性，发展水平落后，人口与资源比例失衡，各类民族和宗教矛盾交织，导致一些年轻人对生活现状感到绝望，容易被恐怖组织所拉拢侵蚀。西非各国针对这些问题，也纷纷采取果断行动，一方面持续加大对恐怖组织的清剿围歼，一方面对部分贫困地区采取帮扶救助以解决基本温饱和安全问题。一些地区自发组建民兵组织，配合政府打击恐怖主义，效果显著。今年上半年，尼日利亚军方在东北部博尔诺州实施多次营救行动，从极端组织“博科圣地”手中解救出千余名人质，击毙数百名“博科圣地”成员，有效打击了恐怖组织的嚣张气焰。

（二）争取国际社会的支援，强化反恐能力

由于地理环境、自然灾害、武装冲突等问题的相互交织，西非各国的反恐能力参差不齐，仅靠自身条件无法满足稳定国家安全的需要，因此各国积极向国际社会寻求支援。联合国及一些发达国家纷纷投入资金和军事力量，协助西非国家打击当地恐怖势力，取得一定成效。[①] 2018年年初，欧盟确定向西非萨赫勒地区反恐联军追加5000万欧元援助，加大了打击萨赫勒地区恐怖组织和极端势力的力度。美国则加大在尼日尔地区的空中打击力度，并拟建无人机基地，强化跟踪打击恐怖分子的能力。德国也决定增加在马里的军事部署，参与维和及反恐任务。

（三）中非合作“一带一路”建设，为非洲国家建设稳定做出贡献

中国作为非洲国家的合作伙伴，在反恐问题上给予西非国家很大帮助，尤其是西非部分国家加入“一带一路”倡议后，扩大、深化了中国与西非国家的合作水平，中国支持其反恐、维和、维稳能力建设。[②] 面对西

---

① 参见《法国欲推动非洲萨赫勒五国反恐“提速”》，中青在线，2018年1月17日，http：//www. admaimai. com/newspaper/。

② 参见《中国愿与各方一道改进联合国维和工作》，新华网，2018年3月29日，http：//www. xinhuanet. com/。

非萨赫勒地区安全形势脆弱、恐怖主义蔓延等问题，中国始终把握三个方向：一是继续加大对西非联合部队的支持；二是持续关注西非地区热点问题；三是支持并期待西非各国重视发挥区域机制作用，做好沟通协调，强化战略合作。中国驻马里、刚果（金）等国的维和部队，多次与当地政府、军队举行联合防卫演练，在优化快速反应应急机制同时，强化两国之间的反恐交流。

第二节　西非地区主要恐怖袭击事件

2018 年，西非地区乱象持续，尼日利亚、马里、尼日尔等国饱受恐怖极端组织困扰，安全局势依旧严峻。

一、尼日利亚北部博尔诺州接连发生两起自杀式爆炸袭击

（详见第一章内容）

二、布基纳法索首都重要机构同时遭恐怖分子袭击

（详见第一章内容）

三、尼日利亚东北部一陆军基地遇袭，约百名士兵死亡

11 月 22 日，尼日利亚东北部一座陆军基地遭武装人员袭击，大约 100 名士兵死亡。①

（一）事件背景

长期盘踞这一地区的“博科圣地”和其他武装组织时常对尼日利亚政府及军方发动袭击。“博科圣地”2004 年创建，2015 年宣布效忠极端组织

① 参见《尼日利亚东北部一陆军基地遇袭　约百士兵死亡》，新华网，2018 年 11 月 24 日，http：//www. xinhuanet. com/。

“伊斯兰国”。

（二）事件经过

多名不愿公开姓名的安全部门官员说，袭击发生在极端组织“博科圣地”及其附属武装活跃的博尔诺州，武装人员 18 日趁基地军人不备发动袭击。武装人员放火焚烧基地，基地士兵措手不及，损失“巨大”，大约 100 名士兵丧生，另有许多人失踪。一名士兵告诉媒体，军人 20 日试图搬运死亡士兵遗体时遭遇伏击，造成更多士兵丧生，“我们大家逃跑，因为不知道子弹从哪里打来……我们的装备、坦克和武器都留在军事基地，基地目前还在武装人员控制之下”。武装分子最近几个月在东北部地区发动袭击，致数百名士兵死亡。

（三）事件影响

尼日利亚总统布哈里 2015 年就职以来积极反恐，宣称取得对“博科圣地”等武装组织的军事胜利。一些政治分析师说，布哈里凭借“战绩”原本有望在明年总统选举中轻松赢得连任，但最新袭击事件给他的连任前景蒙上阴影。由反对派人民民主党控制的参议院 22 日取消议会活动，以纪念死亡士兵。布哈里的主要竞争对手、反对派推举的总统候选人阿提库·阿布巴卡尔催促政府补偿遇害士兵家属。

四、尼日利亚中部村庄遭武装分子袭击，超过 200 人丧生

6 月 23 日，尼日利亚中部高原州 11 个村庄遭到不明身份武装分子的袭击，死亡人数超过 200 人。

（一）事件背景

自 2010 年底起，极端组织“博科圣地”开始频繁对这一地区发动袭击，令当地安全局势进一步恶化。高原州是尼日利亚不同宗教信仰与不同部落民众的混居地区，时常爆发冲突。

（二）事件经过

6 月 23 日晚，尼日利亚中部高原州 11 个村庄遭到武装分子袭击，袭

击造成至少 200 人伤亡。此次袭击是“野蛮、邪恶的”。在遭袭的 11 个村庄中，古库村遇害人数最多，已超过 47 人。

（三）事件影响

此次袭击除造成大量人员伤亡外，还导致一些房屋和车辆被损毁。高原州是尼日利亚不同宗教信仰与不同部落民众的混居地区，时常爆发冲突。

五、其他恐怖袭击事件

1 月 1 日，在距离尼日利亚南部石油中心哈科特港约 90 千米的欧莫库，多名枪手当天在该国河流州对结束午夜礼拜返家的民众开枪，造成至少 14 人死亡。

1 月 3 日，尼日利亚东北部博尔诺州甘博鲁镇一座清真寺当天早上遭自杀式袭击，造成 10 人死亡、多人受伤。袭击者是当地一名青少年男性，事发前与父母断绝关系，加入了恐怖组织。

1 月 4 日，尼日利亚南部河流州发生一起暴力袭击事件，袭击发生在河流州埃莫华地区一个农场，不明身份枪手驾驶摩托车来到农场，向人群施射，行凶之后迅速驾车离开，至少 7 人在袭击中丧生。

1 月 6 日，13 名塞内加尔年轻人，在塞内加尔南部济金绍尔一处森林内被约 15 名分裂组织“卡萨芒斯民主力量运动”（卡民运）的武装人员杀害。

1 月 12 日，一辆载有参加法国“新月形沙丘”行动士兵的轮式装甲车在马里东部靠近尼日尔边境一带遭汽车炸弹袭击，装甲车上的 3 名法国士兵受伤。

1 月 27 日，马里北部通布图地区松皮的一处马里部队军营遭到武装分子袭击，至少 16 名士兵死亡，另有十几人受伤。

1 月 28 日，一名自杀式爆炸袭击者当天早上试图袭击马里北部梅纳卡市一处哨所，4 名士兵在阻击这名袭击者时身亡。

2 月 16 日，尼日利亚博尔诺州发生自杀式爆炸袭击事件，造成至少 22 人死亡、28 人受伤，袭击很可能是极端组织“博科圣地”所为。

2 月 19 日，极端组织“博科圣地”袭击了位于尼日利亚约贝州达普奇地区的一所女子技术学院，在遇袭学校注册的 906 名女学生中，有 110 人下落不明。

3 月 1 日，联合国驻尼日利亚机构确认，4 名联合国救援人员 1 日晚在极端组织“博科圣地”的一次袭击中身亡。4 名遇难的救援人员均为尼日利亚籍，其中 2 人负责国际移民组织的管理工作，1 人是联合国儿童基金会医生，另 1 人身份不详。此外，还有 1 人被劫持。

3 月 8 日，中国水电建设集团十五工程局有限公司（简称中水电十五局），位于马里中部莫善提区杰内古城附近的杰内桥项目的工地现场及营地，遭遇 25 至 30 名不明身份武装人员袭击。武装人员骑着摩托车来袭，烧毁了工地的吊车、皮卡车、发电机等施工设备和物资，抢走了在场 5 名中方员工的随身手机、电脑等财物。所幸中方员工无人伤亡，现均已安全转移到首都巴马科。

3 月 12 日，距尼日尔首都尼亚美约 40 千米的蒂拉贝里大区古贝村（Goubé）的一处尼宪兵驻地遭到不明身份武装分子袭击，造成宪兵队 3 人死亡、1 人重伤。

4 月 2 日，尼日利亚东北部博尔诺州首府迈杜古里郊外 1 日晚遭到极端组织“博科圣地”袭击，造成至少 15 人死亡、数十人受伤。

4 月 11 日，1 名德国人道主义人士在尼日尔与马里边境地区被一群武装分子绑架。

4 月 14 日，马里多层面综合稳定团（马里稳定团）在通布图地区被武装分子袭击，造成 1 名布基纳法索籍联合国维和士兵遇难，另有 10 多人受伤。

5 月 1 日，位于尼日利亚东北部阿达马瓦州穆比镇的一处清真寺和一个市场发生连续两起自杀式炸弹袭击，目前造成超过 60 人丧生。

5 月 11 日，来自刚果（金）的恐怖分子袭击了布隆迪西比托凯省一处村庄，造成 26 人死亡、8 人重伤。

5 月 19 日，尼日尔西部蒂拉贝里省一个村庄 18 日傍晚遭到一伙不明身份的武装分子袭击，造成至少 17 名平民死亡。据尼日尔安全部门的初步调查，这是一起生活在尼日尔和马里边境地区的图阿雷格人和富拉尼人之间的部族冲突。

6 月 5 日，尼日尔东南部靠近尼日利亚边境地区发生 3 起自杀式炸弹袭击事件，造成至少 9 人死亡。袭击事件发生地为极端组织“博科圣地”

经常袭击的目标。

6 月 16 日，尼日利亚东北部博尔诺州遭遇自杀式爆炸和手榴弹袭击，造成至少 34 人死亡、18 人受伤。第一次是由两名男性实施的自杀式爆炸袭击，造成 10 人死亡、5 人受伤。随后，在人们进行救援和清理现场过程中，又遭到手榴弹袭击，造成 24 人死亡、13 人受伤。

6 月 20 日，尼日利亚东北部一处军事基地附近的集市被袭击，1 名女性试图进入毗邻军事基地的这座集市，一些士兵对其发起射击，引爆了这名女性身上携带的爆炸装置。附近的另 1 名女性袭击者则在人力车上引爆了爆炸装置。2 名女性当场死亡，15 人因袭击受伤。

6 月 29 日，位于马里中部塞瓦雷镇的萨赫勒五国集团联合反恐部队总部遭到不明武装分子袭击，萨赫勒五国集团联合反恐部队的营地首先被汽车炸弹袭击，随后又遭到机枪和重型武器射击，袭击造成萨赫勒五国集团联合反恐部队方面至少 6 人死亡，多人受伤。“基地”组织马里分支“认领”这起袭击。

6 月 30 日，一辆马里军车在中部科罗地区触地雷，至少 4 名士兵死亡。

7 月 1 日，法国在西非国家马里北部的一支联合巡逻部队遭自杀式汽车炸弹袭击，4 名平民丧生，31 人受伤，包括 4 名法方士兵。

7 月 15 日，马里东北部靠近尼日尔边境地区受到来自疑似圣战组织的武装袭击，造成 10 多名平民死亡。

7 月 23 日，尼日利亚东北部博尔诺州首府迈杜古里东南约 40 公里处的一座清真寺遭自杀式炸弹袭击，造成 7 人死亡、7 人受伤。

8 月 10 日，尼日利亚南部埃多州的两家商业银行 9 日晚遭到一群不明身份武装分子袭击，造成至少 10 人死亡。

8 月 11 日，在布基纳法索东部古尔马省的法达恩古尔马市附近发生一起路边炸弹袭击，导致 5 名宪兵和 1 名平民当场死亡。

8 月 17 日，布基纳法索西北部穆洪省代杜古市附近当天发生一起袭击事件，造成 2 人死亡。

8 月 30 日，尼日利亚东北部博尔诺州一处军营日前遭到极端组织“博科圣地”武装人员袭击，至少 30 名士兵在交火中身亡。31 日，尼安全部队击毙了多名武装分子，并在古匝马拉区缴获大量武器。

9 月 1 日，尼日利亚东北部博尔诺州一处军营日前遭到极端组织“博科圣地”武装人员袭击，至少 30 名士兵在交火中身亡。

10 月 15 日，尼日利亚医疗援助工作者豪瓦·穆罕默德·利曼被一伙武装极端分子绑架后杀害，利曼今年 3 月被绑架时在尼日利亚东北部一家红十字国际委员会资助的医院工作。

10 月 20 日，尼日利亚北部卡杜纳州日前发生一起大规模部族冲突事件，造成至少 55 人死亡。

11 月 12 日，联合国驻马里基地遭到恐怖组织自杀式汽车爆炸袭击，除 1 名恐怖分子当场死亡外，还造成 2 名马里人死亡，以及 14 人受伤。在 14 名受伤人员中，包括为联合国工作的柬埔寨籍雇员，其中 1 人重伤和 3 人轻伤。

11 月 21 日，尼日尔东南部迪法省图穆尔地区的一家法国钻井公司遭“博科圣地”袭击，造成至少 6 人死亡、7 人受伤。

11 月 24 名，袭击者攻击了尼日尔迪法省靠近尼日利亚边境的两座村庄，绑架了 18 名女生。

11 月 30 日，布基纳法索东部本古市发生一起袭击事件，造成 5 人死亡。

12 月 1 日，尼日尔西部蒂拉贝里省一个警察局 1 日凌晨遭武装分子袭击，造成 1 人死亡。

12 月 15 日，刚果（金）西部的马伊恩东贝省发生部族间冲突，造成至少 45 人死亡。

第三节　西非地区主要反恐怖军事行动

一、布基纳法索军方摧毁数个恐怖组织据点

（详见第一章内容）

二、法军在马里击毙 30 多名恐怖分子

11 月 22 日，执行“新月形沙丘”行动的法军在马里中部的莫普提大

区对当地一恐怖组织发起军事打击，共击毙 30 多名恐怖分子。

（一）行动背景

萨赫勒地区是非洲撒哈拉沙漠以南一个宽 320 千米至 480 千米的区域。近年来该地区饱受贫困、武装冲突和自然灾害的困扰。2014 年，布基纳法索、乍得、马里、毛里塔尼亚和尼日尔成立了萨赫勒五国集团，以促进该地区的密切合作，并应对共同面临的挑战。2017 年 2 月，五国决定成立由 5000 人组成的萨赫勒五国集团联合部队。同年 7 月，五国领导人在马里首都巴马科举行会晤，正式启动联合部队。法国 2014 年 8 月启动“新月形沙丘”行动。在这一行动框架下，法国向非洲萨赫勒地区派遣约 4000 名军人，与地区内的多国军队协同作战，共同打击恐怖主义。

（二）行动概况

法国军队总参谋长弗朗索瓦·勒库安特 23 日发布新闻公报说，执行“新月形沙丘”行动的法军 22 日晚在马里中部的莫普提大区对当地一恐怖组织发起军事打击，共击毙 30 多名恐怖分子。法军此次打击的恐怖组织名为“马西纳解放运动”，被击毙者中很可能包括该组织的重要头目哈马敦·库法。法军在此次行动中出动了“幻影 2000”战斗机、虎式和瞪羚等型号的武装直升机、“收割者”无人机、C－135 加油机等多种空中作战力量，并出动了地面作战部队。

（三）行动评析

法军和马里政府军、萨赫勒五国集团联合部队以及联合国马里多层面综合稳定特派团（马里稳定团）等各方共同维护马里和萨赫勒地区安全，此次军事行动是法军为维护地区安全取得的又一次胜利。

三、尼日利亚“深击 2”行动获得成功，击毙百余名恐怖分子

1 月 8 日，尼日利亚军方在一次军事行动中打死至少 107 名极端组织“博科圣地”成员。

（一）行动背景

“博科圣地”成立于2004 年，长期活跃在尼日利亚东北部地区，2009年以来控制尼东北部大片地区，不时在尼日利亚及邻国实施恐怖袭击，造成大量人员伤亡、200 多万人流离失所。过去一年多来，尼政府对在博尔诺州的“博科圣地”多次发动军事打击行动。

（二）行动概况

尼日利亚军方在一次军事行动中打死至少 107 名极端组织“博科圣地”成员。这次名为“深击 2”① 的行动主要目的是清除残留在东北部地区的“博科圣地”成员。在这次行动中，4 名军人和 1 名平民志愿者遇难，另有 9 名军人受伤。

（三）行动评析

此次行动，尼日利亚军方进行周密部署，对“博科圣地”极端恐怖组织实施了出其不意的攻击，有效地打击了恐怖组织的气焰。

四、其他反恐怖军事行动

1 月 28 日，中国第 5 批赴马里维和工兵分队梅纳卡分遣队营区完成反恐战备演练，强化应急反恐处置能力。

2 月 21 日，尼日利亚军方当天解救了数十名被极端组织“博科圣地”绑架的女学生。尼军方 21 日在约贝州和博尔诺州交界地区解救了这些女学生。尼日利亚媒体没有透露被解救女学生的具体人数。路透社等媒体称已有 76 名女学生脱险，另有 2 名女学生死亡，尚不清楚她们的死亡原因。

2 月 22 日，为应对加奥严峻安全形势，以及各种可能出现的突发情况，中国第 5 批赴马里维和工兵分队严密组织实施了此次夜间防卫演练。

2 月 28 日，利比里亚总统乔治·维阿接见中国第五批驻利比里亚维和警察防暴队代表一行，并向防暴队授予“利比里亚国家奖”。自 2017 年 3

---

① 参见《尼日利亚军方打死百余名“博科圣地”成员》，新华网，2018 年 1 月 10 日，http：//www. xinhuanet. com/。

月 11 日进驻任务区以来，防暴队先后圆满完成联合巡逻、日常巡逻、空中巡逻、长途巡逻等多项维和任务，多次受到联合国驻利比里亚特派团（联利团）和利比里亚政府的好评。

3 月，尼日利亚军方在博尔诺州实施的军事行动中打死 5 名“博科圣地”成员，并解救了 149 名人质。

4 月 7 日，尼日利亚在东北部博尔诺州打死 5 名极端组织“博科圣地”成员，并成功解救了 149 名人质。尼军方发言人恩瓦舒库在一份声明中说，军方 7 日在“博科圣地”前重要据点桑比萨森林附近实施清除残余组织成员的军事行动，在行动中打死 5 名“博科圣地”成员，抓获 5 人，149 名人质当中包括 54 名妇女和 95 名儿童。

5 月 7 日，尼军方最近在尼日利亚东北部博尔诺州实施多次营救行动，从极端组织“博科圣地”手中解救出约 1000 名人质，但没有透露营救行动的具体时间。尼军方称这次营救行动是由来自喀麦隆、乍得、尼日尔和尼日利亚的部队联合实施。

6 月 9 日，马里军方在中部城镇波尼（Boni）击退了一场恐怖袭击，击毙 13 名恐怖分子，追回武器军火，在阻挡攻击过程中有 3 名士兵阵亡。

6 月 30 日，尼日利亚在博尔诺州的一次清剿行动中，打死 5 名“博科圣地”组织成员。

7 月 16 日，尼日利亚与极端组织“博科圣地”日前在尼东北部交火，军方打死 22 名该组织成员。

8 月 13 日，尼日利亚空军近日对非法武装活动严重的西北部扎姆法拉州发动一系列空袭，打死数 10 名非法武装分子。

9 月 6 日，尼日利亚军方在东北部博尔诺州的一次军事行动中打死 14 名极端组织“博科圣地”成员，成功解救 21 名人质。

9 月 15 日，针对马里持续恶化的安全局势，中国第 6 批赴马里维和部队以“应对不明身份武装人员恐怖袭击”为背景，在位于驻地加奥的绿洲靶场进行了应急反应、支援行动、火力反击、医疗后送等战术课目的演练，检验了部队应急处突能力，强化了官兵应对安全威胁的意识。

10 月 12 日，尼日利亚东北部一个参与打击极端组织“博科圣地”的民兵组织当天遣散了 833 名童子军。

11 月 14 日，针对刚果（金）严峻的安全形势，我第 22 批赴刚果（金）维和工兵分队近日组织了一场应急防卫演练，提高应急处突能力。

分队针对此次交火事件进行了一场模拟演练。演练背景是分队营区遭遇不明身份武装人员袭击，安全受到严重威胁。分队迅速启动应急处突预案，应急小组第一时间携带武器弹药，火速前往增援，战斗人员迅速占领有利位置，向武装人员喊话。演练中，维和官兵针对多种情况，突出紧急处置、单兵战术、战场救护等多个内容进行演练，进一步细化了应急预案，缩短了应急出动时间。

11月21日，中国第6批赴马里维和工兵分队与塞内加尔维和步兵营以应对不明身份武装人员恐怖袭击为背景，举行联合施工防卫演练。此次演练主要包括应急反应、支援行动、火力反击、伤员救治等内容，加强了我与友军警戒护卫力量的协作。

11月22日，执行“新月形沙丘”行动的法军在马里中部的莫普提大区对当地一恐怖组织发起军事打击，共击毙30多名恐怖分子。

12月3日，布基纳法索安全部队在布东部法达恩古尔马省打死了6名非法武装分子。

12月14日，在尼日利亚奥贡州手拉手工业园内，3名中国公民遭恐怖分子袭击遇害。中国驻拉各斯总领事馆当天发布了关于3名中国公民案件的情况说明，称已要求尼日利亚警方尽快确认遗体身份，全力侦破案件，缉拿凶手。中国驻拉各斯领事馆主管领事即赴现场，要求尼警方尽快确认遗体身份，全力侦破案件，缉拿凶手。

12月27日，尼日尔与法国军队在尼西部蒂拉贝里省开展大规模联合行动，打死15名恐怖分子。这是两国军队在该地区取得的一次重要胜利，尼日尔将继续坚定打击恐怖活动和有组织犯罪行为。两国军队除打死15名恐怖分子外，还摧毁21辆汽车，并缴获一些武器。两国军队没有人员伤亡。

2018年西非地区遭受恐怖袭击次数及伤亡人数

时间	尼日利亚		尼日尔		布基纳法索		马里	
	袭击次数	伤亡人数	袭击次数	伤亡人数	袭击次数	伤亡人数	袭击次数	伤亡人数
1月	4	116					3	37
2月	2	160						

续表

时间	尼日利亚		尼日尔		布基纳法索		马里	
	袭击次数	伤亡人数	袭击次数	伤亡人数	袭击次数	伤亡人数	袭击次数	伤亡人数
3 月	1	5	1	4	1	78	1	
4 月	1	60	1	1			1	15
5 月			2	77	1	34		
6 月	3	269	1	9			2	16
7 月	1	14					2	46
8 月	2	40			2	7		
9 月	1	30						
10 月	2	56						
11 月	2	113	1	18	1	5	1	17
12 月			1	1				
合计	19	863	7	110	5	124	7	131

1 月 6 日，13 名塞内加尔年轻人，在塞内加尔南部济金绍尔一处森林内被约 15 名分裂组织“卡萨芒斯民主力量运动”（卡民运）的武装人员杀害。12 月 15 日，刚果（金）西部的马伊恩东贝省发生部族间冲突，造成至少 45 人死亡。全年，西非地区共遭受恐怖袭击 38 次，伤亡 1228 人

第十六章／2018年东非地区反恐怖军事行动*

第一节　东非地区反恐怖军事行动综述

2018 年，索马里“青年党”持续在东非地区制造更多骇人听闻的恐怖袭击，并以索马里为中心加大向周边扩大影响。加之“伊斯兰国”死而不僵，部分“圣战”人员持续回流，东非、北非、乍得湖等地区的安全形势受到严重威胁。而作为索马里“青年党”长期盘踞的东非地区，加剧恶化的恐怖形势格外值得关注。因此，东非地区国家在加强自身防范恐怖袭击的能力同时，强化地区性、国际化反恐怖交流合作机制，对各类恐怖组织加大清剿力度，并取得一定的成果。但东非地区环境复杂，各国政治冲突不断，加之饥饿、灾情不断，恐怖主义滋生的土壤很难彻底根除。①

一、东非地区面临的恐怖威胁

2018 年，索马里“青年党”制造数十起影响恶劣的爆炸袭击事件，严重影响东非地区国家的生活秩序。据调查显示，整个非洲发生的恐怖袭击的数量，至少有一半是由索马里极端恐怖组织“青年党”所为，他们几乎

---

* 东非包括的国家有：埃塞俄比亚、厄立特里亚、吉布提、索马里、肯尼亚、乌干达、卢旺达、布隆迪、坦桑尼亚和塞舌尔。

① 参见《索马里青年党被认为是非洲最致命的极端组织》，人民网－国际频道，2018 年 5 月 3 日，http://www.people.com.cn/。

每天都要制造数起恐怖袭击，东非地区已经成为世界关注的恐袭重灾区之一。东非地区恐怖组织将袭击目标由针对平民、政府机关，扩散至军警部门、联合部队营地及外籍组织，采取声东击西、处处开炸的方式，时刻威胁东非各国的安全秩序。

（一）炸弹袭击频发，严重威胁东非地区群众的正常生活

作为杀伤性较强的恐袭手段，炸弹袭击已经成为索马里“青年党”制造影响的常用方式。恐怖分子通常采取埋伏待机、驾车冲撞、隐藏携带的方式，以迅雷不及掩耳之势引爆准备好的炸弹，对平民及周边设施实施破坏袭击，其中路边炸弹主要埋伏袭击有针对性的目标，汽车炸弹主要冲撞引爆重要设施，人体炸弹主要制造更多的伤亡和影响，这一切都是索马里“青年党”惯用的方式。仅上半年，索马里“青年党”就在索马里及周边地区制造炸弹袭击十几起，死亡 110 多人，数百平民在爆炸中受伤，人们生活在恐怖威胁的煎熬与恐惧之中。

（二）恐怖组织袭击政府机关、军队成常态

东非地区极端恐怖组织起初在重点地区和农村实施制造恐怖袭击，同时将政府机关和军警部队作为扩大影响的重要袭击对象。恐怖分子采取定点伏击、驾车冲击、游动袭击等方式，不断地袭击军政重要部门和人员，恐怖分子这种有计划、有预谋的袭击，使东非地区的安全局势出现更严重的危机。仅下半年，东非索马里、肯尼亚、乌干达等地区就发生袭击军政重要目标 20 余起，造成 79 多人伤亡。① 今年年底，索马里首都摩加迪沙国家剧院附近的一个安全检查站受到 2 次炸弹袭击，第一枚汽车炸弹在摩加迪沙索马里国家剧院附近一个安全检查站被引爆，第二枚汽车炸弹随后在附近被引爆，造成 15 人死亡，数 10 人受伤。

（三）国家内外种族冲突激化，严重影响国家政局稳定，恐怖组织易趁虚而入

由于东非地区各国政局不稳定，国家内部矛盾尖锐复杂，国家之间地

① 参见《索马里军方车队遭“青年党”伏击 5 人死亡》，新华社，2018 年 6 月 6 日，http：//www. xinhuanet. com/。

缘矛盾激化也比较严重，内外因素叠加，直接为恐怖主义的滋生和发展创造了有利条件。加之恐怖组织持续制造恐怖袭击，使人们生活在水深火热之中，心中充满恐惧，对未来感到绝望，直接影响人们正常生活的心理状态。在国家内部战乱连连、国家之间摩擦不断、恐袭随处发生多灾多难的当下，人民怨声载道、民不聊生。比较突出的便是卢旺达与刚果（金）的冲突、埃塞俄比亚与厄立特里亚的战争，严重影响国家安全稳定，间接助长了恐怖主义在此区域滋生更多恶性土壤。

（四）针对联合部队及驻东非地区外籍组织的袭击也接连发生

东非地区经济发展落后，自然灾害、恐怖袭击等多重灾难缠身，平民生存艰难，因此，需要更多国际社会的经济、军事等援助。而军事援助主要是对恐怖组织的打击，其结果反倒加剧了恐怖组织的持续报复。近年来，针对外籍军队和外国人的炸弹袭击、绑架事件多发，恐怖组织将袭击外籍军队和国际组织作为扩大影响的又一重要手段。

二、东非国家的反恐怖军事对策

索马里“青年党”持续的恐怖袭击，致使东非地区部分国家长期处于发展停滞阶段，东非各国纷纷采取对策，在解决消除恐怖危害上加大力度，尝试任何有利于打击恐怖组织的活动。由于东非地区国家经济发展水平相对落后，靠自己反恐根本无法满足现实需要，于是便积极地保持和加强国际合作，引进较多的欧美和周边国家的人力、物力支援。同时，东非部分国家在与中国“一带一路”的合作发展下，既加快了国家经济的发展，又促进了本国反恐能力的提升。

（一）加大自身打击力度，持续清剿恐怖势力

索马里“青年党”是与“基地”组织有关联的极端组织，在索马里及周边地区不断制造恐怖袭击，数量之大，伤亡之高，影响之恶，远超其他组织。为彻底铲除“青年党”，索马里政府军与非盟部队合作，展开了一系列清剿、打击行动。4 月份，索马里政府军在索马里中部地区展开军事行动，攻占了恐怖分子的营地，并击毙 30 名恐怖分子。7 月份，索马里政府军当天在索南部港口城市基斯马尤以北约 50 公里处的一个军事基地挫败

极端组织“青年党”发动的袭击，在交火中打死 87 名武装分子。9 月份，政府军在非盟军队的支援下，与袭击索南部下谢贝利州的极端组织“青年党”武装分子展开交火，打死该组织 35 名成员。①

（二）持续强化与外军和国际组织反恐合作

自从索马里新政府成立后，美国开始向该国派遣少量特种部队，主要任务是担任索马里政府军的顾问和教官，协助打击“青年党”。今年以来，美军继续协助索马里政府加大对恐怖组织的反恐力度，主要以精确空袭、目标斩首行动为主。利用其发达的情报侦察系统和先进的空中打击武器，往往能对索马里“青年党”造成出其不意的有效打击。驻扎在索马里的非盟部队，也不时地协助索马里及周边国家对恐怖组织实施定点清除，有效打击恐怖组织的嚣张气焰。今年 10 月，美军在索马里中部海岸地区对极端组织“青年党”目标实施恐袭，打死该组织至少 60 名武装分子，空袭削弱‘青年党’策划未来攻击的能力、破坏领导阶层网络，并重挫‘青年党’在此地活动的自由度及机动性。

第二节　东非地区主要恐怖袭击事件

2018 年，东非地区恐袭不断，索马里、肯尼亚等国饱受恐怖极端组织困扰，安全局势依旧严峻。

一、索马里首都汽车炸弹袭击至少 50 人死亡

（详见第一章内容）

二、索马里首都两起炸弹袭击，造成 32 人死亡

2 月 23 日，索马里首都摩加迪沙发生两起汽车炸弹袭击事件，两起爆

① 参见《非盟维和部队在索马里击毙至少 30 名武装分子》，新华社，2018 年 4 月 3 日，http：//www.xinhuanet.com/。

炸当天至少已造成人 60 多人死伤。

（一）事件背景

索马里“青年党”是索马里主要的反政府武装组织，是同“基地”组织有关联、使用恶毒手段破坏索马里和平和民权社会的恐怖组织。该组织控制着索马里中南部大部分国土并一直想要推翻非盟与西方国家支持的索马里政府。索马里“青年党”宣布效忠本·拉登，不断制造着恐怖主义爆炸事件。

（二）事件经过

23 日 18 时，索马里首都摩加迪沙发生武装分子使用载有炸弹的汽车在索国家情报与安全机构总部附近爆炸。约 15 分钟后，一辆朝总统府方向驶去的汽车在总统府附近的一个街区被引爆。两次爆炸均传出巨大爆炸声。

（三）事件影响

总统府附近发生爆炸后，索安全部队与武装分子在总统府附近街区进行了激烈交火，5 名武装分子在总统府附近街区被打死。联合国秘书长古特雷斯通过新闻发言人发表媒体声明，对 2 月 23 日在索马里首都摩加迪沙发生的袭击事件予以强烈谴责，并向遇难者家属和索马里人民和政府表示深切的哀悼，同时还对索马里安全部队和非索特派团做出的反应表示了赞扬。

三、埃塞俄比亚总理集会现场发生爆炸，1 人死亡，160 余人受伤

6 月 23 日，埃塞俄比亚总理集会现场发生爆炸，民众集会活动中发生的爆炸事件已导致 1 人死亡，164 人受伤。①

（一）事件背景

埃塞俄比亚联邦议会正式批准通过阿比·艾哈迈德为该国新一任总理

① 参见《外媒：埃塞俄比亚总理集会现场发生爆炸》，环球网，2018 年 5 月 23 日，http：//www.huanqiu.com/。

后，阿比·艾哈迈德在国内实施了一系列重大措施，包括释放政治犯、缓和与厄立特里亚的紧张关系并对国有企业实施私有化改革等，以推动国内和平和国家发展。

（二）事件经过

据目击者称，爆炸发生在一辆警车附近。爆炸发生时，埃塞俄比亚总理阿比·艾哈迈德（Abiy Ahmed）正在举行集会并发表演讲，集会有数千人参加。爆炸发生后，艾哈迈德立即被安保人员带离现场。爆炸物据称是一枚手榴弹。报道称，艾哈迈德将这次爆炸形容为“不想看到埃塞俄比亚团结的人的一次失败的尝试”。据当地媒体报道，此次民众参加集会活动主要是对阿比·艾哈迈德上台以来所实施的政策表达支持。

（三）事件影响

此次民众集会活动主要是为表达对埃塞俄比亚总理阿比·艾哈迈德上台以来所实施政策的支持。总统发言人乔治·查兰巴在接受媒体采访时表示，总统姆南加古瓦未受伤，目前已被转移至安全地点。据津巴布韦国家电视台报道，包括副总统莫哈迪，环境、水利与气候部长奥帕·穆欣古里在内的几名官员受轻伤，另有数名现场执勤人员和一些民众受伤。目前伤者已被送往附近医院接受救治。

四、红十字会德国籍护士在索马里首都遭持枪劫持

5 月 2 日，一伙不明武装分子在索马里首都摩加迪沙绑架了 1 名为红十字国际委员工作的护士。

（一）事件背景

反政府武装联盟 1991 年推翻西亚德·巴雷领导的政府，索马里陷入混战。随着武装冲突逐步减少，索马里联邦政府成立后，结束无政府状态。然而，内战期间建立的极端武装组织“青年党”至今对抗索马里政府，频繁发动袭击。摩加迪沙是冲突“重灾区”。摩加迪沙国际机场由非洲联盟士兵守卫，是外国使馆和联合国等国际组织办公室所在地。红十字会是为数不多的不在摩加迪沙机场办公的国际组织。

（二）事件经过

当地时间2日20时左右，持枪人员进入红十字会办公的院子，劫走这名护士；红十字会正联系“多个官方机构”，尽力确保她获释。

（三）事件影响

红十字会驻索马里代表团副团长丹尼尔·奥马利说：“我们非常担心这名同事的安全。她是护士，每天拯救生命、医治索马里弱势民众。我们呼吁立即、无条件释放她。”

红十字会告诉英国广播公司，他们在摩加迪沙的工作暂停，剩下的10名驻摩加迪沙国际职员正向肯尼亚首都内罗毕转移，将等待后续通知。索马里籍职员将继续在摩加迪沙以外的地区工作。

五、其他恐怖袭击事件

1月1日，索马里军方12月31日说，索马里首都摩加迪沙的索国防部附近当天上午发生一起路边炸弹袭击事件，造成至少2人死亡。爆炸物事先被安置在国防部附近路边，当非盟部队的车队从该路段驶过时，炸弹突然被引爆，造成包括1名索马里士兵在内的至少2人死亡。

1月2日，在肯东北部与索马里相邻的曼德拉郡，发生索马里极端组织“青年党”武装分子袭击警察事件，造成5名警察死亡。警察巡逻时遭到“青年党”武装分子伏击，4名警察当场死亡，多人受伤，其中1名受伤警察经医院抢救无效死亡。袭击还导致一辆警车被烧毁。

1月13日，一伙武装分子在肯尼亚东部拉穆郡袭击了一个巴士车队，1名平民在警方与武装分子的交火中死亡。这个有警察护送的巴士车队计划从拉穆郡驶向东部城市蒙巴萨，上午11时左右遭到武装分子袭击。护送巴士的警察随即反击，一个由空中和地面部队组成的行动小组也被派去增援，多名警察在交火中受伤。

2月16日，肯尼亚东北部靠近索马里边境的瓦吉尔郡一所小学当天遭到武装分子袭击，疑似索马里极端组织“青年党”武装分子所为，造成3名教师死亡、1名教师受伤。

3月22日，索马里首都摩加迪沙，一辆装载炸药的汽车在摩加迪沙一家酒店门口爆炸，造成至少 14 人死亡，另有多人受伤。死者多为平民，包括一些在酒店门口贩卖商品的小贩。

3 月 25 日，位于索马里首都摩加迪沙的索国内安全部大楼附近当天发生汽车炸弹爆炸袭击，一辆载有炸药的汽车在国内安全部的一个安检口发生爆炸。造成至少 5 人死亡，另有多人受伤。

4 月 1 日，位于首都摩加迪沙西北 130 千米处的非盟驻索马里维和部队基地遭到极端武装组织——索马里“青年党”武装分子袭击。索马里“青年党”武装分子首先引爆了 2 辆炸弹汽车，随后双方发生激烈交火，交战中维和部队的 4 名乌干达士兵牺牲，“青年党”的 20 多名武装分子被打死。

4 月 2 日，索马里中部希兰地区当天发生一起路边炸弹袭击，造成至少 7 人死亡，其中包括一对夫妇和他们的 4 个孩子。

4 月 4 日，索马里首都摩加迪沙当天发生一起地雷爆炸事件，造成至少 4 人死亡、9 人受伤。爆炸发生在摩加迪沙北部一座清真寺附近，其目标是 1 辆索马里政府用车。4 月 4 日是“国际提高地雷意识和协助地雷行动日”。联合国索马里援助团当天在其网站上发表声明说，过去 3 年间，简易爆炸装置共在索马里造成约 3000 人死亡或受伤，呼吁有关方面提高民众对爆炸物的认识。

4 月 6 日，索马里首都摩加迪沙当天发生两起爆炸袭击事件，导致至少 2 名安全人员死亡、3 名安全人员受伤，此外 4 名袭击者在两起事件中死亡。1 名当地警官在接受采访时表示，第一起爆炸袭击事件发生在摩加迪沙机场附近的一条公路上。约一个小时后，另一辆载有简易爆炸装置的汽车在摩加迪沙西部一个街区的安检站爆炸，造成 2 名安全人员死亡。安全人员打死了车上 3 名武装分子。

4 月 12 日，索马里南部一座城市的一场足球比赛遭遇炸弹袭击，这枚炸弹导致 5 人死亡，另外导致数 10 人受伤。

4 月 25 日，红十字会 1 名索马里籍职员离开办公地后，所驾驶车辆发生爆炸。他受伤不治身亡，他的 1 名同事受伤。

4 月 28 日，索马里中部当天发生一起自杀式爆炸袭击事件，造成至少 7 人死亡，其中包括 3 名索高级军官。事件发生在中部城镇加勒卡尤，1 名袭击者在一家酒店内靠近聚集的索政府军官兵后引爆炸弹背心，袭击还造成 8 人受伤。

5 月 1 日，世界卫生组织 1 名索马里籍女职员在摩加迪沙一处市场遭 2 名男子开枪射杀。

5 月 6 日，索马里南部城镇多布利附近发生一起路边炸弹袭击事件，造成至少 8 名肯尼亚士兵死亡，另有 2 人受伤。隶属于非洲联盟驻索马里特派团的一队肯尼亚士兵计划乘车从肯境内的达达布地区返回多布利的一处军事营地，车队在多布利附近一条公路上行驶时触发路边的简易爆炸装置。

5 月 10 日，索马里南部下谢贝利州发生一起路边炸弹袭击事件，一辆载有政府军士兵的军车在公路上行驶时触发路边的简易爆炸装置。爆炸造成至少 7 名政府军士兵死亡，另有 2 名士兵受伤。

5 月 11 日，来自刚果（金）的恐怖分子袭击了布隆迪西比托凯省一处村庄，造成 26 人死亡、8 人重伤。多名携带武器的恐怖分子从刚果（金）一侧越过边境，袭击了位于边境附近的这处布隆迪村庄，24 人当场死亡，2 人在医院不治身亡。恐怖分子袭击村庄后，撤回刚果（金）境内。

6 月 5 日，一支载有多名地区议员和政府官员的军方车队在索马里中谢贝利州巴勒阿德镇附近行驶时，突然遭到“青年党”武装人员伏击，造成至少 5 人死亡，其中包括议员和执行护卫任务的政府军士兵，另有多人受伤。

6 月 17 日，一辆警车当天在肯尼亚东北部靠近索马里边境的瓦吉尔郡遭遇路边炸弹袭击，造成 5 名警察和 3 名预备役警察死亡。

7 月 2 日，索马里首都摩加迪沙发生一起路边炸弹袭击事件，已造成至少 1 人死亡、7 人受伤。爆炸发生在霍丹区一个路口附近，1 名平民在爆炸中当场死亡。

7 月 7 日，位于索马里首都摩加迪沙的国内安全部大楼及总统府附近的一个安检点，分别遭到索马里“青年党”袭击，已造成至少 12 人死亡。已有 17 名伤者被送往附近医院救治。

7 月 14 日，索马里首都摩加迪沙当天发生两起爆炸，造成至少 2 人死亡。当天，有自杀式袭击者驾驶一辆汽车冲向总统府附近的一个检查点，安全人员向汽车射击，汽车随即爆炸。几分钟之后，检查点附近的路口又发生另一起爆炸。

7 月 21 日，索马里首都摩加迪沙当天早些时候发生一起汽车炸弹爆炸事件，造成至少 1 人死亡、3 人受伤。爆炸发生在摩加迪沙的无名烈士墓附近，袭击者事先将简易爆炸装置安置在一辆汽车内，这辆汽车在行驶后不久发生爆炸。事发时车上载有 3 人，爆炸造成车内 1 人死亡、2 人受伤，另有 1 名路人受伤。

7 月 25 日，一辆载有索马里政府军士兵的汽车在前往索南部下朱巴州巴莱多格莱机场时遭路边炸弹袭击，造成至少 6 名士兵死亡。当地居民称，被袭击的政府军车辆当时正护送一批食品和后勤补给前往巴莱多格莱机场。

8 月 5 日，索首都摩加迪沙及其附近地区发生两起袭击事件，造成至少 8 人死亡，另有多人受伤。第一起袭击事件发生在摩加迪沙以西约 30 公里处的阿夫戈耶镇，1 名袭击者当天驾驶一辆载有爆炸物的汽车，冲向一个有安全部队驻守的检查站并引爆车上爆炸物，爆炸造成至少 4 人死亡、多人受伤；第二起袭击事件发生在摩加迪沙市区一个酒店附近，1 名袭击者当天晚上从车内向该酒店附近投掷爆炸物。爆炸造成包括袭击者在内至少 4 人死亡，另有 7 人受伤。

8 月 8 日，肯尼亚东部沿海与索马里相邻的拉穆郡当天发生一起路边炸弹袭击事件，袭击造成至少 6 名肯尼亚士兵受伤。肯国防军的一辆军车在位于拉穆郡境内的博尼森林地带进行安全巡逻时，触到路边的简易爆炸装置，爆炸造成至少 6 名士兵受伤，其中 3 人伤势较重。

8 月 13 日，肯尼亚东北部与索马里相邻的曼德拉郡当天发生一起路边炸弹袭击事件，造成至少 3 人死亡、2 人受伤。一辆汽车在曼德拉郡沿着肯索边境正在修建的隔离墙行驶时触发路边的简易爆炸装置，爆炸造成车上至少 3 人死亡、2 人受伤，伤者伤势较为严重。死伤者都是修建隔离墙的工人。

9 月 2 日，索马里首都摩加迪沙当天发生一起汽车炸弹袭击事件，造成至少 3 名士兵死亡，另有 10 余人受伤。一辆载有爆炸物的汽车冲向摩加迪沙豪尔瓦达格区政府大楼，随后发生爆炸。袭击发生地距离摩加迪沙巴卡拉市场不远。爆炸给区政府大楼及附近学校造成不同程度破坏，有学生在袭击中受伤。

9 月 10 日，索马里首都摩加迪沙一处地方政府办公室外发生疑似汽车炸弹爆炸事件，建筑物被夷为平地，受伤人数不详。

10 月 4 日，1 名华人在坦桑尼亚达累斯萨拉姆被当地人暴力袭击后，不治身亡。

11 月 3 日，索马里摩加迪沙，一辆军车当天在该国首都摩加迪沙郊区触发地雷，至少 4 人在爆炸中身亡。

11 月 20 日，一伙身份不明的武装人员袭击了肯尼亚马林迪市附近的一个购物中心，5 人受伤，1 名来自意大利的女性被绑架。一伙手持自动武器的男子袭击了购物中心，并向当地居民盲目开火。随后，匪徒绑架了 1 名 23 岁的意大利女性，她是一个非政府组织的志愿者。

11 月 26 日，索马里首都摩加迪沙发生一起汽车炸弹袭击，造成 10 人死亡、6 人受伤。一辆停在一个繁忙的市场附近的汽车被引爆，爆炸造成 10 名平民死亡。

11 月 26 日，索马里中部城市加勒卡约一处宗教场所当天遭武装分子袭击，至少 25 人死亡。载有炸药的汽车当天冲进加勒卡约一处宗教场所并被引爆，袭击者随后向人群扫射。

12 月 6 日，索马里一辆政府军军车在该国南部下谢贝利州触发地雷，造成 10 人死亡，其中包括 2 名高级指挥官。

12 月 15 日，埃塞俄比亚东南部靠近肯尼亚边境莫亚莱镇的暴力冲突已造成 21 人死亡、60 余人受伤。

12 月 19 日，埃塞俄比亚西北部的本尚古勒 - 古马兹州发生一起地雷爆炸事件，造成 8 人死亡、3 人受重伤。一辆载有 11 名平民的小型公共汽车当天在该州行驶途中触发埋藏在公路路面下的地雷，瞬间酿成人间悲剧。

12 月 22 日，索马里首都摩加迪沙当天发生的两起汽车炸弹袭击，死亡人数已升至 15 人，另有多人受伤。第一枚汽车炸弹在摩加迪沙索马里国家剧院附近一个安全检查站被引爆，第二枚汽车炸弹随后在附近被引爆。

12 月 25 日，索马里该国南部城市拜多阿当天发生一起路边炸弹爆炸事件，造成 2 人死亡、13 人受伤。

第三节 东非地区主要反恐怖军事行动

一、美军持续加大对索马里“青年党”的打击力度

（详见第一章内容）

二、其他反恐怖军事行动

1 月 2 日，美军凌晨对索马里极端组织“青年党”目标实施空袭，打死该组织 2 名武装分子。此次空袭是在索马里联邦政府的协调下进行的，除了在索首都摩加迪沙以西约 50 公里的区域打死 2 名“青年党”武装分子以外，还摧毁了一个车载简易爆炸装置。没有平民在空袭中丧生。

1 月 5 日，埃塞俄比亚联邦警察委员会 5 日向埃塞俄比亚议会提交有关地方民族冲突的报告。报告显示，目前埃塞俄比亚政府已经逮捕了 107 名涉嫌参与民族冲突的人员。107 名涉嫌参与冲突者中有 98 名来自奥罗米亚州，9 名来自索马里州。

2 月 6 日，索马里政府军与极端组织“青年党”武装分子 6 日在中部希兰地区一个城镇激烈交火，造成政府军 1 名士兵和 1 名平民死亡。一伙“青年党”武装分子袭击该城镇的一个警察局，与政府军激烈交火并被击退。

2 月 19 日，美军对索马里极端组织“青年党”目标实施空袭，打死该组织 3 名武装分子。此次空袭是在索马里联邦政府的协调下进行的，打击目标位于索南部中朱巴州城镇吉利卜附近。评估显示，没有平民在空袭中丧生。

3 月 14 日，索马里政府军当天在索南部港口城市基斯马尤附近的一次军事行动中打死 7 名极端组织“青年党”武装分子。

4 月 1 日，驻扎在索马里的非盟维和部队击退极端组织索马里“青年党”当天同时发起的 3 起攻击，击毙至少 30 名武装分子。该组织位于索马里南部下谢贝利州的三处军事基地 1 日同时遭袭。经过激烈战斗，非盟维和部队击退武装分子的攻击，摧毁武装分子使用的 8 辆汽车。4 名维和部队士兵在交火中死亡，另有 6 人受伤。

4 月 5 日，美军对索马里极端组织“青年党”目标实施空袭，打死该组织 3 名武装分子。此次空袭是在索马里联邦政府的协调下进行的，打击目标位于索马里南部城镇吉利卜附近。本次袭击还摧毁了一辆武装分子的车辆。美军将继续与非盟驻索马里特派团和索马里安全部队合作，打击恐怖分子及其训练基地。

4 月 17 日，索马里政府军当天在索马里中部希兰地区展开军事行动，击毙30名极端组织索马里“青年党”武装分子。

5月23日，美军对索马里极端组织“青年党”目标实施空袭，打死该组织10名武装分子。此次空袭是在索马里政府的协调下进行的，打击目标位于索首都摩加迪沙西南约24公里的区域。

5月31日，美军对索马里极端组织“青年党”目标实施空袭，打死该组织12名武装分子。此次空袭是在索马里政府的协调下进行的，打击目标位于索首都摩加迪沙西南约50公里处。

6月5日，索马里政府军当天在索西南部盖多州成功挫败极端组织“青年党”发动的袭击，在交火中打死10名该组织武装人员。[①] 凌晨，一伙“青年党”武装人员企图攻占政府军位于盖多州重镇巴尔代雷的一处军事基地。政府军士兵成功将他们击退，除了打死10名武装人员，还逮捕1人。

6月25日，索马里政府军当天在索南部的下朱巴州对极端组织“青年党”开展行动，打死7名武装分子。政府军和武装分子当天在南部港口城市基斯马尤以北的一座桥梁附近发生激烈交火，被打死的武装分子包括1名“青年党”指挥官。此外，政府军还抓捕了2名武装分子。

7月4日，索马里政府军3日晚在索南部下朱巴州挫败极端组织“青年党”发动的袭击，在交火中打死20名武装分子。一伙“青年党”武装分子企图攻占政府军在下朱巴州的一处军事基地。政府军打死1名驾驶汽车的自杀式炸弹袭击者，随后与武装分子发生激烈交火，最后将其击退并打死20名武装分子。

7月23日，索马里政府军当天在索南部港口城市基斯马尤以北约50公里处的一个军事基地挫败极端组织“青年党”发动的袭击，在交火中打死87名武装分子。武装分子当天上午对这一军事基地发动自杀式汽车炸弹袭击。双方发生激烈交火，政府军击退武装分子。

7月27日，索马里政府军当天对位于该国西南部巴科勒州的极端组织“青年党”开展了一次打击行动，打死该组织6名武装分子。政府军的一支特种部队当天上午对巴科勒州小镇沃吉德附近的“青年党”据点发动进攻，击毙该组织1名指挥官和5名武装分子，并打伤多人。政府军还从武

---

① 参见《索马里军方挫败“青年党”袭击》，新华社，2018年6月6日，http://www.xinhuanet.com/。

装分子手中缴获 8 支步枪。

8 月 2 日，美军对索马里极端组织“青年党”目标实施空袭，打死该组织 4 名武装分子。此次空袭是在索马里政府的协调下进行的，空袭目标位于索马里首都摩加迪沙西北约 120 公里的区域。

8 月 21 日，美军在索马里南部对极端组织“青年党”目标实施空袭，打死该组织 2 名武装分子。此次空袭是在索马里联邦政府的协调下进行的，空袭目标位于索南部港口城市基斯马尤东北约 46 公里的区域。

9 月 23 日，索马里政府军在非盟军队的支援下，与袭击索南部下谢贝利州的极端组织“青年党”武装分子展开交火，打死该组织 35 名成员。

10 月 1 日，美军在索马里南部对极端组织“青年党”目标实施空袭，打死该组织 9 名武装分子。此次空袭是在索马里联邦政府的协调下进行的，目标位于索马里南部港口城市基斯马尤东北约 40 千米的区域。

10 月 6 日，美军在索马里南部对极端组织“青年党”目标实施空袭，打死该组织 1 名武装分子。此次空袭是在索马里政府的协调下进行的，空袭目标位于索马里南部。没有平民在空袭中伤亡。

10 月 14 日，日本计划在海外建立首个永久性军事基地，地点位于非洲东北部的吉布提。目前日本在吉布提设有一个临时据点，部署着一艘驱逐舰和两架巡逻机。日本希望向吉布提当局租用大约 12 公顷的土地，建设营地、行政设施及仓库。该基地将用于打击索马里海盗。

11 月 17 日，美军无人机空袭了索马里反政府的极端组织“青年运动”的重要据点，“青年运动”的电台被彻底摧毁，电台总部内所有人员全被炸死。美军无人机对吉利市多个目标进行了空袭，吉利市位于索马里南部的中朱巴州，该州在“青年运动”控制之下，而吉利市是“青年运动”武装人员的重要据点。报道还称，上星期四，一部分“青年运动”武装人员投靠了“伊斯兰国索马里分支”，引发内讧，双方发生了激烈交火。“伊斯兰国索马里分支”主要活动在索马里东部地区。

12 月 4 日，美军在索马里南部对极端组织“青年党”目标实施空袭，打死该组织 4 名武装分子。此次空袭是在美军及其友军遭到“青年党”武装分子袭击后发动的。没有平民在空袭中伤亡。

12 月 14 日，美军在索马里对极端组织“青年党”目标实施无人机空袭，打死该组织 8 名武装分子。空袭是与索马里政府合作实施的，打击目标位于首都摩加迪沙西南 48 公里的甘达尔舍镇附近。

12 月 17 日，美国非洲司令部发布的一份声明表示，美国本月在索马里发动的空袭已导致 62 名武装分子丧生。据美国军方评估，无任何平民在此次空袭中伤亡。针对“青年党”武装分子的军事行动是在索马里甘达尔谢附近进行的。其中，15 日的军事行动击毙了 34 名武装分子，16 日的行动则击毙了 28 名武装分子。

2018 年东非地区遭受恐怖袭击次数及伤亡人数

时间	索马里		肯尼亚		布隆迪		埃塞俄比亚	
	袭击次数	伤亡人数	袭击次数	伤亡人数	袭击次数	伤亡人数	袭击次数	伤亡人数
1 月	1	2	2	15				
2 月	2	32	1	4				
3 月	2	30						
4 月	7	129						
5 月	4	21			1	34		
6 月	1	10	1	8			1	165
7 月	5	49						
8 月	1	28	2	11				
9 月	2	13						
10 月								
11 月	4	90	1	6				
12 月	3	50					2	92
合计	32	454	7	44	1	34	3	257
10 月 4 日，一名中国公民在坦桑尼亚达累斯萨拉姆被当地人暴力袭击后，不治身亡。全年，东非地区共遭受恐怖袭击 43 次，伤亡 789 人								

第十七章 ／2018年中非及南非地区反恐怖军事行动*

第一节　中非及南非地区反恐怖军事行动综述

2018 年，中非、南非地区与上一年相比，较大规模的恐怖袭击、劫持事件有所减少，反恐形势也略有缓解，但小规模的恐袭事件依旧发生。加之，部分国家党派内部分歧、国家之间地缘环境问题的纠纷，一些国家的安全稳定形势依然面临较为严峻的挑战。与西非和东非相比，中非、南非地区并没有滋生出顽固的极端恐怖组织毒瘤，但受地缘环境和地区发展状况的影响，流窜至此区域的极端组织“博科圣地”、部分国家分裂组织和区域反动武装也在不断地制造一些恐怖事件，影响着中非和南非地区平民的正常生活。

一、中非及南非地区面临的恐怖威胁

虽然中非、南非地区较之上一年的安全形势有所好转，但恐怖主义并未彻底根除，极端恐怖组织依旧零散地分布在一些偏远区域，为了组织利益继续制造各种袭击、绑架事件。极端恐怖组织以补充物资的事由进行烧杀抢掠，以袭击国际组织扩大影响。喀麦隆、中非、南非等国家不断地遭

---

* 中非通常包括的国家有：乍得、中非、喀麦隆、赤道几内亚、加蓬、刚果（布）、刚果（金）、圣多美和普林西比。南非包括的国家有：赞比亚、安哥拉、津巴布韦、马拉维、莫桑比克、博茨瓦纳、纳米比亚、南非、斯威士兰、莱索托、马达加斯加、科摩罗、毛里求斯、留尼汪岛、圣赫勒拿岛和阿森松岛等。

受恐怖主义的威胁，当地的安全形势不容乐观。

（一）极端恐怖分子袭击、绑架平民，持续制造恐慌

极端组织“博科圣地”以尼日利亚、尼日尔为中心，持续向周边扩大影响，作为尼日利亚邻国的喀麦隆首当其冲地成为“博科圣地”的扩张目标。恐怖组织不断袭击村庄、部落，烧毁房屋，致使平民不得不逃离家乡寻求庇护。另外，喀麦隆西部英语区的分裂主义者不断发动袭击，对抗喀麦隆政府。部分激进分裂主义者开始以当地政府部门和学校为目标制造袭击和绑架事件，同时频频与喀麦隆安全力量发生冲突。根据当地一些机构的不完全统计，今年以来，喀麦隆士兵与英语区分裂分子之间已发生 260 起安全事件。[①] 尤其是今年 11 月份，喀麦隆西北大区首府巴门达的一所私立性质的中学遭受袭击，79 名学生和 3 名学校工作人员被绑架。

（二）发生多起针对联合国中非共和国多层面综合稳定团和外籍人员的袭击事件

近年来，联合国中非共和国多层面综合稳定团在中非共和国实施人道主义援助，帮助中非地区人民摆脱困境，为中非共和国的建设和发展发挥了重要作用。但是，国内分裂组织和反动组织不断地袭击中非稳定团和在中非的外籍人员，今年 4 月份，武装分子与中非稳定团维和人员发生交火，导致 1 名卢旺达籍维和士兵死亡、8 名维和士兵受伤；5 月份，联合国一个车队在中非遭遇“反巴拉卡武装力量”的袭击，导致 1 名毛里塔尼亚维和部队成员死亡，8 名队员受伤；8 月份 3 名俄罗斯公民反抗抢劫时遇害；10 月份，3 名中国公民被中非暴民残忍杀害。

（三）武装冲突不断，针对性袭击常发

国家内部冲突不断，地区局势动荡，冲突引发的激烈对抗致使大量平民丧生，今年 10 月，刚果（金）政府军与乌干达反政府武装“民主同盟

① 参见《喀麦隆一中学 82 人遭绑架》，中国新闻网，2018 年 11 月 7 日，http：//www. chinanews. com/。

军”在东部地区发生交火，造成至少 25 人死亡。[①] 部分反抗武装和分裂势力不断制造危机，针对国家政要不断地实施有预谋的袭击。今年 6 月，津巴布韦总统姆南加古瓦在布拉瓦约出席一场集会时，现场突发爆炸。造成 42 人受伤，其中 6 人重伤，“津巴布韦非洲民族联盟－爱国阵线”的大部分高级官员和数千民众参加了集会。7 月份，喀麦隆国防部长约瑟夫·贝蒂·阿索莫的车队在途中遭躲藏在灌木丛中的分裂分子开枪射击，阿索莫一行多人受伤，阿索莫没有受伤。

二、中非及南非地区的反恐怖军事对策

贫困是极端主义、社会动荡、国家与民族冲突的主要来源，也是制约中非地区安全稳定形势的最主要原因。2018 年以来，中非地区国家积极改善内部矛盾纠纷，增加与周边地域的合作交流，引入国际社会资金援助，坚持以加强经济发展为主要目的，促进了国家反恐怖形势的好转。中国作为非洲国家最忠实的合作伙伴，在非洲重大基础设施项目融资和建设领域提高了经济效率，同时还一直大力参与联合国和非盟在非洲的维和行动，有利于促进非洲经济长期稳定和可持续发展，缓解地区紧张局势，维护社会稳定。

第二节　中非及南非地区主要恐怖袭击事件

一、喀麦隆一所学校 79 名学生和 3 名学校工作人员被绑架

11 月 5 日，喀麦隆一所学校 79 名学生和 3 名学校工作人员被绑架。

（一）事件背景

法语和英语均为喀麦隆的官方语言，英语区人口约占总人口的 1/5。自 2017 年底以来，喀麦隆西部英语区的分裂主义者不断发动袭击，对抗喀

---

① 参见《刚果（金）东部武装袭击致 25 人死亡》，新华社，2018 年 9 月 24 日，网址 http：//www. xinhuanet. com/。

麦隆政府。部分激进分裂主义者开始以当地政府部门和学校为目标制造袭击和绑架事件，同时频频与喀麦隆安全力量发生冲突。有统计数据称，今年以来，喀麦隆士兵与英语区分裂分子之间已发生 260 起安全事件。

（二）事件经过

事发学校位于喀麦隆西北大区首府巴门达，是一所私立性质的中学。西北大区为喀麦隆的英语区。被绑架者中包括该中学的负责人和 1 名司机。喀麦隆军方确认该学校师生遭到绑架的消息，但拒绝透露被绑架者的具体人数。该报道援引 1 名军方发言人的话称，绑架事件或是“分裂主义者”所为。

（三）事件影响

绑架事件发生后，社交媒体上出现一段视频，据称为绑架者录制。视频中，武装人员命令一些男学生报出自己的姓名和家长姓名。喀麦隆当局和地方政府已经采取搜救措施。

二、津巴布韦集会爆炸导致 40 余人受伤、2 人死亡

6 月 23 日下午，津巴布韦总统姆南加古瓦在布拉瓦约出席一场集会时，现场突发爆炸。造成 42 人受伤，其中 6 人重伤。姆南加古瓦本人没有受伤。

（一）事件背景

津巴布韦总统和议会选举将于 7 月 30 日举行。这是竞选活动开始后，姆南加古瓦和执政的“民盟”首次前往布拉瓦约举行竞选集会——这座津巴布韦第二大城市向来被认为是主要反对党“争取民主变革运动”的“票仓”。

（二）事件经过

23 日下午，津巴布韦总统姆南加古瓦在布拉瓦约出席一场集会时，现场突发爆炸。造成 42 人受伤，其中 6 人重伤。这场竞选集会在布拉瓦约的一个体育场举行，执政党——“津巴布韦非洲民族联盟 - 爱国阵线”的大

部分高级官员和数千民众参加了集会。事发时，姆南加古瓦正好向支持者发表完演说，准备离开讲台。爆炸就发生在高官就坐的主席台附近，炸弹可能事先被隐藏在靠近主席台出口处位置。

（三）事件影响

事发后，津巴布韦政府已将这次爆炸定性为“针对总统的行刺”，津巴布韦警方目前正在彻底调查这起爆炸事件。不过，在爆炸发生后接受采访时，姆南加古瓦坚称，他相信，制造这次爆炸袭击的不是布拉瓦约当地人。姆南加古瓦说，之前他就遭到过多次暗杀，早就“习以为常”。但他坚信，津巴布韦的绝大多数地区是和平的，他的竞选活动也将不受影响地继续进行下去。爆炸发生后，另一名副总统康斯坦丁诺·奇温加将事件定性为“恐怖袭击”，强调总统和议会选举将如期于 7 月 30 日举行，不会受影响。

三、其他恐怖袭击事件

1 月 10 日，喀麦隆极北大区遭疑似极端组织“博科圣地”成员袭击，造成 3 人丧生。袭击发生在靠近尼日利亚边境的科洛法塔区。当地居民向记者证实，近日“博科圣地”频频制造袭击，主要是为了抢掠民众以补充物资。

2 月 4 日，喀麦隆北部靠近尼日利亚边境地区发生一起袭击事件，造成 6 人死亡。极端组织“博科圣地”于当地时间 4 日 23 时左右袭击了位于莫科洛市图鲁区的一个村落，烧毁了上百座房屋，造成 6 名平民死亡。

2 月 21 日，一伙身份不明的武装分子当地时间 21 日早晨袭击了南非东开普省恩格佐博的一个警察局，打死 5 名警察和 1 名退役士兵。这伙武装分子闯进警察局后立即朝值班警察开火，当场打死 3 人。随后，他们抢走一辆警车并掳走两名警察，在逃窜过程中又开枪打死 1 名退役士兵。不久后，人们在距离警察局 6 公里的地方发现了 2 名被掳走警察的尸体。

5 月 10 日，南非德班附近的费鲁拉姆市一清真寺当地时间 10 日午后遭武装分子袭击，造成 1 人死亡，2 人受伤。3 名持枪和刀具的蒙面袭击者在下午 2 点左右进入寺内持刀行凶，在室内放火，之后乘车逃离。袭击致 1 人死亡，2 人伤情危重。

5 月 17 日，联合国一个车队在中非遭遇“反巴拉卡武装力量”的袭击，导致 1 名毛里塔尼亚维和部队成员死亡，8 名队员受伤，另有 40 名武装分子被击毙。

5 月 23 日，在位于南非豪登省矿业小镇布拉克潘（Brakpan）的闹市区发生恶性枪击事件，事件共造成 4 人死亡，6 人受伤。

6 月 14 日，南非开普敦一座清真寺 14 日清晨发生袭击事件，包括袭击者在内共有 3 人死亡，另有多人受伤。一名 30 岁左右男子当天在清真寺内持刀袭击人群，致 2 人身亡。袭击者随后向赶至的警察发起袭击，被当场击毙。

7 月 13 日，喀麦隆国防部长约瑟夫·贝蒂·阿索莫的车队在西南省遭遇分裂主义分子伏击，阿索莫所率军方人员当时去昆巴镇看望士兵，车队途中遭躲藏在灌木丛中的分裂分子开枪射击，士兵还击，交火 30 分钟，击毙 10 名分裂主义分子。

8 月 3 日，3 名俄公民因反抗不明身份人员的抢劫而在中非共和国遇害。

9 月 21 日，非洲莫桑比克北部突发一起“圣战”分子袭击事件，已造成 12 人死亡，14 人受伤。

9 月 22 日，刚果（金）政府军与乌干达反政府武装“民主同盟军”在东部地区发生交火，造成至少 25 人死亡。乌干达反政府武装“民主同盟军”在北基伍省贝尼地区发动袭击，与刚果（金）安全部队发生数小时交火，造成当地大量居民逃难。在死亡的 25 人中，包括 20 名平民和 5 名军方人员。此外，还有数十人受伤和失踪。

10 月 4 日，一艘载有 4 名在当地从事矿业工作的中国公民和 1 名中非青年的船只在该国西南部城市索索－那孔波的卡岱河上发生倾覆，4 名中国公民幸存，中非青年失踪。幸存的中国公民前往当地宪兵队做配合调查时，遭到当地一伙暴徒的袭击，导致 3 名中国公民死亡，1 人重伤。①

10 月 20 日，刚果（金）东部北基伍省发生武装袭击，造成至少 15 人死亡。乌干达反政府武装“民主同盟军”20 日夜间在北基伍省贝尼地区发动袭击，刚果（金）安全部队与之发生交火。事件造成至少 15 人死亡，

① 参见《中国公民在中非遭袭 3 人身亡 12 名嫌犯被抓捕归案》，央视新闻移动网，2018 年 10 月 8 日，http：//news. cctv. com/。

其中 1 人为军方人员，另有 15 名当地村民遭袭击者绑架，被带入丛林，多家商店遭抢劫。

11 月 9 日，赞比亚副总统伊农格·维纳当天在国会表示，近日在该国一些地区发生的针对中国人的排外攻击，与赞比亚反对党的政治煽动有关。其目的是让外商投资离开赞比亚，进而打击该国经济。赞比亚内政部长称，反对派领导人散布不实传言，导致一些人洗劫中资店铺。中国驻赞比亚大使馆 11 月 6 日发布领事提醒说，近日，在赞比亚铜带省基特韦市多个地方和社区出现小规模骚乱和游行，数家中资店铺遭劫，蒙受较为严重的物资和财产损失。

12 月 15 日，刚果（金）西部的马伊恩东贝省 15 日至 16 日发生部族间冲突，造成至少 45 人死亡。冲突起因是当地两个部族间的一起纠纷。政府已派遣军警控制局势，目前冲突已平息。

第三节　中非及南非地区主要反恐怖军事行动

2 月 17 日，埃塞俄比亚开始实施全国紧急状态，为期 6 个月。6 个月后将视国内安全形势决定是否延长紧急状态。埃塞俄比亚实施紧急状态是因为该国近期多地发生暴力示威活动，这反映出一些长期积累的矛盾正在激化。要从根本上平息动荡局势，需要执政联盟加强团结，各政治派别和各部族之间加强协商，在改善民众生活方面付出更大努力。

3 月 10 日，埃塞俄比亚东南部奥罗米亚州和索马里州交界地区已有 25 万因冲突而流离失所的人重返家乡。8.6 万人已经得到安置，埃塞俄比亚政府正在积极努力，帮助其余 60 万流离失所者重返家乡。

9 月 3 日，德国外交部长海科·马斯当天在乍得湖国际会议上宣布，德国计划在 2020 年前，为非洲乍得湖地区的非洲人民提供 1 亿欧元的人道主义援助。

9 月 20 日，中国第 22 批赴刚果（金）维和部队第一梯队 100 名官兵，20 日凌晨 3 时从乌鲁木齐地窝堡国际机场出发赶赴刚果（金）任务区，执行为期一年的维和任务。中国第 22 批赴刚果（金）维和部队由工兵、医疗两支分队组成，分别由新疆军区某工兵团、新疆军区总医院抽组而成，共 218 名官兵。首批出征工兵分队 80 人，医疗分队 20 人。①

11 月 7 日，喀麦隆西北大区遭“分裂主义者”绑架的 79 名学生和 1 名学校司机已获救。

11 月 14 日，针对刚果（金）严峻的安全形势，我国第 22 批赴刚果（金）维和工兵分队近日组织了一场应急防卫演练，提高应急处突能力。当地凌晨，分队营区附近发生一起交火事件。此次事件起因是劫匪与当地民众发生对峙，政府军前来驱赶时，双方发生了交火，共造成 3 名平民受伤。分队针对此次交火事件进行了一场模拟演练，演练背景是分队营区遭遇不明身份武装人员袭击，安全受到严重威胁。分队迅速启动应急处突预案，应急小组第一时间携带武器弹药，火速前往增援，战斗人员迅速占领有利位置，向武装人员喊话。

12 月 23 日，法国总统马克龙赶在圣诞节前访问乍得，并携带足够的香槟、鹅肝酱和巧克力等家乡美食慰问乍得法国驻军，向 1300 名法国士兵祝贺圣诞新年。马克龙乘坐的专机在乍得首都恩贾梅纳附近的库塞空军基地降落。恩贾梅纳是“新月形沙丘行动”指挥中枢，法国军队在当地已经驻扎超过 4 年，该部队主要负责执行打击极端组织的任务。

2018 年中非及南非地区遭受恐怖袭击次数及伤亡人数

时间	喀麦隆		刚果（金）		中非共和国		南非	
	袭击次数	伤亡人数	袭击次数	伤亡人数	袭击次数	伤亡人数	袭击次数	伤亡人数
1 月	1	3						
2 月	1	6					1	6
3 月								
4 月					1	9		
5 月					1	9	2	13
6 月							1	6
7 月	1	10						

① 参见《中国第 22 批赴刚果（金）维和部队出征》，新华社，2018 年 9 月 20 日，http://www.xinhuanet.com/。

续表

时间	喀麦隆		刚果（金）		中非共和国		南非	
	袭击次数	伤亡人数	袭击次数	伤亡人数	袭击次数	伤亡人数	袭击次数	伤亡人数
8月					1	3		
9月			1	25				
10月			1	15	1	3		
11月	1							
12月			1	45				
合计	4	19	3	85	4	24	4	25
6月津巴布韦总统姆南加古瓦在布拉瓦约出席一场集会时，现场突发爆炸，造成42人受伤；9月非洲莫桑比克北部突发一起“圣战”分子袭击事件，已造成12人死亡，14人受伤。全年，中非、南非地区遭受恐怖袭击17次，伤亡221人								

第十八章 ／ 2018年北美洲地区反恐怖军事行动*

第一节　北美洲地区反恐怖军事行动综述

2018 年，受各国大选、毒品帮派、难民等传统威胁的影响，除美国之外的北美洲地区各国恐怖事件此起彼伏，各种类型恐怖活动交织，使得该地区反恐形势依然严峻。对此，该地区国家积极强化与有关国家在边境安全、执法、反恐等方面的多边合作，不断调整难民接收政策，强化军警在反恐方面的装备配备，竭力维护地区和平和安全稳定。

一、北美洲地区面临的恐怖威胁

在国际反恐大背景下，IS 和其他恐怖组织的支持者纷纷返回自己的国家。同时受到各种传统安全威胁的影响，该地区恐怖活动短时间内难以根

* 北美洲位于西半球的北部，东濒大西洋，西临太平洋，北濒北冰洋，南以巴拿马运河为界，同南美洲分开；北美洲包括北美、中美洲和加勒比海地区，位于北美的国家有：加拿大、美国、墨西哥、格陵兰（丹）；位于中美洲的国家有：危地马拉、伯利兹、萨尔瓦多、洪都拉斯、尼加拉瓜、哥斯达黎加、巴拿马；位于加勒比海地区的国家和岛屿有：巴哈马、古巴、牙买加、海地、多米尼加共和国、安提瓜和巴布达、圣基茨和尼维斯、多米尼克、圣卢西亚、圣文森特和格林纳丁斯、格林纳达、巴巴多斯、特立尼达和多巴哥、波多黎各（美）、英属维尔京群岛、美属维尔京群岛、安圭拉（英）、蒙特塞拉特（英）、瓜德罗普（法）、马提尼克（法）、荷属安的列斯、阿鲁巴（荷）、特克斯和凯科斯群岛（英）、开曼群岛（英）、百慕大（英）。美国反恐怖形势已在第二章作了具体分析，所以本章内容不包括美国部分。

除，恐怖事件时有发生。同时，受难民、毒品和政府选举的影响，该地区涉恐隐患指数依然保持在高位态势。

（一）枪击事件接二连三，恐怖阴霾令人窒息

2018 年刚刚过半，加拿大多伦多已接连发生 50 余起枪击案件。受选举和毒贩帮派的影响，墨西哥也是接连发生枪击事件。由此，导致北美洲地区的恐怖形势直线恶化。5 月 3 日，墨西哥中部的伊达尔戈州帕库拉市市长冈萨雷斯乘坐自己的汽车去希基潘小镇，一辆似乎因交通事故倒在地上的摩托车司机用身体挡住道路，冈萨雷斯下车查看，这时候摩托车司机对他开火，冈萨雷斯遇害。4 月，哈利斯科州希洛特兰市市长被杀。此前普埃布拉州特拉尔内潘特拉市长也被枪杀。6 月 13 日，墨西哥哈利斯科州一场葬礼在举办时遭遇袭击，一些乘车抵达葬礼现场的嫌犯，使用自动武器开火，当场有 8 人受伤，其中 2 人在施以急救后去世。7 月 1 日加拿大国庆日当晚约 10 点半，在多伦多市中心的肯辛顿市场一带发生枪击事件，导致 4 名男子受伤。紧接着，约 11 点半时，在多伦多以西的密西沙加市，又有不明身份者制造了枪击案件。7 月 8 日和 7 月 9 日的凌晨，先后有一名 25 岁和 29 岁的多伦多男青年在街边遭枪杀。当地时间 7 月 22 日晚，在多伦多希腊城街区沿丹佛思（Danforth）大街，29 岁的多伦多男子费萨尔·侯赛因（Faisal Hussain）制造了恶性枪击事件，导致 2 名受害者死亡 12 人受伤。当地时间 7 月 27 日晚，在墨西哥加勒比海岸滨海城市坎昆（Cancun），又有身份不明的枪手制造枪击案，造成至少 5 人死亡，3 人受伤。如此频发的枪击事件，致使该地区恐怖阴霾愈加浓重。

（二）大选之年，墨西哥政界人士屡遭杀害

在墨西哥全国大选即将到来的时候，国内却陷入了犯罪失控的场面。32 个省份中有 22 个省自去年 9 月以来发生过政治暗杀事件。据不完全统计，已有 130 余名候选人惨遭杀害，而且不少候选人是在光天化日之下被害。普埃布拉州特拉尔内潘特拉市长、哈利斯科州希洛特兰市市长、伊达尔戈州帕库拉市市长先后被谋杀。5 月 6 日，保守政党“全国汇合党”领导人爱德华多·阿拉贡（Eduardo Aragon）和民主革命党成员莉莉安娜·加西亚（Liliana García），2 名政界人士的遗体在该国与美国交界的奇瓦瓦州被发现。国会议员候选人普龙（Fernando Puron）日前和一名支持者自拍时，当场被枪手从背后开枪击毙。普龙在被杀害前，才刚在一场政治辩论上誓言要打击犯罪，而他所隶属的执政党“革命制度党”今年已有 12 名候选人遭杀害，是损失最惨重的政党。

（三）毒品帮派根深难除，枪击事件愈演愈烈

6 月 24 日，在墨西哥北部城市华雷斯发生 3 起枪击事件，均与毒品帮派有关。第一起事件，8 名球迷在观看墨西哥同韩国队的比赛时，突然有持武器的一伙人闯入并开枪，导致 6 人死亡，2 人受伤。第二起枪击几乎同时发生。5 名男子一起在美容院看球时被蓝色卡车上下来的一伙人枪杀。第三起发生在凌晨，有 3 人在城市郊区附近的派对中被枪杀。虽然无法直接分辨这 3 起事件的直接相关性，但是，从相关报道来看，都是与毒品犯罪和帮派冲突有关。由此可以看出，一方面政府强力部门对根除毒源的措施还有不足甚至不当之处；另一方面，贩毒团伙的嚣张气焰并没有随着反恐行动的深入而受到影响，反而越发张扬，使得地区安全稳定形势一时难以好转。

二、北美洲地区的反恐军事对策

针对地区恐怖形势实际，北美各国从国际、国内、政治、经济、安全等各个领域多方施策，国家政府和个人组织等各个层次多手出力，积极寻求应对恐怖袭击的有效之策。军事上，一是寻求政策法规支持，逐步加强控枪立法，允许国际航班上的空警佩戴电击枪，加大主动反恐的力度和强度；二是个人主动出击，加入准军事组织，参与反恐作战。三是政府不断改善政策环境，加大资金投入，推动经济发展，逐步缓解移民问题。

（一）寻求政策法规支持，加大主动反恐力度

受 2017 年全球反恐形势的影响，北美洲地区各国积极完善反恐的政策法规，加强国际合作，主动谋势做局，加大反恐的力度和强度，积极维护地区安全和稳定。墨西哥政府积极与美国政府协商，试图允许在美方运营的美墨之间国际航班上执行任务的美国联邦空警佩戴电击枪。加拿大政府在面临枪杀案在 4 年以内翻了近 1 倍的严峻形势下，在首都渥太华组织召开关于枪支和黑帮暴力问题的会议，重点研究解决枪支犯罪和黑帮问题。

（二）个人主动出击，参与反恐作战

在国际国内反恐形势的影响下，除美国之外的北美洲地区各国民众，主动反恐的意识和意愿主动提升。根据相关报道，加拿大女模特儿汉纳·波尔曼（Hanna Bohman）加入了库尔德族全女子军事组织——妇女保护部队（Yekineyen Parastina Jin，缩写为 YPJ），在叙利亚北部与极端组织伊斯兰国作战。她表示，在对敌人开枪时，不会把他们当人看，而是将他们想成动物，因为对她而言，伊斯兰国就是另一种禽兽。“战争的伟力之最深厚的根源，存在于民众之中。”相信，当人人都主动反恐，尽力反恐的时候，恐怖势力及恐怖分子将真正地变成“过街老鼠”，他们的生存空间自然变得越来越小，直至其消亡或转化成另外某种形态。

（三）进一步加强国际合作，逐步缓解移民问题

在经济形势短时间内难以好转的大背景下，难民和移民数量逐年递增，非法偷渡问题严重影响了地区安全环境，并且已经形成了恶性循环，由此导致移民问题愈加突出。北美各国积极加强国际合作，寻求缓解移民问题之对策。7 月初，哥斯达黎加移民管理法院与加拿大移民和难民委员会签署了符合“巴西行动计划（Plan de Acción de Brasil）和哥斯达黎加国家法律框架中有关如何妥善处理难民问题有关规定的谅解备忘录，建立两国政府移民机构之间的长久沟通机制，以便更好地就如何妥善解决难民问题交流经验，提高两国法官在处理难民身份申请方面的能力。10 月 26 日，墨西哥政府宣布，申请难民身份的中美洲非法移民可以留在墨西哥南部并获得工作，希望借助这一举措阻止一支数千人的中美洲非法移民队伍北上美国。12 月 11 日，墨西哥外交部长马塞洛·埃布拉德表示，该国政府将在未来 5 年内耗资约 300 亿美元，以解决南部地区移民问题。12 月 18 日，墨西哥外交部长又表示，墨西哥和美国承诺将共同推动墨西哥南部和中美洲发展，以缓解移民问题。

第二节　北美洲地区主要恐怖袭击事件

2018 年，北美洲地区恐怖活动主要以枪击事件最为多发，其他类型的诸如驾车袭击、警民冲突等恐怖事件，均为偶发事件。总体来看，主要是受总统选举、经济萎靡、毒品帮派、难民移民等问题的影响较大。

一、加拿大发生汽车冲撞行人事件

4月23日，加拿大多伦多发生汽车冲撞行人事件。该事件共造成至少10人死亡，15人受伤。受害者大多数为女性，年龄从20岁至80岁不等。①

（一）事件背景

嫌犯米纳希安，事发之前在网络社交平台上发布了隐晦的相关信息。在案发当天稍早前租用了一辆白色客货两用车，然后驶往案发地作案。警方认定，其驾车撞人之举是“故意为之”。

（二）事件经过

当地时间4月23日午后，多伦多一繁荣商业区发生汽车冲撞行人恶性案件，造成10人死亡，15人受伤。受害者大多数为女性，年龄从20岁至80岁不等。25岁的嫌犯米纳希安（Alek Minassian）住在多伦多郊外的里士满山，他在警方接获报案26分钟后被捕。有影片显示，米纳希安被捕前曾与警员对峙，还手举不明物体对着警察，警察要他“趴下”时，他似乎说“我口袋里有枪”。但是警察没有开枪，逐渐靠近他，最后制服嫌疑人。最后，嫌犯米纳希安被控10项一级谋杀罪和13项谋杀未遂罪。

（三）事件影响

加拿大警方始终没有透露嫌犯的作案动机。但是，距离事发地点30公里处就是七大工业国外长举行峰会的地点，这不得不引起警方的重视。同时，警方在案发地点进行了持续数天的调查，Finch街和Sheppard街之间的Young街路段以及周边的交通受到一定影响。多伦多市政府也呼吁公众保持耐心。

---

① 参见《多伦多汽车撞人案致10死15伤　嫌犯出庭时面无表情》，中国新闻网，2018年4月25日，http：//www. chinanews. com/。

二、墨西哥发生多起政治谋杀事件

6 月 28 日，根据相关报道，墨西哥即将在 7 月 1 日举行全国大选之际，过去 9 个月来，已有 132 名候选人惨遭谋杀。不少候选人是在光天化日之下被杀。[①]

（一）事件背景

今年是墨西哥的全国大选之年，此时政治政党的弱点暴露无遗。正像新兴市场银行 Exotix Capital 分析师伊莱亚斯（Rafael Elias）分析的那样，政客是帮派犯罪的重点目标，特别是当他们在自己管辖的地区不支持非法活动，或者没有表现出对这些活动睁一只眼闭一只眼的态度时，特别容易成为目标。由此，针对候选人的政治谋杀事件数量惊人。

（二）事件经过

普埃布拉州特拉尔内潘特拉市长被杀后，4 月，哈利斯科州希洛特兰市市长被杀，5 月 3 日，伊达尔戈州帕库拉市市长又被谋杀。5 月 6 日，保守政党“全国汇合党”领导人爱德华多·阿拉贡（Eduardo Aragon）和民主革命党成员莉莉安娜·加西亚（Liliana García），2 名政界人士的遗体在该国与美国交界的奇瓦瓦州被发现。6 月，国会议员候选人普龙（Fernando Puron）在和一名支持者自拍时，当场被枪手从背后开枪击毙。

（三）事件影响

这一系列事件，使得墨西哥全国大选被称为墨西哥近代史上最血腥的大选。同时，这也凸显当地犯罪率的严重性，显示了地方政府维护治安和民主管治的困难性。对即将当选的墨西哥总统来说，面对当前犯罪失控的场面，上台伊始，就必须要拿出有效可行的对策。

---

① 参见《史上最血腥！墨西哥两天后大选 132 名候选人已被杀》，环球网，2018 年 6 月 28 日，http：//www. huanqiu. com/。

三、其他恐怖袭击事件

6 月 13 日，墨西哥瓜达拉哈拉市一个葬礼现场发生枪击事件，一些乘车抵达葬礼现场的嫌犯使用自动武器开火袭击，造成 2 人死亡，6 人受伤。

6 月 24 日，墨西哥北部城市华雷斯发生 3 起枪击事件，导致 11 人在看球赛时死亡，2 人受伤。另有 3 人在城市郊区附近的派对中被枪杀。

7 月 1 日，加拿大国庆日前后，发生多起枪击事件，总计造成 4 人死亡，6 人受伤。

7 月 22 日晚，加拿大多伦多希腊城街区沿丹佛思（Danforth）大街，29 岁的多伦多男子费萨尔·侯赛因（Faisal Hussain）制造一起恶性枪击事件，导致 2 名受害者死亡，12 人受伤。

7 月 27 日晚，墨西哥加勒比海岸滨海城市坎昆（Cancun）发生枪击案，导致至少 5 人死亡，3 人受伤。

8 月 10 日，位于加拿大东部的新不伦瑞克省首府弗雷德里克顿发生枪击事件，造成至少 4 人死亡。

9 月 14 日，墨西哥首都墨西哥城老城区一处游客聚集的广场发生枪击事件，造成 3 人死亡，至少 7 人受伤。

9 月 23 日，尼加拉瓜首都马那瓜发生抗议活动，现场警方和抗议者之间爆发冲突，导致至少 1 人死亡，6 人受伤。

9 月 30 日，危地马拉首都危地马拉城附近一座监狱因囚犯斗殴引发骚乱，造成至少 7 人死亡。

10 月 6 日凌晨，墨西哥中部墨西哥州一家酒吧发生枪击事件，造成 5 人死亡，多人受伤。

11 月 4 日凌晨，在中美洲国家危地马拉北部佩滕省发生袭击事件，居住在当地的 2 名 20 多岁的日本女子在家中遇袭，其中有 1 人死亡，另 1 人伤势严重。

12 月 1 日，美国驻墨西哥哈利斯科州首府瓜达拉哈拉市的总领馆大楼附近发生疑似爆炸事件，无人员伤亡。据初步调查，系爆炸装置被引爆。

第三节　北美洲地区主要反恐怖军事行动

10 月 23 日，加拿大国会通过一项决议，对参与恐怖行动的加拿大人实施法律惩罚，制裁返回加拿大的 ISIS 恐怖分子，要求政府对回国的极端分子剥夺他们在安省的福利、服务和其他待遇。此前有报道称，加拿大领事官员已经接触多名被库尔德武装力量拘留在叙利亚的加拿大公民，这些人被控参与恐怖活动。受美国支持的库尔德武装力量至少拘留了 3 名加拿大籍 ISIS 成员，3 名 ISIS 外籍成员的加拿大籍妻子，以及 7 名儿童。库尔德方面要求加拿大政府接回这些加拿大籍 ISIS 战士、妻子和儿童。

10 月 30 日，加拿大递解出境 1 名男子，理由是他在脸书上赞扬“伊斯兰国”和独狼恐怖袭击，对加拿大的安全构成威胁。该男子名叫哈姆丹（Othman Hamdan），原籍约旦，今年 35 岁，他在“9・11”恐怖袭击后从美国来到加拿大申请难民身份，获批后在 BC 省北部小城圣约翰堡定居下来。

12 月 11 日，墨西哥外交部长马塞洛・埃布拉德表示，该国政府为解决南部地区移民问题将在未来 5 年内花费约 300 亿美元。墨西哥南部，包括恰帕斯州和瓦哈卡州，传统上被认为是该国最贫穷的地区，赴美国的移民流经常从此地迁移。由于很多来自中美洲国家的移民穿越与危地马拉交界的恰帕斯州抵达墨西哥，然后前往墨美国边界，因此墨西哥南部地区安全局势变得更加恶化。①

2018 年北美洲地区遭受恐怖袭击次数及伤亡人数

时间		1 月	2 月	3 月	4 月	5 月	6 月	7 月	8 月	9 月	10 月	11 月	12 月	合计
墨西哥	袭击次数				2	2	4	1		1	2		1	13
	伤亡人数				2	3	16	8		10	5		2	46

① 参见《墨西哥外交部：将耗资 300 亿美元解决南部移民问题》，中国新闻网，2018 年 12 月 11 日，http：//www. chinanews. com/。

续表

时间		1 月	2 月	3 月	4 月	5 月	6 月	7 月	8 月	9 月	10 月	11 月	12 月	合计
加拿大	袭击次数				1		2	5	1					9
	伤亡人数				25		5	20	4					54
尼加拉瓜	袭击次数									1				1
	伤亡人数									7				7
危地马拉	袭击次数									1		1		2
	伤亡人数									7		2		9
全年，北美洲地区共遭受恐怖袭击 25 次，伤亡 116 人														

第十九章 ╱ 2018年南美洲地区反恐怖军事行动*

第一节　南美洲地区反恐怖军事行动综述

2018 年，南美洲地区反恐形势不容乐观。在国际反恐斗争不断深入的大背景下，该地区恐怖活动仍然比较频繁。警察局、监狱、竞选车队等敏感目标，始终是该地区恐怖分子实施恐怖活动的主要对象，酒吧、夜总会、教堂、歌舞厅等人员密集场所，始终是该地区恐怖分子实施恐怖活动的主要区域。对此，南美洲地区各国加强国际反恐合作，采取积极有效举措，主动出击，持续加大对恐怖活动和恐怖分子的打击力度，全力维护该地区安全和社会稳定局面。

一、南美洲地区面临的恐怖威胁

随着国际反恐斗争的不断深入，恐怖分子和恐怖势力的活动空间不断受到挤压，但各地恐怖活动仍然持续蔓延，南美洲地区面临的反恐形势也不容乐观。尤其是其北部地区，受地理、历史、政治、经济等多方面问题的影响，恐怖事件多有发生。

---

* 南美洲是南亚美利加洲的简称，位于西半球南部，东面是大西洋，西为太平洋。陆地以巴拿马运河为界与北美洲相分，南面隔海与南极洲相望。位于南美北部的国家有：哥伦比亚、委内瑞拉、圭亚那、法属圭亚那、苏里南；位于南美中西部的国家有：厄瓜多尔、秘鲁、玻利维亚；位于南美东部的国家有：巴西；位于南美南部的国家有：智利、阿根廷、乌拉圭、巴拉圭。其中，智利，巴西，阿根廷是南美洲的三大国。

（一）各国总统大选等政治活动，诱发不安定因素，政治人物成为袭击对象

2018 年，巴西、哥伦比亚、委内瑞拉等国家纷纷进入“选举年”。无论是因为党派纷争、黑恶势力插手，还是由于外部因素干扰、恐怖分子借机，这些重大政治活动都成为了触发各种类型恐怖事件的有力之机。各种势力轮番“出演”，各种手段“精彩纷呈”，导致地区安全形势越来越恐怖。3 月 14 日，在里约市中心，1 名巴西女议员头部中 4 枪，惨遭杀害。司机背部中 3 枪，2 人均当场死亡。3 月 27 日，前总统路易斯·伊纳西奥·卢拉·达席尔瓦的竞选车队在巴西南部巴拉那州遭到枪击，幸运的是卢拉不在车内，事件也未造成人员伤亡。8 月 4 日傍晚，在委内瑞拉首都加拉加斯发生一起针对总统马杜罗的“暗杀行动”。当时他正出席国民警卫队成立 81 周年阅兵典礼，并发表全国电视直播演讲，现场突然传出爆炸巨响。事件造成至少 7 名国民警卫队士兵受伤，马杜罗并没有受伤。9 月 6 日，在巴西东南部米纳斯吉拉斯州茹伊斯—迪福拉市，嫌疑人阿德利奥·比斯波·德奥利韦拉用刀把总统候选人雅伊尔·博尔索纳罗刺成重伤。各类政治活动诱发的种种不安定因素，给南美洲地区社会稳定造成极大伤害。

（二）爆炸、枪击接连不断，地区安全形势难以稳控

爆炸、枪击等恐怖事件不仅给当事人及社会群众造成巨大心理阴影，更是以其极大的伤害力，冲击着无辜群众的身心，考验着军警的处置能力，破坏地区的安全稳定。1 月 27 日，哥伦比亚北部城市巴兰基亚圣何塞区警察局遭炸弹袭击，造成至少 4 名警察死亡、42 人受伤。2 月初，玻利维亚西南部城市奥鲁罗狂欢节期间，先后发生 2 次爆炸事件，共计造成 12 人死亡，50 余人受伤。当地时间 7 月 6 日下午，巴西米纳斯吉拉斯州首府贝洛奥里藏特大都会区孔塔任（Contagem）圣马特乌斯（Saomateus）街区一家酒吧发生枪击案，造成 1 人死亡，4 人受伤。当地时间 12 月 11 日下午，巴西圣保罗州坎皮纳斯市（Campinas）中心的大都会教堂发生枪击案，造成包括枪手在内的 5 人死亡，4 人受伤。当地时间 12 月 16 日晚，哥伦比亚科尔多瓦省的一家夜总会发生爆炸，造成 13 人受伤，其中 3 人重伤。如此接二连三的爆炸和枪击事件，使得地区安全形势更加难以稳控。

（三）贩毒、非法武装、帮派冲突时有发生，区域社会稳定隐患难以根除

走私贩毒和团伙犯罪是威胁南美洲地区安全的一大隐患，大毒枭和其犯罪集团的触角涉及社会的方方面面，不同的利益集团时常发生冲突，甚至与政府相抗衡，严重影响着该地区的社会稳定。1 月 27 日，巴西东北部城市福塔莱萨的一个聚会场所发生疑似帮派冲突，造成十余人死亡。当地时间 1 月 27 日，厄瓜多尔圣洛伦索的一个警察局发生针对警察的爆炸袭击，造成至少 28 人受伤，其中包括 14 名军官。厄瓜多尔总统莱宁·莫雷诺称这是一起与贩卖毒品和集团犯罪有关的恐怖主义行为。4 月 11 日，哥伦比亚西北部安蒂奥基亚省圣佩德罗－德乌拉瓦镇郊区，发生疑似“海湾家族”集团成员制造的爆炸袭击，造成 8 名警察死亡。南美洲地区愈演愈烈的贩毒、非法武装和帮派冲突等，使犯罪集团利益冲突不断，恐怖活动接连发生，严重影响着该地区的社会稳定和地区安全。

（四）抢劫、劫狱、绑架等偶发事件，凸显地区稳定恶化

无论是什么原因引起的，各种针对新闻记者的绑架杀害，针对华商的抢劫，以及大规模的劫狱等偶发事件，使得地区政府和治安等部门的工作绩效大打折扣，凸显了地区治安形势的恶化。4 月 13 日，在厄瓜多尔埃斯梅拉达斯省与哥伦比亚交界地区，隶属于前哥伦比亚反政府武装“哥伦比亚革命武装力量”的一个贩毒武装组织，将上月 26 日绑架的 3 名厄瓜多尔《商报》记者杀害。9 月 10 日，巴西东北部帕拉伊巴州首府若昂佩索阿一所监狱，遭到近 20 名武装分子劫狱，造成至少有 92 名囚犯当日凌晨越狱。当地时间 11 月 11 日上午，在阿根廷布宜诺斯艾利斯省圣马丁地区（San Martín），一华人超市店主在自家超市遭枪击。智利首都圣地亚哥火车站地区，也发生恶性袭击华商案件。当地时间 12 月 7 日凌晨，巴西东北部塞阿拉州（Ceara）米拉格里斯市（Milagres）发生银行抢劫案，造成 12 人死亡。绑架事件发生 2 周尚未得到妥善解决，大规模劫狱和恶性银行抢劫等事件的发生，凸显了南美洲不断恶化的地区安全形势，同时使得民众逐渐丧失对政府和军警处置突发事件能力的信心。

二、南美洲地区的反恐军事对策

面对严峻的恐怖形势，南美洲地区各国采取积极措施，不断寻求各种解决办法，一方面持续加强国内安全治理，另一方面充分利用国际合作的丰硕成果，多方面综合施策加大对涉恐问题的治理。

（一）军警强力打击，坚决摧毁涉恐、涉毒等非法组织

借着全世界积极开展反恐斗争的时机，南美洲地区各国全面加强了该地区和国内安全环境的治理，充分运用军警等强力部门的力量，与区域内的涉毒、涉恐等非法组织和团伙展开了激烈的斗争。1 月 15 日，在委内瑞拉首都加拉加斯西部郊区一条公路上，发生激烈枪战造成 2 名警员丧生，5 名警员重伤，5 名犯罪分子也被逮捕，委当局成功捣毁 2017 年武装袭击委最高法院大楼的恐怖组织。3 月 15 日，哥伦比亚法官下令拘留了 1 名涉嫌与武装分子有联系的 45 岁古巴男子，名叫劳尔 · 古铁雷斯 · 桑切斯。此人计划对美国外交官经常光顾的波哥大一家餐馆发动炸弹袭击。前一天被哥伦比亚警方逮捕。巴西公共安全部 8 月 20 日说，已派出 60 名武装人员前往边境城市帕卡赖马，他们的主要任务是打击非法移民，打击跨境枪支、毒品交易等。

（二）加强国际合作，巴西捣毁“伊斯兰国”追随者团伙

面对恐怖主义这个全世界的公敌，唯有加强国际合作，共同施计用策，全面发力打击，方能取得显著成效。今年 5 月，根据西班牙国民警卫队提供的线索，巴西警方在社交媒体上“追踪”嫌疑人，并捣毁一个“伊斯兰国”追随者团伙。巴西中部戈亚斯州检察官办公室说，嫌疑人 2016 年至 2017 年利用社交媒体发布信息、共享材料，为“伊斯兰国”张目，同时试图招募未成年人在巴西境内搞恐怖活动。同时，他们还涉嫌招募激进分子去叙利亚参加“圣战”。这些嫌疑人在即时聊天软件 WhatsApp 上建立聊天群，取名“巴西哈里发国”。其中有人建议仿照英国首都伦敦 2017 年 3 月发生的袭击，在里约热内卢市或萨尔瓦多市狂欢节期间制造恐袭。

（三）穷追猛打，全国搜捕袭击总统嫌疑人

8 月 4 日傍晚，在委内瑞拉首都加拉加斯发生一起针对总统马杜罗的“暗杀行动”。当时他正出席国民警卫队成立 81 周年阅兵典礼，并发表全国电视直播演讲，现场突然传出爆炸巨响。事件造成至少 7 名国民警卫队士兵受伤，马杜罗并没有受伤。事件发生后，委内瑞拉政府在全国展开搜捕行动，坚决打击刺杀行动的组织和实施者。8 月 6 日，在首都加拉加斯，委内瑞拉政府逮捕了 6 名涉嫌参与袭击总统马杜罗的“恐怖分子与雇佣凶手”。委内瑞拉内政部长内斯特·里沃尔（Nestor Reverol）8 月 9 日指出，已逮捕了 10 名嫌疑人，还对 11 人发出逮捕令或是向他国要求引渡，其中包括议会议员胡利奥·博尔赫斯，他此前已被剥夺委议会豁免权，现处于哥伦比亚。据里沃尔称，正在全国展开搜捕行动，总共针对 25 人展开参与刺杀行动的调查。

第二节　南美洲地区主要恐怖袭击事件

受政治争端、走私贩毒、帮派冲突、历史问题等方面的影响，南美洲地区的安全形势不容乐观，政治谋杀、枪击爆炸、绑架勒索、抢劫劫狱等事件不断发生，更令人震惊的是出现针对警察局的爆炸事件，无不突显了政府治理不妥、军警处置不力等方面的严重问题，使该地区安全形势和社会稳定问题越来越令人担忧。

一、政治人物遇袭系列事件

在巴西即将进行总统大选之际，由于政治争端引发的针对政治人物的袭击事件渐次出现，女议员、前总统、候选人等都成为主要袭击对象。

（一）事件背景

巴西总统通过全民无记名投票选举产生，选举总统时采用绝对多数制的选举制度，候选人必须得到绝对多数选票才可当选总统，即候选人得票数必须占总票数的 50% 以上。过去几年，巴西政治局势异常动荡，两极分化严重，经济增长停滞，失业率居高不下。因此，2018 年的总统大选显得极不寻常。

（二）事件经过

3 月 14 日，在里约市中心，里约市女议员佛朗哥遭行刑式枪杀，佛朗哥当时坐在汽车后座，头部中 4 枪，司机背部中 3 枪，2 人当场死亡。①

3 月 27 日，巴西前总统路易斯·伊纳西奥·卢拉·达席尔瓦竞选车队两辆大客车在南部巴拉那州遭到枪击，卢拉不在车内。枪击没有导致人员伤亡。②

9 月 6 日，在巴西东南部米纳斯吉拉斯州茹伊斯—迪福拉市，嫌疑人阿德利奥·比斯波·德奥利韦拉用刀把总统候选人雅伊尔·博尔索纳罗刺成重伤。③

（三）事件影响

2018 年的总统大选，是巴西重返民主 30 年来最重要的一次总统选举。无论谁最终当选，新任总统必将面对一个严重分裂的国家，要消除腐败丑闻，带领广大人民群众发展经济，提振民心士气。这一系列针对政治人物的袭击事件，发生在大选之年，发生在政治、经济、安全环境堪忧的时候，给总统候选人、广大民众都蒙上了一层难以拨开的阴霾，更加激化了政治动荡，使选举结果更加难以预测。

二、玻利维亚奥鲁罗狂欢节遭爆炸袭击

2 月初，在玻利维亚西南部城市奥鲁罗狂欢节期间，发生 2 起爆炸事

---

① 参见《巴西女议员遭枪击　警方称同批弹药被用于多起案件》，中国新闻网，2018 年 3 月 20 日，http：//www.chinanews.com/。

② 参见《卢拉竞选车队遇袭　巴西总统担忧或增动荡风险》，新华网，2018 年 3 月 30 日，ttp：//www.xinhuanet.com/。

③ 参见《巴西总统候选人遇袭或影响选情　嫌疑人已落网》，新华网，2018 年 9 月 8 日，http：//www.xinhuanet.com/。

件，共计造成 12 人死亡，50 余人受伤。[①]

（一）事件背景

玻利维亚奥鲁罗狂欢节是南美大陆最具特色的狂欢节之一，每年一届，为期一周。期间，人们身着艳丽的服装，在大街上跳鬼神舞。它不仅仅是正义战胜邪恶的表现，还将宗教与传统、基督教的文化融为一体，淋漓尽致地展现安第斯民间艺术和传统文化。在严峻的地区恐怖形势下，这种人员密集场所极容易被各种施恐犯罪分子盯上。

（二）事件经过

2 月 10 日，在奥鲁罗狂欢节游行入口处，一街边煤气罐发生爆炸，造成 8 人死亡，40 人受伤。

2 月 13 日晚，在距第一起爆炸案的地点很近的地方，发生又一起爆炸事件。造成 4 人丧生，十余人受伤。

（三）事件影响

根据警方通报，爆炸现场留下一个深坑。警方在现场发现炸药、塑料容器和雷管等。据估计，犯罪分子使用了 3 公斤多炸药。这种针对人员密集场所的爆炸事件，不论是恐怖分子或恐怖组织直接实施，还是其他人员实施，都明显带有恐怖爆炸案件的阴影，在给受害人及其家庭带来伤痛的同时，更大的是给参加狂欢活动的人们和当地民众带来心理恐慌，加大影响了地区的社会稳定。

三、巴西某州首府发生劫狱事件

9 月 10 日凌晨，巴西东北部帕拉伊巴州首府若昂佩索阿一所监狱，遭到近 20 名武装分子劫狱，造成至少有 92 名囚犯越狱。[②]

---

① 参见《玻利维亚狂欢节再次发生爆炸　造成 10 余人伤亡》，新华网，2018 年 2 月 15 日，http：//www. xinhuanet. com/。

② 参见《巴西近百名囚犯越狱》，新华网，2018 年 9 月 11 日，http：//www. xinhuanet. com/。

（一）事件背景

2018 年 8 月，4 名犯罪犯因袭击运钞车被判入狱。

（二）事件经过

9 月 10 日凌晨，近 20 名武装分子乘车到达帕拉伊巴州首府若昂佩索阿一所监狱，并向岗亭、警察宿舍和监狱大门射击，迫使警察躲避。随后，武装分子炸开监狱大门，闯入监狱后又用钳子将囚室门打开，放走了抢劫银行和运钞车的罪犯罗马里奥·戈麦斯·希尔维拉，其他犯人也趁机索要钳子打开自己的牢房越狱。

（三）事件影响

虽然这只是一起个别事件，但是在抓捕行动中 1 名军警遭到枪击身亡，而且造成大量罪犯越狱，对地区稳定无疑是雪上加霜。

四、厄瓜多尔和哥伦比亚边境地区两个警察局遭炸弹袭击

1 月 27 日，厄瓜多尔圣洛伦索和哥伦比亚北部城市巴兰基亚各一个警察局先后遭到炸弹袭击，共计造成 5 名警员丧生，69 人受伤。①

（一）事件背景

受历史和地理等因素的影响，该地区非法武装团伙和贩毒组织根深蒂固，一时难以根除。尤其是圣洛伦索市，该市位于厄瓜多尔与哥伦比亚边境地区，当地非法武装团伙和贩毒组织活动猖獗，绑架事件时有发生，但发生针对警察的爆炸袭击尚属首次。

（二）事件经过

1 月 27 日，厄瓜多尔圣洛伦索的一个警察局遭到汽车炸弹袭击，造成至少 28 人受伤，几十座建筑被毁。爆炸物被安放在一辆汽车上，爆炸导致

---

① 参见《厄瓜多尔一警察局遭汽车炸弹袭击　疑为毒枭报复》，海外网，2018 年 1 月 28 日，http：//www. haiwainet. cn/。

警察局建筑物严重受损，大部分伤者是被震碎的玻璃划伤。

仅在厄瓜多尔警局遇袭几小时后，邻国哥伦比亚北部城市巴兰基亚警察局 1 月 27 日被炸弹攻击，造成至少 5 名警员丧生，41 人受伤，案件疑为贩毒集团不满警方行动而采取的报复行动。警方指出，嫌犯在警员举行晨会时远端遥控引爆炸弹，当时有 49 名警方人员在场，丧生的 5 名警员年龄介于 24 到 31 岁间。

（三）事件影响

这两次针对警察局的炸弹袭击事件，均给本国政府带来极大震撼，致使厄瓜多尔和哥伦比亚不得不进入紧急状态，并由此激发两国军警进一步加大对贩毒集团的打击力度。我们相信，正义永远不会被邪恶所压倒。

五、其他恐怖袭击事件

1 月 27 日，巴西东北部城市福塔莱萨的一个聚会场所发生疑似帮派冲突，造成 10 余人死亡。

4 月 11 日，哥伦比亚西北部安蒂奥基亚省圣佩德罗 – 德乌拉瓦镇郊区，发生疑似“海湾家族”集团成员制造的爆炸袭击，造成 8 名警察死亡。

7 月 6 日下午，几名蒙面男子在巴西米纳斯吉拉斯州首府贝洛奥里藏特大都会区孔塔任（Contagem）圣马特乌斯（Saomateus）街区一家酒吧制造枪击案，造成 1 人死亡，4 人受伤。

8 月 4 日傍晚，在委内瑞拉首都加拉加斯发生一起针对总统马杜罗的“暗杀行动”。当时他正出席国民警卫队成立 81 周年阅兵典礼，并发表全国电视直播演讲，现场突然传出爆炸巨响。事件造成至少 7 名国民警卫队士兵受伤。

12 月 7 日凌晨，巴西东北部塞阿拉州（Ceara）米拉格里斯市（Milagres）发生银行抢劫案，造成 12 人死亡。

12 月 11 日下午，巴西圣保罗州坎皮纳斯市（Campinas）中心的大都会教堂发生枪击案，造成包括枪手在内的 5 人死亡，4 人受伤。

12 月 16 日晚，哥伦比亚科尔多瓦省的一家夜总会发生爆炸，造成 13 人受伤，其中 3 人重伤。

第三节　南美洲地区主要反恐怖军事行动

面对政治危机、社会动荡和经济低迷等多重社会困境，南美洲地区各国充分发挥军警系统功能，主动搜集线索，寻根溯源，坚决打击涉毒、涉恐等犯罪行为，不断加强国际反恐合作，加大对重大案件的追查搜捕力度，竭力维护地区安全和社会稳定。

一、委内瑞拉警方捣毁一恐怖组织

1月15日，委内瑞拉特种部队在位于首都加拉加斯西部郊区的一条公路上与委前警官奥斯卡·佩雷斯为首的恐怖组织成员交火，5名恐怖组织成员被逮捕，还有的被击毙。至此，委内瑞拉警方成功捣毁去年武装袭击委最高法院大楼的恐怖组织。①

（一）行动背景

2017年6月27日，佩雷斯驾驶一架偷来的直升机向委内瑞拉最高法院、内政和司法部大楼等建筑开枪射击，并向最高法院大楼投下手榴弹后逃逸。

2018年1月5日当天，委内瑞拉特种部队在与该恐怖组织进行谈判要求其投降时受到了攻击。

（二）行动概况

1月5日，委内瑞拉特种部队在位于首都加拉加斯西部郊区的一条公路上与委前警官奥斯卡·佩雷斯为首的恐怖组织成员交火，5名恐怖组织成员被逮捕，还有的被击毙。交火导致2名军人死亡，5名军人受重伤。该恐怖组织成员在交火中使用了重型武器和汽车炸弹。

① 参见《委内瑞拉捣毁袭击最高法院大楼的恐怖组织》，新华网，2018年1月16日，http：//www.xinhuanet.com/。

（三）行动评析

历时半年有余，袭击委内瑞拉最高法院的恐怖事件，终于在一场激烈的交火中落下帷幕。这一行动，体现了政府严厉打击涉恐犯罪的决心，维护了法律尊严，极大地震慑了域内恐怖分子和恐怖组织。同时，极大地鼓舞了民心士气，使当地广大群众对地区社会稳定增加了一定的信心。

二、巴西警方捣毁“伊斯兰国”追随者团伙

5 月 17 日，巴西检察官指控 11 名巴西公民试图在这个南美国家建立极端组织“伊斯兰国”分支、招募追随者，发起恐怖袭击。①

（一）行动背景

2016 年至 2017 年，嫌疑人利用社交媒体发布信息、共享材料，为“伊斯兰国”张目，同时试图招募未成年人在巴西境内搞恐怖活动。这些嫌疑人在即时聊天软件 WhatsApp 上建立聊天群，取名“巴西哈里发国”。其中有人建议仿照英国首都伦敦去年 3 月发生的袭击，在里约热内卢市或萨尔瓦多市狂欢节期间制造恐袭。1 名嫌疑人在另一个聊天群声称，正在策划一个更大的袭击阴谋，可能使用爆炸物。一名嫌疑人在社交媒体消息中宣称支持“基地”恐怖组织。

（二）行动概况

西班牙国民警卫队在调查西班牙境内一个极端组织时逮捕一名巴西籍男子，发现一些电话号码。巴西警方根据这些电话号码在社交媒体上不断“追踪”嫌疑人，并在其中一名嫌疑人家中搜出一些自制武器。

（三）行动评析

自“9·11”以来，各个恐怖组织和恐怖分子都在不断地相互模仿，根据几个比较有重大影响和强大破坏力的恐怖事件，在世界各地制造类似

① 参见《巴西捣毁“伊斯兰国”追随者团伙 11 人被控罪》，新华网，2018 年 5 月 19 日，http：//www. xinhuanet. com/。

的恐怖案件，以此不断地制造恐慌，刷自己的“存在感”。面对这种愈演愈烈的不利局面，世界各个爱好和平的国家，都不会袖手旁观。巴西警方对恐怖组织和恐怖分子的打击力度始终不减，不放过任何蛛丝马迹，发现线索及时扩大战果。主动动用特种部队，确保发现恐怖分子和恐怖组织能一举拿下。同时，不断加大与国际社会的反恐合作，共享有利信息，不断提高反恐工作的质量和效益，积极为国家安全和社会稳定创造优质的安全环境。

三、巴西武装人员被派往罗赖马州稳定局势

8月20日，巴西公共安全部指出，因该国北部同委内瑞拉接壤的罗赖马州居民与委内瑞拉难民发生冲突，公共安全部已派出60名武装人员前去稳定局势。①

（一）行动背景

近年来，委内瑞拉经济不景气，政局动荡，社会治安恶化，物资短缺，不少委内瑞拉人选择进入与委接壤的巴西北部地区尤其是罗赖马州避难。当地居民与委内瑞拉难民经常发生冲突。同时，非法移民、跨境枪支、毒品交易等违法犯罪行为多有发生，严重影响当地社会稳定局面。

8月17日，一名罗赖马州当地商贩被打伤，其家属说袭击者为委内瑞拉难民。18日，帕卡赖马当地居民与委内瑞拉难民发生冲突，不少委内瑞拉难民被驱逐出临时住所，连接帕卡赖马市和两国边境的公路被抗议民众阻断数小时。

（二）行动概况

今年2月，有32名武装人员被派往罗赖马州，应对不断涌入的委内瑞拉难民。8月份，巴西公共安全部又派出60名武装人员前去稳定局势。他们的主要任务是打击非法移民，打击跨境枪支、毒品交易等。后续还将有60名武装人员被派往罗赖马州。

---

① 参见《巴西派武装力量赴北部边境州维稳》，新华网，2018年8月21日，http://www.xinhuanet.com/。

（三）行动评析

在国家安全局局长拒绝了罗赖马州政府提出临时关闭边境的要求的时候，公共安全部及时派出武装人员打击非法移民，打击跨境枪支、毒品交易等，及时有效地维护边境州的稳定局势。这既是国家相关部门全力做好份内工作，认真履职尽责的集中体现，更是国家政府对人民群众负责，为社会稳定安全发展尽责的突出表现。一方面，能充分发挥政府强力部门在国家和地区治理方面的有力手段，显示国家运用军队坚决维护社会稳定和地区安全的强大决心。另一方面，极大震慑当地涉毒、涉枪、涉恐等违法行为，引导广大群众和相关组织，全力缓解难民冲突，积极营造社会稳定局面。

四、其他反恐怖军事行动

3 月 15 日，哥伦比亚法官下令拘留了 1 名因涉嫌与武装分子有联系被警方逮捕的45 岁古巴男子，名叫劳尔·古铁雷斯·桑切斯。此人计划对美国外交官经常光顾的波哥大一家餐馆发动炸弹袭击。他的手机中包含计划炸弹袭击细节的短信。

8 月 6 日，在首都加拉加斯，委内瑞拉政府逮捕了 6 名涉嫌参与袭击总统马杜罗的“恐怖分子与雇佣凶手”。

8 月 9 日，委内瑞拉对参与刺杀该国总统马杜罗的嫌疑人又发出 7 份逮捕令。

11 月 27 日，委内瑞拉总统尼古拉斯·马杜罗 27 日表示，最近 15 天内，4 架哥伦比亚毒贩的飞机被击落。

2018 年南美洲地区遭受恐怖袭击次数及伤亡人数

时间		1月	2月	3月	4月	5月	6月	7月	8月	9月	10月	11月	12月	合计
巴西	袭击次数	1		2				1		2			2	8
	伤亡人数	18		2				5		2			21	48

续表

时间		1 月	2 月	3 月	4 月	5 月	6 月	7 月	8 月	9 月	10 月	11 月	12 月	合计
哥伦比亚	袭击次数	1			1		1						1	4
	伤亡人数	46			8		3						13	70
委内瑞拉	袭击次数								1					1
	伤亡人数								7					7
厄瓜多尔	袭击次数	1			1									2
	伤亡人数	28			3									31
玻利维亚	袭击次数		2											2
	伤亡人数		62											62
阿根廷	袭击次数											1		1
	伤亡人数											1		1
全年，南美洲地区共遭受恐怖袭击 18 次，伤亡 219 人														

第二十章 / 2018年大洋洲地区反恐怖军事行动*

第一节 大洋洲地区反恐怖军事行动综述

2018 年，大洋洲地区面临的恐怖威胁相对比较缓和，涉枪、涉恐等案件少有发生，当地社会治安相对较好，安全局势相对稳定。这主要得益于大洋洲地区国家陆续出台防范恐怖袭击措施，从法律法规、基础设施建设、特殊性规章等方面积极强化反恐的政策法规保障。得益于地区国家军警力量充分运用新政策新法规，积极发挥制恐维稳功能，防恐反恐工作取得显著成效。得益于地区国家持续加强国际合作反恐，注重跟踪研判国内外恐怖形势，及时发布防恐预警，严查涉恐阴谋，有效减少了涉恐案件的发生，维持了地区国家的社会安全稳定。

一、大洋洲地区面临的恐怖威胁

在该地区国家和政府的共同努力下，大洋洲地区面临的恐怖威胁相对比较缓和。虽然极端恐怖思想一时难以根除，随机暴力事件、针对学校的

---

* 大洋洲位于太平洋西南部和南部的赤道南北广大海域中，在亚洲和南极洲之间，西临印度洋，东临太平洋，并与南北美洲遥遥相对。大洋洲有 14 个独立国家，其余十几个地区尚在美、英、法等国的管辖之下；在地理上划分为澳大利亚、新西兰、新几内亚、美拉尼西亚、密克罗尼西亚和波利尼西亚六区。14 个独立国家为：澳大利亚联邦、巴布亚新几内亚独立国、斐济群岛共和国、基里巴斯共和国、马绍尔群岛共和国、密克罗尼西亚联邦、瑙鲁共和国、帕劳共和国、萨摩亚独立国、所罗门群岛、汤加王国、图瓦卢、瓦努阿图共和国、新西兰。

恐怖威胁事件、枪击事件，以及汽车炸弹事件等时有发生，但是该地区年内涉恐活动相对较少，安全局势相对稳定。

（一）通过网络发布枪击和爆炸信息，引起社会恐慌，多所学校被迫关闭

在国际恐怖主义思想的世界性蔓延扩散影响下，受极端思想影响的青年人越来越多。他们由于受到国际社会的打击，转而利用自己的计算机网络能力，在网上实施相对隐蔽的恐怖活动，发布涉恐信息，引起人民群众的恐慌，妄图制造社会混乱局面，运用极其低廉的代价实现其“宏大”的施恐意图。2018 年 5 月的最后一个周末，在一个名为 4chan 的网站上，一个匿名帖子警告学生“下周不要来上课”。帖子写道：“昆州 North Lakes 地区的一所学校将发生枪击事件，很多人会伤亡。这次的枪击规模将超过在美国佛罗里达州 Parkland（17 人死亡）和美国科罗拉多州 Columbine（13 人死亡）的两起校园枪击案总和。”帖子最后写道：“专业校园枪击手敬上。”在另外一起事件中，Lakes College 学校也通过邮件接到炸弹威胁。受这些威胁的影响，澳大利亚昆州多所学校被迫关闭数日，一些家长也拒绝送孩子上学，警方加大了在学校附近巡逻的力度，同时尽快锁定并指控多名嫌疑人。

（二）墨尔本市中心汽车爆炸，地区安全和社会稳定受到极大影响

11 月 9 日下午 4 时 30 分左右，澳大利亚第二大城市墨尔本市中心一辆汽车爆炸，一名嫌犯当街持刀捅伤 3 名行人，其中 1 人当场死亡。警方将此次袭击定性为“独狼式恐怖袭击”。该男性嫌犯的一名亲属去年曾因与恐怖活动有染而被捕。此外，特警已经待命，随时准备应对可能出现的后续突发状况。此类恐怖袭击事件，无论是时间地点的选择，还是手段方式的运用都没有什么特殊之处。但往往就是这样的恐怖袭击，广大民众没有很好的应对准备，军警部门也难以及时有效处置，而且这类恐怖袭击就最能够制造恐怖效应，严重影响地区安全和社会稳定。

二、大洋洲地区的反恐军事对策

大洋洲地区国家在国际上积极扩大“朋友圈”，不断强化反恐的国际合作。在国内立足自身，主动出击打好反恐的主动仗。一方面，加大法律法规、特殊性规章和基础设施建设等方面的立法和建设步伐，积极强化反恐的政策法规保障，切实筑牢反恐的法规基础。另一方面，持续加大对涉恐等违法行为的军事打击力度，强化高科技手段运用，不惜为反恐投入大量资金，全力做好地区的安全稳定工作。

（一）持续加强国际合作，巩固国际反恐的“朋友圈”

面对恐怖主义这一国际社会“毒瘤”，大洋洲地区各国在良好的地区安全合作基础上，不断加强国际反恐合作，在国际反恐事务中彰显积极主动团结反恐的战斗力。3 月 17 日，在悉尼召开的澳大利亚－东盟特别峰会上，双方在反恐领域签署了《东盟同澳大利亚联合打击国际恐怖主义谅解备忘录》。同时，澳大利亚总理特恩布尔在会上说：“对我们的东盟伙伴来说，跨国境协作至关重要，这能确保反恐法律框架足够强韧，确保对恐怖行为的调查、起诉和惩罚卓有成效。”7 月 16 日，在菲律宾西南部巴拉望省南北两端的苏禄海海域，菲律宾、澳大利亚两国海军展开为期 10 天的联合军演，增强在该海域打击“恐怖主义及海上劫持活动”的能力。8 月 5 日，澳大利亚外交部长毕晓普当天访问了位于印度尼西亚第二大城市泗水的一个遭炸弹袭击的地点，并誓言要加强两国“非常密切的反恐”伙伴关系。

（二）不断修改完善政策法规，提高防恐反恐主动性

系统完备、有效、利于执行的政策法规，是反恐行动的可靠保障。一年来，大洋洲地区国家在这一方面开展了紧锣密鼓的工作，不断提高防恐反恐工作的针对性和主动性。据澳大利亚“新快网”5 月 28 日报道，澳大利亚新南威尔士州政府近日出台新规，禁止囚犯持有恐怖主义相关图片及视频材料。7 月中旬，澳大利亚联邦政府出台有关监督指令的新法律，确保被定罪的恐怖分子从监狱中被释放出来之后仍需加强监管。9 月下旬，澳大利亚维州政府成立特别工作小组，以抓捕维州潜在的、最危险的恐怖分子，阻止维州大选期间出现恐怖威胁。11 月 22 日，澳大利亚联邦政府提出的新法案指出，具有双重国籍的极端分子将被剥夺澳大利亚公民身份，并可能被驱逐出境。

（三）提高主动防恐制恐力度，坚决打击恐怖主义

在防范和打击涉恐犯罪上，单纯依靠军方或警方的强力打击还远远不够，必须要多角度、全方位发功施力，才能发挥一定的功能作用，体现防恐制恐的决心和意志。1 月 4 日，为防范恐怖袭击的威胁，悉尼板球场（SCG）首次启用了高科技人脸识别摄像头。摄像头捕捉到的人像将与后台数据库匹配，以发现被禁入场的观众，以及已知的可疑人员。摄像头还可聚焦查验无人看管的背包。1 月 18 日，澳大利亚警方对 20 名在逃恐怖分子发出逮捕令。1 月 23 日，1 名澳大利亚前政府部门雇员因涉嫌资助恐怖主义被捕。1 月 26 日，澳大利亚国庆日严防恐怖袭击，悉尼安保力量达到空前程度。3 月 1 日，澳大利亚悉尼男子阿卢（Raban Alou）承认向枪杀警方会计郑树基（Curtis Cheng）的少年贾巴尔（Farhad Jabar）提供枪支。被澳大利亚新州高等法院（NSW Supreme Court）判处 44 年监禁，33 年不得假释。11 月 10 日，澳大利亚警方继续调查前一天发生的致命恐怖袭击事件，搜查南部城市墨尔本市郊两处地点。

（四）加强机场安保，提升防范恐怖袭击能力

机场作为打通国际沟通与交流的“第一道闸门”，始终是防范和打击恐怖主义和恐怖势力的“前哨”。澳大利亚政府和警方，在 2018 年度不断加大资金投入、赋予机场警察更多的权力，积极守好“第一道闸门”，为地区的防恐和止恐工作营造了极其良好的环境。5 月 15 日，澳大利亚政府宣布将斥资 2.94 亿澳元（约合 14 亿元人民币）强化境内机场安保，升级安检设备、增加安保人员。当地时间 5 月 20 日，澳大利亚内务部国会次长佩佐罗（Michael Pezzullo）在接受参议院评估委员会质询时表示，挫败潜在恐怖分子以澳大利亚机场为目标的阴谋，说明了赋予警方更多执法权力的重要性。同时认为，警方应有权直接要求旅客出示身份证件。

第二节　大洋洲地区主要恐怖袭击事件

在该地区国家和政府的共同努力下，2018 年，大洋洲地区总体涉恐活动相对较少，安全局势相对稳定，面临的恐怖形势比较缓和。尽管如此，极端恐怖思想一时难以根除，随机暴力事件、针对学校的恐怖威胁事件、枪击事件，以及汽车炸弹事件等时有发生，同样给地区安全和社会稳定增加了不小的压力。

一、澳大利亚昆州多所学校因受枪击、爆炸信息威胁而关闭

5 月份最后一个周末，澳大利亚昆州多所学校近日因受到校园枪击信息威胁而关闭校门。为了安全着想，家长们让孩子留在家中。这些学校在 30 日恢复了正常运转。警方指控包括校园枪击威胁者在内的 3 名男青年犯有威胁罪。①

（一）事件背景

澳大利亚昆士兰州有“阳光之州”的美誉，著名景区众多，是赴澳旅游的必选之地。然而，在国际恐怖主义思想的世界性蔓延扩散影响下，受极端思想影响的青年人越来越多。由于受到国际社会的打击，他们转而利用自己的计算机网络能力，通过计算机网络实施相对隐蔽的恐怖活动，发布涉恐信息，引起民众的恐慌，妄图制造社会混乱局面，运用极其低廉的代价实现其恐怖意图。

（二）事件经过

5 月份最后一个周末，在一个名为 4chan 的网站上，一个匿名帖子警告学生“下周不要来上课”。帖子写道：“昆州 North Lakes 地区的一所学校将发生枪击事件，很多人会伤亡。这次的枪击规模将超过在美国佛罗里达州 Parkland（17 人死亡）和美国科罗拉多州 Columbine（13 人死亡）的两起校园枪击案总和。”帖子最后写道：“专业校园枪击手敬上。”对此，昆州教育厅向家长们发送邮件，告知网上枪击威胁事件。

在另外一起事件中，Lakes College 学校通过邮件接到炸弹威胁，被迫在 29 日下午 4 时关闭两小时。

---

① 参见《澳昆州多所学校因受枪击威胁关闭　涉案者被指控》，中国新闻网，2018 年 5 月 31 日，http：//www. chinanews. com/。

事件发生后，警方迅速锁定并指控包括制造校园枪击威胁者在内的 3 名嫌疑人。

（三）事件影响

其最直接的影响就是，涉事地区的学校均要被迫关闭，以防止恶性恐怖事件的发生，正常的教学活动受到严重影响。另外，从施恐的手段来看，网络恐怖主义越来越多地展示出巨大的制恐能力，不得不引起国际社会的高度重视。面对这种事件，军警不仅要在社会层面增加巡逻打击力度，而且更应加大网络防恐和反恐力度，持续挤压恐怖势力和恐怖组织的活动空间。

二、墨尔本市中心发生“独狼”式恐怖袭击

11 月 9 日下午 4 时 30 分左右，澳大利亚第二大城市墨尔本市中心一辆汽车爆炸，1 名嫌犯当街持刀捅伤 3 名行人，其中 1 人当场死亡。[①]

（一）事件背景

在国际反恐斗争不断取得阶段性胜利的同时，恐怖势力的活动空间变得越来越狭小，在广大地区实施较大恐怖活动的可能性变得越来越渺茫。2017 年，该男性嫌犯的 1 名亲属曾因与恐怖活动有染而被逮捕。

（二）事件经过

11 月 9 日下午 4 时 30 分左右，在澳大利亚第二大城市墨尔本市中心，一辆汽车着火，浓烟四起，消防员随即赶到灭火。一名男性嫌犯挥舞着手中的刀具和数名警员周旋，警员曾试图用路人送上的超市购物车和锥形交通路标将其控制在有限范围内，但该男子数次持刀试图逼退警员。最终，警员开枪击中该男子，将其制服。该嫌犯持刀捅伤 3 名路人，其中 1 人因伤势过重，当场身亡。该男性嫌犯送至医院后，也因伤势过重死亡。

---

① 参见《墨尔本市中心汽车爆炸　袭击者持刀伤人致一死》，中国新闻网，2018 年 11 月 10 日，http：//www. chinanews. com/。

（三）事件影响

事件发生后，警方将此次袭击定性为“独狼式恐怖袭击”。当地特警已经待命，随时准备应对可能出现的后续突发状况。警方进一步展开深入调查，搜查了墨尔本市郊两处地点。此次致命恐袭事件，严重影响了当地的社会稳定，给广大民众心理上造成极大的恐慌，使得军警等强力部门进一步加大了检查搜捕力度，以弥补事件给当地社会稳定和地区安全带来的严重损害。

三、其他恐怖袭击事件

5 月 17 日晚，一名 25 岁男子在澳大利亚悉尼兰域（Randwick）随机暴力袭击亚裔面孔人士，造成至少 6 人受伤。

7 月 5 日，悉尼西北部一处住所发生枪击事件，造成 2 人死亡，1 人受伤。

第三节 大洋洲地区主要反恐怖军事行动

一、澳大利亚一名前政府部门雇员因涉恐被捕

1 月 23 日，1 名澳大利亚前政府部门雇员因涉嫌资助恐怖主义被捕，她为极端组织“伊斯兰国”提供的资金超过 3 万澳元（约合 15.4 万元人民币）。①

（一）行动背景

澳大利亚警方自 2015 年 6 月开始进行代号为“佩钦行动”的反恐行动以来，已发现数人涉嫌参与恐怖主义活动，这名女子就是其中之一。

---

① 参见《澳大利亚前政府雇员涉嫌资助恐怖主义被捕》，新华网，2018 年 1 月 23 日，http：//www.xinhuanet.com/。

（二）行动概况

1 月 23 日早晨，澳大利亚新南威尔士州警方参与的联合反恐小组在悉尼西部帕拉马塔地区逮捕了 1 名 40 岁女子，并将其带到当地警察局审问。这名女子蓄意向极端组织提供资金或为其筹款。在 2015 年 2 月至 10 月间，她 5 次通过西联汇款公司向“伊斯兰国”汇款，金额超过 3 万澳元。

（三）行动评析

持续有力的主动打击，是对当前恐怖组织和恐怖势力的有效应对方式。澳大利亚警方自发起代号为“佩钦行动”的反恐行动以来，取得了卓有成效的成果。尤其是，澳大利亚的联合反恐小组在这次行动中主动出击，果断出手，坚决卡断极端组织的资金流，为有效打击恐怖主义和恐怖势力提供了坚强有力的支持。

二、澳大利亚警方对在逃恐怖分子发出逮捕令

1 月 18 日，澳大利亚联邦警察（Australian Federal Police）针对 20 名“圣战”分子发出逮捕令，这些恐怖分子曾在全球各地为“伊斯兰国”恐怖组织效力。①

（一）行动背景

自 2012 年以来，约有 220 名澳大利亚人前往伊拉克或叙利亚参与恐怖组织活动。其中有 110 人已经死亡或下落不明，另外有 40 人则已回到澳大利亚。

随着恐怖组织“伊斯兰国”的瓦解，一些澳籍恐怖分子试图返回国内，澳大利亚联邦警察正在和土耳其相关机构合作，希望在他们跨越国界时将其拦下。此外，澳大利亚的反恐警察也正在对国内 215 名可疑分子进行调查，其中有部分人此前曾被指控为恐怖主义相关罪名。

---

① 参见《澳警方对 20 名在逃恐怖分子发出逮捕令》，环球网，2018 年 1 月 18 日，http://www.huanqiu.com/。

（二）行动概况

1 月 18 日，澳大利亚联邦警察（Australian Federal Police）针对 20 名“圣战”分子发出逮捕令，这些恐怖分子曾在全球各地为“伊斯兰国”恐怖组织效力。

澳大利亚联邦警察副局长麦卡特尼表示，警方有强有力的执法策略应对归国恐怖分子带来的威胁。他说：“真正令人担忧的是，一些顽固的恐怖分子正从冲突地区返回国内，如果他们确实返回到澳大利亚，警方希望能优先起诉他们，以减少风险。”

（三）行动评析

针对境外恐怖组织瓦解，恐怖分子回流这一现象，澳大利亚警方及时开展强有力的打击行动。一方面，彰显了澳政府对打击极端组织“伊斯兰国”的坚定决心，对大洋洲地区的恐怖组织和涉恐活动起到一定的震慑作用。另一方面，对域内的广大群众起到很好的安抚作用，有利于地区安全发展和社会的安全稳定。

三、澳菲展开联合军演

7 月 16 日，菲律宾、澳大利亚两国海军将从当天起在苏禄海展开为期 10 天的联合军演，以增强在该海域打击“恐怖主义及海上劫持活动”的能力。①

（一）行动背景

苏禄海位于菲律宾西南部，毗邻马来西亚和印度尼西亚。近年来苏禄海海域恐怖主义威胁明显上升，海盗活动和跨国犯罪频发。

（二）行动概况

7 月 16 日，菲律宾、澳大利亚两国海军将从当天起在苏禄海展开为期

---

① 参见《菲律宾与澳大利亚在苏禄海展开联合军演》，新华网，2018 年 7 月 17 日，http：//www.xinhuanews.cn/。

10天的联合军演。此次演习中，两国海军将会针对联合通信、作战规划、海上监控、搜索救援等方面进行协同演练，以提高两军的“训练、协同及合作水平”，增强两军在苏禄海应对和打击“恐怖主义及海上劫持活动”的能力。

（三）行动评析

面对频繁发生的涉恐、海盗和跨国犯罪等违法犯罪行为，作为大洋洲的地区大国，澳大利亚与菲律宾采取军方联合军演的方式进行有效应对。首先，有利于加强双方对恐怖主义、海盗和跨国犯罪的打击力度，帮助各方有效打击恐怖分子，维护安全稳定局势。其次，有利于增进双方的军事互信，加深相互了解。再次，有利于威慑区域内的涉恐组织，有效降低恐怖事件的发生概率。

四、其他反恐怖军事行动

3月1日，澳大利亚新州高等法院（NSW Supreme Court）判处澳大利亚悉尼男子阿卢（Raban Alou）44年监禁，33年不得假释。此前该男子承认向枪杀警方会计郑树基（Curtis Cheng）的少年贾巴尔（Farhad Jabar）提供枪支。

3月17日，在悉尼召开的澳大利亚－东盟特别峰会上，双方在反恐领域签署了《东盟同澳大利亚联合打击国际恐怖主义谅解备忘录》。同时，澳大利亚总理特恩布尔在会上说：“对我们的东盟伙伴来说，跨国境协作至关重要，这能确保反恐法律框架足够强韧，确保（对恐怖行为的）调查、起诉和惩罚卓有成效。”

据澳大利亚“新快网”5月28日报道，澳大利亚新南威尔士州政府近日出台新规，禁止囚犯持有恐怖主义相关图片及视频材料。

7月中旬，澳大利亚联邦政府出台有关监督指令的新法律，确保被定罪的恐怖分子从监狱中被释放出来之后不会毫无限制。

9月下旬，澳大利亚维州政府成立特别工作小组，以抓捕维州潜在的、最危险的恐怖分子，阻止维州大选期间出现恐怖威胁。

11月22日，澳大利亚联邦政府提出新法案指出，具有双重国籍的极端分子将被剥夺澳大利亚公民身份，并可能被驱逐出境。

2018 年大洋洲地区遭受恐怖袭击次数及伤亡人数

时间		1 月	2 月	3 月	4 月	5 月	6 月	7 月	8 月	9 月	10 月	11 月	12 月	合计
澳大利亚	袭击次数					1		1				1		3
	伤亡人数					6		3				4		13
全年，大洋洲地区共遭受恐怖袭击 3 次，伤亡 13 人														

后 记

《世界反恐怖军事行动年鉴 2018》是一个战斗团队共同努力奋斗的结果。她承载着团队人员的集体智慧，凝结着一班人的辛勤汗水，展现着各位同仁履职尽责的奋斗精神。《年鉴》是特警人心系反恐战线、投身反恐实践的一个缩影，是新时代中国军人勇挑重担、勇敢向前，敢于向恐怖主义亮剑的一个标志。

《年鉴》创作团队在保留原有人员的基础上，又大幅度地吸纳了众多新成员，并适当调整了任务分工。王晓东继续跟踪指导《年鉴》的撰写工作，负责完成书稿的审批手续，协调落实出版、印刷、分发等有关工作和事宜；王兴东负责收集整理国际国内每天发生的恐怖事件，记录着不同国家与地区的主要反恐军事行动，分析研究世界全局的反恐怖军事行动，撰写第一章内容，并完成后期的统稿、送审工作；王本亮负责分析研究美国的反恐怖军事行动，撰写第二章内容；宿庆武负责分析研究俄罗斯的反恐怖军事行动，撰写第三章内容；张远水负责分析研究中国的反恐怖军事行动，撰写第四章内容；赵轶佳、汪洪海、周华鹏、刘海涛负责分析研究中东地区的反恐怖军事行动，撰写第五章内容；邱琳、王海东、郑超、周红涛负责分析研究欧洲地区的反恐怖军事行动，撰写第六章至第十章内容；吴忠超、庄洁、唐少泉负责分析研究亚洲地区的反恐怖军事行动，撰写第十一章至第十四章内容；刘猛、李立功、李相胜负责分析研究非洲地区的反恐怖军事行动，撰写第十五章至第十七章内容；王斌、余本伟负责分析研究北美洲、南美洲和大洋洲地区的反恐怖军事行动，撰写第十八章至二十章内容；盖绫顺、韩英林、欧阳立省、陈洪柱负责完成书稿的编排、校对和修改、完善等工作。

在这里，创作团队要感谢学院机关首长的有力指导、各系部同仁的大力支持；感谢国防大学、军事科学院、公安大学、中国现代国际关系研究院、武警研究院有关专家的关心与厚爱；感谢时事出版社苏绣芳副总编及编辑李荣一直以来的鼎力支持与无私帮助；并对书中所引用数据、资料的原作者表示衷心的感谢！

作　者

2019 年 1 月 30 日